Einstein
His Life and Universe

愛因斯坦
他的人生　他的宇宙

Walter Isaacson
華特・艾薩克森　著

郭兆林、周念縈　譯

時報出版

人生有如騎單車，
欲保持平衡唯有不斷前進。

——愛因斯坦致二子愛德華之家書一九三〇年二月五日

攝於聖塔芭芭拉（一九三三年）

目次

推薦序　　王道還　　別怕輸在起跑點上　　007

李家同　　愛因斯坦考幾分　　008

邱國光　　奇幻的物理人生　　009

周昌弘　　這個時代需要愛因斯坦　　011

孫維新　　遨翔於宇宙天地之間　　013

張慶瑞　　光轉彎，向你敬個禮　　015

葉永烜　　愛因斯坦的四維度世界　　018

謝忠武　　平實又獨特的愛因斯坦　　020

主要人物　　021

序曲　　——　　光束騎士　　025

第一章　　1879–1896　　童年　　032

第二章　　1896–1900　　蘇黎士技術學院　　053

第三章　　1900–1904　　戀人　　069

第四章　　1905　　奇蹟之年：量子和分子　　105

第五章　　1905　　狹義相對論　　120

第六章　　1906–1909　　最幸運的想法　　150

第七章　　1909–1914　　飄泊的教授　　166

第八章　　1911–1915　　廣義相對論　　195

第九章　　1916–1919　　離婚　　227

第十章	1916–1919	愛因斯坦的宇宙	248
第十一章	1919	名望	261
第十二章	1920–1921	飄泊的猶太復國者	277
第十三章	1921–1927	諾貝爾桂冠	302
第十四章	1923–1931	統一場論	326
第十五章	1929–1931	人生半百	344
第十六章	1929–1931	愛因斯坦的上帝	369
第十七章	1932–1933	難民	378
第十八章	1933–1939	美國	406
第十九章	1935	量子糾纏	427
第二十章	1939–1945	炸彈	447
第二十一章	1945–1948	世界公民	461
第二十二章	1948–1953	地標	479
第二十三章	1951–1954	紅色恐慌	493
第二十四章	1955	終曲	503
結語	——	愛因斯坦的心與腦	511
致謝			518
參考書目			522

別怕輸在起跑點上

王道還
中研院史語所助理研究員、生物人類學者

　　愛因斯坦大概是科學史上最偉大的科學家。我們事後諸葛亮，很容易看出他在數學與物理上的早熟天分。但是愛因斯坦的傳記提醒我們的是：他並沒有因而受過特殊待遇。例如他不滿十七歲就赴蘇黎士考瑞士聯邦理工學院，即使在數學與物理上的表現令主考的物理教授印象極為深刻，還是落榜了，因為其他學科的成績並不理想。校長並沒有以「多元入學」為由，為他開方便之門，反而建議他到蘇黎士以西五十公里處的亞勞中學補足學業；只要通過畢業考，就可以直接進入聯邦理工學院就讀。（多不尋常的愛才之道。）

　　亞勞中學對愛因斯坦的影響非常大，讓他體會到「真正的民主絕非空虛的幻影」。他甚至放棄了本國籍、申請瑞士國籍。（一九二二年，他得到諾貝爾獎，德國與瑞士還為他是哪一國人，起了爭執。）

　　更值得注意的是，愛因斯坦如願進了瑞士聯邦理工學院後，他的人生並沒有因而走上康莊大道。他以同班最後一名畢業，找不到研究工作，靠家教零工過活；幸運地進入瑞士專利局工作，一開始還是臨時職位。然而，他的突破性學術成就，卻是在專利局服務期間完成的。

　　愛因斯坦在功成名就之前，人生與一般人無異，這才是他的獨特之處。

愛因斯坦考幾分

李家同

靜宜、暨南、清華大學榮譽教授

　　愛因斯坦是二十世紀非常重要的科學家，甚至被認為是繼牛頓後最偉大的一位，他的天才形象深入人心，寫的論文不僅被張貼在百貨公司櫥窗供眾人爭睹，同時代的重要人物也常常被問，懂不懂相對論在講什麼，而記者們更是一抓到機會就要愛因斯坦解釋相對論，弄得愛因斯坦有次跟朋友說，「現在每個車夫和服務生都會辯論，相對論究竟是不是正確的。」

　　燃起許多人尤其是非研究者對科學理論好奇與熱情的愛因斯坦，卻一直被傳言從小數學不好，甚至有老師認為他反叛成性，斷言他成不了氣候，作者艾薩克森特別查證此事，結果愛因斯坦不僅沒有數學不好，他甚至樂在其中，喜歡超前自修，十五歲前就會微積分。不過即使有天分，愛因斯坦始終不是第一名的人物，高中時法文與化學還被學校要求課外輔導，但愛因斯坦的父親接到通知時，卻說自己習慣兒子有的成績很好，有的成績普通，不會特別在意。

　　我們一天到晚說愛因斯坦最大的優點是他能獨立思考，所以我們也成天鼓勵孩子獨立思考，我最反對這種想法，因為在我們獨立思考以前，一定要有學問，沒有學問的獨立思考，僅僅是胡思亂想而已。我們要學愛因斯坦的獨立思考以前，必須先將數學學好。

　　我們看到偉大的科學家，都會想到創意，也羨慕他們偉大的創新能力，而往往忽略了偉大科學家都是有學問的人。愛因斯坦的創意固然特別，他的數學造詣其實非常好，這是值得大家重視的。

奇幻的物理人生

邱國光
台北市立天文科學教育館館長

　　觸電般頭髮、睿智的目光和$E=mc^2$方程式，是他的註冊商標，科學奇葩二十世紀的物理大師──愛因斯坦，由於私人珍貴檔案文獻解密公開，以及多位學者參與評閱修正，得以一窺最趨近真實生活面的偉人傳記。一般偉人傳記大都述說其豐功偉業和光鮮亮麗的生活情景，這本書雖為傳記，實為近代物理史。

　　這本傳記開宗明義即向多位知名物理學者致謝，表示書中內容所描述物理理論具正確性，緊接著介紹書中的主要人物的履歷，使整部傳記像電影情節般，有主角愛因斯坦和配角主要人物一幕幕的演出。序曲以光束騎士為標題，從一封信的內容「我一共會寫出四篇論文，」揭開序幕，簡述傳記主角的個性和生平事蹟後，接下來從孩童時期（一八七九～一八九六年）開始，一章一章順著年代演出愛因斯坦的奇幻物理人生。

　　愛因斯坦以想像力和智慧，改變世人對宇宙的理解，對自然和諧的尊重，從浩瀚無限宇宙到極小量子世界，從光子的發射到宇宙的擴張，確信有一股超然脫俗隱性的力量存在，提出的相對論、光量子論或統一場論，為世人津津樂道。

　　一九一九年發生日食時，觀測到重力會使光線彎曲，愛因斯坦的預測被證實而成為舉世聞名的人物，其在物理上的成就無人能比，但一般生活上，卻顯得見肘，用諾貝爾獎金交換離婚的條件，個性非常執著，深深摯愛著個體自由和言論自由。

　　想要深入瞭解愛因斯坦的成長過程、家庭生活、婚姻狀況、政治理念、

音樂素養和宗教信仰等相關的人生歷練，正值二〇〇九年全球天文年，國光極力推薦這本傳記，閱讀後可探知愛因斯坦其燦爛永恆的一生及其對物理學的偉大貢獻。

這個時代需要愛因斯坦

周昌弘

中央研究院院士、中國醫藥大學講座教授

　　愛因斯坦是一位家喻戶曉的偉大科學家。他的相對論讓他獲得物理學界最崇高的殊榮「諾貝爾物理學獎」，他的想像力和創造力，創造了$E=mc^2$方程式以解釋能量與物質量及光速的關係。他敬畏自然，力倡與自然和諧，但他卻簽署給羅斯福總統「警告恐怕得建造原子彈來遏止戰爭」（引自譯者之言），而被認為是原子彈之元兇。他的創造力及想像力是人類稀有的，他的人生也富多彩多姿，也相當地富有傳奇。從出生、求學、結婚、生子、研究、發明，在在都引起人們的好奇，而想知道愛因斯坦的一生。給年輕人的最大啟發是他的豐富想像力、創造力及反對權威。這個時代也許需要再有一個像愛因斯坦的學者來解決人類的生存危機「能源問題」。為什麼？我想以生態觀點來推薦愛好物理的學者及未來年輕學子好好讀此書並得到啟發，我的理由是：

　　愛因斯坦提出$E=mc^2$，這是物質能量不滅定律，此方程式若以生態學的角度看，則在生態系裡能量的進入及輸出是平衡的，這樣才維持生態系的穩定，但我們卻知道太陽能進入生態系統後經由植物光合作用及生物的呼吸作用後，能量好像就消失了。到底能量由光能轉變成化學能，再轉換成熱能後就消失了，這不就是違反$E=mc^2$的道理嗎？我教了三十多年生態學就是不懂這個「能」最後到哪裡去？「能」可以再回收嗎？物理學家如果能解答這個謎，則能源就不慮匱乏了。這是我無知的問題，但是卻需要有想像力及創造力，如愛因斯坦者才能解答迷津。

　　本書的作者是華特・艾薩克森（Water Isaacson），曾任CNN董事長與

《時代》雜誌資深編輯也是知名傳記作家。譯者是郭兆林，周念縈，其中郭兆林博士是專攻物理學，台大畢業並獲美國加州柏克萊校區天文物理學博士，現就職加州理工學院物理系暨噴射推進實驗室博士後研究員，渠譯作包括《相對論的意義》、《比光速還快》、《愛因斯坦的宇宙》等。其文字細膩簡潔，是一本中學以上最佳的通識讀物。尤其適合高中生及大學生，讓他們在求知、求學、研究的過程中能培養豐富的想像力及創造力，以讓新的科學能解決人類面臨的生態及能源危機。爰此，我極力推薦本書給年輕人。

遨翔於宇宙天地之間

孫維新
台灣大學物理系與天文物理研究所教授

當我剛進入台大物理系一年級的時候，有一天，在學校走廊上思考問題，遇到一位大二的學長，我就拿我百思不得其解的一個問題請教他，他為我一一解釋清楚，我由衷欽佩，就說了一句：「學長，你的功力真高！」他看四下無人，把我拉到一旁，說：「我告訴你一件事，你不要告訴其他人，我是愛因斯坦去世的那一年出生的！」聽完之後我無語以對。

後來我走上天文科研之路，接觸愛因斯坦的理論和貢獻的機會雖多，但是卻一直到二〇〇五年「世界物理年」，我才真正瞭解科學工作者對愛因斯坦的無比崇敬由何而來，只因為他提出許多重要貢獻時毫無前兆，同時這些理論和學說是如此地超越當世的認知！

物理學會找我在二〇〇五年負責主辦「探索物理博覽會」，我在那年一月前往德國，要找圖賓根大學的魯德教授洽購「光速腳踏車」。那是冬日的一個清晨，火車從慕尼黑出發，途中經過一個小鎮停下來，我不經意地往窗外一望，站名是烏爾姆（Ulm），正是愛因斯坦的出生地！我當時心情激動，火車已經離站，我拿著V8不斷地拍攝窗外的草原，想著愛氏幼時在這個草原上追逐嬉戲的模樣，驀然發現我也成為衷心欽佩愛氏的一分子了！

對學天文的人而言，一九一九年艾丁吞爵士[1]觀察日食，驗證了愛氏預測光線彎曲的理論，是科學史上跨時代的大事，也再一次奠定愛氏在描述宇宙時空結構上不朽的地位；雖然他晚年提出的「宇宙常數」告訴大家他如何醉

---

1 編按：艾丁吞，即是Arthur Stanley Eddington，內文翻譯為愛丁頓。

心於一個穩定的宇宙，但是這已經無損於他在科學界的偉大地位，更何況今天觀察到的「暗能量」說不定又會讓「宇宙常數」這個放出瓶外的精靈起死回生！

　　時報出版的《愛因斯坦：他的人生，他的宇宙》從他的幼年說起，跨越愛氏一生的重要事蹟，敘事清楚且充滿趣味，在世上討論愛氏生平的書已經汗牛充棟之際，這本書仍然為希望瞭解愛因斯坦和他不朽貢獻的讀者提供一掬清泉，希望您也能乘著自然哲學的翅膀，和愛氏一同遨翔於宇宙天地之間！

光轉彎，向你敬個禮

張慶瑞

台灣大學物理學系教授、國科會國合處處長

一九一九年十一月六日下午在英國皇家學會確認日食觀測結果，證實了愛因斯坦廣義相對論的預測——太陽的確造成光線偏折，改寫了牛頓的重力定律。愛因斯坦驕傲地對牛頓說：「牛頓請原諒我！但那個年代你所找到的方法，是那時最聰明與最具創造力的人所能找出的最好方法。」愛因斯坦曾用一句話解釋相對論，「時間與空間的理論而導出了嶄新的重力理論」。《時代》雜誌一九九九年選出愛因斯坦為二十世紀最具代表性人物。愛因斯坦和牛頓是迄今為止，歷史上最偉大的兩位物理學家，愛因斯坦現在已成為天才的代名詞。

愛因斯坦對科學有幾個重要貢獻：狹義相對論，廣義相對論與量子論。去世前二十餘年著迷於統一場論雖未有完美成果，但卻也為以後理論研究指出了方向。瑞士伯恩是愛因斯坦創造一九〇五年奇蹟的一年的所在地，他畢業後的第一份工作是瑞士標準局的三等科員。一九〇二到一九〇九年在伯恩生活的日子中，愛因斯坦發表了三十二篇文章，其中包括一九〇五年最有名的狹義相對論與 一九二一年得到諾貝爾獎的光電效應。愛因斯坦創造奇蹟的一年的居處是在最繁華的克倫卡斯街49號四層樓房中的二樓，大約只有十五坪左右的狹小空間裡，愛因斯坦畢生主要的工作幾乎都在那裡完成。愛因斯坦那時才二十六歲，博士學位還沒拿到。愛因斯坦曾經回憶說：不但狹義相對論是在49號完成的，廣義相對論的工作也是當時就開始的。愛因斯坦雖因光量子獲得諾貝爾獎，但他對量子論一直有所保留，除了不相信上帝會玩骰子外，他也質疑「當老鼠觀察時難道會因此改變宇宙嗎？」

　　艾薩克森這本愛因斯坦傳記除清楚呈現他在科學的貢獻，也描述他的獨立性格以及宗教和哲學上的想法，尤其是充分表達了愛因斯坦對社會與民族的責任感，這在一般偏重於討論他科學貢獻的書中是少見的。愛因斯坦年輕成績不佳的說法，只是世人為了讓偉人更偉大的善意謊言，但明顯的是沒有父親的包容，愛因斯坦或許無法充分發展其獨特的性格與獨立的思考。他的社會看法有幾個轉折，一八九六年在他十七歲時，放棄了德國籍與猶太教，使他有段時間是沒有國籍與宗教信仰的人，猶太出身的年輕人在科學貢獻前已先展露獨立思考的能力與不受傳統束縛的自信。愛因斯坦對科學的長才讓他無法接收世俗的宗教邏輯，但他卻尊敬宇宙中超越人類理解的力量。三十年後當他重新認同猶太主義時有過生動地描述「放棄信仰的猶太人好比放棄背殼的蝸牛，仍然是蝸牛」，其實是經歷了多少反猶太種族歧視的滄桑後的反思。一九二一年諾貝爾獎從缺就是世界反猶太主義真實與強烈的反映，「如果我不是猶太人，他們便不會攻擊我的理論」，貼切道盡即使在純淨的科學領域仍無法完全脫離政治影響。一九二二年在「愛因斯坦如果沒有得獎，五十年後世人將如何看待諾貝爾獎」歷史新論點下，委員會終於補發了一九二一年的獎給愛因斯坦，時代的巨輪仍然只會站在真理一邊，不斷推動人類文明的前進。更可敬的是，愛因斯坦從未因此隨聲附和什麼學派，只是執著於黃鐘毀棄的孤寂。

　　$E=Mc^2$是上世紀最通俗的科學公式。一九三八年德國物理學家發現中子撞擊鈾原子核後，一九三九年愛因斯坦上書羅斯福總統，推動美國原子彈計畫並造成投在廣島長崎的巨響，進而改變了人類的歷史。《新聞周刊》以他做封面，冠上大標題「始作俑者」，讓他耿耿於懷直到死前數月還對包利說「或許我可以被原諒，也許德國會成功」，要論斷核子的功過，即使到今天仍然是紛爭不斷，但和平用途幾乎已成為解決人類能源問題的唯一。

　　愛因斯坦去世已超過半個世紀，他的理論仍然深深影響著物理研究的方向。他不僅改變了我們對於空間、時間、運動、能量、光和力的瞭解，甚至許多消費科技產品，像是數位相機、CD和DVD、GPS，都是從愛因斯坦的理論衍生出來。艾薩克森這本傳記也告訴我們：獨立思考、不受傳統拘束、富有創造力，勇於與權威辯論才是愛因斯坦發現光線轉彎的重要原因。希望年輕的讀者也能在未來有機會對愛因斯坦說：「愛因斯坦請原諒我！但那個年代你所找到的方法，是那時最聰明與最具創造力的人所能找出的最好方法。」

愛因斯坦的四維度世界

葉永烜

中央大學天文研究所教授

　　這本愛因斯坦傳記內容非常精彩，一路閱讀會令人越來越佩服作者的功力。把愛因斯坦的一生很有條理地敘述，不但把這個偉大科學家的事蹟清清楚楚地呈現出來，也把當時的科學發展社會風氣以及政治動盪，特別是第一次和第二次世界大戰前後的德國納粹主義、蘇俄共產主義和美國麥卡錫主義的萌生和衝撞氣氛，巧妙描繪出來，所以還不只是一本傳記，也可當近代科學史和近代歷史的參考材料。

　　我們印象中的愛因斯坦是一個不修邊幅，整天在做白日夢，但又魅力十足，可以呼風喚雨的宇宙論大師。但在這本書中，便可知道他在成名之前，為了籌謀生計卻是吃足苦頭。一九〇〇年在大學畢業後，愛因斯坦在瑞士首都伯恩的專利局，擔任技士工作七年之久。一九〇七～一九〇九年在伯恩大學擔任講師，要在一九〇九年（三十歲）才得到蘇黎士大學的教授聘書。為了生活，在此期間還擔任過家教。但也是因為他在專利局的清閒工作，和審閱專利申請案所培養的批判態度（要認為發明者說的每件事情都是錯誤的）才讓他能夠孤獨思考基本原則，發揮創意，一九〇五年短短一年間，寫出三篇無與倫比的偉大物理論文（光電效應、布朗運動和狹義相對論）。作者流水行雲地記載愛因斯坦的學術生涯，從一九一五年（三十六歲）的廣義相對論，一九一九年（四十歲）的日食觀測，證明他的重力效應理論並一舉成名。以致一九二一年的諾貝爾獎，直到他晚年一九三三～一九五五（五十四至七十六歲）落腳在美國普林斯頓高等研究所，在統一場論這孤獨又不成功的路上躊躇。我們便也陪伴著愛因斯坦遇到龐加萊、蒲朗克、洛倫茲、黎

曼、波耳、愛丁頓、包利、海森堡、薛丁格、希伯特、波恩、克萊恩、史瓦西等量子力學和近代物理的英雄人物。順便知道一點他們人生中的喜怒哀樂。

愛因斯坦在科學上的貢獻太驚人，壯年的時候便已是世界知名。再加上他身為猶太人及和平主義者的身分，很多有關宗教、哲學、政治甚至軍事的問題，都會找上他。我們看這本書便可以領略到愛因斯坦如何以一個口無遮攔、離經叛道的科學家，扮演這些不同的角色。可想而知，當愛因斯坦為了廣島長崎原子彈爆炸而充滿罪惡感，並要推廣廢除武備和成立世界政府的時候，不少政治家都希望他能夠閉嘴，並說他都用四維度思考物理，但思考政治現實則用二維度！事實上，愛因斯坦的個人感情世界可有著不少風流事蹟，可能他早已應用今日的弦論，把這些事情都隱藏在四維空間之外的緊緻維度裡。

最後本書作者華特・艾薩克森，藉著歷經滄桑垂垂老矣的愛因斯坦，表達對美國言論自由與包容獨立思考的核心價值的嚮往，深信這樣的國家縱使犯了大錯，定能矯正，重新出發。我想這也是作者有感而發，並對自己以前所寫傳記中的富蘭克林等開國功臣的一個回應。

平實又獨特的愛因斯坦

謝忠武

國立科學工藝博物館長

　　每次看到桌上的雷射光筆、數位相機，或是走進便利超商叮咚聲響起、自動門打開的那一刻，就會讓我想起一個世紀以前的天才——愛因斯坦，他的光電效應理論和後續的延伸應用，在在影響我們現代人的生活。

　　這個滿頭蓬髮、滿臉皺紋的老頑童形象，一直深植在我的腦海，小時候從書本上所認識的愛因斯坦似乎是個沈默寡言、愛胡思亂想，頗具有創造力的人，雖然在校功課不佳，但年紀輕輕就發表論文，居然還能得諾貝爾獎，我想這種人應該就是所謂天才中的天才。然而，透過作者的深入研究與他描繪的愛因斯坦，我又重新認識了這個特異奇人，原來天才也跟我們凡人一樣，在工作、事業、家庭、婚姻中打轉，然而他的專注力與想像力，卻是我們所缺乏的，他永遠像個孩子一樣對世界保持好奇心，為了尋求解答，可以花上好幾天靜靜沈思、或是找人激辯，得到一個令自己滿意的答案。

　　作者把愛因斯坦的平實與獨特，真實地呈現在我們眼前，從生活點滴中道出許多為人不知的故事，還給讀者一個完整的愛因斯坦，讀完之後，覺得自己身邊多了個親切的好友——愛因斯坦。

主要人物

米歇列·安吉洛·貝索
Michele Angelo Besso, *1873–1955*

愛因斯坦最親近的朋友，一位迷人但心不在焉的工程師。兩人在蘇黎士相識，然後在愛因斯坦之後也到伯恩專利局工作。貝索是愛因斯坦一九〇五年發表狹義相對論的知音，後來與愛因斯坦第一任女友的妹妹安娜·溫特勒結婚。

尼爾斯·波耳
Niels Bohr, *1885–1962*

丹麥的量子論先鋒。愛因斯坦相當熱衷挑戰波耳的哥本哈根版量子力學詮釋，兩人在索爾維會議等場合上長年交鋒。

馬克斯·波恩
Max Born, *1882–1970*

德國物理學家和數學家，與愛因斯坦保持密切的書信往返長達四十年。他嘗試說服愛因斯坦接受量子力學，太太海薇格則在個人生活事物的看法上不時挑戰愛因斯坦。

海倫·杜卡斯
Helen Dukas, *1896–1982*

從一九二八年到愛因斯坦辭世為止是他忠心耿耿的祕書和管家，之後繼續守護其遺物和文獻。

亞瑟·愛丁頓
Arthur Stanley Eddington, *1882–1944*

英國天文物理學家，在證明相對論上拔得頭籌，他在一九一九年對日食的觀測，戲劇性證實愛因斯坦對重力會彎曲光線的預測。

保羅·艾倫費斯特
Paul Ehrenfest, *1880–1933*

出生於奧地利的物理學家，個性強又沒安全感，一九一二年與愛因斯坦同訪布拉格時結識，後成為萊頓大學的教授，時常招待愛因斯坦。

愛德華·愛因斯坦
Eduard Einstein, *1910–1965*

愛因斯坦和米列娃的次子。聰明有才華，對佛洛伊德十分著迷，希望成為精神病醫師，但二十出頭時不敵精神分裂症發作，餘生多在瑞士療養院度過。

艾爾莎·愛因斯坦
Elsa Einstein, *1876–1936*

愛因斯坦的表姐與第二任妻子。第一任丈夫為紡織商馬克斯·羅文沙爾，育有兩名女兒瑪歌與伊爾絲，離婚後回復本姓愛因斯坦。一九一九年嫁給愛因斯坦，實際比外表聰明的她，知道如何與他相處。

漢斯·阿爾伯特·愛因斯坦
Hans Albert Einstein, *1904–1973*

愛因斯坦和米列娃的長子，他優雅地扮演著這個困難的角色。在蘇黎士技術學院唸工程學，一九二七年與弗莉達·克奈特結婚（1895～1958），育有二名兒子伯納德（1930～）、克勞斯（1932～1938），以及一名養女愛芙琳（1941～）。一九三八年移居至美國，後任教於加州大學柏克萊分校，成為水利工程教

授。在弗莉達過世後，一九五九年與伊莉莎白‧蘿柏茲（1904～1995）再婚。伯納德共有五名子女，他們是愛因斯坦已知唯一的曾孫輩。

赫曼‧愛因斯坦
Hermann Einstein, *1847–1902*

愛因斯坦的父親，出身自史瓦比亞鄉間一個猶太家庭。與弟弟雅各在慕尼黑與義大利經營電力公司，但不十分成功。

伊爾絲‧愛因斯坦
Ilse Einstein, *1897–1934*

艾爾莎第一任婚姻所生的女兒，曾與愛冒險的醫師喬治‧尼可拉交遊，一九二四年與文學記者魯道夫‧凱瑟結婚。先生後來以安東‧萊瑟（Anton Reiser）的筆名，寫了一本關於愛因斯坦的書。

黎瑟爾‧愛因斯坦
Lieserl Einstein, *1902*

愛因斯坦與米列娃在婚前所生下的女兒。愛因斯坦可能不曾見過她，疑似留在米列娃的故鄉諾維薩讓人收養，恐於一九○三年底染猩紅熱死亡。

瑪歌‧愛因斯坦
Margot Einstein, *1899–1986*

艾爾莎在第一任婚姻生下的女兒。她是一名生性害羞的雕刻家，一九三○年與俄國人狄明崔‧馬里諾夫結婚，未曾育有子女，先生後來寫了一本關於愛因斯坦的書。兩人於一九三七年離婚，瑪歌搬到普林斯頓與愛因斯坦同住，一直待在默舍街112號直到過世。

瑪莉亞‧瑪雅‧愛因斯坦
Maria "Maya" Einstein, *1881–1951*

愛因斯坦唯一的手足，也是知己之一。與保羅‧溫特勒結婚，兩人未曾育有子女。一九三八年獨自從義大利搬到普林斯頓，與愛因斯坦同住。

寶琳娜‧科赫‧愛因斯坦
Pauline Koch Einstein, *1858–1920*

愛因斯坦的母親，性情剛強實際。父親是符登堡富裕的猶太穀物商，於一八七六年嫁給赫曼‧愛因斯坦。

亞伯拉罕‧福雷斯納
Abraham Flexner, *1866–1959*

美國教育改革家，創辦普林斯頓高等研究院，並邀請愛因斯坦加入。

菲利普‧法蘭克
Philipp Frank, *1884–1966*

奧地利物理學家。是愛因斯坦的朋友，接任他在布拉格德國大學的教席，後來寫了一本有關愛因斯坦的書。

馬賽‧格羅斯曼
Marcel Grossmann, *1878–1936*

愛因斯坦在蘇黎士技術學院的同學，認真上課的他為愛因斯坦作數學筆記，後來幫忙找到專利局的工作。格羅斯曼後來在技術學

院當描述幾何學的教授，指點愛因斯坦解開廣義相對論上所需要的數學。

福里茲‧哈柏
Fritz Haber, 1868–1934

德國化學家和毒氣戰先驅，幫忙將愛因斯坦請到柏林大學，並調解他與妻子間的紛爭。身為猶太人的他後來改信基督教，企圖當個德國好公民，並向愛因斯坦大力灌輸同化的好處，直到納粹奪權為止。

康拉德‧哈比希特
Conrad Habicht, 1876–1958

數學家和業餘發明家，是「奧林匹亞學會」三人討論小組一員。愛因斯坦在一九○五年寫了兩封信件給他，預告論文即將問世，成為歷史有名的見證。

魏納‧海森堡
Werner Heisenberg, 1901–1976

德國物理學家與量子力學先鋒，他提出測不準原理，讓愛因斯坦終生抗拒。

大衛‧希伯特
David Hilbert, 1862–1943

德國數學家，在一九一五年與愛因斯坦比賽找出廣義相對論的數學式。

柏納許‧霍夫曼
Banesh Hoffman, 1906–1986

數學家與物理學家，在普林斯頓和愛因斯坦合作，後來寫了一本關於他的書。

菲利浦‧李納德
Philipp Lenard, 1862–1947

匈牙利裔德國物理學家。愛因斯坦在一九○五年光量子論文中解釋他對光電效應的實驗觀測。後來，他變成反猶太主義者與納粹黨人，非常憎恨愛因斯坦。

韓德克‧洛倫茲
Hendrik Antoon Lorentz, 1853–1928

親切睿智的荷蘭物理學家，其理論為狹義相對論鋪下道路，對愛因斯坦是父親般的人物。

米列娃‧馬里奇
Mileva Marić, 1875–1948

蘇黎士技術學院的塞爾維亞籍物理系學生，成為愛因斯坦的第一任太太，生下黎瑟爾、漢斯、愛德華。她熱情有抱負，但是思慮過多而逐漸抑鬱消沈；雖然力圖克服女物理學家當時面臨的諸多障礙，可惜未竟全功。與愛因斯坦在一九一四年分居，一九一九年辦理離婚。

羅伯特‧密立根
Robert Andrew Millikan, 1868–1953

美國實驗物理學家，證實愛因斯坦的光電效應，請他到加州理工學院當訪問學者。

赫曼‧明科斯基
Hermann Minkowski, *1864 –1909*

在蘇黎士技術學院教愛因斯坦數學，稱他是一隻「懶狗」，後來提出狹義相對論的四度時空數學表述。

喬治‧尼可拉
George Friedrich Nicolai, *1874 –1964*

出生於列文斯敦，是一名醫師與和平主義者，也是富有魅力的冒險家和風流人士。他是艾爾莎的醫生和朋友，有可能是其女兒伊爾絲的情人，曾在一九一五年與愛因斯坦合撰和平主義文宣冊子。

亞伯拉罕‧培斯
Abraham Pais, *1918 –2000*

荷蘭理論物理學家，後成為愛因斯坦在普林斯頓的同事，為他寫一本科學傳記。

馬克斯‧蒲朗克
Max Planck, *1858 –1947*

普魯士理論物理學家，愛因斯坦早年的恩人，將他找到柏林任教。他本性保守，在生活與物理上皆然，與愛因斯坦形成對比，但兩人至終保持誠摯溫暖的同事情誼，直到納粹奪取政權為止。

艾文‧薛丁格
Erwin Schrödinger, *1887 –1961*

奧地利理論物理學家，是量子力學先鋒，但是和愛因斯坦一樣，對其核心概念的不確定與或然性皆難以接受。

莫里斯‧索洛文
Maurice Solovine, *1875 –1958*

羅馬尼亞學生，在伯恩唸哲學，與愛因斯坦及哈比希特創辦「奧林匹亞學會」，後來負責愛因斯坦的法文出版，兩人終生維持通信。

李奧‧齊拉德
Leó Szilárd, *1898 –1964*

出生於匈牙利的物理學家，個性迷人古怪，與愛因斯坦在柏林相識，兩人共同擁有一項冰箱專利。他提出核子連鎖反應的構想，並在一九三九年與愛因斯坦上書致美國總統羅斯福，敦請總統考慮製造原子彈的可能性。

查姆‧魏茲曼
Chaim Weizmann, *1874 –1952*

出生俄國、後移居英國，是一位化學家，也是世界猶太復國運動組織的主席。一九二一年時，他帶著愛因斯坦第一次造訪美國募款；為以色列開國總統，死後愛因斯坦曾被給予繼任為以色列總統的機會。

溫特勒一家
The Winteler Family

愛因斯坦在瑞士亞勞當學生時，寄宿在溫格勒家中。約斯特‧溫特勒是愛因斯坦的歷史和希臘文老師，太太羅莎對待愛因斯坦有如一名母親。在七個孩子中，瑪莉成為愛因斯坦的第一位女友，安娜嫁給愛因斯坦最好的朋友貝索，保羅則與愛因斯坦的妹妹瑪雅結婚。

海恩瑞希‧倉格爾
Heinrich Zangger, *1874 –1957*

蘇黎士大學生理學教授，是愛因斯坦和馬里奇的朋友，曾幫忙居中協調兩人關係與離婚事宜。

序曲

光束騎士
THE LIGHT-BEAM RIDER

「我一共會寫出四篇論文，」年輕的專利審查員在給朋友的信中寫道。[1]這封日後成為重要科學史料的信，重要性卻被當事人一貫促狹淘氣的口吻掩蓋了，畢竟他開頭才稱朋友是「死傢伙」，還說抱歉寫了一封「胡言亂語」的信。不過談到這些空暇時間寫出來的論文，還是多少能看出他清楚它們的分量。

他解釋道：「第一篇論文講光的輻射和能量特性，是相當具革命性的。」是的，這篇論文確實具革命性，主張光不僅可視為一種波，也可當成小粒子構成的量子束（quanta）。從這理論所進一步解釋的，宇宙並沒有嚴格因果關係或確定性，後來也終其一生纏繞著他。

「第二篇論文是確定原子的真實尺寸。」雖然當時對原子存在仍有爭論，但已是這一批論文中最明確的，也是為何他選博士論文題目時，會認為這是最安全的賭注。此刻，他正在對物理學進行革命，但不管想找學術工作，或獲得博士學位以便從專利局三等審查員升級到二等職位，他的努力都屢屢遭受挫折。

第三篇論文利用隨機碰撞的統計分析，來解釋液體中微小粒子的顫動，在這過程中確立了原子和分子真的存在。

「第四篇論文目前只是構思階段，主要是利

1　信寫於一九〇五年五月十八日或二十五日，該名朋友就是哈比希特（Conrad Habicht）。

用修正後的時空理論來探討運動物體的電動力學（electrodynamics）。」好吧，這肯定不是胡言亂語了。愛因斯坦純粹靠思考實驗（在腦海而非在實驗室中進行），已經決定丟棄牛頓絕對空間和時間的概念，這將會變成日後的狹義相對論（Special Theory of Relativity）。

當時他沒有告訴朋友（他也還沒想到），是那年他會寫出第五篇論文（是第四篇論文的補遺），提出能量和質量之間的關係，從此誕生了物理學最出名的方程式：$E = mc^2$。

回顧二十世紀，大家會記得是一個願意打破古典束縛並展望未來的新時代，具有孕育滋養科學創新需要的創造力。當中最突出的一位，也是我們這個時代最重要的偶像：這名逃避迫害的難民生性良善，一頭狂野的頭髮、閃爍慧點的目光、博愛人道的精神和異常聰穎的天資，讓他的臉孔成為象徵，讓他的名字等同於天才。阿爾伯特・愛因斯坦是個幸運的鎖匠，擁有豐富的想像力，相信自然的一切是和諧；他迷人的故事見證了創意和自由相連互生，反映現代的成就和激盪。

現今愛因斯坦的檔案已完全公開了，讓我們得以探究他私人的一面，包括不墨守成規、天性叛逆、好奇心強、熱愛求知和超然離群等等，如何與政治面及科學面交織纏繞。瞭解愛因斯坦可幫助我們瞭解其科學源頭，反之亦然；個性、想像和創造天分統統相關，有如統一場（unified field）環環相扣。

儘管素有淡漠之名，愛因斯坦在個人與科學的追求卻又很狂熱。大學時期，他瘋狂愛上物理課唯一的女生，這名陰鬱剛烈的塞爾維亞人叫做米列娃・馬里奇（Mileva Marić）。兩人生下一名私生女後才結婚，之後又生了兩個兒子。她成為他科學想法的回響板，幫他檢查論文的數學，但最後關係仍告破裂收場。愛因斯坦開出一項交換條件，他說自己有一天會贏得諾貝爾獎，如果她答應離婚，他會給她全部獎金，她想了一星期才點頭同意。不過因為愛因斯坦的理論太激進，從在專利局創造奇蹟之年後，要再過十七個年

頭，他才獲得諾貝爾獎，米列娃也領到她的獎金。

愛因斯坦的生活與工作反映的是，二十世紀初現代主義氛圍下，社會確定性與道德絕對性的瓦解。當時，空氣中奔馳著無拘無束的想像力，畢卡索、喬伊斯、佛洛伊德、史特拉汶斯基和荀伯格等人紛紛打破傳統的束縛。帶動這種氛圍是一種新信念：在我們的宇宙，空間、時間和粒子特性會隨觀察而改變。

然而，愛因斯坦不是一個真正的相對主義論者，雖然許多人如此解讀，包括一些對他嗤之以鼻的反猶太主義者；事實上他的所有理論（包括相對論）都是在追尋不變、確定與絕對。愛因斯坦感覺到，在宇宙法則下有一個和諧的真實存在，科學的目標即是發現它。

一八九五年十六歲的他開始探索之旅，突發奇想說若是與一道光束並肩前進，不知道會是何光景。十年後「奇蹟之年」誕生了，如前面信件所述，從此為二十世紀物理學兩大突破相對論和量子論（quantum theory）奠定基礎。

再過十年光陰，一九一五年他在自然界更臻至高無上，創造出廣義相對論（general theory of relativity），成為最美的科學理論之一。如同狹義相對論，他透過思考實驗推敲思索，想像自己被關在一具於太空加速向上的電梯中，感受到與重力一樣的效應。

他認為重力是空間與時間的彎曲，並根據物質、運動和能量之間的交互作用，提出描述曲率動態的方程式。這可用另一個思考實驗說明：想像將一顆保齡球放置於二維平面的彈簧床上，接著在上面滾動幾粒撞球，撞球會滾向保齡球，不是因為保齡球有什麼神祕吸力，而是它使彈簧床的質材彎曲所致。現在想像這一切發生在四度空間和時間中。當然那並不容易，這也是為什麼我們不是愛因斯坦的原因了。

十年後到一九二五年，學術生涯走到一半的愛因斯坦，出現了轉捩點。他一手推動的量子革命此時以不確定性和機率為基礎，正蛻變成一種新的力

學。那年他仍對量子力學做出最後的重大貢獻，同時卻也開始加以抗拒。接下來的三十年，甚至一九五五年臨終前在病榻寫下的潦草算式，他都固執地要批評量子力學不完整，努力將它納入統一場理論。

不管是革命性的三十年，或後來抗拒性的三十年，愛因斯坦自始至終都能怡然自得、淡然處世、不守成規。他擅長獨立思考，想像力帶領他打破傳統智慧的疆界；他不僅特立獨行，也是可敬的反叛者，雙眼炯炯發亮，深信上帝不會玩骰子，允許事物隨機發生。

愛因斯坦不從眾的氣質在個性和政治均表露無遺。雖然他訴諸社會主義的理想，但更是十足的個人主義者，不滿國家過度擴權或中央集權。他直率的本性（配年輕科學家正好！），讓他對民族主義、軍國主義或高壓統治過敏。除希特勒讓他修正地緣政治的方程式，他是一個本能的和平主義者，以反對戰爭為榮。

他的故事包含現代科學的大震盪：從極小到無限、從光子（photon）發射到宇宙擴張。即便他的偉大功績已超過百年，我們仍然活在愛因斯坦的宇宙中，一個可巨觀用相對論定義，亦可微觀用量子力學定義的宇宙；這個亙古恆久的宇宙至今仍讓人惶惶困窘。

今日科技處處可見愛因斯坦的身影，包括光電電池和雷射、核能和光纖、太空旅行，甚至半導體都可追溯到其理論。他簽署致羅斯福總統的信件，警告原子彈製造的可能性，此後只要我們想像原子彈的蕈狀雲，內心總是會浮現他講述能量與質量關係的著名方程式。

一九一九年發生日食，觀測證實愛因斯坦對重力彎曲光線的預測，他成為舉世聞名的人物，也恰巧掀起新的名人時代。他成了科學超新星和人道主義偶像，是這個星球上最出名的臉孔之一。大眾熱心研究他的理論，將他奉為天才人物與人間聖者。

如果他沒有觸電般的頭髮與充滿穿透力的目光，還會是科學界最耀眼醒目的海報明星嗎？假如我們也用思考實驗，設想他長得像蒲朗克（Max

Planck）或波耳（Niels Bohr），會淪為同等級的名人，只是位著名的科學天才而已嗎？或者他照樣會登入萬神殿，與亞里斯多德、伽利略和牛頓一起受供奉呢？

我相信，答案還是後者！愛因斯坦的研究好比畢卡索的作品，具個人特色，有自己的辨識標記。他善於做想像跳躍，並非靠實驗資料來推導歸納，而是透過思考實驗發現重大的物理原則。這種方式產生的理論有時是驚奇神祕和反直覺的，但卻孕育許多擄獲大眾想像力的觀念，例如時空相對性、$E=mc^2$、光束與空間彎曲等。

愛因斯坦單純的人道主義更添其光環魅力。敬畏自然使他謙遜溫和，旁人或許感覺到他的疏離淡漠，然而對於人類整體，他流露出寬厚包容的真性情。

不過，雖然具有大眾魅力和平易近人的外表，愛因斯坦也開始成為一種象徵，讓大眾感覺到現代物理學是一般門外漢無法瞭解的東西，用哈佛教授赫舒巴哈（Dudley Herschbach）的話來說，便是：「象牙塔裡的僧侶之境」。這點倒不尋常，伽利略和牛頓兩人也是偉大的天才，但是他們用機械性的因果論來解釋世界，是大多數有思考能力的人可以理解掌握的。而富蘭克林的十八世紀和愛迪生的十九世紀，受教育者不僅能對科學有一定程度的理解，甚至可以業餘人士的身分浸淫其中。

面對二十一世紀的需求，應盡可能恢復大眾對科學的喜愛與探索。這不是說每個主修文學者應該選物理課，或者法律顧問應該擁抱量子力學，而是指導習與認識科學方法是一項有用的資產，可以幫助我們做一個好公民。很重要的是，科學可教導我們事實證據和普遍性理論之間的關係，愛因斯坦的一生即是好例子。

此外，重視科學是良好社會之福，幫助我們保持赤子般對平凡事物的好奇心，例如注意掉落的蘋果和電梯等事物，而好奇心正是愛因斯坦等偉大的理論物理學家具有的特質。

　　這就是為什麼值得花時間研究愛因斯坦的生平了。科學研究崇高且具啟發性，科學探索是一項令人著迷入神的任務，如同那些英雄傳說一再讓人怦然心動。在愛因斯坦生命接近尾聲時，紐約州教育局曾請教他應該加強哪類課程，他回答道：「在上歷史課時，應該多探討哪些人靠著獨立的個性和判斷力，造福全人類。」這正是愛因斯坦的寫照。

　　面對全球競爭的此刻，正當我們重新強調科學和數學教育，愛因斯坦另一部分的回答也值得注意。他表示：「學生的批評應該好意看待，知識的累積不應該扼殺學生的獨立性。」一個社會的競爭優勢不是靠學校多會教九九乘法和周期表，而是有賴如何激發學生的想像力和創造力。

　　我想，愛因斯坦的卓越才華和其人生給予的啟示，關鍵就在這裡。從當學生開始，他從來都無法去死記硬背，後來成為理論家，也不是靠超強的心算能力，而是源於想像力和創造力。他可以建構出複雜的方程式，但更重要的，他知道數學是自然用來描述天地萬物的語言，所以他可以看出方程式如何反映在現實世界中。例如，當少年愛因斯坦想像與一道光束並肩前進時，他理解到馬克斯威爾所發現的電磁場方程式如何運作。他便曾肯定道：「想像比知識更重要。」

　　這種態度勢必讓他「離經叛道」。他有次對情人（後來的太太）高喊「放肆萬歲！」，稱「這是我在世上的守護天使」。然而多年之後，當別人認為他不願意擁抱量子力學，表示他大不如前了，他感嘆說：「為了懲罰我對權威的藐視，命運讓我變成了權威。」

　　他的成功來自於質疑傳統、挑戰權威，並且對其他人不以為意的神祕奧妙感到驚奇有趣。他所接受的道德觀和政治觀，都必須以尊重自由意志、精神與個體為基礎。高壓統治讓他厭惡，他認為包容不只是一種美德，更是一個有創造力的社會之必要條件。他表示：「培養個體性很重要，因為唯有個體才能產生新觀念。」

　　這種人生觀將愛因斯坦塑造成叛逆者，但他尊重自然之和諧，用想像力

和智慧改變世人對宇宙的理解。這些特質對於全球化的新世紀至為關鍵，因為我們的成功將依賴創造力，如同二十世紀初愛因斯揭開了新時代的序幕一樣！

第一章

童年
CHILDHOOD

一八七九～一八九六年

史瓦比亞的歲月

愛因斯坦很慢才學會說話，他後來回憶說：
「我父母很擔心，跑去請教醫生。」到兩歲開始
說出一些字之後，他奇怪的口音不僅惹得女傭
叫他「笨孩子」，連家人都說他「似乎有點秀
逗」。每當他有話要說時，會試著先輕輕說幾
次，直到聽起來夠好了，才會大聲講出來。崇拜
他的妹妹回憶道：「他說的每個句子，不管多麼
平常，都會自己先輕聲重複幾次。」這點讓大家
很擔心，她說：「語言對他顯得很困難，大家都
怕他永遠學不會。」

除發展遲緩，他對權威也反叛成性，曾有
老師叫他收拾書包回家，也有老師聲稱他成不了
氣候，變成歷史笑話。這些特質使愛因斯坦成為
學童表現不專心時的擋箭牌，連他自己後來都在
猜，也許他真是因此成為現代最有創造力的科學
天才之一！

對權威的蔑視讓他質疑世俗智慧，那是學院
循規蹈矩者不假思索之事。而且因為他學說話很
慢，他相信這種方式讓他可以保有好奇心，觀察
大家未曾注意的平凡現象。愛因斯坦有一次解釋
道：「當我自問為何會發現相對論時，似乎是在
這種情況下發生的。大人不會花腦筋想空間和時
間的問題，這是小孩子會想的事。因為我發育太
慢了，所以當我開始對空間和時間等問題感到好

奇時，我已經長大了，結果比一般小孩子對這個問題的思索更加深入。」

愛因斯坦的發展問題可能被過分渲染，甚至是他自己也有份，因為根據其祖父母留下的一些信件，他就像其他孫子一樣聰明可愛。不過終其一生，愛因斯坦有輕微迴音症（echolalia）的情況，他會自己重複字句兩三遍，尤其是覺得好玩時。他偏愛用圖像思考，尤其是擅於利用著名的思考實驗，例如想像從前進的火車上觀察閃電，或是想像在往下掉落的電梯體驗重力。他曾經向一名心理學家表示：「我極少用文字思考，往往是一個想法突然出現了，然後再試著找文字表達。」

愛因斯坦的父母都出身猶太商人家庭，在德國西南方史瓦比亞（Swabia）鄉間做小買賣，約有兩個世紀的歷史，生活還過得去。隨著世代遞嬗，越來越同化到德國文化中，雖然在文化和血緣上仍然是猶太人，但他們一家對猶太宗教或儀式並不熱衷。

愛因斯坦從不認為是出身造就了他，他曾對一名友人說：「探究我的祖宗八代沒有意義。」這不全然是事實，他有幸生在獨立思考和聰明、重視教育的家庭中，而且猶太人傳統上特別重視智力，歷史上兼具局外人和流浪者的角色，這無疑使愛因斯坦的一生受到影響（好壞兼具）。尤其他在二十世紀初「碰巧」是德國猶太人，這使他不得不更加邊緣與飄泊，所以要瞭解愛因斯坦以及他在世界歷史扮演的角色，這反倒是不可或缺的一環。

愛因斯坦的父親赫曼（Hermann）一八四七年生於史瓦比亞的布赫奧村（Buchau），這裡的猶太社區很活躍，就業不受限制的權利正在起步。赫曼表現出「對數學的特別愛好」，而家裡正好有能力將他送到北邊七十五哩遠的斯圖加特念中學。不過因大部分學校都不收猶太人，他無法上大學，所以回到布赫奧從商。

幾年之後，隨著十九世紀德國鄉下的猶太人普遍遷移到工業中心，赫曼與父母也搬到三十五哩外較繁榮的烏爾姆鎮（Ulm）。彷彿是預言般，當地即以「烏爾姆人都是數學家」的口號自豪。

赫曼有一個堂兄在當地經營羽毛床公司，他加入成為合夥人。愛因斯坦後來回憶父親是「極為友善、溫和且明智的人」。然而，溫順近乎懦弱的個性，讓赫曼不適合當商人，而且在財務上永遠不實際。不過溫順讓他成為一位愛家的好男人，也適合成為強勢女人的好丈夫。二十九歲那年，他與年紀小十一歲的寶琳娜・科赫（Pauline Koch）結婚了。

寶琳娜的父親尤利烏斯・科赫（Julius Koch）是穀物商，因為與符登堡王室（Württemberg court）做生意，累積相當可觀的財富。寶琳娜繼承父親個性中的實際，但是不像父親不愛講話，她頗會挖苦捉弄人，笑聲具傳染性又會刺傷人（這些特質後來遺傳給兒子）。根據所有的記載，赫曼和寶琳娜可謂天造地設，女方的強勢和男方的被動「琴瑟合鳴」。

他們第一個孩子於一八七九年三月十四日星期五早上十一點半誕生在烏爾姆，該地連同史瓦比亞其他地區剛被劃入新統一的德意志帝國。[1]最初，寶琳娜和赫曼打算把男嬰取名亞伯拉罕（Abraham），以紀念赫曼父親。不過，愛因斯坦說父母覺得那個名字聽起來「太猶太」了，於是保留字頭A，取名阿爾伯特・愛因斯坦（Albert Einstein）。

慕尼黑

一八八〇年阿爾伯特出生一年後，赫曼的羽毛床生意垮了，弟弟雅各勸他舉家搬到慕尼黑，加入他的天然氣電力公司。雅各是五位手足中年紀最輕者，他和赫曼不一樣，是受過高等教育的工程師。他們爭取德國南部自治區政府的合約，提供發電機和電力照明；雅各負責技術層面，赫曼則貢獻一些推銷術，或許更重要的是太太娘家可提供貸款。

寶琳娜和赫曼有了第二個、也是最小的孩子，這個女兒出生於一八八一

1　編按：這裡指的是鐵血宰相俾斯麥陸續擊敗奧、法等國，一八七一年威廉一世在巴黎被加冕成為皇帝，德意志帝國宣告成立，德國完成統一。

年十一月，取名瑪莉亞，但大家都叫她小名瑪雅。阿爾伯特第一次看到妹妹時，大人哄他說妹妹是很棒的玩具，他肯定會喜歡。沒想到，他的反應是看著她，然後大喊：「好啊！但是怎麼沒有輪子呢？」」這問題雖然很不懂事，但至少顯示在他三歲面臨語言挑戰時，依然能夠說出一些值得留念的話。除了孩提時代少數爭吵外，瑪雅是哥哥一生中最親密的知己。

愛因斯坦一家安居在慕尼黑市郊，庭院草木扶疏舒適雅致，過著體面的中產階級生活，愛因斯坦大部分童年都在此度過。當時，慕尼黑被瘋狂的路德維希二世（1845～1886）大肆改造，湧現大量的教堂、畫廊和音樂廳（專門演奏華格納的作品）。一八八二年愛因斯坦一家人剛落腳時，居民大約有三十萬，其中85％是天主教徒，2％是猶太人。慕尼黑也是德國最早擁有電力的都市，街道照明也都用電燈。

愛因斯坦家的後院常有親戚和鄰居小孩來玩，但是他不跟大家遊戲，而是「自己專心做比較安靜的事」，一名女家教還封他為「無聊大師」。他喜歡獨處，說自己一輩子很珍惜這種特質。不過這種疏離很獨特，因為他也喜歡志同道合者。根據愛因斯坦一位老同事法蘭克（Philipp Frank）的說法，「從小他就很少與同齡小孩遊玩，會自己做白日夢或默想沈思。」

他喜歡解謎題、堆積木、玩叔叔送他的蒸氣機，還有用紙牌蓋房子。根據瑪雅說法，愛因斯坦能堆出十四層高的牌樓。雖然妹妹身為他的崇拜者，記憶應該打些折扣，但是她所說「耐心毅力明顯已是哥哥個性的一部分」，應該有不少真實性。

不過至少在幼年時，他也一樣會鬧脾氣。瑪雅回憶說：「在這種時候，他的臉會完全變黃色，鼻尖則變白色，搞到沒法控制自己。」五歲時，他抓了一把椅子對家教丟過去，老師逃走了，再也沒有回來過。後來，是瑪雅的頭成了各種硬物的目標，她曾開玩笑說：「當天才的妹妹，可要頭好壯壯才行呢！」不過，長大後他就不再亂發脾氣了，倒是耐心毅力仍在。

用心理學家的話來說，愛因斯坦小時候的系統化能力（統籌歸納系統裡

的法則）遠比同理心能力（感覺和關心其他人的感覺）強，這不免讓有些人懷疑他有輕微的人格發展障礙。不過重點是，雖然愛因斯坦態度疏離有時又愛叛逆，但他確實有能力結交密友，對於同事和人類整體都能感同身受。

　　一般人通常不會記得幼年時的重大頓悟，但愛因斯坦不然。四、五歲時發生的一件事改變了他的人生，讓他終生刻骨銘心，也永遠刻印在科學歷史中。

　　有一天他生病躺在床上，父親給他一只指南針。他後來回憶說，當他探索背後那股神祕的力量，他興奮到渾身顫抖。磁針好像受到某種隱藏的力場影響，而不是經由手動等較熟悉的機械性方法，這種驚奇後來一輩子激勵著他。他多次提起這事，表示說：「我還記得，或至少我相信我記得，這個經驗所留下的深刻印象。事物背後一定深深隱藏著某種東西。」

　　奧佛拜（Dennis Overbye）在《戀愛中的愛因斯坦》（*Einstein in Love*）提到：「這故事太傳神了。混亂現實背後看不見的秩序，讓一個小男孩渾身顫抖。」電影《愛神有約》（*IQ*）也有這段故事，飾演愛因斯坦的馬修（Walter Matthau）脖子便掛著指南針，這甚至還寫成童書《拯救阿爾伯特的指南針》（*Rescuing Albert's Compass*），作者歐本海默（Shulamith Oppenheim）的岳父曾在一九一一年親口聽愛因斯坦講述此事。

　　指南針被一個看不見的場拉著走，令愛因斯坦深深著迷，於是終生都以研究場論來描述自然。場論使用數字、向量（vector）或張量（tensor）等數學量，描述空間中任一點的狀態如何影響物質或其它場，例如重力場或電磁場有「力」可對在任何點的粒子作用，場論方程式即是描述這些場如何隨位置而改變。一九〇五年那篇偉大的狹義相對論論文中，開頭第一段便是考慮電場和磁場的效應；至於廣義相對論則是以描述重力場的方程式為基礎。即便到生命最終一刻他仍然不放棄，留下一些潦草的場論方程式，希望能成為萬物理論的基礎。科學史學家荷頓（Gerald Holton）即強調，愛因斯坦認為「古典的場概念對科學精神有非常大的貢獻」。

　　愛因斯坦的母親很會彈鋼琴，也送他一項終生受用無窮的禮物：安排他上小提琴課。起先他很討厭機械性的教學，但是在經過莫札特奏鳴曲的洗禮後，音樂頓時變得神奇無比且充滿感情。他說：「我相信喜愛比義務是更棒的老師，至少對我是如此。」

　　在媽媽的鋼琴伴奏下，很快他就能表演莫札特的二重奏了。他後來告訴朋友：「莫札特的音樂是如此純粹美麗，我覺得這是宇宙內在之美的反射。」有一次他談到對數學、物理和莫札特的看法，也加上一段話：「當然，像所有美麗至極的事物一樣，莫札特的音樂簡單純粹。」

　　音樂不僅能調劑身心，更可促進思考。愛因斯坦的兒子漢斯就說：「每當他覺得好像走到死路，或研究遇到困難，只要躲到音樂，好像問題都能迎刃而解。」當他獨自住在柏林與廣義相對論角力時，小提琴變得很有用。一位朋友回憶說：「他常會晚上在廚房拉小提琴，在沉思複雜問題時隨興演奏。有時突然拉到一半，他會興奮喊說：『我知道了！』好像靈光乍現一般，答案會隨著音樂聲翩然來到。」

　　對音樂（尤其是莫札特）的喜愛，可能反映出他對宇宙和諧的感覺。莫茲柯夫斯基（Alexander Moszkowski）根據兩人談話，在一九二〇年出版一本愛因斯坦傳記，他提到：「音樂、自然和上帝在他內心混雜，既是情感、道德要求也是永恆的事物。」

　　愛因斯坦一生保有赤子般的直覺和敬畏。面對自然現象的不可思議，如磁場、重力、慣性、加速運動與光線等，一般成人覺得稀鬆平常，但他從未失去驚奇讚嘆之心。他能在心中同時並存兩種想法，為兩者的衝突困惑，也為其潛在的一致性驚嘆。他晚年曾寫信給朋友說：「像我們這種人永遠不會變老，因為置身於偉大奧祕之前，我們永遠都像好奇的小孩。」

學校

愛因斯坦晚年常講一則老笑話，是關於一位叔叔的不可知論。這位叔叔是家族唯一會去猶太教堂（synagogue）的人，每當人家問他為什麼，他總是回說：「啊，沒人知道以後會怎樣！」相較上，愛因斯坦的父母「完全不信教」，也沒有未雨綢繆的衝動，他們飲食並未遵守猶太戒律（kosher）[2]，也不上猶太教堂，他父親將猶太儀式視為「古老的迷信」。

阿爾伯特六歲上學時，父母不擔心住家附近沒有猶太人學校，將他送到鄰近一家大型的天主教學校派特爾斯（Petersschule）上課。身為班上七十名學生中唯一的猶太人，愛因斯坦雖然得上正規的天主教課程，但卻一樣念得很起勁。事實上，他的功課還好到可以幫同學忙！

有天老師帶一枚大釘子到班上，並對大家說：「耶穌被釘上十字架的釘子，就是長這個樣子。」不過，愛因斯坦並沒有特別感覺到老師間有什麼歧視，他寫道：「老師是自由派，不會有差別待遇。」不過，同學們可不是這麼一回事，他回憶說：「在小學生中，反猶太是很普遍的。」

但是，因為「孩子們對種族特徵的奇怪直覺」，讓愛因斯坦在上下學途中常受到欺負嘲弄，更加認定自己是個局外人，而且這種感覺直到終生。「放學回家時常遇到攻擊侮辱，但是大抵上不算太惡劣。只是，即使對小孩子來說，也會強化自己是局外人的感覺。」

九歲時，愛因斯坦換到慕尼黑市中心的路易波德中學（Luitpold Gymnasium），這所以開明作風著稱的教育機構，除了拉丁文和希臘文，也注重數學和科學。除此之外，學校還專門派一名老師為猶太人上宗教課。

因為父母不信教，所以當愛因斯坦有天突然對猶太教熱衷起來，讓人感

2　編按：希伯來語中，kosher為潔淨、合適之意，根據《摩西五經》，合猶太戒律的食物必須符合以下等條件，如不吃豬肉與不會反芻的動物，宰殺動物要使動物在痛苦最少的方式死去，肉類與奶類不能一起烹煮，不吃貝類與甲殼類海鮮等等。

到十分意外。妹妹回憶道：「他太狂熱了，靠著自己嚴格遵奉猶太戒律。」他不吃豬肉，遵守飲食戒律並且過安息日。當家人對這些戒律毫無興趣、甚至幾近蔑視時，他要獨自遵守更顯得困難。他甚至自己譜聖歌讚頌上帝，放學回家時一路唱給自己聽。

一般相信愛因斯坦當學生時數學不及格，這種說法常套用「人人皆知」來強調。數不清的書籍和網站也拿來鼓勵成績不好的學生，甚至著名的報紙專欄「雷普利之信不信由你！」也提過這點。

這誤會大了！愛因斯坦的童年提供許多奇聞軼事可供人們回味參考，但是數學不好絕非事實。一九三五年時，普林斯頓一位拉比拿雷普利的剪報給愛因斯坦看，標題是「最偉大的數學家數學被當掉」。愛因斯坦大笑，更正說：「我的數學從來沒有不好。十五歲之前，我已經會微積分了。」

事實上，他是個很棒的學生，至少在成績方面。七歲時，他媽媽就曾跟一位阿姨說：「昨天阿爾伯特拿到成績單了，這回又是第一名喔！」可見他小學時代就是班上第一。上中學時，他不喜歡死記硬背的拉丁文和希臘文等語文課，後來表示自己「對文章句子的記性很糟」，所以更加討厭學語文。但即使是這些課程，愛因斯坦照樣拿高分。後來愛因斯坦歡度五十歲生日時，因大家老是流傳這位偉大天才的中學成績有多差，當時的校長還發表公開信，證明他成績好得很！

他的數學絕對不差，反而「遠超出學校要求之上」。妹妹瑪雅回憶說，在十二歲時「他已經偏愛解決複雜的應用題了」，而且他還決定自修幾何和代數，想證明自己有超前的能耐。父母為他買了教科書，讓他可以在暑假自修。後來，他不僅學會書中的證明，也試著用自己的方式證明新理論。瑪雅說：「他忘了遊戲和玩伴，接連數天都一人靜靜獨處，全心全意研究解答，沒解出來便不放棄。」

當工程師的叔叔雅各讓他體會到代數的樂趣。雅各對他解釋說：「這是快樂的科學。當我們捉不到獵物時，先稱它為 X，然後繼續找，直到找到為

止。」他不斷給愛因斯坦越來越難的挑戰，瑪雅回憶道：「純粹是好心想看他能否解出答案。」當愛因斯坦成功時（每次都能辦到），他「完全被快樂淹沒，從那時起，他意識到天分已經幫他選擇了方向。」

叔叔雅各丟給愛因斯坦的問題當中，有一道是畢氏定理（直角三角形斜邊的平方等於兩直角邊的平方和）。愛因斯坦回憶道：「我費了好大的勁，終於成功用三角形相似性『證明』這個定理，」他再一次用圖像思考：「對我來說，似乎直角三角形的三邊關係，『顯然』會由其中一個銳角決定。」

以哥哥為傲的妹妹瑪雅，聲稱愛因斯坦的畢氏定理證明「完全是原創想法」。我們實在難以想像，即便是完全陌生的東西，愛因斯坦也能自創解法，而且還跟標準答案類似，都是利用相似三角形的邊長比例來證明。這確實顯示愛因斯坦在少年時，就有能力知道從簡單的原理推論出漂亮的定理，顯然「他沒有數學不及格的危險」。多年之後，他接受普林斯頓一家高中報紙的訪問時指出：「當年十二歲的我，發現在沒有任何外在經驗的幫助下，單純經由推理也能發現真理時，內心很震撼。」「我越來越確信，自然可以用簡單的數學式子來理解。」

對愛因斯坦智力激發最大的，是一個貧苦的醫學生，他每星期會與愛因斯坦家人吃一次飯。這是猶太人由來已久的習俗，在安息日邀請窮苦的神學生一塊分享食物，愛因斯坦家則改變傳統，選在星期四招待一位醫學生。他的名字是塔木德（Max Talmud），移民美國時改名譚美（Talmey）。當年他二十一歲，愛因斯坦是十歲。塔木德回憶說：「他是一個漂亮的黑髮男孩，那些年裡我沒看過他讀任何通俗文學，也不曾看見他身旁有同窗或同齡的男孩。」

塔木德為愛因斯坦帶來科學書籍，包括一套流行的圖畫書《大眾自然科學讀物》（*People's Books on Natural Science*），讓他「看得屏氣凝神」。這二十一冊書的作者為伯恩斯坦（Aaron Bernstein），他著重生物和物理的關係，對當時科學實驗的進展尤其是德國有很仔細的描寫。

伯恩斯坦在第一冊開頭便談到光速，這個主題讓愛因斯坦十分著迷。他不斷翻閱後面幾本書的相關部分，包括第八冊的十一篇文章。從愛因斯坦後來創造相對論使用的思考實驗來看，伯恩斯坦的書顯然影響深遠。

例如，伯恩斯坦請讀者想像坐在一列高速行駛的火車。如果有顆子彈從窗外射入，看起來會有一個角度，因為在子彈進出兩邊窗戶時，火車正在移動當中。同樣地，因為地球在太空中有速度，所以光線進出望遠鏡時，也應該會有相同的情況。伯恩斯坦說，令人驚異的是實驗發現，不管光線來源的速度有多快，都會有相同的效果。伯恩斯坦宣告道：「既然每種光線速度完全相同，光速定律可說是自然最普遍的法則。」從愛因斯坦後來出名的推論看來，這段內容顯然留下深刻的印象。

其中還有一本，伯恩斯坦以電子信號波做為運輸工具，帶領年輕讀者想像太空之旅。伯氏讚揚科學研究的驚奇美妙，行筆間生動有趣，例如談到有人成功預測新行星「天王星」的位置時，他寫道：「讚美此科學！讚美發現者！讚美人類心智所見之物，比雙眼更為銳利！」

伯恩斯坦就像愛因斯坦後來一樣，熱衷於將所有自然之力彼此牽繫。例如，在討論過所有電磁現象（如光線）可以想成波之後，伯恩斯坦猜想相同情況也適用重力。他寫道，人類感知的所有概念，道理其實都很簡單一致；所謂的科學真理即在發現理論，描述這個根本真實。愛因斯坦後來回憶道，這種揭示和探究真實的態度，在他年輕時便對他潛移默化：「有一個巨大的世界，獨立於人類而存在，在我們面前有如偉大的永恆之謎。」

多年後愛因斯坦第一次拜訪紐約時，才又與塔木德重逢。塔木德問他對於伯恩斯坦那套書的看法，他回答道：「相當棒的書，對我後來的人生影響很大。」

塔木德也幫愛因斯坦繼續探索數學的奇妙世界，送給他一本幾何學教科書，比學校課程早了兩年。愛因斯坦後來總會語帶敬畏，稱這是一本「神聖的幾何學小書」：「裡面的陳述，如三角形三高會相交一點，雖然不是顯而

易見，但都可以得到明確的證明，不容任何懷疑！這份明晰與確定感在我內心留下不可磨滅的印象。」愛因斯坦後來在牛津大學講課時也提到：「如果歐幾里得無法燃燒你年輕的熱情，那麼你天生不是科學家。」

塔木德每星期四來訪，愛因斯坦總是開開心心地給他看那個星期解出來的問題。一開始，塔木德還能幫忙，但很快便被學生超越了。短短數月之後，愛因斯坦已經做完整本書。塔木德回憶說：「他開始投身更高深的數學……很快他的數學天才已經翱翔天際，讓我無法企及了。」

這位驚嘆連連的醫學生改而介紹哲學給愛因斯坦認識。他回憶道：「我跟他推薦康德。那時他還是十三歲的孩子，但平常人難以理解的康德，對他似乎很清楚。」有一陣子康德成為愛因斯坦喜愛的哲學家，其《純粹理性批判》（*Critique of Pure Reason*）還讓他接著鑽研休謨（David Hume）、馬赫（Ernst Mach）以及一切能夠認識實在的課題。

愛因斯坦對科學的接觸，讓他在十二歲原本該準備受猶太成人禮（bar mitzvah）之際[3]，突然反抗起宗教。在伯恩斯坦的大眾科普讀物當中，他讓科學與宗教信仰妥協並存。他說：「宗教信仰之存在，是因為人類冥冥中知道，自然中萬物（包括人類）絕非一場意外的遊戲，而是在規則中運行，萬物存在都有根本原因。」

愛因斯坦後來比較接近這種感覺。但在當時，他只想立刻與信仰一刀兩斷。「看過大眾科普讀物後，我很快確信聖經有太多故事不可能是真的，這影響非常大，不僅讓我熱衷於思想解放，也讓我感覺整個群體刻意用謊言在欺騙年輕人。」

愛因斯坦此後一生完全避開宗教儀式。朋友法蘭克曾提及：「愛因斯坦厭惡信奉猶太教或任何傳統宗教，不肯出席任何宗教儀式，這點他奉行不渝。」不過，他始終維持兒時的宗教經驗，認為宇宙與其律法創生時，展現

3　編按：bar mitzvah意為受戒之子，猶太教認為男子十三歲為成年，女子則為十二歲，成年禮後，代表此人服從摩西十誡，且認同猶太人的歷史與命運。

了上帝心靈的和諧與美，他對此深懷敬意。

愛因斯坦對宗教的反叛，也深深衝擊他對俗世智慧的觀感，讓他對所有形式的教條和權威產生過敏反應，同時影響政治觀和科學研究。他曾經表示：「這個經驗讓我對各式權威產生懷疑，也是我一生堅持的態度。」的確，他一生在科學與社會思維上，都是甘於不同流俗。

等大家視他為天才後，他這種唱反調的形象反而被大家喜歡，不過，當他還是慕尼黑中學的毛頭小子，事情就沒那麼好玩了，根據瑪雅說法：「學校讓他渾身不對勁」。他發現學校裡強調死記硬背、老師對學生問題不耐煩，對於這種教學方式感到相當討厭。「學校的軍事化作風、有系統的訓練崇拜權威，讓學生從小便習慣軍事紀律，這一切讓人感到特別不愉快。」

即使慕尼黑的巴伐利亞風氣稍微沖淡軍事化的氣息，但社會仍然流行歌頌讚揚普魯士軍隊，許多小孩子愛極了當阿兵哥。當軍隊伴著笛鼓聲經過時，孩子們會蜂湧而上，一同加入遊行隊伍踢正步。但愛因斯坦不是這樣子，有一次他看到這種情形，竟然哭了起來，告訴父母說：「我長大以後才不想當那些可憐蟲呢！」愛因斯坦後來解釋：「有人可以興高采烈隨軍樂踢正步，光憑一點我就瞧不起他。那種人長了腦袋，純粹是一種錯誤。」

他對各種團體組織的反感，使他在慕尼黑中學的日子是越來越難捱。他抱怨說，學校的機械式學習「非常接近普魯士軍隊的訓練方式，透過反覆操演無意義的命令，達成一種機械化的紀律。」老師在他眼裡跟軍人沒兩樣，他說：「對我而言，小學老師好像教育班長，中學老師則是中尉。」

他曾經問英國作家和科學家史諾（C. P. Snow），知不知道德文「Zwang」的意思。史諾說知道，那表示限制或強迫。為什麼問這個問題？愛因斯坦回答說，他在慕尼黑讀書時，第一次反抗「Zwang」，也從此成為他的特質。

於是，抱持懷疑主義和拒抗世俗智慧，成了他一生的正字標記。一九〇一年他寫給父執輩朋友的信中曾如此宣告：「盲目信仰權威是真理至敵。」

六十年的科學生涯，不管是引領量子革命或後來加以抗拒，如果不

是這種堅持，愛因斯坦也不會有此成就。晚年的合作者荷夫曼（Banesh Hoffmann）提到：「他早年對權威的懷疑，從來未曾消退，具有舉足輕重的地位。若是欠缺這份態度，他就無法形成強而有力的獨立心智，有勇氣挑戰既有的科學信仰，進而徹底改革物理學。」

然而，輕視權威卻讓學校那些像德國中尉的老師不喜歡他。有一位老師宣稱他太傲慢無禮，不喜歡他來班上。當愛因斯坦堅持說自己又沒有犯錯時，老師回答說：「沒錯，但你坐在後排微笑。只要你出現在這裡，便會破壞班上同學對我的敬意。」

愛因斯坦的不適應嚴重到抑鬱寡歡，甚至接近神經衰弱的邊緣，那時父親的生意又遭逢噩運，正加速走向破產。打從愛因斯坦就學以來，愛氏兄弟的公司大部分是成功的，一八八五年公司有二百名員工，慕尼黑啤酒節（Oktoberfest）首度有電燈照明也是拜其所賜。往後幾年，公司還拿到合約，以愛氏兄弟設計的兩架天然氣發電機，幫慕尼黑郊區史瓦濱的一萬名居民鋪設電線。雅各因改良弧光燈、自動斷路器和電錶，也獲得六項專利。為和西門子等新興電力公司角逐市場，兩兄弟抵押房屋募集資本，以1分年利借貸六十萬馬克，因此造成嚴重的債務問題。

一八九四年愛因斯坦十五歲時，由於公司未搶到慕尼黑城中區等地的生意，無力再經營下去。他們和叔叔兩家一起搬到義大利北方，先是到米蘭後來換至附近的巴維亞，因為義籍合夥人認為小公司到那裡較有生機。他們舒適的家園被建商拆掉，改建成公寓，獨自留在慕尼黑的愛因斯坦，只好借住遠房親戚家，以完成剩下的三年學業。

一八九四年是多事之秋，愛因斯坦離開了路易波德中學，但並不清楚是校方強迫或是被委婉勸離。多年之後，他提及當年宣稱他「出現便會破壞班上同學敬意」的老師，已經進一步「表明希望我離開學校」。家人寫的另一本書中也表示，這是愛因斯坦自己的決定：「阿爾伯特漸漸決心不要留在慕尼黑，並且想出一個計謀。」

這個計謀牽涉到請家庭醫生（塔木德之兄）寫一封信，證明愛因斯坦飽受神經衰弱所苦。他利用這紙證明，在一八九四年聖誕節假期離開學校，從此不再回頭，搭乘火車橫越阿爾卑斯山到義大利，並通知「驚慌」的父母自己不回德國了。他承諾要靠自己的力量讀書，準備翌年秋天報考蘇黎士的技術學院。

或許他決定離開德國還有一個因素。假設繼續留下來，再差一年即滿十七歲，恐怕會被要求服兵役，妹妹說這種可能性「讓他想到就恐懼」。因此，除了宣布自己不回慕尼黑了，他也馬上請父親幫他放棄德國公民的身分。

亞勞

一八九五年的春夏，愛因斯坦與父母住在巴維亞的公寓，並到家裡的公司幫忙。在這段期間，他得以好好摸索磁鐵與線圈如何發電運作。愛因斯坦的研究能力讓家人印象深刻，有一次雅各叔叔在新機器有些計算問題，要愛因斯坦也跟著想想辦法。雅各告訴一位朋友說：「我和助理工程師絞盡腦汁好幾天了，沒想到這小伙子十五分鐘就搞定了。有一天，他會出名的！」

由於喜歡山上的孤絕，愛因斯坦會在阿爾卑斯山和亞平寧山健行好幾天，包括從巴維亞到熱內亞拜訪媽媽的兄弟尤利烏斯。在義大利北部旅行時，不管走到哪裡，他很喜歡當地人和德國不一樣的友善和「體貼周到」，認為他們的「自然態度」和德國「精神僵死、制式服從的機器人」是個對比。

愛因斯坦答應家人，他會自己念書報考當地的蘇黎士技術學院。因此，他買了三本維奧爾（Jules Violle）的高等物理學，在空白處寫滿心得。妹妹回憶說他讀書很容易全神貫注：「即使在一大群相當吵雜的人們當中，他也可以自己縮到沙發上，手裡拿著紙筆，將墨水擺在扶手上，讓自己完全沈浸在

問題中，吵嘈的談話聲完全不會干擾，反而更幫助他。」

那年夏天他十六歲，寫出第一篇理論物理的論文，題目是〈磁場中乙太狀態之研究〉（On the Investigation of the State of the Ether in a Magnetic Field）。這個題目很重要，因為乙太的觀念將在愛因斯坦的學術生涯扮演重要角色。在那時候，科學家只將光當成波，假設宇宙間一定遍布某種看不見的物質，可以泛起漣漪傳送光波，好比水是介質，可以上下起伏傳播海浪。他們稱此物質為「乙太」，而愛因斯坦當時也是採用這個假設，如他在論文中提到：「電流讓周圍的乙太產生短暫的運動。」

這份十四頁的手寫論文，呼應維奧爾教科書和一些大眾科學雜誌的報導，探討赫茲（Heinrich Hertz）最新發現的電磁波。愛因斯坦提出實驗建議，希望能解釋「在電流周圍形成磁場」的現象。他主張這會很有趣：「因為探討乙太之彈性狀態，可容我們探究電流謎樣的本質。」

這名中輟生直言自己只是做一些建議，但不知道將走向何處。他寫道：「我手中完全沒有東西可以深究這個主題，只能沈思推敲而已，懇請您不要認為這太淺了。」

他將論文送給舅舅卡薩‧科赫（Caesar Koch）看，他是愛因斯坦最喜愛的親戚之一。卡薩在比利時經商，偶爾也會塞給外甥一點錢。愛因斯坦在附函中客套地說：「這篇論文天真又不完美，可以想像是出自我這種年輕人。」他附帶說明自己的目標是明年秋天能進入蘇黎士技術學院，但是擔心自己年齡不符規定，「我應該至少再大兩歲才可以」。

為了幫他跳過年齡規定，一位家庭友人寫信給技術學院的主任要求破例。從主任的回覆來看，他對讓這名「神童」就讀表示懷疑，但校方同意讓愛因斯坦參加入學考試。於是一八九五年十月他搭乘火車赴蘇黎士，「心中自然惴惴不安」。

不意外地，他輕鬆通過數學和自然科考試，但一般科目包括文學、法文、動植物學和政治學並沒有過。技術學院的物理學系教授韋伯（Heinrich

Weber），建議愛因斯坦留在蘇黎士旁聽。不過，愛因斯坦決定聽從學院主任的建議，到西邊二十五哩遠的亞勞市立中學，再花一年時間準備考試。

對愛因斯坦來說，這是一所完美的學校。該校教學理念是以十九世紀初一位瑞士教育改革家裴斯泰洛齊（Johann Heinrich Pestalozzi）[4]的哲學為基礎，鼓勵學生以視覺意象來思考，他也認為發展每個孩童的「內在尊嚴」和個體性是相當重要的。裴氏鼓吹，應該允許學生利用一系列方法達成自己的結論，包括從親自參與觀察開始，進而訴諸直覺、概念思考及視覺意象；甚至有可能利用這種方法，來學習與確實瞭解數學和物理法則，至於機械背誦、記憶和填鴨則應避免。

愛因斯坦愛上亞勞了。妹妹回憶說：「學生在那裡被當人對待，強調獨立思考，更甚於權威的意見。年輕人不是將老師當成權威人物看待，而是與學生平等、也有自己個性的人。」而愛因斯坦討厭的正是與之完全相反的德國教育，他後來表示：「相較於六年的德國獨裁式學校教育，我清楚瞭解到這種強調個體自由與責任的教育，比仰賴外在權威的教育更高竿。」

裴氏與亞勞師長強調的視覺化理解概念，後來也成為愛因斯坦的天才標誌。裴氏主張：「教育學生正確判斷，視覺化理解是必要且唯一真正的法門，學習數字和語言只是次要。」

所以不意外，是亞勞讓愛因斯坦開始進行視覺化的思考實驗，且因此成為最偉大的科學天才：他試著想像若與光束並肩前進，將會是何種景象。他後來對友人提到：「在亞勞時，我首次進行一個天真的思考實驗，與狹義相對論有直接關係。我想，若有人可用光速追趕光波，將會看見一個不隨時間改變的波；當然這種事情是不可能的！」

4　編按：Johann Heinrich Pestalozzi（1746～1827），在西方被尊稱為平民教育之父，是最早提倡愛的教育的教育家，教育的目標在於消除貧窮改造社會，主張全人教育，曾經因對孩童實施勞動教育遭社會非議。

　　這種視覺化的思考實驗（*Gedankenexperiment*）[5]，像是愛因斯坦的正字標記一樣。多年來，他在心中想像各種景象，包括閃電、行進的火車、加速的電梯和往下掉的油漆工、二維度的瞎眼甲蟲爬行彎曲的樹枝；他也提出許多奇妙的設計，試圖在理論上同時決定高速電子的位置和速度。

　　在亞勞當學生時，愛因斯坦寄宿在一個非常好的家庭，有多位家庭成員後來跟他關係深厚。一家之主是約斯特・溫特勒（Jost Winteler），在學校教歷史和希臘文，他的太太叫羅莎，很快愛因斯坦暱稱她為「媽媽」，兩人共育有七名子女。女兒瑪莉成為愛因斯坦的第一任女友，另一位女兒安娜，後來與愛因斯坦最好的朋友貝索（Michele Besso）結婚，而兒子保羅則娶了愛因斯坦心愛的妹妹瑪雅。

　　「爸爸」約斯特是自由派，和愛因斯坦一樣對德國軍國主義和民族主義感到過敏。他的誠實直言和政治理想主義，塑造了愛因斯坦的社會哲學觀。他如同一名良師，使愛因斯坦支持世界聯邦主義、國際主義、和平主義和民主社會主義，深深摯愛個體自由和言論自由。

　　更重要地，在溫特勒家的溫暖懷抱裡，愛因斯坦變得自在與更有安全感了。即使他仍喜愛孤獨，但溫特勒一家幫他敞開胸懷，與人親密互動。安娜回憶道：「他很有幽默感，不時開懷大笑。」晚上他有時會讀書，「但他更常和大家圍坐桌邊」。

　　愛因斯坦逐漸脫胎成非常吸引人的少年，當時還有個女士說，他擁有「會將新世紀搞翻的俊帥外貌」。他有黑色的鬈髮、深邃的眼神、高挺的額頭和活潑的舉止，「尤其臉的下半部就像個風流之徒，遊戲人間總有一堆理由」。

　　同窗之一畢蘭德（Hans Byland）以「放肆的史瓦比亞人」形容他，讓人印象深刻：「他很有自信，濃密黑髮被一頂灰毛帽往後扯，邁步很有精神，

5　編按：Gedankenexperiment，Gedanken是德文的思考之意。

速度快到簡直是瘋狂，好像整個世界讓他靜不下來。沒有事物可以逃脫那雙褐色大眼睛的銳利注視，任何接近他的人都會被他的優越感迷惑。他總是嘟起厚厚的下唇嘲弄別人，讓心胸狹窄的人不喜歡和他當兄弟。」

畢蘭德又指出，少年愛因斯坦最特別的是那種大剌剌甚至故意嚇人的機智：「他面對世界，像是個呵呵大笑的哲學家，他極盡挖苦之能事，豪不留情地鞭笞所有虛榮與矯飾。」

愛因斯坦一八九五年底與瑪莉・溫特勒陷入熱戀，那時他才搬到她家幾個月。瑪莉剛完成師範教育，回到家等著到鄰近村莊任教。當時她才滿十八歲，而他也只有十六歲，兩人戀愛讓雙方家庭非常高興。當愛因斯坦和瑪莉寄新年賀卡給寶琳娜時，她親切地回覆：「親愛的瑪莉小姐，收到您的短箋，非常欣喜。」

愛因斯坦四月回巴維亞度春假時，給瑪莉的信成為第一封世人所知的情書：

親愛的甜心！

許許多多感謝，謝謝甜心您迷人的短箋，帶給我無窮的喜悅。能將這封信貼在胸口是多麼棒的事情！您那雙可愛的小眼睛曾經流連過，您那雙輕巧的小手曾經撫摸過！我的小天使，我現在才瞭解何謂相思使人瘦。但愛讓我好幸福，這遠遠勝過相思苦……

我母親也惦記您，即使她不認識您（我只肯給她看您兩封迷死人的短箋）。她總是笑我，因為以前讓我心動的女孩子，我現在看都不看一眼。您對我靈魂的意義，這勝過全世界。

不過他母親還是在信尾親筆加上：「我未看此信，在此誠摯問候您！」

雖然愛因斯坦在亞勞的求學很愉快，但成績不是很平均。入學通知上指出他需要補救化學，至於法文知識則有「巨大落差」。到學期中時，學校要

求他「繼續法文及化學的課後輔導」，而且「還是很排斥法文」。當約斯特將期中成績單寄來時，愛因斯坦的父親依舊樂觀。他回信說：「阿爾伯特的表現不全符合我的期待，但我已習慣他有的成績很好、有的成績普通，所以不會特別在意。」

音樂仍然是他的摯愛。班上共有九人拉小提琴，老師指出大家「拉弓有些僵硬的小毛病」，不過他被特別挑出來讚美道：「有個叫愛因斯坦的學生，能將貝多芬奏鳴曲拉出深沈的慢板，表現相當出色。」有一次當地教堂舉行音樂會，愛因斯坦被選擇為第一小提琴手，演出巴哈的一首曲子。「迷人的音樂與無比的旋律」，讓第二小提琴手覺得他很厲害，問道：「你有算拍子嗎？」愛因斯坦回答說：「老天，沒有啊！它在我的血液中。」

同學畢蘭德回憶道，愛因斯坦用如火的熱情演奏莫札特的奏鳴曲，讓人彷彿第一次聽到這個作曲家。聽完表演後，畢蘭德瞭解到愛因斯坦愛講俏皮話、愛諷刺人的外表，其實只是在隱藏內部的柔軟靈魂，「他具有分裂的人格，知道如何藉由多刺的外表，保護個人內在生命的敏感疆域。」

對德國權威式教育和軍國主義風氣熾盛的蔑視，讓愛因斯坦想放棄德國公民的身分。這種態度受到約斯特強化，因為他也一樣蔑視各種形式的民族主義，並灌輸愛因斯坦將自己視為世界公民的信念。因此愛因斯坦要求父親幫忙放棄德國籍，這件事在一八九六年一月完成，讓他有段時間成為無國籍人士。

那一年他也變成沒有宗教信仰的人。在申請放棄德國籍時，父親寫上（推測是愛因斯坦要求）「沒有宗教屬性」。幾年後當他申請蘇黎士居留權時，以及接下來二十年在不同場合上，他皆如此聲明。

他背離童年時期對猶太教的狂熱，再加上與慕尼黑的猶太人有疏離感，讓他遠離自己的文化傳承。他後來跟一位猶太歷史學家解釋道：「我在慕尼黑與猶太人集會中所接觸過的祖先宗教，讓我只想排斥而非被吸引。我早年所接觸的猶太中產階級圈，他們非常富裕但缺乏歸屬感，我不覺得有何特別

的價值。」

　　一直到一九二〇年代體會到充滿敵意的反猶太主義，愛因斯坦才重新拾起猶太認同。他說：「我心裡沒有東西可說是『猶太信仰』，但我高興自己是一名猶太人。」他後來以更生動的方式說明：「放棄信仰的猶太人好比放棄背殼的蝸牛，仍然是一隻蝸牛。」

　　因此，一八九六年他放棄猶太教信仰，不應該視為從此一刀兩斷，而是代表追尋自我文化認同的過程。過世前一年他寫信給一位朋友：「那時我根本不瞭解放棄猶太教代表什麼意義，然而即便我到後來才明瞭身為猶太人的深層意涵，但我從沒忘記自己流著猶太人的血。」

　　愛因斯坦以全班第二名的成績結束在亞勞中學的課業，雖然表現優秀，然而很難讓人聯想到他會是歷史上偉大的天才。（唉！擊敗愛因斯坦的那名男孩，姓名已不可考。）在 1 到 6 級（最高）分數中，不管是自然、數學、歷史及義大利文，他都得到 5 級或 6 級分，最低則是 3 級分的法文課。

　　這讓他取得參加筆試與口試的資格，通過後便可進入蘇黎士技術學院了。在德文考試上，他隨便寫了一幕歌德戲劇的大綱，得到 5 分。數學方面，他犯了一個粗心的錯誤，將「無理數」誤寫成「虛數」，但是照樣拿到最高分。考物理時他晚到又早走，二小時的測驗用一小時十五分鐘完成，結果也得到最高分。加起來總分是 5.5 分，在九名考生中排名第一。

　　他考得很差的一科是法文。但是他寫的三段作文，對今天的我們來說可能是最有趣的一部分。題目是〈我對未來的計畫〉，其中的法文不值一提，但想法倒有點意思：

　　　如果幸運通過考試，我將成為蘇黎士技術學院的學生。我會在那裡待四年，學習數學和物理。我想成為科學領域的老師，尤其是理論的部分。

　　　以下是我擬訂這個計畫的理由。最主要是我個人對抽象與數學思考的天分……我本身也希望如此，才會做這個決定。這是相當自然的，因為每個人

都希望做自己有天分的事情。此外，我也受科學專業的獨立性所吸引。

　　在一八九六年夏天，父親與叔叔的電力公司生意又失敗了，這次是因為爭取不到水權，無法在巴維亞興建水力發電系統。兩兄弟和平拆夥，雅各進入一家大公司當工程師。相較下，赫曼的樂觀和自尊讓他無法謹慎考慮，他堅持再做新的發電機生意，這回換到米蘭。愛因斯坦強烈懷疑父親的計畫會成功，於是央求親戚別再借錢給父親了，但是事與願違。

　　赫曼希望愛因斯坦有天能夠克紹箕裘，但是工程學對他無甚吸引力。他後來寫信給一位朋友說：「我原本該當工程師，但一想到要把我的創意與精力放在改善實際生活用途上，只是為了賺點蠅頭小利糊口，著實讓我無法忍受。我只想為喜歡而做，就像音樂！」因此，他動身前往蘇黎士技術學院報到了。

第二章

蘇黎士技術學院
THE ZURICH POLYTECHNIC

一八九六～一九〇〇年

莽撞的學子

　　一八九六年十月愛因斯坦入學蘇黎士技術學院，學校共有八四一名學生，是一所培育師資的技術學院，無法授與博士學位，不如鄰近的蘇黎士大學和日內瓦、巴塞爾等地的大學有名氣。直到蘇黎士技術學院在一九一一年改名成瑞士聯邦理工學院（Eidgenössische Technische Hochschule, ETH），才能授與博士學位。不過，技術學院的工程科學和自然科學頗負盛名，物理系主任韋伯才剛從電子大亨西門子（也是愛氏兄弟公司的競爭對手）獲得贊助，興建一棟全新的建築，裡面設置展示實驗室，以精密測量著稱。

　　連同愛因斯坦在內，總共有十一名新鮮人註冊就讀數學物理專科教師訓練課程。他住在學舍，每個月接受母親娘家親戚一百元瑞士法郎的資助，其中二十法郎是存起來做為日後入籍瑞士所需。

　　理論物理學在一八九〇年代才剛成為獨立學門，歐洲出現許多大師級人物。開路先鋒包括柏林的蒲朗克、荷蘭的洛倫茲（Hendrik Lorentz），以及維也納的波茲曼（Ludwig Boltzmann）。他們將數學和物理學結合，試圖為實驗家開創新的道路，因此數學成為愛因斯坦的必修科目。

　　不過，愛因斯坦的物理天分超過數學，而且

他那時還不清楚在追尋新理論時，數學與物理兩者的關係有多麼緊密難分。在技術學院四年的時間裡，所有的理論物理課他都拿5或6級分（6級為滿分），但數學課卻多半只有4級分，尤其是幾何學的部分。他承認道：「當學生時，我並不清楚要瞭解深奧的基本物理原則，必須依靠最深奧複雜的數學方法。」

十年後他領悟到這個道理，當時他與重力理論中的幾何學奮戰，結果不得不請求當初罵他是懶狗的數學教授幫忙。一九一二年他寫信給一位同事說道：「我現在對數學已深懷敬意，當初我想得太簡單了，直到現在才知道從前完全是在揮霍狂妄。」到接近生命尾聲時，他也對一位年輕的朋友表達類似的感嘆：「早年，我以為成功的物理學家只需瞭解基本的數學即可。等年紀大時，我深深感到遺憾，明白自己的想法大錯特錯。」

愛因斯坦的物理學教授主要是韋伯，他一年前對這個學生留下深刻的印象。雖然愛因斯坦未能通過技術學院的入學考試，他仍然勸他留在蘇黎士旁聽課程。愛因斯坦在技術學院的前兩年，兩人互相欣賞。韋伯上課是少數讓他記憶深刻的老師，第二年時他寫道：「韋伯講課充滿熱情，帶有大師風範，每次上課我都很期待。」愛因斯坦「興致高昂地」在韋伯的實驗室工作，共選讀了十五門課程（五門實驗課和十門講堂課），成績都很高。

然而，愛因斯坦漸漸不再崇拜韋伯了。他覺得老師太注重物理學過去的基礎，卻極少著墨於當代的開疆拓土。有一位同學抱怨道：「赫爾姆霍茲（Helmholtz）之後的東西都被忽略。當課程結束後，我們只知道物理學的過去，卻對現在和未來一無所悉。」

韋伯特別少提到馬克斯威爾（James Clerk Maxwell）的偉大突破。自一八五五年開始，馬克斯威爾發展出深奧的理論和簡潔的數學方程式來描述電磁波，像是光如何傳播等問題。另一名學生寫道：「我們空等老師介紹馬克斯威爾的理論，愛因斯坦尤其失望。」

由於個性急率，愛因斯坦並未隱瞞感覺。再加上他看重自己的感覺，因

此不加掩飾的輕蔑可把韋伯惹毛了。到四年學業結束之前，兩人反倒成為敵人了。

韋伯受到的刺激，可說明愛因斯坦的史瓦比亞人性格，如何深深影響其科學生涯與私人生活：他會率性質疑權威、對師長無禮，也不太尊敬世俗智慧。比如說，他不是用很正式的「教授先生」尊稱韋伯，而是用一般的「韋伯先生」稱呼他。

當不滿累積壓過欣賞之後，韋伯教授出言批評愛因斯坦，與幾年前在慕尼黑中學被激怒的那位老師很像，韋伯罵道：「愛因斯坦，你很聰明，非常聰明，但你有一個很大的毛病：別人教你什麼，你都聽不進去！」

老師的批評有幾分真實。但是愛因斯坦最後會證明，在二十世紀初天翻地轉的物理學世界中，這種不在乎傳統知識的能力並非是最糟糕的過錯。

愛因斯坦的莽撞也讓另一位物理教授很感冒，那就是負責實驗課程的沛內（Jean Pernet）。在初級實驗課上，沛內給愛因斯坦最低的1級分（為他自己在歷史上留名，成為唯一當掉愛因斯坦物理課的老師），部分原因是愛因斯坦極少上課。在沛內的書面要求下，一八九九年三月校方發給愛因斯坦一紙正式通知：「因物理課缺席嚴重，受主任告誡通知。」

有一天沛內問愛因斯坦為何專攻物理，而非選擇醫學或法律等領域。愛因斯坦回答：「因為我在那些方面不太有天分，為何不在物理上試試運氣呢？」

當愛因斯坦偶爾決定去上實驗課時，我行我素的作風也惹過麻煩。例如，他朋友也是最早幫他作傳的澤利希（Carl Seelig）提到：「愛因斯坦因為一貫的獨立作風，很自然將實驗說明丟到垃圾桶，用自己的方法進行實驗。」沛內曾經問一名助理說：「你覺得愛因斯坦怎麼樣？我叫他往東，他總是偏要往西。」

助理回答：「教授先生，他是這樣沒錯。但他的解法每次都對，方法也很有趣。」

最後，這種方式讓他遭殃了。一八九九年七月，他在沛內的實驗室引發爆炸，讓右手「嚴重受傷」，必須到診所縫線。這回受傷除了讓他兩個星期很難握筆寫字，更有很長一段時間無法拉小提琴。他寫信給一個在亞勞曾經一起表演的女孩提到：「我的小提琴必須收起來了。我確信它很好奇為什麼不再被拿出琴盒，它可能會認為自己要過繼給別人。」他很快又開始拉起小提琴，但這場意外也讓他更向理論家的角色靠攏，而不是實驗家。

儘管對物理花的心思高於數學，但是對他產生最正面影響的卻是數學教授明科斯基（Hermann Minkowski）。這名出生俄國、三十歲出頭的猶太人，擁有一個寬下巴，長相相當英俊。愛因斯坦喜歡明科斯基結合數學與物理的方式，但又不想接受更多挑戰，所以明科斯基才會稱他是一隻懶狗：「他一點兒也不動腦筋想數學！」

愛因斯坦寧願按照自己的興趣喜好，和一、兩位朋友共同研究。即使仍然自誇是「一個流浪漢和孤獨者」，他開始與不少波希米亞作風的朋友和同學來往，出沒在咖啡廳和音樂晚會上。儘管素有獨行俠之名，他在蘇黎士還是結交到一些固定的學術夥伴，後來還成為他一生中非常重要的關係。

其中有一位朋友是格羅斯曼（Marcel Grossmann），他是中產階級猶太人與數學奇才，父親在蘇黎士附近擁有一間工廠。格羅斯曼會將詳盡的筆記借給不太愛上課的愛因斯坦，結果他後來對格羅斯曼的太太讚嘆道：「他的筆記可以出書了，每當考前我得臨時抱佛腳時，他總是會借給我筆記本救命。我可不敢想像如果沒有這些筆記本，自己會落得什麼樣的下場。」

愛因斯坦和格羅斯曼常聚在利馬特河畔（Limmat River）的大都會咖啡館（Café Metropole），一邊抽菸斗、喝冰咖啡，一邊討論哲學。格羅斯曼對父母親預言道：「愛因斯坦有天會變成偉大的人！」結果他自己成為預言的重要推手，不僅幫愛因斯坦在瑞士專利局找到第一份工作，還幫忙處理數學問題，讓他將狹義相對論擴大成為廣義相對論。

因為技術學院許多課程似乎過時了，於是愛因斯坦和朋友們便自己研

究最新的理論家。他回憶道：「我常常翹課，自己在家專心研究理論物理大師的著作。」其中包括克希荷夫（Gustav Kirchhoff）的輻射學、赫爾姆霍茲（Hermann von Helmholtz）的熱力學、赫茲（Heinrich Hertz）的電磁學，以及波茲曼的統計力學。

他也研讀比較少人知道的理論家福貝耳（August Föppl），因此受到影響。福貝耳一八九四年寫過一本通俗教科書，書名是《馬克斯威爾電力理論之介紹》（*Introduction to Maxwell's Theory of Electricity*）。科學史學家荷頓指出，福貝耳書中有很多觀念一直在影響愛因斯坦的研究。有一個章節談到「運動導體之電動力學」，一開始便質疑「絕對運動」的概念，福貝耳指出定義「運動」的唯一方法是相對於另一物體。他接著探討磁場感應產生電流的問題：「磁鐵在靜止的線圈附近運動，或線圈在靜止的磁鐵附近運動，是否兩者都會產生相同的結果？」愛因斯坦在一九〇五年狹義相對論的論文中，一開始也是提出相同的問題。

愛因斯坦在閒暇之餘也研究龐加萊（Henri Poincaré），這位偉大的法國鴻儒當時差一步就發現狹義相對論的核心概念。一八九七年春天愛因斯坦就讀技術學院將近一年時，蘇黎士有一場數學研討會，預定邀請偉大的龐加萊出席演講。由於最後一刻他無法到場，會場代讀一篇論文，成為日後著名的一項宣告：「絕對的空間、絕對的時間，甚至歐幾里得的幾何學，都不能成為力學的條件。」

人性的一面

有天晚上愛因斯坦待在家中與女房東一起，聽到有人在彈莫札特的鋼琴奏鳴曲。他問是誰時，房東告訴他是住在隔壁閣樓的老婦人，以教鋼琴維生。愛因斯坦抓了小提琴便衝出去，領子沒扣也沒繫領帶，任憑房東大喊：「愛因斯坦先生，您不能那樣就出去！」他理都不理就闖進人家家裡，這位

鋼琴老師抬頭大驚，愛因斯坦連忙懇求她：「繼續彈嘛！」一會兒，空氣中迴盪著小提琴伴奏莫札特奏鳴曲的樂聲。後來這位鋼琴老師問闖入者是誰，她的鄰居請她放心：「只是一位無害的學生而已。」

音樂繼續誘惑著愛因斯坦。與其說那是一種逃避，不如說是一種連結：與宇宙背後的和諧一致相連，與偉大作曲家的創造天分相連，「超脫言語溝通」，與其他有同樣感受的人們相連。他對於音樂和物理皆感到敬畏，因為兩者都具和諧之美。

蘇珊娜‧馬克渥德（Suzanne Markwalder）是蘇黎士的一個年輕女孩，她母親常辦些莫札特之夜的音樂晚會。音樂會由蘇珊娜彈鋼琴，愛因斯坦則拉小提琴。她回憶道：「他非常容忍我的缺點。表現不好，他只會說『您像一頭驢子困在山裡』，並用琴弓指著接下來從哪裡開始。」

愛因斯坦之所以欣賞莫札特和巴哈，是因為他們的音樂具有清楚的組織結構，聽起來「十分明確」，而且就像他自己最喜愛的科學理論，是宇宙中擷取出來的一部分，而不是組合而成的。愛因斯坦曾經說：「貝多芬創造了他的音樂，但是莫札特的音樂是如此純粹，似乎已經存在於宇宙之中。」他還比較了貝多芬與巴哈：「我感覺聽貝多芬不太舒服。我認為他太個人、太赤裸了。給我巴哈，更多的巴哈！」

他也讚美舒伯特，因為他具有「最上乘表達情感的能力」。他曾填過一份問卷批評其他作曲家，多少反映他的科學人觀點：韓德爾「有點膚淺」，孟德爾頌「很有才華，但缺乏妙不可言的深度，以致淪為庸俗」，華格納「缺乏建築結構，根本就是墮落」，至於史特勞斯則被評為「天資聰穎但不實在」。

像是刻意追求孤獨，愛因斯坦也至蘇黎士周圍的高山湖玩帆船。蘇珊娜回憶道：「我依然記得當風勢變弱，船帆彷彿枯葉低垂，他會取出小筆記本飛快寫些東西。但一旦大風吹起，他會馬上再度張帆而行。」

少年時他對政治的感覺，包括對專制政權的輕蔑、對軍國主義的反感、

對個體自由的尊敬、對中產階級浮誇炫耀的鄙視，以及對社會平等的渴求等等，受到亞勞的房東約斯特‧溫特勒像父親一樣給他很大的鼓舞。到了蘇黎士，溫特勒的朋友麥耶（Gustav Maier）也成為他在政治上的良師。麥耶是猶太裔銀行家，愛因斯坦第一次到技術學院參訪就是他的安排。在溫特勒的支持下，麥耶成立道德文化學會的瑞士分會，愛因斯坦經常到他家作客，參加非正式的聚會。

愛因斯坦也認識了阿德勒（Friedrich Adler），他是奧地利社會民主黨領袖的兒子，那時正在蘇黎士唸書。愛因斯坦很喜歡他，後來稱他是自己遇見過「最純真熱情的理想主義者」。阿德勒試圖說服愛因斯坦加入社會民主黨，但是花時間在團體組織開會並不是愛因斯坦的風格。

他容易分神的態度、不修邊幅的打扮和隨性健忘等特質，在學生時代已展露無遺。出門旅行時，以會忘記帶衣物出名，有時甚至連行李箱也忘了帶；至於他老是忘記要帶鑰匙，則成了女房東愛開的玩笑。他回憶有一次拜訪父母朋友的家：「結果我走時忘記帶手提箱，主人對我的父母說，『那個小孩恐怕成不了事，因為他記不住任何事！』」

可惜，在這種無憂無慮的學生生活當中，有一片烏雲籠罩，那便是家中的生意一再失敗。赫曼未聽從兒子的勸告，像弟弟雅各到穩定的公司上班領薪水。一八九八年當赫曼似乎又注定要失敗時，愛因斯坦感到特別沮喪低潮，寫信給妹妹說：「如果我有辦法的話，爸爸兩年前就會找領薪水的工作了。」

信中是異常絕望，可能比父母實際的財務狀況更嚴重：

讓我最沮喪的是，可憐的父母親這麼多年沒有片刻的快樂。讓我更痛苦的是，已經長大成人的我束手無策，只能眼睜睜瞧著。我是家裡的負擔……如果沒有我，情況可能會更好。只有當我想到自己謙卑的力量可以做些什麼，並且不讓自己在學業之外享有一絲快樂或分神的念頭時，才能讓我活下

去，避免使我絕望而死。

　　也許這只是「少年強說愁」罷了。無論如何，父親的樂觀似乎總能度過危機，二月時他拿到為米蘭附近兩個小村莊裝路燈的工作。愛因斯坦寫信給瑪雅：「最擔心父母親的時候已經過了，我一想到就心情好。若每個人都像我這樣過日子，大概也沒什麼小說好寫的了。」

　　波希米亞的新生活和專注自我的本性，讓愛因斯坦無法繼續與瑪莉．溫特勒走下去；瑪莉甜美、愛幻想，是他亞勞寄宿家庭房東的女兒。起先，他還會將換洗衣物寄給她，讓她洗淨後再寄還。雖然有時愛因斯坦連短函都未附上，但瑪莉還是會很高興想取悅他。在一封信中，她寫到「在滂沱大雨中穿越樹林」走到郵局，將洗淨的衣服寄回給他，「我睜大眼睛盼不到您的信，但僅僅看到您親筆寫下的地址，就夠讓我感到快樂了。」

　　當愛因斯坦說他打算去亞勞時，瑪莉樂昏了。她寫道：「阿爾伯特，我真心謝謝您想到亞勞來看我。不用說，我會分分秒秒等待您來臨。我無法形容（因為沒有言語可形容），打從您駐進心房後我有多麼喜悅！甜心，我永遠愛您！」

　　但是他想要分手。剛到蘇黎士技術學院沒多久，他就寫信提議不要再通信了，她回信說：「吾愛，我不太瞭解您信中的一段話。您說不想再和我通信了。甜心，為什麼不呢？您一定很討厭我，才會很兇地說這種話。」接著她又試圖用玩笑帶過問題：「不過等我回家時，會好好罵您一頓的。」

　　愛因斯坦接下來的信件更加不客氣，抱怨她送的一個茶壺。她回信道：「我寄給您那個愚蠢的小茶壺，並不是要討您歡心，只要您能用它泡壺好茶就行了。別再生氣了，這張信紙從四面八方看起來都是臭臉呢！」瑪莉任教的學校裡也有小男孩叫阿爾伯特，她覺得很像愛因斯坦。她說：「我非常非常喜歡他。每當他看我時，我總是心神不定，相信您也正在注視您的小甜心呢！」

　　但是儘管瑪莉懇求，愛因斯坦不再來信了。她甚至寫信向他母親求救，寶琳娜回信道：「這傢伙懶惰得可怕，過去三天來我一直等不到他的隻字片語。等他回來，我得好好訓他一頓。」

　　最後，愛因斯坦在一封寫給瑪莉母親的信中宣布結束兩人關係，表示自己那年春假不會到亞勞了。他寫道：「不值得為了幾天的快樂，付出痛苦的代價；因為我的錯，已經讓您親愛的孩子承受太多痛苦了。」

　　接下來他繼續省思，內容讓人驚訝又相當深刻。他提及自己開始避免投入感情的痛苦，並且退縮到科學世界裡，以免所謂「私人事務」造成分心：

　　因為個人輕忽女孩子的纖細脆弱，讓她受苦了。所以如今我自己痛苦，竟是異樣的心安理得。繁重的知識研究與思索上帝的本質，帶領我度過生命中一切煩惱憂愁，是既守護著我又嚴厲的天使。但願我能夠分享一些給您的好孩子。不過，這也是一種抵抗生命風暴的奇怪方式，因為清醒的時候，我也知道我好比一隻駝鳥，將頭埋在沙地裡以免察覺到危險。

　　從我們的觀點來看，愛因斯坦對於瑪莉・溫特勒似乎太冷漠殘酷了。然而男女之間的關係，外人很難做判斷，尤其是青少年談戀愛。他們兩人差距甚大，尤其在聰明才智上。瑪莉的信常常淪於叨叨自念，尤其覺得沒有安全感的時候。她在一封信中寫道：「我在寫許多垃圾，是不是呢？最後，您甚至不會看完（但是我不信）。」另一封信她則寫道：「甜心，我不太想自己的事。不過，會這樣是因為我完全不動腦，除非是要做一些愚蠢的算術，我得要比學生懂才行。」

　　不管是哪方該受譴責，兩人最後分道揚鑣並不令人驚訝。瑪莉與愛因斯坦分手後情緒低落，常常一連數天沒去上課，幾年之後嫁給手錶工廠的經理。另一方面，愛因斯坦很快恢復正常，因為他掉進另一個女人的臂彎。她與瑪莉差距之大，實在難以想像。

米列娃・馬里奇

　　米列娃・馬里奇的父親是一名頗有雄心的塞爾維亞農民，他先加入軍隊，並與家境小康的太太結婚。米列娃是他最疼愛的長女，他全心全意栽培聰明的女兒，希望她能在物理與數學世界裡與男性鼎足而立。米列娃的童年大多在諾維薩（Novi Sad）度過，當時這個塞爾維亞城市屬於匈牙利。她進入競爭激烈的學校，都能名列前茅，最輝煌的紀錄是父親說服札格勒布（Zagreb）全收男生的中學讓她就讀。畢業時，她的數學和物理都拿最高分，讓她不到二十一歲便進了蘇黎士技術學院，成為愛因斯坦班上唯一的女生。

　　馬里奇比愛因斯坦年長三歲，先天性髖關節脫位讓她走路跛腳，經常肺結核復發與意志消沈，不管內在外在都不會引人注意。蘇黎士有位女友人如此形容她：「非常聰明而嚴肅，個頭嬌小纖細，又黑又醜。」

　　但是她有些特質讓愛因斯坦覺得深具魅力（至少在談戀愛的學生時代），包括對數學和科學的熱愛，有深度的思想與深邃的靈魂。她深陷的眼睛讓人魂牽夢縈，憂鬱的表情讓人愛憐難捨。她後來不僅變成愛因斯坦的繆思、同伴、愛人、妻子，也是害怕恐懼的對手。她所創造的「情場」，強過他生命中每個人。此情場時而吸引他，時而排斥他，力量強大到像他這樣的科學家都無法丈量。

　　兩人於一八九六年十月入學時初識，過了一段時間關係才有進展。不管是從信件或之後的回憶來看，沒有跡象顯示兩人第一年的關係超越一般同學。到了一八九七年夏天，他們決定一起健行。那年秋天，馬里奇因為愛因斯坦，「被前所未有的感覺嚇到」，於是決定暫時離開技術學院，改到海德堡大學旁聽。

　　她第一封留存下來寫給愛因斯坦的信件，是搬到海德堡之後寫成，信中可瞥見愛情的火花，但也可看出其自信風采。她用德文正式的「您」（Sie）

稱呼愛因斯坦，而不是較親密的「你」（du）。她和瑪莉不一樣，會嘲笑說雖然收到他寫的一封長信，但是完全沒有被他迷住。她寫道：「收到您的來信後已有一陣子，我應該立即回信，感謝您犧牲時間寫滿四頁信紙，也應該告訴您上回一同旅行很愉快。但是您說我應該等哪天剛好很無聊再回信，我非常聽話地等了又等，但是到目前為止都不覺得無聊耶！」

馬里奇和瑪莉‧溫特勒差別更大的地方，在於她信中處處流露的聰明才智。第一封信中，她興奮提到李納德（Philipp Lenard）上課的情況。李納德當時是海德堡大學的助理教授，他講授的動力學說（kinetic theory）解釋氣體的特性是由於數百萬個分子的運動所造成。她寫道：「哇！昨天李納德教授上課真是超酷。他正在講熱和氣體的動力學說，提到氧分子以每秒超過四百公尺的速度運動。然後教授計算又計算……結果最後顯示，即使分子確實以這個速度運動，行進距離不過是頭髮的百分之一寬而已哪！」

當時，動力學說尚未完全被科學界接受（甚至連原子和分子的存在亦然），馬里奇的信中也顯示她對這個題目未有深入的瞭解。此外，這裡還有一個可悲的反諷：李納德是愛因斯坦早期的啟發者之一，但後來也成為他最痛恨的反猶太敵人之一。

另外，馬里奇也回應了愛因斯坦前一封信提到世人難以理解「無限」的想法。她寫道：「我不認為人類無法掌握『無限』的事實，應該歸咎於大腦結構。人們能夠想像無窮的快樂，也應該能夠掌握空間的無限性，我認為那應該更容易！」這段話有點呼應了愛因斯坦逃離「私人生活」、遁入科學思考避風港的心態：因為發現想像無限的空間，比無窮的快樂更容易。

從馬里奇的信可清楚看出，她已把愛因斯坦當作自己人，也跟疼愛保護她的父親談到他。她說：「爸爸給我帶了一些菸草，叫我親自送給您。他非常希望你對我們無名無分的小地方有好感。我把您的事情都告訴他了，有一天您一定要跟我回來，您們兩個絕對有很多事情可聊！」比起瑪莉‧溫特勒的茶壺，菸草可是讓愛因斯坦哈得要死的禮物，但馬里奇偏偏逗他說還沒有

寄：「您得付關稅，到時一定會罵我吧！」

　　馬里奇混合著玩笑和認真、輕漫與強烈、若即若離等矛盾的特質，這些在愛因斯坦身上也顯而易見，想必讓他同樣傾心不已。他催促她回蘇黎士，一八九八年二月她答應了，讓他十分高興，寫信道：「我保證您不會後悔這個決定，您應該趕快回來這裡。」

　　他大致跟她講解每一位教授的上課情況（承認自己覺得幾何學老師「有點難懂」），並且答應用他和格羅斯曼所做的筆記幫她趕上進度。但有一個問題是，她可能無法回到原來「舒適的舊窩」，不過愛因斯坦說「這是您罪有應得，誰叫您逃跑了！」

　　四月時她回來了，宿舍離他幾條街而已，兩人正式成為一對了。他們分享書籍與對知識的熱愛，兩人親密作伴，也可進出彼此的公寓。有一天愛因斯坦又忘記帶鑰匙，於是跑去馬里奇的公寓並借了一本物理課本，留下一張紙條寫道：「不要生氣喔！」那年後來又舊事重演，他留下一張類似的紙條，再加上一句：「如果您不介意，今天晚上我想來和您一起看書。」

　　朋友也感到很驚訝，他們認為像愛因斯坦風流瀟灑，要讓任何女人愛上他並非難事，沒想到他竟然看上一名矮小平凡的塞爾維亞女人，跛腳又帶有憂鬱的氣息。一位同學對他說：「除非一個女孩健健康康，否則我不敢娶回家。」愛因斯坦回答道：「可是她的聲音好可愛喔！」

　　愛因斯坦的母親喜歡瑪莉・溫特勒，對於這位皮膚黑又只會讀書的小姐同樣有疑慮。一八九九年春假愛因斯坦到米蘭探訪父母時寫給給馬里奇：「您的照片對老媽相當震撼。當她仔細研究照片時，我深有同感地說：『沒錯啦！她聰明極了！』我已經忍受別人很多的嘲弄了。」

　　為什麼愛因斯坦對馬里奇感覺很親，並不難理解。兩人是物以類聚，都覺得自己是與世疏離的讀書人和局外人。兩人都有點背離中產階級的期待，同樣都是追尋愛人伴侶與志同道合者的知識分子。愛因斯坦寫信給她說道：「我們太瞭解彼此深邃幽暗的靈魂，同時也愛喝咖啡、吃香腸等等等。」

　　他會讓「等等等」聽起來很淘氣，在另一封信結尾中他寫道「獻上最好的祝福等等等，尤其是後者。」在分別數星期後，他列出喜歡和她一起做的事情：「很快我便能再和甜心相聚，可以親吻她、擁抱她、一起泡咖啡、罵罵她、一起唸書、一起歡笑、一起散步、一起聊天，一起做無限無限多的事情！」他們對彼此的特立獨行感到自傲，他寫道：「我像以前一樣是小壞蛋，老是突發奇想又愛惡作劇，脾氣一樣陰晴不定！」

　　最重要的是，愛因斯坦喜歡馬里奇很有頭腦。有一回他寫道：「我多麼驕傲會有一個小博士當愛人啊！」科學和愛情交織成樂章，當一八九九年和家人度假時，愛因斯坦在信中遺憾說道：「當我讀赫爾姆霍茲時，無法置信您竟然第一次沒有在身旁陪我。我喜歡一起唸書，我發現這樣好自在，也比較不無聊。」

　　的確，他們在魚雁往返中交織著浪漫情懷與科學狂熱，後者更成為重心所在。例如，在一封信中他就已提出狹義相對論的一些觀念。他寫道：「我越來越確信，今日運動物體的電動力學並不符合真實，或許有更簡單的方法呈現。我相信，將『乙太』放到電學理論，將使這介質的運動，不需要用什麼物理意義也能描述。」

　　不過，雖然這種混合知識與情感的關係吸引他，但他偶爾還是會懷念瑪莉・溫特勒，為她代表的那份單純而心動。可能是因為他不夠圓滑或者是愛好捉弄人的天性使然，他向馬里奇透露了這件事。一八九九年度完暑假後，他決定帶妹妹到亞勞的學校註冊，而亞勞正是瑪莉住的地方。他寫信給馬里奇，向她保證自己不會花太多時間在前女友身上，但是這份承諾寫得倒是令人更加不安：「我不會太常去亞勞，因為四年前我愛得發狂的那個女孩，就快要回家了。大致上，我在自己鞏固的堡壘中覺得相當安心。但是我知道如果再見她幾回，我一定會發狂的。我太確定了，怕它像火一樣！」

　　但是接下來信中提到令馬里奇快樂的事情，他提議回蘇黎士後要一起做哪些事情，從這裡可以看出兩人的關係非常獨特。「我們要做的第一件事是

爬烏特利堡（Ütliberg）。」他指的是郊外一座小山，在那裡他們能夠「甜蜜回憶」以前健行一起做的種種事情，「我已經能想像我們會有多快樂！」最後的提議，大概只有他們兩人能夠理解吧！他說道：「再來，我們就可以研究赫爾姆霍茲的光電磁理論了。」

接下來幾個月內，兩人書信往返更加親密熱情。他開始暱稱她「桃莉」、「小壞蛋」、「小頑皮」，她稱他為「強尼」和「淘氣小甜心」。到一九〇〇年初他們開始互用較親密的「你」，便是始自這份便箋。全文是：

我的小強尼：

我是這麼喜歡你，但你離得好遙遠，讓我不能給你一個小親親。我寫這封信問你是不是也這麼喜歡我？馬上回信喔！

一千個吻

桃莉

畢業（一九〇〇年八月）

愛因斯坦的學業也一帆風順。一八九八年十月的期中考，他是班上第一名，滿分6分中平均拿5.7分。朋友與數學筆記王格羅斯曼，則是以5.6分緊追在後。

為了畢業，愛因斯坦必須完成一篇研究論文，他最初向韋伯教授提出想做實驗測量地球在乙太中的運動速度有多快，乙太是一種讓光能夠在空間中傳播的假想物質。當時普遍的看法是若地球在乙太中運動，接近或遠離光源時將可觀察到光速改變，這種想法後來被他著名的狹義相對論推翻。

一八九九年暑假尾聲他到亞勞，和以前學校的校長討論這個問題。他寫

信給馬里奇說道：「我想到一個好方法，可以研究物體相對於乙太運動時會如何影響光的傳播速度。」他的點子需要製作一套裝置，利用角度不同的鏡子，「讓從單一來源的光線可以朝兩個不同方向反射」，使部分光線與地球運動同方向，部分光線則與地球運動呈垂直。有一次演講談到如何發現相對論，愛因斯坦回憶自己是想將一道光線分開，讓光線以不同方向反射，「看看光線經乙太傳播時，是否因與地球運動方向不同，而會產生能量差異」。他提議，這可以「利用兩個熱電堆檢查所產生的熱能差異」來達成。

韋伯拒絕這個提案。當時愛因斯坦還不知道已經有許多人做過類似的實驗，包括美國人邁克生（Albert Michelson）和莫里（Edward Morley），然而沒有人能夠發現有謎樣乙太的存在證據，或發現到光速會隨觀察者運動或光線來源而發生改變。在與韋伯討論過題目後，愛因斯坦看了前一年維恩（Wilhelm Wien）發表的文章，簡短描述了十三項尋找乙太的實驗，包括邁克生和莫里的實驗。

愛因斯坦將自己的一篇論文寄給維恩教授，並請他回信。愛因斯坦對馬里奇預告：「他會從技術學院回信給我。如果妳看到那裡來的信，可以直接打開來看。」但沒有證據顯示維恩有回信。

愛因斯坦的第二個研究提案牽涉到電子理論，欲探討不同材料的導熱與導電性。韋伯顯然也不喜歡這個提案，因此愛因斯坦和馬里奇一起將題目降低到只做熱傳導的研究，那屬於韋伯的專長之一。

愛因斯坦後來將這篇畢業的研究論文貶為「與我無關」。韋伯分別給愛因斯坦和馬里奇班上最低分：4.5分和4.0分，至於格羅斯曼則拿到5.5分。韋伯更在傷口上灑鹽，批評愛因斯坦的論文沒有寫在規定的紙上，強迫他將整篇論文重抄一遍。

儘管論文成績低空飛過，但愛因斯坦還是以平均4.9分的成績，成為班上五名學生中的第四名。雖然現在大家津津樂道他中學數學被當掉的傳聞是假的，但他大學以班上墊底的成績畢業，至少提供了一點補償。

　　不過，他終究畢業了。平均4.9分剛好及格，一九〇〇年七月他正式取得畢業文憑。可是馬里奇只有4.0分，是班上最後一名，因此無法畢業，她決定第二年再試一次。

　　不意外地，愛因斯坦相當自傲在技術學院的歲月不是乖乖牌。一位同學回憶道：「有天教授提到校方將採取一項小小的訓導措施時，他的獨立精神便展現了。」愛因斯坦表達抗議，指出教育基本應在於滿足「知識自由之需求」。

　　終其一生，愛因斯坦都說蘇黎士技術學院的好話，不過他也強調自己不喜歡考試制度裡固有的訓示意味。他表示：「考試的弊病在於必須死記硬背，不管你喜歡與否。這種強迫具有威嚇作用，在通過畢業考後，我發現整整一年思考科學問題都讓人厭惡。」

　　事實上，那是不可能也不是真的。他在幾星期內就恢復了，最後帶了一些科學書籍（包括克希荷夫和波茲曼的教科書），在七月底加入母親和妹妹，到瑞士阿爾卑斯山度暑假。他寫信給馬里奇：「我很認真在看書，主要是克希荷夫著名的剛體運動研究。」他承認對考試的憎恨已經消逝了，寫道：「我的精神已經平復，又可以快樂工作了。妳呢？」

第三章

戀人

THE LOVERS

一九〇〇年暑假

在一九〇〇年七月底，剛畢業的愛因斯坦帶著克希荷夫等人的物理書籍，與家人共赴梅西塔（Melchtal）過暑假，這是瑞士阿爾卑斯山的一個村莊，坐落在琉森湖和義大利北境邊，同行的還有「可怕的阿姨」茱莉亞・科赫（Julia Koch）。他在火車站與母親和妹妹會合，兩人把他吻得喘不過氣來，然後全部擠進一輛車子，往山上出發。

快到旅館時，愛因斯坦與妹妹下車走路。瑪雅說自己不敢跟媽媽討論他與馬里奇的關係（家人稱此為「桃莉緋聞」），她央求他「讓媽媽好過些」。不過，「閉上大嘴巴」可不是愛因斯坦的天性，他在信中便對馬里奇這麼說道。同樣地，他也不懂得保留細節以免傷了她的感覺，那不是他的本性。

他去母親房間裡。在報告完考試的情況後，她問道：「那麼，現在你的桃莉怎麼了？」

「她會變成我太太。」愛因斯坦回答，試著用和母親一樣淡漠的口氣。

愛因斯坦回憶道，母親「往床上一倒，將頭埋進枕頭裡，像孩子般哭起來。」最後她恢復冷靜，繼續發動攻擊：「你這是在毀掉自己的未來，葬送自己的機會！」她強調：「好人家不會要她，假如她懷孕，你就完了！」

這時候輪到愛因斯坦發脾氣了，他跟馬里奇說他吼回去：「我強烈否認我們有錯，並狠狠兇了她一頓。」

正當他要衝出去時，母親有一位友人進入房間，是「一位嬌小活潑的女士與討人喜歡的老女人」。她們馬上閒話家常，聊起天氣、泡溫泉的新客人，以及不聽話的孩子們，然後出去吃東西和演奏音樂了。

整個假期輪流上演著風暴與寧靜。偶爾，正當愛因斯坦認為危機已逝時，母親又會重掀話題。有一次她責罵說：「她跟你一樣是書呆子，但你應該找的是老婆。」又有一次，她提到馬里奇已經二十四歲，但他只有二十一歲，表示說：「等到你三十歲時，她已經是老巫婆了。」

當時愛因斯坦的父親還在米蘭工作，寫了一封教訓愛因斯坦的信施壓。父母強調太太是一種「奢侈品」（至少套用在米列娃而非瑪莉身上時），唯有當男人擁有不錯的收入之後才負擔得起。他告訴馬里奇說：「我對這種男女關係的看法不屑一顧，因為那讓太太和妓女的差別，只在於前者能獲得一張長期飯票而已。」

接下來幾個月，有好幾次他的父母似乎決定接受兩人的關係了。愛因斯坦在八月寫信給馬里奇表示：「媽媽漸漸要讓步了。」在九月另一封信提到：「他們似乎已準備好接受這免不了的結局。我認為一旦他們認識妳後，一定會非常喜歡妳的。」十月中又有一封信說：「我父母在桃莉戰爭中已經戰敗，雖然他們不情願又遲疑，但知道自己輸定了。」

可是每當一段認同期過後，父母又反覆上演抵抗的戲碼，有時會淪為狂風暴雨。他在八月底寫道：「媽媽常常哭得很慘，讓我不得片刻安寧。父母哭得好像我死掉了，不斷抱怨說我愛妳會帶來不幸，認為妳身體不健康。」

父母的沮喪與馬里奇不是猶太人並無關係，因為瑪莉‧溫特勒也不是猶太人；他們也不是因為馬里奇是塞爾維亞人而不能接受，雖然這點也沒有讓她加分。主要是他們與兒子的一些朋友看法一致，認為有許多理由讓馬里奇不適合當兒子的太太，包括：年紀較大、跛腳又身體差、長相平凡，雖有頭

腦但不是最聰明之人。

　　這些親情的壓力刺激了愛因斯坦的反骨本能，更加瘋狂愛戀口中的「小淘氣」，表示說：「只有到現在，我才看清自己是如何發狂地愛上妳！」兩人的關係兼具情與智，尤其是感情的部分，讓這位以「獨孤客」自許之人，內心充滿意想不到的烈焰。有一次他寫道：「我剛剛才發現已有一個月沒吻妳，我非常非常想妳！」

　　愛因斯坦八月曾跑了一趟蘇黎士，想打聽是否有工作機會，卻發現自己恍惚地在街上胡亂走著。「沒有妳，我缺乏了自信，也失去研究和生活的樂趣。簡單一句話，沒有妳，我的生命不是生命。」為了她，他甚至開始試著寫詩：「喔我的天，那個強尼男孩／如此為愛而狂／他想桃莉／想到枕頭都著火了。」

　　至少在心中，他們將兩人的熱戀視為聖潔的。這些流連在咖啡館的德國年輕人，一副孤高的菁英架子，成天捧讀叔本華的哲學思想，大言不慚高談自己的純粹精神，以及與大眾低俗的本能與衝動的奧妙差別。在八月的家庭戰爭中，他寫信給她表示：「我父母和大多數人一樣，受到感官本能操控情緒。幸好我們的生活環境幸運多了，能開闊地享受人生。」

　　這裡要記上一筆，愛因斯坦提醒馬里奇（和自己）：「我們不可忘記，因為有我父母之類的人，才能使我們的存在成為可能。」他認為，像父母這樣的人具有簡單和誠實的本能，才能確保文明進步。「因此我試圖保護父母，但不想犧牲任何重要的事物，那就是我的甜心！」

　　為了取悅母親，愛因斯坦在梅西塔的大飯店扮演討人喜歡的兒子。他覺得無盡的餐飲宴會過度浪費，「盛裝打扮」的客人「驕縱逸奢」，但是他盡職地為母親的朋友表演小提琴，客氣地跟大家談天說地，並裝出快活的模樣。這招很管用，「我在客人間大受歡迎，音樂表演也很成功，安撫了母親的心情。」

　　至於父親呢？愛因斯坦決定要發動柔情攻勢。他覺得要降低與女友交往

引發的負面風波，最好的辦法便是親自回米蘭探望父親，參觀他剛興建的一些電廠，並瞭解家裡的公司，「以便緊急狀況時能接替爸爸的工作」。赫曼顯得很高興，答應之後帶兒子到威尼斯。「我星期六要去義大利，參加我父親主持的『聖禮大典』，但是英勇的史瓦比亞人並不怕。」[1]

　　大致上，愛因斯坦探望父親的過程良好。雖然平時離家在外，但愛因斯坦是好兒子，每次家裡有財務危機時，他都非常擔心焦慮，也許比父親還嚴重。不過那時候生意很不錯，讓赫曼春風得意。愛因斯坦寫信給馬里奇說道：「因為沒有財務煩惱，父親現在完全變了一個人。」只有一次因受夠了「桃莉緋聞」，讓他考慮不再久待，但是這項威脅讓父親嚇到了，所以愛因斯坦便照原訂計畫留下來。當父親感激他的陪伴和願意關心家裡的生意時，愛因斯坦也覺得受寵若驚。

　　雖然愛因斯坦有時候會排斥當工程師的想法，但是在一九〇〇年夏天結束的時候，他有可能會走上那一條路，特別是在去威尼斯的途中，若父親要求他或是命運弄人讓他不得不接手父親的工作。畢竟，他從師範學校畢業時的名次不佳，既沒有教書工作，也沒有任何的研究成就，當然也沒有學術上的支持者。

　　若是一九〇〇年愛因斯坦選擇那條路，或許會成為一個表現中上的工程師。接下來的歲月裡，他可能把發明當嗜好，提出一些好點子，包括無聲電冰箱或低電壓電流計等設計，但是恐怕難有了不起的工程學突破或成功發大財。雖然他一定會比父親或叔叔是更加聰明的工程師，但是不是更有錢就難講了。

　　愛因斯坦一生中有許多令人驚訝的事情，一直很難找到學術研究的工作便是其一。的確，一九〇〇年畢業於蘇黎士技術學院九年後，而且還是一九〇五奇蹟之年（那一年他不但顛覆了物理而且終於拿到博士）的四年後，才

1　英勇的史瓦比亞人（valiant Swabian），愛因斯坦以此語自況，出自烏蘭（Ludwig Uhland，1787～1862）的詩〈史瓦比亞傳說〉（Swabian Tale）。

讓他獲得一份新進教授的工作，耗時之久著實令人驚訝啊！

　　拖這麼久才當上教授，並非他個人缺乏興趣所致。一九〇〇年八月，在隨家人到梅西塔度假與到米蘭探望父親的空檔，愛因斯坦跑回蘇黎士看看是否能到技術學院當研究助理。一般來說，畢業生只要有意願一定能如願，愛因斯坦也相當有自信。那時候，他拒絕一個朋友好心介紹他到一家保險公司上班，寫信告訴馬里奇說：「那是每天八小時不用動頭腦的無聊差事，一定要避免幹這種蠢事。」

　　問題是技術學院的兩位物理學教授，都太明瞭愛因斯坦的無禮莽撞，卻不明白他的聰明天資，例如，沛內教授曾經罵過愛因斯坦，向他找工作無異緣木求魚。至於韋伯教授，他對愛因斯坦十分感冒，當物理系和數學系沒有其他畢業生來當助理時，他從工程系另外找了兩名學生幫忙。

　　結果只剩下數學教授侯維茲（Adolf Hurwitz）了。當侯維茲有個助理找到高中教職後，愛因斯坦很高興對馬里奇說：「老天！這表示我要當侯維茲的手下了。」可惜，侯維茲大部分的課他都沒去上，這種輕慢態度顯然人家仍記憶猶新。

　　到九月底時，愛因斯坦還住在米蘭父母家中，什麼工作也沒著落。他說：「我計劃在十月一日到蘇黎士，親自和侯維茲談那份工作，我想這鐵定比寫信好。」

　　同時，他也打算在蘇黎士找份家教的工作，好幫忙度過馬里奇準備重考期末考的日子。他對她說：「不管發生什麼事情，我們會擁有世界上最美好的日子。愉快地一起工作、生活，更重要的是，我們現在不用聽命於任何人，可以自立為生，盡情享受青春歲月。還有誰能過得更好呢？當我們存夠錢時，可以買腳踏車，每幾個星期便來一趟單車之旅。」

　　愛因斯坦最後決定寫信給侯維茲而非親自造訪，這可能是一個錯誤。他的兩封信可不能讓後生晚輩拿來當求職信範本，因為在信中坦誠自己以前沒有去上侯維茲的微積分課，而且對於物理的興趣勝過數學。他不懂掩飾地

說道：「因為沒有時間，讓我無法參加數學研究課。我不是好學生，除了大部分講課我都有去聽之外。」更冒昧地，他表示自己急著要一個答案，是因為「我在蘇黎士申請入籍當公民，條件是我得證明已經找到一份固定的工作。」

愛因斯坦除了性子急，更是不缺自信。才剛送出信件三天後，他說道：「侯維茲還沒有回信，但我認為自己絕對是勢在必得。」但是他非但沒有，反而成為同屆畢業生中唯一沒有找到工作的人，他後來回憶道：「突然間，我被每個人拋棄了。」

到一九〇〇年十月底時，他和馬里奇回到蘇黎士，他大部分時間都待在馬里奇的公寓裡看書寫字。那年在公民入籍申請表格上，他在宗教信仰的問題上填寫「無宗教信仰」，職業部分則寫道：「我當私人數學家教，直到找到固定的工作為止。」

所以整個秋天，他只找到八個零星的家教工作，而且親戚也停止資助生活費，但愛因斯坦樂觀以對，寫信給一位馬里奇的朋友表示：「如果能再多收幾個學生，我們可以靠家教養活自己，不過我很懷疑是否能如願找到。這不是旅人或吉普賽人的生活嗎？但是我相信，我們一樣能過得很快活。」什麼讓他保持快樂？除了馬里奇的陪伴外，正在撰寫的物理論文也是原因。

第一篇發表的論文

在這些論文中，第一篇發表的是許多學童都耳熟能詳的題目：毛細作用（capillary effect，指水會吸附於吸管邊緣，然後順著向上爬升的現象）。雖然愛因斯坦後來認為該篇文章「毫無價值」，但是當傳記材料來看卻很有趣，因為它不僅是愛因斯坦發表的第一篇論文，他也真心接受了其前提假設（雖然當時尚未完全證明），成為未來五年的研究核心：分子（與構成的原子）確實存在，而且分析粒子間的交互作用，可以解釋諸多自然現象。

一九〇〇年整個暑假，愛因斯坦都在研讀波茲曼的研究。波茲曼提出一個理論，指氣體是由無數互相碰撞的分子所組成。他在九月興奮地對馬里奇說：「波茲曼太棒了！我深深相信其理論原則是正確的，亦即所謂氣體指的是有明確大小的個別粒子，會依照特定情況而運動。」

但是，欲瞭解毛細作用必須觀察液體（而非氣體）分子之間的作用力，而分子之間互相吸引不僅說明了毛細作用，也包含液體的表面張力，或水滴的凝聚。愛因斯坦的想法是這些作用力可能類似於牛頓的重力，也就是兩個物體的引力，是與兩者質量呈正比而與其距離呈反比。

愛因斯坦研究毛細作用是否與各種液體的原子量有關，初步結果讓他受到鼓勵，決定看看能否找到一些實驗數據進一步驗證。他寫信給馬里奇：「我最近在蘇黎士獲得的毛細管作用結果，儘管很簡單卻似乎是全新的。等我們回到蘇黎士，可以找一些相關的實驗數據……如果發現新的自然法則，可以將結果送到《物理學年鑑》（Annalen）。」

他最後在一九〇〇年十二月將論文送到《物理學年鑑》（當時歐洲主要的物理期刊），在隔年三月時獲得發表。這篇論文沒有他日後論文中的簡潔或力道，充其量只有薄弱的結論。他寫道：「我從分子之間吸引力作用的簡單想法開始，並檢驗實驗的結果，再拿來與重力相互比較。」在論文最後，他下了一個不甚了了的結論：「因此，這裡探討的作用力是否與引力相關的疑問，目前仍應抱持開放的態度。」

該篇論文並未引發回應，對物理史也甚無貢獻。論文的基本推測是錯誤的，因為不同分子對（pairs of molecules）的距離因素都不同。不過，這的確是愛因斯坦第一次刊出的論文，讓他可以附在求職信中，開始胡亂向全歐洲的教授們發送了。

由於寫給馬里奇的信中，愛因斯坦談到發表論文的計畫時，都用「我們」這個詞。論文刊出兩個月後，愛因斯坦也提到「我們的分子作用力理論」和「我們的研究」，這使愛因斯坦提出理論時，馬里奇是否算是助手角

色形成一個歷史論辯。

　　事實上，馬里奇主要是幫他蒐集一些有用的資料。他的信件中傳達了對分子作用力的最新想法，但是她的信件中則沒有談到實質的科學想法。而且在一封寫給至交好友的信中，馬里奇聽起來好像已經成為支持愛人的角色，而非科學研究的合作夥伴。她寫道：「阿爾伯特已經寫出一篇物理論文，可能很快就會發表在《物理學年鑑》上了。妳能想像我對親愛的他有多麼驕傲！這不是一篇平常的論文，而是有關液體理論的重要論文。」

失業之苦

　　自從愛因斯坦放棄德國籍後已經過了快四年，他都一直保留無國籍的身分。每個月他會存一點錢，以便日後申請成為瑞士公民所需，這是他深切期待的。有一個原因是他欣賞瑞士的制度、民主，以及對個人與穩私的包容尊重。他後來表示說：「我喜歡瑞士人，因為大體上他們比我所待過的國家更具人道精神。」當然也有實際的理由，若想擔任公務員或是公立學校教師，他必須成為瑞士公民。

　　蘇黎士當局對他進行了徹底調查，還行文到米蘭要求有關他父母的報告，到一九〇一年二月確認無誤，才讓他變成公民。他一直保留這個身分，即便後來又接受當德國、奧地利和美國的公民。他太想成為瑞士公民了，甚至暫時將自己的反軍事情結擺在一旁，按照規定去報到服役，不過因為有多汗症、扁平足和靜脈曲張等症狀，他被拒絕了。瑞士陸軍顯然很挑剔，在他的兵役書上蓋了「不合格」。

　　不過就在得到公民身分幾周後，父母堅持他回到米蘭同住。一九〇〇年底，他們宣布除非兒子能找到工作，否則過了復活節便不能留在蘇黎士。然而當復活節來時，他仍然找不到工作。

　　馬里奇自然會認為愛因斯坦的父母要求他回米蘭，完全是因為他們太討

厭她了。她寫信對朋友說道：「讓我深感沮喪的是，我們兩人的分開完全是因為惡意中傷和詭計，太不自然了。」如同以往的心不在焉，愛因斯坦忘了帶睡衣、牙刷、頭梳、毛刷等盥洗用品，他吩咐馬里奇：「把東西寄給我妹妹，讓她一起帶回家。」過了四天之後，他又加上：「我的傘先留著，以後再想怎麼辦好了。」

　　不管是在蘇黎士或回到米蘭後，愛因斯坦都努力向全歐洲的教授寄發求職信。他還附上那篇毛細作用的論文，結果並未讓人留下深刻的印象，甚至連禮貌的回函也付之闕如。他寫信給馬里奇說：「我的求職信會讓從南到北的每個物理學家，馬上眼睛一亮。」

　　到了一九〇一年四月，愛因斯坦改買了一堆明信片，附上貼好郵資的回函，帶著渺茫的希望寄出，盼能至少獲得一份回音。相當有趣的是，在流傳下來的兩件明信片中，現在已變成收藏家的珍品。其中一份是寄給荷蘭的一位教授，現在於萊頓科學史博物館（Leiden Museum for the History of Science）展出。兩件明信片附的回函都未使用，表示愛因斯坦連禮貌的婉拒信都未拿到。他寫信給好朋友格羅斯曼：「我不會放棄任何機會，也不會放棄我的幽默感。上帝創造了驢子，還給它一張厚皮。」

　　愛因斯坦當時寫信的偉大科學家，奧斯華（Wilhelm Ostwald）也是其中之一，他是萊比錫的化學教授，因對稀釋理論（the theory of dilution）的貢獻而贏得諾貝爾獎。「您對普通化學的研究，激發我寫出附上的論文。」愛因斯坦接著從諂媚轉而哀怨，問道：「不管您是否需要一位數學物理學家，我身無分文，只有這類工作能夠讓我繼續做研究。」他懇求說。但是愛因斯坦沒有得到回音，兩個星期後他寄出一封信，藉口上一封信中「我不確定是否附上回郵地址」、「您對我論文的看法非常重要」，然而仍然毫無回音。

　　愛因斯坦那時住在米蘭父母家，父親對兒子的苦悶靜靜看在眼裡，用了一種令人心疼又感動的方式試圖幫忙。當愛因斯坦寄給奧斯華的第二封信也沒有回音，心裡很難受的赫曼在沒讓兒子知情下，主動寫信給對方，雖然這

種方式不尋常又很突兀：

> 　　敬愛的教授先生，請原諒一位父親為了兒子大膽向您求助。小兒阿
> 伯特現年二十二歲，他在蘇黎士技術學院就讀四年，去年夏天以優異的成績
> 通過畢業考。自此之後，他一直努力想找研究助理的工作，以便能繼續從事
> 物理研究，但都未能成功。所有的師長都讚美他有天分，我可保證他勤勉好
> 學，而且熱愛科學。他對於未能找到工作一直悶悶不樂，越來越相信自己已
> 經脫離科學研究的生涯軌道了。此外，他因覺得自己是我們小康家庭的負
> 擔，更加抑鬱難安。因為小兒對您的讚美與尊敬遠超過任何物理學家，因此
> 我懇求您能抽空看他的論文，若可能的話，寫一些鼓勵的話給他，讓他重拾
> 生活與研究的樂趣。甚者，若您可以給他一份助理的工作，敝人將感激不
> 盡。我懇請您原諒我冒昧寫這封信，小兒對此唐突的舉動一無知悉。[2]

　　奧斯華依然沒有回信。然而九年後他是第一個提名愛因斯坦角逐諾貝爾
獎的人，成為歷史上有趣的反諷。

　　愛因斯坦深信自己求職不順，必定是以前的物理系教授韋伯在背後搞
鬼。韋伯沒有聘請愛因斯坦，卻另外找兩名工程師當助理，顯然現在也沒
為他美言。當愛因斯坦向哥廷根教授李開（Eduard Riecke）申請工作後，絕
望地向馬里奇說：「我對那個位置也不抱什麼希望了，韋伯一定會趁機惡
搞。」馬里奇勸他寫信給韋伯，直接跟他說清楚，愛因斯坦回信說他已經這
麼做了：「至少他應該知道不能在我背後做這些事。我寫信跟他說，我知道
現在自己找工作完全要靠他的推薦了。」

　　但是沒有用，愛因斯坦又被拒絕了。他寫信給馬里奇：「李開的拒絕並
未讓我吃驚，我認為一切都該怪韋伯。」他變得非常氣餒，在那一刻覺得繼

2　赫曼的信寫於一九〇一年四月十三日。

續找工作也沒用了。「這種情況下，再寫信給其他教授已沒有意義。他們若是對我有興趣，一定會去問韋伯的意見，而他肯定又會說我的壞話。」他對格羅斯曼感嘆說：「若不是韋伯那隻黑手操弄，我老早就找到工作了。」

反猶太主義在這件事到底扮演何等角色？愛因斯坦開始相信那是一個因素，於是改往義大利找工作，他覺得那兒的反猶太氣息較不明顯。他寫信給馬里奇：「在這裡找工作少了一項主要的障礙，那便是反猶太主義；在說德語的國家，這種阻礙令人很不舒服。」對於戀人碰到的困難，馬里奇對朋友哀嘆：「你知道我的甜心說話犀利，而且他又是猶太人。」

為了在義大利找工作，愛因斯坦請一位在蘇黎士念書時認識的工程師朋友米歇列‧貝索（Michele Angelo Besso）幫忙。貝索和愛因斯坦一樣，出身自中產階級的猶太人家庭，一家人在歐洲遊歷生活後，最後落腳在義大利。他比愛因斯坦年長六歲，兩人認識時他已經從技術學院畢業，在一家工程公司上班，終生都是非常親密的朋友（甚至一九五五年相繼於數周內過世）。

在歲月流轉中，貝索和愛因斯坦成為最親密的知交，同時也互相激盪著科學思想。如同愛因斯坦在兩人往返的229封書信中坦露：「沒有人如此接近我，沒有人如此瞭解我，沒有人如此親切對待我。」

貝索聰明活潑，但是缺乏重心、成就動機，也不太勤奮認真。他像愛因斯坦一樣，中學時曾因「桀驁不馴」（他投訴抱怨一名數學老師），而被要求離開學校。愛因斯坦形容貝索是「意志力很差的一個人……對人生中任何事情或科學研究都提不起勁。但是他的資質優異，雖然工作起來有點沒章法，但是我怎麼看都覺得很好玩。」

愛因斯坦介紹安娜‧溫特勒給貝索認識，安娜是瑪莉的妹妹，兩人最後結婚了，一九○一年搬到翠斯特（Trieste）。愛因斯坦再碰到貝索時，發現他還是那麼聰明、風趣，也更加心不在焉。那時候，貝索被老闆叫去檢查一個發電站，他決定前一晚出發，以便第二天能準時到達。但是他錯過火車了，無法在第二天趕到，最後到第三天才到達目的地，「但是他嚇死了，因

為忘記自己要做什麼事。」於是他寄一張明信片回辦公室，請他們再下指示，老闆覺得貝索「簡直是廢物，加上神經病」。

愛因斯坦對貝索的評價則較為可愛。他寫信給馬里奇，用意第緒話形容貝索：「米歇列真是呆頭呆腦（schlemiel）。」有天晚上，貝索和愛因斯坦花了將近四小時的時間討論科學，包括神祕乙太的性質與「絕對靜止的定義」。這些想法在四年後開花結果，而貝索正是愛因斯坦的知音，讓他最後提出了石破天驚的相對論。愛因斯坦寫信給馬里奇：「他對我們的研究有興趣，只不過他經常是見樹不見林。」

貝索有些愛因思坦期望會派上用場的關係。他的叔叔是米蘭技術學院的數學教授，愛因斯坦想請貝索幫忙介紹：「我會抓住他的衣領，把他拖到他叔叔那裡，然後再為自己說話。」貝索說服叔叔幫愛因斯坦寫幾封信，但是並沒有下文。結果，愛因斯坦在一九○一年期間，大部分都在當代課老師和一些家教中度過。

最後，是愛因斯坦在蘇黎士的另一個好朋友幫他找到工作，那就是數學筆記王格羅斯曼同學。當愛因斯坦開始感到絕望時，格羅斯曼寫信告訴他，說伯恩的瑞士專利局可能有一個審查員職缺，而且他的父親認識局長，願意推薦愛因斯坦。

愛因斯坦回信道：「我對您的關注和厚愛深受感動，感謝您沒忘記不幸的朋友。我會很高興得到這麼好的工作，一定全力以赴不負期望。」他對馬里奇也很高興說道：「只要想想這個工作對我會有多麼好！若是真的，我一定會高興得發瘋。」

他知道要等上幾個月的時間，專利局的工作才會招貼出來。所以，他到溫特圖（Winterhur）一所專科學校暫待兩個月，幫一名服兵役的老師代課。除了上課時數很長之外，更糟糕的是他必須教投影幾何學，這向來不是他的強項。但是他引用自己最喜歡的詩句，聲稱：「勇敢的史瓦比亞人不怕！」

在同時，他和馬里奇有機會共度一次浪漫假期，結果為兩人的命運播下

新的種子。

科莫湖（一九〇一年五月）

愛因斯坦在一九〇一年四月底寫信給馬里奇：「小巫婆，妳一定要來科莫湖（Lake Como）看我。你自個兒可以瞧瞧我變得多麼輕鬆愉快，眉毛打結都不見了。」

與家人爭論和工作不順讓他變得焦躁易怒，但他保證一切已經過去了。他道歉說：「我對妳不好，是因為太焦躁的緣故。」為了彌補她，他提議到世界上最浪漫、有情調的科莫湖約會，那美如珠寶的細長高山湖位於瑞、義邊界，五月初在白雪皚皚的山巔下會冒出蒼翠繁茂的葉子。

他說道：「帶我藍色的浴袍來，好讓我倆裹在一起。我向妳保證，這裡的風光在世上絕無僅有。」

馬里奇很快答應了，但隨後改變心意，因為諾維薩家人來信「奪去我所有慾望，不只是遊樂的慾望，還包括生命本身。」她心情不佳，說他應該自己去玩：「似乎我只有受罰的份了。」但隔天她又改變心意了，「昨天我在心情最壞的時候寫一張小卡片給你，那是因為我收到一封信的緣故。但今天我重讀你的信時，又變得快樂一點了，因為我看到你有多麼愛我，所以還是讓我們一起出遊吧！」

於是一九〇一年五月五日星期日一大早，愛因斯坦便在義大利科莫村的火車站，「敞開雙臂、心臟噗咚跳地」迎接馬里奇到來。他們在那裡度過一天，欣賞哥德式大教堂和舊城牆，然後跳上白色汽船遊覽湖邊風光。

湖畔有著名的別墅群點綴，他們去參觀最美麗的卡洛塔別墅（Villa Carlotta），裡面裝飾有天花板壁畫、安東尼奧・卡諾瓦（Antonio Canova）的情色雕刻「愛神之吻」（Cupid and Psyche），以及五百多種植物。馬里奇後來寫信給朋友，說自己有多喜歡「那美不勝收的花園，我將它永遠保存在

記憶中，因為我們一朵花都不能摘喔！」

在一間旅館過夜之後，他們決定走山路到瑞士，但發現仍有深達二十吋的白雪覆蓋，於是他們僱了一架小雪橇，「就是只能容納兩名熱戀中的人、後面有位車夫站在一塊小板子上，稱你『夫人』並一路閒聊的那種雪橇。」馬里奇寫道：「還有更美的事情嗎？」

在戀人的眼裡，雪花快樂地飄落，「這片冰冷無垠的雪白大地讓我禁不住打寒顫，我將甜心緊緊擁入懷中，用外套和披肩包裹住我們。」在回程途中，他們踩踩雪地製造小雪崩，「好嚇嚇腳底下的世界」。

幾天之後，愛因斯坦回憶說：「上一次妳讓我情不自禁地，將妳嬌小的身軀緊緊貼在我懷裡，是多麼美麗啊！」而就在這情不自禁中，馬里奇懷了愛因斯坦的孩子。

回到溫特圖後，愛因斯坦寫給馬里奇一封信，其中提到了關於懷孕的事。奇怪的是（或許一點也不算奇怪），他開頭講的是科學而非個人私事：「我剛剛讀到李納德一篇很棒的論文，是講紫外線產生的陰極射線（cathode rays）。這篇論文寫得很漂亮，讓我內心充滿喜悅和興奮，一定要與妳分享。」愛因斯坦很快就會以李納德的論文為基礎進行科學革命，提出光量子理論來解釋光電效應。但即便如此，當他狂熱地想與剛懷孕的愛人分享「喜悅和興奮」時，談到的竟然是一篇有關電子束的論文，這著實令人吃驚，至少是很有趣的事情。

只有在述說完科學的喜悅後，愛因斯坦才稍微提到未來的孩子。他以「男孩」稱呼：「親愛的妳好嗎？我們的小男孩好嗎？」他又顯示出奇怪的育兒觀，「妳能夠想像當我們能再一起研究、完全不受干擾、沒有人在旁邊告訴我們該做什麼時，那會有多快樂！」

最重要的是，他試著讓馬里奇安心。他保證自己會找到一個工作，即便是得做保險業，他們會共同創造一個舒適的小家庭：「親愛的，要快樂別煩惱。我不會離開妳，會讓每件事情都得到快樂的結局。妳只要有耐心，將會

看到我的臂彎依靠起來並不壞，即使事情開頭有點不太順。」

馬里奇準備參加第二次畢業考，她希望能拿到博士頭銜並成為物理學家。不管是她或父母，過去多年來為此目標上傾注龐大心力與金錢，若是她願意，她可以拿掉孩子。當時節育行業剛萌芽，而蘇黎士正好是中心，甚至有家公司可以郵購墮胎藥物。

不過，她決定留下孩子，即便愛因斯坦還沒有準備好或是樂意與她結婚。根據他們的家庭背景，未婚生子有失身分，但並非不常見。一九〇一年蘇黎士的官方統計顯示有12%的嬰兒屬非婚生子女，而且來自奧匈地區的市民未婚生子的比率更高。在匈牙利南部，33%的小孩屬於非婚生子女，而塞爾維亞人未婚生子的比率最高，猶太人則最低。

這個決定讓愛因斯坦將重心放在未來。他對她許諾說：「我會立刻找一個工作，不管是如何卑微。我的科學目標和個人虛榮心，都不會阻止我。」他決定打電話給貝索的父親和當地保險公司的老闆，也答應她一旦找到工作後便會娶她，「這樣就沒有人會在妳可愛的小腦袋上丟石頭。」

他希望懷孕也可以解決家庭裡引起的問題。對她說：「當我們的父母看到面前的小孫兒時，就必須自己想辦法接受了。」

在蘇黎士，因為嚴重害喜躺在床上的馬里奇高興極了。「所以，甜心你願意立刻去找工作？並且讓我搬來同住！」即便那只是含糊的求婚，但是她立刻宣布她自己「欣然」同意了。她又說道：「親愛的，那當然不包括接受很糟糕的工作，否則會讓我感覺很糟糕。」在妹妹的建議下，馬里奇試圖說服愛因斯坦暑假到塞爾維亞拜訪她的父母。她懇求道：「那會讓我很快樂。而且當我父母看到我們倆人真的站在眼前時，他們所有的懷疑都將會消逝無蹤。」

但是愛因斯坦讓馬里奇失望了，他決定和媽媽及妹妹再度到阿爾卑斯山過暑假。結果，一九〇一年七月底馬里奇考試時，他沒能在旁幫忙並鼓勵她。也許是因為懷孕與私人事由，她第二次畢業考又失敗了，滿分6分只拿

到4分，而且又成為唯一沒通過考試的人。

於是，馬里奇必須放棄當科學家的夢想了。她獨自回家看父母，告訴他們自己無法畢業與懷孕之事。在出發之前，她請愛因斯坦寫一封信給她父親，跟他報告他們的計畫以及他保證會娶她。她問道：「你能把信寄給我，好讓我知道你寫些什麼嗎？很快我會告訴他必要之事，包括不愉快的消息。」

與杜魯德等人的爭論

愛因斯坦的傲慢與輕視傳統等特質，在與馬里奇相處後變本加厲，對他的科學研究和個人生活發生明顯的影響，尤其是在一九○一年。那年，這個沒工作的狂熱分子與學術權威發生一連串的纏鬥。

這些爭論顯示，愛因斯坦對於挑戰權威不會膽怯不安，反倒讓他樂在其中，就像那年他對約斯特・溫特勒宣布：「對權威盲目尊重是真理至敵。」這將會成為一則可貴的信條，適合刻在他的甲冑上（如果他真要這樣的東西）。

那年的奮戰，也顯現愛因斯坦科學思考上較細膩的部分：他有一股衝動（或說是一種強迫性），想要將不同物理分支的概念統整起來。那年春天他開始試著將自己的毛細作用研究與波茲曼的氣體理論連結起來時，寫信對朋友格羅斯曼表示：「從乍看之下完全分開的一組現象發掘一致性，那種感覺相當光榮。」這句話非常能說明，從第一篇論文到最後潦草寫下的場方程式，愛因斯坦的科學使命就是憑藉著這股信念，篤定前行，就像童年的那個指南針。

其中，動力學說深深吸引愛因斯坦與物理學世界的目光，裡面或許藏有統一的概念；動力學說在十九世紀末發展出來，將力學原則運用到熱傳導與氣體行為等現象上。以氣體為例，該學說指氣體是由許多極小的粒子集合而

成，這些粒子是由一個以上的原子組合而成的分子，這許多粒子自由移動，偶爾會彼此碰撞。

動力學說刺激了統計力學的發展，即利用統計計算來描述眾多粒子的行為。當然，不可能追蹤氣體中每個分子和每次碰撞，但是知道統計上的行為，對描述數十億分子在各種狀況如何行為非常有用。

科學家不只將這些觀念應用到氣體的行為上，也運用到液體和固體發生的現象，包括導電性和輻射。愛因斯坦的好朋友艾倫費斯特（Paul Ehrenfest）本身是這個領域的專家，他寫道：「現在，我們有機會將氣體動力學的方法運用到完全不同的物理學分支上。最重要的是，這個理論被用到金屬中電子的運動、微小懸浮粒的布朗運動（Brownian motion），以及黑體輻射（blackbody radiation）的理論。」

雖然許多科學家運用原子說探究各自的專門領域，但是對愛因斯坦來說，這是一個連結各種學科的方法，並且可以發展成統一理論，例如一九○一年四月，他將用來解釋液體中毛細作用的分子理論，改為應用在氣體分子的擴散上。他寫信給馬里奇說道：「我已經得到一個非常幸運的點子，可以把我們分子作用力的理論也運用到氣體上。」對於格羅斯曼，他則提到，「我現在深信，我的原子吸引力理論也可以擴張到氣體上。」

接著，他對熱與電的傳導發生興趣，開始研究杜魯德（Paul Drude）的金屬電子理論（electron theory of metals）。如愛因斯坦專家雷恩（Jürgen Renn）提到：「杜魯德的電子理論和波茲曼的氣體動力學說，並不只是任兩個愛因斯坦有興趣的題目，而是具有他早期研究擁有的一個共通特性：兩者都是將原子的觀念，運用到物理與化學問題的例子。」

杜魯德的電子理論主張，在金屬中有可以自由移動的粒子，跟氣體的分子一樣，所以會導熱和導電。當愛因斯坦仔細探究時，對一些部分感到滿意。他告訴馬里奇：「我手上有一份杜魯德有關電子理論的研究，內容真是深得我心，雖然有些地方含混過去。」一個月之後，愛因斯坦無視權威的個

性又表現出來了，他宣布：「也許我會私下寫信給杜魯德，指出他犯錯的地方。」

而他真的這麼做了。六月時他寫信給杜魯德，指出他認為兩個錯誤的地方。他洋洋得意地告訴馬里奇：「他幾乎沒有理由能辯駁，因為我的指陳直接有力。」也許是幻想指出知名科學家犯錯是一個找工作的好方法，愛因斯坦還在信件中請求對方給工作。

驚訝的是杜魯德回信了，不過他駁斥了愛因斯坦的看法。愛因斯坦勃然大怒，將信件轉寄給馬里奇，並表示：「寫信者惡劣至極，我無須再多言！從今以後，我不會再找這種人了，我會直接在期刊上對他們不留情面，誰叫他們罪有應得！難怪，有人會慢慢變成厭惡人類。」

愛因斯坦也對約斯特・溫特勒發洩了自己的挫折，就在那封信中表達盲目尊敬權威是真理至敵的想法。他另外寫道：「他回信時，還指出另一位絕不可能犯錯的同事也和他意見一致。我一定要發表一篇精彩絕倫的論文，讓那個男人嚐嚐被火燒的滋味。」

在公開的愛因斯坦信件中，並沒有指明誰是杜魯德擡出來「絕對不會犯錯」的同事，但是經過雷恩的挖掘後，有一封馬里奇的信中直指此人是波茲曼。這可解釋為什麼愛因斯坦會開始埋首於波茲曼的研究中，他在九月寫信給格羅斯曼：「我一直在鑽研波茲曼對氣體動力學說的研究，而且這幾天已寫了一篇簡短的論文，因為他只是開始進行一連串的論證，卻找不到拱心石。」

波茲曼當時任教於萊比錫大學，是歐洲統計物理學大師。他幫忙發展動力學說，並且堅持捍衛原子和分子確實存在的信念。為此，他發現有必要重新思考偉大的熱力學第二定律（Second Law of Thermodynamics）。這則定律有許多等效的公式表述，指熱會自然由熱流到冷，但不會從冷流到熱。另一種表述方法是用熵（entropy）來描述第二定律，所謂熵是指一個系統的混亂和隨機程度，任何自然的過程傾向於增加系統的熵，例如香水分子會從打開

的瓶子飄散到房間，但是不會自動集合再飄回瓶子內，至少從我們的共同經驗看來。

波茲曼的問題是分子碰撞等力學過程按照牛頓力學都可以逆轉，因此熵自然減少至少在理論是有可能的。但是，波茲曼主張擴散的香水分子能自動集合返回瓶子內，或是熱有可能從冷物體自動回到熱物體等說法，卻被反對的人士如奧斯華等斥為荒謬，因為他們不相信原子和分子真的存在。奧斯華宣稱：「指所有自然現象最終都可以簡化成力學現象的說法，甚至無法成為有用的研究假設。自然現象的不可逆性，證明存在不可用力學方程式描述的過程。」

波茲曼修改第二定律回應，讓第二定律變成不是絕對的，而只是統計上接近確定。在理論上，數百萬的香水分子彼此碰撞後，有可能一起回到瓶子內，但那機率微乎其微，恐怕比將一疊新紙牌洗過一百遍後、又回到原先次序般，更加不可能一兆倍以上。

一九〇一年九月當愛因斯坦相當不客氣宣稱已填補波茲曼連串論證中失蹤的「拱心石」時，他打算馬上發表。不過，他先將另一篇論文送到《物理學年鑑》，那篇論文主要是探討用電來研究分子作用力，他利用別人的鹽水與電極實驗進行計算推導。

接著，他發表對波茲曼理論的批判。他指出，這些理論對於解釋氣體的熱傳導很好，但推廣到其他領域尚未成熟。他寫道：「熱動力學說運用在氣體理論的範疇上，已有豐碩的成就。然而，力學尚無法為一般的熱能理論奠定適當的基礎。」他表示，自己的目標在於「彌補此一不足」。

對於一個沒有博士頭銜、找不到工作、不甚了了的技術學院畢業生來說，這一切顯得太放肆了。愛因斯坦自己後來也承認，這些論文對於增進物理學幾乎毫無貢獻。不過，它們確實展現一九〇一年他挑戰杜魯德和波茲曼的真正核心，在於他認為他們的理論沒有達到他對格羅斯曼宣稱的境界，也就是挖掘表面無關的現象背後的一致性。

在此同時，愛因斯坦一九〇一年十一月對蘇黎士大學的克萊納教授（Alfred Kleiner）送交一份博士論文。這份論文沒有留下來，但是馬里奇告訴一位朋友說：「它利用氣體中分子的作用力，處理各種觀察現象。」愛因斯坦自信滿滿，他談到克萊納時說：「他不敢拒絕我的論文，除此之外，這個短視近利的男人對我是一無是處。」

到十二月時，克萊納毫無回應，愛因斯坦開始煩惱或許教授「脆弱的自尊」，可能會讓他難以接受詆毀杜魯德和波茲曼等大師級研究的論文。愛因斯坦表示：「如果他膽敢拒絕我的論文，那麼我會將論文一同發表，讓他大大出糗。但是如果他接受了，那麼我們看看杜魯德老先生會說什麼好話。」

因為急著想要答案，於是愛因斯坦決定親自去見克萊納。令人相當驚訝地，兩人會面情況非常好。克萊納承認他尚未看過論文，愛因斯坦則請他慢慢來。接著，他們討論愛因斯坦正在醞釀的各種想法，其中有些孕育了日後的相對論。克萊納答應下次有教書的工作時，一定會幫愛因斯坦寫推薦信。於是，愛因斯坦判定說：「他不像我想的那麼蠢，而且是一個好人。」

克萊納或許是個好人，但後來看到愛因斯坦的論文後並不喜歡，尤其對愛因斯坦攻擊科學界一事感到不快，所以他拒絕了這份論文，更精確地說，他是叫愛因斯坦主動撤回，以退還給他二百三十元法郎的費用。根據愛因斯坦的一位女婿寫的書中，克萊納的行動是「考量到同事波茲曼，因為愛因斯坦尖銳地批評他的想法推論」。而粗枝大葉的愛因斯坦，在一位朋友的鼓動下，竟然直接將批評送給波茲曼。

黎瑟爾

格羅斯曼曾經向愛因斯坦提過專利局可能有一個工作，但是一直沒有成真。因此五個月之後，他稍稍暗示格羅斯曼仍然需要幫忙。當從報上得知格羅斯曼在瑞士一所中學找到教職後，愛因斯坦表達「無比喜悅」，然後哀嘆

說：「我也申請了那個位置，但我這麼做只是為了交待，證明自己沒有太膽小而不敢申請。」

一九〇一年秋天，愛因斯坦接下一個更卑微的工作，到蘇黎士北方二十哩的萊茵河畔沙夫豪森（Schaffhausen）一家私人教育學院當家教，工作內容只是教一名家境富有的英國男童。當然日後看來，不管花多少錢，能請到愛因斯坦當家教很划算，但那時學院主人努希（Jacob Nüesch）是真正賺到的人。他每年向男童家裡索價四千法郎，但只支付愛因斯坦每月一百五十法郎的薪水外加食宿。

愛因斯坦向馬里奇承諾，「可能的話，妳馬上有一個好丈夫了。」然而此刻他對專利局的工作感到絕望了，「伯恩的位置至今沒有登廣告，我真的要放棄希望了。」

馬里奇渴望和他相聚廝守，但是懷孕讓他們無法公開露臉。所以十一月大半時間，她都待在附近村子的一家小旅館。這讓他們的關係變得緊張，儘管他再三請求，愛因斯坦很少探望她，常常說他沒有餘錢當旅費。當再度收到愛因斯坦取消來訪的信息後，她哀求說：「你一定會讓我驚喜的，對吧？」她的懇求與憤怒交錯上演，通常出現在同一封信中：

　　只要你知道我相思得有多麼厲害，你一定會來看我。你真的沒有錢嗎？那可好！這個男人每月賺得一百五十法郎，還供吃住，但是到月底時竟分文不剩！……星期日請不要再用那個藉口了。若你到時沒有錢，我會寄一些給你……只要你知道我有多麼想看到你！我整天思念你，晚上更是。

然而，愛因斯坦對權威不耐煩的天性，很快又讓他與老闆槓上了。他試著將輔導的學生哄到伯恩並直接收取學費，然而男孩的母親不同意。接著，愛因斯坦要求努希直接付他餐費，他不想和他們家人一起用餐了。努希回答：「您知道我們的情況，沒有理由改變。」

　　粗魯的愛因斯坦威脅要另行高就，努希在盛怒之下讓步了。當愛因斯坦對馬里奇描述當時的場景時，又說了人生中的一句名言：「放肆萬歲！那是我在世上的守護天使！」

　　那天晚上，當他坐下來與努希家共進最後一次晚餐，他發現湯盤旁邊有一封信，那是他現實生活的守護天使格羅斯曼所寄。格羅斯曼表示，專利局的工作即將要登出徵才廣告，愛因斯坦保證能得到工作。想到生命很快「會變得更光明燦爛」，興奮的愛因斯坦寫信給馬里奇說：「我快要樂昏頭了，更為妳感到高興，我們一定會成為世界上最幸福的人。」

　　但不到兩個月（一九〇二年二月初）就要出生了的寶寶該怎麼處理，仍然是一個問題。愛因斯坦（已經開始將未出世的孩子當成女孩）寫信給回到諾維薩娘家待產的馬里奇，「剩下來唯一要解決的問題是如何帶著黎瑟爾（Lieserl）。我不願意放棄她。」這點他算是好爸爸，但是他知道要帶一個私生女到伯恩工作會很困難，於是他說：「問問妳爸爸，他是一個閱歷豐富的男人，比起妳埋首研究、不切實際的強尼更瞭解世事。」為了健康著想，他宣布當嬰兒出生時，「不應該餵她喝牛奶，因為那可能讓她變笨。」他表示，馬里奇的母奶會更有營養。

　　雖然愛因斯坦願意向馬里奇家人請教，但卻不想讓自己的家人知道，否則他媽媽最擔心「先上車後補票」的噩夢就成真了。他的妹妹似乎知道他和馬里奇暗中計劃要結婚，並且告訴溫特勒家的人，但是沒有人懷疑他們可能是先有後婚。愛因斯坦的母親從溫特勒太太口中得知兒子打算定下來的消息，哀嘆說：「我們堅決反對阿爾伯特和那個塞爾維亞小姐馬里奇的關係，從來不想跟她有任何瓜葛。」

　　愛因斯坦的母親甚至採取極端的手段，在先生共同簽名下，寫了一封很惡劣的信件給馬里奇的父母。馬里奇向一位朋友抱怨道：「這位女士似乎已立定人生目標，要盡量讓我與她兒子的生命痛苦不堪。我無法想像竟然有這種沒心沒肝的壞蛋活在世上！他們完全沒良心，寫這種信給我父母來羞辱譴

責我。」

專利局正式的徵才廣告終於在一九〇一年十二月登出。局長哈勒爾（Friedrich Haller）顯然為愛因斯坦量身打造，規定應徵者無需博士學位，但是要有一定的機械訓練並懂得物理。愛因斯坦告訴馬里奇說：「哈勒爾是為了我，才加進這些條件的。」

哈勒爾寫了一封友善的信給愛因斯坦，清楚表示他是首要候選人，而且格羅斯曼也恭喜他。愛因斯坦高興地對馬里奇說道：「不用再懷疑了，很快妳會是我快樂的小太太，等著看好了。現在我們的煩惱結束了，只有當可怕的重量從我肩頭卸下時，我才明白自己有多愛妳……很快我可以將桃莉擁入懷中，在全世界面前大聲說她是我的。」

不過，他要她答應結婚不會讓他們變成貪圖安逸的中產階級夫婦，「我們會認真研究科學，不會變成粗俗的人，對不對？」他甚至覺得自己的妹妹為追求生活享受，正變得「俗不可耐」。他對馬里奇說：「妳最好不要變那樣，那太恐怖了。妳要永遠當我的小巫婆和小淘氣。除了妳，每個人對我都變得陌生，好像有一道看不見的牆把大家隔開了。」

由於預期會得到專利局的工作，愛因斯坦拋下在沙夫豪森指導的學生，一九〇二年一月下旬搬到伯恩。他會永遠感謝格羅斯曼，因為接下來幾年內格羅斯曼繼續提供各種幫忙。愛因斯坦跟馬里奇提到：「格羅斯曼正在做一個非歐氏幾何的博士論文，我不太清楚那是什麼。」

在愛因斯坦抵達伯恩幾天後，待在諾維薩父母家的馬里奇分娩了，取名黎瑟爾。因為是難產，馬里奇無法寫信，由她的父親告知愛因斯坦。

「她健康嗎？有好好哭嗎？」愛因斯坦寫信給馬里奇：「她的眼睛像什麼？她比較像我們哪一個？誰餵她喝奶？她很餓嗎？她一定沒頭髮。我這麼愛她，甚至還沒見過她呢！」不過，他對寶寶的愛顯然很抽象，因為不足以引誘他到諾維薩一趟。

黎瑟爾出生的事情，愛因斯坦沒告訴母親、妹妹或任何朋友。事實

上，沒有跡象顯示他曾經告訴親友這件事，更不曾公開談論或承認經她的存在。在留下來的信件中，除了愛因斯坦和馬里奇之間少數幾封信件之外，沒有關於黎瑟爾的隻字半語。但是這些信件被隱瞞藏匿著，直到一九八六年學者與文獻編輯才吃驚地發現黎瑟爾的存在。[3]

但是從黎瑟爾剛誕生後愛因斯坦寫給馬里奇的信中，可以看到寶寶出世引出愛因斯坦幽默的一面。他寫道：「她已經知道怎麼哭了，但要很久以後才知道怎麼笑，這是肯定的事實。」

當上父親也讓他在等候專利局工作時，知道得另外賺點錢，於是第二天報上出現一則廣告：「數學和物理私人課程……由阿爾伯特・愛因斯坦（獲聯邦技術學院教師文憑）詳盡指導……免費試教。」

黎瑟爾的出生，甚至讓愛因斯坦出現之前不明顯的築巢本能。他在伯恩找到一個大房間，並為馬里奇畫了一張簡圖，標示出床舖、六張椅子，三個櫃子、他自己（強尼）的位置，並在一張長椅上寫著「看哪！」然而，馬里奇沒辦法搬去同住，因為兩人尚未結婚，而且正在往上爬的瑞士公務員不宜同居。所以幾個月後馬里奇搬回蘇黎士，等愛因斯坦找到工作後實踐諾言娶

3　這些信件是愛因斯坦文獻計畫的約翰・施塔謝（John Stachel）從400封家庭信件中所發現的。這些信件是馬里奇於一九四八年死後，愛因斯坦兒子漢斯的第一任妻子到蘇黎士為她清理遺物後攜回加州，而由漢斯的第二任妻子存放於保險箱中。

她；她沒有帶著黎瑟爾同行。

愛因斯坦顯然從未見過女兒。在僅存的信件中，她在一九○三年九月（不到兩年間）才被簡短提起一次，之後彷如人間蒸發，從未再被提起。在這段期間她留在諾維薩，待在母親的親戚或朋友家中，使愛因斯坦可以繼續過著無拘無束的生活，成為受尊重的中產階級，當個正式的瑞士公務員。

有一條隱約的線索指出，照顧黎瑟爾的人可能是馬里奇的知己海蓮娜・莎維奇（Helene Kaufler Savić），一八九九年她們住在蘇黎士同棟宿舍時認識。莎維奇是出生在維也納的猶太人，一九○○年時與一名塞爾維亞工程師結婚。在懷孕期間，馬里奇寫給了一封信傾吐煩憂，但是寄出去之前便撕毀了。她很高興踩煞車，在黎瑟爾出生前兩個月跟愛因斯坦解釋說，因為「我覺得我們還不應該說黎瑟爾的事情。」馬里奇順便請愛因斯坦偶爾寫些信給莎維奇：「我們現在一定要好好對待她，畢竟我們有很重要的事要請她幫忙。」

專利局

在等候專利局的工作時，愛因斯坦偶然遇到一個在那裡工作的舊識。那人抱怨工作很無聊，而且愛因斯坦等候的職位「等級最低」，所以至少不用擔心別人會來搶工作。愛因斯坦的確不擔心，他告訴馬里奇，「有些人就是覺得什麼事都很無聊」。至於朋友對他職位最低等的輕蔑，愛因斯坦認為他們應該要反過來想，「因為高處不勝寒！」

他的職位終於在一九○二年六月十六日通過，瑞士議會正式聘他為「聯邦智慧財產局三等臨時技士，每年授薪三千五百法郎」，足足超過新進教授的薪資。

他的辦公室在伯恩新郵電大樓裡，旁邊就是聞名全世界的舊城門鐘塔。他每天離開公寓左轉去上班時，都會經過鐘塔。鐘塔最早是興建於一一九一

年伯恩建城不久後，一五三〇年新增一座天文儀，標示行星的位置。每個小時鐘塔會有表演：首先出場的是搖鈴鐺跳舞的小丑，再來是幾隻小熊、一隻啼叫的公雞和一位鐵甲騎士列隊遊行，壓軸的是帶著權杖與沙漏的時間老人（Father Time）。

鐘塔是附近火車站的正式對時器，月台上一排時鐘都以它為準。從其他城鎮抵達的火車，出發地的時間不一定準確，於是當火車駛進城裡時，便會依照伯恩鐘塔重新設定時間。

愛因斯坦每天早上八點上班，每星期上班六天，負責專利申請的審查，甚至在他發表那些改變物理學的論文後依然如此，這是他一生中創造力最豐碩的七年。工作幾個月後他寫信給一位朋友說道：「我忙碌死了！每天待在辦公室八小時，每天至少上一小時家教，然後再做一些科學研究。」不過，審查專利權的工作並不會煩悶無聊，他表示：「我非常享受辦公室的工作，因為太有意思了。」

他很快發現自己兩、三下便可處理完專利審查的工作，白天有餘閒偷偷想科學的事情。他回憶道：「一整天的工作，我只消兩、三小時便完成了。白天剩下的時間，我會思考自己的問題。」主管哈勒爾是個善良的男人，充滿懷疑精神但親切幽默；對於愛因斯坦辦公桌上凌亂堆著計算紙，一有人經過便消失到抽屜裡的情形，哈勒爾都假裝視而不見。愛因斯坦自己便說：「每當有人經過時，我會將筆記掃到書桌抽屜裡，然後假裝埋首辦公。」

的確，我們不應該覺得愛因斯坦很可憐，從學術迴廊遭到放逐。他開始相信，改到「世俗迴廊」工作對其科學研究不是負擔，反倒具有好處，「讓我孕育出最美麗的想法」。

每天，他會根據理論假設進行思考實驗，探測事物背後的基本真實。他後來表示，注意真實生活的問題「刺激我看透理論觀念上的真實交錯」。這些需要他審查的專利案中，包含數十種將時鐘同步化的新方法，例如用光速傳送訊號來調測時間。

　　此外，上司哈勒爾傳授他一條守則——「時時機警」。這對於專利審查員很受用，對於有創意、叛逆的理論家也是如此。質疑每項前提、挑戰傳統智慧，而且永遠不要因為別人覺得道理很明顯，便接受那是真理。同時，莫輕易相信，哈勒爾告誡他：「拿起一件申請案時，要認為發明者說的每件事情都是錯誤的。」

　　愛因斯坦生長在一個會創造並應用專利做生意的家庭中，他也覺得這種過程很有成就感。這種經驗也造就他靈巧的天分：能進行思考實驗，預見理論實際應用的情況，同時也幫忙他清除無關問題的旁枝末節。

　　要是愛因斯坦當上教授的研究助理，他可能會被迫只出版「安全」的論文，對於挑戰既定觀念投鼠忌器。如他後來指出，原創性和創造力不是爬學術階梯的主要資產，尤其在德語世界，會有遵從老闆偏見或成見的壓力。他表示：「在學術工作中一個人被迫大量製造科學論文，恐怕會造成學術膚淺的危險。」

　　結果，命運讓他偶然坐上瑞士專利局的小板凳，而不是成為學術象牙塔裡的僧侶；這種際遇可能強化某些特質，讓他注定走上成功，包括對眼前的申請案保持愉快的懷疑精神，並且具備獨立判斷的能力，讓他能夠挑戰基本假設；沒有其他壓力或誘因，讓專利審查員得改變作風。

奧林匹亞學會

　　索洛文（Maurice Solovine）是羅馬尼亞人，在伯恩大學讀哲學。一九〇二年的復活節假期，他有天閒逛時買了份報紙，注意到愛因斯坦找物理家教的廣告。業餘的物理愛好者索洛文長得短小精悍，有一頭短髮和山羊鬍子，比愛因斯坦年長四歲，還未決定要當哲學家或物理學家，因此他按報紙登的住址尋去，按了門鈴之後，一會兒傳來洪亮的「來了！」馬上讓他留下印象。索洛文回憶道：「我被他那雙大眼睛透露的無比聰明震懾住了。」

　　第一次的討論持續了兩個小時,後來愛因斯坦陪索洛文走到街上,又多談了半小時,他們同意第二天會面。到第三次會面時,愛因斯坦宣布自由交談比拿錢當家教更有趣,他表示:「您不需要物理家教,只要您願意隨時來找我,我會很高興跟您談話。」他們決定一起讀偉大思想家的著作,然後互相討論想法。

　　後來,哈比希特加入兩人的討論,這名銀行家的兒子以前是蘇黎士技術學院的數學系學生。他們覺得正經八百的學會很好笑,於是號稱自己是「奧林匹亞學會」(Olympia Academy)。愛因斯坦雖然最年輕,卻被推派當主席;索洛文準備一張證書,上面畫了一排香腸,下面則是愛因斯坦的半身像,題詞為:「此人上通天文下知地理,學識高深淵博,謹獻身於宇宙之革命性科學。」

　　通常他們的晚餐很簡樸,就是吃些香腸、葛利亞硬乳酪(Gruyère Cheese)、水果和茶。但愛因斯坦生日時,索洛文和哈比希特決定給他意外的驚喜,在桌子上放了三碟魚子醬。愛因斯坦專注分析伽利略的慣性原理,他一邊說話一邊吃了一口又一口魚子醬,但似乎沒有注意到今天有特別菜色。哈比希特和索洛文互相賊賊地看著對方,最後索洛文不禁問道:「你知道你剛吃進了什麼東西嗎?」

　　愛因斯坦大叫:「老天爺啊!那是有名的魚子醬囉!」他停了一會兒說道:「嗯,如果拿美食請我這種鄉巴佬,我們是不會識貨的。」

　　他們的討論常常持續整晚,討論完後愛因斯坦有時會拉小提琴,夏天時大家則會爬到伯恩近郊一座山上看日出。索洛文回憶道:「閃爍的星光使人印象深刻,讓我們討論起天文。太陽緩緩出現在地平線上,最後綻放所有光芒,阿爾卑斯山沐浴在一片神祕的玫瑰色中,讓大家讚嘆萬分。」然後他們會等候山上的咖啡館開門,喝完黑咖啡後再走下山去工作。

　　有一次索洛文很想去聽捷克四重奏的音樂會,決定蹺掉那天安排在他家的聚會。為了賠罪請安,他留下一張紙條用拉丁文打招呼:「白煮蛋向您致

敬！」愛因斯坦和哈比希特要報復，他們知道索洛文很討厭菸味，於是在他房間裡狂抽菸斗與雪茄，並把房間裡的傢俱和盤子全部堆到床上。他們也以拉丁文回敬：「嗆鼻煙向您致敬！」索洛文回家時被煙霧「幾乎嗆昏了」，他說：「我以為會被燻死！我把窗戶打開，開始從床上搬走那座小山丘，幾乎已經堆到天花板了。」

索洛文和哈比希特成為愛因斯坦終生的摯友，他後來對他們追憶說：「我們快樂的『學會』，比起我後來近距離接觸那些德高望重的學會，一點兒也不顯得幼稚！」愛因斯坦七十四歲生日時，兩位朋友從巴黎共同寄了一張明信片祝賀，他又再對奧林匹亞學會致敬：「會員創設本學會，以取笑那些德高望重的姐妹學會。經我長年仔細觀察，本會的譏諷屢屢中的。」

奧林匹亞學會的閱讀書單包括一些古典作品，都是愛因斯坦喜歡的主題，例如索弗克利斯（Sophocles）反抗威權的尖銳劇作《安蒂岡妮》（Antigone）；塞凡提斯（Cervantes）的史詩之作，固執衝向風車的《唐吉訶德》（Don Quixote）。不過，他們三人最主要閱讀的，還是探討科學哲學的著作，包括休謨的《人性論》（A Treatise of Human Nature）、馬赫的《感官與力學之發展分析》（Analysis of the Sensations and Mechanics and Its Development）、斯賓諾莎的《倫理學》（Ethics）和龐加萊的《科學與假設》（Science and Hypothesis）。

愛因斯坦後來表示，其中最有影響力的是蘇格蘭經驗主義者休謨（1711～1776）。追循洛克（Locke）與巴克萊（Berkeley）的傳統，休謨對於無法直接由感官察覺的知識都感到懷疑，甚至明顯的因果法則都讓他懷疑僅是心智的慣性思維而已；對撞的球可能一次又一次表現出牛頓定律預測的行為，然而嚴格來說那並不是相信下次又會出現同樣行為的理由。愛因斯坦指出，「休謨清楚看到，某些概念（如因果關係）無法從經驗感官用邏輯推導而成。」

這套哲學觀有時稱實證主義（positivism），否定任何超越直接經驗現象

描述之概念，它從一開始就很吸引愛因斯坦。他指出，「相對論本身帶有實證主義的意味，這派思想對我的研究有很大的影響力，尤其是馬赫，而休謨更甚。在發現相對論前不久，我一直在讀休謨的《人性論》。」

休謨將嚴格的懷疑精神運用到時間觀念。他表示，我們利用可觀察的物體定義時間，除此之外沒有道理認為時間是絕對的獨立存在。休謨寫道：「從思想和意念的承續，我們形成對時間的想法；時間不可能單獨存在並構成意義。」這種沒有「絕對時間」的想法，後來在愛因斯坦的相對論出現共鳴。不過，休謨對於時間的特定想法對於愛因斯坦的影響，還不如更一般的主張，他認為談論無法用感官觀察來定義的概念，是相當危險的事情。

愛因斯坦對休謨的看法，又跟他欣賞康德（1724～1804）有關，因塔木德的推介，愛因斯坦小時候便接觸過這位德國形上學家。愛因斯坦指出，「康德以觀念獨領風騷，象徵對解決休謨難題往前邁進一步。」意思是指，康德主張某些真理屬於「先驗知識」，是「基於理性本身而來」。

換句話說，康德將真理區分成兩類。（1）分析命題：從邏輯和「理性本身」推導而來，不是從觀察世界得到。例如所有單身男性皆未婚，2加2等於4，三角形三角和必為180度；（2）綜合命題：以經驗和觀察為基礎。例如，慕尼黑比伯恩大，所有天鵝都是白色。綜合命題可由新的經驗證據修訂，但分析命題不然。例如，我們可能發現黑天鵝，但找不到已婚的單身男士，或是內角和為181度的三角形。愛因斯坦提到康德的第一類事實時，他表示，「例如，在幾何學和因果律的命題便是屬於這類情形。這些和某些類型的知識……不需要從感官資料先取得，換句話說它們是先驗知識。」

起初，愛因斯坦覺得單靠理性本身發現真理很美妙，但他很快質疑康德對於分析真理和綜合真理之間的嚴格區別。他回憶說：「幾何學處理的客體，似乎與感官知覺的客體並非為不同的類型。」後來他便斷然拒絕了康德的分類，表明「我相信這種區別是錯誤的」。一則看似純粹分析的命題，如三角形三角和為180度，在非歐氏幾何或彎曲空間（廣義相對論裡的情形）

會是錯誤的。後來他談到幾何學與因果概念時，便表示，「當然，今天每個人都知道上述這些概念，根本沒有康德所賦予的確定性以及內含的必然性。」

休謨的經驗主義由馬赫（1838～1916）進一步發展。馬赫是奧地利的物理學家和哲學家，愛因斯坦在貝索的敦促下閱讀他的著作，成為奧林匹亞學會最喜愛作者之一，進一步養成愛因斯坦對俗成智慧與傳統抱持懷疑精神的態度，成為其創造力的正字標記。愛因斯坦後來表示，馬赫的天才部分在於「無可妥協的懷疑和獨立精神」，這句話用來形容他自己也很恰當。

用愛因斯坦的話來說，馬赫哲學的本質是，「概念唯有指涉物體並說明操作規則時，方有意義。」換句話說，一項概念要有意義，首先需要一種操作定義，描述如何在操作中觀察概念。幾年之後，這項哲學觀會讓愛因斯坦受益匪淺，那時他與貝索談到「觀察」這個動作會賦予「兩事件同時發生」這樣一個簡單的概念什麼樣的意義。

馬赫對愛因斯坦最有影響力之處，在於將這種方式應用到牛頓「絕對時間」和「絕對空間」的概念上。馬赫主張，你無法用任何觀察方式來定義這些概念，因此它們是無意義的。馬赫嘲笑牛頓的絕對空間是「畸形概念」，稱其「純粹是思想上的東西，與經驗無涉。」

奧林匹亞學會最後推崇的知識分子是斯賓諾莎（1632～1677），他是阿姆斯特丹的猶太哲學家。其影響主要在於宗教，認為上帝乃無形之存在，反映在自然律法上，因為它具有令人讚嘆震懾的美麗、合理和一致性。但是和斯賓諾莎一樣，愛因斯坦不相信有上帝存在，會以獎賞懲罰介入吾人日常生活中。

此外，愛因斯坦效法斯賓諾莎信仰決定論，即若能揣摩思量的話，可以感覺到自然律法代表不可變的因果關係；而且上帝不會玩骰子，讓任何事情任意發生或是未確定。斯賓諾莎宣布：「所有事物都由神聖的自然之必然性而決定。」即使量子力學（quantum mechanics）似乎顯示這是錯誤的，愛因

斯坦仍然堅定相信它是正確的。

結婚

　　赫曼無緣見到兒子從三等審查員更上一層樓。一九○二年十月當赫曼的健康開始惡化時，愛因斯坦回到米蘭陪他最後一程。父子兩人的關係長久以來混雜著疏遠與關愛，最後也以此結尾。後來助理杜卡斯（Helen Dukas）曾聽愛因斯坦提及：「最後一刻到來，赫曼要求大家全部離開房間，讓他可以自己靜靜離去。」

　　那一刻讓愛因斯坦一輩子都感到愧疚無比，凸顯出他終生無法與父親締造真實的連結。他第一次感到天旋地轉，「被一種孤寂的感覺壓倒了」。他後來稱父親過世是他人生中最深痛的震撼，不過有一個重要問題也解決了，在赫曼臨終之際終於同意讓兒子和馬里奇結婚了。

　　奧林匹亞學會的兩位同仁索洛文和哈比希特，於一九○三年一月六日召開特別會議，在伯恩戶政所舉辦的小型公證結婚典禮上，擔任愛因斯坦和馬里奇結婚的見證人，但是雙方家人都沒有出席。那晚這群知識分子到一家餐廳慶祝，然後新人一同回到男方公寓。見怪不怪地，愛因斯坦又忘記帶鑰匙了，必須叫醒女房東開門解救。

　　兩個星期後他寫信跟貝索報告：「嗯，我現在是已婚男士，跟太太過著非常愉快舒適的生活。她把每件事情都照料得極好，飯煮得很好吃，而且總是很快活。」至於馬里奇[4]，她跟自己最好的朋友報告：「我比在蘇黎士時更加靠近甜心了！」有時她會參加奧林匹亞學會的聚會，但大半是當觀察者而已。索洛文回憶道：「聰明但沉默寡言的米列娃，會專心聆聽我們的討論，但從未干涉介入。」

4　結婚後她通常使用米列娃‧愛因斯坦-馬里奇這個名字。當她與愛因斯坦離婚後才又改回米列娃‧馬里奇。為了避免混淆，在書中統一稱呼她為馬里奇。

　　然而烏雲開始形成了。「我的新任務便是收拾殘局」，馬里奇談到自己負責家務，以及在他們討論科學時僅能當個旁觀者。愛因斯坦的朋友感覺到她變得更抑鬱了，她顯得話少又多疑。而愛因斯坦也擔心起來（至少他後來回顧時這麼說），他曾經感覺「內心抗拒」和馬里奇結婚，但是用「責任感」克服了。

　　馬里奇很快就開始找方法，企圖回復兩人關係的魔力。她希望能逃離瑞士公務員家庭固有中產階級的單調乏味，重新恢復昔日波希米亞式的學者生活。他們決定（至少馬里奇如此希望）讓愛因斯坦到很遙遠的地方找個教書工作，也許是到女兒黎瑟爾附近。馬里奇寫信給塞爾維亞的朋友：「我們會嘗試任何地方，妳覺得像我們這種人在貝爾格勒可以找到事情做嗎？」馬里奇表示，他們會做任何有關學術的工作，即使是到中學教德文！「妳瞧！我們還有以前冒險犯難的精神喔！」

　　就我們所知，愛因斯坦從來不曾去塞爾維亞找工作，或是去見小寶寶。一九〇三年八月當剛結婚幾個月時，盤旋在生命頂頭的祕密烏雲突然投下新的陰影。馬里奇接到黎瑟爾的消息，那時十九個月大的她染上猩紅熱病倒。馬里奇趕忙登上往諾維薩的火車，當火車停在薩爾斯堡時，她買了一張當地城堡的明信片，簡短寫了一些話，後來在布達佩斯站寄出。她寫道：「火車很快，但我覺得很難受。小強尼，你在做什麼？會很快寫信給我，是嗎？可憐的桃莉筆。」

　　顯然孩子讓人收養了。唯一的線索是九月愛因斯坦寫給馬里奇一封很隱晦的信件，那時馬里奇已經在諾維薩待一個月了。愛因斯坦寫道：「我對黎瑟爾發生的事情很難過，猩紅熱常會遺留某些一輩子的疤痕，但願吉人天相。黎瑟爾的登記辦得如何了？我們一定要小心，以免小孩的未來遇到困難。」

　　不管愛因斯坦為何問這種問題，至今都找不到黎瑟爾的出生登記或任何可證明她存在的文件。來自各方的研究者，不管是塞爾維亞人和美國人，包

括愛因斯坦文獻計畫的蕭爾曼（Robert Schulmann），以及寫書尋找黎瑟爾的查克漢（Michele Zackheim），這些人翻遍教堂、戶政單位、猶太教堂和墓地，結果一無所獲。

有關黎塞爾的證據都被小心抹掉了。愛因斯坦和馬里奇在一九○二年夏秋之際的通信，幾乎每一封都被毀掉，其中有許多應該與黎瑟爾有關。至於馬里奇和朋友莎維奇那段期間的通信，也刻意被莎維奇的家人燒掉了。終其一生（甚至在兩人離婚之後），愛因斯坦和太太盡一切可能隱瞞第一個孩子的下落，更隱藏她曾經存在的事實，而且他們出乎意料地成功了。

少數逃脫歷史黑洞的，只知道黎瑟爾在一九○三年九月仍活在人世。愛因斯坦那時寫信給馬里奇，表示擔心「孩子的未來」可能會遇到困難。同一封信也顯示黎瑟爾已經被領養，因為愛因斯坦在信談到希望有一個「代替」的小孩。

對於黎瑟爾的命運有兩種可能的解釋。第一是她平安度過猩紅熱的危機，並由一個領養家庭扶養長大。其實，後來有幾次有女人出面聲稱是他在外頭的小孩（結果通通是假的），愛因斯坦並沒有斷然排除可能性。當然，考慮他曾有幾次風流韻事，那不代表他認為她們可能是黎瑟爾。

另一種可能性則為蕭爾曼偏愛，指馬里奇的朋友莎維奇收養了黎瑟爾。莎維奇的確扶養一名女兒叫卓卡（Zorka），她幼年時眼睛便瞎了（也許是猩紅熱的後遺症）。卓卡從未結婚，外甥帕柏維奇（Milan Popović）保護她，拒絕別人訪問；她於一九九○年代過世。

帕柏維奇則駁斥這種說法，他寫了一本書《在阿爾伯特的陰影下》（*In Albert's Shadow*），描繪祖母莎維奇和馬里奇的友誼和通信情況。他表明：「有一個傳言甚囂塵上，指我的祖母收養了黎瑟爾，但是遍查我們家族的歷史，這種理論毫無憑據。」然而，他沒有提出任何書面證據，例如阿姨的出生證明。他的母親燒掉莎維奇大部分的信件，包括任何有關黎瑟爾的信件。帕柏維奇自己的理論，部分根據塞爾維亞作家阿烈克維奇斯（Mira

Alečković）幫忙寫下的家族史，認為黎瑟爾在一九〇三年九月死於猩紅熱，正好是愛因斯坦寄出那封信後。查克漢女士在描述尋找黎瑟爾下落的書中，也提出相似的結論。

不管發生什麼事情，馬里奇因而更加消沉。就在愛因斯坦死後不久，有位完全不知道黎瑟爾之事的作家麥克莫（Peter Michelmore），根據部分與漢斯談話的內容出版了一本書。在談到愛因斯坦和馬里奇新婚後那年時，麥克莫提到：「兩人之間發生了某件事，但米列娃只說那是『極私密的』。無論是什麼，她深陷在裡頭，阿爾伯特似乎得負些責任。朋友鼓勵米列娃談她的問題，把心事說出來，但她堅持那太私密，終生都把它當成祕密。這是愛因斯坦故事中的一個關鍵細節，然而至今仍籠罩在迷霧中。」

馬里奇從布達佩斯寄的明信片抱怨自己生病了，有可能是她又懷孕了。當她發現確實如此時，很擔心先生會生氣。但是當愛因斯坦聽到消息後，覺得很快那可望取代女兒，於是表達出欣喜之情。他寫道：「我一點兒也不氣可憐的桃莉要孵出一隻新的小雞了。事實上，我很高興聽到這件事，而且或許我不該這樣想，但是妳就要有個新的黎瑟爾了。畢竟，妳不應該被剝奪這屬於所有女人的權利。」

漢斯・阿爾伯特・愛因斯坦在一九〇四年五月十四日出生。新出世的孩子讓馬里奇精神愉快，重拾婚姻的快樂，至少她是這麼告訴朋友莎維奇：「快來伯恩讓我再見見妳！讓妳瞧瞧我親愛的小寶貝，他也叫阿爾伯特。我無法告訴妳，他帶給我多大的歡樂！看著他醒來時笑得那麼甜，以及他洗澡時踢著的小腿兒……」

馬里奇提到，愛因斯坦「表現出當父親的樣子」，會花時間做小玩具給寶貝兒子，像是用火柴盒和線繩做出纜車。長大後的漢斯還記得，「那是那時候我最精巧的玩具之一，而且真的可以玩喔！父親用一條線和火柴盒等，便可以製造出最美麗的東西了。」

米洛斯・馬里奇對於孫子出生欣喜若狂，他前去探望他們，並且致贈

一份豐厚的嫁妝，在家誌中記載為十萬瑞士法郎（可能有些誇大）。但是愛因斯坦婉拒了，說他不是為錢和米列娃結婚，米洛斯後來提到此事還淚眼打轉。事實上，愛因斯坦已能自給自足了，在專利局一年多以後，他已不再是實習人員了。

第四章

奇蹟之年：量子和分子
THE MIRACLE YEAR

世紀之交

「現在物理學沒有新東西可發現了。」相傳受敬重的凱爾文公爵（Lord Kelvin）[1]在一九〇〇年對英國科學促進會表示：「剩下來只是越來越精確的測量而已。」結果，他錯了。

古典物理學的基礎在十七世紀末由牛頓（1642～1727）奠定。牛頓以伽利略等人的發現為基礎，發展出法則描述無所不包的機械宇宙，例如掉落的蘋果和環繞的月亮，都是受到相同的規則（包含重力、質量、作用力和運動）所支配，且事出必有其因，萬物必有其力，理論上凡事皆可解釋、決定與預測。牛頓的宇宙讓數學家和天文學家拉普拉斯（Laplace）精神振奮，他表示：「任何人若知道某個時間點自然界所有的運作力量，且知道宇宙所有事物當時的位置，那麼便能用一個公式，瞭解世界上從最大的物體到最小的原子之運動；對他來說，沒有事情不確定，未來和過去都會展現在當前。」

愛因斯坦很欣賞這種嚴謹的因果法則，稱為「牛頓思想最深奧的特性」。他也語帶挖苦地簡述起物理史：「在太初之時（若真有此事），上帝創造了牛頓的運動定律，連同必要的物體和作用力。」愛因斯坦特別會留意的是「一般認為與

1　編按：凱爾文公爵，即為William Thomson（1824～1907），提出絕對溫標，被稱為「熱力學之父」。

力學無關之領域，力學有何進展」，像是他一直鑽研的動力學說，便是解釋無數分子碰撞造成的氣體行為之學說。

除了牛頓力學，十九世紀中葉又有偉大的科學發現。父親是鐵匠、自學出身的英國實驗家法拉第（Michael Faraday，1791～1867），發現電場和磁場的特性。他證明電流會產生磁場，而磁場改變也會產生電流；當磁鐵在線圈附近移動，或是線圈在磁場附近移動時，都會產生電流。

法拉第對電磁效應的研究，讓愛因斯坦的父親和叔叔等具有發明精神的企業家研發新方法，利用旋轉的線圈與移動的磁鐵製造發電機。所以，年幼的愛因斯坦對於法拉第的「場」具有實質真確的感覺，並非只是理論上的瞭解而已。

接下來，留有大鬍子的蘇格蘭物理學家馬克斯威爾（1831～1879）提出偉大的方程式，可以解釋改變的電場如何創造磁場，以及改變的磁場如何創造電場。一個改變電場可以產生一個改變的磁場，改變的磁場又可以再產生一個改變的電場，如此循環不已，兩相結合便是產生電磁波。

牛頓出生於伽利略去世那年，愛因斯坦恰巧也誕生於馬克斯威爾過世那年，他視延續這位蘇格蘭人的研究為己任。身為一位理論家，愛因斯坦擺脫掉主流的偏見，讓數學的旋律帶領他進入未知的領域，在場論的美麗純粹中找到和諧。

終其一生，愛因斯坦對場論十分著迷。他在一本合著的教科書中談及這個概念的發展：

物理學上出現「場」的新概念，是自牛頓之後最重要的創見。對於描述物理現象，電荷與粒子之間的「場」才是根本必要之物，而非電荷或粒子，這需要很強的科學想像才能理解。「場」概念的成功，讓馬克斯威爾提出描述電磁場結構的方程式。

　　起先，馬氏發展的電磁場理論似乎與牛頓力學相容。例如，馬氏相信電磁波（包括可見光）可由古典力學解釋——假若我們認定宇宙間遍布看不見、輕飄飄、可傳播光線的乙太；透過乙太的振動傳播電磁波，一如海水傳播波浪或空氣傳播聲音一般。

　　然而到十九世紀末，古典物理學的基礎開始出現破綻，因為無論科學家如何努力，都無法發現地球通過乙太運動的證據。輻射研究（光等電磁波如何從物體發射）也暴露另一項問題：在牛頓理論（描述個別粒子的力學）與場論（描述所有的電磁現象）交界處，還有一些沒人搞懂的事情。

　　在那時候，愛因斯坦已經發表五篇甚少受到注意的論文，既沒能幫他取得博士頭銜，也難以找到一份教職，甚至連在中學教書都不成。要是那時他放棄了理論物理，科學界不會注意到；他可能會一路爬升當到瑞士專利局局長，得心應手地做好這份工作。

　　當時毫無跡象顯示，愛因斯坦即將引爆「奇蹟之年」，那是科學界從一六六六年之後難得一見的高潮。一六六六年，牛頓為逃避瘟疫肆虐的劍橋，回到母親在烏爾索普（Woolsthrope）的故鄉，結果一舉發展出微積分、光譜分析與重力理論。

　　經過兩、三百年，物理學準備再經歷一場大變動了，這回要大顯身手的是愛因斯坦。他的大膽莽撞，正好可以將遮掩物理學根基破綻的傳統智慧沖刷掉，而視覺化的想像力，讓他做到傳統思想者所不能的概念躍進。

　　一九〇五年三月到六月，他在四個月內做出一連串如狂風暴雨的大突破，在以下這封科學史上極著名的私人信件可以一窺端倪。哈比希特是愛因斯坦在奧林匹亞學會的哲學思考同好，他剛從伯恩搬走，讓愛因斯坦在五月底有理由寫信給他，也讓歷史學家很高興日後有文獻可尋。

親愛的哈比希特：

　　沈默嚴肅的空氣降臨我們之間，讓我覺得用這番胡言亂語打破它，簡直

就像褻瀆般……

　　喂，您這個死傢伙到底在幹嘛？您這光會抽菸喝酒的廢物……？為何還不寄論文給我？死傢伙，不知道我是世上一又二分之一人中，有興趣與閒情逸致看您大作的人？我答應回報四篇論文，第一篇講輻射與光的能量特質，相當具有革命性，您先寄大作過來便會知曉了。第二篇論文是測定原子的實際大小……第三篇是證明1/1000公釐小的物體（液體懸浮物），會隨熱運動而產生可觀察的隨機運動，事實上生理學家已經觀察到這類懸浮物體的運動，稱為布朗分子運動。第四篇論文目前還在草稿階段，牽涉到運動物體的電動力學，將會修正空間和時間的理論。

光量子（一九〇五年三月）

　　如愛因斯坦跟哈比希特提到，在一九〇五年這些論文中，值得稱為「革命性」的是第一篇論文，而不是最後那篇解釋相對論的著名論文。的確，第一篇論文可能是物理學中最具革命性的發展，其主張光不僅是波，也呈小封包狀態（當時稱光量子，後來稱為光子），將我們帶進奇異的科學迷霧當中，比相對論最怪異之處更為幽暗詭異。

　　愛因斯坦在論文中也承認這一點。一九〇五年三月十七日，他將這篇論文投到《物理學年鑑》，標題有點兒奇怪——〈光的產生和轉變之簡化直觀描述〉（On a Heuristic Point of View Concerning the Production and Transformation of Light）。何謂「簡化直觀」呢？指所提出的是一種假說，提供解決問題的方向，但尚未獲得證明。從開始提量子理論，到五十年後過世前的最後一篇論文，愛因斯坦一直認為量子概念及其未確定的意涵，最好視之為「簡化直觀」，它既充滿臨時性且不完整，與他自己對實在的說法也並不相容。

愛因斯坦在論文中提出的核心疑問，從古希臘到二十世紀初都一直困惑著物理學界（其實至今依然）：宇宙是由粒子所組成，像原子和電子一樣嗎？或者宇宙是不可分割的連續體，如重力場或電磁場一般？如果兩種描述方法在不同狀況下都成立，那麼兩者交會時會發生什麼事情？

自一八六〇年代以來，科學家一直在探究這項問題，他們分析所謂的「黑體輻射」。玩過燒窯或用過瓦斯爐的人都知道，鐵等物體加熱會發光變色，首先主要是發出紅光，變得更熱時會發出橘光，再來是白光與藍光。為了研究這類輻射，克希荷夫等人設計一種封閉的金屬容器，只留下一個小洞讓些許光線跑出來，當容器在特定溫度到達均衡時，畫出每個波長強度的曲線圖。結果，不論容器是屬於哪種材料或者哪種形狀，都獲得相同答案：曲線圖的形狀只與溫度有關。

唉，這就是問題所在！對於描述這類曲線圖的數學公式，沒有人可以完全解釋背後的道理。

當克希荷夫過世後，柏林大學遺留的教職缺由蒲朗克接任。蒲朗克於一八五八年出生在一個歷史悠久的德國家族，歷來產生許多偉大的學者、神學家和律師。他和愛因斯坦非常不同，戴著夾鼻眼鏡，穿著一絲不苟，是非常驕傲的德國人；本性保守果斷，又略帶點害羞與剛硬，待人處事講求禮節規矩。兩人的共同朋友波恩曾經表示：「你很難想到兩個更南轅北轍的人。愛因斯坦是世界公民，與周遭人們保持疏離，不受社會情感氛圍控制；而蒲朗克則深受家國傳統影響，是熱衷的愛國分子，對於德國偉大的歷史深感驕傲，以正統的普魯士人自居。」

保守主義讓蒲朗克懷疑所有的粒子理論，一八八二年他寫道：「儘管原子理論到目前為止大獲成功，最後仍會被連續物質的假設所拋棄。」這裡有一個小反諷是，命運讓蒲朗克和愛因斯坦一起為量子力學奠定基礎，但當量子理論破壞兩人崇拜的嚴謹因果律與確定性等概念時，他們都退縮了。

一九〇〇年蒲朗克提出一個方程式（部分用到他所謂「幸運的猜

測」），可以描述每個溫度的輻射光譜曲線。為此，他接受了原先抗拒的波茲曼統計方法，畢竟那是正確的。但是該方程式有一個奇怪的特性：需要使用一個常數，是無法解釋的極小數字（大約是6.62607x10-34焦耳秒）；將這個常數加在方程式裡面，才會得到正確的結果。這個常數很快被稱為蒲朗克常數（h），現在已成為基本的自然常數了。

起先，蒲朗克不知道該數學常數有何物理意義。但是，他後來提出了一項理論，不是描述光本身的性質，而是描述光被物質吸收或發射時的行為。他假設任何會發射光、熱的東西（如黑體容器的內壁），其表面含有「振動的分子」或者「諧振子」（harmonic oscillator），像是小小、振動的彈簧一般。這些諧振子在吸收或發出能量時，只能以不連續的封包形式進行，這些能量包或能量束的數量大小一定，由蒲朗克常數決定，它們無法進一步分割或是取連續值。

儘管蒲朗克只把這項常數當成為方便計算所設，用來解釋光線發射吸收的過程，但不適用於光本身的基本性質。然而一九〇〇年十二月他在柏林物理學會的宣告仍非常重要：「我們因此認為能量是由一定數量的封包所組成，這些封包的大小受限且相等，這是整個計算中最重要的一點。」

愛因斯坦很快瞭解到量子理論可能會破壞古典物理學，他後來指出：「蒲朗克的重要研究一問世，我很快就想到這一點。我嘗試讓物理學的理論基礎能容納此項新知，然而卻全部失敗了。感覺好像我們的腳下空掉了，找不到地可以踩。」

除了解釋蒲朗克常數的問題，輻射本身也地方尚待解釋，那便是光電效應，指光線照射在金屬表面上，電子被打射出來的現象。一九〇一年五月得知馬里奇懷孕愛因斯坦寫信給她，當中就熱烈談到李納德探索這個問題的「漂亮傑作」。

李納德做實驗時，得到一項意外的發現。當他增加光的頻率（從紅外光增加到紫外光），電子會以更高的能量與速度射出。接著，他利用一千倍亮

的碳弧光燈調高光的強度。照理說，較亮較強的光擁有較多的能量，那麼射出的電子應該具有更高的能量，離去的速度也會更快。但是實際並非如此，雖然比較強的光會打出比較多的電子，但是每個電子的能量都保持一樣，這是光波理論無法解釋的。

長達四年的時間，愛因斯坦一直在思索蒲朗克和李納德的研究。一九〇四年發表的最後一篇論文〈分子之一般熱理論〉（On the General Molecular Theory of Heat），他討論分子系統平均能量的起伏狀況，然後應用到封閉空間中的輻射，結果發現與實驗相符。一九〇四年完成這篇論文後，他寫信給哈比希特：「我相信這並非湊巧，我已經用最簡單的方法，找出物質基本量子的大小與輻射波長之間的關係。」此刻，他似乎準備提出「輻射場是由量子組成」的理論了。

一年之後，愛因斯坦在光量子論文中正式提出此點。他兼採蒲朗克發現的數學常數，與李納德的光電效應，然後加以詮釋，將光當成是由點狀粒子（他稱為光量子）組成來分析，而不再把光當成連續波。

該篇論文開頭便談到粒子理論（如氣體的動力學說）與連續性（如光波理論的電磁場）理論之間的巨大差異。他指出：「物理學家針對氣體等實體物體所提出來的理論，以及馬克斯威爾描述真空現象的電磁理論，表面上存在巨大的不同。在描述氣體狀態時，我們利用數量龐大但有限的原子和電子之位置和速度來完全決定；在講到電磁狀態時，我們卻利用空間中的連續函數來描述。」

在提出光的粒子理論之前，愛因斯坦強調光波理論不必然會被全盤拋棄，或許仍然有很大的用處。他表示：「光波理論是以空間連續性為基礎，能夠完全詮釋純光學現象，可能永遠不會被其他理論所取代。」

他對光波理論和粒子理論的包納，是一種簡化直觀的描述，指出我們觀察到的波可能是統計無數粒子的平均位置而來。他表示：「我們應該記住，光學現象是隨時間平均而來，並非瞬間之數值。」

　　接下來可能是愛因斯坦寫過最具革命性的一句話，指光是由個別粒子或能量包束所組成：「這裡的假設是，當光線傳播時，能量不是隨著空間連續傳散，而是由數量有限的能量量子組成；這些量子在空間呈點狀分布，是以完整的單位出現或消失。」

　　愛因斯坦在探究該項假設時，是研究黑體輻射（他假設是由個別量子所組成）的行為表現是否和氣體（他知道是由個別粒子所組成）一樣。首先，他研究氣體容積改變時熵如何隨之變化，再與黑體輻射容積變化的熵變化來做比較。結果，他發現輻射的熵「與理想氣體的熵遵照相同的法則，會隨容積變化而改變」。

　　他運用波茲曼的熵統計公式來計算，結果描述氣體粒子散布的統計力學，在數學上與黑體輻射相同。這讓他宣布，輻射「在熱力學上的行為表現，好像是由各自獨立的能量量子所組成。」這也可以計算特定頻率下一個光「粒子」的能量，結果與蒲朗克的發現吻合。

　　論文中接著指出，這些光量子的存在可以解釋李納德的光電效應研究（愛因斯坦尊其為「開創性研究」）。如果光是個別量子所組成，那麼每個光量子的能量用光的頻率乘以蒲朗克常數便可決定。愛因斯坦指出，如果假設「一個光量子會將全部能量轉移到一個電子上面」，那麼頻率更高的光會讓電子以更多能量射出。另一方面，增加光的強度（而非頻率）只會讓更多電子射出，但是每個電子的能量都保持相同。

　　這和李納德的發現一模一樣。愛因斯坦想要指出其結論是由理論推導而成，並非是來自實驗數據證得，而且為了帶入一些謙卑或試探的口吻，他宣告其論文假設是光由極小的量子組成：「就我看來，我們的概念與李納德先生觀察到的光電效應特質並不衝突。」

　　愛因斯坦將蒲朗克的餘灰吹成烈焰，吞噬了古典物理學。他到底催生了什麼，讓一九〇五年的論文做了一個不連續（或說是量子）的跳躍，超越了蒲朗克的研究呢？

　　事實上，正如愛因斯坦在隔年的一篇論文提到，他的角色便是理解蒲朗克常數背後的物理意義。對於蒲朗克（一個不情願的革命者）來說，量子不過是為求計算方便的產物，用來解釋能量與物質作用時的發射與吸收。但是他並沒有看出「量子」牽涉到光的本質與其電磁場的物理意義。科學史學家荷頓和布拉希（Steven Brush）便寫道：「我們可以將蒲朗克一九〇〇年的論文解釋如下：其量子假設只是為計算統計分布方便引進的一項數學假設，並非是新的物理假設。」

　　相較上，愛因斯坦將光量子當成是一種真實的東西：宇宙中麻煩複雜、神祕難解、有時會令人發瘋的怪東西。對他來說，這些帶能量的量子（一九二六年命名為「光子」）[2]是存在的，即使光在真空中前進時亦然。他寫道：「我們想要指出，蒲朗克先生提出這些基本的量子，不只限於黑體輻射理論。」換句話說，愛因斯坦主張這種粒子特性是光本身具有的特質，不僅僅只是光如何與物質作用的描述而已。

　　即便在愛因斯坦發表論文後，蒲朗克都沒有接受這種概念上的大跳躍。二年之後，蒲朗克警告這位年輕的專利審查員太過火了，他強調量子是用來描述能量發射或吸收的過程，並不是某些真空輻射所具有的真實特質。他重申：「我不是在探究量子行動（光量子）在真空中的意義，而是著重在吸收和發射源的情況。」

　　蒲朗克一直不肯相信光量子具體存在的事實。在愛因斯坦的論文發表八年後，蒲朗克提名他進入地位崇高的普魯士研究院。他和其他支持人士所寫的推薦信充滿讚美，但是加上了一段話：「其推想有時可能會偏離正軌，例如光量子假設，然而瑕不掩瑜，無須放大看待。」

　　就在即將過世之前，蒲朗克反省自己長年來躲避該項研究發現的意義。他寫道：「我嘗試將基本的量子作用納入古典理論中，然而長年曠日廢時都

　　2　光子（photon）一詞是美國化學家Gilbert Lewis在一九二六年所命名。

毫無所成，被大部分同仁當成悲劇看待。」

諷刺地，類似的話後來也用在愛因斯坦身上。如波恩所說，愛因斯坦對於自己率先發現的量子理論漸漸變得「疏遠又懷疑」，「我們有許多人認為這是一項悲劇」。

愛因斯坦的理論產生一項可經實驗測試的光電效應法則，即是射出電子的能量與光的頻率有關，用一道包含蒲朗克常數的簡單數學公式便可算出。後來這道公式證明是正確的，完成關鍵實驗的物理學家是密立根（Robert Millikan），他後來成為加州理工學院校長，曾試圖聘請愛因斯坦任教。

不過，縱使密立根證實了愛因斯坦的光電公式，仍然拒絕接受其理論。他表示：「儘管愛因斯坦的方程式明顯成功了，但是物理理論原本便是一種抽象的表達，我覺得它太不可靠了，相信愛因斯坦自己也沒有把握。」

密立根認為愛因斯坦的光電效應理論會被拋棄，但是這個猜測錯了，發現光電效應法則反倒讓愛因斯坦贏得諾貝爾獎。隨著一九二〇年代量子力學的出現，光子的真實存在成為物理學的基石之一。

然而長遠來看，密立根是正確的。愛因斯坦慢慢覺得關於量子，以及光的波粒二元性（wave-particle duality）之種種詭譎闡釋，都令人深感不安。在過世前不久，他寫了一封信給摯友貝索。當時量子力學幾乎被所有物理學家接受了，然而他在信中感嘆道：「五十年來的思索，還是沒有讓我更會回答這個困惑：光量子究竟是什麼呢？」

博士論文：分子大小（一九〇五年四月）

愛因斯坦雖然寫出一篇顛覆傳統科學的論文，但還是未能贏得博士學位，所以必須再試一次讓論文被接受。

他明白自己需要一個安全的題目，不要像量子或者相對論那般激進，於是他決定選擇第二篇論文。他在四月三十日完成〈決定分子大小之新方法〉

（A New Determination of Molecular Dimensions），於七月送交蘇黎士大學。

也許為小心起見，以及尊重保守的指導老師克萊納，愛因斯坦大致避開了前一篇論文（以及十一天後完成的布朗運動論文）中創新的統計物理學方法，改以古典的流體力學為主。不過，他仍然能夠在可觀察到的現象中探究無數微小粒子（原子、分子）的行為表現，並透過這些現象研究這些看不見的微小粒子之性質。

大約在一個世紀之前，義大利科學家亞佛加厥（Amedeo Avogadro，1776～1856）提出一項假設（結果是正確的），任何氣體只要體積相等，在相同的溫度和壓力測量下，將有相同數目的分子。這產生了一項很困難的任務：這個數字究竟為何？

通常用的體積是1莫耳的氣體（分子量以公克計），在標準的溫度和壓力下是22.4公升，後來在這種狀況下的分子數成為亞佛加厥常數。但是要精確決定數字仍然相當困難，目前估計大約是6.02214×10^{23}。（這個數字很大，若將這麼多的玉米粒攤平鋪在美國領土上，可高達九哩深。）

先前大多是利用氣體做分子測量，因此愛因斯坦的論文開門見山就說：「目前為止還沒有人利用觀察液體中的物理現象，來決定分子之大小。」在這份博士論文中（經過一些數學和數據訂正後），愛因斯坦是第一個用液體得到有效結果的人。

他的方法使用黏滯度（viscosity）為出發點，這是指當物體在液體中移動時會遇到多少阻力。例如，瀝青和糖蜜的黏滯度很高；糖水的黏滯度會隨糖份增加而提高。愛因斯坦想像糖分子慢慢在較小的水分子中散播開來，他提出兩個式子，都包含兩個未知數，即糖分子的大小和在水中的數目。後來，他解開這些未知數，得到的亞佛加厥數為2.1×10^{23}。

可惜，答案並不十分接近。當博士論文被蘇黎士大學接受後，愛因斯坦馬上在八月投稿到《物理學年鑑》。那時候，編輯杜魯德將稿子暫時保留，因為他知道有更好的糖水性質實驗數據（幸好他不知道愛因斯坦先前很

想嘲笑他）。利用這份新資料，愛因斯坦提出了較接近正確數字的答案：4.15x1023。

　　幾年後有位法國學生做實驗測試這項方法，發現有個地方怪怪的。於是，愛因斯坦請蘇黎士的一位助理重新檢查一次，結果發現一個小錯誤，改正後得到 6.56×10^{23} 的數字，也得到公認。

　　愛因斯坦後來半開玩笑地說，當他送交博士論文時，克萊納教授因為論文太短而退回，所以他又加上一句話，結果馬上被接受了，不過這件事並沒有文獻佐證。結果，這篇博士論文成為愛因斯坦被引用最多且最實用的論文，廣泛應用在各種用途上，例如混凝土、乳酪品加工與噴霧劑等產品。縱使這篇論文沒幫他找到一份學術工作，至少讓他終於可以被稱為「愛因斯坦博士」了。

布朗運動（一九〇五年五月）

　　完成博士論文十一天後，愛因斯坦寫了另一篇論文，要為肉眼看不見的東西找跡象。他延續一九〇一年以來的方法，對看不見的粒子的隨機運動進行統計分析，以展露它們在外觀世界的相應現象。

　　愛因斯坦用這種方式解釋了「布朗運動」，這種現象已使科學家困惑將近八十年：為何懸浮在液體中的小粒子會搖晃？另外，他也一併確立原子和分子在物理學上是真實存在的物體。

　　布朗運動是依蘇格蘭植物學家布朗（Robert Brown）命名，他在一八二八年發表一篇非常詳細的文章，顯示在高倍數顯微鏡之下，可觀察到小小的花粉粒子會在水裡漂移晃動。其他的粒子研究也發現到這個現象，包括天蛾的鱗粉，並且出現了許多種解釋。有人猜測也許是跟微小的水流或是光影作用有關，但是沒有一項理論行得通。

　　隨著一八七〇年代動力學說（用分子的隨機運動解釋氣體等行為）的

出現，有些人嘗試用來解釋布朗運動。但是因為懸浮粒子比水分子大上一萬倍，分子似乎沒有辦法移動粒子，好比一顆棒球無法移動直徑半哩大的物體一樣。

但是愛因斯坦指出，雖然光靠一次的碰撞無法移動粒子，但每秒數百萬次隨機碰撞的結果，可以解釋布朗所觀察到的快速晃動。他在論文第一句便表示：「本篇論文將證明，依照熱的分子動力學說，液體中懸浮的顯微物體會因為熱分子運動，產生大到讓顯微鏡容易觀察到的運動。」

不過他接下來談的就令人費解，他認為自己的論文不是在解釋布朗運動。他表現出好像不確定自己從理論推導而出的運動，是否與布朗觀察到的運動相同：「這裡要討論的運動，可能與所謂的布朗分子運動相同；然而，我手上對於該項資料並不精確，所以無法做成判斷。」後來他更進一步將自己的研究拉開，不希望成為布朗運動的解釋：「我發現，不用知道大家耳熟能詳的布朗運動，根據原子理論，也可以觀察到懸浮的顯微粒子運動。」

乍看之下，他對處理布朗運動的顧慮似乎很奇怪，甚至是虛偽。畢竟，他幾個月前才寫信給哈比希特：「這類懸浮物體的運動事實上已經被生理學家觀察到，稱為布朗分子運動。」然而，愛因斯坦確實沒說錯且用心良苦，因為他的論文並非以布朗運動的觀察出發，也不是為暸解釋布朗運動而寫。事實上，該篇論文是承續先前的統計分析方法，探討如何在可見世界中重現分子之行為。

換句話說，愛因斯坦想要強調自己是從大的原則假設推導出理論，並不是利用檢驗實驗數據而成。（如同他在光量子論文中明白指出，該篇論文並非是從李納德發現的光電效應研究出發。）我們很快會看到他再度強調這類區別，堅持相對論的產生並不是只為暸解釋光速與乙太的實驗結果而成。

愛因斯坦明白，一次水分子的碰撞不會讓懸浮的花粉產生足以觀察的運動。然而不管是何時，懸浮粒子都受到四面八方無數水分子的碰撞，在某些時刻許多水分子正好撞向某一邊，另一刻，可能會是另一邊受到最猛烈的撞

擊。

　　這樣一來會產生隨機的小晃動，繼而變成隨機漫步（random walk）。最好的辦法是想像有個喝醉的人一開始倚著街燈，接下來每秒鐘往任意方向晃動一步。晃動兩次後，這個人可能會回到原地，或是往同方向移動兩步遠，或可能往西一步後再往東北走一步。利用一點數學圖表，將會發現這種隨機走動會發生有趣的事情：從統計上來看，這名醉漢與街燈的距離會隨著經過時間的平方根成正比。

　　愛因斯坦瞭解到，測量每次的布朗運動或是測量粒子每刻的速度，是不可能且不必要的。但是，要測量這些粒子隨意運動的總距離相當容易，因為距離會隨時間增加。

　　愛因斯坦想要得到可測試的具體預測，所以結合自己的理論知識和有關黏滯度和擴散速率的實驗數據，最後提出了精確的預測，顯示粒子的運動距離與其大小和液體溫度有關，例如，他預測直徑0.001公釐的粒子在攝氏17度的水中，「一分鐘平均的移動距離大約是6微米（micron）」。

　　這真的可以進行測試，也產生了很重要的結論。他寫道：「如果這裡討論的運動能夠觀察到，那麼古典的熱力學將不再嚴格成立。」擅於建立理論勝於操作實驗的愛因斯坦，在論文最後提出誠摯的呼喚：「讓我們希望有人會很快成功解決這裡的問題，因為它對熱理論太重要了。」

　　就在短短幾個月，德國實驗家賽登托夫（Henry Seidentopf）利用高倍數顯微鏡，證實了愛因斯坦的預測，讓原子和分子的真實存在終於獲得確認。理論物理學家波恩後來回憶道：「那時候原子和分子根本未被當成是真的，我認為愛因斯坦的研究，比任何人都更能說服物理學家原子和分子真正存在的事實。」

　　愛因斯坦的論文還連帶提供另一種方法決定亞佛加厥數。培斯（Abraham Pais）提到這篇論文時評道：「它充滿新的想法，結論指出用平常的顯微鏡觀察，便可大致決定亞佛加厥數。即便先前已看過論文並知道結論

的人，每讀一次必定還是驚訝一次。」

　　愛因斯坦的頭腦之聰明獨到，在於他能同時把玩思索多種想法。即使他正在沈思液體中舞動的粒子，腦海中還能同時想著牽涉到運動物體和光速的另一個理論。在送出布朗運動論文後一天左右，他和貝索講話的當口又靈光一閃。那個月他在寫給哈比希特的著名信件便提到，這個念頭將會誕生「空間與時間理論之修正」。

第五章

狹義相對論
SPECIAL RELATIVITY

一九〇五年

背景

　　相對論是一則簡單的概念，主張「無論運動狀態為何，基本物理法則皆相同」。

　　以處在「等速」運動的觀察者為例，這概念就很容易懂了。想像有個男人坐在家中的椅子上，有個女人則坐在天上的飛機中。兩人在倒咖啡、拍小皮球、打開手電筒，或是用微波爐加熱鬆餅時，都適用相同的物理法則。

　　事實上，沒有方法可決定是誰在「運動」或是「靜止」。坐在椅子上的男人，可以認為自己處於靜止狀態，而飛機正在運動；坐在飛機裡的女人，可以認為自己靜止不動，底下的地面則高速飛逝。沒有實驗可證明孰是孰非。

　　的確，沒有絕對的正確與否，只能說兩者都相對於彼此運動，而兩人相對於其他行星、恆星和銀河等等，也快速運動著。[1]

　　愛因斯坦在一九〇五年提出的狹義相對論，只適用於觀察者以等速相對於彼此運動（等速直線運動）的特別狀況中（因此以狹義名之），稱為處於「慣性參考系統」（inertial reference system）。

1　一個靜坐在扶手椅上的人，事實上正以每小時1,040哩的速度隨地球自轉，同時以每小時67,000哩的速度繞行太陽公轉。當我說這些觀察者處於等速的狀態下，是刻意忽略行星在自轉與公轉時產生的速度變化，這些變化不會影響大多數的一般實驗。

　　當人在加速、轉彎、旋轉、緊急煞車或隨意亂動時，並不是處於絕對運動的狀態下[2]，因為咖啡潑濺、皮球滾動跟人處於平順行進的火車、飛機或星球上，狀況並不相同。在狹義相對論之後，愛因斯坦又花上十年光陰才提出廣義相對論，將加速運動納入重力理論中，並嘗試應用相對論的觀念。

　　相對論的故事最好是從一六三二年講起，當時伽利略清楚指出，所有運動與力學法則（那時電磁法則尚未發現）在等速參考座標中都相同。以前哥白尼曾經主張，地球並非在宇宙中心靜止不動而由其他天體繞轉，伽利略則在《關於兩個主要世界系統的對話》（*Dialogue Concerning the Two Chief World Systems*）中，力圖捍衛哥白尼的想法。有人質疑，如果按照哥白尼所指地球會運轉，那麼我們應該會感覺得到。伽利略用思考實驗明白駁斥這種說法，他以平穩前進中的船艙為例：

　　你在一艘大船上，和幾位朋友關在甲板下的船艙，裡面放一些蒼蠅、蝴蝶等會飛的小昆蟲，另取一大碗裝水放魚兒，最後倒掛一個瓶子，讓水滴進下面的花瓶。當船隻靜止時，你仔細看會發現到，小昆蟲以相同的速度在船艙到處飛，魚照樣在游，水也繼續往底下的花瓶滴落。若是朝朋友丟東西，只要丟的距離相同，往哪個方向都無需特別用力，且不論朝哪個方向立定跳遠，跳出去的距離都相同。當仔細觀察這些現象後，令船隻以自己想要的速度前進，只要速度保持相同、沒有隨意起伏變動即可。你將發現以上所說的現象完全不變，也無法從這些現象分辨究竟船隻是在前進或靜止。

　　這段文字是對相對論最好的描述。至少，對於等速相對運動的系統是如此。

　　在伽利略描述的船艙內，說話也不費力，因為傳播聲音的空氣正與船艙

2　編按：指參考固座軸所進行的運動。

裡的人一起平穩移動。同樣地，如果有個乘客將小石頭丟進一碗水裡，漣漪散開的方式會和碗放在陸地上時一模一樣，因為傳播漣漪的水和碗，以及船艙裡所有東西一起平穩移動。

音波和水波用古典力學很容易解釋。它們只是在某些介質中行進的擾動，這就是為何聲音無法在真空中前進，但是可以在空氣、水或金屬中前進，例如聲波使空氣交互壓縮稀薄形成一種振盪擾動，在常溫下的運動速度約為每小時770哩。

在船艙內部，聲波與水波的行為表現和陸地上一致，因為船艙裡的空氣和碗裡的水正以相同速度與乘客一起移動。但是現在想像你踏上甲板，觀察海面上的波浪，或是用另一艘船上的喇叭測量聲波的速度，兩者的速度將會視你相對於傳播介質（水或空氣）的運動來決定。

換句話說，你所看到的海浪波速，必須視你在海中朝向或遠離波源的速度有多麼快而決定。同樣地，聲波相對於你的速度，也是依據你相對於傳播聲波的空氣之運動來決定。

這些相對速度需要相加。想像你在大海中，波浪以每小時10哩的速度朝向你來。如果你跳上水上摩托車，以每小時40哩的速度衝向波浪，將會看見波浪以每小時50哩的速度對你衝過來。同樣地，若聲波正從遠方一艘船上的喇叭傳過來，以每小時770哩的速度劃過靜止的空氣向岸邊去。若是你跳上水上摩托車，以每小時40哩的速度向喇叭衝過去，那麼聲波將會以每小時810哩的速度對你衝過來。

這一切讓愛因斯坦從十六歲開始，便一直在思索一個問題：想像騎在一道光束旁邊，那麼光的行為表現也是相同情況嗎？

牛頓主要把光想成一道射出的粒子流。但在愛因斯坦的年代，大多數科學家都接受另外一種理論，是由與牛頓同期的荷蘭物理學家惠更斯（Christiaan Huygens）所提出，主張應該將光視為一種波。

到十九世紀晚期，有各式各樣的實驗證實了光波理論，例如楊格

（Thomas Young）就曾做過一項有名的實驗（至今中學生仍需要做的實驗），顯示光通過雙狹縫時會產生干涉條紋（interference pattern），與水波經過雙狹縫的情況類似。不論是水還是光，分別由兩道縫隙發出的波，其波峰與波谷會在有些地方互相加強，在有些地方則互相抵消。

當馬克斯威爾成功推測出光、電和磁之間的連結時，也更加強化了波理論。他提出方程式描述電場和磁場的行為，兩者結合時可預測電磁波的存在。馬克斯威爾發現這種電磁波會以特定速度前進，大約是每秒186,000哩。[3] 那正是科學家測到光的速度，這顯然不僅僅是巧合而已。

後來發現光只是整個電磁波頻譜當中可見的部分。電磁波包括我們現在說的AM收音機信號（波長為300碼）、FM收音機信號（3碼）和微波（3吋）等等。當波長更短時（周波的頻率增加），會產生可見光的頻譜，範圍從紅光（百萬分之25吋）到紫光（百萬分之14吋）。更短的波長則會產生紫外線、X光和伽傌射線。當我們說到「光」和「光速」時，我們是指所有的電磁波，不只是眼睛看得見的部分。

這產生了一些問題：傳播這些波的介質是什麼？而每秒186,000哩的速度是「相對」於什麼的速度？

答案似乎是光波是在一種看不見的介質「乙太」產生的擾動，其速度是指相對於乙太的速度。換句話說，乙太之於光波相當於空氣之於聲波。愛因斯坦後來表示：「當時大家都認定，宇宙間佈滿有彈性和惰性的介質，將光解釋成是一種振動過程。」

可惜乙太具有太多令人費解的特性。乙太必須彌漫整個已知宇宙，因為遠方星球的光線要到達地球。然而，乙太又必須夠虛無縹緲，以免對漂浮的行星天體產生曳力，同時乙太也必須夠堅硬，讓波以極快的速度振動穿過。

---

3 更精確地說，在真空中每秒為186,282.4哩或是299,792,458公里。除非特別註明，否則「光速」指得都是光在真空中的速度，並且指稱所有可見或不可見的電磁波。同時這個速度也是馬克斯威爾所發現的電流通過導線的速度。

這一切導致了十九世紀晚期對乙太的大追緝。如果光真的是在乙太傳遞的波，那麼若穿過乙太朝向光源移動，應該會看到波以更快的速度向你運動。於是，科學家設計了各種靈敏的裝置和實驗，企圖發現這類差異。

他們以各種猜想來尋找乙太，或者假設乙太靜止不動，而地球自由通過它；或者假設地球會帶著乙太前進，有如地球攜帶大氣一般。科學家甚至考慮一種極不可能的情況，把地球當成是相對於乙太唯一靜止的東西，而宇宙間所有東西包括各種行星、太陽、恆星等都在乙太運轉，還有墳墓裡可憐的哥白尼！

法國物理學家菲佐（Hippolyte Fizeau）進行一項實驗，讓愛因斯坦盛讚「對狹義相對論具有根本重要性」。菲佐想測量運動介質中的光速，他將半鍍銀的鏡子呈一個角度擺放，讓射入的光束分成兩道進入水中，一半光束順著水流方向前進，另一半光束則逆著水流方向前進，然後讓兩道光束會合。若是某一道路徑花的時間比較長，那麼波峰波谷便會與另一道光束不同步，實驗結果只要看當兩道波相會時，是否產生干涉條紋便知曉了。

另一個更著名的實驗是發生在一八八七年的克里夫蘭，兩名主角是邁克生（Albert Michelson）和莫里（Edward Morley）。他們發明一種裝置，同樣是將光線分成兩道，讓裝置兩臂呈90度擺放，其中一臂順著地球的運動方向，兩臂端各有一面鏡子，兩道光束受這兩面鏡子反射後再度會合。同樣地，兩邊光線會合後分析其干涉條紋，看迎著假想的乙太風前進的光線是否會花較久的時間。

結果，不論是誰做實驗、設計方法或是如何猜想乙太性質，都沒有人偵測到這種難以捉摸的物質。無論是往哪個方向運動，所觀察到的光速完全相同。

因此科學家轉移注意力，改而解釋說為什麼雖然乙太存在，但任何實驗都偵測不到。其中最受到注目的是一八九〇年代初，洛倫茲（荷蘭理論物理學界的世界級大師）與愛爾蘭的物理學家費茲傑羅（George Fitzgerald），不

約而同主張固體通過乙太時會稍微收縮。「洛倫茲—費茲傑羅收縮」會縮短每件東西，包括邁克生和莫里使用的量臂，而且縮短量正好使乙太對光線的作用無法偵測到。

愛因斯坦感覺整個發展「非常令人鬱悶」。他表示，科學家無法用牛頓派「自然的機械觀」來解釋電磁作用，而這「導致本質上的二元論，很難長期站得住腳。」

愛因斯坦的相對論之路

愛因斯坦曾說過：「一個新觀念往往以直覺的方式，突然大駕光臨！」他緊接著補充道：「不過直覺無它，正是先前智慧經驗的結果。」

愛因斯坦發現狹義相對論的直覺，是建立在十年學養與個人經驗的基礎上。我認為，當中最重要與最理所當然的是他對理論物理學深厚的理解與知識，當然在亞勞培養的，將思考實驗視覺化的能力也有幫助；還有就是他有哲學的根基：從休謨和馬赫身上，讓他對無法觀察到的事物保持懷疑精神，而他天生叛逆、質疑權威更助長其懷疑精神。

當然他生活中的技術面背景可能也是諸多原因之一（可能因此強化將物理場景視覺化與切入概念核心的能力）：他曾經幫助雅各叔叔改良發電機的線圈與磁鐵設計；工作的專利局，每天湧進成堆校準時鐘新製法的發明申請案；有個鼓勵他發揮懷疑精神的上司；住在伯恩鐘塔與火車站附近，工作地點則在電報局樓上，而當時歐洲正使用電子訊號為同時區的時鐘校準定時；有工程師朋友貝索當他的知音，貝索也在專利局上班，負責審查電子機械的發明。

當然，這些因素的排序高低都是見仁見智。畢竟，連愛因斯坦本人也不確定該怎麼跟大家說這個過程。他表示：「要談我如何提出相對論並不容易，有太多盤根錯節的東西在推動著我的思考。」

　　比較能確定的，是愛因斯坦的主要出發點。他再三提起，走上相對論之路是十六歲的一場思考實驗，他想像若以光速與一道光束並肩前進，將會是什麼光景。他自言，這產生了一個後來困擾他十年的「悖論」：

　　如果我以速度 c（光在真空中的速度）追一道光束，應該會觀察到這道光束就像是靜止不動、但卻在空間中不斷振盪的電磁場。不過，不管是根據經驗或是按照馬克斯威爾方程式，似乎都沒有這回事。從最初開始，直覺上我便清楚知道站在這觀察者的立場，所有事情的發生都會與相對於地球處於靜止狀態的觀察者，適用相同的法則定律。可是第一位觀察者該如何知道或斷定自己處於快速的等速運動狀態當中呢？正是這個悖論使狹義相對論開始萌芽。

　　這種思考實驗不必然會破壞光波的乙太理論，乙太理論家可以想像凍結的光束。但這違反愛因斯坦的直覺，他認為光學定律應該遵守相對性原則。換句話說，定出光速的馬克斯威爾方程式，應該對於所有等速運動的觀察者都相同。愛因斯坦之所以強調這段回憶顯示出，凍結的光束（或凍結的電磁波）的想法抵觸他的直覺。

　　此外，這場思考實驗也顯示出愛因斯坦在牛頓力學定律和馬克斯威爾方程式（光速為等速）之間，感覺到衝突的存在。這一切讓他處於「精神緊張狀態」，深深覺得不安。他回憶道：「當狹義相對論開始在我內心萌芽時，我遭遇種種不安與衝突。以致於年少時，我常有幾個星期處於困惑失神的狀態。」

　　那時還有一個更具體的「不對稱性」困擾著他。當磁鐵相對於線圈運動時會產生電流，愛因斯坦從家裡的發電機生意中學到，不管是磁鐵運動而線圈靜止或者是線圈運動而磁鐵靜止，兩種情況產生的電流量完全相同。他也看過福貝耳一八九四年的著作《馬克斯威爾電力理論之介紹》，有一章節特

別介紹「運動導體之電動力學」，探討當電磁感應發生時，究竟說磁鐵在動或線圈在動有否區別呢？

愛因斯坦回憶道：「但是根據馬克斯威爾—洛倫茲的理論，這兩種情況的現象有非常不同的理論詮釋。」第一個情形，法拉第的電感定律指磁鐵在乙太中運動會產生電場。在第二個情形，洛倫茲的作用力定律指線圈在磁場中運動會產生電流。然而愛因斯坦說：「我無法接受，認為這兩種情況在本質上應該不同的觀念。」

愛因斯坦一直與乙太的觀念糾纏數年之久，因為乙太決定了這些電感理論中有關「靜止」（at rest）的定義。一八九九年在蘇黎士技術學院唸書時，愛因斯坦寫信給馬里奇，提到「引用『乙太』這個詞到電學理論中，導致了這個概念：有一種介質，其運動可被描述，但（我相信）無法賦予其物理意義。」然而就在同一個月，他到亞勞度假時，卻與以前學校的老師一起研究如何偵測乙太。他告訴馬里奇：「我想到一個好方法，可以研究一個物體相對於乙太的運動方式，將會如何影響光的傳播速度。」

韋伯教授告訴愛因斯坦說他的方法不切實際。可能在韋伯的建議下，愛因斯坦讀了維恩（Wilhelm Wien）的文章，其中介紹了十三個尋找乙太但答案都是否定的實驗，包括邁克生—莫里與菲佐的實驗。在一九〇五年之前的某個時間，他也從洛倫茲一八九五年的著作《試論運動物體的光電現象》（*Attempt at a Theory of Electrical and Optical Phenomena in Moving Bodies*），看過邁克生—莫里實驗的介紹。在這本書中，洛倫茲檢視各種偵測乙太的失敗嘗試，作為發展其收縮理論的序言。

「物理學的歸納與演繹」

那麼，邁克生—莫里的實驗結果（顯示沒有乙太存在的證據；且不論觀察者朝哪個方向運動，所觀察到的光速並無不同），對於正在醞釀相對論想

法的愛因斯坦有何作用呢？根據他的說法，幾乎完全沒有。事實上，有時他還會表示自己在一九〇五年之前並不知道有這項實驗（這並不正確）；接下來五十年間，愛因斯坦對兩位實驗家的影響，也出現前後陳述不一的說詞。這一點倒是很有用，提醒我們寫歷史時靠模糊不清的記憶需要特別小心。

愛因斯坦這番矛盾的話，最早可追溯到一九二二年他在日本京都演講時，提到邁克生無法找到乙太是「第一條引我走到狹義相對性原理之路」。一九三一年在帕莎迪娜表揚邁克生的晚宴上，愛因斯坦對這位聲名遠播的實驗家舉杯致賀，但致詞時稍有保留：「您揭露當時乙太理論中隱然存在的缺點，並刺激洛倫茲和費茲傑羅的想法，狹義相對論源此而生。」

愛因斯坦曾在和完形心理學（Gestalt Psychology）先驅魏哲邁（Max Wertheimer）的系列談話中，談到自己的思考過程。魏哲邁後來表示，邁克生—莫里的結果對愛因斯坦的思考「具關鍵性」。但米勒（Arthur I. Miller）認為，魏哲邁的說法可能是想利用愛因斯坦的故事以彰顯完形心理學的要義。[4]

在人生最後幾年，愛因斯坦又和一名叫申克蘭（Robert Shankland）的物理學家幾次談到這個話題，使真相更加混淆。起先，他說自己是到一九〇五年後才讀過邁克生—莫里的實驗，後來又說他在一九〇五年前已經從洛倫茲的書上看過，最後加上一句：「我想，我就是理所當然把它當成事實了。」

最後一點最耐人尋味，因為愛因斯坦時常提起。當他開始認真研究相對論的時候，他就是理所當然地認為不需要看過所有乙太漂移的實驗，因為他從一開始就假設，所有偵測乙太的嘗試注定失敗。對他來說，這些實驗結果的重要性便是強化他已經相信的事情：伽利略的相對性原則適用於光波。

這或許可以解釋在一九〇五年的論文中，愛因斯坦對相關實驗甚少著

4　編按：完形心理學是魏哲邁一九一二年在法蘭克福大學創立，探討人類知覺與意識的心理過程，完形心理學主張整體不代表部分的總和，而是大於部分的總和，人類會在接收個別刺激後，重新組織產生知覺。

墨。他不曾明確指出邁克生—莫里的實驗，甚至應該提及的菲佐的水流實驗也沒有。他只是在討論磁鐵和線圈運動的相對性之後，輕輕帶過說「有些人嘗試要找出地球有相對於光介質的運動，但沒有成功。」

有些科學理論主要是仰賴歸納法：分析許多實驗結果，然後找到解釋經驗的理論。有些理論則更仰賴演繹法：從至高無上的原則和假設開始，然後從中推導出結果。所有科學家都混合使用這兩種方法，但比重程度不一。愛因斯坦對實驗結果的直覺很強，他使用這項認知捉住特定幾點，以便建構出一個理論，但是重點主要是採取演繹法。

記得在布朗運動這篇主要是理論演繹推導的論文中，愛因斯坦如何奇怪但正確地貶抑實驗結果所扮演的角色？相對論也有類似的情形，他在布朗運動論文中僅是暗示，在談到相對論與邁克生—莫里實驗之間則講得很清楚：「在我知道這場實驗和結果之前，我已經深深相信相對性原則是有效成立的。」

的確，在一九○五年三篇劃時代的論文當中，愛因斯坦開宗明義便點出自己是遵循演繹推導的研究途徑。在每篇論文開頭，他都是從指出各個理論的不合理處出發，而非引用某些無法解釋的實驗數據。接下來他會提出一些大的假設，同時將數據資料所扮演的角色降至最低，不管是布朗運動、黑體輻射或光的速度皆然。

一九一九年他寫了篇文章標題為〈物理學的歸納與演繹〉（Induction and Deduction in Physics），談到自己對演繹法的偏愛：

在經驗科學的創造上，一個人能獲得最簡單圖像的方法是遵循歸納法。將一個個的事實挑選集中，讓之間連繫的法則凸顯出來……然而，科學知識的大躍進從這種方法產生的只有少部分……人類對自然認知的真正偉大進步，是源自於一種與歸納法近乎南轅北轍的方法：以直覺掌握住龐大複雜之事實的根髓，讓科學家提出基本法則的假設，從這些法則推導出結論。

他對這方法的喜愛後來更是有增無減。在人生將盡時,他表示:「當我們鑽研得越深,當理論變得越廣義時,越不需要用經驗知識來決定理論。」

到一九○五年之初,愛因斯坦已經開始著重於用演繹法來解釋電動力學,而非依靠歸納法。他後來表示道:「不久,我對於以實驗上已知事實來建構與發掘真理的可能性,感覺到不是辦法。當我越試越感到絕望時,我更加確定唯有發現普遍適用的原則,才能帶領我們得到確切的結果。」

兩個公設

既然愛因斯坦已決定從上(大公設)到下追尋理論,便需要選擇從什麼公設開始,亦即選擇從哪些一般原則的基本假設開始。

他的第一個公設是相對性原理,主張所有的基本物理法則對所有互相以等速運動的觀察者都相同,包括馬克斯威爾的電磁波方程式在內。更精確地說,基本物理原則對於所有慣性參考系統都相同,也就是不但對於相對地球處於靜止的人相同,對在火車或太空船上以等速前進的人也相同。對於這個從光速並肩前進的思考實驗開端的假設,他越來越有自信:「從一開始,直覺上我似乎已清楚知道站在這觀察者的立場,所有事情的發生都會與相對於地球處於靜止狀態的觀察者,適用相同的法則定律。」

還有另一個公設牽涉到光的速度,愛因斯坦至少有二個選擇:

1. 他可以選擇光發射理論,指光從來源射出,有如子彈從槍枝射出。這樣就不需要乙太,光的粒子可穿越真空,其速度會相對於來源而定。如果來源正朝你飛過來,那麼其發射速度將會比遠離你而去更快。(想像一個球速高達時速100哩的投手,如果他在一輛朝你駛過來的車上丟球,將會比在一部駛離的車上丟球更快砸到你。)換句話

說，星光會從恆星上以每秒186,000哩的速度射出，但若是恆星以每秒10,000哩的速度朝向地球而來，那麼相對於地球上的觀察者，光的速度將會是每秒196,000哩。

2. 另一個選擇是假設光速為恆定的每秒186,000哩，與發射來源的運動無關，與光波理論較為一致。拿聲波做比喻，消防車駛來時警笛聲不會比駛去時更快傳到耳朵裡，不論什麼狀況，聲音在空氣中的行進速度都是每小時770哩。[5]

有一陣子，愛因斯坦探究了發射理論的途徑。若是把光的行為想成是量子流，那麼這個方式會特別有吸引力。先前談到，光量子的概念正是愛因斯坦在一九〇五年三月提出，當時他正在鑽研相對論。

但是這個方法有問題，似乎需要放棄馬克斯威爾方程式和光波理論。如果光波的速度與發射來源的速度有關，那麼光波本身一定會帶有該項訊息。但是，實驗和馬克斯威爾方程式都顯示並非如此。

愛因斯坦試圖找方法來修改馬克斯威爾的方程式，以便能符合光發射理論，但是遇到了挫折。他後來提到：「這個理論要求，在任意點的每個特定方向應該可有不同傳播速度的光波存在。要建立一個合理的電磁理論以完成此重責大任，顯然並不可能。」

此外，科學家一直無法發現任何證據，顯示光的速度會依來源而定。從任何恆星來的光線，似乎都是以相同速度抵達地球。

愛因斯坦越思考發射理論，遇到的問題也愈多。如他跟朋友艾倫費斯特解釋到，當光的來源是移動的，卻在靜止的屏幕反射或折射時，實在難以想

5 當聲音的來源朝你而來時，聲波並不會以較快的速度抵達。但是根據都卜勒效應（Doppler effect），這些聲波會受到壓縮，使得它們之間的間隔縮短。由於波長變短意味著頻率增加，因此聲音會變得較為尖銳（當警笛通過並遠離時，則會變得低況）。光也會有類似的效應。當光源向你移動時，波長變短（頻率增加），所以光的波長會向光譜上的藍色端偏移。當光源遠離時則會產生紅移的現象。

像結果為何。而且在發射理論中,從加速來源發出的光線可能反而被光源追上。

所以愛因斯坦放棄發射理論,支持不論其來源運動速度多快,光線速度為恆定的假設。他告訴艾倫費斯特:「我現在開始相信所有的光應該只用頻率與強度定義,完全與光源為運動或靜止無關。」

現在愛因斯坦有了兩個公設:「相對性原理」與「光假設」(the light postulate)。他小心定義第二種假設:「光都以特定的速度V在真空傳播,V與發射物體的運動狀態無關。」例如,不管火車是朝你呼嘯而來或是疾駛而去,當測量大前燈的光線速度時,永遠都會是每秒186,000哩。

可惜,這則光的公設似乎與相對性原理不相容。為什麼?愛因斯坦後用以下的思考實驗說明這個明顯的兩難困境。

他說,想像火車鐵軌旁邊,「有一道光線沿著土堤傳送」。一個站在土堤上的男人,會測量到光線以每秒186,000哩的速度越過他身邊。但是,現在想像有個女人坐在飛快的火車裡,以每秒2,000哩的速度遠離光源,若我們假定她觀察到光線只以每秒184,000哩的速度越過她身邊。愛因斯坦寫道:「結果會變成對於車廂來說,光線的傳播速度好像變慢了。」

他接著指出:「但是這個結果與相對性原理不符。因為像自然所有的一般法則一樣,依照相對性原理,光線傳輸法則必須保持相同,不論參考座標是車廂或是土堤皆然。」換句話說,決定光傳播速度的馬克斯威爾方程式,不論是在前進的車廂中或是在土堤上都應該維持相同,應該沒有實驗(包括測量光速)可以區別出哪個慣性參考架構是「靜止」,哪個又是以等速運動。

這是一個很奇怪的結果。當一個女人沿著鐵軌朝向或遠離光源時,看見光線經過她身旁的速度,與一個男人站在土堤上看到同樣光束經過他身旁的速度,必須完全一樣!女人相對於火車的速度可以改變,依她跑向或遠離火車而定,但是她和火車頭大前燈發出光線的相對速度將會保持不變。愛因斯

坦覺得，這一切讓兩個假設「似乎是矛盾的」。如他有一次在演講時說明自己如何想出理論時，表示道：「光速恆定與速度相加法則並不一致，結果讓我苦思幾乎一整年仍不得其解。」

將光假設和相對性原理合併時，意謂著一位觀察者都會測量到相同的光速，不論光源移向或遠離他、他移向或遠離光源、兩者互相移向或遠離彼此或兩者都保持靜止不動，光速都會保持相同，不會隨觀察者或光源的運動情況而改變。

這就是一九〇五年五月初時的情景。愛因斯坦已經擁抱了相對性原理，並且把它當成一個基本假設。他也稍微帶點恐懼地，採用了光速與光源運動無關的假設。接下來，他開始推敲思索著一個顯而易見的難題：一個觀察者沿鐵軌跑步時，不論朝向光源或遠離光源時，都會看到光速以相同的速度接近；當另一人站在土堤上靜止不動時，看到相同光束的速度也會一樣。

愛因斯坦寫道：「檢視這道難題時，似乎別無它法，不是放棄相對性原理，就是簡單的光傳播法則。」

然後，發生令人欣喜的事情了。愛因斯坦和一位朋友說話時，發生物理史上最優美的想像跳躍了。

「關鍵跳躍」

愛因斯坦記得那天伯恩風和日麗，他去拜訪最好的朋友貝索。愛因斯坦之前在蘇黎士唸書認識貝索，他是個聰明但心不在焉的工程師，後來也到瑞士專利局工作。兩人常會一道走路上班，有一回愛因斯坦在路上告訴貝索苦思不解的難題。

愛因斯坦說：「我要放棄了。」但正當討論的時候，他回憶道：「我突然瞭解問題的關鍵了。」隔天看見貝索時，愛因斯坦興奮得不得了，甚至等不及打招呼，就連忙宣布說：「謝謝你，我已經完全解決問題了。」

　　從頓悟那刻到送出最有名的論文〈運動物體之電動力學〉（On the Electrodynamics of Moving Bodies），中間只隔了五個星期。論文沒有引用文獻，沒有提及別人的研究，也沒有感謝任何人，除了在最後一句提到：「謹記我的朋友及同事貝索先生，他長期來對這裡討論的問題給予我堅定支持，感謝他提供一些有價值的建議。」

　　那麼，當他和貝索說話時，到底是想到什麼靈光一閃？愛因斯坦指出：「分析時間的概念便是我的解答。我認為，時間不能夠被絕對定義，而且時間和信號的速度之間，具有不可分的關係。」

　　更確切地說，關鍵點在於對一位觀察者是同時發生的兩件事，對另一名快速移動的觀察者並非是同時發生，而且沒有辦法聲稱哪位觀察者才是正確的。換句話說，沒有方法可宣布這二起事件是真正同時發生的。

　　愛因斯坦後來用火車行進的思考實驗來解釋這項概念。假設閃電擊中火車土堤上兩個相距遙遠的地點A與B，如果我們宣稱兩點「同時」被擊中，那代表什麼意思呢？

　　愛因斯坦瞭解到需要有一種可實際應用的操作定義，並且需要考慮到光速。他的答案是假設我們站在兩點正中間，而兩點光線在相同時間抵達我們，那麼可定義兩個閃電擊中事件是同時發生。

　　但是，現在讓我們想像沿著鐵軌疾駛前進的火車乘客如何看待此事件。在一九一六年一本寫給非科學研究者的作品中，愛因斯坦利用下圖做說明（火車是上面那條線）：

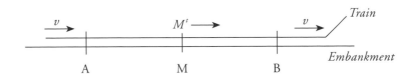

　　假設當閃電擊中A點與B點的瞬間（從土堤上的人來看），有一位乘客在火車中點M'，正好通過站在軌道中點M的觀察者。如果火車相對於土堤保持不動，那麼裡面的乘客會同時看見兩道閃電，正如土堤上的觀察者。

　　但是，如果火車相對於土堤往右邊移動，在光的訊號行進之間，火車上的觀察者也會更靠近B點。因此，當他看見閃光時會比較靠近右邊，讓他先看到B點的閃光，然後才是A點的閃光。所以，他斷言閃電先擊中B點，再擊中A點，因此閃電不是同時的。

　　愛因斯坦表示：「因此我們得到重要的結果：從土堤來看是同時發生的事件，但是從火車上來看並非同時。」相對性原理指說沒有辦法判定土堤處於「靜止」，而火車在「運動」，只能說它們相對於彼此在運動。因此，沒有「真的」或「對的」答案，沒有辦法指任何兩個事件是「絕對」或「真的」同時發生。

　　這是簡單的洞見，但也是激進的創見，意謂著沒有絕對的時間。相反地，所有運動的參考架構有自己的相對時間。雖然愛因斯坦避免說這次跳躍是真正具有「革命性」，但那確實改變了科學。海森堡（Werner Heisenberg）曾評論道：「這是物理學最基礎的改變，是意想不到又非常激進的改變，需要一位年輕又具革命性的天才傾其所有勇氣！」海森堡後來提出量子測不準原理（principle of quantum uncertainty），也同樣對科學做出驚天動地的貢獻。

　　在一九〇五年的論文中，愛因斯坦用了鮮明生動的景像來說明。我們可以想像他注視著火車駛入伯恩車站，通過用鎮上著名的鐘塔校定過時間的一排時鐘，然後一邊構思這個想法。他寫道：「當我們的判斷牽涉到時間時，總是與同時事件的判斷有關。例如，我說『那班火車七點抵達這裡』，我的意思是這樣的：『當我手錶的時針指到數字7時，與火車抵達是同時發生的事件。』然而，彼此間相互快速移動的觀察者，對於兩件距離遙遠的事件是否同時發生，將會有不同的看法。」

　「絕對時間」的概念指「真實」中存在一個滴答前進而不受任何觀察影響改變的時間。自從二百一十六年以前，牛頓將「絕對時間」當成「原理」一書的前提假設之後，這個觀念一直是物理學的中心思想。所謂絕對空間和絕對距離的情況也雷同，牛頓在《原理》（*Principia*）第一冊留下至理名言：「絕對、真實和數學的時間本身自會均等地前進，與所有外在事物毫無關連。絕對空間與所有外在事物亦毫無關連，本身自會繼續保持相同。」

　但是就連牛頓自己，也對這些觀念無法直接觀察而感到不自在。他承認說：「絕對時間不是感官客體。」他轉而仰賴神祇幫他逃脫困境：「上帝永遠存在且無所不在，而藉由永遠存在與無所不在，祂構成時間和空間。」

　馬赫的著作深深影響愛因斯坦與奧林匹亞學會成員，他嚴詞批評牛頓的絕對時間只是「無用的形而上概念」，而且「無法從經驗上產生」。他指責牛頓言行不一：「他表示只願研究真正的事實，實際作為則恰恰相反。」

　龐加萊也在他的《科學與假設》（奧林匹亞學會的另一個最愛）指出牛頓絕對時間概念的缺點。他表示：「我們不只對兩個時間的相等沒有直接直覺，甚至對發生在不同地方的兩個事件是否具有同時性，也沒有直接直覺。」

　因此對愛因斯坦偉大的突破，馬赫和龐加萊似乎幫忙提供了基礎。不過，愛因斯坦後來表示，他從蘇格蘭哲學家休謨學到的懷疑論受惠更多，其認為心智建構與純粹真實觀察無關。

　考慮到愛因斯坦在論文用到行進火車與遠方時鐘等思考實驗的次數，可以合理推測經過伯恩鐘塔的火車及月台上一排對時的時鐘，幫助他做視覺化思考並提出清楚陳述。事實上，有一個故事說他與朋友們討論自己的新理論時，會一邊指著（或至少會提到）伯恩那些同步化的時鐘，以及附近慕尼村（Muni）一個可看到還沒有同步化的尖塔時鐘。

　蓋里森（Peter Galison）在《愛因斯坦的時鐘，龐加萊的地圖》（*Einstein's Clocks, Poincaré's Maps*）這本書，對這股技術風潮的探究非常值得深思。在當

時，還沒有固定的方法來校準時鐘，伯恩自一八九〇年開創一套都市時間網絡，以電子化讓時鐘對準定時。十年之後當愛因斯坦來到伯恩時，瑞士全國都很熱衷讓時鐘定時精益求精，並且串連各城市的時鐘共同定時。

此外，愛因斯坦與貝索在專利局最主要的工作便是審查電機設備專利，包括大量以電子訊號校定時間的申請案。蓋里森提到在一九〇一年到一九〇四年期間，伯恩專利局共核准二十八件這類申請案。

例如，其中有一項申請案叫做「中央時鐘之設置，可在幾個不同地點同時指出時間」。四月二十五日出現一件相似的申請案，正好是愛因斯坦與貝索有了突破性談話的前三周。這件申請案牽涉到用電磁控制鐘擺的時鐘，可用電子訊號和另一個相同的時鐘進行同步化。這些申請案的相同之處，在於所使用的訊號都是以光速前進。

當然我們也該小心，不過於強調專利局的技術環境扮演的角色。雖然愛因斯坦在理論中也會用到時鐘，但重點是處於相對運動的觀察者利用光訊號來同步化時鐘時會遇到的難題，當然這對於專利申請者並不是會考慮到的問題。

不過有趣的是，在愛因斯坦的相對論論文中，前面兩部分完全是涉及他在現實世界最熟悉的兩種科技現象，並且描述得栩栩如生；這種寫作方式與洛倫茲和馬克斯威爾等人可謂大相逕庭。他寫到由於線圈與磁鐵「相對運動的等價」，於是產生「相同大小的電流」，以及用「一個光的訊號」來確定「兩個時鐘是同時的」。

如愛因斯坦自己所言，在專利局的時間「刺激我看見理論概念的物理內涵」。一九二一年把與愛因斯坦的對話編纂出版的莫茲柯夫斯基也表示，愛因斯坦相信「我提出的理論，與在專利局學習到的知識確實有關。」[6]

---

6 編按：該書為《追尋者愛因斯坦：與愛因斯坦的對談課》（*Einstein the Searcher: His Work Explained from Dialogue with Einstein*）。

「運動物體之電動力學」

現在讓我們看愛因斯坦怎麼寫他那篇著名的論文。《物理學年鑑》於一九〇五年六月三十日收到這篇論文，它除了具劃時代的重要性，也是科學史上最生動有趣的論文之一，大部分的創見是用文字和生動的思考實驗來表達，並非用複雜的方程式。雖然牽涉到一些數學，但是程度好的高中生大多能瞭解。科學作家奧佛拜評道：「整篇論文見證了簡單的語言深具力量，可以傳達出深奧撼人的想法。」

論文從「非對稱性」開始，談到磁鐵和線圈產生電流只與兩者的相對運動有關，然而自法拉第開始便出現兩種不同的理論解釋，指電流的產生需視是磁鐵或線圈運動而定。愛因斯坦寫道：「這裡可觀察到的現象只依據磁鐵與導體的相對運動而定，然而習慣上都認為哪個物體在運動是兩個截然不同的情況。」

之所以有這種區分，是因為當時大多數科學家相信有一種相對於乙太「靜止」的狀態存在。但是磁鐵和線圈的例子以及所有對光線的觀察，「顯示電動力學與力學等現象，皆不具任何仰賴絕對靜止概念的特質」。這促使愛因斯坦將相對性原理提昇到「公設的地位」，亦即在所有進行相對等速運動的參考系中，力學法則與電動力學法則都相同。

愛因斯坦又根據此理論前提，再提出另一道公設：光速的恆定「不受發射物體的運動狀態所影響」。然後這位叛逆的專利審查員以輕鬆的筆調，再加上不經意點出「多餘的」字眼，摒棄了兩個世代以來重視的科學教條：「引進『光乙太』是多餘的，這裡即將闡釋的觀點便不需要『絕對靜止的空間』。」

使用這兩道假設，愛因斯坦解釋了自己和貝索談話時的重大概念跳躍：「從一個座標系統看來是同時的兩個事件，從另一個進行相對運動的系統來看，將無法再被視為是同時的。」換句話說，沒有所謂的「絕對同時」這種

東西。

愛因斯坦用這段如此簡單又誘人的話，指出時間本身只能用同時發生的事件來定義，比如說當腕錶的短針指向7點時火車抵達了。他得到一個明顯卻又令人大驚的結論：既然沒有絕對同時這種事情，那麼也沒有「真實」或「絕對」的時間。他後來便說：「世界上每個地方，沒有什麼聽得見的滴答聲可被認為是時間。」

另外，這項頓悟也代表推翻牛頓在《原理》一書中最初的假設。愛因斯坦顯示，如果時間是相對的，則空間和距離也是如此：「若車廂中的男人在單位時間內（從火車上測量）行進的距離為w，那麼這段距離從土堤上測量時，不必然也等於w。」

愛因斯坦解釋時，要求大家想像有一支竿子，在相對於觀察者處於靜止狀態時進行測量並得知其長度。現在想像竿子正在移動中，那麼量到的長度會是多少呢？

有一個決定方法是跟竿子以同樣速度移動，在竿子旁邊並排一根量尺。但是，如果由另一個沒有一起移動的人來測量，竿子會是多長呢？在這種情況下，要決定這根移動的竿子會有多長，必須要根據對時過的靜止時鐘、在特定時刻竿子兩端的精確位置點，然後再用一支靜止的量尺來測量這兩點之間的距離。愛因斯坦顯示出，這些方法將會產生不同的結果。

為什麼呢？因為兩個靜止的時鐘是由一位靜止的觀察者同步化，但如果一位和竿子移動得一樣快的觀察者試圖將時鐘同步化，那麼會發生什麼事情呢？她調整的時間會不同，因為她對「同時性」會有不同的感知。如愛因斯坦說道：「因此，跟隨竿子一同移動的觀察者，將會發現兩個時鐘並非同步，而在靜止系統中的觀察者將會認為時鐘是同步的。」

狹義相對論的另一項結果是站在月台上的人，將會觀察到疾駛而過的火車上時間過得比較慢。想像在火車上，將時鐘當成是在地板以及天花板各放置一面鏡子，並有一道光在之間來回反彈。就火車上的女人來看，光束是直

直往上，然後直直往下。但是從站在月台的男子來看，光線從地板開始，然後斜斜地打到天花板的鏡子（已經往前一點點），然後斜斜地反彈回到地板的鏡子（一樣也往前一點點）。對於兩位觀察者，光的速度都是相同的（這是愛因斯坦最重要的前提），在月台的男人觀察到光線行進的距離，會比在火車的女人更長，因此就月台上的男人來看，疾駛而過的火車內時間比較慢。

　　另一種思考的方法是用伽利略的船。想像有一道光束從船桅頂端射到甲板上，對於船上的觀察者而言，光束行進的距離正是船桅的長度。不過，對於陸地上的觀察者而言，光束行進的距離將會比船桅長度還長，因為在這段時間船已經向前移動（這是一艘速度很快的船）。對於兩名觀察者來說，光速是相同的，但是對於陸地上的觀察者，光束在到達甲板之前，行進的距離會更遠。換句話說，同樣的事件（光束從船桅頂端打到甲板上）由陸地上的人觀察時，會比在船上觀察花更久的時間。

　　這一種現象稱為時間膨脹（time dilation），造成所謂的雙胞胎弔詭（twin paradox）。如果一名男子留在基地，讓雙胞胎妹妹搭上一艘太空船，以接近光的速度進行長距離旅行，當她返還時會比哥哥還年輕。但因為運動是相對的，這構成了一種弔詭，因為太空船上的妹妹也可以認為留在地球上的哥哥正在進行快速的旅行，當兩人重逢時哥哥才是沒有變老的人呢！

　　有沒有可能在兩人重逢時，都比對方更年輕呢？當然不可能。這種情況不會在兩邊發生，因為太空船並非進行等速運動，而是一定得回頭，因此是太空船那名雙胞胎會老得比較慢，而不是留在地球的那位。

　　時間膨脹的現象已經受到實驗證實，甚至使用商業飛機上的測試時鐘便可證明。但是在一般正常的生活中，並未造成太大影響，因為我們對於任何觀察者的運動永遠無法企及光速。事實上，如果一生都待在一架飛機上，當返回地球時大約只會比留在地面上的雙胞胎手足年輕0.00005秒，而且這種效果恐怕早被吃一輩子的飛機餐給抵消了。

狹義相對論還有許多其他稀奇古怪的闡述。再想想火車上那個光線時鐘，若是相對於月台上的觀察者，火車的速度迫近光速時會發生什麼事？火車上的一道光束要從地板彈到以迫近光速移動的天花板、再彈回以迫近光速移動的地板上，要花非常非常久的時間。因此對於月台上的觀察者來說，火車上的時間幾乎是靜止不動的。

當一個物體接近光速時，其表觀質量也會增加。質量乘以加速度等於作用力的牛頓定律仍然成立，但是當表觀質量增加時，越來越多的作用力會產生越來越少的加速度，即便只是一顆小石頭，也沒有方法用足夠的力量把它推得比光速更快。根據愛因斯坦的理論，這便是宇宙的終極速限，沒有粒子或資訊的速度可以比它更快。

這裡所談到的距離與時間長短，全部都與觀察者的相對運動有關，有人可能會很想問：那麼哪位觀察者才是「對的」？誰的手錶顯示「真正」經過的時間？竿子的哪個長度才是「真的」？而誰的同時觀是「正確的」？

依照狹義相對論，所有的慣性參考架構都同等有效。問題不是竿子「真的」縮短或者時間「真的」變慢，我們知道的只是各種不同運動狀態的觀察者，對事物的測量將會不同。而且，現在我們已經將「多餘」的乙太省去，所以沒有一個指定的「靜止」座標，將會凌駕其他參考座標。

愛因斯坦曾經在寫給奧林匹亞學會朋友索洛文的一封信，對此做了清楚的解釋：

相對論可用幾句話勾勒出輪廓。從遠古時代，大家便知道只有相對的運動才能觀察得到，然而物理學卻背道而行，以絕對運動的觀念為基礎。過去的光波研究假設攜帶光線的乙太具有的運動狀態，與其他所有運動狀態截然不同。這些舊理論認為所有物體的運動都應該看成是相對於攜帶光線的乙太，將乙太視為是絕對靜止的化身。但是所有實驗都無法找到這種假設性乙太的特殊運動，因此應當重新詮釋此問題，這正是相對論所做的研究。相對

論假設沒有所謂最高階的物理運動狀態，並且探究其衍生的結果。

　　如同曾經對索洛文所做的解釋，愛因斯坦的創見是我們一定得丟棄「與經驗無涉」的概念，像是「絕對同時性」和「絕對速度」等觀念。

　　然而，值得注意的是相對論並非意謂著「凡事皆相對」；不是說每件事物都是主觀的。

　　相反地，相對論指時間的測量（包括長度和同時性）是相對的，會依據觀察者的運動而定。同樣地，空間的測量（如距離和長度）也是如此。然而，時間與空間兩者的結合稱之為時空，在所有慣性架構中皆保持不變，像光速這類事物也保持不變。

　　事實上，愛因斯坦曾經短暫考慮要將相對論稱為「不變性理論」（Invariance Theory），但是這個念頭維持不久。蒲朗克在一九〇六年用了「Relativtheorie」，而愛因斯坦在一九〇七年與朋友艾倫費斯特書信往返時，則稱之為「Relativitätstheorie」。

　　有一個方法可以瞭解愛因斯坦為何討論不變性，而非逕行宣稱每件事物都是相對的。想像一道光束在特定一段時間內可以行進多遠，這段距離應該是行進時間乘以光速，若是我們站在月台上，觀察這件事發生在疾駛而過的火車上，那麼經過的時間會比較短（行進火車上時間過得較慢），而距離會比較短（行進火車上量尺會縮短）。但是不管參考座標為何，兩個數字間有一道關係（亦即空間與時間的測量關係）會保持不變。

　　另一個比較複雜的方法是用明科斯基的方法來理解。明科斯基是愛因斯坦之前在蘇黎士技術學院的數學老師，當他看到愛因斯坦的研究後發出驚天之讚，或許是所有曾被瞧不起的學生，渴望有天能聽到高高在上的教授說的話。明科斯基這麼告訴物理學家波恩：「這真是天大的意外，愛因斯坦在當學生的歲月中是一隻懶惰的狗，他一點也不肯動腦筋想數學。」

　　明科斯基決定提出相對論的正式數學結構。他所用的方法與威爾斯

一八九五年的偉大小說《時光機器》（*The Time Machine*）第一頁中，時光旅客所建議的方法如出一轍：「真實存在四種維度，我們稱其中三個為空間，第四維則為時間。」明科斯基將所有事件化為四維度的數學坐標，時間為第四個維度。這允許變換發生，但是事件之間的數學關係維持不變。

明科斯基在一九○八年一場演講中，戲劇性地宣布新的數學方法。他表示：「我希望在諸位面前揭露的空間和時間觀念，是從實驗物理學的土壤中湧現滋長。這些是激進的概念，讓單獨成立的空間與時間注定褪為背景，唯有兩者合一才構成獨立、不受影響的真實。」

那時愛因斯坦還未成為數學魔法師，有一次形容明科斯基的研究「高深莫測」，並開玩笑說：「自從數學家綁架了相對論後，把它搞得連我都不懂了。」後來，愛因斯坦稱讚明科斯基的成果，並在一九一六年出版的相對論大眾讀物上寫了一節介紹。

若是兩人能合作，將是多麼棒的事情啊！然而，一九○八年底明科斯基被送到醫院，最後因腹膜炎而奪命致死。傳說他發語感嘆：「我必須死在相對論發展的年代，是多麼遺憾啊！」

這裡值得再度提出問題，為何是愛因斯坦發現了新理論，而不是同時代的其他人物。洛倫茲和龐加萊已經提出愛因斯坦理論中的許多東西了，龐加萊甚至曾經質疑時間的絕對性。

但是洛倫茲與龐加萊都未進行完思想上的大跳躍：不需用乙太、沒有絕對的靜止、時間根據觀察者的運動是相對的，空間也是如此。物理學家索恩表示，這兩人「探索目標與愛因斯相同，都是為了修正人類的空間和時間觀念，然而卻困在基於牛頓物理學的錯誤觀念裡，在迷霧摸索落空。」

相對上，愛因斯坦能夠拋棄牛頓的錯誤觀念。「他深信宇宙熱愛單純之美，並且願意受這信念指引方向，即便這意謂得破壞牛頓物理學的基礎；這一切為他指點迷津，讓他的思路清明透徹無人能及，終至產生了空間和時間的新描述。」

　　龐加萊未曾想到同時相對性和時間相對性之間的關連，在對於局部時間的探索上，他又「近關情卻」，未能完全讓自己的想法發展。他為何猶豫呢？儘管他的洞察很有意思，然而他是物理學的傳統分子，讓他無法如那位不見經傳的專利審查員一樣，盡情展現骨子裡的反叛精神。荷夫曼評論龐加萊說道：「他走到關鍵性的一步時沒膽了，緊緊捉住舊思維與熟悉的空間和時間觀念。」「如果這讓人驚訝，那是因為我們太小看了愛因斯坦的大膽了。他敢於宣稱相對性原理是至高真理，並且秉持信念改變了我們對空間和時間的觀念。」

　　理論物理學家戴森（Freeman Dyson）是愛因斯坦普林斯頓的後進同仁，他對於龐加萊的侷限和愛因斯坦的大膽提出一項清楚的解釋。他指出：

　　龐加萊和愛因斯坦之間具有根本不同，龐加萊本質上是保守分子，而愛因斯坦本質上則是革命分子。當龐加萊尋找新的電磁理論時，他會盡可能保存舊有的部分。他喜歡乙太，也一直相信乙太，即使自己的理論顯示乙太是無法觀察的。他的相對論彷彿拼布被，局部時間（視觀察者運動而定）的新觀念被他縫補進絕對空間和時間的舊架構中，而那舊架構又為不動的乙太所定義。另一方面，愛因斯坦認為舊架構很討厭又不必要，他更樂於將其擺脫丟棄。愛因斯坦的理論簡單又優雅，沒有絕對的空間和時間，而且不用乙太；所有將電作用力與磁作用力複雜地解釋為乙太中的彈性應力，連同仍然堅信那些東西的知名老教授們，全部被掃進歷史的餘灰了。

　　於是，龐加萊最後所提出的相對性原理，與愛因斯坦有些許相似性，但是存在一個根本上的不同。龐加萊保有了乙太，認為只有相對於乙太參考座標靜止的觀察者進行測量時，光速才會保持恆定。

　　更令人驚訝與瞭然的是，即便洛倫茲和龐加萊在看過愛因斯坦的論文後，仍然無法進行同樣的思考跳躍。洛倫茲仍然緊抱著乙太與靜止的參考架

構不放，在一九一三年的一場演講中（收錄他於一九二〇出版的《相對性原理》（ *The Relativity Principle* ）一書中），洛倫茲表示：「根據愛因斯坦，談論與乙太的相對運動是無意義的，他同樣否定絕對同時的存在。但就本人來看，舊有詮釋能帶來一些滿足，肯定乙太至少具有某種程度的實質性、空間與時間可以截然分割，而且無條件限制的同時性可以說是存在的。」

至於龐加萊，他似乎從未完全瞭解愛因斯坦的突破。甚至在一九〇九年時，他仍然堅持相對論需要第三個公設，即「運動物體會受置放方向而扭曲變形」。事實上，正如愛因斯坦所證明，竿子縮短並不需要另一個會發生扭曲變形的假設，而是愛因斯坦的相對論直接包含的結果。

直到一九一二年過世前，龐加萊從未完全放棄乙太的概念或絕對靜止的觀念。相反地，他採納了「洛倫茲的相對性原理」，從未完全瞭解或者接受愛因斯坦的理論根基。如科學史學家米勒指出：「龐加萊孤獨佇立而不為所動，相信絕對同時性是存在的。」

人生伴侶

愛因斯坦曾在一九〇一年時寫信給戀人馬里奇說道：「當我們兩人共同讓相對運動的研究開花結果後，我將會多麼快樂又驕傲！」現在結論問世了，六月完成初稿的愛因斯坦全身虛脫，「他繃得太緊了，上床睡了兩星期，」而馬里奇則「一遍又一遍檢查論文」。

然後他們做了一件不尋常的事情：一起慶祝。當愛因斯坦剛完成四篇論文，也完成對哈比希特在信中所做的承諾後，他馬上捎來消息給這位奧林匹亞學會的老社友。那張明信片也留下太太的簽名，上面寫道：「啊哈！我們兩個都醉死在桌子底下囉！」

相較於洛倫茲與龐加萊的影響力之論，這裡有一個更敏感與爭議性的話題：馬里奇扮演何等角色呢？

那年八月他們一起到塞爾維亞度假，拜訪馬里奇的親戚朋友。在故鄉時，馬里奇很自豪並且樂意接受部分功勞。她告訴父親說：「不久前，我們完成一項非常重要的研究，將會讓我先生舉世聞名。」那時兩人的關係似乎修復了，愛因斯坦樂於讚揚妻子的幫忙，他告訴友人說：「我需要太太，她為我解決了所有的數學問題。」

有些人主張馬里奇是正式的合作者，而且甚至有一篇報告指出（後來不被採信），原本愛因斯坦的相對論論文初稿上也有馬里奇的名字。一九九〇年紐奧良一場會議中，美國科學促進協會針對這個議題舉辦小組報告，馬里蘭的物理學家與癌症研究人員渥克（Evan Walker）及愛因斯坦文獻計畫主持人施塔謝（John Stachel）為此進行辯論。渥克提出各種談及「我們的研究」書信，施塔謝則答覆說這類用語很清楚只是柔情有禮的表現，而且「沒有證據顯示她自己貢獻了任何想法」。

可以理解地，這種爭論讓科學家和新聞媒體都很著迷。專欄作家古德曼（Ellen Goodman）在《波士頓環球報》上寫了一篇非常偏袒的評論，她在文章中很聰明地鋪陳證據；而《經濟學人》則做了一篇報導，標題為《愛因斯坦太太的相對重要性》。一九九四年諾維薩大學舉辦另一場會議，主辦人梅克立克教授（Rastko Maglic）主張時候到了，「應當凸顯米列娃的功勞，確保她在科學史上享有應得的地位」。二〇〇三年美國公共電視台一部紀錄片《愛因斯坦的太太》，將大眾議論帶至高潮；片中大抵維持平衡，不過對於她列名原始手稿的說法未予採信。

從所有證據來看，馬里奇應當是扮演知音的角色，只是不如貝索重要。她也幫助檢查數學錯誤，但並沒證據顯示她提出任何的數學見解。另外，馬里奇鼓勵先生並忍受他（有時這更為困難）。

想到能讓歷史添色與發人迴響，若馬里奇的貢獻真的更大的話，當然更有趣。但是，我們必須遵循較理性的軌道，讓幾分證據講幾分話。不管是愛因斯坦夫妻寄給彼此或朋友們的眾多書信中，都沒有提到馬里奇對於相對論

有何實際的想法或創意貢獻。

　　馬里奇也從未宣稱自己對於愛因斯坦的理論有任何實質貢獻，即使在辦理離婚的痛苦期間，也未曾與親近的家人朋友說過類似的隻字半語。馬里奇的兒子漢斯敬愛母親，並在父母離婚後與母親同住，麥克莫在書中曾記載漢斯對此事的看法，其中可窺見馬里奇對兒子的告白：「米列娃幫助他解決某些數學問題，但是沒有人可以協助那些創意的研究與想法的湧現。」

　　事實上，沒有必要過分渲染馬里奇的貢獻以便讚美表揚她，甚至同情地將她擡高成為相對論開創者之一。科學史學家荷頓便表示，過分歸功「只會掩滅她在歷史上真實而重要的地位，漠視於她早年自我期許落空的不幸人生。」

　　愛因斯坦欣賞這位具有衝勁與勇氣的活躍女物理學家，欽佩她能夠在女性禁區的國度冒出頭來。如今相同的議題經過一世紀的時間仍然回盪著，當年馬里奇勇闖男性主宰的物理和數學世界共同競爭，其勇氣已足以為她在科學青史上留下一席之地，實在不需要畫蛇添足，膨脹她對狹義相對論的重要貢獻與付出。

$E=mc^2$（一九〇五年九月）

　　愛因斯坦在寫給奧林匹亞學會社友哈比希特的信中，揭開了奇蹟之年的序幕；並且在喝酒慶祝成功後，將酒醉後寫下一句話的明信片寄給他。九月時他另外寫了一封信給哈比希特，慫恿他到專利局工作，信裡可看到愛因斯坦「孤獨一匹狼」的名聲有點兒不太真實。他寫道：「也許有可能把你偷渡來專利局當奴隸，你可能會發現還滿愉快呢！你願意試試嗎？記住，除了每天八小時的工作，另外還有八小時可以發呆閒晃，而且也有星期天喔！你如果能來，我會很高興的！」

　　相對於六個月前那封信，愛因斯坦接著又輕鬆談起另一次重大的科學突

破，那將成為科學上最出名的方程式：

　　電動力學的論文有另外一個結果湧上我心頭，那就是相對性原理與馬克斯威爾方程式要求質量為物體所含能量的直接表現。光會攜帶質量，以鐳為例，應該可看到質量會減少。這個想法很有意思，也很吸引人，但是就我所知，上帝可能會嘲笑整件事，把我引入歧途。

　　愛因斯坦推演這項想法美麗而單純。《物理學年鑑》在一九〇五年九月二十七日收到他的論文，題目是〈物體慣性與所含能量相關嗎？〉（Does the Inertia of a Body Depend on Its Energy Content?），僅有的三頁篇幅也只有三個步驟。他回過頭提到狹義相對論的論文，宣稱：「我最近在本期刊發表的電動力學研究結果，產生了一個非常有趣的結論，將於此推導。」

　　他又再次從原理和公設推導理論，而不是從解釋實驗數據著手，例如利用研究陰極射線的實驗物理學家所蒐集到的質量與粒子速度之關係。他結合馬克斯威爾的理論與相對論，然後進行思考實驗，首先計算某靜止物體發出兩道方向相反光脈衝的性質，然而計算從一個運動的參考架構中觀察到這些光脈衝的性質，從中提出了方式解釋速度和質量之間的關係。

　　結果得到一個漂亮的結論：質量和能量是相同事物的不同表現，兩者基本上具有可換性。如他在論文中寫道：「物體質量是即為其能量內容的衡量。」

　　他用來描述兩者關係的公式也驚人得簡單：「如果一個物體以輻射方式放射出能量 L，則其質量減少為 L/V^2，或者可寫成 $L=mV^2$。愛因斯坦一直用 L 代表能量，到一九一二年才在一份手稿中劃掉 L，改用較常見的 E。他也用 V 代表光速，後來才換成更常見的 c。利用這些很快變成標準的字母，愛因斯坦提出人人耳熟能詳的方程式：

$$E=mc^2$$

　　能量等於質量乘以光速平方。光速當然是極大的，若是平方後更是不可思議地大，這就是為何少量質量若完全轉換成能量後，將不可小覷的原因了。例如，1公斤的質量將可轉換成大約250億度的電力；或者更生動的例子是，一顆葡萄乾的質量將可供應紐約市一整天的用電需求。

　　一如往常，愛因斯坦提出實驗建議，以證實自己的理論。他寫道：「也許，可利用所含能量變化極大的物體（如鐳塩）來證明此理論。」

第六章

最幸運的想法

THE HAPPIEST THOUGHT

一九〇六～一九〇九年

肯定

　　愛因斯坦在一九〇五年爆發的創造力相當驚人。他提出革命性的光量子理論、幫忙證明原子的存在、解釋布朗運動、扭轉空間和時間觀念，並且創造了科學史上最著名的方程式。不過，這些突破起先似乎未贏得注目。妹妹瑪雅表示，愛因斯坦原本希望在著名期刊上發表一串論文後，可讓他從不起眼的三等專利審查員升級，並且獲得學術上的肯定，也許能找到一個學術工作。然而，她回憶道：「他很失望痛苦，因為發表後是一片冷冰冰的沉寂。」

　　那不盡然是事實。少數受敬重的物理學家馬上注意到愛因斯坦的論文，十分幸運的是其中有一位最具分量的人物：蒲朗克。蒲朗克是歐洲備受推崇的理論物理泰斗，他以神祕的數學常數解釋黑體輻射，愛因斯坦則進一步讓它變身為激進的、新的自然真實。身為《物理學年鑑》的編輯委員，蒲朗克負責理論物理的投稿部分。他回憶說在看過愛因斯坦那篇相對論的論文後，「立刻激起我強烈的注意」。等待論文印行後，蒲朗克馬上在柏林大學發表一場相對論的演講。

　　蒲朗克變成第一位發展愛因斯坦理論的物理學家。在一九〇六年春天發表的一篇文章中，他主張相對論符合最小作用量原則（the principle of least action）；該原則是一項物理學基礎，指光或任何物體在兩點間移動時會走最容易的路徑。

蒲朗克的論文不只促成相對論的發展，也幫助相對論在物理學家間取得正當性。不管瑪雅曾經發現哥哥有多麼失望，現在都煙消雲散了，他高興地對索洛文說：「我的論文現在受到重視，促成大家進一步研究，蒲朗克教授最近還寫信跟我討論。」

驕傲的專利審查員很快與顯赫的大教授往返書信。當另一名理論家挑戰蒲朗克主張相對理論符合最小作用量原則的說法時，愛因斯坦與蒲朗克站在同一邊，並送了一張卡片給他。蒲朗克很高興，回信給愛因斯坦說：「只要相對論原則的擁護者維持像目前的小樂團規模，成員之間能取得共識更是加倍重要。」他也表示希望來年能訪問伯恩，親自與愛因斯坦會面。

蒲朗克最後沒有到伯恩，但是派認真的助理勞厄（Max Laue）[1]來訪。他們兩人已針對愛因斯坦的量子論文進行通信，勞厄表示同意「您直觀簡約的看法，也就是輻射只能以特定有限的量子吸收與發射。」

不過，對於愛因斯坦認定這些量子是輻射本身特質的主張，勞厄和蒲朗克皆不表贊同。相反地，勞厄主張量子只是描述輻射被物質吸收發射的方式而已，他寫道：「這不是電磁作用在真空中的特性，而是由發射或吸收物質而來，因此輻射並非像您第一篇論文第六節中所指是由光量子組成。」（在那個部分中，愛因斯坦主張輻射「在熱力學上的表現，彷彿是由獨立的能量量子所組成」。）

當勞厄準備在一九〇七年夏天訪問時，驚訝地發現愛因斯坦不在伯恩大學工作，而是在郵電大樓三樓的專利局。見到愛因斯坦讓他更感吃驚，他回憶道：「我沒料想到來看我的是一名年輕人，我不相信他會是相對論之父，所以我讓他走過去了。」過了一會兒，愛因斯坦又到訪客區打轉，勞厄終於

---

1 在父親死後，勞厄繼承其爵位成為Max von Laue。

明白他是誰了。

　　他們邊走邊聊好幾個小時之久，愛因斯坦曾遞來一支雪茄，但是勞厄回憶道：「雪茄的味道如此令人不愉快，我『不小心』讓它掉進河裡了。」然而，愛因斯坦的理論卻讓人留下喜愛的印象，勞厄提到：「在我們談話的最初兩個小時，他推翻了所有力學與電動力學。」的確，勞厄太驚喜了，在未來四年內發表八篇有關相對論的論文，並且成為愛因斯坦的知交。

　　一些理論家覺得，這陣驚人的論文龍捲風抽象得讓人不舒服。後來與愛因斯坦結為朋友的蘇馬費（Arnold Sommerfeld）[2]率先發難，指愛因斯坦的方式帶有猶太味（後來反猶太分子曾捉住這點做文章），缺乏對秩序和絕對觀念的適當尊重，而且基礎似乎不穩固。蘇馬費在一九〇七年寫信給洛倫茲表示：「愛因斯坦的論文令人驚異。然而對我來說，在這個無法解釋和無法具象化的主義下，似乎存在著某種不健康的東西。英國人很難提出這樣的理論，這裡的情況可能和科恩（Emil Cohn）[3]一樣，本身帶有猶太人的抽象概念特性。」

　　然而，這些關注沒有讓愛因斯坦出名，也沒有讓他得到任何工作。另外一名打算拜訪他的年輕物理學家寫道：「看到您每天必須在辦公室坐滿八小時，真令我感到驚訝，歷史上真多爛笑話。」不過，愛因斯坦終於獲到博士頭銜了，至少讓他在專利局從三等技士爬升到二等技士，年薪也提高一千法郎變成四千五百法郎。

　　愛因斯坦的生產力著實令人吃驚。除了一星期在專利局上班六天，他繼續製造大批的論文與評論：一九〇六年六篇，一九〇七年再加十篇。每星期他至少參加一次四重奏演出，還要當三歲兒子的好父親，驕傲地暱稱他「調皮鬼」。馬里奇寫信給朋友莎維奇時，便說道：「我丈夫有空時，常待在家

2　編按：蘇馬費（Arnold Sommerfeld，1868～1951），德國物理學家，量子力學與原子物理學的先驅之一，其重要貢獻在發現精細結構常數（fine structure constant）或稱 α 常數。

3　編按：科恩（Emil Cohn，1854～1944），德國物理學家，電子動力學專家。

中陪小孩玩。」

　　從一九○七年夏天開始，愛因斯坦甚至還有空涉足一項可能的新事業（假如命運更頑皮的話），那就是像叔叔和父親一樣，當電子儀器的發明家和推銷員。愛因斯坦與哈比希特和他弟弟保羅合作，設計出一種機器可將微弱的電荷放大，以便測量並研究。這種機器的學術用途勝過實際應用，可用來製造一種實驗室儀器，研究很小的電子起伏。

　　這發明的概念很簡單。當兩片金屬靠近彼此時，其中一片的電荷會誘使另一片產生相反的電荷。愛因斯坦的想法是用一連串的金屬片，讓電荷誘發變成十倍，然後再移轉到一個圓盤上。將整個過程一直重複，讓原本微小的電荷變大許多倍，要測量就很容易了。關鍵在於，要使發明的裝置能夠運作才行。

　　考慮到家庭背景、環境教養和專利局工作等條件，愛因斯坦有成為工程天才的因緣，但事實證明他做理論還是比較適合。幸好，保羅是優秀的機械師，在一九○七年八月他已經準備發表一台原型機了。愛因斯坦寫道：「您用閃電般的速度造出一台小機器，讓我大感驚奇，星期天我會出現的。」可惜，那台機器不能用。他們一起試著修理，一個月後愛因斯坦寫信道：「我實在好奇死了，想知道您打算如何處理！」

　　在一九○八年期間，愛因斯坦和哈比希特兄弟之間書信往返，畫滿了複雜的圖表，也激盪交流著如何改進儀器的想法。愛因斯坦在一本期刊上發表一篇文章，結果有一陣子吸引了一位可能的贊助者。保羅在十月時已經造出較好的模型機，但是卻很難留住電荷。他帶機器去伯恩，愛因斯坦找到一所學校的實驗室，並且請當地一名機工幫忙。到十一月的時候，機器似乎可以運作了，之後又花了將近一年的時間取得專利，並且製造一些可銷售的機型。但是即使到那時候，這台機器從未真的派上用場或是找到市場，最後愛因斯坦失去興趣了。

　　這些摸索實際應用的研發過程可能很有樂趣，但是愛因斯坦與物理學

術界隔離的自豪，卻已見弊大於利了。在一九〇七年春天的一篇論文中，他散發出一股洋洋得意的自信，表示自己沒有圖書館、也沒有查詢其他理論家的觀點。他寫道：「其他作者可能已經清楚闡明我要說的部分。我覺得自己可以省去做文獻研究（對我而言那會很麻煩），因為其他人應會彌補此一不足。」後來那年當他被拜託在重量級的學報上介紹相對論時，警告編輯自己可能不知道所有的文獻，那時口氣便沒那麼狂妄自大了。他寫道：「很遺憾，我自己的工作讓我無法熟知這個題目的所有文獻，因為我下班時圖書館已經關門了。」

那年，他在伯恩大學申請一份講師的工作，這是學術階梯的起步。工作內容除了講課之外，還要向上課的人收取一點費用。想在歐洲大學裡擔任教授，這種初階工作會有幫助。愛因斯坦在申請書中附上十七篇已發表的論文，包括相對論與光量子等論文。他也應該送交一篇新的授課資格論文，但是他認為太麻煩而決定不要寫，因為這項要求有時候會因為具有「其他傑出成就」而豁免。

在召集委員會中，只有一名教授支持不用寫另一篇論文就聘任他，因為「有鑑於愛因斯坦先生重要的科學成就」。然而其他人不同意，所以該項要求未能免除。毫不意外，愛因斯坦覺得這種事「很可笑」，所以沒有照規定行事，當然也就未能獲得那份工作。

重力與加速之等效性

愛因斯坦通往廣義相對論的道路於一九〇七年十一月展開，那時他正要趕在截止日前，完成一份要給科學年報的文章，內容是解釋狹義相對論。狹義相對論仍然有兩個限制，讓他感到很困擾：一是只適用於恆定的等速運動（若速度或方向改變時，事物將有不同表現），二是未能合併牛頓的重力理論。

　　他回想道：「當時我正坐在伯恩專利局的椅子上，突然靈光一閃，想到如果有人掉落下來，將不會感覺到自己的重量。」明白這點讓他「驚嚇住了」，促成往後八年努力不懈的探尋，努力推廣狹義相對論，同時「把我推向一個重力理論」，後來他讚頌這是「我一生中最幸運的想法」。[4]

　　男人掉落下來的故事已經成為經典劇情，有些還真的提到有個油漆工從專利局附近的公寓屋頂掉下來。事實上，這類故事跟發現重力的故事很相像，如伽利略從比薩斜塔丟東西下來，以及蘋果掉落在牛頓頭上，都是廣為流傳的傳說，但主要都是想像出來的思考實驗，並非是真實發生的事情。儘管愛因斯坦較注重科學而非個人生活，但他不可能眼睜睜看著有人真的從屋頂一躍而下，卻還有空思考重力理論，更遑論稱做人生中最幸運的想法。

　　愛因斯坦稍微改變他的思考實驗，讓這位掉落的男人位在一個封閉的房間裡，如一座自由落體的電梯。在這間往下掉落的房間裡，男人會覺得失去重量，從口袋裡掏出來丟落的任何物品，會飄浮在他身邊。

　　愛因斯坦又用另一種方式看，想像有個男人在一間封閉的房間裡，飄浮在太空深處，「遠遠離開星球與其他重物」。這個男人也會同樣經歷到無重量的感覺，「對這位觀察者來說重力並不存在，他必須要用繩子將自己固定在地板上，否則縱使與地板產生最輕微的碰撞，也會讓他慢慢浮上天花板。」

　　接著，愛因斯坦想像有一條繩子鉤住房間屋頂，然後用一定的力量往上拉。「房間與觀察者會開始以等加速度向上運動」，裡面的男人會感覺到自己的腳貼在地板上，「此時他站在房間裡的方式，跟地球上任何人站在屋子裡的房間一樣」。如果他從口袋中拿出某樣東西放手，物品會「以相對的加速運動」落到地板上，而且不管物體的重量，情況都相同，就如同伽利略發現重力的情形。「房間裡的男人將會得到一個結論，認為自己與房間處於重

力場中。當然有一會兒他會覺得很困惑，為何房間在此重力場中不會掉落。接著，他發現屋頂上面繫了繩子與鉤子，於是他得到結論，認為房間在重力場中處於懸吊靜止的狀態。」

愛因斯坦問道：「我們應該笑他，說他的結論錯了嗎？」正如狹義相對論，沒有對或錯的感官知覺，「我們反倒得承認他對這種情況的理解掌握方式，並沒有違反理性或已知的力學法則。」

愛因斯坦在探討這個議題上的態度，又可讓人窺見他獨到的聰穎天資：他檢驗了一個眾所周知的現象，甚至連科學家也極少質疑或困惑。每個物體有一種「重力質量」（gravitational mass），決定它在地球表面上的重量，或者更廣義地來說，代表它與其他物體之間的拉力。物體也具有一種「慣性質量」（inertial mass），決定需要施加多少力量才能讓它產生加速運動。如牛頓指出，物體的慣性質量都與重力質量相同，雖然兩者定義不同。這顯然不只是巧合而已，然而沒有人完全闡釋清楚。

愛因斯坦對於一種現象擁有兩種解釋感到不舒服，於是運用思考實驗探索慣性質量和重力質量的等效性。如果我們想像處於外太空中沒有重力的區域裡，有一間封閉的電梯正在向上加速，那麼裡面的人所感覺到向下力量（或者是天花板上一個由繩索懸吊的物體所受到向下的拉力）是由慣性質量造成；如果我們想像封閉的電梯是在一個重力場中處於靜止，那麼裡面的男人所感覺到向下的力量（或者是天花板上一個由繩索懸吊的物體所受到向下的拉力）是由重力質量造成。但是慣性質量永遠相等於重力質量，於是愛因斯坦表示：「根據這種對等性，不可能用實驗發現某座標系是否在加速，或位於重力場中。」

愛因斯坦稱此為「等效原理」（the equivalence principle），指重力和加速之局部效應為相等。這成為他嘗試推廣義相對論的基礎，不讓它僅侷限於等速度運動的系統。接下來八年，他所發展出來的基本洞見是「我們歸因於重力的效應與歸因於加速度的物理現象，兩者都是由相同一個結構所產

生。」

　　愛因斯坦對於廣義相對論的推導方式，再度顯示他心智的運作方式：

・他對於相同的觀察現象卻擁有二個看似無關的理論時，感到相當不安。移動的線圈與移動的磁鐵都可看到會產生電流的情況正是如此，這個問題他用狹義相對論解決了。現在針對慣性質量和重力質量具有不同定義的情況，他開始發展等效原理來解決。

・當一個理論所做的區別，無法在自然中觀察到時，他同樣感到不舒服。等速運動中的觀察者便是這種情形：*沒有方法決定誰是靜止、誰在運動*。現在，加速度運動中的觀察者顯然也是這種情形：*沒有方法知道誰在加速、誰在重力場中*。

・他渴望將理論推廣，不願意讓理論僅侷限於解釋某種特別的情況。他感覺到，不應該有一套原理來解釋等速度運動的特別情況，又有另一套原理解釋其他所有的運動類型，其一生便是不斷追尋統一的理論。

　　一九〇七年十一月與《輻射與電子學年報》（*Yearbook of Radioactivity and Electronics*）的截稿期限奮戰時，愛因斯坦在相對論的文章上增添第五節，勾勒出新想法。他開頭寫道：「目前為止，我們應用相對論的原則……只有在非加速的參考系統中。在想像中，有無可能將相對論的原則適用於彼此加速的系統中呢？」

　　他指出，想像有兩種環境，一個加速，另一個在重力場中靜止，我們沒有辦法做物理實驗來加以區別。「因此在接下來的討論中，我們應當假定重力場與對應的加速參考系統，具有完全相等的物理效應。」

　　愛因斯坦使用加速系統中各種不同的數學計算，顯示出如果他的觀念是正確的，時鐘在較強的重力場中將會走得較慢。他也提出許多可以驗證的預測，包括光應該會受到重力彎曲，而質量大的光源（如太陽）所發出的光

線，其波長會稍微增加，該現象稱為重力紅移（gravitational redshift）。「幾經推敲琢磨後，我已經形成一些看似大膽、但確實有些道理的看法，我猜測重力差異可能是造成光譜往紅色位移的原因。」他對一位同事解釋道：「從這些推論，也可導出重力會使光線發生彎曲。」

愛因斯坦花了八年的時間，直到一九一五年十一月時才想出該理論的原理與數學表達。後來又再經過四年的時間，才經由戲劇化的日食觀測證實其中最生動的預測：重力彎曲光線的程度。但至少此時此刻，愛因斯坦已懷抱遠見，帶領他走向物理史上最簡練與了不起的成就之一，那便是廣義相對論。

當上教授

到一九〇八年初時，即使像蒲朗克和維恩等學術天王，都會寫信來請教意見，愛因斯坦渴望當大學教授的念頭卻淡了下來。反而開始尋找中學老師的工作。他告訴當年幫他找到專利局工作的格羅斯曼，解釋說：「這份渴求是因為我衷心希望能在較簡單的工作環境中，繼續追求個人的科學研究。」

他甚至盼望能回到溫特圖那所曾短期代課的學校任教。他問格羅斯曼：「這該怎麼辦呢？我是應該拜訪某某某，告訴他我會是一個好老師與好公民？我會不會留下壞印象呢？因為我不會講瑞德方言與猶太外表等原因。」他發表的論文正在改變物理學，但是他不知道有無幫助。他問道：「在那種場合，我強調自己的科學論文有沒有用呢？」

蘇黎士一所中學貼出「數學和投影幾何學老師」的徵人廣告，愛因斯坦也去申請，特別註明「我也可以教物理」。最後，他決定附上所有論文，包括狹義相對論。總共有二十一名申請者，而愛因斯坦甚至連前三名候選名單都沒擠進。

因此，愛因斯坦放下了尊嚴，決定寫那篇資格論文到伯恩當講師。他與

聯絡人說明：「自從我和你在市立圖書館談話後，連同一些朋友的勸告，促使我再度改變決定。我現在打算試試運氣，看能否到伯恩大學當老師。」

他送交的論文是擴大光量子的革命性研究，結果馬上被接受了，在一九〇八年二月底時當上講師。他終於攀上了學術界的高牆，至少是外牆；但是薪水與職位都不高，不足以讓他放棄專利局的工作，到伯恩大學上課不過是多了一件差事要做。

一九〇八年夏天他教熱能理論，時間是每星期四與星期六早上七點，最初只吸引三個人上課：貝索和另兩名在郵政大樓工作的同事。在冬季時，他改教輻射理論，原先的三人加入一名真正的學生，名叫史坦（Max Stern）。到一九〇九年夏天時，史坦成為唯一來上課的人，於是愛因斯坦取消了講課。此時，日後愛因斯坦教授的招牌形象開始出現了：他的頭髮和衣著成為隨性凌亂的犧牲品。

蘇黎士大學物理教授克萊納之前幫助愛因斯坦取得博士學位，也曾經鼓勵他追求講師的工作。經過長時間的努力後，克萊納終於在一九〇八年成功說服蘇黎士校方，希望新設一個理論物理學的新職位，以便提高學校的學術分量。但那不是正教授的職位，而是受克萊納指導的副教授。

這明顯是適合愛因斯坦的位子，但是有一項障礙。克萊納心中另一名候選人是助理阿德勒，這位斯文又熱情的政治活躍分子與愛因斯坦技術學院時結為朋友。阿德勒的父親是奧地利社會民主黨領袖，他對於政治哲學的喜好超過理論物理。因此，一九〇八年六月某天早上他去見克萊納，兩人的結論是阿德勒不適合這項工作，但愛因斯坦則是最佳人選。

在一封寫給父親的家書中，阿德勒提到了這次談話，指出愛因斯坦「不懂得如何跟別人建立關係」，而且「被技術學院的教授們看不起」。但是，阿德勒稱讚愛因斯坦是天才，應該得到那份工作，也會得到那份工作。「他們對於之前輕視他而良心難安；這個男人得坐在專利局工作，已經成為這裡和德國的醜聞了。」

　　阿德勒確定讓蘇黎士校方等人士知道，他為了朋友正式退出了。他寫道：「若是學校可以找到像愛因斯坦的人，卻聘任我做這份工作，那就太荒謬了。」這為社會民主黨員的教務長解決了政治問題。愛因斯坦跟貝索解釋道：「恩斯特會中意阿德勒，因為他自己是黨員。但是阿德勒的聲明，讓那變成不可能。」

　　因此在一九〇八年六月底時，克萊納從蘇黎士來到伯恩，旁聽愛因斯坦上課的狀況，以及如愛因斯坦所說的「打量對手」。唉，但是愛因斯坦的表現不是很棒，他對一位朋友遺憾道：「我的講課沒有超凡入聖！一部分原因是我沒有準備好，另外是人家來聽講，讓我有一點緊張。」克萊納皺起眉頭聽課，之後告訴愛因斯坦說他教書還不夠格當教授。愛因斯坦平靜回答，表示他認為那個工作「相當不必要」。

　　克萊納回去蘇黎士後，報告說愛因斯坦都在「自言自語」，而且「離當老師還很遠」。那似乎終止了愛因斯坦的機會，阿德勒便告訴有勢力的父親：「情況有點變化，愛因斯坦的機會沒了。」愛因斯坦假裝保持樂觀，寫信給一位朋友表示：「當教授的工作失敗了，但是我沒有關係。縱使沒有我，還是有足夠的老師。」

　　事實上愛因斯坦很沮喪，尤其是當他聽到克萊納批評他不會教書的事情正在廣泛流傳，甚至是傳到了德國。因此他寫信給克萊納，憤怒地譴責他「散布對我不利的謠言」。愛因斯坦已經很難找到適合的學術工作，而克萊納的批評更是雪上加霜。

　　其實，克萊納的批評是有些道理的。愛因斯坦從不是很傑出的老師，講課常常會沒有組織，直到他的名氣大到讓出錯都被當成奇聞軼事流傳。不過，克萊納態度軟化了，他說很高興幫助愛因斯坦獲得蘇黎士的工作，只要他能表現出「一些教學能力」。

　　愛因斯坦回信建議，表示自己可以到蘇黎士進行一場正式（大概也是準備完善）的演講。一九〇九年二月完成演講後，他說道：「很幸運！不同以

往，那次我講得很好。」當他後來去拜訪克萊納時，教授暗示聘任案很快就會下來了。

在愛因斯坦回到伯恩幾天後，克萊納對蘇黎士大學正式提出推薦。他寫道：「愛因斯坦是當今最重要的理論物理學家之一，自從他發表相對論的研究後就受到大家肯定。」至於愛因斯坦的教書技巧，他盡可能客氣地指出他會進步：「愛因斯坦博士會證明他是一位好老師，因為他聰明又有責任感，必要時一定會採納建議。」

另一個問題是愛因斯坦是猶太人。有些教授們認為這將成為潛在的問題，但是克萊納向他們保證，愛因斯坦並沒有表現出猶太人「令人不愉快的特質」。從校方的結論中，可一窺當時的反猶太風潮與對其的抗拒：

> 我們的同事克萊納教授以這幾年個人接觸做出評估，對於聘任委員會與全體教授都具有非凡的價值，因為愛因斯坦博士是古以色列後裔，而古以色列後裔的學者常被附加各種令人不愉快的特質（諸多情況不完全是妄加之詞），例如逾越、莽撞、對學術工作錙銖必較。然而應該澄清，古以色列後裔中有人絲毫未顯露這些令人不愉快的特質，因此只因為某人碰巧是猶太人，便予以拒絕是不恰當的。的確，偶爾在非猶太裔的學者當中，也會發現有人用商業眼光看待學術專業並加以利用，且發展出通常被認為是猶太人的特質。因此，聘任委員會及全體教授認為，基於尊嚴不容採納反猶太主義為方針。

教授祕密投票在一九○九年三月底舉行，十票贊成，一人棄權。在愛因斯坦進行物理學革命四年之後，終於獲得第一份正式教職。不幸的是，副教授起薪比專利局更少，所以他婉拒了。最後蘇黎士大學同意提高待遇，讓愛因斯坦接受這項工作，他對一名同事興奮喊道：「現在，我也是娼妓公會的一員了。」

　　有位巴塞爾的婦人安娜‧史密德（Anna Meyer-Schmid），注意到報上刊登愛因斯坦獲聘公告。十年前當她還是十七歲少女時，兩人在愛因斯坦與母親度假的帕羅蒂斯酒店見過面。當時大部分的客人在愛因斯坦看來都俗不可耐，但是他很喜歡安娜，在她的相冊中寫了一首詩：「我應該為您留下什麼？／我想到好多／包括一個吻／留在您的小嘴上／若您生氣了／請別哭泣／最好的處罰／是回敬我一個」，他署名「小無賴」。

　　在接到祝賀的明信片後，愛因斯坦回了一封禮貌但稍帶暗示的信件。他寫道：「在帕羅蒂斯酒店那幾周我有幸在妳身邊度過，我或許比您更珍惜那愉快的回憶。現在，我變成一所大學校的老師，名字甚至被刊登在報紙上，不過我還是一個簡單的人。」他提到自己已和技術學院的同學馬里奇結婚，但是附上辦公室的地址：「假若您碰巧來蘇黎士而且有空的話，歡迎到辦公室找找，那將是我莫大的榮幸。」

　　不管愛因斯坦是否刻意徘徊於單純與暗示的模糊地帶，安娜的目光顯然被後面那句話吸引了。她寫了一封回信，結果被馬里奇攔截到。馬里奇吃醋了，於是寫了一封信給安娜的丈夫，聲稱（盼望勝過實際）她「逾越分際的來信」與厚顏再續舊情的企圖，讓愛因斯坦感到很生氣。

　　愛因斯坦最後必須向男方道歉，以平息這場風波。他寫道：「如果因為我的無心之過而造成您的困擾，我感到十分抱歉。我真心回覆您夫人寄來恭賀我獲聘的卡片，因而重新喚起我們昔日對彼此的感情。但其中絕無不軌意圖，您夫人的作為光明正大，我也抱持最大的敬意。這是我太太的錯誤，我事先並不知情，考慮出於極端妒忌方可原諒。」

　　雖然這次事件最後落幕了，卻成為愛因斯坦和馬里奇關係的轉捩點。在他來看，妒火中燒讓她更顯得陰沈。數十年之後，他對前妻仍然怨恨在心，曾寫信給安娜的女兒，殘忍地直指前妻的妒忌是病態，是「醜陋至極」的女人所擁有的典型缺點。

　　馬里奇的確嫉妒成性。她不只痛恨丈夫與其他女人調情，也不喜歡他與

男性同事在一起。現在他成了教授，她開始嫉妒起他的專業。（考量到她自己追尋科學生涯的不順遂，這種情結是可以理解的。）她告訴朋友莎維奇：「有了聲名之後，他沒有太多時間留給太太了。妳寫信說我一定會嫉妒科學，但是我又能做什麼呢？有人拿走珍珠，讓其他人只能撿盒子。」

馬里奇尤其擔心丈夫出名，會讓他變得更冷漠與自我中心。她在另一封信中吐露：「我為他的成功感到非常快樂，因為他真的是實至名歸。我只是希望，名利不會對他為人處世產生負面影響。」

從某方面來看，馬里奇是多慮了。即使是愛因斯坦名氣爆增，但是始終保持單純不造作的作風，至少外表上仍是一貫的和藹謙遜。但是從另一個參考座標來看，他確實發生一些改變，大約在一九〇九年左右他開始與太太貌合神離，抗拒情感紐帶讓他逐漸逃離躲進工作裡，對於他斥之為「個人隱私」的國度，採取疏離漠然的姿態。

在專利局工作末了，愛因斯坦收到一個外表包裝精緻的大信封，上面好像寫著拉丁文。因為看起來很奇怪又覺得無所謂，他便順手丟到垃圾桶裡。實際上，那是日內瓦大學邀請他在一九〇九年七月出席該校校慶，與幾位受獎人共同接受榮譽博士學位。後來，校方終於請到愛因斯坦的一位朋友說服他出席，但他只以一頂草帽和普通衣物出現，因此在遊行隊伍和豐盛的晚宴上看起來都很突兀。他覺得整個場景很有趣，於是向鄰座的貴賓開玩笑，猜說該校創辦人（即禁慾的新教改革領袖）對此有何看法。「您知道，若是喀爾文在此會做什麼嗎？」那位紳士很困惑，表示不知道。愛因斯坦回答：「他會豎起人木樁，為這等鋪張奢侈將我們活活燒死。」愛因斯坦回憶說：「後來，那個人沒對我說一個字了。」

光是波、也是粒子

在一九〇九年夏天結束時，愛因斯坦也被邀請到德國自然科學研究院的

年度會議上演講，那年在薩爾斯堡舉行。主辦單位將相對論和光的量子特性都放在議程上，希望愛因斯坦針對相對論發表演講。然而，他決定要探討自己認為較迫切的議題：如何詮釋量子理論，並與馬克斯威爾優美的光波理論相容。

在一九〇七年底提出「最幸運的想法」後，即重力與加速等效性如何促成相對論的廣義化，愛因斯坦便把問題擱置一旁，將重點擺在他所謂的「輻射問題」（即量子理論）上面。雖然是他提出「直觀簡化」的觀點，指光是由量子或不可分割的封包所組成，但是當他想得越多，便越擔心自己和蒲朗克掀起的革命，恐怕會破壞古典物理學的基礎，尤其是馬克斯威爾方程式。他在一九〇八年初期寫信給一位同行的物理學家：「我之所以變得悲觀，主要是因為一再嘗試以直觀方式詮釋蒲朗克常數……卻終究徒勞無功；我甚至很懷疑馬克斯威爾方程式能否繼續成立。」（結果，他對馬克斯威爾方程式的維護是正確的，因為相對論與在愛因斯坦幫忙啟動的量子革命之下，它們是理論物理學中少數不受影響與改變者。）

當愛因斯坦在一九〇九年九月到薩爾斯堡會議時（那時他還不是正式的教授），終於遇到之前只靠通信認識的蒲朗克等大人物。第三天下午，他在一百多位著名科學家面前發表一場演講，讓後來成為量子力學先驅的包利（Wolfgang Pauli）評為是「理論物理學發展上的里程碑」。

愛因斯坦開始時解釋光波理論不再完整。他指出，光（或任何輻射）也可以被視為是粒子束或能量包，他說這與牛頓的說法是相似的。「光有些基本的特質，從牛頓輻射理論的觀點來理解會比從波浪理論的觀點來解釋好。」他宣告：「因此，我相信理論物理的下個階段將會帶來一個新的理論，把光解釋成波與放射理論的融合。」

他警告，結合粒子理論和波理論會帶來「一個深奧的改變」。他擔心這不是一件好事，因為將破壞古典物理學固有的確定性和決定性。

有一陣子，愛因斯坦沉思或許能採用蒲朗克對量子較侷限的詮釋，以

避免這樣的命運，亦即把量子當成只是輻射在表面釋出或吸收的特徵而已。他問道：「不能保留輻射傳播的方程式，而只把發射和吸收過程想成不同嗎？」但就像是在一九〇五年光量子的論文中，比較光的行為與氣體分子的行為後，愛因斯坦推論出那是不可能的。

結果愛因斯坦指出，需要將光的行為視為既像波浪又像粒子流。他在演講最後宣告：「輻射同時顯示出這兩種結構特性，不應該視為互不相容。」

這是第一次完整提出光具有波粒二元性的說法，跟愛因斯坦早期的理論突破一樣具有深刻的意義。他快樂地寫信給一位物理學家朋友說道：「有可能結合輻射的能量量子和波動原理嗎？外表上看來十分棘手，但是萬能的上帝似乎玩了這個把戲。」

在愛因斯坦演講完後，蒲朗克主持了一場熱烈的討論。由於蒲朗克仍然不願意接受自己九年前提出數學常數背後具有的物理真實，或是接受愛因斯坦思考提出的革命性物理內涵，於是他當起舊秩序的捍衛者。他承認輻射牽涉到個別的「量子，可視為是作用量的原子」，但是他堅持這些量子只存在於輻射被發出或吸收的過程而已。他指出：「問題是該往哪裡尋找這些量子？按照愛因斯坦先生的說法，必須把真空中的自由輻射，也就是光波本身想成是由原子般的量子組成，使我們必須放棄馬克斯威爾方程式。但是，我認為那似乎是不必要的步驟。」

不到二十年，愛因斯坦接續扮演類似蒲朗克的角色，成為舊秩序的捍衛者。事實上他早就已經開始尋方法，想要逃出量子理論造成的怪誕困境。他曾寫信給一位正在合作的年輕物理學家時表示：「我很希望能夠解決輻射的問題，而且不用光量子做到。」

這一切太詭異神祕了，至少當時是如此。因此，當愛因斯坦在歐洲德語系大學教授職升遷之際，他將注意力轉回自己獨有的相對論上，有一陣子成為逃離量子夢幻仙境的難民，如他對一位朋友感慨道：「量子理論越成功，看起來就越愚蠢。」

第七章

飄泊的教授
THE WANDERING PROFESSOR

一九〇九～一九一四年

蘇黎士（一九〇九年）

在神采飛揚的十七歲，愛因斯坦到蘇黎士技術學院唸書，並結識未來的另一半馬里奇。一九〇九年十月正值三十歲壯年的他重返舊地，並在蘇黎士大學擔任教授。

重回舊巢讓兩人的感情暫時回溫了。馬里奇很興奮能回到最早邂逅的地點，不到一個月又懷孕了。

他們租了一間公寓，很高興發現阿德勒夫婦也住在同棟公寓裡，於是兩對夫妻成為更親近的朋友。阿德勒寫信給父親表示欣賞之意：「他們是波希米亞式的家庭。我和愛因斯坦談得越多，越知道喜歡他沒有錯。」

兩個男人晚上大多都在討論物理和哲學，經常躲到閣樓屋頂避免妻小打擾。阿德勒介紹杜恩（Pierre Duhem）[1]的作品給愛因斯坦，他剛幫杜恩出版一九〇六年著作《物理理論》（La Théorie Physique）的德文版。杜恩對於理論與實證之間關係，提出比馬赫更整體性的途徑，對愛因斯坦建構自己的科學哲學觀似乎發揮了影響。

阿德勒特別尊敬愛因斯坦的「獨立心智」。他告訴父親，愛因斯坦保持一貫不守舊習的氣

---

1 編按：杜恩（Pierre Duhem，1861～1916），法國物理學家、科學史學家，其最有名的就是認為實驗判準的不確定性以及獨排眾議，肯定中世紀羅馬天主教對歐洲科學的培育。

質，反映他內心的確定而非傲慢。阿德勒自豪說：「我們發現兩人都同意一些大多數物理學家甚至不會瞭解的問題。」

愛因斯坦試著勸阿德勒將重心放在科學上，不要被牽扯引誘進政治內。愛因斯坦那時已經認定自己會換到更有名的大學去，他對阿德勒說：「耐心一點，有天您一定會是我在蘇黎士大學的接班人。（當時愛因斯坦已經認為自己將會到一間更有名望的大學任教）」但是阿德勒沒有聽勸，反倒決定成為社會民主黨報紙的編輯。愛因斯坦覺得，對一個政黨效忠或多或少代表放棄了獨立思考。這類效忠讓愛因斯坦很困惑，後來追悼阿德勒時感嘆道：「這麼聰明的人怎麼會效忠一個政黨，讓我百思不解。」

愛因斯坦也與以前的同學和筆記王格羅斯曼重逢。幫愛因斯坦找到專利局工作的格羅斯曼，現在是母校蘇黎士技術學院的數學教授了。愛因斯坦常在午飯後找格羅斯曼，因為他要將相對論擴張成範圍較廣的場論，需要請格羅斯曼幫忙解決複雜的幾何與微積分問題。

愛因斯坦甚至與技術學院知名的數學教授侯維茲建立友誼，以前他常蹺掉侯維茲上課，要應徵侯維茲的助理工作時也不被理睬。但是，後來愛因斯坦成為侯維茲周日在家舉辦音樂會的常客，有天兩人散步時侯維茲說女兒有一道數學作業不會寫，愛因斯坦當天下午馬上去當救兵。

如克萊納預測，愛因斯坦的教書技巧進步了。他雖然不是演講高手，但是輕鬆自在變成他的優點。幾乎每堂都去聽課的學生唐納（Hans Tanner）回憶說：「當他穿著不怎麼樣的衣服，再加上短一截的褲子坐在椅子上時，我們都感到很懷疑。」愛因斯坦上課沒有準備筆記，而是用名片大小的紙張寫些東西，所以學生看著他一邊講課，一邊推展想法。唐納表示：「這讓我們對他的研究技巧有些瞭解。比起風格優美毫無瑕疵的演說，這讓學生們更獲益匪淺。」

每一個步驟愛因斯坦會停下來，問學生是否聽得懂，甚至允許學生打斷他講課。另一名學生費雪（Adolf Fisch）指出：「這種師生間有如同志的互動

模式，在當時是極為少見的。」有時候愛因斯坦會休息，讓學生圍著他隨意交談。唐納回憶道：「他會很隨興自然地，將手放在學生肩上討論事情。」

有一次上課時，愛因斯坦發現自己有個計算卡住了，做不出來。他表示：「一定有一個很蠢的數學轉換我一時找不出來，有哪位先生能幫忙嗎？」結果，沒有人幫得上忙，於是愛因斯坦說道：「那麼請留下四分之一頁，我們繼續講下去。」十分鐘過後，愛因斯坦講到一半時大喊「我知道了」，讓唐納後來驚嘆道：「接下來的推演過程很複雜，但他還有時間思索之前那個數學轉換！」

晚上講課結束時，愛因斯坦大半會問道：「誰想去泰瑞莎咖啡館啊？」那間小咖啡館可以俯看利馬特河畔，他們往往會聊到店家關門。

有一次，愛因斯坦問說有沒有人想跟他回家。他說：「今天早上我收到蒲朗克寄來的一些研究，我覺得其中一定有錯，我們可以一起研究。」唐納和另一名學生趁機跟他一道回家看看，在那裡仔細研讀蒲朗克的論文，愛因斯坦表示：「我去泡咖啡，看看你們是否能找到錯誤。」

過了一會兒，唐納說：「教授先生，您一定搞錯了，這裡沒有錯誤啊！」

「有。」愛因斯坦指出資料中一些矛盾之處說道：「否則的話，那和那便會變成那和那。」這是一個生動的例子，凸顯出愛因斯坦的獨到本領：他可以看著一個複雜的數學式子，或許對別人來說可能太抽象了，但是他卻可以指出背後的物理真實。

唐納相當震撼。他建議說：「讓我們寫信給蒲朗克教授，告訴他這裡有錯誤。」

愛因斯坦這時比較懂得做人的道理了，尤其是對他敬重的蒲朗克和洛倫茲等人。他說：「我們不會說他犯了一個錯誤，因為這個結果是正確的，只是證明有錯。我們只要寫信指出真正的證明應該怎麼做，重要的是內容，而不是數學。」

儘管愛因斯坦曾經發明出電力計，但大家公認他是理論家，而非實驗物理學家。當第二年學校要求他管理實驗室時，他感到驚慌失措，對唐納說他幾乎不敢「碰到儀器，因為很怕會爆炸」。他對另一位名教授吐露：「我對實驗室的恐懼由來很久。」

在蘇黎士大學教完第一學年後，一九一〇年七月馬里奇生了第二個兒子（又是難產），取名叫愛德華，小名叫提特（Tete）。接著，馬里奇病了數星期，醫生診斷她太勞累了，建議愛因斯坦應該想辦法賺更多錢，請一名女傭照顧。馬里奇不高興，護夫心切地說道：「難道你們看不出來我的先生已經把自己累得半死了嗎？」所以，她請母親從諾維薩來幫忙。

在一生當中，愛因斯坦有時候對於兩個兒子顯得很疏遠，尤其是對後來精神病日益加重的愛德華。不過當兩個孩子都年幼時，愛因斯坦算是一個好父親。漢斯回憶道：「當母親在屋裡忙碌時，父親會放下手邊的工作照顧我們好幾個小時，將我們放在膝上哄。我記得他會跟我們說故事，而且常常會拉小提琴讓我們安靜。」

愛因斯坦做為一名思考者，具有將所有干擾阻絕關閉的能耐與傾向，有時候包括家人與孩子。漢斯指出：「即使是寶寶號啕大哭也不會擾亂父親，他可以繼續工作，對噪音完全充耳不聞。」

有一天學生唐納到家裡拜訪，發現愛因斯坦正在書房專心研究一大堆論文，他的右手在寫字，左手則抱著愛德華，而漢斯正在玩積木並試圖引起父親的注意。「等一等，我快要完成了。」他一邊將愛德華抱給唐納，並繼續寫著潦草的方程式。唐納回憶道：「那讓我瞥見了他高度專注的無窮力量。」

布拉格（一九一一年）

在蘇黎士大學還待不到六個月時，一九一〇年三月愛因斯坦接到一封

信，請求他考慮接受一個更有聲望的工作：在布拉格大學德語部擔任正教授。布拉格大學和學術地位都是更上層樓，但是要從熟悉友善的蘇黎士搬到較不習慣的布拉格，將會對他的家庭造成衝擊。不過，對於愛因斯坦來說，專業考量比個人因素更為重要。

他在家裡再度遇到阻力，寫信給移居柏林的母親：「您注意到我心情低落，但那並非是您的因素。談論沮喪或憤怒之事無益克服問題，唯有獨自努力迎戰解決。」

另一方面，科學研究帶給他很大的快樂，對於新機會也讓人難掩興奮。他表示：「我極可能獲聘成為一所大學校的正教授，待遇將會更上層樓。」

當愛因斯坦可能會換學校的消息在蘇黎士大學傳開時，唐納帶領十五名學生連署，敦請校方「盡一切努力，將此卓越的研究人士和教師留在學校裡」。他們強調，在理論物理學「新創學門」中擁有一位教授的重要性，並且對他個人極盡讚美之詞：「愛因斯坦教授的天才驚人，能夠闡明清楚理論物理學中最艱澀困難的問題，讓聽他上課成為一大享受，他也擅長與學生建立完美的關係。」

蘇黎士大學渴望將愛因斯坦留下來，於是將薪水從四千五百法郎（與他當專利局審查員相等），調高到五千五百法郎。另一方面想要搶人的布拉格大學也碰到了一些麻煩。

布拉格大學方面已經確定推舉愛因斯坦為第一人選，將推薦信寄給在維也納的教育部。（當時布拉格屬於奧匈帝國的一部分，教授聘任案必須由約瑟夫大帝和部長們通過。）報告還附上權威人物蒲朗克所寫極力美言的推薦信，指愛因斯坦的相對論「其大膽先進可能超越目前所有的科學推想」。蒲朗克宣稱：「該項原則已經為我們對於物理世界的圖像帶來革命，成就唯有哥白尼可匹敵。」他對愛因斯坦似乎還頗具預言能力，補上一句話：「相對上，非歐氏幾何學不過是孩子的遊戲！」

蒲朗克的稱讚推薦應該綽綽有餘，但實際不然。教育部偏好第二名的

候選人喬曼（Gustav Jaumann），他有兩點比愛因斯坦強，第一他是奧地利人，第二他不是猶太人。愛因斯坦八月時對一位朋友哀嘆道：「我沒有接到布拉格的電話。雖然物理系提名我，但是教育部因為我是猶太人而沒有同意。」

然而，喬曼很快發現自己是第二人選，於是馬上抗議了。他表示：「如果愛因斯坦提名時獲得首選，是因為他的成就更高，那麼我和這所號稱追求流行、卻不重品質的學校毫無瓜葛了。」因此到一九一〇年十月時，愛因斯坦可以篤定說聘任案「勝券在握」了。

不過，最後還有一道障礙與宗教相關，因為身為猶太人是一種缺點，身為「沒有宗教信仰」的人更是不及格。奧匈帝國要求所有公僕（包括教授在內）都必須要有宗教信仰，然而愛因斯坦在官方表格上填寫自己並無任何宗教信仰。阿德勒的太太提到：「愛因斯坦有時會像小孩一樣不切實際，此即為一例。」

結果比起不切實際，愛因斯坦這回更渴望得到正教授的工作，於是同意寫上「摩西教」（Mosaic）當自己的宗教信仰，同時也接受成為奧匈帝國的公民，但書是他可繼續保持瑞士公民的身分。連同原本放棄、但後來又悄悄恢復的德國公民身分，這表示到三十二歲時他總共擁有三個國籍。一九一一年一月他正式獲聘，薪水是未調漲前的兩倍，他同意三月搬到布拉格。

愛因斯坦有兩名科學英雄從未見過面，即馬赫與洛倫茲，在搬去布拉格之前他有機會拜訪兩人。當他去維也納與教育官員們進行正式面談時，他拜訪了住在維也納市郊的馬赫。這位年老的物理學家是實證主義的擁護者，對奧林匹亞學會影響十足深遠，灌輸愛因斯坦對無法觀察到的概念（如絕對時間）抱持懷疑的態度。馬赫的鬍鬚粗雜，個性更是執拗，當愛因斯坦走進房間，他吼道：「說話請大聲點。除了其他討人厭的地方，我還有嚴重的重聽。」

愛因斯坦想要說服馬赫接受原子存在的事實，但老人家長久排斥這種說

法，認為那是人類心裡想像創造出來的東西。愛因斯坦提問：「如果假定氣體中有原子存在時可以預測該氣體具有一種可觀察的特質，而這種特質卻是以非原子為基礎的理論所預測不到的，那麼您會接受這種假設嗎？」

馬赫不情願地回答：「如果在這種原子假設的幫助下，可以讓幾個觀察到的特質建立關連，但如果沒有用這種假設則這幾項特質則無從解釋，那我會說該假設是一種『方便』的假設。」

雖然不是百分百的認同，但是對愛因斯坦已經足夠了，朋友法蘭克曾表示：「那一刻，愛因斯坦很滿意了。」但是，愛因斯坦開始偏離馬赫的懷疑精神，即任何有關真實的理論若非建立在直接觀察到的資料時，應保持懷疑的態度。法蘭克指出，愛因斯坦變得「對馬赫哲學帶有某種程度的排斥」；這是一項重要轉變的開始。

就在搬到布拉格之前，愛因斯坦去荷蘭萊頓鎮拜訪洛倫茲。馬里奇與他同行，他們接受邀請待在洛倫茲家中。愛因斯坦寫信給他時表示，盼望能對「輻射問題」方面交談，並強調說：「我想先向您保證，我不是您認為的光量子捍衛者。」

愛因斯坦長久以來都從遠方膜拜洛倫茲。就在去拜訪之前，他寫信給一位朋友：「我崇拜這個男人，任何人都比不上，可以說我愛他。」當他們終於見面時，這種感覺更加強烈。他們在星期六晚上，熬夜討論溫度和導電性關係等議題。

洛倫茲以為，他捉出愛因斯坦在光量子論文的一個數學小錯誤，但是事實上如愛因斯坦提到，那只是「筆誤」而已，他漏掉一個「1/2」，後來在論文中有補上。洛倫茲的「熱忱款待」和「科學刺激」，讓愛因斯坦在接下來的信件中更加感情澎湃。他寫道：「您散發無比的仁慈寬厚，甚至讓我深覺不值得接受隆重款待的惶恐，都在親自造訪貴邸時消逝無蹤。」

用培斯的話來說，洛倫茲變成「愛因斯坦生命中如父親般的人物」。在愉快拜訪過洛倫茲在萊頓大學的研究室後，愛因斯坦便常找藉口跑來。艾倫

費斯特曾描繪過他們會面的氣氛：

最好的安樂椅被小心推到大桌子旁，以便招待尊貴的客人。遞上一枝雪茄後，洛倫茲沈靜地開始針對愛因斯坦重力會彎曲光線的理論提出問題……當洛倫茲說話時，愛因斯坦開始減少噴茶，更專心坐進搖椅中。當洛倫茲說完時，愛因斯坦彎腰看洛倫茲寫著數學公式的便條紙。雪茄抽完了，愛因斯坦一邊沈思一邊用手圈轉著右耳邊的一撮頭髮。洛倫茲坐著，微笑看著陷入沉思中的愛因斯坦，完全是一位父親看著心愛兒子的模樣，滿懷信心認為小鬼一定有辦法將胡桃敲開，但也熱切地想看他怎麼辦到。突然間，愛因斯坦高興地抬起頭來，他找到答案了。他們你來我往，或是打斷彼此，或是快速釐清部分歧見，最後到完全相互理解；兩個人雙眼發光，打量著閃耀光芒的新理論。

當洛倫茲在一九二八年過世，愛因斯坦致悼時讚頌道：「我佇立在當代最偉大高尚的男人墓前。」一九五三年慶祝洛倫茲百歲冥誕時，愛因斯坦撰文紀念其重要性。他寫道：「其心志崇高卓越，思維有若藝術品般清澈美麗。對我個人之意義，遠超過眾人。」

馬里奇對於搬到布拉格並不開心，她寫信給一位朋友：「搬到那裡我不會快樂，也沒什麼好期待的。」但是直到城市的髒亂擁擠和禮數繁重讓人感到窒息之前，他們最初在那裡的生活還不錯，第一次家中裝設電燈，也有空間和餘錢聘請女傭。愛因斯坦說：「有人傲慢無禮、有人死要面子、有人低下奉承，端看此生的運氣而定，但許多人優雅得體。」

從學校的辦公室中，愛因斯坦可以俯視一座美麗的公園，裡頭綠樹成蔭且造園精美。早上時公園滿滿是女人，到下午時只剩下男人。愛因斯坦注意到有些人獨自行走彷若沈思，有些人圍聚成群激動說話，後來他終於問那公園的用途，別人告訴他說那是精神病院。當帶著朋友法蘭克俯視底下的景

觀時，愛因斯坦很感嘆地說道：「那些人也是瘋子，但心中不是想著量子理論。」

愛因斯坦與貝莎・芬達（Bertha Fanta）夫人熟識來往，她是一位令人愉快與有教養的女士，在家裡為布拉格的猶太人知識分子舉辦文學和音樂沙龍聚會。愛因斯坦正是理想的人選，他是一位新升起的明星學者，有意願也有才氣配合場合氣氛，或是演奏小提琴或是討論休謨和康德。其他與會者包括年輕的作家卡夫卡，以及他的朋友布萊德（Max Brod）。

在《第谷・布拉赫的救贖》（*The Redemption of Tycho Brahe*）這本書中，布萊德似乎以愛因斯坦做為刻卜勒（Johannes Kepler）這個角色的原型（雖然布萊德有時會否認）。刻卜勒是一位聰明的天文學家，一六〇〇年在布拉格當布拉赫的助理。在角色刻畫中，刻卜勒成為熱衷於科學研究並且總是願意揚棄傳統思考的人，但是在私人生活範疇上，他周圍帶著一股疏離冷漠的空氣，藉此保護自己避免「情感差池越軌」。布萊德描寫道：「他沒有心腸，因此對世界毫不懼怕；他不具情感或者愛人的能力。」當小說問世後，一位科學家同僚能斯特（Walther Nernst）對愛因斯坦說：「你就是刻卜勒！」

並不盡然。儘管有時給人獨行俠的形象，但就像在蘇黎士和伯恩的時候一樣，愛因斯坦還是能夠建立親密的友誼和情感，特別是和其他思想家與科學家。其中有一位朋友是艾倫費斯特，這位來自維也納的年輕猶太物理學家曾任教於聖彼得斯堡大學，但因個人背景的緣故，感覺在專業上受到了阻礙。一九一二年初，他開始旅行歐洲尋找新工作，在經過布拉格時聯絡了愛因斯坦，他們兩人一直就重力和輻射等問題通信往來。愛因斯坦回覆說：「請務必造訪寒舍，讓我們更有時間暢所欲言。」

二月一個下雨的星期五午後，艾倫費斯特抵達布拉格，抽著雪茄的愛因斯坦和太太在火車站迎接他。他們一起走到一家咖啡館，在那裡談論比較歐洲各大城市。當馬里奇離開後，兩人的話題轉向科學，尤其是統計力學，然後又一邊走路到愛因斯坦的辦公室，一邊繼續討論著。艾倫費斯特在布拉格待了七

天，他在日記中寫道：「在前往學校的途中，我們開始爭論起每件事情。」

艾倫費斯特是膽小而沒有安全感的人，但是他渴望友誼和熱愛物理之心，很容易與愛因斯坦建立友誼。他們兩人似乎都喜愛辯論科學，愛因斯坦後來便說道：「不到幾個小時，我們就變成朋友了，彷彿是天造地設般。」他們熱烈討論到第二天，愛因斯坦解釋自己如何努力推廣相對論。到星期日晚上，他們演奏布拉姆斯放鬆一下，由艾倫費斯特彈鋼琴，愛因斯坦拉小提琴，七歲的漢斯負責唱歌。那晚艾倫費斯特在日記中寫道：「是的，我們會成為朋友，真是快樂極了。」

愛因斯坦那時已經想離開布拉格，他建議艾倫費斯特接下自己的工作。但是愛因斯坦覺得很可惜，因為艾倫費斯特「固執地拒絕聲明自己有任何宗教信仰」。當年愛因斯坦願意讓步，在官方表格上填上自己的宗教信仰是「摩西教」，相較上艾倫費斯特雖然拋棄了猶太教，卻不願意承認自己有別的宗教信仰。愛因斯坦在四月寫信給他說道：「您頑固地拒絕承認有任何宗教信仰，真是令我感到煩惱。為了您的孩子，請變通一下吧！畢竟當上這裡的教授後，您自己要怎麼奇怪都可以啊！」

事情最後得到圓滿的解決，受尊敬的洛倫茲想要減少在萊頓大學的全職教書工作，愛因斯坦原本同意幫忙但後來婉拒了，於是由艾倫費斯特接替這項工作。愛因斯坦高興極了，這代表他在萊頓大學會有兩位朋友，他可以經常去拜訪他們。後來，萊頓大學幾乎變成愛因斯坦第二個學術之家，也成為他日後逃脫柏林沈悶氣息的地方。接下來二十年光陰，直到一九三三年艾倫費斯特自殺與愛因斯坦搬到美國之前，愛因斯坦幾乎每年都到萊頓朝聖，探望艾倫費斯特或洛倫茲，也會到附近的海濱渡假勝地休息。

索爾維會議（一九一一年）

索爾維（Ernest Solvay）是比利時的化學家和工業家，他因為發明蘇打製

法而發跡致富。因為想要善用財富做些不尋常但有益的事情，再加上他自己有些奇怪的重力理論想要科學家聽聽，所以決定出錢請歐洲頂尖的物理學家召開菁英會議。第一場會議於一九一一年十月底召開，最後不定期舉辦了好幾屆很有影響力的會議，這些會議便稱為索爾維會議。

當時，歐洲最有名的二十名科學家聚集在布魯塞爾的大都會飯店（Metropole）。三十二歲的愛因斯坦是最年輕的與會者，其他還有蒲朗克、龐加萊、居禮夫人、拉塞福（Ernest Rutherford）和維恩。化學家能斯特籌辦會議，並為古怪的索爾維充當起護身使者。親切的洛倫茲擔任主席，他的粉絲愛因斯坦稱讚說：「他展現無比機智和優雅絕倫的風采。」

會議的焦點是「量子問題」，愛因斯坦被要求提報一篇論文，使他升格為八名「卓越與會人士」之一。對這項光榮的任務，他表現出有點兒討厭，也許是故作姿態的成分稍微多些吧！他稱即將召開的會議是「巫婆的安息日」，並且對貝索抱怨說：「我在布魯塞爾會議得這些廢話，對我真是有如千斤重。」

愛因斯坦的演講題目是「比熱問題之現狀探討」（The Present State of the Problem of Specific Heats）。所謂比熱，是指欲使特定物質升高一定溫度時所必須提供的能量，這是愛因斯坦以前在蘇黎士技術學院的教授和敵人韋伯的專長項目。韋伯發現比熱法則中有一些異常，尤其是在低溫時。自一九〇六年底開始，愛因斯坦提出他所謂「量子化」的方式研究問題，推測每種物質中的原子只會以個別封包的形式吸收能量。

在一九一一年索爾維會議上發表演講時，愛因斯坦將這些問題放進更大的量子問題架構中。他問道，有沒有可能避免接受光像原子般粒子的真實存在嗎？（光粒子之說好比是子彈，射向馬克斯威爾方程式與所有古典物理學的心臟。）

蒲朗克是提倡量子觀念的先驅，他仍然堅稱只有當光被發射或吸收時，所謂光粒子的特性才會有需要，他認為那不是光本身的真實特質。然而，愛

因斯坦在演講時，遺憾地提出異議：「這些蒲朗克的理論中不連續的東西雖然很令人討厭，但似乎真的存在自然中。」

「真的存在自然中」，這句話對於愛因斯坦很奇怪。他是馬赫（或說是休謨）的純正信仰者，「真的存在自然中」整句話欠缺清楚的意義。在狹義相對論中，愛因斯坦避免假設有絕對時間和絕對距離這類東西存在，因為當無法觀察得到時，說它們「真的」存在自然中是沒有意義的。但自此以後，愛因斯坦在長達四十多年的時間裡一再表達對量子理論的不自在，讓他聽起來越來越像是科學實在論者，相信有一個根本的真實存在自然中，與人類的觀察或者測量能力無涉。

當愛因斯坦講完時，包括洛倫茲、蒲朗克、龐加萊等人連番發問。洛倫茲起身指出，愛因斯坦說的某些話「事實上似乎與馬克斯威爾方程式完全不相容」。

愛因斯坦同意道（也許是太快了）「量子假設是暫時的」，而且「與實驗證實的波理論結論似乎不相容」。他告訴質疑者，欲瞭解光的特性似乎有必要同時採納波和粒子兩種方式，指出說：「除了馬克斯威爾電動力學是必要的，我們也得承認量子假設也是如此。」

即使是愛因斯坦本身，也不清楚到底是否說服了蒲朗克接受量子存在的事實。他寫信給朋友倉格爾（Heinrich Zangger）：「在蒲朗克努力抗辯多年後，我大致上成功說服他相信我的概念是正確的。」但是一個星期後，愛因斯坦又跟倉格爾報告說：「蒲朗克太頑固了，死命抱著一些必錯的想法不放。」

至於洛倫茲，愛因斯坦一樣讚賞有加：「一件活的藝術品！依我之見，他是出席理論家中最聰明的人。」龐加萊對愛因斯坦不太注意，他也覺得對方不怎麼了了，講得並不客氣：「龐加萊大致上通盤否定我的看法，雖然他看似聰明敏銳，但是對於整個情況毫無掌握。」

整體上他對會議評價很低，覺得大部分時間不是用來解釋量子理論對古

典力學的威脅,而是哀鳴悲悼的時間居多。他寫信給貝索說道:「在布魯塞爾的會議好比是在耶路撒冷的遺跡上憑弔悲嘆,什麼正事也沒幹!」

有一則花邊新聞倒是引起愛因斯坦注目:守寡的居禮夫人和有婦之夫朗之萬(Paul Langevin)傳出誹聞。端莊嚴肅且專注研究的居禮夫人是第一位贏得諾貝爾獎的女性,她因為放射線的研究,於一九〇三年與先生及另一名科學家分享物理獎。三年之後,她的丈夫不幸被一輛馬車撞死。她痛失親人之餘,先生的學生朗之萬也很難過,那時他與居禮夫婦都在索邦大學教物理。朗之萬婚姻不幸,受到妻子家暴,很快他與居禮夫人在巴黎一棟公寓發展出不倫之戀。他的太太叫某人潛入公寓,偷了兩人的情書。

當時居禮夫人和朗之萬相偕出席索爾維會議,被盜取的情書開始流傳在巴黎小報,為一樁話題性十足的離婚官司揭開序曲。好巧不巧,就在此時傳出居禮夫人因發現鐳和釙而贏得諾貝爾化學獎。[2]瑞典研究院有院士寫信建議她不要出席領獎,因為她與朗之萬的關係弄得是沸沸湯湯,但是她冷冷回應道:「我相信我的科學研究與個人私生活並無關連。」她前往斯德哥爾摩,親自接受頒獎。

整個風波在愛因斯坦看來愚蠢不已。他表示:「她是一個謙遜又誠實的人,閃耀著智慧的光芒。」他還逕自下了一個結論(並不公允),說她不夠漂亮,不會去破壞任何人的婚姻。他指出:「儘管她本性熱情,但她不夠吸引人,對任何人都不會是威脅。」

那個月稍後,他甚至殷勤地寄了一封信給她,表達堅定支持的態度:

> 請不要因為我言語拙劣,而取笑我寫信給您。但是大家對此事的態度惡劣,讓我生氣不已,不得不一吐為快。我得告訴妳自己多麼欣賞您的聰明才

2　加上一九〇三年獲得的物理獎,居禮夫人成為第一位在兩個不同領域中都獲得諾貝爾獎的科學家。歷史上只有另一位科學家獲得同樣的殊榮－包立(Linus Pauling)在一九五四年獲得化學獎,然後在一九六二年因為對抗核武試爆而獲得和平獎。

智、堅忍不拔的毅力與為人的誠實清白，我認為自己太幸運了，能有機會在布魯塞爾與您結識交往。不當那群低等爬蟲動物真是快樂無比，因為我們有幸有您這麼重要的人士為伍。朗之萬也是，他是正人君子，與他結識萬般榮幸。如果烏合之眾繼續吱吱喳喳，請不要理會那些無聊言語，就留給愛造謠生事的爬蟲動物自己溫存吧！

艾爾莎進入生命

當愛因斯坦遊歷歐洲各地發表演講，並且享受自己聲名大噪的光芒，他的太太卻獨自留在討厭的布拉格，對於自己無法打入年輕時嚮往的科學圈而感到憂鬱。一九一一年十月在愛因斯坦發表一場演講完後，她寫信對他說：「我很想要在那裡聽一些東西，見見這些好人們。我們已經好久不曾見面了，不知道你是否還認得我。」她署名「老D」，彷彿她仍然是他的桃莉，只是年紀大些而已。

這種環境也許再加上先天傾向，讓馬里奇變得抑鬱沮喪。當法蘭克第一次在布拉格遇見她時，認為她可能患了精神分裂症。愛因斯坦的看法相同，後來還告訴一名同事說她的抑鬱「無疑可追蹤至她母親那邊遺傳的精神分裂症」。

所以，當一九一二年復活節愛因斯坦一人獨自到柏林旅行時，兩人的婚姻再度陷入風雨飄搖。在柏林時，愛因斯坦與一位年長三歲的表姐重新搭上線。

艾爾莎·愛因斯坦[3]是魯道夫·愛因斯坦（Rudolph Einstein）和芬妮·科赫·愛因斯坦（Fanny Koch Enistein）的女兒；「魯道夫」是富人的意思。

3　她出生時名叫Elsa Einstein，在第一次短暫婚姻中（對象是一個柏林的商人）成為Elsa Lowenthal，即使在他們結婚前，愛因斯坦提及她時也都稱她為Elsa Einstein。為了避免混淆本書中統一稱她為Elsa。

她從兩邊算都是愛因斯坦的親戚，她的父親是愛因斯坦父親赫曼的大堂兄，曾經幫助過他的生意。她的母親是愛因斯坦母親寶琳娜的妹妹（讓艾爾莎和愛因斯坦成為親表姐弟）。在赫曼過世後，寶琳娜曾搬去和魯道夫和芬妮同住數年，幫助他們料理家務。

在孩提時代，愛因斯坦和艾爾莎曾經在慕尼黑的家中玩過，並曾共赴歌劇院經歷第一次藝術洗禮。此後，艾爾莎歷經結婚與離婚，當兩人重逢時，正值三十六歲的她帶著兩名女兒瑪歌（Margot）和伊爾絲（Ilse），與父母住在同一棟公寓裡。

艾爾莎與馬里奇形成明顯對比。馬里奇出身外國，她聰明機智且具有複雜內涵。艾爾莎並非如此，她具備傳統婦德且宜室宜家，喜愛高熱量的德國食品和巧克力，讓她看起來常常是一副知足常樂的模樣。她的臉龐長得很像表弟愛因斯坦，年紀大時更是明顯。

愛因斯坦正在尋找新的關係。首先他和艾爾莎的妹妹發展出曖昧，但是到復活節假期結束時，他認定艾爾莎了，因為她正好給他渴望的慰藉照顧。似乎，此刻他正在尋求的愛情並不是狂野熱戀，而是明白直接的支持與關懷。

而尊敬表弟的艾爾莎，也熱於盡情奉獻。當愛因斯坦回到布拉格之後，她馬上寄信到他的辦公室，提議兩人可以用這個方法保持祕密通信。他回信道：「您是多麼令人親愛啊！可以不顧驕傲而願意用這種方法和我聯繫！我忍不住要告訴您，這短短幾天以來我變得多麼喜歡您！」她要求他毀掉她的來信，他照做了。但是，她卻將愛因斯坦的信件全部保存在檔案夾中綁妥，上面標示為「追求幸福的美麗信件」。

愛因斯坦為曾經與艾爾莎的妹妹調情而道歉。他宣稱：「我很難瞭解自己為何會喜歡她。但實際上很簡單，她是年輕的女孩子，性情溫和又有禮貌。」

十年之前當愛因斯坦寫情書給馬里奇，慶幸他們不重物質、波希米亞

式的生活方式時，他可能會將艾爾莎之類的親戚打入「中產階級俗物」的範疇。但是現在，在這些熱情洋溢的情書中，他對新歡艾爾莎坦露愛意：「我必須有一個人來愛，否則生命就太悲慘了，而那個人正是您！」

她知道如何讓他捍衛這段感情，取笑他生活在馬里奇的淫威下，並且斷定他「怕老婆」。正如她所希望，愛因斯坦在回信中抗議，並表示自己會證明的。他說道：「別把我想成這樣！我向您保證，我自認是成熟健全的男子，也許我有機會可以證明給您看。」

受到新戀情的刺激，加上期待到世界理論物理學之都工作，愛因斯坦變得很渴望搬到柏林。他向艾爾莎承認道：「很不幸，被人請到柏林的機會是很低的。」但是當他拜訪柏林時，他盡可能提高日後來工作的機會。在筆記本中，他列出想要安排會面的重要學術領袖，包括哈柏（Fritz Haber）、能斯特和瓦爾堡（Emil Warburg）等科學家。

愛因斯坦的兒子漢斯後來回憶道，一九一二年春天就在他剛過八歲生日後，注意父母親的婚姻正搖搖欲墜。但是當愛因斯坦從柏林回到布拉格之後，他似乎對於這場婚外情感到不自在，在兩封信中試圖結束兩人關係。他寫信給艾爾莎說道：「如果我們繼續發展下去，只會造成混亂和不幸。」

後來他試著表現出更明確的態度，在信中寫道：「若是我們再進一步，對大家都不好過。所以，今天是我寫給妳最後一封信，這終究是難以避免之事，而妳也一定要這麼做。妳知道，我這麼說不是因為鐵石心腸，或是對妳沒感情；因為妳知道，我像妳一樣背負著沒有希望的十字架。」

愛因斯坦和馬里奇對於一件事情有共識，那便是覺得生活在布拉格的中產階級德國人圈子裡，令人心生厭倦。他對貝索說：「這些人沒有真實的情感。」指他們露出「傲慢與卑微的奇怪組合，對於同胞毫無善意」。除了水沒有辦法喝，空氣中充滿了煤煙味，而且路有凍死骨、朱門酒肉臭。但是最讓愛因斯坦受不了的是人為的階級差別，他抱怨道：「當我到達學校時，一名相貌猥瑣的男人滿口酒味，鞠躬喊著賤僕問候您。」

　　馬里奇擔心骯髒的飲水、牛奶和空氣，正在傷害次子愛德華的健康，他食慾不振又睡不好覺。而且現在事情也很清楚，她的丈夫關心科學研究勝過關心自己的家庭，她寫信告訴朋友莎維奇：「他研究問題毫不厭倦，可以說他只為那而活。我必須帶點遺憾地承認，我們對他並不重要，只居第二位。」

　　因此，愛因斯坦和太太決定回到他們認為或許可以修補兩人關係的地方。

蘇黎士（一九一二年）

　　蘇黎士技術學院是當初愛因斯坦和馬里奇甜蜜分享書本和靈魂的地方，在一九一一年六月升級成為一所完整的大學，改名為瑞士聯邦技術學院（Eidgenössische Technische Hochschule, ETH），擁有授與研究所學位的權利。年紀輕輕三十二歲又是舉世聞名的理論物理學家，愛因斯坦自然是那裡新教職的首選。

　　其實，前一年已經討論過這種可能性了。在前往布拉格時，愛因斯坦已和校方達成協議。他告訴一位嘗試招聘他到烏得勒支（Utrecht）任教的荷蘭教授說道：「我私底下答應他們，在接受其他工作前會先通知他們。若是技術學院方面覺得合適，他們會同意聘任我。」

　　在一九一一年十一月時，愛因斯坦以為技術學院要聘任自己了，於是便婉拒了去烏得勒支任教。但是事情尚未完全談妥，因為學校有些人持反對意見。他們認為聘任一位理論物理學教授是一種「奢侈」，學校沒有足夠的實驗室空間容納，而且愛因斯坦本身也不是一位好老師。

　　愛因斯坦的老朋友倉格爾出面干涉，他在蘇黎士當醫學研究人員。他寫信給瑞士一名高階議員表示：「現代一位合適的理論物理學家實屬必要。」

他也指明扮演這種角色的愛因斯坦不需要實驗室，至於愛因斯坦的教學天分，倉格爾形容得十分巧妙又一針見血：

> 對於懶得動腦筋思考，只想抄寫筆本然後靠背誦應付考試的人，他並不是一位好老師。他也不是口才便給之人，但任何人若打從內心深處，願意真誠學習該如何誠實推展物理想法、如何仔細檢驗所有的前提假設，並且推敲檢視思考中的陷阱和問題，將會發現愛因斯坦是一流的老師，因為這些全都涵蓋在課堂中，可強迫聽眾不斷跟著思考。

倉格爾寫信愛因斯坦，表達自己對校方阻撓感到憤恨不平。愛因斯坦回信說：「叫那批親愛的蘇黎士人都去……（原信中接著畫了幾個小圈圈）」他告訴倉格爾不要再進一步推動這件事，「把技術學院交由上帝捉摸不定的旨意決定吧！」

不過愛因斯坦並未就此罷手，而是要了小花招來逼迫技術學院。那時候烏得勒支方面正要將教職給德拜（Debye），愛因斯坦請他們稍等一下。他寫信請對方「答應一個奇怪的請求」，表示原本蘇黎士技術學院很樂意聘請他，還因為擔心他會答應去烏得勒支而加快處理聘任案。他寫道：「但是若他們不久後得知烏得勒支要聘請德拜，那麼便會馬上失去熱忱，讓我的聘任案永遠懸而不決。因此，我請求您們稍微延緩發給德拜一份正式的聘任信。」

更奇怪地是，愛因斯坦發現自己竟然需要推薦信才能得到母校的工作。居禮夫人寫了一封推薦信，表示：「我在布魯塞爾認識出席同一項科學會議的愛因斯坦先生，讓我得以見識到其聰明才智與博學多聞。」

更諷刺的是另一封推薦信是出自龐加萊，他差一點就提出了狹義相對論，但是仍然無法接受它。龐加萊讚美愛因斯坦是「我遇過最具原創性的人之一」，特別突出的是他形容愛因斯坦願意進行激進的概念跳躍：「我特別

推崇他極能夠採納新觀念，不會死守古典原理不放。當遇到物理問題時，他會立刻放眼思考各種可能性。」不過龐加萊仍然忍不住指稱，愛因斯坦可能不是所有理論都是對的：「既然他探索過每個方向，可以預期他大部分走的路都是死巷。」

很快事情解決了，愛因斯坦在一九一二年七月重回技術學院。他感謝倉格爾幫助他戰勝「一切挑戰」，並且歡呼道：「我們又能再度重聚了，讓我感到十分高興。」馬里奇也很興奮，她認為回去舊巢有助於恢復她的精神和拯救婚姻。甚至孩子們似乎也很快樂能夠離開布拉格，回到他們出生的城市。如愛因斯坦在明信片中對一名朋友說道：「我們這些老傢伙和兩個小鬼都對這件事欣喜莫名呢！」

他的離開在布拉格引起小小的爭論。報紙文章上提到大學裡有一股反猶太主義可能造成影響，讓愛因斯坦覺得有必要發表一份公開聲明，表示道：「儘管各界有所推測，但是我並沒有感覺到或是注意到有任何的宗教偏見存在。」他也指出聘任猶太人法蘭克接任他的位置，確定族裔因素非他離開的主要考慮。

在蘇黎士的生活應該是美好得意的。愛因斯坦能夠負擔得起六個房間的公寓，外帶美麗遼闊的視野。他們與倉格爾和格羅斯曼等老朋友得以重聚，而且甚至少了一個敵人。愛因斯坦談到以前唸大學部時的物理教授，提到說：「兇惡的韋伯已經死了，所以從個人觀點來看生活會很愉快的。」

數學教授侯維茲的家中仍然經常舉辦音樂演奏會，演出的曲目除了愛因斯坦最喜歡的莫札特，也包括馬里奇喜愛的舒曼。在星期日午後，愛因斯坦會和太太及兩個小朋友到達門前，宣布說：「母雞愛因斯坦帶一家子來報到囉！」

不過雖然有老朋友和新改變，但馬里奇的憂鬱持續加重，健康也惡化了。她罹患關節炎而變得更不好出門，尤其是當冬天街道冰滑難行。她越來越少參加侯維茲家的演奏會，縱使出現也顯得意志消沉。一九一三年二月侯

維茲家為引誘她出席，辦了一場全是舒曼作品的演奏會。馬里奇來了，但卻因身心痛苦而顯得癱軟無力。

屋漏偏逢連夜雨，此時一封信寄到，提早粉碎了一個原本就不穩定的家庭。在幾近一年的沈默之後，艾爾莎寫信給愛因斯坦了。

雖然愛因斯坦之前宣稱寫給艾爾莎是「最後一封信」，但仍然附上蘇黎士辦公室的新住址。如今，艾爾莎決定在他三十四歲生日寄來賀卡，並請他回贈一張照片與為她推薦一本相對論的書籍；她知道該如何奉承恭維。

他回信說：「沒有相對論的書，可讓一般人讀得懂。但是妳有一個相對論的表弟是做什麼用的？若妳碰巧來到蘇黎士，讓我們（不要找我太太，她非常善妒）一起好好散個步，我會告訴你所有我發現的奇怪事情。」然後他更進一步，與其送一張照片，兩人見面不是更好嗎？「若妳想要讓我真的快樂，來這裡陪我幾天吧！」

幾天之後他又寫了一封信，表示已經請攝影師將照片寄給她。他說自己一直在研究如何推廣相對論，實在太累人了。像一年前一樣，他抱怨與馬里奇的婚姻：「我為什麼不能拋開這層枷鎖，好好和妳一起共度幾天呢？」他問艾爾莎那年夏天會不會待在柏林，「我好想來看看妳」。

所以當幾個月後，柏林科學界的兩大支柱蒲朗克和能斯特訪問蘇黎士，對愛因斯坦提出一項誘人的提議時，他樂見其成的態度也不令人驚訝了。兩巨頭對於愛因斯坦在一九一一年索爾維會議的表現印象深刻，他們已經探聽好同事們對於找他到柏林的意見了。

一九一三年七月十一日他們偕其夫人們搭柏林的夜班火車抵達，帶來三項令人印象深刻的提議：愛因斯坦將會被推選成地位崇高與薪酬豐厚的普魯士研究院院士；他會成為新成立的物理研究所所長；他會獲聘成為柏林大學的教授。這項提案不僅包括高薪待遇，真正負責的工作也不如表面得多。蒲朗克和能斯特清楚表示，愛因斯坦在大學裡不用教書，研究所裡也沒有真正的行政工作。而且雖然他必須變成德國公民，但仍然可保留瑞士公民的身

分。

兩名訪客在愛因斯坦技術學院明亮的辦公室裡待了很久，他表示自己需要幾個小時仔細思考，雖然知道可能會接受。蒲朗克和能斯特帶著太太搭乘電纜車，遊覽附近山區風光。為了好玩起見，愛因斯坦說會在車站等候他們歸來，如果他決定婉拒，會帶上一朵白玫瑰；如果他願意接受，便會帶著一朵紅玫瑰（有些是說約定以一條白手帕作信號）。當他們踏出車子後，高興地發現他接受了。

這意謂著三十四歲的愛因斯坦，將會變成普魯士研究院最年輕的院士。但是首先蒲朗克必須讓他選上，他寫的推薦信獲得能斯特等人連名簽署，其中包含一項令人難忘但其實是錯誤的訊息，指出「他可能有時候會推測過頭，例如其光量子假設」。不過，推薦信對其眾多科學貢獻一一細數，溢美之詞處處可見，例如：「在當代物理學眾多重大的問題之中，幾乎沒有一項是愛因斯坦尚未做出顯著貢獻者。」

愛因斯坦明白，柏林那批人正在冒險。別人來找他，並不是因為他的教書技巧（因為他不用教書）或者是行政管理的能力。再者，即便他一直在發表論文與摘要，表示自己正在試圖推廣相對論，但仍不清楚是否會獲得成功。有一回他和朋友離開宴會時說道：「德國人賭我是不是會得獎的金母雞，但是我不曉得自己還會不會下蛋。」

同樣地，愛因斯坦也在冒險。他住在家人都喜歡的城市和社會裡，有一份高薪穩固的工作。瑞士的風土民情適合他，而斯拉夫人的太太對日耳曼的所有東西都反感，他自己從孩提時代也同樣深深厭惡那一切。小時候，他逃離了普魯士街上的軍隊遊行和德國的僵硬嚴謹，如今唯有可望浸淫在世界科學之都的光輝下，才能吸引他重回德國。

想到這種未來，愛因斯坦覺得刺激又有一點好玩。他寫給一名物理學家勞伯（Jacob Laub）說道：「我要去柏林當院士了，不用負任何責任，好像是一具活的木乃伊喔！我已經相當期待這個困難的差事了。」對於艾倫費

斯特，他承認道：「我之所以接受這項奇怪的閒差事，是因為上課讓我很討厭。」然而對於尊敬的洛倫茲，愛因斯坦說話較客氣：「我無法抗拒誘惑，期待接受這份卸除所有責任的工作，讓我能全心全意做研究。」

當然，這份新工作還有另一項誘因：有機會和他的新歡艾爾莎相聚。他後來便和朋友倉格爾承認說：「你知道，她是我去柏林的主要理由。」

當蒲朗克和能斯特離開蘇黎士的同一個晚上，愛因斯坦馬上寫了一封興奮的信件給艾爾莎，提到這項「無比光榮」的提案。他興高采烈地說：「到了春天，我馬上要待在柏林了。對於我倆即將共度的美妙時光，已經覺得歡欣不已了！」

接下來一個星期，他又發了兩次短信。第一封寫道：「想到馬上要到妳的身邊，我就雀躍不已。」第二封信的內容是：「我們將長相廝守，好好共享時光！」到底是崇高的科學地位或是和艾爾莎相聚的機會，讓愛因斯坦對柏林如此動心呢？在此我們無法確定孰重孰輕，不過至少愛因斯坦對艾爾莎的講法是她的因素最重要：「我熱切期盼到柏林工作，主要是因為我渴望見到妳。」

事實上，艾爾莎有試著幫他得到新工作。那年稍早她曾主動拜訪柏林皇家化學研究所的哈柏，讓他知道愛因斯坦有意願到柏林工作。當愛因斯坦知道艾爾莎曾介入時，他顯得很樂：「哈柏知道他對付的是誰，他知道如何掂掂一個好心的表姐該有多少影響力嗎……妳若無其事地去拜訪哈柏，果然是艾爾莎。妳對別人提過這事嗎？還是只是一時淘氣行事？要是我能在一旁觀看就好了！」

即使在愛因斯坦搬到柏林之前，他和艾爾莎早已開始像夫妻般魚雁往返了。她擔心他工作過於疲憊，寫了一封長信叮囑他要運動、休息和注重飲食健康。他回信說，他計畫要「像煙囪般吸煙，像馬匹般工作，吃東西不想事情，有良伴才去散步。」

不過，他清楚表達她不應該期待他會拋棄糟糠之妻：「妳我可以過得很

快樂，而且用不著傷害到她。」

確實，當愛因斯坦不斷寫情書給艾爾莎時，他仍然試圖扮演一位克盡家庭責任的好男人。一九一三年八月要度假時，他決定帶著一家人與居禮夫人和兩名女兒去健行。他們的計畫是穿越瑞士東南方山區到科莫湖，正好是十二年前他和馬里奇度過最浪漫激情的地方。

結果病弱的愛德華不能旅行，馬里奇留下來幾天在朋友家安頓好兒子，等到一行人快要到科莫湖時，她才加入大家的行列。在健行期間，居禮夫人向愛因斯坦挑戰叫出所有山峰的名字，他們也會討論科學，尤其當孩子跑在前頭時。在一次，愛因斯坦突然停下來抓住居禮夫人的手臂，講到自己對重力與加速等效性的想法：「妳明白，我想要知道的正是當一架電梯掉進真空中的時候，裡頭的乘客會發生什麼事情。」居禮夫人的女兒後來提到：「如此全神貫注令人動容，卻讓年輕的孩子們大笑不止！」

接著，愛因斯坦陪著馬里奇和孩子們回諾維薩看家人，並且到他們在卡克（Kać）的夏日別墅中。在塞爾維亞的最後一個周日時，馬里奇獨自帶著兩個孩子去受洗，漢斯記得優美的聖歌，三歲的弟弟愛德華則吵鬧不休。至於愛因斯坦呢？他覺得那很好笑，對侯維茲說道：「你知道結果是什麼嗎？他們變成天主教徒了。反正對我而言都是一樣的。」

不過，表面上家庭和樂掩飾了婚姻惡化。在拜訪過塞爾維亞並且到維也納參加德語系物理學家年會後，愛因斯坦接著一個人到柏林去。他到那裡與艾爾莎見面，對她說道：「現在我心中有一個人可以高高興興想著，並且能夠為她而活。」

艾爾莎像一個母親般，喜歡用家庭料理盡情寵愛他，這成為他們通信中常見的話題。兩人的信件就像兩人的關係一般，與愛因斯坦與馬里奇在十二年前的通信形成強烈的對比。他和艾爾莎常會聊到家裡令人舒適的東西，像是食物、寧靜、清潔及嗜好，卻不是談到幸福浪漫與熱情深吻，或者是兩人靈魂相契和智力相當的相知相惜。

　　儘管與艾爾莎談的都是平凡瑣事，但愛因斯坦仍然幻想兩人的關係可以避免掉入凡庸模式。他寫道：「若是我們能共同管理一個小的波希米亞家庭，那將會多麼美好啊！你不曉得這種淡泊名利的生活會有多麼迷人！」當艾爾莎送他一把髮刷時，他剛開始很自豪打理儀容的能力進步了，但是後來又恢復比較懶散的方法，於是半開玩笑表示懶散可預防變成鄙俗之人和中產階級。這些話他也對馬里奇用過，但是那時比較真摯誠懇。

　　艾爾莎不只想要馴服愛因斯坦，更想與他結婚，甚至在他還未搬到柏林前，便寫信催他與馬里奇離婚。這場戰爭會拖上好幾年，直到她終於稱心如意為止。不過在此刻愛因斯坦是抗拒的，他問道：「妳認為沒有另一方犯錯的證據，會那麼容易辦離婚嗎？」他表示，縱使他沒有要與太太離婚，但實際上他幾乎與太太分開了，所以艾爾莎應該接受現況才是。他也指出：「我把太太當成無法開除的員工，我擁有自己的房間，並且總是避免與她獨處。」艾爾莎對於愛因斯坦不想娶自己感到沮喪，也擔心兩人的不倫關係將會影響女兒婚嫁，但愛因斯坦堅持那是最佳處理之道。

　　對於要搬到的柏林，馬里奇的擔憂是可以理解的。在那裡她必須面對愛因斯坦的母親，而婆婆從未喜歡過她；同時她也得面對表姐艾爾莎，她合理懷疑她與愛因斯坦有一腿。此外，柏林有時不能容納斯拉夫人，甚至比對猶太人還嚴重。愛因斯坦寫信給艾爾莎說道：「我太太最近不斷跟我抱怨她害怕柏林和親戚們。」嗯，這倒有幾分事實。在另一封信中，他提到馬里奇擔心艾爾莎時，他補上一句：「她應該擔心的！」

　　事實上，在這個時候他生命中所有女人全都陷於戰爭中，包括他的母親、妹妹、太太與外遇的表姐。一九一三年聖誕節即將來臨時，愛因斯坦埋首於推廣相對論，正好多了一道好處，讓他避開家人的情感糾葛。對於科學將他拯救出個人情感生活的困擾，他再度對艾爾莎讚嘆道：「在這些處境下讓人更加熱愛科學，因為它毫不動情地將我從汪洋淚海拉昇到和平境界。」

　　一九一四年春天快搬到柏林時，愛德華的耳朵發炎了，馬里奇必須帶他

到一處山區度假中心休養。愛因斯坦告訴艾爾莎說「這有好處」，他會一個人先出發到柏林，而且「為了好好把握時光」，他決定不去巴黎參加一場會議，以便能早點到柏林。

即將離開蘇黎士時，有一天晚上他與馬里奇到侯維茲家中參加歡送音樂會。為了振奮馬里奇，表演曲目又是以舒曼為主。但是沒有效果，她獨自坐在角落，沒有跟任何人說話。

柏林（一九一四年）

到一九一四年四月時，愛因斯坦已經安頓好，住在柏林市中心西區一間寬敞的公寓裡。馬里奇在聖誕節假期到柏林時選中那間公寓，當愛德華耳朵發炎的情況改善後，她於四月下旬搬抵新家。

由於愛因斯坦工作過度與心理壓力等問題，讓他的家庭生活更見緊張。他正在調適一個新工作（實際上是三個新工作），同時還不時努力推廣著相對論，想讓它與重力理論相結合。例如，他剛到柏林時與艾倫費斯特通信頻繁，討論如何計算會影響磁場中旋轉電子的作用力。他寫出了一個理論，然後明白那是錯的，對艾倫費斯特說道：「天使現身一半，讓人知道它多美！然後又露出下半身的蹄腳，害我倉皇而逃！」

他也對艾倫費斯特提到自己在柏林的私生活，說道：「我真的很喜歡當地親友，尤其是一位年齡相當的表姐。」

當艾倫費斯特在四月底登門拜訪時，馬里奇才剛抵達新家，他發現她很消沈又想念蘇黎士，而愛因斯坦則埋首於工作中。兒子漢斯後來回憶起這個宿命的一九一四年春天：「他感覺家人有點太占用他的時間，然而他有責任將全部重心都放在工作上。」

有道是清官難斷家務事，私人情感或許是自然中最難解的東西。愛因斯坦不斷跟夫妻倆共同的朋友（尤其是貝索、哈柏及倉格爾夫婦等）重複強調

說，他們應該試著從他的觀點來看待兩人婚姻的決裂，雖然他明顯有錯。

也許不該單單責備他是對的。婚姻關係惡化是向下的螺旋梯，愛因斯坦對太太的感情發生退縮，而馬里奇則變得更加憂鬱晦暗，於是形成了惡性循環。愛因斯坦很容易投身於工作中，避免掉個人情感的痛苦。而馬里奇苦嚐夢想失敗的滋味，並逐漸憎恨丈夫的成功。善妒讓馬里奇對於任何接近先生的人都抱持敵意，包括他的母親（這種感覺是互相的）和朋友們。她不信任別人的本性自然可以理解，某種程度上是愛因斯坦疏遠造成的結果，但同時也是一項原因。

不過在柏林，馬里奇也發展出一份私人關係，對方是札格勒布的數學教授維里卡克（Vladimir Varićak），他曾經挑戰愛因斯坦用狹義相對論來解釋旋轉碟子的問題。愛因斯坦知道兩人有曖昧，六月時寫信給倉格爾說道：「他和我太太有一種關係，但沒法兒拿來說什麼，只是讓我更加孤立痛苦。」

在七月時兩人關係結束了。在餘波盪漾之際，馬里奇帶著兩個兒子搬進哈柏家中。哈柏對於家庭失和也有悲慘的經驗，翌年他太太克萊拉因為哈柏參與戰事，在兩人發生爭吵後自殺身亡；但是在當時，克萊拉是馬里奇在柏林唯一的朋友。在愛因斯坦夫妻的離婚戰爭開打後，哈柏成為居中調解人。

經由哈柏，愛因斯坦在七月中交給馬里奇一份殘忍的停火通牒。這份提議的合約帶著愛因斯坦生硬冰冷的科學作風，又處處可見他的敵意和無情疏離，這份令人心寒的協議書全文如下：

條件

A.妳將確定

　1.我的衣服和換洗衣物要保持整齊清潔；

　2.我會固定在我的房間裡享用三餐；

　3.我的房間和書房要保持乾乾淨淨，尤其是書桌只能留給我用。

B. 若無社交必要理由的話，妳會聲明與我個人毫無關係。特別是，妳將放棄
　1. 在家與我同坐；
　2. 與我出外或出門旅行。
C. 在妳對我的關係中，妳將遵守以下數點：
　1. 妳不會期待與我有任何親密關係，無論如何妳都不會責備我；
　2. 若我提出要求，妳將停止和我說話；
　3. 若我提出要求，妳將立即無異議離開我的房間或書房。
D. 妳在孩子面前將永遠不會貶損我，不論是言語或行為。

　　馬里奇接受了條件。當哈柏傳達她的意思時，愛因斯坦堅持再寫信給她一次，「以便妳完全瞭解情況」。他表示自己打算再度住在一起，「因為我不想失去孩子了，也不願意孩子失去我」。他會和她維持「友善」的關係，但是會盡量秉持「公事公辦」的態度。他指出：「私人層面一定要降至最低。為了回報，我保證自己會行為端正，例如把每個女人當成陌生人。」

　　到了此時，馬里奇才瞭解到夫妻關係已經不可挽回了。有天星期五時，他們全部聚在哈柏家中擬定分居協議書，總共花了三個小時。愛因斯坦同意每年給馬里奇和孩子們五千六百馬克，比他底薪的一半少一些。哈柏和馬里奇去找一位律師擬合約，愛因斯坦沒有跟他們去，派了從翠斯特趕來代表他的朋友貝索前去。

　　會面結束後，愛因斯坦直接從哈柏家到艾爾莎的父母家去，他們也是他的親叔姨。他們吃完晚餐回家後發現他在家中，得知最新情況後「覺得有些不妥」。不過，愛因斯坦最後留在他們家過夜，那時候艾爾莎正帶著兩名女兒在巴伐利亞阿爾卑斯山區度暑假。愛因斯坦寫信跟她說，自己此刻正躺在她公寓樓上的床上睡覺，他告訴她：「這是多麼奇特混亂的感覺啊！它就像每張床一樣，好像妳從來沒有在上面睡過，然而我又覺得如此安慰。」她曾

經邀請他去度假處看她，但是他表示自己不能這麼做，「擔心又會破壞妳的名譽了」。

他向艾爾莎保證，現在已經鋪好離婚之路，還說這是他代表她做的「一個犧牲」。馬里奇會搬回蘇黎士並且拿到兩名男孩的監護權，當孩子們來探望父親時只能夠在「中立地」會面，不會在他和艾爾莎住的房子裡見面。愛因斯坦對艾爾莎坦誠說：「這樣做才恰當，因為讓孩子們看到父親與母親之外的人在一起並不對。」

和孩子分開的可能性讓愛因斯坦受不了。他假裝從個人情感抽離，有時候的確是這樣子。但是當他想像與兒子們分開的生活時，會變得相當情緒化，寫信對艾爾莎提到：「若我沒有這種感覺，那我便真的是怪物了。日日夜夜我抱過孩子們無數次，推著他們的嬰兒車出去，和他們一起奔跑嬉戲。當我出現的時候，他們會歡呼大喊；那個小的現在還會很高興，因為他太小了不瞭解情況。現在他們要永遠離開我身邊了，而且對父親的印象將會被破壞掉。」

在貝索的陪伴下，馬里奇帶著兩名男孩離開柏林，登上一九一四年七月二十九日星期三的早班火車回蘇黎士。哈柏陪愛因斯坦去火車站，整個下午和晚上「他像一個小男孩般大哭大叫」。對於一個號稱能夠避免個人情感的男人來說，這大概是他一生中最痛苦的時刻吧！他個人最深的情感連結便是他曾經瘋狂愛上馬里奇，以及與孩子們密不可分的紐帶。他長大成人後極少掉淚，這次卻痛哭流涕了。

隔天他去探望母親，她試圖讓他高興起來。她從來不喜歡馬里奇，現在很高興她滾蛋了。對於兩人分開，她感嘆道：「哦！若是你可憐的爸爸能活著看到這一天就好了！」她甚至坦白說自己喜歡艾爾莎，雖然有時兩人也會發生摩擦。艾爾莎的父母親也對分居協議感到很快樂，雖然他們確實怪愛因斯坦在金錢上對馬里奇太大方了，表示他和艾爾莎剩下的錢，可能會「有一點捉襟見肘」。

　　整個嚴酷的考驗讓愛因斯坦心力交瘁，儘管一個星期前他才剛跟艾爾莎說過，但是他決定不要再婚了，這樣便不需要辦正式離婚，以免又激起馬里奇激烈抵抗。仍在度假的艾爾莎對於這則消息「痛苦失望」，愛因斯坦試圖使她安心，寫信表示：「對我而言，除了妳沒有其他女人存在了。並不是缺乏真正的感情，讓我嚇到而一再逃卻婚姻！我是不是因為害怕會習慣舒適的生活、高級的家俱或變成安逸滿足的中產階級而逃避呢？我自己並不清楚，但是妳會看見我對妳的愛將持久不變。」

　　他堅稱她不應覺得羞恥，或是讓別人可憐她跟一個不會娶她的男人交往。他們會一起散步，彼此守候對方；如果她選擇付出更多，他會感激不盡。但是若兩人不走進婚姻裡，他們可以避免自己變成「安逸滿足的中產階級」，也避免兩人關係「變得平淡失色」。對他來說，婚姻是一種限制，是他直覺反抗的一種狀態。他寫道：「我很高興我們優雅的關係不會淪陷成為一種侷促狹隘的生活方式。」

　　在以前，馬里奇曾是他的靈魂伴侶，呼應這種波希米亞的作風與精神。艾爾莎可不是這種人，舒適的生活與舒服的傢俱吸引她，婚姻也是如此。她只是暫時接受他不再結婚的決定，但並不是永遠。

　　同時間，愛因斯坦陷入與馬里奇的長期抗戰，他們對生活費與傢俱等事爭議不休，愛因斯坦還指控她讓小孩「中毒」，唆使他們反抗父親。而在他們周圍，一連串事件正將歐洲帶入一片腥風血雨中，成為歷史上最慘烈的一場戰爭。

　　不令人驚訝地，愛因斯坦回應這一切紛擾，便是全神貫注投入科學研究中。

廣義相對論
GENERAL RELATIVITY

一
九
一
一
〜
一
九
一
五
年

光和重力

愛因斯坦於一九〇五年提出狹義相對論後，他瞭解至少還有兩個地方未見完整。第一，該理論主張沒有物理作用會比光速傳播更快，但這與牛頓的重力理論發生衝突，因為重力被視為是遠距物體間的一種立即作用力。其次，該理論只適用於等速運動。因此接下來十年間，愛因斯坦一邊努力提出新的重力場論，另一邊努力推廣相對論，以便可適用於加速運動。

第一個重大的概念突破是發生在一九〇七年底，當時他正為一本科學年報介紹相對論。前面提到，愛因斯坦以思考實驗想像自由落體觀察者的感覺，由此推導出等效原則，亦即加速的局部效應和重力場的效應無法區分。[1] 所以，當有一個人處於封閉無窗的艙房時，對於自己雙腳能站立在地板上，將不知道是因為房間在外太空中加速向上所造成，亦或是艙房在重力場中處於靜止的緣故；不管是種情況，若是他從口袋中拿出硬幣拋出去，都會以加速度掉落到地板上。同樣地，若有一人感覺到自己飄浮在封閉的艙房裡，也無法判斷究竟是因為艙房是自由落體所造成，還是因為艙房漂浮在外太空無重力區的緣故。

這促使愛因斯坦提出「等效原則」，指引他

1　見第六章。為了方便討論，我們在這裡使用的是一個直線等加速度參考座標系統以及一個靜態的均勻重力場。

探索重力理論，並帶他走向廣義相對論。他後來說明道：「我瞭解除了等速運動之外，也可以將等效原則擴張或推廣到加速度系統。同時，我也期待可以一併解決重力的問題。」

正如慣性質量和重力質量是相等的，愛因斯坦瞭解到在所有慣性作用（如加速阻力）與重力作用（如重量）之間也存在一種等效性。其洞見是兩者是相同結構的展現，現在有時將此結構稱為「慣性重力場」（inertio-gravitational field）。

愛因斯坦指出，這種等效性會造成重力將光線彎曲的現象。這個情況用艙房思考實驗很容易看來出來，想像艙房正在向上加速，一道雷射光束從一面牆壁上的孔洞射進來，當它抵達另一面牆壁時，會偏向地板方向，因為艙房正在往上跑。若是將雷射光束的軌道畫出來，便可看出來它呈現彎曲狀，因為艙房的向上加速運動所造成。等效原則顯示，不論艙房正在向上加速或者在重力場中處於靜止狀態，該效應都會一樣。因此，當光經過重力場時，應該會發生彎曲。

在提出等效原則幾乎四年後，愛因斯坦很少碰它，反倒是將重心擺在光量子上。但是到一九一一年時，他對貝索承認自己對量子問題操煩過久，於是將注意力轉回，改而提出一個重力場理論，來幫助他推廣相對論。這項工作花了他將近另外四年的光陰，直到一九一五年十一月才有驚天之作而攀登高峰。

一九一一年六月他送交《物理學年鑑》一篇論文，題目為〈重力對光傳播之影響〉（On the Influence of Gravity on the Propagation of Light）。他重拾一九〇七年的洞見，並給予嚴謹表述。開頭時表示：「在四年前發表的一個備忘錄中，我試著回答光的傳播是否受到重力影響的問題。我現在看到先前的處理作法中有一項重要的結果，是可以由實驗驗證。」在一連串的計算之後，愛因斯坦對於光線通過太陽旁邊的重力場提出一項預測：「當光線穿越太陽時，會發生0.83弧秒的偏折。」

同樣地，他又從大原則假設推導出一個理論，並產生一些預測讓實驗者可以著手進行測試。像以前一樣，他在論文結束後再度要求進行測試：「當日全食時在太陽附近的天空可以看見星球，此時可能會觀察到本理論之結果。若天文學家支持研究此問題，將會是最令人期待的事情。」[2]

弗侖狄區（Erwin Finlay Freundlich）是柏林大學天文台的年輕天文學家，他讀過論文後覺很興奮有希望做這種測試。但是實驗必須要等到日食才能進行，因為那時經過太陽附近的星光才能看得見，而這需要再等三年才有適當的機會。

於是，弗侖狄區提議測量木星重力場所造成的星光折射。可惜木星不夠大，沒辦法進行這項任務。夏天結束時，愛因斯坦對弗侖狄區開玩笑說：「如果有比木星更大的行星就好了。不過，大自然可不會認為讓我們輕鬆找出法則，是她的責任。」

光線會彎曲的理論引出一些有趣的問題。日常經驗顯示光是以直線前進，現在的木匠會用雷射標示出直線，以便建造高度相等的房子。若是光線通過重力場改變的區域時會發生彎曲，那麼如何定出一條直線呢？

有一個解決辦法是將光線經過有變化的重力場時所走的路線，比喻成像是在球體表面或是彎曲表面上畫一條線一般。在這種情況中，二點之間的最短路線是彎曲的，就像是地球表面的大圓航線一般。也許光線會彎曲，意謂著光線所行進的空間構造受到重力彎曲。當經過受重力彎曲的空間區域時，其最短路徑看起來可能與歐氏幾何學的直線相當不同。

還有另一條線索，暗示需要用到一種新幾何學。當愛因斯坦考慮碟子轉動的情形時，這點就變得很明顯了。當一個碟子在旋轉時，若是從一個未跟著旋轉的參考座標來觀察，碟子的圓周長將會在運動方向上收縮。然而，碟子的直徑將不會發生收縮，因此圓周長與直徑的比率將不再是pi，而歐氏幾

2　這裡寫的是愛因斯坦最早的計算數字，之後一度修正為0.85弧秒，後來他至少又修正過兩次。一弧秒是1/3600度。

何學便不適用了。

　　旋轉運動是一種加速運動，因為圓周上的每個點時時刻刻都會發生方向改變，意指其速度（速率加方向）也都在改變。因為描述這類加速運動需要非歐氏幾何學，再根據等效原理，重力也有同樣的需求。

　　遺憾的是，愛因斯坦在唸蘇黎士技術學院時就知道非歐氏幾何學不是他的強項。但幸運的是，他在蘇黎士有一位同學老友是箇中翹楚。

數學

　　當愛因斯坦在一九一二年七月從布拉格搬回蘇黎士時，首先做的事情之一便是拜訪老朋友格羅斯曼；當年他常常蹺掉學校的數學課，往往都是靠格羅斯曼的筆記救命。那時愛因斯坦在兩門幾何學課程中，從滿分6分中拿到4.25分，至於格羅斯曼則拿到兩科滿分，論文題目寫的是非歐氏幾何學，又針對這個題目發表七篇論文，如今他已經成為技術學院的數學系主任了。

　　愛因斯坦求助道：「格羅斯曼你得幫幫我，不然我要發瘋了。」他解釋自己需要一套數學系統，以便表述甚至是幫忙找出重力場法則。愛因斯坦回憶格羅斯曼的反應是「他馬上興奮起來了」。

　　直到那時，愛因斯坦在科學上的成功都是靠自己獨特的天分，有直覺能夠嗅出底層的自然物理法則。他總是將比較不有趣的工作留給別人，期待他們為那些原理原則找出最佳的數學表述，好比明科斯基幫忙他搞定狹義相對論的數學一樣。

　　但是在一九一二年時，愛因斯坦開始體悟到數學不僅可以描述自然法則，甚至是發現自然法則的工具。數學是自然的劇本，物理學家哈托（James Hartle）即指出：「廣義相對論的中心思想是重力產生於時空彎曲，重力便是幾何學。」

　　愛因斯坦寫信給物理學家蘇馬費表示：「我現在專門在研究重力的問

題，而我相信在數學家朋友的幫助下，我會克服所有困難。」「我現在對數學懷有無比的敬意。以前我很無知，總以為高等數學只是奢侈而已！」

格羅斯曼回家思考這個問題。在翻閱文獻後，他回去跟愛因斯坦推薦黎曼（Bernhard Riemann，1826～1866）提出的非歐氏幾何。

黎曼是一個神童，十四歲便發明一套萬年曆送給父母做禮物，並到德國偉大的數學中心哥廷根學習，受到曲面幾何學前驅高斯（Carl Friedrich Gauss）的指導。高斯將這個題目派給黎曼當論文，結果不僅改變了幾何學，也改變了物理學。

歐氏幾何學描述平面，但並不適用於曲面。例如，平面三角形的三角和是180度，但是在地球儀想像畫出一個三角形，以赤道當底邊，赤道經倫敦到北極的0度經線當一邊，赤道經紐奧良到北極的90度經線做為第三邊。那麼地球儀上這個三角形會有三個直角，這在歐幾里得的平面世界當然是不可能之事。

高斯等人已經發展其他不同類型的幾何學，可以用來描述球面等彎曲表面。黎曼則是更進一步，他發展出的方法可以描述表面，而不管其幾何如何改變，即使從球面變成平面、又再變成雙曲面，統統可以描述。他也超越高斯奠定的基礎，處理的不只是二維表面的彎曲而已，更研究以各種不同的數學方法來描述三度空間，甚至是四度空間的彎曲幾何。

這是一項具挑戰性的概念。一般人可以想像一條曲線或者曲面，但是很難想像彎曲的三度空間會是什麼模樣，更別說是彎曲的的四度空間了。但是對於數學家來說，將彎曲的概念擴張使用到不同維度很容易，至少是辦得到的。這牽涉到度規概念的應用，也就是如何計算空間中兩點的距離。

在一個只有正常 x 和 y 座標的平面上，任何中學生能夠用畢氏定理算出各點的距離。但是想像一張平面的世界地圖，所代表的位置其實是在彎曲的地球上。南北極的部分會延伸展開，讓測量變得更複雜，計算地圖上格陵蘭兩點之間的實際距離，會不同於計算赤道附近的兩點距離。黎曼研究出的數

學方法，可以決定空間中各點距離，不管空間發生何種扭曲變形。

　　他用的東西叫做「張量」（tensor）。在歐氏幾何學中，向量是一個有大小和方向的量（如速度或作用力），需要兩組數字來描述。在彎曲空間的非歐氏幾何學中，需要更廣義的東西（有點像是超級向量）才能符合數學規則而併入更多項，這些便稱為張量。

　　度規張量是一種數學規則，用來計算特定空間中各點的距離。對於二維度的地圖，一個度規張量有三個項，對於三度空間，則有六個獨立項。而一旦到達那輝煌的四度空間「時空」實體的話，度規張量總共需要十個獨立項。[3]

　　黎曼幫忙發展出度規張量的概念，將其表示成「$g_{\mu\nu}$」。總共有十六個項，其中十個項彼此獨立，可以用來定義與描述彎曲四度時空的距離。

　　黎曼張量與愛因斯坦和格羅斯曼取自義大利數學家里奇（Gregorio Ricci-Curbastro）和勒維奇維塔（Tullio Levi-Civita）等人的張量有用的地方在於，它們都具有共通協變性（generally covariant）。當愛因斯坦嘗試推廣相對論之時，這是一項很重要的觀念，意謂著即使空間與時間系統中發生任意轉換或旋轉時，各項之間的關係仍然保持相同。換句話說，這些張量的分量在歷經參考座標改變而轉換後，支配各項關係的基本法則仍維持相同。

　　當追尋廣義相對論時，愛因斯坦的目標是找出可描述兩個互補過程的數學方程式：

3　它的運作方式如下。如果你位在彎曲空間中的某一點，且想知道你和另一個無限近的點之間的距離時，若只使用畢氏定理與普通幾何學的話，問題將會變得十分複雜。到北邊的某臨近點、到西邊或是往上的某一點的距離，都必須分開計算。在空間的每一點上你都需要一個小板子來標註你和其它點之間的距離。在四度空間裡，你將需要十個數值才能夠決定臨近各點間的時空距離。在時空中的每一點你都需要一個這樣的小板子。一旦有了這些小板子，你就可以計算出沿著任何一條曲線上的距離：只要把經過的每個無限近點的小板子上的距離全部加在一起就好了。度規張量就是由這些小板子所構成，其為時空中的一個場。換句話說，在每個點上它都受到明確的定義，但可以有不同的值。這部分內容感謝John D. Norton教授的協助。

1. 重力場如何作用在物體上，指示該如何運動。

2. 物質如何在時空中產生重力場，指示時空該如何彎曲。

他驚人的創見是認為重力可定義為時空彎曲，因此可用度規張量來表達。在接下來三年多的時間中，他努力尋找正確的方程式來完成任務。

數年之後當次子愛德華問道為何爸爸如此出名時，愛因斯坦用一個簡單的意象，來描述「重力是時空彎曲」的偉大創見。他這麼形容道：「當一隻瞎眼的甲蟲爬上一根彎曲的樹枝表面時，並沒有注意到自己爬過的軌跡實際上是彎曲的。我非常幸運，注意到甲蟲沒有注意的事情。」

蘇黎士筆記（一九一二年）

從一九一二年那夏天開始，愛因斯坦利用張量以及黎曼、里奇等人的方法來推導重力場方程式。第一輪的嘗試記錄在一本筆記本中，這本資料豐富的「蘇黎士筆記」多年來歷經一群學者拆解分析，包括雷恩（Jürgen Renn）、諾頓（John N. Norton）、索爾（Tilman Sauer）、簡森（Michel Janssen）和施塔謝（John Stachel）。

在其中愛因斯坦採取「兩面策略」。一方面，他用的方法是所謂的「物理策略」，依照他對物理的感覺所設定的一套要求，試圖建構出正確的方程式。另一方面，他也採用「數學策略」，利用格羅斯曼等人建議的張量分析得到所需的數學表述，試圖推導出正確的方程式。

愛因斯坦的「物理策略」從推廣相對性原理的任務開始，以便讓此原理適用於加速或任意變速的觀察者。他所提出來的任何重力場方程式，都必須符合下列的物理需求：

‧靜態的弱重力場之特別情況中，必須重新回歸牛頓理論。換句話說，

在一般正常的情況下，其理論將會描述熟悉的牛頓重力和運動定律。

· 應該維持古典物理學的法則，特別是能量與動量守恆定律。

· 應該滿足等效原理，亦即等加速度運動觀察者所做的觀察，將會與在對應重力場中靜止的觀察者所做的觀察相等。

另一方面，愛因斯坦的「數學策略」把重點放在利用度規張量之類的數學知識，試圖找出廣義（或至少是普遍）協變的重力場方程式。

整個過程是兩面反覆進行：愛因斯坦會檢查從物理要求推演得到的方程式之協變特性，他也會檢查從優雅的數學式子躍出的方程式，看看是否符合其物理要求。諾頓指出：「從一頁接一頁的筆記本中可看到，他從兩邊來處理問題。這邊寫著牛頓定律極限與能量守恆定律的物理要求所推出來的式子，那邊寫著從里奇和勒維奇維塔等人的數學所提供的一些廣義協變量自然導出的式子。」

但是令人失望的事情發生了，兩邊要求並不契合。至少愛因斯坦本人認為，他無法使兩邊策略所產生的結果互相滿足。

利用數學策略，他推導出相當優美的方程式。在格羅斯曼的建議下，他開始利用黎曼發展出來的張量，後來又利用更適合的里奇張量。到了一九一二年底他提出一個場方程式，所使用的張量跟一九一五年十一月底那個成功的場方程式相當接近。換句話說，在蘇黎士筆記中，愛因斯坦已經很接近正確的解答了。

但是他不肯用，將它晾在一旁兩年多。為什麼呢？除了其他考量之外，他錯誤地認為在弱靜態場中，這個方法不能簡化為牛頓定律。當他用不同的方法嘗試時，結果並未符合能量守恆之要求。如果他引進一套座標條件，讓方程式滿足其中一項要求，結果卻不能滿足其他要求所需的條件。

結果，愛因斯坦對於數學策略較不信任了。這個決定讓他後來感到遺憾，因為當他最後回到數學策略時終於大獲全勝，也從此讓他盛讚數學所蘊

藏的科學與哲學之美。

綱要和牛頓的水桶（一九一三年）

一九一三年五月在拋棄數學策略推演得到的方程式後，愛因斯坦和格羅斯曼向物理策略靠攏，產生一個大略的替代理論，建構出的方程式既要符合能量守恆定律的要求，同時也相容於弱靜態場中的牛頓法則。

雖然這些方程式似乎無法滿足協變性，愛因斯坦和格羅斯曼感覺那是眼前最好的成果。從論文名稱也可看出該理論的暫時性：〈廣義之相對論與重力理論之綱要〉（Outline of a Generalized Theory of Relativity and of a Theory of Gravitation），後來這篇論文被簡稱為〈綱要〉。

在完成〈綱要〉幾個月後，愛因斯坦既高興又疲憊。他寫信給艾爾莎說道：「幾個星期前我終於解決了問題，那是相對論與重力理論的大膽延伸。現在我得休息一下，否則我會崩潰了。」

然而，他很快開始質疑自己提出來的東西。而且當他越是思考〈綱要〉，越瞭解到其方程式並未滿足廣義或甚至是普遍協變的目標。換句話說，在不同加速度座標系中的方程式不一定保持相同。

一九一三年六月老朋友貝索來訪，他們一起研究〈綱要〉理論的含意，然而愛因斯對這項理論的信心並未增強。在討論之後他們總共完成五十多頁的筆記，每個人大概負責寫一半，在其中分析了〈綱要〉與水星軌道某些奇怪特性的吻合程度。

自從一八四〇年代開始，科學家一直對水星軌道出現微小的不明變動感到困擾。所謂的近日點（perihelion）是指行星的橢圓軌道最接近太陽時的那一點，經年累月下來水星軌道的近日點比牛頓定律所能解釋的稍微多偏移了一點，大約是每世紀43弧秒。起先是假設有一個尚未發現的行星正在拉它，道理跟先前發現海王星時相似。發現水星有異常偏移現象的法國人，甚至計

算說會在哪裡發現這顆行星，並命名為火神星（Vulcan）。然而，找不到所謂的火神星。

　　愛因斯坦希望當新相對論的重力場方程式適用在太陽上時，可以解釋水星軌道的偏移。可惜的是，在經過許多計算與更正錯誤後，他和貝索推算出水星近日點每世紀將會差18弧秒，這個數字離正確一半都不到。這個差勁的結果讓愛因斯坦沒有發表水星的計算，但是並未說服讓他拋棄〈綱要〉理論，至少時候未到。

　　愛因斯坦和貝索也研究在〈綱要〉理論的方程式下，可否將旋轉運動視為是一種相對運動。換句話說，想像有一位觀察者正在旋轉並且感受到慣性，可不可以說成是另一種形式的相對運動，例如觀察者處於靜止而宇宙其他部分正圍繞他旋轉？

　　依循這些思考脈絡，最出名的思考實驗來自於牛頓《原理》第三冊的比喻。想像有一個水桶吊在一條繩子上開始旋轉，起初桶子裡面的水相當平穩，很快地水桶的摩擦力造成水開始繞轉，並且呈現凹形。為什麼？因為慣性會讓旋轉的水往外推，所以水會沿水桶邊緣升高。

　　這沒錯，但如果我們懷疑所有的運動都是相對的，我們會問：水是相對於什麼旋轉？不是水桶，因為當水和水桶一起旋轉時是呈現凹狀，當水桶停止旋轉時，裡面的水會繼續旋轉一會兒。也許水的旋轉是相對於附近的物體，例如會施加重力的地球。

　　但是現在想像水桶在太空深處旋轉，沒有重力也沒有參考點；或是想像水桶在空空盪盪的宇宙裡旋轉，那麼仍然會有慣性嗎？牛頓這麼相信，而且表示這是因為水桶正相對於絕對空間而旋轉。

　　然而十九世紀中葉時，早期被愛因斯坦視為英雄的馬赫摒斥了絕對空間的概念，主張慣性之所以存在，是因為水正相對於宇宙其他物質進行旋轉。他表示，當水桶保持靜止而宇宙其他部分繞著水桶轉動時，會觀察到相同的效果。

　　愛因斯坦希望，廣義相對論也經得起他所謂的「馬赫原則」的測試。當他分析〈綱要〉理論中的方程式時得到一個快樂的結論，認為不論水桶正在旋轉，或是水桶保持不動而宇宙其他部分繞著轉動，綱要理論似乎都預測會出現相同的效果。

　　至少愛因斯坦這麼想。他和貝索設計出一串非常聰明的計算，打算驗證看看是否果真如此。在筆記本中，愛因斯坦對於這些成功的計算，留下快樂的驚嘆：「對囉！」

　　可惜的是，他和貝索犯了一些錯誤。兩年後，愛因斯坦終於發現了那些錯誤，對於〈綱要〉事實上並未滿足馬赫原則感到很失望。貝索早已警告過他，十之八九可能會落得這個下場。在一九一三年八月的備忘錄中，貝索便指出「旋轉度規」並不是〈綱要〉的場方程式所允許的解。

　　但愛因斯坦不理會這些懷疑，至少當時對貝索和馬赫等人的信中是抱持這種態度。在〈綱要〉發表幾天後，愛因斯坦寫信給馬赫表示：「如果實驗支持理論，您對力學的明智見解將會得到漂亮的證實。因為其顯示慣性源自於物體的某種交互作用，完全符合您對牛頓水桶實驗的見解。」

　　愛因斯坦最擔心〈綱要〉的地方，在於裡面的數學方程式不具廣義協變，讓他無法達成預定的目標，亦即不論是等速運動的觀察者，或是加速運動與變速運動的觀察者，自然法則皆保持相同。當洛倫茲捎來一封溫馨的道賀信時，愛因斯坦回覆道：「遺憾的是整個東西仍然很難搞，因此我對於該理論不敢說有十足把握。很可惜，重力方程式本身並未具有廣義協變的特性。」

　　至少有一陣子，他很快說服自己這是不可避免的。有部分是靠如今稱為「空穴論證」（hole argument）的思考實驗來解決的，亦即主張使重力場方程式具有廣義協變性的聖杯是不可能達成的，或至少在物理上無意義。他寫信給一位朋友指出：「重力場方程式不具廣義協變性的事情著實困擾我一陣子，但那是不可避免的。若是要求場的數學完全是由物質決定，那麼便很容

易證明具有廣義協變方程式的理論不可能存在。」

　　在那個時候，極少物理學家接受愛因斯坦的新理論，多數人出面加以抨擊。愛因斯坦對朋友倉格爾坦誠，很高興看到相對論的議題「至少獲得應有的熱度」。他表示：「我熱愛爭議，用費加洛的話來說：『高貴的主子願意跳些舞嗎？他應該告訴我，我會為他和節拍！』」

　　接下來，愛因斯坦繼續試著搶救他的〈綱要〉方法。他以為能找到方法獲得足夠的協變性，大致滿足重力與加速的等效性原則。一九一四年初他寫信給倉格爾：「我成功證明重力方程式對於任意運動的參考系統皆成立，因此加速度與重力場等效性的假設便是完全正確。自然只讓我們看到獅子的尾巴，但是我不懷疑獅子的存在，縱使牠無法立刻現出全身。我們看見牠的情況，有如坐在牠身上的一隻蝨子。」

弗侖狄區和一九一四年日食

　　愛因斯坦知道有一個方法可以平息所有懷疑。他常常在論文最後建議將來的實驗可如何驗證其理論，在廣義相對論的情況也是如此，他在一九一一年開始便提出一些預測數據，指出星光將會受到太陽重力何等程度的偏折。

　　他希望可以將經過太陽附近的星光拍攝下來，比較星光是否發生些微偏移，來決定其預測是否為真。但是這項實驗必須在日食期間進行，那時候才能看見經過太陽旁邊的星光。

　　當時愛因斯坦的理論除了激起同儕激烈的攻擊，他自己內心也有質疑，所以自然很希望知道實驗將會觀察到什麼現象。再來的日全食是在一九一四年八月二十一日，必須遠征俄國克里米亞半島進行觀測。

　　愛因斯坦非常期盼自己的理論能在那次日全食受到證實，由於似乎沒有經費贊助這類遠征實驗，他表示願意支付部分花費。柏林的年輕天文學家弗侖狄區，曾經讀過愛因斯坦一九一一年有關光線彎曲預測的論文，他也很

熱衷想證明愛因斯坦的理論是正確的，表示自願帶領遠征隊前往。一九一二年初愛因斯坦寫信給他：「我非常高興你這麼熱情投入光線彎曲的問題。」一九一三年八月時，他還不斷鼓勵著這位天文學家，寫信表示：「理論家不能再多做些什麼了，現在只剩天文學家能在明年對理論物理學進行一項可貴的服務了！」

弗侖狄區在一九一三年八月結婚，他決定到蘇黎士附近山間度蜜月，希望在那裡可以與愛因斯坦碰面。於是他寫一封信提到自己的蜜月計畫，愛因斯坦立刻邀請他來訪。弗侖狄區寫信給夫婚妻說道：「這太棒了，因為正好配合我們的計畫。」至於蜜月得與一名素未謀面的理論物理學家分享，準新娘有何反應已經不可考了。

當這對新婚夫婦踏入蘇黎士火車站時，迎接他們的是穿著邋遢的愛因斯坦，弗侖狄區的太太還記得愛因斯坦頭上戴了一頂大草帽，至於身形圓胖的化學家哈柏也陪同等候。愛因斯坦先帶大家到附近一個城裡，他要先在那裡給場演講，之後再帶一行人去午餐。不令人驚訝地，他又忘記帶錢了，一位跟著來的助理從桌子底下塞給他一百法郎。一整天下來，弗侖狄區與愛因斯坦大多都在討論重力和光線彎曲的問題，縱使一群人去郊外健行時也停不了，讓新婚太太只能靜靜欣賞明媚的風光。

那天的講題是廣義相對論，愛因斯坦向聽眾指出弗侖狄區，稱他是「明年將測試理論的人」。然而籌募資金是重大問題，那時候蒲朗克等人正試圖引誘愛因斯坦從蘇黎士改到柏林工作，成為普魯士研究院院士。愛因斯坦便利用這項機會，寫信催促蒲朗克贊助弗侖狄區的遠征任務。

事實上，當一九一三年十二月七日愛因斯坦正式接受柏林的工作，並獲選為普魯士研究院士時，同一天他便寫信給弗侖狄區提議要自掏腰包贊助計畫。在信中他說道：「如果研究院迴避這件事情，那麼我們可以向私人籌措一點資金。若這樣都行不通的話，那麼我會從自己微薄的存款中支付一些費用，至少是二千馬克。」愛因斯坦強調，最重要的是弗侖狄區應該繼續做準

備：「就直接向前走，先去訂購照相板好了，不要因為資金的問題而耽擱時間。」

結果他們獲得足夠的私人捐贈，主要是來自克魯柏基金會（Krupp Foundation），讓遠征隊得以成行。愛因斯坦寫道：「你能想像我有多麼快樂，現在這項任務的外在困難多多少少克服了。」對於實驗結果，他表達了一定程度的信心：「我已經從各個角度思考過理論了，對於這件事情有十足的信心。」

七月十九日弗侖狄區和二名同事離開柏林前往克里米亞半島，在那裡另外有一組阿根廷科多巴天文台（Córdoba observatory）的工作人員。若是一切順利，他們會有兩分鐘可以拍照，用來分析星光是否真的會受到太陽重力偏折。

但是一切並不順利。日食前十天，歐洲進入第一次世界大戰，德國對俄國宣戰。弗侖狄區和德國同事被俄軍俘虜，所有裝備都被沒收了。由於他們攜帶高倍數相機和定位儀，當然很難說服俄國軍隊他們只是天文學家，打算研究星光來揭開宇宙奧秘。

不過，即便他們能夠安全通行，觀測任務可能還是會失敗。發生日食的那幾分鐘內天空多雲，一個美國小組在當地並沒有拍到可用的照片。

然而日食任務最終還是留下一線曙光，表示愛因斯坦的〈綱要〉方程式尚未被推翻。根據愛因斯坦那時候的理論，重力偏折光線的程度與牛頓輻射理論的預測相同。但是一年後他發現正確預測值應該是兩倍，假若弗侖狄區在一九一四年成功了，那麼愛因斯坦就會被公開證明是錯誤的。

愛因斯坦寫信給朋友艾倫費斯特說道：「我的知交天文學家弗侖狄區，非但沒法在俄國看到日全食，現在還被關在那裏，讓我很擔心他。」幸好不需要煩惱太久，弗侖狄區在幾個星期內便經由換俘計畫獲釋了。

然而，一九一四年八月愛因斯坦還有其他事情要煩惱。他的婚姻剛破裂，嘔心瀝血的理論仍然需要努力，但是祖國的民族主義和軍國主義將它帶

向戰爭，這是他自孩提時代便憎惡的東西，如今卻讓他在陌生的土地上成為一個陌生人。在德國，他將會陷入危險的處境。

第一次世界大戰

一連串事件促使歐洲在一九一四年八月進入戰爭，激起普魯士人澎湃的愛國情操，也激起愛因斯坦內在相反的反應，催化他心中的和平主義，而原本他是溫和又對衝突反感的人，甚至討厭下棋！那個月他寫信給艾倫費斯特說道：「歐洲發瘋了，竟然陷入這種荒謬到不可置信的事情上。在這種時代，可以看清我們是屬於哪類可嘆可恨的畜牲啊！」

自從學生時代逃離德國，並在亞勞接受溫特勒國際主義理想的薰陶後，愛因斯坦便傾向於擁抱和平主義、聯邦世界主義和社會主義，但是通常會避開公眾運動。

第一次世界大戰則改變了這種態度。愛因斯坦沒有放棄物理，但是他也不會羞於參與公眾事務了，他後半生大多時間都在推動政治和社會理想。

戰爭的非理性，促使愛因斯坦相信科學家有特別的義務從事公共事務。他表示：「我們科學家特別需要推動國際主義，不幸的是這方面許多科學家的表現都讓人極為失望。」對於三個最親近的同事口徑一致地支持戰爭的心態，真教他吃驚不解，那三名科學家正是誘他來柏林工作的人：哈柏、能斯特和蒲朗克。

矮小精悍又禿頭的哈柏，原本是猶太裔化學家，但他極盡一切可能同化，包括受洗改變信仰、效法行為舉止與穿著，甚至還配戴一副普魯士人必備的夾鼻眼鏡。他是化學研究所的所長，愛因斯坦的辦公室設在裡頭；正當歐洲的大戰爭要爆發之際，他也一直幫忙調停愛因斯坦和馬里奇之間的戰爭。雖然他希望能在軍隊裡當個軍官，但因為他是流有猶太血統的學者，所以最後只能當個士官。

哈柏重整化學研究所，打算為德國發展化學武器。那時他已經找到讓氮氣合成氨的方法，可讓德國人大量生產炸藥。然後他將注意力轉到會致命的氯氣上，這種比空氣重的氣體會流入壕溝中，接著燃燒肺喉讓軍人窒息而死。一九一五年四月現代化學戰掀開序幕，約有五千名法國人和比利時人在伊普雷斯（Ypres）喪命，那正是哈柏親自監督攻擊的。（這成為一個反諷，原本諾貝爾發明地雷後覺得虧欠而捐贈遺產設立諾貝爾獎，然而哈柏卻因為氨合成法而在一九一八年贏得諾貝爾獎。）

五十歲、帶眼鏡的能斯特是哈柏的同事和學術上偶爾的競爭對手，他在自家門前練行踢正步敬禮，並請太太檢查姿勢是否正確。後來他開著私家轎車，到西部前線上當志願駕駛員。返回柏林後，他實驗用催淚瓦斯等刺激物體，想用較人道的方式將敵軍從壕溝裡趕出來。但是將軍們比較喜歡哈柏使用的致命方法，所以能斯特也投入研究了。

甚至是備受尊敬的蒲朗克，也支持他所謂德國的「正義之戰」。當學生去打仗時，他告訴他們說：「德國正拔出刀劍，對抗那陰險狡詐、背信忘義的罪惡之地。」

愛因斯坦避免讓戰爭造成和三名同事之間的裂縫，一九一五年春天他還幫忙哈柏的兒子補習數學。但當他們連署為德國的軍國主義進行辯護時，他覺得不得不在政治上和他們分道揚鑣了。

該項連署書在一九一四年十月發表，題為「致文明世界宣言」，後來稱為「九三人宣言」，因為背書的知識分子共有九十三位。連署書幾乎完全與真實脫節，否認德國軍隊攻擊比利時百姓，而且宣稱戰爭是必要的。該聲明主張：「若是沒有德國軍國主義，德國文化將會一敗塗地。」「我們是泱泱文化大國，歌德、貝多芬和康德等文化遺產之神聖不亞於家園土地，我們將捍衛奮戰到最後一刻。」

發明光電效應的保守派人士李納德也是參與簽署的科學家，他後來變成一個狂熱的反猶太分子和愛因斯坦憎恨者。令人難過的是哈柏、能斯特和蒲

朗克也簽署了，他們是科學家也是德國國民，呼應大家是一種自然的本能。至於愛因斯坦，則經常自然地表現出不隨波逐流的傾向，有時這對一個科學家或是公民來說都是一項優點。

當時，有一個富有領袖魅力的冒險家叫尼可拉（Georg Friedrich Nicolai），他是偶爾行醫的猶太人。身為艾爾莎和伊爾絲的朋友，尼可拉打算與愛因斯坦合寫一份和平主義者回應。這份「致歐洲人宣言」訴諸超越民族主義，並譴責「致文明世界宣言」的作者們。兩人的宣言指出：「他們抱持敵意發言，不能以民族主義的熱情當藉口而原諒這種態度，這並不是人們所稱的文明行為。」

愛因斯坦向尼可拉建議說，雖然蒲朗克是前一份宣言的連署者，但他可能也會想要參加他們的反宣言連署，因為他擁有「心胸寬闊和本性善良」。他也提出倉格爾的名字，表示他有可能參與連署；但是蒲朗克和倉格爾明顯不願意牽涉其中。在當時的情勢下，愛因斯坦和尼可拉只多拉到兩人的支持，所以他們放棄了計畫，沒有發表那份宣言。

愛因斯坦也成為新祖國聯盟（New Fatherland League）的初期成員，這是自由謹慎的和平主義者組織，旨在促進歐洲和平並推動聯邦制度，以避免日後衝突。該組織出版了一本小冊子，名為「歐洲合眾國之創建」，幫忙散發和平主義文學到監獄等地方。艾爾莎一直陪伴愛因斯坦參加周一晚上的聚會，直到該組織在一九一六年被禁為止。

戰爭期間最知名的和平主義分子是法國作家羅曼羅蘭（Romain Rolland），他嘗試促進法國和德國的友誼。一九一五年九月愛因斯坦在日內瓦湖附近拜訪他，羅曼羅蘭在日記中提到愛因斯坦講法語很吃力，但是「對於最嚴肅的話題都能做有趣的轉折」。

當他們坐在旅館花台上聊天，旁邊圍繞著蜜蜂穿梭採蜜。愛因斯坦開玩笑提到在柏林大學的系務會議上，與會的每位教授對於「為何我們德國人受到全世界憎恨」感到十分痛苦，「然而卻對於背後真正的原因避而不談」。

愛因斯坦相當大膽（甚至有點不計後果地）指出，他認為德國是無法改造的，因此希望盟軍贏得勝利，「將可粉碎普魯士的力量和王朝」。

接下來一個月，愛因斯坦和赫茲（Paul Hertz）有過一段痛苦交手。赫茲是哥廷根大學著名的數學家，是（或說曾是）愛因斯坦的朋友。他原本是新祖國聯盟的支持會員，但是當該組織出現爭議時，他迴避成為正式會員。愛因斯坦嚴厲責備他：「這種過分謹慎、不敢挺身維護自身權利的情況，正是造成整個政治情勢惡劣的原因之一。你英勇愛國的習性，正是德國當權者最喜愛民眾之處。」

赫茲回信說道：「如果你多花點心力，瞭解民眾有如瞭解科學，便不會寫那封侮辱的信給我了。」這句話說出重點，更是一句真話。愛因斯坦對於物理方程式的探究，深深超過對個人事物的瞭解認識，他的家人便深知這點。他寫信道歉，表示說：「你一定要原諒我，特別是如你所言，我對瞭解民眾所投入的時間與關注，並不及於對科學的瞭解。」

愛因斯坦在十一月發表一篇三頁長的文章，標題是〈戰爭之我見〉（My Opinion of the War）。縱使身為偉大的科學家，在德國說這些話可說是遊走尺度邊緣了。他猜測，戰爭原因中存在一種「生物決定的男性特質」。當文章刊登在「歌德聯盟」（Goethe League）時，有些段落為安全起見刪除了，包括攻擊愛國主義潛在具有「殘忍憎恨和大屠殺的要素」。

在愛因斯坦寫給倉格爾的信中，他又將戰爭具有男性侵略性的生物基礎加以闡述。愛因斯坦問道：「什麼東西驅使人們互相殘殺？我認為是男性特質導致這種情況爆發。」

他主張，要控制這種侵略性的唯一方法便是成立一個世界機構，擁有力量監督會員國。十八年之後他又再度重提這個議題，當時是他倡導完全和平主義的最後痛苦掙扎階段，他與佛洛伊德公開交流書信，討論男性心理學與世界政府必要性等話題。

家園前線（一九一五年）

一九一五年前幾個月的戰事，讓愛因斯坦與兩個孩子的分離更顯難受，包括情感上和交通上。孩子們想要爸爸在復活節到蘇黎士探望他們，那時候剛剛滿十一歲的漢斯，特意寫了兩封信希望能牽動爸爸的心：「我只是想，復活節的時候您就會來這裡了，那麼我們又會有爸爸了。」

在第二張明信片中，漢斯表示弟弟夢到「爸爸來了」。他也提到自己在數學上表現有多棒：「媽媽給我問題，我們有一個小本子。您來了之後，我們也可以一起做！」

戰爭使愛因斯坦無法在復活節成行。但是他回信了，承諾七月會帶他去瑞士阿爾卑斯山健行。他寫道：「夏天時會我會獨自帶你去旅行二到三個星期。以後我們每年都去一次，將來提特（愛德華）夠大了，也可以和我們一起去。」

愛因斯坦對於兒子喜歡幾何學，也表達欣喜之意。他表示，幾何學是自己大約相同年紀時「最喜愛的消遣」，「不過當時沒有人可以示範給我看，所以我得自己看書學。」他想要和兒子在一起，可以教他數學並且「告訴你科學還有許多有趣好玩的事情」。但那不一定可能，或許可以靠郵件幫忙？「如果你每次寫信告訴我已經懂了什麼東西，我可以給你一個小問題好好想想。」他送給兒子們玩具，告誡他們要好好刷牙，「我也這麼做，現在很高興牙齒很健康」。

但是小家庭的緊張氣氛更加嚴重了。愛因斯坦和馬里奇在信件往返中爭論著金錢和假期安排，結果六月底漢斯捎來一張簡短的明信片，告訴父親說：「如果您對她這麼不友善，我就不想跟您去健行了。」於是愛因斯坦取消去蘇黎士的計畫，反倒跟著艾爾莎及兩名女兒到波羅的海的度假勝地沙林（Sellin）。

愛因斯坦深信馬里奇唆使孩子與他為敵。他猜想（可能是正確的），她

在背後操縱漢斯寄出那張明信片，讓他對不能到蘇黎士有罪惡感，以及讓兒子斷然拒絕健行之旅。他跟倉格爾抱怨道：「我的好兒子已經被我太太離間疏遠我好些年，她有復仇的天性。小阿爾伯特寄來的明信片，縱使不是直接出自她命令，也是被她叫唆的。」

他請當醫學教授的倉格爾檢查年幼的愛德華，他一直有耳朵感染與其他疾病的問題。他懇求道：「請寫信告訴我，讓我知道小兒子哪裡有問題。我特別喜歡他，他對我還是這麼甜美、這麼天真。」

一直到九月初時，愛因斯坦終於到了瑞士。馬里奇覺得雖然兩人間有緊張，但是讓他待在家中與家人相處還是恰當的，畢竟他們還是夫妻，她希望有轉圜餘地。但是愛因斯坦沒興趣和她同住，跑到一間旅館待著，大多時間都與朋友貝索和倉格爾在一起。

結果在瑞士的整整三星期中，他只有機會見到兒子兩次面。在一封寫給艾爾莎的信中，他責怪分居的太太：「原因是媽媽擔心小朋友變得太依賴我。」漢斯讓父親知道，整個拜訪讓他感覺很不舒服。

在愛因斯坦回到柏林之後，漢斯跑去見倉格爾。這位親切的醫學教授是兩方的朋友，他試著協調擬出一份約定，讓愛因斯坦可以探望兒子們。貝索也是仲裁者，在和馬里奇商討過後，他寫一封正式的信件告知愛因斯坦可以見兒子們，但是勸告他不要在柏林或是艾爾莎家見面。貝索表示，最好是在「一間好的瑞士旅館」，一開始只和漢斯見面，讓他們兩人可以摒除所有干擾。聖誕節期間，漢斯打算拜訪貝索家，他建議愛因斯坦或許可一道來訪。

廣義相對論競賽（一九一五年）

一九一五年秋天在政治動盪和家庭紛擾下，更凸顯出愛因斯坦高度專注的能力，可將所有干擾摒除在科學研究之外。在那段期間，他專心急著投入一項激烈的競賽中，終於完成了自認一生最偉大的成就。

　　當愛因斯坦在一九一四年春天搬到柏林時，同事認定他會建立一個研究所，吸引幫手們共同來研究當時物理學最緊迫的問題：量子理論的意義。但是愛因斯坦比較像是孤獨的狼，他跟蒲朗克不一樣，不想要有一大群合作者或學生圍繞，寧願將重心投注在個人的熱情上，那便是推廣相對論。

　　所以當太太和兒子離開他到蘇黎士之後，愛因斯坦搬出原先的公寓，在離艾爾莎和柏林市中心較近的地方租了另一間公寓。這間單身漢的庇難所只擺了幾件傢俱，但是相當寬敞：是新建五樓公寓的三樓，總共有七個房間。

　　愛因斯坦在書房裡擺了一張大木桌，上面隨意堆放著論文和期刊。在這個不受干擾的環境裡，何時吃飯、睡覺和工作都隨便他，他在裡面進行孤獨的競賽。

　　一九一五年春夏季，愛因斯坦都在與〈綱要〉理論奮戰，面對各種挑戰一面改進一面捍衛它。他開始稱之為「廣義理論」，不再只是相對論的「推廣理論」，然而問題依舊存在，他也繼續苦思解決之道。

　　愛因斯坦曾經宣稱，其方程式在空穴論證與其他物理嚴苛的限制下，含有所容許的最高協變性，但是他開始懷疑這並不正確。他也與義大利數學家勒維奇維塔進行無止盡的爭辯，後者利用張量微積分指出問題所在。另外，對於水星軌道偏移理論出現不正確的結果，仍然是一個未解的謎題。

　　至少在一九一五年夏天時，愛因斯坦仍然自認〈綱要〉理論成功解釋了旋轉可視為一種相對運動，也就是說這個運動只能相對於其他物體的位置和運動來定義。他認為，其場方程式在轉換成旋轉座標時會維持不變。

　　當時，哥廷根大學是理論物理學的數學中心，一九一五年六月底開始舉辦為期一周、每場演講二小時的活動。愛因斯坦對自己的理論非常有信心，於是在演講上不吝於表現。與會者有一位天才中的天才，那就是希伯特（David Hilbert），愛因斯坦特別急著跟他解釋相對論所有的複雜奧妙之處，結果證明他或許說得太多了。

　　對於愛因斯坦來說，哥廷根之旅算是凱旋而歸。他很高興對倉格爾表

示，自己已「徹底說服那裡的數學家，大家都有很愉快的經驗」。對於同是和平主義者的希伯特，愛因斯坦提到說：「我遇到了他，變得很喜歡他。」幾個星期後，他又報告說：「我說服了希伯特相信相對論的廣義理論。」愛因斯坦稱他是「擁有驚人能量和獨立性的男人」，在寫給另一位物理學家的信中，愛因斯坦更加流露出感情：「在哥廷根的時候，我非常高興看到事情都被仔細瞭解，我被希伯特迷住了！」

希伯特對於愛因斯坦和他的理論也很著迷。因為太著迷了，希伯特很快決定要試試看能否擊敗愛因斯坦，搶先找出正確的場方程式。結果在哥廷根發表演講三個月內，愛因斯坦面對兩項痛苦的發現：他的〈綱要〉理論確實有缺點；而此刻希伯特正在後面狂加追趕，想率先提出正確的方程式。

愛因斯坦之所以明白〈綱要〉理論有缺陷，是因為不斷有問題累積。但一九一五年十月初出現兩個重大的打擊，使問題再度浮上枱面。

第一件事是當愛因斯坦一再檢查時，發現了〈綱要〉理論的方程式實際上並未如他所想的解釋了旋轉運動。他希望證明旋轉可以想成只是另一種相對運動，但結果〈綱要〉理論並未證明此點；〈綱要〉理論的方程式並不如他所相信的，在繞一座標軸等速旋轉的轉換中具有協變性。

一九一三年貝索在備忘錄已經警告他說這可能是一個問題，但是愛因斯坦沒放在心上。現在重做計算後，他驚愕地發現這支柱子倒了，對天文學家弗侖狄區懊惱地說：「這真是超大的矛盾！」

他認定相同的錯誤也可解釋為何自己的理論無法完整解釋水星軌道的變化，並且絕望得認為將無法找到問題所在：「我不相信自己能夠找到錯誤，因為我心中對這件事的想法已經根深蒂固了。」

此外，他明白在自己所謂「獨特」的論點中也犯了錯誤，即「能量守恆定律所要求的各項條件與其他物理限制，獨特地導出〈綱要〉理論的方程式」。他寫信給洛倫茲，詳細解說自己先前的「錯誤說法」。

在這些問題之外，是他已經知道的問題：〈綱要〉理論的方程式不具廣

義協變性，代表它們並未真的讓各種形式的加速或變速運動成為相對運動，而且它們並未完整解釋水星軌道的異常。而現在，正當這一切努力即將崩塌潰散之際，他彷彿可以聽見希伯特的腳步正從哥廷根逼近了。

固執難纏屬於愛因斯坦的天賦之一。他可以緊捉一套想法不放，縱使是面對「明顯的矛盾」也不退卻；對於自己對物理世界的直觀感覺，他也深具信心。他的工作方式比大多數科學家更加孤立，讓他對自己的直覺更加忠實，儘管別人提出疑慮。

不過雖然他固執難纏，但也非冥頑不靈。當他最後決定自己的〈綱要〉方法站不住時，他毅然決然放棄了，那時是一九一五年十月。

既然〈綱要〉理論完蛋了，愛因斯坦將注意力從物理策略（強調他對物理基本原則的感覺），轉變到更重視數學策略上（利用黎曼和里奇張量）。他之前已經在蘇黎士筆記中用過數學策略了，如今回頭重新嘗試時，發現它可提供一種方法，產生具廣義協變性的重力場方程式。諾頓寫到這一段說：「愛因斯坦的大逆轉讓海水分離，帶他走出禁錮之地，進入廣義相對論的應許之地。」

當然，他的方法還是混合了兩種策略。為了要重新使用數學策略，他必須修改綱要理論基本的物理假設。簡森和雷恩寫道：「正是這種將物理和數學合併的考量結果，讓愛因斯坦在蘇黎士筆記和綱要理論的研究上受到矇蔽。」

因此，他回到了在蘇黎士使用的張量分析，比較著重在數學目標上，希望找到廣義協變的方程式。他告訴一位朋友：「當對於先前理論的最後一滴信心也流失時，我清楚看見只有透過廣義協變理論（即黎曼協變），才能夠找到滿意的解答。」

結果是瘋狂與累人的四個星期，愛因斯坦不停與張量及方程式奮鬥修正，每星期四還得衝到普魯士研究院演講，在四場演講中報告最新進度。一九一五年十一月底，他終於攀登高峰，成功修訂了牛頓的宇宙觀。

　　普魯士研究院有五十名左右的院士，每周會聚在柏林心臟地帶的普魯士國立圖書館，在富麗堂皇的大廳裡彼此以「閣下」稱呼，並聆聽大家發表高見。愛因斯坦的四場演講早在幾周前已排定了，但是直到演講開始、甚至已經開始之後，他仍然還在馬不停蹄地修改理論。

　　第一場演講在十一月四日進行。他開頭說道：「過去四年來，我一直試圖建立相對論的廣義理論，因為我認為縱使是非等速運動也具有相對性。」提及拋棄的〈綱要〉理論時，他指出「我那時確實相信已經找到了唯一的重力定律」，並且符合物理真實。

　　但是，他接著合盤托出〈綱要〉理論遇到的所有問題：「基於那點理由，我完全失去對場方程式的信任。」現在，他重新回到和數學桿弟格羅斯曼在一九一二年使用的方法：「因此我回到較廣義協變性場方程式的要求上。以前我和朋友格羅斯曼已經研究過，卻很遺憾地擱置不用，事實上當時我們已經相當接近答案了。」

　　愛因斯坦回到格羅斯曼在一九一二年介紹使用的黎曼和里奇張量上。他表示：「任何真正懂得這個理論的人，幾乎難擋其魅力。它象徵著由高斯、黎曼、克里斯多夫、里奇和勒維奇維塔等人建立的微積分方法，在此達到了真正的成功。」

　　這個方法讓他更加接近正確的解答，但是他的方程式在十一月四日時仍然不是廣義協變，需要再花三星期的時間才完成。

　　此刻，他正處於科學創造史中最狂熱專注的產前陣痛期中，提到自己正在「發狂」工作著。在這場嚴酷的考驗中，他也必須面對私人的家庭危機，因為太太及代表太太的貝索分別發信給他，請他履行金錢上的責任並討論與兒子們接觸的原則。

　　就在十一月四日交出第一篇論文的當天，他寫給漢斯一封疲憊又苦澀的信件：

　　我將試著每年和你相處一個月，以便你有一位父親可以親近與愛你。你可以從我這裡學到許多美好的事情，那是沒有人可以給你的。我苦心研究而獲得的東西，不應該只對陌生人有價值，對我的孩子們應該更有價值。在過去幾天，我完成了人生中最棒的論文，等你長大一點的時候，我會告訴你的。

　　在信件末了，他對自己看似輕忽做了小小的道歉：「我常常太專注在工作上了，甚至會忘記吃午餐。」

　　在瘋狂修改方程式的緊張節奏中，愛因斯坦還不忘對亦敵亦友的希伯特出招。那時希伯特跟他比賽找出廣義相對論的方程式，有人告訴愛因斯坦說哥廷根的數學家們已經找出〈綱要〉理論方程式的錯誤了。由於擔心被搶先一步，愛因斯坦寫信給希伯特說自己四周前已經發現錯誤了，還附上十一月四日的演講稿。他略帶防衛性的口吻問道：「我很好奇你是否會善待這個新解答。」

　　希伯特是比愛因斯坦更為優秀的純數學家，他的另一項長處就是不是那麼好的物理學家。他不像愛因斯坦顧前顧後，想要確定新理論在弱靜電場中會簡化為牛頓定律，或者會遵守因果律。所以，希伯特並非採取數學和物理學兩面策略，他主要是追求數學策略，重點是要找到協變的方程式。奧弗拜提到：「希伯特喜歡開玩笑說，物理太複雜了，不能只留給物理學家。」

　　在第二個星期四十一月十一日時，愛因斯坦發表第二篇論文。在裡面他用了里奇張量，並加上新的座標條件讓方程式具備廣義協變性。但是結果並沒有太大的改進，一樣很接近最後的答案，幾乎在原地踏步。

　　他又將論文寄給希伯特了。在信中說道：「若我現在的修正（並未改變方程式）是正當的，那麼重力一定在物質組成上扮演一個根本的角色。我的好奇心正在干擾我的工作！」

　　希伯特隔天的回信一定是讓愛因斯坦氣餒了，他說自己準備好要「對你

偉大的問題提出答案」。原本他打算先保留不講，等到進一步探索其物理意義後再予討論，「但是既然你如此感興趣，我願意在接下來的星期二（十一月十六日）仔細完整展現我的理論。」

他邀愛因斯坦到哥廷根聽他推陳答案，享受當面質疑的樂趣。會議預計下午六點開始，希伯特還給他下午兩班從柏林出發的火車時刻表，告訴他說：「我太太和我會很高興你能待在我們家過夜的。」

在署名之後，希伯特又手癢難耐地加上一句話，肯定會讓愛因斯坦坐立難安、想破腦袋。這條附註是：「就我對你新論文的瞭解，你給的答案和我的完全不同。」

愛因斯坦在十一月十五日（星期一）寫了四封信，其中提到了胃痛發作很難受。在寫給兒子漢斯的信中，他表示聖誕節和新年左右想要到瑞士看看兒子。「若是我們能在某個地方單獨見面，可能會比較好。」比如說在一間安靜的小旅館，他問兒子的意見：「你覺得如何呢？」

他也寫給分居的太太一封求和信，感謝她苦心孤詣「沒有破壞我與孩子們的關係」。另外，他寫信給倉格爾說：「我已經修改了重力理論，瞭解先前的證明有缺漏……很高興年底時有機會可以到瑞士，見見心愛的孩子們。」

最後他回信給希伯特，表示第二天無法接受他的邀請到哥廷根。信中並未隱瞞其焦慮：「你的分析勾起我無窮的興趣……信中的暗示喚起我無窮的期待。然而，此刻我無法到訪哥廷根……非常疲憊且受胃痛所苦……若有可能，請將研究送一份給我看，治治我的殷切期待。」

不過愛因斯坦很幸運，那個星期得到一項快樂的發現，讓他的焦慮減輕了不少。即使知道那個方程式還不是最後的結果，他決定拿來試試看否正確計算出水星軌道偏移的情形。因為他和貝索以前做過計算（但得到一個失望的結果），所以這回用修正過的理論再做計算並沒花太久的時間。

在十一月第三場演講中，他得意地宣布答案是正確的：每世紀43弧秒。

培斯對此表示：「我相信，這發現是愛因斯坦到那時為止科學生涯中最澎湃激昂的經驗，或許是一生中最強烈的經驗了。」他興奮顫抖到出現心悸，好像內心「有東西斷裂了」。他告訴艾倫費斯特說：「我興奮快樂到不知所措。」對於另一名物理學家，他也歡呼道：「水星近日點運動的結果讓我十足滿意。天文學的博學精準對我們幫助何其大，我以前還暗中嘲笑呢！」

在同一場演講中，他也報告自己所做的另一項計算。早在八年前開始研究廣義相對論時，他便提出重力會使光線彎曲的說法。之前計算出太陽附近的重力場會讓光線大約彎曲0.83弧秒，符合牛頓理論將光當成粒子時的預測。但是這回利用修正的理論，愛因斯坦計算出重力會讓光線彎曲兩倍大，因為這是時空彎曲產生的效應。所以，他現在預測太陽重力會讓光線彎曲約1.7弧秒，但這必須等三年後另一個適合的日食才能驗證預測了。

十一月十八日早晨，愛因斯坦收到希伯特的新論文，是他原本被邀請到哥廷根聽的那場演講。愛因斯坦感到驚訝又有點慌，因為那跟自己的研究太像了。他回給希伯特一封有點冰冷的簡短信件，清楚表明自己研究的優先性：

就我來看，你所提出的系統與我過去幾周來的發現完全相同，而我已經在研究院報告過了。困難的地方不是在於發現廣義協變的方程式……因為這用黎曼張量很容易辦到……三年前，我和朋友格羅斯曼已經考量過這唯一無二的協變方程式，如今顯示這是正確的方程式。當初我們不情願地將它放置一旁，因為其物理探討似乎不符牛頓定律。今天我將向科學會提報一篇論文，是在沒有任何前提假設下，從廣義相對論計算導出水星的近日點運動；從來沒有重力理論能做到這一點。

第二天希伯特回信了，大方表示自己的研究不具優先性。他寫道：「誠摯恭喜你征服近日點運動。若我能計算得像你這麼快，那麼在我方程式中的

電子必須投降,而氫原子得為無法發射而寫信道歉。」

　　然而隔天希伯特送出一篇論文給哥廷根科學期刊,聲明是自己的廣義相對論方程式。他選擇的標題並不謙虛,稱為〈物理學之基礎〉（The Foundations of Physics）。

　　那時候愛因斯坦正忙著準備在研究院發表第四場最高潮的演講,不清楚他有無仔細研讀希伯特送來的論文,或是受到其中什麼影響。不管是哪種情形,那個星期前他所做的水星運動和光線偏折計算,讓他瞭解可以避免先前加諸在重力場方式上的限制與座標條件。所以,在一九一五年十一月二十五日最後一場「重力場方程式」的演講中,他終於能夠提出一套協變方程式,成為廣義相對論的冠冕。

　　這個結果不像$E=mc^2$般,對門外漢那麼生動鮮明。然而利用了張量的簡化符號,將一大串複雜的東西濃縮成足標,讓愛因斯坦的最後場方程式可以寫成一排當裝飾,印在T恤上給驕傲的物理系學生穿。這個方程式有許多變化,其中一種可以寫成:

$$R_{\mu\nu}-1/2\,g_{\mu\nu}R=8\pi\,T_{\mu\nu}$$

　　方程式左邊開始是$R_{\mu\nu}$,是愛因斯坦先前擁抱的里奇張量。$g_{\mu\nu}$是最重要的度規張量,R是里奇張量的跡值稱為里奇純量。現在,方程式左邊合稱為愛因斯坦張量,可寫成$G_{\mu\nu}$,包含了所有的訊息,指出時空的幾何如何因物體而扭曲。

　　方程式右側描述物質在重力場中的運動。方程式兩邊合起來顯示物體如何使時空彎曲,以及彎曲的時空如何反過來影響物體的運動。如物理學家惠勒（John Wheeler）指出:「物質告訴時空該如何彎曲,而彎曲的空間告訴物質該如何運動。」

　　這裡交織演出一場宇宙的探戈,物理學家葛林（Brian Green）形容道:

在演化的宇宙中，空間和時間共同參與演出而活了起來。這裡的物質造成那裡的空間彎曲，導致這裡的物質運動，又造成遠方的空間產生更多彎曲，就這樣一直延續下去。空間、時間、物質和能量共譜宇宙之舞，廣義相對論則為我們寫出了那闋舞譜。

最後，愛因斯坦終於發現真正協變的方程式，並且得到一個理論（至少讓他滿意地）納入了各類運動，包括慣性、加速、旋轉或任意運動等。當隔年三月在《物理學年鑑》正式發表理論時，他便宣稱：「表達自然一般法則的方程式，對於所有座標系統都成立，亦即對於任何置換轉變都具有協變性。」

愛因斯坦對自己的成功驚喜不已，但是同時也擔心希伯特早五天在哥廷根提報論文，或許得將發明該理論的功勞歸一些給他。愛因斯坦寫信給倉格爾表示：「只有一個同行真的瞭解它，而他正設法用聰明的方式換算成己。」所謂「換算成己」的話，是出自於哥廷根出身的數學物理學家亞伯拉罕（Max Abraham），用來指德國大學將國外大學授予學位轉變成國內學位的換算方式。幾天之後在寫給貝索的信件當中，愛因斯坦再加表明：「就我個人經驗看來，還不知道人們有何行徑更為惡劣！同事們對這件事情的反應很可怕，等我告訴你時，你會捧腹大笑的。」

那麼，究竟應該歸功給誰最先提出最終的數學方程式呢？「愛因斯坦—希伯特誰第一」的問題激起小而熱烈的歷史爭論，不過有時不是出於對於科學的好奇心。希伯特在十一月十六日演講時提出方程式，十一月二十日則提報一篇論文，比愛因斯坦在十一月二十五日發表最後的方程式更早。不過，一群研究愛因斯坦的學者在一九九七年發現希伯特論文的樣稿，希伯特在上面做了一些修正，然後在十二月送回給編輯出版。在希伯特的原稿中，與愛因斯坦在十一月二十五日提出的最終版本出現很小而根本的不同，其方程式

實際上不具廣義協變性，肇因於他缺少一個步驟，並未縮併里奇張量以及將產生的跡值（trace term）里奇純量放進方程式中。愛因斯坦則在十一月二十五日的演講中這麼做了，顯然希伯特後來修改過自己的方程式，以便和愛因斯坦的結果相符。不過，希伯特也相當大方，在修改重力位能之處加上「愛因斯坦首先引入」這句話。

希伯特的擁護者（和愛因斯坦的誹謗者）提出各種論點爭辯，包括樣本遺失一部分，以及主張跡值項是不必要或很明顯應出現的議題。

持平而論，兩個人在某種程度上是獨立研究，但也都知道對方在做什麼。他們都在一九一五年十一月時導出數學方程式，是廣義理論的正式表述。鑑於希伯特在樣稿中的修正看來，似乎是愛因斯坦首先發表了這些方程式的定版。而且到最後，就連希伯特也將功勞和第一名歸於愛因斯坦。

不管如何，這些方程式所表述的無疑是愛因斯坦的理論，那年夏天他在哥廷根便跟希伯特解釋過這些東西。物理學家索恩（Kip Thorne）曾經歸功是希伯特提出正確的場方程式，不過他也認為是愛因斯坦提出這些方程式背後的理論，所以功勞應該歸屬他。索恩指出：「希伯特獨立算出最後幾個數學步驟，幾乎是與愛因斯坦同時辦到，但之前幾乎全都是愛因斯坦完成的。沒有愛因斯坦，重力的廣義相對法則可能幾十年後都不會被發現。」

很有風度的希伯特也有同感。他在最後發表論文定稿時，清楚指出：「就我看來，重力微分方程式的結果與愛因斯坦出色的廣義相對論一致。」此後，他都承認愛因斯坦是相對論唯一的作者（結果讓拿他來詆毀愛因斯坦的人無計可施）。據說希伯特曾經表示過：「哥廷根街上的每個男孩都比愛因斯坦更懂得四度空間的幾何學。不過儘管如此，是愛因斯坦做出研究，而不是數學家們。」

事實上，愛因斯坦和希伯特很快回歸舊好了。就在兩人的方程式競賽過後幾周，希伯特於十二月寫信表示，在他的支持下愛因斯坦獲選進入哥廷根研究院。愛因斯坦回信表達感謝，並表示「我覺得一定要跟你說清楚別的事

情」。他解釋道：

> 我們之間一直有些不好的感覺存在，原因我不想再深究。我努力克制自己不要痛苦執著這種感覺，慶幸終於成功了。我又能再度好好看你，期盼你也能對我如此。在這個螻蟻偷生的世界，當兩個真正的好人能夠稍微脫穎而出，卻無法彼此相知相惜，真的會令人深深遺憾。

他們恢復平常的通信交流想法，並且共謀幫弗侖狄區找一個工作。在二月時，愛因斯坦甚至再度拜訪哥廷根，並且待在希伯特家中。

愛因斯坦對心血出爐的驕傲是可以理解的。當他剛拿到四份印出來的演講稿後，馬上郵寄給朋友們，對一位朋友說道：「一定要好好欣賞，這是我人生中最有價值的發現。」對於另外一位朋友，則講道：「這個理論漂亮得無以倫比！」

三十六歲的愛因斯坦創造出歷史上最具想像力的作品，並戲劇化改寫人類對宇宙的概念。廣義相對論不只是詮釋一些實驗資料、或是發現一套比較正確的自然法則，而是一種全新觀看真實的方法。

在牛頓遺留給愛因斯坦的宇宙裡，時間具有絕對的存在，會獨立於物體與觀察者之外滴答前進，而空間同樣具有絕對的存在。重力則視為是作用力，物體會很神祕地穿越空空蕩蕩的空間施加重力在彼此身上。在時空架構內，物體遵守精確、幾近完美的力學定律，可以解釋每件事情，包括行星軌道、氣體散布、分子振動，到聲波傳播等等（光波則不然）。

藉由狹義相對論，愛因斯坦顯示空間和時間並沒有獨立的存在，而是形成一種時空結構。現在藉由廣義理論，這種時空結構變成不僅是物體與事件的容器，更具有自己的動態變化，是由裡面物體的運動來決定，反過來也促成物體的運動。就像是當一顆保齡球和一些撞球滾過彈簧床表面時，彈簧床的結構會彎曲起伏，而這些動態變化也將決定球滾動的路徑，並造成撞球向

保齡球移動。

　　彎曲起伏的時空結構可解釋重力、重力與加速等效性，以及如愛因斯坦所宣稱各種運動的普遍相對性。量子力學先鋒、諾貝爾得主狄拉克（Paul Dirac）評此為「可能是最偉大的科學發現」，另外一位二十世紀物理學巨擘波恩，則稱之為「人類對自然思考的登峰造極之作，將哲學領悟、物理天分和數學技巧做了最驚人的組合。」

　　整個過程讓愛因斯坦用盡力氣，但他高興不已。他的婚姻支離破碎，歐洲正遭受戰火肆虐，然而卻是他人生最快樂的時光。他對貝索歡呼道：「我最大膽的廣義協變性夢現實現了！水星的近日點運動準得太美妙了！」他鬆口氣嘆道，自己「累斃了但很滿足」。

第九章

離婚
DIVORCE

「人生經驗中的小漩渦」

愛因斯坦年輕時便曾對第一任女友的母親寫信預言道，對科學的喜愛將成為自己遭逢感情創傷時的避風港。事實果真如此，他雖然征服了廣義相對論，卻無法找到平息家庭風暴的公式定理。

情況很複雜。正當他要搞定場方程式之刻（一九一五年十一月最後一周），兒子漢斯告訴貝索想和父親一起過聖誕節，最好是到僻靜之處如楚格柏（Zugerberg）山等。然而，漢斯同時又寫了口氣惡劣的信件給父親，說自己壓根不想看到父親來瑞士。

該如何解釋這份矛盾呢？漢斯的心態有時顯得很兩面，畢竟他才十一歲，對父親的態度有非常大的衝突。這並不令人意外，因為儘管愛因斯坦個性鮮明，有時還有難以抵擋的魅力，對自己的孩子在實質與情感上卻保持距離，冷淡且漠不關心，讓孩子任由自覺忍辱吞聲的母親寵溺照護。

愛因斯坦對付科學問題展現的執著毅力，正好與處理個人情感糾葛的缺乏耐性形成對比。在剛完成廣義相對論最後一場演講幾天後，他寫信告訴孩子取消行程了：「你信中的無情讓我非常錯愕，我明白去看你不會帶給你絲毫快樂，所以我認為坐在火車裡二小時又二十分鐘是錯誤

的。」

聖誕節禮物也成為問題。漢斯很喜歡滑雪，馬里奇買給他一組七十法郎的用具。他寫信跟父親說道：「媽媽買一套設備給我，條件是您也贊助，我把它們當成聖誕禮物囉！」這讓愛因斯坦很不高興，他回信說自己會送現金當禮物，並劃線強調說：「但是我真的認為一個七十法郎的昂貴禮物，與我們這種小康家庭並不相稱。」

貝索擺起他所謂的「牧師樣」在當和事佬，勸解道：「你不應該對孩子這麼生氣！」他相信摩擦的源頭是馬里奇，但是請愛因斯坦記住她「不只壞，也有好」。他覺得愛因斯坦應該試著理解，馬里奇要應付他更是困難。「天才的太太不好當」，這句話在愛因斯坦的情況中更顯真實。

愛因斯坦來訪的計畫之所以引起焦慮，有部分是誤會造成。愛因斯坦認定讓父子倆在貝索家會面的計畫，是馬里奇和漢斯的意思。事實上，漢斯根本不想在父親與貝索討論物理時當旁觀者，他想要和父親獨自相處！

馬里奇最後寫信澄清，化解了愛因斯坦的誤會。他表示：「我也是有點失望不能與漢斯獨處，只能在貝索的陪同監護下。」

最後，愛因斯坦決定照原定計畫到蘇黎世，並且答應兒子會常常來看他。他說：「以漢斯[1]現在的年紀，我對他的影響會很大，我希望能教育他客觀地思考、判斷和領會事物。」一星期之後，他寫信告訴馬里奇自己真的很高興能去一趟：「只要我的來訪，能有一絲絲機會讓漢斯感到快樂！」不過，他又不客氣地加上一句：「不過也要他真的歡迎我。我工作太多累壞了，沒辦法再承受更多的煩心和失望。」

世事不如人意。愛因斯坦疲憊不堪，加上戰爭使跨越德瑞邊境困難重重，在一九一五年聖誕節前兩天，原定啟程到瑞士的日子，愛因斯坦寫了一

1　為了避免混淆，在提到這個男孩時我會稱他為漢斯，雖然愛因斯坦總是叫他阿爾伯特。有一次愛因斯坦寫信給他兒子並署名阿爾伯特而不是爸爸。在他下一封信的開頭，他尷尬地寫道：「上一封信裡的怪簽名是因為我的疏忽，我不是要簽自己的名字，只是經常不小心把收信人的名字寫在最後」。

封信給兒子：「過去幾個月來我一直辛勤工作，亟需在聖誕節假期好好休息。除了這個以外，目前也不一定能跨越邊境，因為最近幾乎都處在關閉狀態，所以很遺憾不能去看你。」

愛因斯坦留在家中過聖誕節。那天他從小皮包取出漢斯寄來的幾張畫，寫明信片告訴兒子這些畫讓他有多麼高興。他答應復活節一定會來，也表示很高興兒子喜歡彈鋼琴：「也許你可以練習一些小提琴伴奏曲，那麼我們復活節時便可以一起演奏了。」

剛和馬里奇分居時，愛因斯坦決定不要離婚，因為他沒有欲望和艾爾莎結婚，覺得沒有束縛的伴侶關係正好適合他。一九一五年十一月完成廣義相對論的演講後，隔天他寫信給倉格爾：「想強迫我再婚的人是表姐的父母，主要是虛榮心作祟。當然在老一輩的人心中，道德偏見也占一定分量。如果我掉入陷阱，生活會變得很複雜，最重要的是會對孩子們造成重大打擊。因此，我一定不能被自己的私心與眼淚所動搖，得堅守立場才行。」這項決定，他也對貝索重複一次。

貝索和倉格爾也同意他不應該離婚。貝索寫信給倉格爾說：「讓愛因斯坦知道這一點很重要，他最好的朋友會把離婚與再婚視為罪孽深重。」

但艾爾莎和家人節節進逼。所此在一九一六年二月時，愛因斯坦寫信向馬里奇提議，請求（實際上是懇求）她同意離婚，「以便我們能各自安排餘生」。他建議當初請哈柏幫忙擬定的分居協議，可做為離婚談判的基礎，他答應：「當然細節部分可安排到讓妳滿意為止。」他在信中還教她如何讓孩子們不會有鈣不足的問題。

馬里奇不願意離婚，反而讓愛因斯坦變得更堅持。他表示：「對妳可能只是形式，對我卻是一項迫切的責任。」他告訴馬里奇說艾爾莎有兩名女兒，她們的名聲和結婚機會可能會受母親與愛因斯坦有染的「傳言」連累。他對馬里奇說：「我有壓力，應該給人家名分來補償。請試著為我設身處地著想一次。」

　　為了利誘，他提議付更多錢。他告訴馬里奇：「妳將因此獲得好處，我希望比以前付出更多。」他打算匯入六千馬克作為小孩的基金，每年給她的贍養費則增加到五千六百馬克。他指出：「我自己會縮衣節食，請妳相信，世上唯有孩子們的福祉最讓我牽腸掛肚。」

　　交換條件是，他要求兒子們能到柏林找他。他保證，他們不會與艾爾莎碰面，甚至加上一個令人驚訝的承諾：即使和艾爾莎結婚，他也不會和她住在一起，他會保留自己的公寓。「我永遠不會放棄獨居的生活，因為那是一種難以言喻的幸福。」

　　馬里奇並不同意讓孩子們到柏林探訪他，但是她暫時同意（至少愛因斯坦這麼想）可以開始討論離婚了。

　　愛因斯坦遵照對漢斯的諾言，一九一六年四月初到瑞士度過三周的復活節假期，他住進蘇黎士火車站附近的一間旅館。最初事情進展順利，孩子們歡欣鼓舞地來旅館看他，讓他寄了一張感謝信給馬里奇：

　　孩子們的狀況很好，我由衷感激。他們的身體心智都維持最佳狀態，我不能有更高的奢求，我知道這主要是妳教養得當的緣故。我也感謝妳沒讓孩子們疏遠我，他們主動來看我，非常貼心。

　　馬里奇傳話表示想來見愛因斯坦。她的目標是要確定他真的想離婚，不只是受到艾爾莎的壓力。貝索和倉格爾嘗試安排兩人會面，但愛因斯坦拒絕了。他在給馬里奇的短箋中寫道：「我們兩人之間談話沒有意義，只會重新扯開舊傷口。」

　　如漢斯所願，愛因斯坦終於單獨帶兒子去旅行，他們預計要在能眺望琉森湖的高山度假勝地健行十天。一場遲來的大風雪把他們困在旅館，兩人起先還很愉快，愛因斯坦寫信給艾爾莎說：「我們被雪困在西利斯柏，但還是能自得其樂。孩子很得人疼，很會問聰明的問題，而且不會挑三揀四；我們

之間沒有不和的地方。」不幸的，或許被迫困在一起，或許是天氣變得令人透不過氣，他們提早幾天回到了蘇黎士。

回到蘇黎士後，緊張的氣氛再起。有天早上漢斯為了要看個實驗，到物理系找父親，雖然上午兩人相處頗愉快，但是當漢斯要回家吃午餐時，他催促父親跟他一道回去，至少禮貌性跟母親打聲招呼。

但愛因斯坦不肯，那時快要十二歲的漢斯很生氣，表示除非父親答應了，否則他下午不會回來看完實驗。愛因斯坦還是不答應，一星期之後他離開蘇黎士時，寫信跟艾爾莎報備：「事情就是這樣，從那時起我就沒再見到孩子了。」

之後馬里奇經歷一連串身體和心理上的折磨。一九一六年七月她發生幾次輕微心臟病，且出現極度焦慮的情況，醫生囑咐她臥病休息。孩子們先是搬到貝索家，後來又到洛桑，馬里奇的朋友莎維奇正在那裡躲避戰亂。

貝索和倉格爾試著說服愛因斯坦從柏林來陪自己的兒子。但愛因斯坦顧慮很多，他寫信給貝索：「如果去蘇黎士，我太太會要求見我。這事我必須拒絕，部分是因為我心意已決，部分是為了不再刺激她。而且，你知道孩子和我之間的關係在復活節期間惡化（雖然開始充滿希望），我非常懷疑自己的出現能否讓他們感到放心。」

愛因斯坦認定太太的病大部分是心理因素，甚至有部分可能是假的。他問倉格爾：「有沒有可能是心理作祟的緣故？」對於貝索，他講得更赤裸了：「我懷疑這女人正在誤導你們兩個好心人，她為達目的可是不擇手段，你們不知道這女人天生有多狡猾！」愛因斯坦的母親也同意這種看法，她告訴艾爾莎說：「米列娃的病沒有妳想像得那麼嚴重。」

愛因斯坦請貝索隨時告訴他情況，還用科學要幽默刺傷人家，表示貝索的報告不需要有邏輯上的「連續性」，因為「這在量子理論的年代是可允許的」。貝索不同意，他回給愛因斯坦一封尖銳的信件，說明馬里奇的情況不是「欺騙」，而是因為情緒壓力所造成。貝索的太太安娜口氣更加嚴厲，在

信尾加上一筆 P.S.，用正式的「您」稱呼愛因斯坦。

愛因斯坦收回馬里奇是裝病的指控，但是抱怨她沒有理由心情不好。他寫信給貝索說：「她過著無憂無慮的生活，有兩個心愛的孩子陪在身旁，住的環境好，愛幹什麼就幹什麼，而且又是沒有錯的一方。」

那冷冷的 P.S. 讓愛因斯坦很受傷，他誤認為那是出自貝索之筆。於是他也加上一段：「我們認識彼此已經二十來年，然而你現在竟然為了不相干的女人討厭我，別這樣吧！」後來他發現自己誤會了，於是連忙送出另一封短箋致歉。

在倉格爾的勸告下，馬里奇住進了療養院。愛因斯坦仍抗拒去蘇黎士，儘管兩個兒子是單獨與一位女傭在家，不過他也告訴倉格爾「若你認為這樣不妥」，他會改變心意。但倉格爾沒有這樣說，他後來對貝索的解釋是「兩邊的關係太緊張了」，而貝索也同意。

儘管態度疏離，但愛因斯坦疼愛兒子們，而且願意永遠照顧他們。他請倉格爾務必告訴孩子，如果他們的母親死了，他會保護他們。他表示：「我自己會帶兩個孩子，他們會留在家裡自學，我個人會盡量親自教導他們。」在接下來幾個月的信件中，愛因斯坦提到不同的點子以及對於在家教育小孩的幻想，例如他會教些什麼，甚至是他們會怎麼散步等。他寫信給漢斯保證，他自己「經常思念你們兩個」。

但是漢斯太生氣，或說是受到傷害了，不肯再回父親的信。愛因斯坦對貝索哀聲嘆氣：「我相信他對我的態度已經降到冰點以下了。在這種情況下，我也會有相同的反應。」在三個月寫給兒子的三封信皆未得到回音時，愛因斯坦很難過地寫信給他：「你不記得你的父親了嗎？難道我們再也不見面了嗎？」

最後，漢斯寄給父親一張自己用木頭雕刻的小船照片，並提到母親從療養院回家的情形：「當媽媽回家時，我們一起慶祝了。我彈了一首莫札特的奏鳴曲，提特則學唱一首歌。」

　　這淒涼的景況讓愛因斯坦願意退一步，決定先不跟馬里奇提離婚之事，這似乎有助於她的復原。愛因斯坦告訴貝索說：「我會小心別再讓她有負擔，我已經不再管離婚的事了，現在全心放在科學研究上。」

　　的確，每次什麼私事開始讓他有壓力，他便會拿工作當避風港；工作為他抵擋俗事，讓他逃離現實。他告訴莎維奇（或許希望話會傳回給馬里奇），他打算退到科學國度了：「我就像一名遠視的男子，被宏大的地平線深深吸引，只有出現障礙物看不到遠方時，才會注意到眼前的事。」

　　所以即便私人戰爭是一片狂風暴雨，科學還是他的安慰劑。一九一六年，他開始書寫量子研究，也撰寫廣義相對論的正式發表文字，不僅內容更全面，也比十一月匆促完成的演講稿更容易理解。

　　此外，他也為一般讀者寫了一本較淺顯易懂的書籍《相對論：狹義與廣義理論》（*Relativity: The Special and the General Theory*），至今仍廣受歡迎。為了要確定一般人能懂，他對艾爾莎的女兒瑪歌朗讀內容，時常停下來問她是否真的明白了。瑪歌總是回答說：「是的，阿爾伯特。」即管她跟別人吐露說，她覺得整個東西完全令人一頭霧水。

　　在蒲朗克六十歲誕辰紀念會上，愛因斯坦發表一場演講，主題便是科學有辦法在個人情感痛苦時成為避風港。雖然談的是蒲朗克，但似乎更傳達愛因斯坦本身的感受。他指出：「有一種很強的動機會將人們導向藝術和科學，那便是逃離日常生活的痛苦無助與孤獨無望。這種人將宇宙與結構當成情感生活的重心，期望找到人生小漩渦中不能冀求的和平安寧。」

離婚協議

　　一九一七年初，輪到愛因斯坦生病了。他因胃痛而躺下，一開始以為是癌症。既然他的任務已經完成了，死亡並沒有嚇到他。他告訴天文學家弗侖狄區說，自己已經完成相對論，所以並不擔心要死了。

　　另一方面，弗侖狄區則為朋友感到擔憂，因為愛因斯坦只有三十八歲。他送愛因斯坦去看醫生，診斷結果是慢性胃病作祟，再加上戰爭食物短缺而使病情惡化。醫生開了四周的菜單治療，叫他吃米飯、通心粉和烤麵包等。

　　胃病折磨他將近四年，後來又糾纏他一輩子。由於他一個人住，常常沒有好好吃飯。倉格爾按照醫生開的菜單，從蘇黎士採買為他寄來包裹，但不到兩個月他竟然掉了快五十磅。最後在一九一七年夏天時，艾爾莎在自家大樓內租了另一間公寓，讓他搬過去當鄰居方便照料。

　　艾爾莎樂於費心找來各種食物，盡量滿足他的需求。由於戰爭期間食物取得不易，但富裕的艾爾莎很有辦法，能找到他喜歡的雞蛋、奶油和麵包。她很寵他，每天為他煮飯，甚至為他找來雪茄。她的父母也出力甚多，常會邀他們兩人過去好好吃一頓。

　　愛因斯坦小兒子愛德華的健康情況，也是時好時壞。一九一七年初他又發燒了，結果併發肺炎。當愛因斯坦得知醫生表示病情不甚樂觀時，他對貝索難過地說：「小兒子的情況讓我十分沮喪，他是不可能好好長大了。我在想，若是他還沒嚐過人生滋味就走了，會不會對他比較好？」

　　對於倉格爾，愛因斯坦則是想到「斯巴達方式」（Spartan's method），就是把生病的小孩送到山上等死，但也坦言自己無法接受。他承諾要盡一切可能讓愛德華得到照顧，於是請倉格爾將小孩送到最好的醫療診所。愛因斯坦說：「即使你心中認為任何努力都會白費，但請你無論如何要試一試，讓我太太和小阿爾伯特認為我們已在努力。」

　　那年夏天，愛因斯坦回到蘇黎士帶愛德華住進瑞士阿羅薩村（Arosa）的一家療養院。他寫信給朋友艾倫費斯特，其中又可看到他利用科學超越個人痛苦的能力：「小兒子病得很厲害，必須到阿羅薩靜養一年。我太太也在生病，煩惱一樁又一樁。但是，我已經找到一個推論蘇馬費—艾波斯坦量子定律（Sommerfeld-Epstein quantum law）的好方法了。」

　　漢斯隨父親陪愛德華到阿羅薩，後來當愛因斯坦到琉森，待在妹妹瑪雅

與妹婿保羅家時，漢斯也前往拜訪。在那裡他發現父親因胃痛而臥床不起，由姑丈保羅帶他去健行。在慢慢經過一些感情修補後，愛因斯坦與長子的關係恢復了。他告訴倉格爾：「過去一年來，小阿爾伯特的信是我最大的喜悅。我們之間擁有親密的連繫，讓我感覺很幸福。」另外，家計煩惱也減輕了，他提到：「我從維也納研究院拿到一千五百克隆的獎金，可以拿來做提特的治療費。」

他既然搬去與艾爾莎住同一棟大樓，還接受人家照料而復原，愛因斯坦與馬里奇的離婚問題難免又浮出枱面。一九一八年初時果真舊事重提，愛因斯坦寫信道：「我希望將私事整理清楚，所以需要重提離婚之事，我決定盡一切可能完成此事。」這次他提出的贍養費更加優渥，將原先的六千馬克調高到九千馬克，不過其中二千馬克要存進給孩子的基金裡。[2]

然後他又追加一項很有意思的新誘因。他確信自己一定會贏得諾貝爾獎，雖然科學界尚未完全掌握狹義相對論，更別說接納最新且尚未證實的廣義相對論，不過他認為這些總有一天會被接受。再不然，他對光量子與光電效應的開創性見解也會受到肯定。於是，他對馬里奇開出一項大膽的條件：「若是我們離婚，而諾貝爾獎頒發給我的話，全部獎金歸妳。」

這金額是十分誘人的賭注。那時諾貝爾獎跟現在一樣，獎金之高眾所矚目，在一九一八年大約值135,000瑞典克朗（225,000馬克），超過馬里奇每年贍養費的三十七倍以上。此外，當時德國馬克開始狂跌，然而諾貝爾獎領的是穩定的瑞典幣。最重要的，這還帶有象徵性的正義，因為愛因斯坦一九〇五年寫論文時，馬里奇幫忙整理數學、校對內容並維持家務，現在當然要拿到一些好處。

----

2 愛因斯坦稅後的薪水是13,000馬克。當時的通貨膨脹使德國馬克的價值從一九一四年時的一馬克兌24美分跌到一九一八年一月時的19美分。當時一馬克可以買到兩打雞蛋或是四條麵包。（一年後，馬克會跌到只剩12美分，而到了一九二〇年一月，極度的通貨膨脹讓馬克只值2美分。）在一九一八年一月時馬里奇的6,000馬克贍養費價值約1,140美元，相當於二〇〇六年時的近15,000美元。愛因斯坦提議增加50%的數額。

　　但馬里奇一開始非常生氣，回信說：「就在兩年前，這類信件將我從悲慘邊緣推落，至今我尚未完全恢復。為什麼你要不停折磨我？你真的不應該這樣對我。」

　　但才沒幾天，她開始比較實際地評估狀況了。她的人生陷入低潮，受身體病痛和焦慮憂鬱所苦，小兒子正住在療養院，來幫忙的妹妹患上憂鬱症，被送進精神病院，而弟弟是奧地利軍隊的醫生，卻被俄國人俘虜了。也許結束與先生的戰爭，得到金錢保障對她最好。她的鄰居友人祖爾赫（Emil Zürcher）是一名律師，於是她找他商量決定。

　　幾天後她決定接受條件。她回信說：「請你的律師寫信給祖爾赫博士，看他的打算如何、契約該怎麼寫。這種令人沮喪的事，我一定得請公正人士來做。如果你心意已決，我也不想阻礙你的幸福了。」

　　整個四月他們透過信件與第三者進行談判。愛因斯坦小小抱怨說：「我很好奇哪件事情會拖得比較久，是世界大戰或者我們的離婚手續？」但畢竟事情如他所願在進行，所以他在信末愉快加上：「比較起來，我們之間的小事還是好太多了。祝妳平安健康，代我親吻孩子們。」

　　癥結點還是卡在錢。馬里奇跟朋友抱怨說愛因斯坦很吝嗇小氣（事實並非如此），都是因為艾爾莎。「艾爾莎非常貪婪，」馬里奇指控說：「她兩個妹妹非常富有，讓她心生嫉羨。」談判的信件往往返返，主要是討論拿到諾貝爾獎金如何支付、孩子們有何權利、若她再婚時怎麼安排，以及如果沒有拿到諾貝爾獎的話，愛因斯坦將如何補償。

　　另一個爭議點是兒子可否到柏林看望父親。關於這點，馬里奇堅持不答應，最後到四月底時，愛因斯坦投降了。他表示：「對於孩子的事，我讓步了，因為我相信妳是抱著解決的態度在處理事情。也許妳以後會認為讓孩子們來看我也無妨，目前，就讓我到瑞士去看他們吧。」

　　考慮到馬里奇健康情況不佳，愛因斯坦試著為兩個孩子做另一項安排，就是送到妹妹瑪雅及妹婿保羅家照顧。溫特勒夫婦同意照顧姪兒，他們先搭

火車到伯恩看看可行性。那時倉格爾不在，但他們想要在與馬里奇商量前先取得他的協助。於是保羅先去找性情暴躁的妹妹安娜（她嫁給了貝索），看是否方便讓他們借住一宿。

保羅並不打算告訴安娜此行目的，因為安娜很保護馬里奇，難免會冒出義憤填膺之氣。不過，瑪雅對哥哥報告：「但她猜到我們此行的目的了，當保羅證實她的猜疑時，果然就是換來一陣指控、責罵和威脅。」

因此愛因斯坦寫了封信給安娜，試著尋求她的諒解與支持。他重申，以馬里奇的情況「沒有能力照顧好一個家庭」，若是漢斯去和瑪雅與保羅同住，將會是最理想的狀況。至於愛德華也可以一起去，或者待在山間空氣良好的診所直到健康改善為止。愛因斯坦表示會負擔所有費用，包括馬里奇待在琉森一家療養院的費用，這樣她便能天天看見兒子了。

不幸的是，愛因斯坦在信末說錯話，竟然要求安娜幫忙協調，讓他能與艾爾莎結婚，不讓她兩個女兒因他們的關係繼續蒙羞。他表示：「請為這兩名年輕的女孩想想，她們結婚的前景受到了阻礙。有空請對馬里奇說說我的好話，讓她想清楚讓別人的人生無謂生波，是多麼壞心！」

安娜重砲反擊，指責艾爾莎才自私自利。她抨擊道：「如果艾爾莎不想讓自己受傷，便不應該明目張膽地纏著你。」

事實上安娜非常難相處，很快她也跟馬里奇不和了。馬里奇向愛因斯坦抱怨：「她試圖干預我的事情，甚至流露出惡意。」不過，安娜從中攬局至少幫忙改善了這對怨偶的關係。當兩人同意離婚條件後，愛因斯坦寫信給馬里奇：「我從妳信中得知妳和安娜・貝索也有同樣的問題。她寫給我的信真是放肆無禮，我已經不再跟她通信了。」

雙方協議好後，必須再等幾個月離婚判決才會確定，但每個人都因事情有個了結而如釋重負。馬里奇的健康情況改善了，所以孩子們可以留在她身邊，與先生的書信往返也變得友善了。愛因斯坦告訴倉格爾：「在談判離婚的信件往返中，我和太太建立起不錯的關係，真是好笑的和解狀況！」

雙方關係緩和意謂愛因斯坦能選擇一九一八年的暑假要怎麼過：到蘇黎士探望孩子，或是和艾爾莎一起輕鬆度過。他選擇後者，部分原因是醫生不建議他到高山旅行，所以他和艾爾莎到波羅的海的阿倫斯霍普（Ahrenshoop）度過七周假期。他帶了輕鬆的海灘讀物、康德的《未來形上學之序論》（*Prolegomena*），花了「無數時間沉思量子問題」，由於全神放鬆，終於使胃病改善了。他寫信告訴朋友：「沒有電話、沒有責任、絕對的寧靜。我是躺在海岸邊的一隻鱷魚，任憑太陽盡情烤曬，不碰任何報紙，對於所謂的世界一概不甩。」

從這次天堂般的假期中，愛因斯坦試圖安撫漢斯，因為他寫信說很想念父親並且請求道：「請至少寫信給我，告訴我為何您不能來。」愛因斯坦的解釋十分感傷也很保護自己：

你很容易想像我為什麼沒辦法來。這個冬天我病得很重，躺在床上整整超過兩個月。餐餐都要分開煮食，而且不能做太突然的動作，所以情況不允許我陪你去散步，或是三餐都在飯店裡解決。另外我和安娜吵架，我不想再加重倉格爾先生的負擔，也懷疑自己到訪對你是否意義重大。

他的兒子諒解了。他寫給父親的信中充滿新點子，包括描繪出一份設計草圖，在單軌火車裡放置一個擺錘，當火車過度傾斜時會擺動而中斷電力。

不過，愛因斯坦亂責怪漢斯，指他沒有想辦法到德國探望自己。可是，這會違反分居協議中的禁止條款，而且也很不實際，漢斯自己便解釋道：「我到德國比您到這裡更加不可能，因為我是家裡唯一能出門買東西的人。」

由於渴望離孩子們比較近，愛因斯坦曾短暫動念要搬回蘇黎士。一九一八年在波羅的海度暑假時，他考慮接受蘇黎士大學和母校蘇黎士技術學院合聘的工作。物理學家梅耶（Edgar Meyer）對他表示：「你可以照自己

的意思打造這裡的職位。」愛因斯坦便跟貝索開玩笑說：「若是十八年前得到這裡小助理工作的話，那我會多麼快樂啊！」

愛因斯坦坦承自己為這個抉擇感到苦惱。蘇黎士是他「真正的家」，瑞士也是他唯一覺得有歸屬感的國家，而且他又能離兒子這麼近！

但是有一個矛盾存在。若是他搬到兒子附近，代表他搬到馬里奇附近。即使愛因斯坦擅長躲避個人感情，但是要帶著艾爾莎與前妻住在同一個城市，恐怕是困難重重。他告訴貝索：「若是我在蘇黎士重新紮營，個人的重大難題將會揮之不去；雖然待在孩子身邊真的很誘人。」

艾爾莎對此堅決反對，甚至嚇壞了。她懇求愛因斯坦不要這麼做，而愛因斯坦對艾爾莎有求必應，所以他便打消到蘇黎士當教授的念頭了。

不過，他做了平常不會做的事情：他妥協了。他保留柏林的工作，但是答應到蘇黎士做客座教授，一年兩次各為期一個月。他想，這樣便可兩邊求全了。

瑞士方面似乎謹慎過頭，蘇黎士校方同意安排講座，但是只支付愛因斯坦的費用，「因本安排屬實驗性質」所以不支付報酬。事實證明他們確實有先見之明，因為愛因斯坦的講座起初很受歡迎，但是最後出席率大減，結果兩年後便取消了。

社會民主黨

愛因斯坦曾經半開玩笑地問馬里奇：世界大戰和他們的離婚手續，哪個會先結束？結果，兩件事在一九一八年底都在混亂中結束了。十一月德意志帝國面臨瓦解，基爾城水手的暴動迅速擴展成全國大罷工和民眾起義。愛因斯坦在十一月九日的教學日記中提到：「因為革命，課堂取消。」那天抗議群眾占領國會大廈，皇帝退位了。四天之後，工人學生革命委員會接管柏林大學，並監禁了院長們和校長。

　　由於戰爭爆發，愛因斯坦有生以來第一次成為勇於發言的公眾人物，他倡導國際主義、歐洲聯邦主義與抵抗軍國主義。現在，和平的來臨讓愛因斯坦的政治思考再度轉向內政與社會議題。

　　從年少時便是約斯特的崇拜者並與阿德勒結為好友，愛因斯坦一直深受社會主義與個人自由的理想所吸引。然而，柏林的革命是由一群社會主義、工會、共產主義與其他左翼分子所領導，當兩派理想發生衝突時，促使他必須正視思考。

　　終其一生，愛因斯坦都主張民主的社會主義，以自由、反獨裁的精神為基礎。他倡導平等、社會正義和管制資本主義，也積極維護弱勢者的權益。但是對於革命倒向擁護布爾什維克式的中央專制，或者造就出獨裁統治的蘇聯政權，熱愛個人自由的天性往往會讓他表達出不屑與輕蔑的態度。

　　女婿曾提到他在一九二〇年代期間的態度，「對他而言，社會主義反映出一種道德企圖，欲除去階級之間可怕的鴻溝，促成更為公平的經濟制度。」然而，愛因斯坦無法接受社會主義者的藍圖，他更重視孤獨的冒險與自由的快樂，無法接納徹底消除個體的制度。

　　愛因斯坦一直秉持這種態度。社會主義者內森（Otto Narhan）在愛因斯坦搬到美國之後，成為他的至交與後來的遺囑執行人，他對此曾表示：「愛因斯坦的基本政治哲學，在一生中並未經歷重大的改變。他歡迎德國一九一八年的革命變動，因為他對社會主義抱持好感，尤其他對民主政治具有熱切無比的喜愛。其政治思考的基礎是重視個體尊嚴，並維護政治自由和思考自由。」

　　當柏林的學生革命分子監禁校長與院長時，愛因斯坦決定開始將理念付諸行動。他打電話給物理學家波恩，波恩那天正因流行性感冒躺在床上休息。愛因斯坦表示自己要去學校裡，看有沒有辦法讓校長與院長們被釋放，並堅持要波恩起床跟他同行。他們還找了完形心理學前驅魏哲邁，或許是認為他的專長可能比理論物理學家更容易達成任務。

　　三人從愛因斯坦的公寓搭電車，到達學生開會的國會大廈。起先，他們被一群暴民擋住了，後來群眾認出愛因斯坦後便讓出一條路來。他們被接到一間會議室，裡面的學生代表正在開會。

　　主席向他們致意並請他們稍候，因為代表們正要通過新大學法章。後來他轉向愛因斯坦問道：「愛因斯坦教授，在您說來訪目的之前，可否先聽聽您對新法規有何看法？」

　　愛因斯坦頓了一會兒。有些人天生能夠「見人說人話、見鬼說鬼話」，以便從中得到好處。然而那不是愛因斯坦的作風，他坦率說道：「我一直認為德國大學最有價值的機制是學術自由，沒有太多的監督控管，沒人告訴老師們該教些什麼，學生也能自由選課聽講。您們所通過的新規章似乎將這全部作廢了，如果以前的自由將消逝，我會非常難過的。」波恩回憶說，那一刻「趾高氣揚的年輕人陷入一片困惑沈默中」。

　　但那無助於他的任務。在一些討論後，學生們自認沒有權力釋放校長與院長們，於是愛因斯坦一行人便改到總理官邸，看能否找到有權作主的人。結果，他們找到德國新任總統，他似乎覺得很煩也很困惑，於是很快下了一紙命令要求放人。

　　這紙命令奏效了。三人成功解救了同事們，波恩回憶當時的情況：「我們情緒高昂地離開總理官邸，感覺共同參與了一次歷史事件，並且希望那是最後一次看到普魯士的自大傲慢。」

　　接著，愛因斯坦回到街上與新祖國同盟（New Fatherland League）的群眾會合，發表帶在身上的兩頁講稿。愛因斯坦稱自己是「民主政治的忠實信徒」，再次清楚表明他雖懷有社會主義思想，但並不贊同蘇聯的集權控制作風。他指出：「所有真正的民主人士必須保持警覺，避免右派的舊階級暴政統治被左派的新階級暴政統治取代。」

　　有些左派人士堅持民主政治需要暫時放在一邊，直到群眾受到教育與凝聚鞏固新的革命意識才行。愛因斯坦並不同意，他告訴示威群眾：「不要被

一時的感覺矇蔽，以為非得要靠無產階級的獨裁政治，才能將自由的觀念灌進民眾的腦袋裡。」他譴責德國新的左翼政府為「獨裁」，並且要求政府應立即開放選舉，「盡快消除新暴政統治的所有疑慮恐懼。」

多年之後當希特勒與納粹黨人掌權時，愛因斯坦悲哀地回顧那天在柏林的情景。他寫信給波恩：「你還記得二十五年前那次我們一起到國會大廈，深信能夠將那裡的人變成誠實的民主人士嗎？當時，我們是多麼天真的四十歲男人啊！」

再婚

就在戰爭結束之後，愛因斯坦的離婚程序也結束了。相關程序要求他必須作證承認有通姦情事。於是在一九一八年十二月二十三日，他出現在柏林的法院，站在一位法官面前供稱：「我與表姐寡婦艾爾莎・愛因斯坦住在一起達四年半，並持續維持親密關係。」

彷彿為了證明起見，新年一月當愛因斯坦到蘇黎士進行首季演講時，便帶著艾爾莎隨行。開場的演講不像後來的場次，出席情況很踴躍，結果校方竟然派人守在門外，阻擋閒雜人等進入旁聽，讓愛因斯坦很不高興。漢斯到旅館探望父親，可能是趁艾爾莎不在之時。另外，愛因斯坦也在阿羅薩待了幾天，因為愛德華仍然在療養院裡休養。

愛因斯坦在蘇黎士待到二月十四日，三名當地法官下了離婚裁判，其中包括未來兌領諾貝爾獎的約定。在證詞中，愛因斯坦指自己的宗教是「異議者」，但是在離婚判決書中被寫成是「摩西教」。馬里奇也一樣被寫成「摩西教」，雖然她從出生便一直是東正教信徒。

判決書中也依照慣例，將「被告愛因斯坦兩年內不得再婚」的條款放進去。不過，愛因斯坦沒有打算遵守這項約束，他決定要娶艾爾莎，而且不到四個月便結婚了。

　　愛因斯坦的再婚牽涉到一件非常戲劇化的事情。倘若此事屬實，縱使他的家庭關係再怎麼不尋常，也顯得太怪異了。事情牽扯到伊爾絲和尼可拉，後者是一位主張和平主義的醫師和冒險家。

　　伊爾絲是艾爾莎的長女，其時年方二十一。當愛因斯坦籌辦威廉大帝物理研究所（Kaiser Wilhelm Institute of Physics），曾僱用伊爾絲當祕書，但是一直未能將研究所辦起來（唯一聘到的科學家是對他很忠心的天文學家弗倫狄區）。伊爾絲是有朝氣理想、優雅美麗的女子，雖然幼年一場意外讓她一眼失明，卻更增添幾許神祕感。但是她好比飛蛾撲火，很容易受到政治激進分子與風流才子所吸引。

　　因此伊爾絲會愛上尼可拉不教人意外。尼可拉曾在一九一四年和愛因斯坦合作，欲對德國知識分子的「致文明世界書」提出和平主義者的回應。除此之外，尼可拉是專長心電圖的醫生，曾經治療過艾爾莎。這個聰明的自我中心狂出生在德國，曾住過巴黎和俄國，但是他有嚴重的性癖好，有一次拜訪俄國期間，他記下共與十六名女性發生性關係，其中包括兩對母女檔。

　　伊爾絲愛上尼可拉和他的政治。除了當過短暫的情人外，她幫他打字與分送抗議信件。她也幫忙說服愛因斯坦，支持尼可拉出版和平主義冊子《戰爭生物學》（The Biology of War），裡面包括他們一九一四年流產的宣言，以及康德等德國自由主義經典作家的文章選錄。

　　愛因斯坦最初支持出版計畫，但是一九一七年把它歸為「毫無希望」。尼可拉曾經被徵召當德國軍隊的低階醫官，不知何故他硬是認為愛因斯坦一定會出資贊助這項使命，於是不死心地騷擾他。愛因斯坦寫信給他，在信中用第三者稱呼他：「沒有什麼事情比拒絕尼可拉更困難，這個男人對其他事情都這麼敏感，連草苗成長在他聽來也是喧囂不已，但對於拒絕之聲卻充耳不聞。」

　　有一次伊爾絲拜訪尼可拉的時候，表示愛因斯坦打算與她母親結婚。調情聖手尼可拉熱衷與母女檔交往，他告訴伊爾絲說愛因斯坦錯了，他應該和

伊爾絲結婚，而不是娶她的母親。

我們不清楚兩方正在玩什麼心理把戲。總之，伊爾絲寫給尼可拉一封詳細入骨的信件，告訴他「選擇伊爾絲或艾爾莎」的問題突然變成愛因斯坦真正的問題了。這封信太奇怪了又勾人好奇，值得在此節錄一大段：

對於下面我要說的事情，你是唯一我能信賴、並且唯一能給我忠告的人……你記得我們最近談過阿爾伯特和媽媽結婚之事，你告訴我說阿爾伯特和我結婚會更加適合。直到昨天我都未曾認真想過，但是昨天阿爾伯特究竟希望和媽媽或我結婚的問題，突然浮上我的心頭。原本這個問題是半開玩笑的，但是迅速變成嚴肅的事情，必須要有周全完善的考慮與討論。阿爾伯特自己拒絕做出任何決定，他準備和我或媽媽結婚。我知道他非常愛我，也許比任何其他男人都更多，他昨天自己這麼告訴我。一方面，他可能比較喜歡我當他太太，畢竟我年輕可以為他生兒育女，這種情形自然不適合媽媽；但是他是高尚人士又深愛媽媽，根本不會提起這樣的事。你知道我對阿爾伯特的態度，我非常愛他，最尊敬他的為人。如果在兩種不同類型的人之間，會有真正的友情與同志情誼存在，那肯定是我對阿爾伯特的感覺了。我從來沒有希望或感覺到一絲絲欲望想要與他有肌膚之親，但是他的情況則不同，至少最近有些跡象。他有一次向我承認說，要時時克制自己相當困難。但是現在我相當確定，我對他的感覺還不足以進入婚姻生活……在這件奇怪又很好笑的事情中，必須考慮的第三人是母親。目前她還不十分相信我是當真的，允許我完全自由選擇。如果她看見我和阿爾伯特在一起很快樂，她一定會退讓在一旁。但這無疑會讓她難過痛苦，而我不知道那究竟是否公平，畢竟在她經過多年努力，現在好不容易目標在望了，我卻殺出來和她競爭她已贏得的位置。老一輩的人自然會被這類新念頭嚇壞，那麼母親將遭受侮辱不快等事……阿爾伯特也認為，如果我沒想要生他的小孩，那我不要和他結婚會比較好，而我真的沒有這種願望。對你來說，像我這種愚蠢的二十歲女孩要做

如此重大的決定，一定很奇怪吧？連我自己都很難相信，也覺得做這種事情很不快樂。請幫幫我！伊爾絲上。

她在第一頁加上大大的附註：「讀後請立即銷毀信件！」然而，尼可拉並沒有這麼做。

這是真的嗎？還是半真半假呢？真相是否因解信人而異呢？在愛因斯坦的「母女選擇題」中，我們僅能找到這封信當證據；包括當時與後來的回憶錄，都不曾再見過這個話題。而這封信出自於感情豐沛又被愛情沖昏頭的年輕女孩，她渴望勾起風流才子的垂憐關愛，也許一切只是她在幻想，或是她想激起愛人的嫉妒。這裡面牽涉到太多人性，若真有此事，恐怕真相也難覓了。

最後，愛因斯坦在一九一九年六月與艾爾莎結婚，而伊爾絲始終與兩人保持親近的關係。

愛因斯坦的家庭關係似乎在各方面都有改善。七月他去蘇黎士見兩個兒子，當馬里奇出門不在時，他便待在前妻家中陪漢斯。艾爾莎似乎對這安排感到不安，但是愛因斯坦至少寫了兩封信，跟她保證馬里奇很少在場。在一封信中他說道：「深入虎穴證明是相當值得的，而且不用害怕會發生什麼意外。」他和漢斯駕船遊湖、演奏音樂，並且完成一架模型機。他寫信給艾爾莎說道：「這個孩子帶給我難以言喻的喜悅，他勤奮好學又有毅力，鋼琴也彈得不錯。」

由於與兒子相處融洽，愛因斯坦再度動念要讓艾爾莎一道搬到蘇黎士住。這提議讓艾爾莎驚慌失措，她清楚表達不願意。於是愛因斯坦退讓了，向她保證：「好吧！我們會留在柏林，請冷靜下來，別再擔心了！」

愛因斯坦的第二次婚姻與第一次婚姻不同，不見浪漫激情。打從一開始，他和艾爾莎便分別睡在柏林大棟公寓相距兩頭的臥室。這場婚姻也不是知性交流，艾爾莎曾表示說，瞭解相對論「對我的幸福不是必需的」。

　　另一方面，她擅長處理實際生活事務，這些東西是丈夫所畏懼逃避的。艾爾莎的法語和英語極為流利，旅行時可以充當他的翻譯和經理。她指出：「我沒有什麼天分，也許當太太和母親除外。我對數學的興趣，也僅僅在家庭收支簿上。」

　　這種說法反映艾爾莎的謙虛處世和不安全感，但我們也別低估她。要同時扮演好愛因斯坦需要的太太和母親兩種角色，並不是簡單的工作，更別說還要打理金錢財務。她做這些事情時流露聰明又熱心的氣質，雖然偶爾會因為身分特殊而稍稍裝模作樣一下，但一般而言她都能保持從容與幽默感，讓先生也能保有自己的從容與幽默感。

　　這場婚姻事實上是一種穩固的共生關係，大體上能滿足合夥雙方的需求與欲望。艾爾莎是有效率又活潑的婦女，熱衷於服侍與保護先生。她喜歡他的聲名遠播，並且未試圖隱藏；她也享受名氣帶來的身分地位，即便這意謂著她得愉快地趕走那些打擾先生隱私的記者與騷擾人士。

　　他同樣很高興接受她的照料。她告訴他何時吃飯以及該去哪裡，為他打包行李並塞給他零用錢。在公開場合，她非常保護自己口中稱為「教授」或「愛因斯坦」的男人。

　　這讓他可以連續幾小時盡情做白日夢，把重點放在浩瀚的宇宙而非周遭的世界。這讓她感到欣慰滿足，曾經說：「神給他內心這麼多美麗的東西，我覺得他處處充滿驚奇，雖然生活在他身邊並不容易，需要花費許多心神。」

　　一位親戚提到，當愛因斯坦專注在工作上，艾爾莎「知道需要摒除一切干擾元素」。她會做他喜歡的扁豆湯和煎臘腸，把他從書房叫下來用餐，然後留他獨自機械化地吃完。但是當他嘴巴碎碎念抗議時，她會提醒他吃東西很重要。她這麼說道：「人們有幾世紀的時間發現事物，但是你的胃可不同，它不會等幾世紀。」

　　從他飄遠的眼神看來，她知道他正「陷在問題中」，所以不應該去打

擾他。他會在書房裡來回踱步，她便把食物送上去。當專心思考結束之時，他會下樓到餐桌吃飯，有時候飯後會請艾爾莎和女兒一道去散步。她們都乖乖聽話，從來不曾主動開口要求。有家報紙在訪問她之後，如此報導：「提出要求的人都是他。而當他要求她們陪散步時，她們便知道他的工作解決了。」

伊爾絲最後與凱瑟（Rudolf Kayser）結婚，他是德國一家有名的文學雜誌編輯，他們舉辦文藝之家，裡面擺滿藝術品，邀請藝術家和作家駐居。喜歡雕刻的瑪歌生性十分害羞，當父親有客人來訪時，她會躲到桌子底下。她一直住在家裡，甚至一九三○年嫁給俄國人馬里諾夫（Dimitri Marianoff）後亦然。這兩名女婿最後都對愛因斯坦的家庭生活出版第一手紀錄，然而成績並不出色。

此時，愛因斯坦和艾爾莎與兩名女兒住在柏林市中心附近的一間大公寓，裡面裝潢樸實，有深綠色的壁紙與白蕾絲亞麻桌巾。朋友和同事法蘭克表示：「讓人感覺到愛因斯坦住在這裡永遠像個陌生人，彷彿是波希米亞人到中產階級家庭裡作客。」

他們不顧建築物安全法規，將閣樓三個房間打通變成一間書房，再配上一扇大窗戶。書房掛著牛頓、馬克斯威爾和法拉第等人的畫像，雖然偶爾會撢撢灰塵，但從未弄整齊過，只見論文四處堆擺。愛因斯坦會坐在一把老扶椅上，拍拍自己的膝蓋，有時則起身踱步，然後坐下來飛快寫下算式，「希望能將相對論擴展到解釋宇宙上」。

第十章

愛因斯坦的宇宙
EINSTEIN'S UNIVERSE

一九一六～一九一九年

宇宙學和黑洞（一九一七年）

宇宙學研究宇宙整體，包括宇宙的大小和形狀、歷史和命運，窮盡空間的極限，從開始到時間終止。這是一個大題目，而且並不簡單，就連定義概念的意義，甚至它們是否有意義都不簡單。藉由廣義相對論中的重力場方程式，愛因斯坦奠定研究宇宙本質的基礎，成為現代宇宙學的首要開創者。

在這方面幫助他（至少在早期階段）的是史瓦西（Karl Schwarzschild），他是位很厲害的數學家，更是頂尖的天文物理學家，當時任職德國波茨坦天文台台長。史瓦西讀了愛因斯坦最新提出的廣義相對論，在一九一六年初開始嘗試應用到天體上。

不過，史瓦西的工作在非常困難的狀況下進行。戰爭期間他當德國志願軍，當他看到愛因斯坦的論文時，正駐紮在俄國境內預測砲彈軌道。難得的是，他還是能找出時間，根據愛因斯坦的理論計算出天體周圍的重力場分布。相較於愛因斯坦能一邊提出狹義相對論，一邊審查時鐘同步化專利申請案的情況，史瓦西在戰時能兼具研究的表現可謂是旗鼓相當。

一九一六年一月史瓦西將自己的結果寄給愛因斯坦，表示可讓相對論「更加燦爛耀眼」。同時，這個結果也更嚴謹地證實愛因斯坦的方程式

成功解釋了水星軌道。愛因斯坦相當興奮，回信道：「我不敢期待這個問題的正確解答會這麼簡單。」接下來的星期四，他親自將論文送交到普魯士科學院每周會議上。

史瓦西的第一個計算，是將重點放在非旋轉球狀星球外面的時空彎曲上。幾個星期後，他寄給愛因斯坦另一篇論文，探討此種星球的內部狀況。

在兩種情況中，都可能發生一種不尋常的情況，事實上這種狀況是不可避免的。如果星體（或任何物體）的所有質量全部壓縮到夠小的空間內（由所謂的「史瓦西半徑」界定），那麼所有的計算將會失效。在中心點，時空會無限自我彎曲。就我們的太陽來說，如果全部質量壓入半徑小於二哩的範圍內，就會發生這麼情況；至於地球，若全部質量壓縮成半徑約三分之一吋的時候，就會發生這種事情。

這代表什麼呢？在這種情況中，史瓦西半徑內部沒有東西能夠逃脫重力拉扯，包括光線或任何輻射在內。時間也會受扭曲，膨脹至完全不前進。換句話說，若有一個旅客接近史瓦西半徑附近，對於外面的人來說，看起來會彷彿凍結靜止般。

自始至終，愛因斯坦都不相信這些結果會與任何真實相符。例如在一九三九年時他寫了一篇論文，表示該篇論文「清楚呈現為何這些『史瓦西奇異點』（Schwarzschild singularities）不存在物理真實中」。不過就在幾個月後，奧本海默（J. Robert Oppenheimer）和學生史耐德（Hartland Snyder）提出相反的見解，預測星球可能會經歷重力崩陷。

至於史瓦西，他從來沒有機會進一步深究此問題。在寫完論文幾個星期後，他被一直可怕的自體免疫疾病擊倒，所有皮膚細胞都被吞噬殆盡，在那年五月過世，得年僅四十二歲。

愛因斯坦過世後，科學家發現史瓦西的奇怪理論是正確的。星球不僅可能崩塌，而且事實上常常發生崩塌。在一九六○年代，物理學家如霍金、彭若斯（Roger Penrose）、惠勒、戴森和索恩等人，都指出這的確是愛因斯坦

廣義相對論的一個特色，是很真實的一個特色。惠勒稱之為「黑洞」（black holes），自此之後黑洞成為宇宙學的一個特徵，也成為《星艦奇航記》（*Star Trek*）裡的情節。

如今宇宙各處都已經發現黑洞了。在銀河系的中央，也躲著一個質量比太陽大上數百萬倍的黑洞。戴森表示：「黑洞並不稀罕，不是宇宙的意外裝飾，而是宇宙中愛因斯坦的相對論唯一能夠展現全部光芒熱力之處。只有在黑洞這個地方，空間和時間會失去個體性，合併成為一個高度彎曲的四維度結構，而那正是愛因斯坦的方程式描述出來的景況。」

愛因斯坦相信連馬赫也會贊同，廣義相對論解決了牛頓的水桶問題：對於在完全空蕩蕩的宇宙中旋轉的物體，慣性（或離心力）並不會存在[1]，相反地，慣性只有在相對於宇宙間所有其它物體旋轉時才會造成。愛因斯坦告訴史瓦西：「根據我的理論，慣性只是所觀察質量與其餘質量之間的交互作用，不是『空間』本身參與造成的效果。可以這麼說，如果我讓所有的東西消失，那麼根據牛頓，伽利略慣性空間仍會存在，但是在我的詮釋之後，沒有東西會留下來。」

慣性的問題讓愛因斯坦與當時一名偉大的天文學家有過辯論，他是萊頓大學的德西特（Willem de Sitter）。在一九一六年期間，愛因斯坦努力找各種方法想保留慣性相對性和馬赫原則，包括假定各種不同的「邊界條件」（border conditions），例如沿著空間邊緣的遙遠質量必須無法觀察到。如德西特指出，這種作法本身就對馬赫不敬，因為馬赫反對以無法被觀察的事物做為假設。

到一九一七年二月時，愛因斯坦提出了一個新方法。他寫信給德西特表示：「您說得有道理，我已經完全拋棄自己的想法。我很想知道，您對於我正在思考的這個有點瘋狂的點子有何看法。」這個點子最初也讓他覺得太怪

1　第十三章會提到愛因斯坦在一九二○年於萊頓的演講中修正了這個看法。

異了，所以寫信給朋友艾倫費斯特時說：「這個點子讓我可能有被關進精神病院的危險。」他開玩笑地要艾倫費斯特保證，在他去萊頓大學訪問前要先確定附近沒有精神病院。

那月愛因斯坦將新點子發表，成為一篇影響重大的論文，題目是〈廣義相對論上的宇宙學思考〉（Cosmological Consideration in the General Theory of Relativity）。表面看來，這確實建立在一個很瘋狂的觀念上：空間沒有邊界，因為重力會將它彎回來！

論文開始時提到，充滿星球等物體的絕對無限大宇宙並不合理，會有無窮大的重力從每個方向用力拉，以及無窮的光線從每個方向照耀。另一方面，有限的宇宙飄浮在空間隨便某個位置也是無從想像的，因為是什麼能避免星球與能量飛走、逃脫並使宇宙完全消散呢？

因此他提出第三種選擇：有限的宇宙，但是沒有邊界。宇宙中的質量會導致空間彎曲，而在浩瀚的宇宙中所有的質量會造成空間完全彎曲回來。整個系統是封閉且有限的，但是沒有盡頭或邊緣。

愛因斯坦借用一種比喻來幫助大家想像這個概念，開始時想像有二維度的探險者在二維宇宙（如一個平坦的表面）上進行探索。這些「平面人」在這個平面上能隨意走向任何方向，但是上下概念對他們沒有意義。

現在，想像這些平面人的二維度仍然是在一個表面上，但是這表面稍稍彎曲了呢（對他們是非常細微的變化）？若是他們以及他們的世界仍然限制是二維度，但是其平坦的表面像是球的表面呢？愛因斯坦這麼說：「讓我們現在考慮二維度的世界，但是這次是在一個球面上而非在一個平面上。」當這些平面人射出一支箭後，看起來還是一直線往前，但是最後會轉彎繞回來，好比地球表面上一名水手直直橫渡大海，最後會從另一邊的地平線返回一樣。

平面人二維空間的彎曲使得其表面有限，但是卻找不到邊界。不管往哪個方向旅行，都到不了所處宇宙的盡頭或邊緣，但是最終都能回到相同的地

方。愛因斯坦這麼說：「這個考量產生一個令人著迷的結論，那就是體認到這些平面人的宇宙是有限的，但卻沒有邊界。」而且如果平面人的表面就像是膨脹氣球的表面，那麼他們整個宇宙會擴張，卻仍然沒有任何邊界。

我們可以像愛因斯坦所建議的，繼續擴大想像三維空間的如何產生相似的彎曲，創造出封閉、有限卻沒有邊緣的一個系統。對我們三維空間的生物來說，這並不容易想像，但是若利用高斯和黎曼發展出來的非歐氏幾何學，在數學上便極容易表達，同時也可以運用在四維時空上。

在這種彎曲的宇宙中，從任何方向出發的一道光束以看似直線的方式前進，最後仍然會彎曲回到原點。物理學家波恩表明：「有限但無邊界的空間的想法，是對世界本質最偉大的思想發現之一。」

沒錯，但是這個彎曲宇宙的外面是什麼？彎曲的另一面是什麼？那不僅是一個無法回答的問題，也是一個沒有意義的問題，正如平面人自問在表面之外是什麼一樣沒有意義。我們可以靠想像或是用數學猜想在四維空間裡事物會如何，但是除了在科幻小說中，去質問在我們三維空間的彎曲宇宙之外究竟是什麼模樣的世界，其實沒有太大的意義。

愛因斯坦從廣義相對論推演得到的這個宇宙概念，既簡單漂亮又魔幻。但似乎有個毛病，一個需要整修或者避開的缺點。廣義相對論指出宇宙必須是擴張或收縮，但不會保持靜態。因為根據其場方程式，一個靜態的宇宙是不可能的，因為重力會將所有物質全部拉在一起。

這與當時大多數天文學家所觀察到的現象並不一致。就他們所知，宇宙只由我們的銀河系組成，而銀河系看起來似乎相當穩定和靜態，裡面的星球似乎會緩慢移動，但不像是會快速向遠方離去。至於其它的仙女座等星系，在當時不過是天空中模糊不清的一團不明物體而已。（一些在亞歷桑那州羅威爾天文台工作的美國科學家，已經注意到某些神秘螺旋狀星雲的頻譜會往光譜紅色端移動，但是科學家們尚未確定這些遙遠的星系正加快遠離我們的銀河系。）

　　當物理學的傳統見解似乎與自己優雅的理論發生衝突時，愛因斯坦傾向於質疑傳統而非懷疑自己的理論，而且通常他的固執都能得到回報。在此事當中，其重力場方程式似乎暗示（事實上是大喊）穩定宇宙的傳統思考是錯誤的，應該被丟棄到一旁，如同牛頓「絕對時間」的觀念一樣。

　　不過，愛因斯坦這回自己對理論做了「稍微修正」。為了避免宇宙中的物質發生內爆，愛因斯坦增加了一種「排斥力」：在廣義相對論方程式中稍微加一點東西，來抵消重力無所不在的作用。

　　在修改過的方程式中，他以希臘字 $Lambda$ λ 來表示修正處，用 λ 乘以度規張量 $g_{\mu\nu}$ 來產生穩定靜態的宇宙。在一九一七年的論文中，他幾乎用道歉的口吻表示：「我們承認必須對場方程式做一個延伸，雖然此種延伸並非根據已知的重力性質。」

　　他稱這項新要素為「宇宙常數」（cosmological constant），後來當發現宇宙事實上正在擴張時，[2]愛因斯坦稱此為畢生的「最大錯誤」。不過，今天有證據顯示宇宙擴張正在加速中，宇宙常數被視為是一項有用的概念，甚至是真的有需要的。

　　在一九〇五年五個月的時間內，愛因斯坦震撼了物理世界，他提出光量子、狹義相對論和統計方法，顯示原子的存在。如今他才剛拚命完成一項費時更久（從一九一五年秋天到一九一七春天）的原創性研究，讓奧弗拜稱為「可謂是物理學史上一人完成最卓越之成就」。當專利審查員的他初次爆發創造力時，好像不費吹灰之力。但是這回的奮鬥相當激烈難纏，讓他筋疲力竭並受胃病打擊。

　　在這段時間內，他推廣了相對論、建立重力場方程式、為光量子建立物理解釋、指出量子涉及機率而非確定性，[3]並為宇宙整體的結構提出一項概

2　見第十三章。愛因斯坦發現宇宙正在擴張後，決定捨棄這個項。

3　將會在第十三章提到。

念。從量子這樣能想像到的最微小之物，到最大的宇宙本身，愛因斯坦都證明自己是一名大師。

日食（一九一九年）

　　廣義相對論此時出現一個可能的戲劇性實驗，這件事使飽受戰火折磨的世界有了光明與痊癒的機會。其所依據的概念相當簡單，人人都可瞭解，那便是重力會彎曲光線的軌跡。而且，愛因斯坦具體預測出當從遠方恆星發出的一道光束經過太陽附近強大的重力場時，將會觀察到何等程度的彎曲。

　　為了測試這點，天文學家必須精確算出在正常情況下星球的位置，然後等待該恆星所發出的光線路徑通過太陽旁邊，看看該星球的位置是否偏移了？

　　不過，實驗有一項令人期待的挑戰，需要在日全食發生時進行，才能看見星球的位置並且拍照研究。幸運地，自然讓太陽與月球的大小比例剛剛好，每幾年便有適合的日全食出現，有些時間與地點對於這種實驗成為理想的選擇。

　　愛因斯坦一九一一年的論文〈重力對光線傳播之影響〉以及第二年的《綱要》理論方程式，計算出星光通過太陽附近時大約會發生0.85弧秒的偏折，這個結果和牛頓將光當成粒子的輻射理論來預測是相同的。先前提到，一九一四年八月嘗試在克里米亞半島的日食進行實驗觀測時受戰爭所阻，因此愛因斯坦反而避免被證明錯誤的尷尬。

　　現在根據一九一五年底提出的場方程式（解釋了由重力引起的時空彎曲），愛因斯坦算出兩倍的偏折。他表示，通過太陽附近的光線應該會彎曲大約1.7弧秒。

　　在一九一六年受歡迎的相對論著作上，愛因斯坦再度呼籲科學家進行測試。他指出：「相較於太陽位於天上其它位置時，此時星球應該向太陽外偏

移1.7弧秒。驗證此推論正確與否是極為重要的問題，期待天文學家能早日提出解答。」

　　一九一六年在戰爭之中，荷蘭天文物理學家德西特設法將愛因斯坦的廣義相對論論文送給英吉利海峽對岸的愛丁頓（Arthur Eddington），他是劍橋天文台台長。當時愛因斯坦在英國並不出名，那裡的科學家對於德國科學家不是不理睬，便是加以詆毀。愛丁頓變成了例外，他熱心擁抱了相對論，並且用英文撰文推廣相對論（至少在學者之中）。

　　愛丁頓請教皇室天文學家狄森爵士（Sir Frank Dyson），提出了一個大膽的構想，認為即使德英兩國正在交戰中，仍可以派一隊英國科學家證明一個德國科學家的理論。此外，這也幫忙解決愛丁頓的個人難題，由於他是貴格教信徒，因為和平主義信仰的緣故，面臨了拒絕兵役將受監禁的命運（一九一八年三十五歲的他仍須接受徵召）。狄森說服了英國海軍，表示讓愛丁頓在下次日全食時率領探險隊去測試相對論，將是對國家最好的貢獻。

　　那次日食發生在一九一九年五月二十九日，狄森指出那將是獨一無二的好機會。因為太陽會出現在恆星眾多的畢宿星團（Hyades）當中（位金牛座中央）。不過觀測起來並不方便，因為日食看得最清楚的是從巴西海岸到赤道非洲之間橫跨大西洋的帶狀區域。再者，這事情也不容易，因為當一九一八年考慮派遣探險隊時，有德國潛艇穿梭該區域中，顯然指揮官對於掌控海洋的興趣遠遠超過探測宇宙彎曲。

　　幸運的是，在探險隊出發前一次大戰結束了。一九一九年三月初，愛丁頓率兩支隊伍從利物浦出航，一組到巴西北部亞馬遜河叢林一個孤鎮索波爾（Sobral）架立相機，一組包括愛丁頓在內駐紮到葡萄牙殖民地的普林西比小島（Principe），該島位於非洲大西洋海岸邊北緯一度的地方，愛丁頓在島嶼北端五百呎高的斷崖上架立設備。

　　日食預計在當地時間下午三點十三分開始，會持續大約五分鐘。那天早晨大雨滂沱，但接近日食的時候，天空開始放晴了。就在愛丁頓生涯中最關

鍵的幾分鐘，老天繼續逗弄煎熬他，烏雲流連不肯完全散去，最後遮遮掩掩的太陽終於露臉了。

愛丁頓在日記記錄到：「我沒有見到日食，因為忙著換照相板，除了看一眼確定日食開始了，以及到一半時看看烏雲的情況。」他總共照了十六張相片，在日記繼續寫著：「照到的太陽都很好，邊緣清晰可見，但是雲朵干擾了星星影像。」那天他打電報回倫敦，內容很電報式：「有雲，有望。愛丁頓。」

巴西小組有比較好的天氣，但最後結果必須等待兩地所有照相板運送回英國沖洗、測量和比較後才能知曉。這一直拖到九月，讓歐洲的科學鑑賞家翹首等候。對於一些觀望者來說，這染上戰後一層政治色彩，代表牛頓的英國理論與愛因斯坦的德國理論之間的一場競賽，前者預測偏折大約是0.85弧秒，後者預測偏折為1.7弧秒。

照片沖洗完後並沒有立即產生清楚的結果。巴西拍到一組特別好的照片，顯示偏折是1.98弧秒。另一組也在巴西拍攝到的照片有一點模糊，因為該組儀器的鏡子受到高熱影響，照片結果顯示有0.86弧秒的偏折，但是誤差值較大。再來是愛丁頓自己在普林西比島拍到的照相板，照片裡的星星比較少，所以需要用一串複雜的計算得到一些數據，結果指出偏折大約是1.6弧秒。

愛因斯坦理論的預測能力（提供一個可測試的預測），也許對愛丁頓施展了一定的影響，他為該理論優美的數學大為讚賞，讓他因而深信不移。他丟掉巴西那組較小偏折量的數字，主張那個儀器有問題，再有點偏心選用自己從非洲得到的有點模糊的照片，最後得到平均略高於1.7弧秒的結果，與愛因斯坦的預測相符。這不是最乾淨的證實，但對於愛丁頓卻足夠了，而且最後也證明是對的。他後來指出，得到這些結果是人生中最棒的時刻了。

在柏林，愛因斯坦表面上是不在乎，但等待消息時卻掩不住期盼。一九一九年德國經濟急遽惡化，連公寓裡的電梯也停用了，他正準備度過一

一九二七年，柏林書房，牆上掛的是牛頓肖像

妹妹瑪雅三歲，愛因斯坦五歲

一九○二年與「奧林匹亞學會」哈比希特（左）、索洛文合影

一九〇五年，與馬里奇暨
長子漢斯合影

一九〇五年，在伯恩的瑞士專利局，
奇蹟之年

一九一二年，攝於布拉格

蒲朗克　索爾維　　洛倫茲　　居禮夫人　龐加萊　　朗之萬

愛因斯坦

一九一一年的索爾維會議

艾倫費斯特　　　薛丁格　德布羅伊　海森堡

蒲朗克　居禮夫人　洛倫茲　愛因斯坦　　　波恩　　波耳

一九二七年的索爾維會議

一九一三年與居禮夫人於瑞士
健行留影

一九二七年與波耳在索爾維會議

一九二三年九月於萊頓與艾
倫費斯特（後排中起）、
德西特、愛丁頓（前排左
起）、洛倫茲合影

一九二九年於柏林與艾爾莎、瑪歌留影

一九二九年瑪歌與伊爾絲於卡布斯
寓所留影

一九三二年與長子漢斯及孫子
伯納德於卡布斯留影

與宇宙連結

一九三六年於長島峽灣航行

一九三一年一月於發現宇宙擴張
的威爾遜天文台留影

一九四〇年十月瑪歌、愛因斯坦與杜卡斯宣誓成為美國公民

一九五〇年與戈德爾於普林斯
頓合影

一九五一年與以色列總理古里安於普林斯頓合影

一九五〇年攝於普林斯頓

個沒有暖氣的寒冬。九月五日寫信給生病的母親時，他表示：「這個冬天得迎接寒冷與顫抖了。關於日食還是沒有新聞。」一星期後他寫信給荷蘭的朋友艾倫費斯特，最後故做輕鬆問道：「你在那裡有碰巧聽說英國日食觀察的事情嗎？」

從愛因斯坦提出這個問題可以看出來，他並不如表面那般鎮定，因為要是荷蘭的朋友們聽到消息，一定馬上告訴他的，根本不需要他開口問。最後消息終於傳來了，一九一九年九月二十二日洛倫茲送電報給他，表示有天文學家剛在會議上和愛丁頓聊過，此人轉述說：「愛丁頓在太陽附近發現星光偏移，實驗值為0.9弧秒到兩倍之間。」這個數值十分曖昧，到底是產生0.85弧秒的偏折，如牛頓輻射理論以及愛因斯坦在一九一二年丟棄的理論所預測的？還是兩倍的數值，如愛因斯坦現在的預測？

愛因斯坦沒有懷疑。他寫信給母親：「今天有些快樂的新聞，洛倫茲打電報說英國探險隊已經證實太陽造成的光線偏折了。」也許他具有信心，部分是因為想讓胃癌生病的母親高興起來，但更有可能是因為他知道自己的理論是正確的。

在洛倫茲的新聞剛傳到不久後，愛因斯坦正和一名研究生施耐德（Ilse Schneider）在一起。她回憶道：「他突然打斷討論，伸手拿了放在窗台上的電報。」他將電報遞給她，說道：「或許妳會對這感興趣。」

當然她興奮激動不已，但是愛因斯坦相當平靜。他告訴她：「我知道理論是正確的。」

她問道，如果實驗顯示他的理論是錯誤的，那怎麼辦？

他回答：「那麼我要對親愛的上帝覺得抱歉，因為我的理論是正確的。」

當日食結果更準確的新聞散播開來後，蒲朗克跟大家一樣很有禮貌地對愛因斯坦表示，其自信受到事實佐證是很好的事情。蒲朗克寫信道：「您已多次提過自己從不懷疑結果會如何，現在對別人來說，同樣成為無可置疑的

事實，當然是美事一樁。」身為一向愛護愛因斯坦的貴人，這項勝利具有不同凡響的意義：「真實與美麗相生相隨，如今已再度獲得明證。」愛因斯坦以謙遜的口吻回覆蒲朗克說：「這是命運令人感恩的禮物，讓我有幸親身經歷。」

愛因斯坦和蘇黎士比較親近的朋友表達興奮之情時，就比較輕鬆愉快了。那裡的物理系研討會送給他一首打油詩：

懷疑一淘而盡
真相大放光明：
愛因斯坦名聲響雲霄
光線向您轉彎敬個禮！

幾天之後愛因斯坦回覆了，他提及日食：

太陽夫人溫柔散發光與熱，
但可不愛想東想西的人。
因為她數十年如一日，
都戴上神祕面紗！
等月仙子翩然降臨，
她高興得幾乎忘了發亮，
也失去她最深處的祕密，
就在愛丁頓按下快門瞬間！

在此應該捍衛愛因斯坦吟詩作詞的段數，原文是以德國寫作，最後兩句還有押韻。

第一個非正式的公告是出現在荷蘭皇家學院會議上。愛因斯坦驕傲地坐

在講台上，現場有接近一千名欣喜雀躍的學生和學者，由洛倫茲報告愛丁頓的發現。但是因為這場會議未對外公開，所以沒有媒體在場，因此傳出的消息只是讓大眾更加引頸期盼兩星期後將在倫敦召開的正式發表會。

一九一九年十一月六日下午，英國最受敬重的皇家學會與皇家天文學會院士在柏林頓宮聚集，他們知道那可望成為歷史大事。議程上只有一個項目：報告日食觀測結果。

皇家學會主席與電子發現者湯姆森爵士（Sir J. J. Thomson）主持會議，從劍橋南下的哲學家懷海德坐在聽眾席中做筆記。在大廳上懸掛一幅莊嚴的牛頓畫像，往下注視著所有與會者。懷海德記道：「整個緊張興奮的氣氛完全像希臘戲劇，我們回盪吟唱著命運的宣判……背景的牛頓畫像提醒我們，在長達兩世紀後最偉大的科學理論將接受第一次修正。」

皇家天文學者狄森爵士很榮幸地負責報告觀測結果。他詳細說明儀器設備、相片和計算複雜性，不過結論很簡單，他宣布道：「仔細研究照相板後，我在此宣布無疑地他們證實了愛因斯坦的預測。在索波爾和普林西比島的探測結果，幾乎沒有疑問太陽附近發生光線偏折，而且正是愛因斯坦的廣義相對論所預測的偏折量。」

會場出現了一些懷疑聲浪。席柏斯坦（Ludwig Silberstein）指著牛頓畫像警告說：「若要修正或重改偉大的牛頓重力定律，我們必須極度小心。」但最後地位尊隆的湯姆森爵士定調，宣布說：「這項結果是人類思考最偉大的成就之一。」

愛因斯坦人在柏林，所以錯過了興奮喧囂。他買了一把小提琴慶祝，但是他明白牛頓定律不再完全支配宇宙的宣布深具歷史衝擊。愛因斯坦後來記錄此刻，寫道：「牛頓請原諒我！您在那個年代找到的方法，正是最聰明與最具創造力之人士，所可能找到唯一的方法。」

這是偉大的勝利，但理論卻十分艱深難懂。抱持懷疑的席柏斯坦去找愛丁頓，對他說世人相信只有三名科學家瞭解廣義相對論，聽說愛丁頓是其中

一位。

　　這位害羞的貴格派教徒沒有說話。席柏斯坦喊說：「愛丁頓，別太謙虛了！」

　　愛丁頓回答：「我不是謙虛，我只是在想第三個人會是誰。」

第十一章

名望
FAME

一九一九年

「光會彎曲」

正當世界厭倦戰爭，渴望人類能有超越性的成就，愛因斯坦的相對論闖進了世人心中。殘忍的戰爭結束快滿一周年時，科學界宣布一名英國貴格教徒已證實一位德國猶太人的理論了。物理學家殷菲德（Leopold Infeld）歡呼道：「兩個敵對國家的科學家又再度攜手合作，這是一個新時代的開始！」

十一月七日，《泰晤士報》報導戰敗的德國人被召到巴黎，將與英法兩國制定條約。但同時也出現下面三行標題：

科學革命
宇宙新理論
牛頓被推翻了

報導宣稱，「宇宙構造的科學概念必須修正」。愛因斯坦最新獲得證實的理論，「勢必出現新的宇宙哲學，一切過往將不復存在。」

《紐約時報》在二天後追上這條故事。由於倫敦沒有科學通訊記者，於是請高爾夫球專家克羅區（Henry Crouch）代打。他原本想跳過皇家學會的發表，後來雖然改變心意，卻已無法進入會場。於是他打電話給愛丁頓問大概情況，但覺得有點兒困惑，便請他用簡單的話再講一次。

　　也許是愛丁頓轉述得太熱情，或者是克羅區報導得太興奮了，總之愛丁頓對愛因斯坦理論的評價被抬高，報導為「人類思想史上最高的成就之一，甚至可能是最高的成就！」不過跟後來的風靡相比，標題已經算相當保守了：

ECLIPSE SHOWED GRAVITY VARIATION

Diversion of Light Rays Accepted as Affecting Newton's Principles.

HAILED AS EPOCHMAKING

British Scientist Calls the Discovery One of the Greatest of Human Achievements.

日食顯示重力變動
光線偏移，牛頓法則受動搖
劃時代的發現
英國科學家譽為人類最偉大的發現之一

　　次日，《紐約時報》顯然覺得太過保留，於是做了更動人心的追蹤報導。自報紙開始知道如何寫出經典標題後，那六排標題也成為經典之作：

LIGHTS ALL ASKEW IN THE HEAVENS

Men of Science More or Less Agog Over Results of Eclipse Observations.

EINSTEIN THEORY TRIUMPHS

Stars Not Where They Seemed or Were Calculated to be, but Nobody Need Worry.

A BOOK FOR 12 WISE MEN

No More in All the World Could Comprehend It, Said Einstein When His Daring Publishers Accepted It.

滿天星光都會轉彎
日食觀測結果撼動科學界
愛因斯坦理論大獲全勝
星星不在想像或計算之處，但無需擔心
為十二名智者所寫的書
非常有勇氣的出版社，因為愛因斯坦
說：除了這十二人，全世界沒人能懂！

接連數天《紐約時報》用以前輕快的普羅大眾筆調，強調該理論之複雜難懂是在跟常識作對。十一月十一日發表社論寫道：「這個新聞太令人震驚，甚至讓人對九九乘法表的信心都會動搖。」該報認定，「空間有限」的想法實在太愚蠢了，「一般人也不會光憑定義，就說盡頭到了，何況是高等數學家。」五天後又重回這個主題：「宣布空間有盡頭的科學家，有義務告訴我們盡頭再過去是什麼。」

不過開始報導一個禮拜後，《紐約時報》決定冷靜下來比較有幫助，比原先的困惑不解多了樂觀。報導指出：「當英國科學家聽到已拍到照片證實愛因斯坦的理論時，似乎被一股知識恐慌攫取了。但是當他們瞭解到太陽繼續從東方升起，而且未來仍會持續一段時間後，便慢慢恢復平靜了。」

《紐約時報》另外有位駐柏林的記者鍥而不捨，在十二月二日到愛因斯坦家中做訪問，並且掰了一段相對論的偽傳。在形容愛因斯坦位於閣樓的書房後，記者宣稱：「數年前就在這間頂樓書房裡，他觀察到一個人從附近的屋頂掉落，所幸這個人落在一堆垃圾上，幾乎毫髮未傷逃過一劫。他告訴愛因斯坦博士，在往下掉時並未感受到平常說的重力作用。」報導指出，那便是愛因斯坦何以能發展出牛頓重力法則的「昇華或補充」。在該篇報導的標題中，便有一行這麼寫道：「愛因斯坦像牛頓一樣受到啟發，但靈感是來自從屋頂掉落的男人，而非從樹上掉落的蘋果。」

這則報導事實上和文章內容所指一樣，都是「一堆垃圾」。愛因斯坦是一九〇七年於伯恩專利局工作時進行思考實驗，並不是發生在柏林，而且根本沒有人真的掉下來。報導出來後，他寫信給倉格爾：「報紙胡謅我的事情真是病態。」但是他瞭解並接受新聞業的工作方式，「這種誇張渲染迎合了大眾某些需求。」

的確，大眾出奇渴望瞭解相對論。為什麼呢？相對論似乎難以理解，但是神祕又誘人：彎曲的空間？光線的彎曲？時間和空間並非絕對？相對論擁有神奇的組合，讓大眾發出驚嘆，擄獲了大家的想像力。

厄文（Rea Irvin）在《紐約客》畫了一幅諷刺漫畫，畫中有困惑的工友、婦女、門僮、小孩等人走在街上，每個都搔著腦袋拚命猜想。圖說是引用愛因斯坦的話：「人們漸漸開始覺得空間本身之物理狀態，即是物理終極真實。」如同愛因斯坦對格羅斯曼說：「現在每個車夫和服務生都會辯論，相對論究竟是不是正確的。」

愛因斯坦的朋友們發現無論自己何時談到這個題目，都會被聽眾包圍。後來與愛因斯坦一起做研究的殷菲德，在當時是波蘭小鎮的年輕教師。他回憶道：「那時候，全世界也有幾百人跟我一樣，在公開演講相對論。在寒冷的冬天夜晚民眾大排長龍，讓鎮上最大的場所都容納不下了。」

愛丁頓在劍橋三一學院演講，也上演相同的場面，大廳裡擠進了幾百人，但還有好幾百人被擋在門外。愛丁頓試著講得淺顯易懂，指若他以接近光速的速度旅行，將會變成只有三呎高，結果這成為報紙標題。洛倫茲演講時觀眾同樣爆滿，他把地球比喻成是一部行進中的車輛，用各種例子來說明相對論。

很快的，許多最好的物理學家和思考家開始寫作解釋相對論，其中包括愛丁頓、勞厄、弗倫狄區、洛倫茲、蒲朗克和包利等等，即使是哲學家和數學家羅素也不例外。結果在日食觀測結果發表六年後，有關相對論的書籍與文章出版超過六百種之多。

愛因斯坦也在《泰晤士報》親自現身說法，因為該報委請他寫一篇題為〈什麼是相對論？〉（What Is the Theory of Relativity?）的文章，內容非常容易理解。他一九一六年曾在德國出版的通俗讀本《相對論：狹義與廣義相對論》，現在隨著日食觀測，也推出了英文版。由於裡面充滿許多很容易想像的思考實驗，這本書成為了暢銷書，後來又經過多次改版。

成名的矛盾

當明星應該有的條件，愛因斯坦都具備。記者知道大眾渴望有一位形

象清新的國際名流，對於剛崛起的天才竟然不是沈悶保守的老學究，當然感到莫名興奮。這號人物正處於風采迷人的四十歲，從英俊出脫得更具個人特色，其頭髮濃密狂亂、外表不拘小節、眼神閃爍明亮，並且樂於用妙語如珠分享智慧。

朋友艾倫費斯特覺得媒體的注目太荒謬了，開玩笑說：「受驚嚇的（報）紙鴨子嘎嘎亂叫。」而愛因斯坦的妹妹瑪雅，則認為這種矚目太驚人，她成長的時代還沒有名氣這件事情，認定哥哥一定覺得整個情況很討厭。「琉森這裡有家報紙登了篇你的新聞。」她很驚訝，還沒意識到自己的哥哥早就是全世界的頭條人物了。「我覺得你被報導這麼多，一定很不高興吧！」

愛因斯坦的確一再哀嘆自己的名氣暴響，一直被「新聞媒體及無聊人士追逐」。他向波恩抱怨說：「太可怕了，我簡直不能呼吸，更別提做些有意義的研究。」對另一位朋友，他將成名的危險做了更生動的描述：「自從報紙報導氾濫成災後，我被一大堆問題、邀請和請求淹沒了，甚至做惡夢自己在地獄裡被大火猛燒，郵差成了對我咆哮不停的魔鬼，將成綑新郵件用力丟到我頭上，因為我之前的信件都還沒回完。」

話雖如此，愛因斯坦對成名的厭惡可能是理論多過實際。事實上，他大可以避掉一切訪談、意見徵詢、拍照及出席公開場合等事情。真正討厭聚光燈的人，最後是不會像愛因斯坦與卓別林一起出現在電影首映會的紅色地毯上的。

評論家史諾在認識愛因斯坦後表示：「他天生享受被攝影師和群眾包圍，喜歡表現又愛裝腔作勢出風頭。如果缺乏這種特質，也就不會有什麼攝影師與群眾。要避免出名相當容易，如果一個人真的不想要，自然就不會被找上！」

愛因斯坦對追捧奉承的反應，如同重力和宇宙之間的關係一樣複雜。他對攝影機又喜歡又排斥，熱愛出名又喜歡抱怨。他對名氣和記者的愛恨情

結看似不尋常，但其實跟其他許多名人那種樂在其中卻又反感討厭的複雜心情，並無不同。

愛因斯坦之所以不是蒲朗克、洛倫茲或波耳，而是一名偶像，除了因為他的外在條件，也因為他有能力也有意願扮演這個角色。物理學戴森（和皇家天文學者狄森（Frank Dyson）沒有血緣關係）就曾說：「要變成偶像的科學家不能只是天才，更要是表演家，能對大家演出並享受喝采。」愛因斯坦盡職演出，他樂於接受訪談，用經典名句逗樂記者，並且完全知道一篇好報導需要什麼材料。

即使是艾爾莎也喜愛大眾注目，也許還更喜歡！她是丈夫的保護者，對於擅闖禁地的不速之客會不假辭色，將人給趕跑了。但是對於名氣帶來的地位與敬重，她比丈夫更加欣喜陶醉。她開始收取拍照費用，將錢捐給慈善機構，救助維也納等地飢餓的孩童。

在當前名人充斥的時代，很難想像上個世紀有頭有臉的人對成名不僅避之唯恐不及且不屑貪圖名氣之輩，尤其在科學的領域，把焦點放在某個人身上更顯不倫不類。愛因斯坦的朋友波恩在日食觀測後馬上出版一本相對論的書，並在第一版放進一張愛因斯坦的照片與小傳。這讓認識兩人的朋友大感吃驚，勞厄便寫信給波恩說，這種東西不適合放在科學書，即使放在大眾讀物都不好。波恩受到責難後，在新版便把這些全拿掉了。

結果，一九二〇年傳出愛因斯坦和猶太裔的新聞記者莫茲柯夫斯基合作出版傳記時，波恩感到相當驚慌沮喪。主要寫幽默和神祕書籍的莫茲柯夫斯基，在書名大剌剌打上與愛因斯坦對談。在戰爭期間，長袖善舞的莫茲柯夫斯基與愛因斯坦結為朋友，他留心照顧愛因斯坦種種需求，並且帶他加入柏林一家咖啡館的半文人圈聚會。

波恩未奉行猶太戒律，他很想同化進入德國社會，因此擔心這本書將助長日漸高漲的反猶太風潮。波恩回憶道：「愛因斯坦的理論被同行歸類為是『猶太物理學』（指的是越來越多德國民族主義者，開始斥責愛因斯坦理

論固有的抽象本質與所謂的道德「相對主義」）。現在有位出版過幾本輕佻書籍的猶太作家，就這樣冒出來隨便寫愛因斯坦。」於是波恩和太太海薇格（她從不吝於指責愛因斯坦）發起一場聖戰，要聯合朋友一起阻止這本書發行。

海薇格一副恐嚇的語氣：「請你立刻用掛號信撤回許可。」她警告他「嗜血的媒體」會用這本書來詆毀其形象，將他描繪成一個愛搞自我宣傳的猶太人。她表示：「這將會釋出一股全新更嚴重的迫害浪潮。」她強調，有罪的不是他說了什麼，而是他任由別人幫自己宣傳：

> 如果我不瞭解你的為人，當然無法認為背後有純正的動機，會簡單貶斥為是虛榮心作祟。除了四、五個朋友之外，這本書會讓眾人對你判道德死刑。之後，這會成為指控自我宣傳的最佳鐵證。

波恩在斟酌一個星期後，也提出警告說如果愛因斯坦沒有阻止出版，所有反猶太的敵人「將會獲得勝利」。他指出：「結果一大群反猶太分子的殺傷力，都比不上你的猶太人朋友（指莫茲柯夫斯基）。」

如果莫茲柯夫斯基不肯照辦，波恩建議愛因斯坦請檢察官發出禁制令。他表示：「確定讓這項消息見報，然後我會告訴你申請的細節。」像大多數朋友一樣，波恩擔心艾爾莎更容易受名氣所誘，所以他告訴愛因斯坦說：「在這些事情，你像個小孩子。我們大家都愛你，所以你要聽這些有識之士的話（而不是你太太）。」

愛因斯坦多少聽進朋友的忠告，寄給莫茲柯夫斯基一封掛號信，要求他不要發行「大作」。但莫茲柯夫斯基不肯退讓，愛因斯坦也沒有訴諸法律行動。艾倫費斯特和洛倫茲都認為上法庭只會讓事端擴大惡化，波恩對此不以為然。艾倫費斯特和洛倫茲努力要將愛因斯坦引誘到荷蘭去，波恩表示「你可以逃到荷蘭」，但留在德國的朋友們「將會受到惡名連累」。

　　愛因斯坦的疏離態度讓他一點都不苦惱,反而還能自得其樂。他表示:「整件事情我一點也沒興趣,但是每個人都有意見,爭吵不休。我想我讓自己冷冷旁觀,才能好好過日子。」[1]

　　書籍出版後,確實讓愛因斯坦更容易成為反猶太分子的箭靶,用這本書引證愛因斯坦是一名自我宣傳家,想利用自己的科學賺錢。但這並未引起更多騷動,如愛因斯坦對波恩說的,沒有造成「天搖地動」的事情發生。

　　回顧當時,對名氣的爭議似乎太過古板了,而且那本書老實說並無多大害處。波恩後來承認說:「我稍微瀏覽過,發現沒有我預期地糟糕。裡面有許多愛因斯坦典型的有趣故事與軼聞。」

　　面對一切,愛因斯坦不為所動,避免名氣毀了簡單的生活方式。有一晚要待在布拉格過夜,他害怕權貴名人或者有好奇心的人會想要為他慶祝,所以決定待在朋友法蘭克的住處。問題是法蘭克夫婦住在物理實驗室的辦公室套房(愛因斯坦也曾經在那裡工作過),於是愛因斯坦便睡在沙發上。法蘭克回憶說:「對於這麼有名的人可能不夠好,但又很適合他喜歡簡單生活的習慣,以及愛違反社會常規的傾向。」

　　當三個人從咖啡廳要回家時,愛因斯坦堅持先去買晚餐的食物,以免法蘭克的太太還要再出門跑一趟。他們選了一些小牛肝,法蘭克的太太打算用實驗室的本生燈煮食。突然間愛因斯坦跳起來了,他問道:「妳在幹什麼呢?要在水裡煮小牛肝嗎?」太太法蘭克點頭說是,愛因斯坦煞有介事地說:「水的沸點太低了,妳一定要用沸點比較高的東西煮,像是奶油或油。」從此之後,法蘭克的太太便將需要用油煎牛肝的方法,稱為「愛因斯坦的理論」。

1　愛因斯坦在該書出版幾個月後,分別於一九二一年三月八日與十九日寫信給索洛文,痛陳莫茲柯夫斯基可惡又可悲,根本就是偽造文書。在沒經過授權的情況下,莫茲柯夫斯基把愛因斯坦的信件放到書裡,讓讀者誤以為序文是愛因斯坦寫的。當他聽說漢斯也買了這本書,愛因斯坦情緒非常低落,同年六月十八日寫信給漢斯說,「自己無法阻止書籍出版,非常難過。」

那天傍晚愛因斯坦演講完後，由物理系舉辦一個小型招待會，有些人講了些很感性的話。當輪到愛因斯坦回應時，他跟大家說：「與其講話，不如我為各位拉一首小提琴，或許會更愉快又更容易瞭解。」於是他拉了一首莫札特的奏鳴曲，讓法蘭克稱讚說：「其簡單精準令人加倍感動。」

隔天早晨在愛因斯坦離開前，有個年輕男子找上法蘭克的辦公室，堅持給他看一份手稿。男子堅稱根據愛因斯坦$E=mc^2$的方程式，有可能「利用原子裡面包含的能量製造恐怖的炸彈」。愛因斯坦未加理睬，認為這個念頭很愚蠢。

他從布拉格搭火車到維也納，那裡有三千名科學家和興奮的群眾正等待聽他演講。主辦人在車站等他從頭等廂下來，但是沒找到人，他望向二等車廂的月台，還是沒找到人。最後，愛因斯坦慢慢從月台最遠端的三等車廂走過來，像是一個巡迴表演的音樂家一樣自己拎著小提琴盒。他告訴主辦人：「你知道，我喜歡坐頭等車廂旅行，但是我的臉孔現在太出名了，在三等車廂比較不會被打擾。」

他告訴倉格爾說：「由於名氣，我變得越來越笨，當然這是一種極為常見的現象。」但是他很快提出一個理論，指自己的名氣雖然很煩人，但至少是個不錯的指標，表示社會對於他們這種人重視：

在我看來，狂熱崇拜某些個人是不公正的……我認為選擇少數人給予無窮無盡的讚美，賦與他們具有超人的心智與人格力量，那是相當震驚而令人感到不公平的，甚至是一種很差勁的品味。這已經成為我的命運，而且大眾對我成就的評估與事實之間的落差實在可怕。這種狀態讓人無法忍受，唯一可堪告慰的想法是：在這個普遍被斥為唯物主義的年代裡，大眾將完全以知識與道德層面為志業抱負的人看成英雄，應該是良好的徵兆。

然而，出名容易招忌，尤其在學術界與科學界，自我宣傳被視為是一種

罪惡。大家會討厭出鋒頭之人，尤其愛因斯坦是猶太人，可能會更容易招致負面評價。

在為《泰晤士報》撰寫介紹相對論的文章中，愛因斯坦幽默地暗示這個問題可能會出現。他寫道：「運用一下相對論，今天在德國我是一名德國的科學家，在英國我是一名瑞士猶太人。若我開始被討厭時，那麼情況便會顛倒過來，對德國人來說我會變成一個瑞士猶太人，而對英國人來說我則變成一個德國的科學家！」

這並不完全是玩笑話。就在成為世界聞人幾個月後，第二種情況發生了。原本他被告知一九二〇年初將會獲頒英國皇家天文學會的優等金牌獎，但是一群英國純正的愛國分子反對，強迫撤回此項榮譽。更不妙的是，他的祖國出現一小幫日益壯大的團體，認為他是猶太人而不是一名德國人。

「孤獨的旅人」

愛因斯坦喜歡說自己是一個孤獨的人。雖然笑聲像是海豹在吠，很具感染力，不過有時卻是冷得刺人。他喜歡跟大家一起演奏音樂、討論想法、喝濃咖啡與抽刺鼻的雪茄，但隱約中卻築起一道牆，連至親好友都被他排除在外。從奧林匹亞學會開始，所謂心房，他也只會在「客廳」走動，完全避開再往裡面走。

他不喜歡受拘束，對家人也很冷淡。然而他喜歡與有知識的夥伴一起共事，也有一輩子的朋友。他對身邊接觸的各種年齡與階級的人都很和善，與同行和職員也能和睦相處，對人類全體有熱切關懷的傾向。只要不對他有強烈的需索或情感負擔，愛因斯坦很容易與人建立友誼，甚至是感情。

冷熱交替的特質讓愛因斯坦在面對人世時，產生很奇特的疏離感。他省思道：「我對社會正義和社會責任的強烈感覺，總是與我不需要與人類社群建立直接關係形成明顯對比。我是一個真正『孤獨的旅人』，從來沒有全

心屬於我的國家、家庭、朋友，甚至是最直接的家人。當面對這些情感連繫時，我始終保持距離感，我需要孤獨。」

即使科學同仁們也很驚訝，他對人類整體關懷熱切，卻對周遭人們疏離淡漠。和他一起工作的殷菲德指出：「我不認識有任何人跟愛因斯坦一樣孤獨疏離。他的心不曾流血，以恬靜淡漠過日子。其寬厚博愛完全無涉個人，彷彿是來自於另一個星球。」

另一位公私都有交情的朋友波恩，也注意到愛因斯坦具備的特質，這似乎能解釋他何以能把一次大戰期間歐洲遭受的苦難折磨暫時拋到腦後。波恩表示：「儘管他的仁慈博愛和社交能力，但又能完全把自己從環境與人群中抽離出來。」

愛因斯坦的個人疏離和科學創造力似乎有微妙相關。同事培斯表示，這種疏離源自於愛因斯坦明顯的「孤立」特質，讓他拒絕科學的傳統智慧以及情感的親密連繫。在科學和在德國軍國主義文化中，讓自己與別人抽離開來，會比較容易當一個不守舊規的叛逆者。培斯指出：「疏離讓他一生能浸淫在思考當中。」同時也允許他或者強迫他，以「全心全意」的方式探索理論。

愛因斯坦瞭解自己靈魂中矛盾的力量，似乎認為所有人都是這樣，他表示：「人同時是孤獨和群體的動物。」他對疏離的渴望與對同伴的渴望發生衝突，可對照他對於名氣又吸引又厭惡的掙扎。心理治療前驅艾瑞克森（Erik Erikson）曾經使用心理分析的專業術語，如此評論愛因斯坦：「孤立與外向有一定程度的交換輪替，似乎保有動態雙重人格的特色。」

愛因斯坦對疏離的渴求也反映在婚外情上。只要女人不要求名分，讓他可以隨心所欲來去自如，他不排斥露水姻緣。但一旦讓他害怕失去獨立，他就會豎起一道防護罩。

這種情況在與家人的關係上更明顯。他並非一直是冷漠淡然，尤其是碰到馬里奇的時候，吸引與排斥兩股力量會在他內心激烈翻騰。他的問題，尤

其是與家人的問題，是因為他抗拒對別人產生太強烈的感覺，史學家李文森（Thomas Levenson）指出：「他沒有感同身受的天賦，無法想像自己進入別人的感情生命中。」當面對他人的情感需求時，愛因斯坦常會退回客觀的科學中。

德國貨幣崩潰讓他催促馬里奇搬到德國，因為德國馬克急劇貶值，他很難負擔家人在瑞士生活的費用。但是當日食觀測讓他出名且經濟上更穩固時，他便願意讓家人繼續留在蘇黎士了。

為了支應他們，他將歐洲演講之行的報酬直接寄給荷蘭的艾倫費斯特，這樣錢不用再換成暴跌的馬克。愛因斯坦寫信給艾倫費斯特時，還用暗語提到他辛苦存的錢，「就像我倆在金離子（黃金）上的結果」。然後，再由艾倫費斯特將錢支付給馬里奇和孩子們。

再婚不久後，愛因斯坦到蘇黎士看兒子。那時漢斯十五歲，宣布他要當工程師。

「我認為這念頭很不好，」父親和叔叔都當工程師的愛因斯坦說道。

「我還是會成為一個工程師，」兒子回答說。

愛因斯坦怒氣沖沖走了，父子關係再度惡化，尤其是他收到漢斯一封口氣惡劣的信件之後。愛因斯坦寫了一封痛苦的家書，對次子愛德華說道：「沒有一個好人家會寫這種信件給父親，我很懷疑會再跟漢斯重拾關係。」

但此時馬里奇力圖改善他們的父子關係，於是對兒子強調雖然愛因斯坦「在許多方面都很奇怪」，但仍然是他們的父親，也渴望得到他們的愛。她指出愛因斯坦可能很冷漠，但也是「親切善良的」。後來根據漢斯的說法：「米列娃知道儘管阿爾伯特會虛張聲勢，但在私事還是會受傷，而且是傷得很重。」

那年後來，愛因斯坦又和長子恢復通信，話題從政治到科學都有。他也感激馬里奇，還開玩笑說她現在應該比較快樂，因為不需要忍受他了。愛因斯坦寫道：「我計劃很快來蘇黎士，我們可以將一切不愉快拋諸腦後。妳應

該享受生命的賞賜，例如很棒的孩子、房子，以及慶幸和我離婚了。」

漢斯到父母親的母校蘇黎士技術院學就讀，成為了一名工程師。他在一家鋼鐵公司找到工作，然後回到技術學院當研究助理，學習水利河川學。特別是在他考試拿到第一名之後，父親與他講和了，更為他感到驕傲。一九二四年愛因斯坦寫信給貝索：「我的阿爾伯特已經變成健康強壯的小伙子了。他是一個堂堂正正的男人，是一流的水手，而且謙虛可信。」

愛因斯坦最後終於對漢斯說了同樣的話，強調他決定當工程師也許是正確的選擇。他寫道：「科學是一項困難的專業，有時候我很高興你選擇一項實際的領域，不需要尋找四葉幸運草。」

另一個能不斷牽動愛因斯坦個人強烈情緒的是他母親。由於胃癌瀕臨死亡，她於一九一九年底搬來與兒子媳婦同住。當愛因斯坦看著母親受痛苦折磨時，那種強烈的感情已經淹蓋他通常感覺到或假裝出來的疏離感。當一九二〇年二月母親撒手人寰，愛因斯坦心情沈重到喘不過氣來，他寫信給倉格爾說：「真是讓人刻骨銘心感受到血緣情深的意義。」弗侖狄區的太太曾聽見愛因斯坦對她丈夫說，任誰死去都不會影響到他，後來看到他母親過世後他的模樣，證實這種說法並非真實，她才鬆了一口氣。她提到：「愛因斯坦就像其他人一樣悲傷哭泣，讓我知道他真的能夠關心別人。」

相對論的漣漪

為時近三世紀，牛頓以絕對確定性與法則為基礎的機械宇宙，形成啟蒙時代與社會秩序的心理學基礎，相信因果關係、前後有序甚至是責任。現在誕生一種稱為相對論的宇宙觀，指空間及時間與參考架構有關。這明顯是去除確定性、拋棄絕對的信仰，在某些人來說好比是邪端異說，甚至是無神論。史學家詹森（Paul Johnson）在綜論二十世紀史的著作《現代》（*Modern Times*）寫道：「這個新概念是一把刀子，讓社會從傳統定錨處切掉漂走。」

　　世界大戰的恐怖、社會階層的崩潰、相對論的來到以及對古典物理學的明顯破壞，這一切造就了不確定。在愛因斯坦的理論獲得證實的消息傳開後，哥倫比亞大學天文學家普爾（Charles Poor）也在同一星期告訴《紐約時報》：「過去幾年來，整個世界處於不安的狀態，心理與實際上皆如此。戰爭、罷工和布爾什維克革命等實際層面的不安，很有可能是底部更深層動盪的具體表現，這股不安的精神氣息也滲透進科學了。」

　　受到大眾對愛因斯坦思考的誤解而非忠於其思考，相對論間接與道德、藝術和政治上一股新的「相對主義」產生關連；「絕對性」的信仰式微，不僅是時間與空間，也包括真理與道德。在一九一九年十二月一篇談愛因斯坦相對論的社論「攻擊絕對性」中，《紐約時報》很擔憂「所有人類思考的基礎都已經遭到破壞了。」

　　對於相對論與相對性遭到合併，愛因斯坦一直感到很震驚。前面提過，他曾經考慮將相對論稱為「不變理論」，因為依照其理論，時空結合的物理法則事實上是不變而非相對的。

　　而且，不管是他自己的道德觀或甚至是品味，他都不是一個相對主義者。哲學家以撒‧柏林（Isaiah Berlin）曾感慨：「相對論這個字被廣泛誤解成是相對主義，否認或懷疑真理客觀性或道德價值的客觀性。這和愛因斯坦所相信的正好相反，他是一個擁有簡單和絕對道德信仰的人，並且表現在他的所做所為上。」

　　在科學和道德哲學上，愛因斯坦其實都是受到欲追尋確定性與決定性的法則所驅動。若是相對論產生的連漪攪亂了道德和文化範疇，那並不是愛因斯坦的信仰所造成，而是來自於對其思想的重新詮釋。

　　例如，英國政治家霍爾登公爵（Lord Haldane）是其中一位很有名的詮釋者，他以哲學家和科學人士自居。一九二一年霍爾登出版《相對論之統治》（*The Reign of Relativity*），引用愛因斯坦的理論來支持自己的政治觀點，認為需要避免教條主義，以便擁有一個動態的社會。他寫道：「愛因斯

坦提出測量空間和時間的相對論原則，並不能孤立來思考。仔細思索之後，在自然與知識等其他領域也可能找到相當的原則。」

霍爾登警告坎特伯里大主教，表示相對論理論將會對神學造成極深的影響，結果大主教急欲瞭解卻不甚成功。有一名教士向英國的科學龍頭湯姆森報告說：「大主教完全無法掌握愛因斯坦的東西，還抗議說他越聽霍爾登的話法，接觸越多的相關報導，結果瞭解得卻越少。」

霍爾登說服愛因斯坦在一九二一年造訪英國。他和艾爾莎待在霍爾登的倫敦華宅裡，被派來使喚的僕人管家陣仗嚇壞了。霍爾登為愛因斯坦舉辦歡迎晚宴，請來英國赫赫有名的知識分子當陪客，滿室生輝足以讓牛津高等會所的成員（senior common room only for fellows）敬畏不敢抬頭。在場人士包括蕭伯納、愛丁頓、湯姆森、拉斯基（Harold Laski）[2]，以及困惑不已的坎特伯里大主教，湯姆森還特別為他做簡報準備。

霍爾登將大主教安排坐在愛因斯坦身旁，讓他將自己的苦惱問題直接詢問第一手來源。大主教問道，相對論對宗教有何意義嗎？

答案可能讓大主教與東道主失望了。愛因斯坦回答說：「完全沒有，相對論純粹是科學之事，與宗教毫無關係。」

那無疑是真實的。然而，在二十世紀初熱氣滾滾的現代化大汽鍋中，愛因斯坦的理論和社會醞釀湧現的觀念與情感之間具有更複雜的關係。達雷爾（Lawrence Durell）在小說《巴撒扎》（Balthazar），透過主角宣告：「相對論的主張，直接造成抽象畫、無調性音樂和沒有形式的文學。」

當然，不能說這所有事情都跟相對論直接相關。相反地，它與現代化的關係是更奧妙的互動。在歷史上，有些時刻諸多力量會共同塑造人類觀念的變遷，這在文藝復興之初的藝術、哲學和科學曾發生過，在啟蒙之初又再發生一次。到二十世紀初，現代化因打破舊思維的侷限而誕生，發生一種自燃

2　編按：拉斯基（Harold Laski，1893～1950），英國費邊主義的靈魂人物，他的社會民主主義影響了中國不少知識分子，如張君勱、徐志摩等人。

現象，包括愛因斯坦、畢卡索、馬蒂斯、史特拉汶斯基、荀白克、喬伊斯、艾略特、普魯斯特、狄亞格列夫、佛洛伊德，維根斯坦等諸多創新者，他們的作品似乎打破了古典思維的束縛。

在《愛因斯坦與畢卡索：空間、時間和造成大破壞之美》（*Einstein, Picasso: Space, Time, and the Beauty That Causes Havoc*）這本書中，科學哲學史學家米勒探索是何種共通泉源，創造如一九〇五年的狹義相對論以及一九〇七年現代主義傑作的「亞維儂姑娘」。米勒指出兩人都是魅力十足的男性，「然而卻都偏好情感疏離」；他們都感覺到他們各自的領域某部分有問題，也同樣受到同時性、空間與時間等主題的啟發，尤其是龐加萊的著作。

愛因斯坦被許多現代主義藝術家和思想家視為靈感泉源，即便他們並不瞭解他。藝術家歌頌「從時間秩序自由解放」這類概念時更是如此，例如普魯斯特在《追憶逝水年華》的結尾便放上這段話。一九二一年普魯斯特寫信給一位物理學家朋友：「我會多麼樂意和你談論愛因斯坦！我不懂數學，沒辦法瞭解他理論中的任何字，（然而）我們對於使時間變形似乎有相似的看法。」

一九二二年現代主義革命到達巔峰，那年愛因斯坦贏得諾貝爾獎，喬伊斯的《尤里西斯》與艾略特的《荒原》也在同年出版。五月在巴黎富麗酒店有一場為《狐狸》首演舉辦的午夜宴會，這齣芭蕾舞劇是由史特拉汶斯基作曲、狄亞格列夫的俄羅斯芭蕾舞團演出。史特拉汶斯基和狄亞格列夫都在場，畢卡索也出席了，另外還有喬伊斯和普魯斯特，他們「正在破壞十九世紀文學的確定性，如同愛因斯坦正在對物理學革命那般確定」。曾經定義古典物理學、音樂和藝術的機械秩序以及牛頓法則，不再統治世界了。

不論是什麼因素造成相對主義和現代化，將世界從傳統的定錨處切開繫繩，很快將會產生緊張不安的回響與反應，然而沒有一個地方比一九二〇年代的德國更焦躁浮動。

第十二章

飄泊的猶太復國者
THE WANDERING ZIONIST

一九二〇～一九二二年

血統

　　相對論獲得證實後，愛因斯坦曾為《泰晤士報》撰寫一篇文章，半開玩笑說如果局勢不妙，德國人將不會再把他當同胞，會把他歸為瑞士猶太人。這段話充滿智慧，尤其是他也明白真話總是令人討厭。就在同一個星期他寫信給艾倫費斯特，描述當時德國的氣氛，「在這裡反猶太主義非常強烈，這一切會何去何從呢？」

　　第一次世界大戰後德國反猶太主義的興起，使愛因斯坦產生反抗心理，讓他更強烈地認同猶太遺產和族群。德國猶太人的另一種極端是盡一切可能被同化，包括改信基督教等，德國的哈柏即為一例。這些朋友也力勸愛因斯坦仿效，但是他反其道而行，在聲名大噪之際擁抱了猶太復國理想。雖然他沒有正式加入任何猶太復國組織，或是因此隸屬於哪個猶太教堂與參加禮拜，但是他支持猶太人在巴勒斯坦建國，拒絕了同化論的訴求。

　　猶太復國運動創始領袖布倫費爾德（Kurt Blumenfeld）是在一九〇九年初到柏林拜訪愛因斯坦，徵求他的加入。他回憶愛因斯坦「極為天真地提出問題」。這些問題包括：猶太人擁有聰明才智的天賦，為什麼要號召大家建立農業國家呢？民族主義難道不是問題源頭，怎麼會變成解決方案？

　　最後，愛因斯坦擁抱了這項理想。他對外聲明：「做為一個人，我是民族主義的反對者。但是做為一個猶太人，我從今天起是猶太復國運動的支持者。」他更明確鼓吹在巴勒斯坦創辦猶太大學，即是後來耶路撒冷的希伯來大學。

　　一旦決定拋開所有民族主義都不好的假設後，愛因斯坦發現就會更熱切地擁抱猶太復國主義。一九一九年十月他寫信給一位朋友表示：「一個人可以是國際主義者，同時無需與同胞手足保持疏離。猶太復國理想深得我心……很高興地球上有一小塊角落，讓我們同胞手足不會被當成外國人對待。」

　　對猶太復國主義的支持，讓愛因斯坦與同化論者發生齟齬。一九二〇年四月他受邀到「猶太教德國公民會」上發表演講，該團體強調會員對德國的效忠。他回信指控他們試圖將自己與較貧困落後的東歐猶太人區分開來，斥責道：「那些亞利安人會尊敬這種兩面人嗎？」

　　私下婉拒邀請還不夠。愛因斯坦覺得有必要寫公開信回應，攻擊那些試圖同化進入德國社會，稱猶太人「是宗教信仰而非關血緣族群關係」[1]的人士。他特別瞧不起所謂的「同化」策略，即「丟棄每樣猶太的東西，是為推翻反猶太主義」。他認為這種方式向來不會發生作用，而且「讓非猶太人覺得有點好笑」，因為在別人眼中，猶太人正是一支不同的民族。他寫道：「反猶太主義的心理依據，在於猶太人是自成一群之人。從外表特徵可以看出誰是猶太人，從心智腦力表現上也可以注意到猶太遺產。」

　　宣揚並力行同化的猶太人，常常會以自己具有德國或西歐遺產為傲。他們很容易看輕俄國和波蘭等地的東歐猶太人，覺得他們不入流、沒教養又同化程度較低。雖然愛因斯坦是德國猶太人，但他對於相同血緣背景的人竟然

1　愛因斯坦使用的單字是德文的Stammesgenossen。雖然德文裡Stamm通常指tribe部族，但這種譯法可能會賦予過多的種族意涵。有些研究愛因斯坦的學者認為kindred（血緣）、clan（家族）或是lineage（後裔）會是較為清楚的譯法。

會「在東、西歐猶太人之間劃出一道明顯的界線」，著實感到驚訝萬分。愛因斯坦認為，這種方法注定會禍及所有猶太人，因為事實上根本不存在這種區別。他指出：「東歐猶太人天生擁有同樣豐富的創造潛能，能夠與西歐猶太人一較高下。」

愛因斯坦比同化論者更加明白，反猶太主義是非理性因素造成的。他在一九二〇年初寫道：「今日在德國，反猶太仇恨已經演變得很可怕。」有部分原因是通貨膨脹失控，一九一九年開始德國馬克大約值12分，是戰爭之前的一半價值，不過日子還過得馬馬虎虎。但從一九二〇年開始，馬克只值2分了，而且每個月還在繼續下跌。

另外，戰爭失敗是很丟臉的事情。德國不僅失去六百萬人，而且被迫放棄擁有一半天然資源的土地與所有海外殖民地，許多驕傲的德國人相信一定是有人從中背叛。戰後出現的威瑪共和國，雖然受到自由主義者、和平主義者和像愛因斯坦的猶太人支持，但是舊階層甚至是中產階級大多對它嗤之以鼻。

當驕傲的德國文化面對恥辱時，很容易指控某些人是外來的黑暗勢力，必須叫這些人負責。愛因斯坦指出：「人們需要替罪羔羊，就捉猶太人出來負責。因為他們屬於不同族群，所以成為別人直覺上憎恨的目標。」

反相對論者

當時德國迸發的偉大藝術和思潮，如艾隆（Amos Elon）在《遺憾之至》（*The Pity of It All*）所描述，在各領域都看得到猶太人的貢獻與開創，科學上尤其如此。佛洛伊德曾指出，猶太科學家的成功部分歸因於具有「創造性的懷疑精神」，這是局外人的重要本質。猶太人同化論者低估許多德國人的惡意，他們把這些人當作自己的同胞，但這些人卻完全將他視為局外人，或如愛因斯坦所說是「一支不同的族群」。

　　愛因斯坦第一次與反猶太主義公開衝撞，是發生在一九二〇年夏天。有一名個性陰沈的德國民族主義者魏蘭德（Paul Weyland），他是一個受過專業訓練的工程師，因為對政治非常狂熱搖身一變成為政論家。魏蘭德是一個右翼民族主義政黨的活躍黨員，該黨在一九二〇年正式章程中宣誓將「削弱政府公眾間逐漸抬頭的猶太主流勢力」。

　　魏蘭德明白愛因斯坦是名氣響亮的猶太人，由於樹大招風已經引起人們某種程度的反感與嫉妒。另外，相對論也很容易變成標靶，因為似乎破壞了絕對性，而且建立在抽象假設而非具體實驗之上，讓許多人（包括一些科學家）感到惴惴難安。因此，魏蘭德發表文章貶斥相對論是「大騙局」，並且糾結烏合之眾成立一個組織（卻神祕地擁有充沛的經費），取了一個很偉大的名字，稱為「德國科學家維護純正科學研究會」。

　　實驗物理學家格耳克（Ernst Gehrcke）也加入魏蘭德的陣營，名氣普通的他多年來一直用激情而非理智攻擊相對論。兩人針對愛因斯坦與相對論的「猶太本質」，發動了數次人身攻擊，並在德國各地召開一連串會議。

　　八月二十四日在柏林愛樂音樂廳舉辦的大型集會便是一例。魏蘭德首先發言，他用煽動家誇大的言辭，控訴愛因斯坦「用做生意的手法推銷相對論而迅速成名」。愛因斯坦招惹到的名氣（不論出於自願與否）反倒成為別人手中砍過來的武器，一如同化論的朋友先前提出的警告。魏蘭德說，相對論是騙人且抄襲來的。格耳克的發言大同小異，但比較技術性，照著寫好的稿子唸。《紐約時報》報導說，這場會議「清一色是反猶太主義者」。

　　格耳克講到一半，聽眾中傳來竊竊私語：愛因斯坦來了、愛因斯坦來了。原來，愛因斯坦親自來觀賞這場馬戲團表演，他壓根不管名氣或爭議，只覺得這場景很好笑。朋友法蘭克便提到：「對於全世界跟他有關的活動，他老是喜歡把自己當成是看戲的觀眾。」化學家朋友能斯特陪他坐在聽眾席中，他不時大聲笑出來，最後表示這個活動「太有趣了」。

　　但是愛因斯坦不是真的很愉快，甚至一度考慮要搬離柏林。他被這一切

激怒了，結果犯了一個戰術錯誤，三天後在《柏林日報》（猶太朋友擁有的自由派報紙）的頭版發表一份言語激動的文章譴責。他表示：「我很暸解兩位發言者不值得我回應」，但是接下來卻拔刀出劍攻擊兩人。其實，格耳克和魏蘭德並未明確反猶太人，而且在演講中也未明顯批評猶太人。但是愛因斯坦聲稱：「如果我是德國民族主義者，而非一名猶太人的話，他們便不會攻擊我的理論。」

愛因斯坦的文章大部分都在反駁魏蘭德和格耳克，但他也攻擊另一名聲望較高的物理學家。這名人士雖然沒有出席會議，但是他支持了反相對論運動，那就是李納德。

李納德是一九○五年諾貝爾獎得主，他是率先描述光電效應的實驗物理學家。愛因斯坦曾經大加讚美他，一九○一年他對馬里奇興奮提到：「我剛剛看了李納德一篇很棒的論文。這篇東西寫得那麼好，讓我充滿快樂幸福的感覺，我絕對要和妳一道分享。」當愛因斯坦在一九○五年發表那些重要的論文時，曾在光量子論文中引用李納德的名字，這兩位科學家還互相寫信讚美。

但李納德是很熱衷的德國民族主義者，對於英國人和猶太人越來越不滿，對於愛因斯坦的理論大出風頭也感到不屑，所以發言攻擊相對論「荒謬」的部分。他允許自己的名字被用在魏蘭德的文宣上，而且身為諾貝爾獎得主，他從中作梗確定要讓愛因斯坦無法拿獎。

因為李納德並沒有出現在抗議活動上，而且對相對論所發表的批評都是學術性，所以愛因斯坦沒有必要在報端攻擊他，但是他卻忍不住做了。他寫道：「我欣賞李納德是一個實驗物理大師，但是他尚未對理論物理做出任何卓越貢獻，而且對廣義相對論的反對相當膚淺，到目前為止我還不認為有必要做回應，對此我會再補充說明。」

愛因斯坦的朋友們公開支持他。包括勞厄和能斯特等人發表一封信，表示說：「任何有幸能夠接近愛因斯坦的人，都知道他對各種名氣鋒頭最為不

屑。」

　　然而，朋友們私底下嚇壞了。愛因斯坦竟被一群不值得回應的人激怒而公開叫罵，結果讓事情雪上加霜。波恩太太海薇格曾經指責愛因斯坦沒有善待家人，現在又開口批評他：「你不應該被煽動，做出那麼糟糕的回應。」她表示：「為了神聖超然的科學殿堂」，愛因斯坦應該更加謹言慎行方為尊重。

　　艾倫費斯特講話更加嚴厲。他表示：「我太太和我完全無法相信你會在文章裡說那些話。若真是出自於你筆下，表示那群該死的豬八戒玷污到你的靈魂了。我渴望你能像我一樣，別再跟那些流氓惡棍多廢話一個字了。」

　　愛因斯坦有點後悔。他回信給波恩說：「不要對我太嚴厲了，每個人難免會成為愚蠢的祭品，用來取悅神明和人類，這次我的文章正是明證。」但是他沒有對違反他們避免出鋒頭的標準而道歉，告訴艾倫費斯特說：「若是我想留在柏林，我就得這麼做，因為每個小孩都從照片認識我了。如果相信民主，那麼一定也要讓大家享有民主的權利才是！」

　　當然，李納德被愛因斯坦的文章氣個半死。他堅持要給個道歉，因為他根本沒有去參加反相對論活動。德國物理學會主席蘇馬費試圖調停，他督促愛因斯坦「寫一些安撫的話給李納德」。但是愛因斯坦不肯讓步，於是加深李納德往反猶太傾斜，最後變成了納粹分子。

　　（這個事件有一個奇怪的結局。根據聯邦調查局解密的愛因斯坦檔案，一九五三年一位衣著得體的德國人走進邁阿密辦公室，告訴櫃枱人員他擁有一項資料，可證明一九二〇年八月愛因斯坦在《柏林日報》的一篇文章中承認自己是共產黨員。這名爆料者正是魏蘭德，他行騙世界各地多年後，在邁阿密落腳並試圖辦理移民。當時，胡佛局長正急欲證明愛因斯坦是共產黨員，但一直未能成功，於是調查局採用了這條線報。就在三個月之後，調查局終到找到那篇文章並加以翻譯，但是裡面完全沒有提到當共產黨員的事情。可是，魏蘭德還是如願當了美國公民。）

　　從反相對論活動掀起的公開交鋒，使得九月下旬預定在溫泉小鎮巴德納海（Bad Nauheim）召開的德國科學家年會更添話題。愛因斯坦和李納德都會出席，愛因斯坦則在報紙的回應文章最後提議，在會議上公開討論相對論。他向李納德下戰帖，寫道：「任何敢出席科學論壇的人，都可以在那裡提出不同意見。」

　　巴德納海的會議為期一星期，愛因斯坦與波恩住在二十哩遠的法蘭克福，每天搭火車通勤到度假小鎮。愛因斯坦和李納德預期上演的相對論大對決，將在九月二十三日下午登場。愛因斯坦忘記帶紙筆了，於是向隔壁的人借鉛筆，等著在李納德發言時做筆記。

　　蒲朗克是主席，他莊重有分量、講話溫文，能夠預防人身攻擊。李納德對相對論的反對之議，其實與許多非理論家很類似。他主張，相對論是建立在方程式而非觀察上，而且「抵觸了科學家的簡單常識」。愛因斯坦回應說，「看似顯然的」事物會隨時間改變，即使是伽利略的力學也是如此。

　　這是第一次愛因斯坦和李納德面對面，但是兩人沒有握手或交談。雖然會議的正式紀錄未加記載，但愛因斯坦顯然有一刻失去了鎮靜。波恩回憶道：「愛因斯坦被激怒了，給了尖酸的回答。」幾星期之後，愛因斯坦也寫信給波恩保證：「不允許自己再像巴德納海那時一樣激動了。」

　　最後在雙方拔刀見血之前，蒲朗克用一個不甚高明的笑話結束了會議。他說：「既然到現在為止，相對論不幸都無法延長本會議絕對時間的限制，現在會議得暫告一個段落了。」第二天報紙沒啥好報導，反相對論運動暫時平息下來了。

　　至於李納德，他疏遠了那群怪異的反相對論者，表示魏蘭德是一個騙子。但是他對愛因斯坦的憎惡仍未消逝，在巴德納海會議之後，講更難聽的話攻擊愛因斯坦和「猶太科學」。李納德提議另外創設「德國物理」，將所有的猶太影響徹底除去。所謂的「猶太影響」，在他眼中便是以愛因斯坦的相對論為代表，因為相對論的方法過於抽象與理論，更帶有否定掉「絕對、

秩序和確定」的相對主義味道。

幾個月之後，慕尼黑有一個名不見經傳的政黨幹部希特勒重新掀起此話題。他在一份報紙論戰中寫道：「科學曾經是我們最偉大的驕傲，如今被希伯來人牽著走。」泛起的漣漪甚至橫渡了大西洋，那年四月美國汽車業大亨福特（強烈的反猶太分子）在自家辦的《迪爾本獨立報》，於頭版頭做了一個特大的標題，控訴問道：「愛因斯坦是一個剽竊者嗎？」

美國行（一九二一年）

一九二一年春天，舉世揚名的愛因斯坦與正萌芽的猶太復國運動結合，造就科學史上一次空前絕後的事件，那便是進行兩個月旋風式橫掃美國東部與中西部的大旅行。這名科學界的超級天王，締造「前無古人、後無來者」的巔峰盛名；他碰巧也是信仰人道價值的溫和派象徵，更是猶太人的守護天使。

愛因斯坦最初認為，自己第一次造訪美國或許能夠賺點強勢貨幣，以便支持家人在瑞士的生活費。他告訴艾倫費斯特：「我跟普林斯頓和威斯康辛開口要一萬五千美金。這可能會嚇跑他們，但是如果願者上鉤，我可以讓自己的經濟寬裕些，這並無可笑之處。」

但是美國大學並沒有上鉤，他對艾倫費斯特回報說：「我的要求太高了。」所以在一九二一年二月時，他已經訂好了其他計畫，將到布魯塞爾舉辦的第三屆索爾維會議上報告一篇論文，並答應艾倫費斯特到萊頓大學進行幾場演講。

結果，猶太復國運動的德國領袖布倫費爾德再度來到愛因斯坦的公寓。就在兩年前，布倫費爾德來訪請他支持猶太人在巴勒斯坦的建國運動。現在他帶來一項邀請（或許說是一個指示），是世界猶太復國組織主席魏茲曼（Chaim Weizmann）發出的電報。

　　魏茲曼是天資聰穎的生化學家。他從俄國移民到英國，在一次世界大戰期間幫助新祖國，研發出可以細菌提高無煙炸藥製造效率的方法。戰爭期間他在前首相貝爾福（Arthur Balfour）底下做事，貝爾福當時是海軍大臣。在貝爾福成為英國外相後，魏茲曼幫忙說服他發表著名的一九一七年宣言，表示英國支持「猶太人在巴勒斯坦建立國家」。

　　魏茲曼發電報給愛因斯坦，邀請他陪同前往美國進行募款之旅，幫助在巴勒斯坦建國與創設希伯來大學。當布倫費爾德將電報唸出來時，愛因斯坦起初拒絕了，表示自己不是天生的演說家，而且單靠名氣來吸引大家捐錢「恐怕不值得」。

　　布倫費爾德沒有出聲爭辯，只是再次大聲唸出魏茲曼的電報。布倫費爾德說道：「他是我們組織的主席，若你認真看待猶太復國的使命，那麼我有權利以魏茲曼博士之名，要求你隨同赴美募款。」

　　愛因斯坦的回答，讓布倫費爾德「驚異無比」。他表示：「你說得完全正確，而且有說服力。我明白自己已經不能置身事外，有責任接受邀請。」

　　愛因斯坦的回答確實讓人驚訝。他已經答應要參加索爾維會議與歐洲各地的演講，又坦言不喜歡成為大眾注目的焦點，再者胃疾不適也讓他不願旅行。他不是虔誠的猶教徒，而且對民族主義的過敏症讓他不肯成為一個純正的猶太復國主義者。

　　然而他現在卻要去做違反本性的事情：接受一個權威人物的指示，而且這件事情與血緣及信諾有關。為什麼呢？

　　愛因斯坦的決定反映出人生中一個重大的轉變。直到廣義相對論完成與證實之前，他將自己全心投入科學之中，甚至排除了個人、家庭和社會關係。但是在柏林的歲月，讓他逐漸意識到自己是一名猶太人。由於反猶太主義的彌漫，讓他更加感覺到與猶太文化和社群那份割捨不掉的連繫。

　　因此，一九二一年他並非做了信仰上的跳躍，而是責任上的跳躍。他寫信給索洛文表示：「我正在盡一切力量，幫助在世界各地遭受惡劣待遇的同

胞手足。」除了科學之外，這將成為他最重要明確的連結。如他在生命尾聲拒絕擔任以色列總統後，指出說：「我與猶太人民的關係，是我人生中最強大的人類牽絆。」

有一個人對愛因斯坦的決定感到驚慌錯愕，那便是他在柏林的朋友及同事化學家哈柏。哈柏不但不再信仰猶太教，還努力同化當個真正的普魯士人。他就像其他民族同化論者一樣，很擔心（可以理解地）愛因斯坦在猶太復國組織之令下拜訪德國大戰期間的敵人，將會加深猶太人有雙重忠誠的疑慮。

另一方面，哈柏曾經很高興愛因斯坦預計參加戰後第一次召開的索爾維會議。這場會議將在布魯塞爾召開，除了愛因斯坦之外，沒有其他德國人受邀。愛因斯坦的出席將被視為關鍵一步，代表德國重返科學界。

當聽到愛因斯坦將訪問美國的消息後，哈柏寫信表示：「德國人會視此為猶太人不忠的證據，你勢必會犧牲掉德國大學內一些持猶太信仰的教授學生們之生存。」

哈柏顯然是直接送信，愛因斯坦當天便回覆了。他不同意哈柏將猶太人等同於「持猶太信仰」的方式，重申猶太人的身分認同是一種割捨不掉的民族血緣關係。他表示：「儘管我重視國際主義的信念，但也一直覺得有義務挺身支持受迫害壓抑之同胞手足。我尤其高興看到成立一所猶太人大學，因為我最近目睹數不清的例子，年輕聰明的猶太子弟受到嚴苛不實的對待，被否定了受教育的機會。」

於是，一九二一年三月二十一日愛因斯坦從荷蘭航行出發，開始第一次的美國之行。為了保持簡單樸素，愛因斯坦說他願意住在下等艙。這個要求沒有被答應，他住進一間不錯的客艙。另外，他也要求和艾爾莎有各自的房間，包括在船上和旅館裡，讓他可以一邊旅行一邊工作，這個請求被接受了。

這趟橫渡大西洋的旅程很愉快，期間愛因斯坦曾試著跟魏茲曼解釋相

對論。當他們抵達時魏茲曼被問道是否瞭解相對論，他給了一個很有趣的答案：「在航行期間，愛因斯坦每天跟我解釋他的理論。當我們抵達的時候，我完全相信他真的懂了！」

四月二日下午輪船在曼哈坦下城區的貝特利（Battery）靠岸，站在甲板上的愛因斯坦身穿一件褪色的灰色羊毛外套，頭上戴著一頂黑色毛氈帽，但完全遮不住他蓬亂的灰髮。他一隻手拿著發亮的石楠木菸斗，另一隻手則拎著破舊的小提琴盒。《紐約時報》報導說：「他看起來像是一名藝術家，但滿頭亂髮下擁有一顆科學的腦袋，其演繹推論連歐洲最頂尖的知識分子也瞠目結舌。」

當獲得許可後，幾十名記者和攝影師馬上衝到船上。猶太復國組織的新聞組長告訴愛因斯坦必須參加一個記者會。他反對說：「我做不到，那好像是在大家面前脫光衣服。」不過他當然做得到，而且也做到了。

起初半小時，愛因斯坦夫婦乖乖照著攝影師指示，擺出各式各樣的姿勢。之後在船長室裡進行第一次新聞簡報時，愛因斯坦露出更多的喜悅，而非不情不願。《費城大眾紀事報》記者寫道：「從咯咯笑中，可以看出來他很高興！」提問的記者們也很滿意這場記者會，愛因斯坦整場表現妙語如珠又簡潔有力，可以看出來他為何注定成為受到狂熱歡迎的名人。

透過一名翻譯，愛因斯坦開始發表聲明，指自己希望「能獲得美國猶太人的實質和精神上支持，以便在耶路撒冷創辦希伯來大學。」但是記者對相對論更感興趣，第一名提問者要求愛因斯坦用一句話來描述理論，這個請求成為愛因斯坦接下來每站都會遇到的問題。他回答說：「我始終都想要將相對論容納進一本書中，但是這傢伙想要我把它放進一個句子裡！」記者央求他試試看，他說出一個簡單的概論：「就物理學而言這是一個空間和時間的理論，導致一個重力的理論。」

對於那些攻擊該理論的人，尤其是在德國呢？他回答：「有知識的人不會反對我的理論，那些反對的物理學家是出於政治動機。」

　　什麼政治動機呢？他回答：「他們的態度大致是因反猶太主義而起。」

　　翻譯最後稱提問結束了。愛因斯坦微笑以結：「嗯！我希望我通過考試了。」

　　當他們正要離開時，有人問艾爾莎是否瞭解相對論。她回答說：「哦！不。雖然他已經跟我解釋過許多次，但是對我的幸福不是必要的。」

　　當市長等顯要人士陪著愛因斯坦搭乘一艘警方的拖曳船靠岸時，數以千計的觀眾與猶太軍團鼓樂隊正在貝特利公園鵠候。隨著藍白色旗子滿天揮舞，群眾唱了美國星條旗歌以及猶太復國歌。

　　愛因斯坦夫婦和魏茲曼夫婦打算直接前往位在中城的准將飯店（Hotel Commodore），但是迎接車隊卻在入夜時繞進下東城的猶太社區。魏茲曼回憶說：「每輛車子都有喇叭，每支喇叭都響個不停。我們大約在十一點三十分抵達准將飯店，又累又餓又渴，而且頭都昏了。」

　　第二天，愛因斯坦見了一波又一波的訪客，《紐約時報》稱他具有「難得一見的和藹親切」，他甚至還舉辦了一次記者會。記者問他說，為什麼會引爆大眾空前的興趣？他招認自己也感到很困惑，也許心理學家能解釋為什麼平常不關心科學的人們，會對他大感興趣。他大笑說：「好像是精神病理學！」

　　魏茲曼和愛因斯坦後來在市政廳接受正式歡迎，有一萬名興奮的觀眾聚集在公園聽演講。魏茲曼得到禮貌性的鼓掌，但是當介紹到愛因斯坦的時候，雖然他一句話也沒說，卻獲得「掌聲雷動」。《紐約晚間郵報》報導說：「當愛因斯坦博士離開時，同仁們將他抬上肩膀送到汽車上，然後座車駛過旗海揮舞和震天歡呼的慶祝人潮裡。

　　有一位到准將飯店探望愛因斯坦的訪客是德國移民醫師譚美（Max Talmey）。他原名塔木德，年輕時是慕尼黑一名窮學生，啟蒙了年幼的愛因斯坦接觸數學和哲學，此刻不確定大名鼎鼎的科學家是否還記得他。

　　愛因斯坦記得。譚美後來提到：「他已經有十九年沒有見過我或是與我

通信，但是當我一踏入他旅館裡的房間時，他馬上大喊：『您都沒老，我一眼就認出來！』」他們聊起在慕尼黑的時光與兩人日後的發展。愛因斯坦邀譚美數度來訪，離開之前還到他家公寓探看小女兒們。

雖然是用德語講著艱澀難懂的理論，或是當魏茲曼為猶太人建國進行勸募時他站在一旁沈默不語，愛因斯坦在紐約所到之處都擠滿人潮。《紐約時報》報導說：「在大都會歌劇院的每個位子，從最前排到最後排都坐得滿滿的，另外還有幾百人站著。」談到那個星期另一場演講時，報紙同樣指出：「他用德語演講，但是這位提出空間與時間新理論、並灌注宇宙學新概念的人，讓渴望目睹廬山真面目並親聞其詳的人們擠滿每個位子與走道。」

在歷經紐約三個星期的演講和款待之後，愛因斯坦來到了華盛頓。基於只有首都人才能明白的理由，參議院決定要討論相對論。有些領導人物認定相對論無法理解，其中有一人是賓州的共和黨員潘若斯（Boies Penrose），他曾經以一句「政府公職是惡棍最後的避難所」而聞名；另一名是一年後要退休的密西西比州民主黨員威廉斯（John Sharp Williams），他在退休時表示：「我寧願是一隻守在月亮上的狗，也不願在參議院再待上另一個六年。」

在眾議院方面，紐約眾議員秦瑞德（J. J. Kindred）提議將愛因斯坦理論說明放進國會紀錄裡，麻薩諸塞州的渥許（Walsh）則表示反對。秦瑞德明白該理論嗎？他回答說：「我已經認真鑽研這個理論三周之久，現在已經看見一些曙光了。」他又再被問道，相對論與國會有何關連？他表示：「這可能攸關未來對宇宙總體關係之立法。」

類似的談話讓四月二十五日愛因斯坦隨一群人到白宮面見總統時，哈汀總統免不了也被問及是否瞭解相對論。當一行人擺好姿勢要拍照時，哈汀總統微笑承認自己完全不懂相對論。《華盛頓郵報》刊出一則漫畫，哈汀總統看著一篇標題是「相對論」的文章顯得很困惑，愛因斯坦看著一篇標題是「常態論」的文章顯得很困惑（「常態論」是哈汀自己命名的治理哲學）；《紐約時報》在頭版刊登的標題則是「哈汀承認愛因斯坦的想法讓他很困

惑」。

　　位於憲政大道上的美國科學會（該會自豪擁有全世界最有趣的愛因斯坦雕像，是一座十二呎長、採臥姿的全身銅像）舉辦歡迎會，愛因斯坦在場聽著不同受獎者的長篇感言，包括熱心的海洋學家摩納哥王子艾伯特一世、一位北卡羅萊納州研究鉤蟲的學者，以及一名發明太陽鍋爐的男人。當夜幕襲來時，愛因斯坦轉身對鄰座的荷蘭外交官說：「我剛剛發現一個新理論了，那就是永恆論。」

　　愛因斯坦在芝加哥發表三場演講，也在一場晚宴上表演小提琴。那時候他對於回答各式五花八門的問題，已經比較得心應手了，尤其是一個大家百問不厭的問題。這個問題是在一九一九年日食觀測發表後，由《紐約時報》一則充滿想像空間的標題所引發，那便是該報指稱全世界只有十二人能夠懂相對論。

　　「只有十二名偉大的聰明人能夠懂得你的理論，是真的嗎？」《芝加哥前鋒觀察家報》的記者問道。

　　「不，不。」愛因斯坦微笑回答：「我認為研究過的大多數科學家都能懂得。」

　　接著他試著用自己的比喻方法向記者解釋說，當有一個二維度的生物一生都在一個是球體的平面上移動，則宇宙對它來說看起來會如何。愛因斯坦表示：「它旅行幾百萬年後，最後都會回到起點；永遠無法意識到上面是什麼，下面又是什麼。」

　　身為一個稱職的芝加哥新聞從業人員，這名記者編出一個讓人亮眼的故事，用第三人稱寫出自己對這個東西的困惑有多深。「後來記者試著用一根三維度的火柴點燃一根三維度的香菸，但老是不成功。」故事的結尾是：「於是，他的腦袋瓜漸漸明白那隻二維度生物指的是自己，他無法成為第十三位懂得該理論的偉大智者，而只是屬於住在街上、開著福特的芸芸眾生罷了。」

　　另一位記者來自競爭對手《芝加哥論壇報》，他也問了有關只有十二個人能瞭解相對論的問題，愛因斯坦再一次否認了。他表示：「我所到之處，都有人會問這個問題。這太荒謬了，任何有充分科學訓練的人都能夠馬上瞭解相對論。」但是這次愛因斯坦沒有試圖解釋，記者也沒有。文章開始是：「論壇報很遺憾通知讀者，無法向大家說明愛因斯坦的相對論。因為教授表示隨便一個問題也要花上三到四個小時解釋，所以本報決定將訪談限縮到其他事情上。」

　　愛因斯坦接著到普林斯頓進行一周的科學講座，並且「因為航越奇異的思考之海」而接受一項榮譽學位。除了得到優渥的演講報酬（雖然不是他當初獅子大開口的一萬五千美元），也跟普林斯頓協議好，校方可以將演講內容出書，他則可分到15％的版稅。

　　在普林斯頓校長的請求下，愛因斯坦所有的演講都非常技術性。他用德文講解，黑板上寫了超過125道複雜的方程式。有一位學生向記者承認道：「我就坐在陽台上，但無論他說什麼，我的腦袋都無法理解。」

　　有一次演講完後開派對，愛因斯坦說出讓世人記憶最深刻、也最真切的一句話。當時有一個人很興奮得告訴他，說有一套改進邁克生─莫里實驗的新結果出爐了，似乎指出乙太存在且光速會變化。但愛因斯坦就是不接受，他知道自己的理論是正確的，所以平靜地回答說：「上帝是難解的，但祂並不詭詐。」[2]

　　站在那裡的數學教授威卜蘭（Oswald Veblen）聽到這段話，當十年後校方蓋好一棟數學大樓後，他詢問愛因斯坦可否將這段話刻在交誼廳的壁爐台上。愛因斯坦欣然同意，並進一步解釋自己的意思：「自然隱藏祕密是因為本質高深無比，而非別有心機。」

　　這棟大樓後來變成高等研究院暫時的家，也成為愛因斯坦一九三三

2　這句話的英譯「Subtle is the Lord, but malicious he is not」出自於Abraham Pais。愛因斯坦的德文原文為「Raffiniert ist der Herr Gott, aber boshaft er ist nicht」。

年移居普林斯頓的辦公室。在生命近尾聲時，有一回他參加數學家威爾（Hermann Weyl）的退休歡送會；威爾在納粹掌權後，跟著他從德國來到普林斯頓。那時他正好站在壁爐前面，由於量子力學的不確定性帶來挫折感，他看著那句話點點頭，對威爾感慨地說：「誰知道，或許祂是有一點詭詐的。」

愛因斯坦似乎很喜歡普林斯頓，說它是「年輕又新鮮」、「未抽的菸斗」。對於一位愛把玩新菸斗的男人來說，這稱得上是讚美。所以十二年後他決定搬到普林斯頓定居，並不算是意外。

愛因斯坦接下來造訪哈佛大學，但沒那麼喜歡。也許是因為普林斯頓的校長希本（John Hibben）用德語介紹他，哈佛校長羅威爾（A. Lawrence Lowell）則用法文和他說話。另外，哈佛邀請愛因斯坦來參觀，卻沒有請他演講。

有人將這點差別怪罪是美國另一個敵對的猶太復國團體掣肘生波。該組織的領導人是哈佛法學院畢業生班戴斯（Louis Brandeis），也是第一位猶太大法官。由於傳言甚囂塵上，使得班戴斯的門生法蘭克福特（Felix Frankfurter）不得不發表否認聲明，這促使愛因斯坦回了一封很有意思的信件給法蘭克福特，討論同化主義之危險。他寫說，這是「猶太人的弱點，總是熱衷讓非猶太人士保持心情愉快」。

同化至深的班戴斯出生於肯塔基州，將自己變成一個道地的波士頓人。他是一個很明顯的例子，可以看出十九世紀從德國移民到美國的猶太家庭，如何很容易會輕視剛從東歐和俄國移民到美國的猶太人。基於政治和個人理由，班戴斯與魏茲曼發生衝撞，因為魏茲曼是蘇俄猶太人，對於猶太復國運動採取更堅決的政治手段。熱烈歡迎愛因斯坦和魏茲曼到訪的群眾最主要是東歐猶太人，而班戴斯那方則保持距離。

愛因斯坦待在波士頓兩天，大部分時間都花在出席亮相、集會和晚宴上（包括五百人參加的猶太戒律餐會），和魏茲曼竭力為猶太復國運動募款。

《波士頓先鋒報》報導在羅斯貝利一處猶太集會所的募款活動反應：

> 現場反應熱烈有如放電。年輕女奉獻員帶著長箱子，舉步為艱地走過擁擠的走道，大大小小的紙鈔如下雨般投進捐獻箱裡。一位有名的猶太婦人喜極而泣，忘形大叫說她有八名兒子從軍，要按他們的犧牲比例做點捐獻。她舉高手錶，那是很昂貴的進口錶，並且將手上的戒指拔下來。其他人紛紛照做，箱子和籃子很快裝滿鑽石等貴重飾品了。

在波士頓的時候，愛因斯坦遇上流行的「愛迪生測驗」。發明家愛迪生是一個實際的男人，年紀越大（當時是七十四歲）越古怪，他很看不起美國學院派太愛講理論了，對於愛因斯坦也有同感。愛迪生設計了一套測驗給求職者，依求職內容給不同的題目，總共包括150則知識類問題。例如：皮革如何染色？哪個國家喝最多的茶？古騰堡活字印刷如何製成？[3]

《紐約時報》稱此為「愛迪生問卷的永久爭議」，當然愛因斯坦逃不了。一位記者問他測驗中的一個問題：「聲音的速度是多少？」若有任何人瞭解聲波的傳播，那必定是愛因斯坦了，但是他承認「我心中不記得這類資訊，因為查書就有了。」然後他提出遠大的觀點，直斥愛迪生的教育見解，他表示：「學院教育之價值不在於學習許多事實，而在於訓練心智思考。」

在愛因斯坦大旅行中有一點特別引人注目，那便是所到之處鑼鼓喧天的遊行隊伍，對於一個理論物理學家來說真是不尋常。例如在康乃狄克州哈特福（Hartford），除了有超過百輛轎車參加之外，還有一個樂隊、退伍軍人隊伍、以及標準配備的美國國旗和猶太復國旗子做前導，沿途有超過一萬五千名觀眾歡呼迎接。報紙報導說：「大街上擠滿群眾，大家都爭相搶到前

3　州長考克斯（Channing Cox）一周前才剛剛被考過其中一個版本。他的前三個回答分別是：果臘（shellac）是從哪來的？「罐子裡」。什麼是季雨（monsoon）？「一個聽起來很有趣的字」。我們是從哪裡得到李子（prunes）的？「早餐」。

面握手。當魏茲曼博士和愛因斯坦教授站在車上接受獻花時，現場爆出熱烈歡呼。」

這場盛況真是了不起，但是克里夫蘭的場面卻更加熱烈。數千名群眾聚在火車站倉庫迎接參訪團，遊行隊伍包括兩百輛由國旗裝飾、鳴按喇叭的汽車。愛因斯坦和魏茲曼坐上一輛無篷車，前方由一支國民守衛軍鼓號樂隊和一隊穿制服的猶太退伍軍人開路。沿途有仰慕著抓住愛因斯坦的座車跳上踏板，讓警察連忙試圖將人拉開。

在克里夫蘭的時候，愛因斯坦在現今的凱斯西儲大學（Case Western Reserve）演講，著名的邁克生—莫里實驗便在那兒進行。他與米勒（Dayton Miller）教授私下會面一個多小時，米勒設計出新的實驗方法，讓愛因斯坦在普林斯頓酒會上受到詢問。愛因斯坦畫出米勒的乙太漂流模型，催促他繼續改進實驗。米勒對於相對論及部分的乙太理論保持懷疑，但是其他實驗最後證實愛因斯坦的信念，指出上帝真的是難解但非詭詐的。

愛因斯坦掀起的興奮喧囂、大眾夾道歡迎以及令人目眩神移的巨星地位，都是史無前例的。但是就募款角度而言，這趟旅程對於猶太復國運動只算普通成功而已。新近移民的貧苦猶太人從美國各地湧來，奉獻的是無比熱情，但是富貴顯赫的猶太老僑卻極少加入，他們多是傾向於同化，並不熱衷支持猶太復國運動。魏茲曼希望至少能募到四百萬美元，但到年底時實際只有募到七十五萬美元。

即使在美國之旅後，愛因斯坦仍舊沒有成為猶太復國運動的正式成員。他支持猶太人在巴勒斯坦定居的大方向，尤其是支持在耶路撒冷設立希伯來大學，但是他從來沒有想說自己要搬去住，或是推動建立一個猶太人的國家。相反地，他的關係比較是精神層面的，他開始覺得與猶太人的關係更為密切，也痛恨有人為了同化而放棄自己的根。

就這方面來說，他正在參與一股重要的風潮，選擇重新在歐洲塑造猶太人的自我認同。在離開美國那天，他告訴一名記者：「直到一個世代之前，

德國的猶太人並不認為自己是一名猶太人，只是將自己當成是一名猶太教徒。」但是他認為，反猶太主義改變這種想法，烏雲帶來了一線希望。他指出：「我見過身旁許多人士瘋狂要改變自己、努力去適應與同化，這種不知羞恥的行徑令人相當反感。」

壞德國人

　　愛因斯坦的美國行讓他心想事成，如願將他打造成一個世界公民，一個國際主義者而不是德國人。這個不可磨滅的形象又因他拜訪德國另外兩個主要敵國而加強。拜訪英國的時候，他在皇家學會演說並在西敏寺牛頓墓碑前獻花致敬。拜訪法國的時候，他以法文演講風靡大眾，並到著名戰場的墓地進行憑弔之旅。

　　這也是他與家人和解之刻。一九二一年夏天，他帶著兩名兒子到波羅的海度假，啟發次子愛德華對數學的喜愛，然後又帶漢斯到佛羅倫斯。父子之間相處非常愉快，進一步促成他與馬里奇改善關係。他寫信給前妻說：「我很感激妳教導有方，讓他們對我這麼友善。事實上，妳樣樣都是模範。」最令人驚異的是，當他從義大利返家途經蘇黎士時，他不僅拜訪馬里奇，甚至考慮待在「樓上的小房間裡」。他們全家到侯維茲家裡聚會，像往日共享音樂之夜。

　　但是好景不常，隨著德國馬克的崩潰，讓愛因斯坦更難支持家人用瑞幣生活。戰爭之前馬克值24分，但是一九二〇年開始跌到剩2分，那時1馬克可以買一條麵包。但是馬克仍然跌跌不休，到一九二三年初時一條麵包索價700馬克，年底時一條麵包開價10億馬克。一九二三年十一月發行新貨幣，稱為地租馬克（Rentenmark），由政府財產做擔保，1兆舊馬克僅抵1新馬克。

　　德國民眾漸漸在找代罪羔羊。他們怪罪國際主義者與和平主義者，指

他們強迫德國在戰爭中投降。他們怪罪法國人和英國人，指他們強迫推行有代價的和平。而且不令人意外地，他們將矛頭指向猶太人。因此在一九二〇年代的德國，對於國際主義者、和平主義者與猶太知識分子並不是一個好時點。

一九二二年外交部長拉特瑙（Walther Rathenau）遭到暗殺，象徵德國反猶太主義枱面化的轉捩點。拉特瑙出身柏林一個富有的猶太家庭，在戰爭部擔任資深官員，再來是重建部部長，最後成為外交部長。

愛因斯坦在一九一七年看過拉特瑙的政治學著作，在晚餐時告訴他：「我又驚又喜地發現，我們兩人都於生命的看法有多麼契合！」拉特瑙感謝讚美，也讀了相對論做為回謝。他開玩笑說：「我不敢說它讀來容易，但無疑是相對容易了。」然後他問了愛因斯坦一些非常有創見的問題：「一個迴轉儀如何知道自己正在旋轉？如何分辨空間中的方向，免得往不想要的方向傾斜？」

雖然兩人變成親近的朋友，但是對於一個議題卻有歧見。拉特瑙反對猶太復國主義，並且錯誤地以為像他一樣的猶太人，可以藉由徹底同化成好德國公民，以便減輕反猶太風潮。

愛因斯坦希望拉特瑙可以對猶太復國理想有所認識，於是將魏茲曼和布倫費爾德介紹給他認識。他們大家見面討論事情，地點在拉特瑙位於格林勒華特的大莊園裡，但是拉特瑙仍不改初衷。他認為，猶太人最好的路是服膺公職，成為德國權力結構的一部分。

布倫費爾德主張，一個猶太人去幫局外人做外交事務是錯誤的，但是拉特瑙繼續堅持自己是德國人。魏茲曼指出這種態度是「最最典型的同化猶太人」，他看不起嘗試同化的猶太人，尤其對當朝為官者更為不屑，直指：「他們似乎不知道自己坐在一座火山上。」

一九二二年身為外交部長時，拉特瑙贊成德國遵守凡爾賽條約，並與蘇聯協商制定拉帕羅條約（Treaty of Rappallo），結果被剛竄起的納粹首批點名

是共黨同路人。一九二二年六月二十四日早晨，拉特瑙開車上班，幾名年輕的民族主義分子逼近，朝他掃射機關槍並丟擲一枚手榴彈，然後加速開車逃逸。

愛因斯坦對殘忍的暗殺行動震驚不已，大部分德國人都進行哀悼，在葬禮當天學校和戲院都出於尊敬而關閉。百萬人在國會大廈前面致敬哀，愛因斯坦也在其中。

但不是每個人都感到同情。希特勒稱那些兇手是德國英雄，而愛因斯坦的敵人李納德完全不理會哀悼日，照常到海德堡大學講課。一些學生出現為他喝采，但是一群經過的工人氣憤難耐，將李納德從課堂裡拖出來，打算將他丟到內喀爾河中，結果警察出現制止了。

對於愛因斯坦，拉特瑙遭暗殺是一門痛苦的教訓：同化不會帶來安全。愛因斯坦在一份德國雜誌寫追思文時提到：「我對於他成為政府首長而感到遺憾。鑑於德國眾多受教育民眾對猶太人的態度，我一直認為猶太人公共場合應表現出驕傲自持。」

警察警告愛因斯坦可能是下一個目標，他的名字出現在納粹黨同情分子開出的名單上。官方人士說他應該離開柏林，或至少避免公開演講。

愛因斯坦辦了留職停薪，暫時搬到基爾，寫信給蒲朗克取消在德國科學家年會演講。李納德和格耳克領導十九名科學家表發「抗議聲明」，抵制他出席會議，愛因斯坦明白自己的名氣反過來糾纏他了。在給蒲朗克的道歉函中，他解釋道：「報紙太常提到我的名字，讓這群員烏合之眾共同對付我。」

拉特瑙被暗殺之後的幾個月情勢是「風聲鶴唳」，愛因斯坦對索洛文感慨自己「隨時保持警戒」。對於居禮夫人，他吐露自己可能會辭掉柏林的工作，並住到別的地方去。居禮夫人力勸他留下來對抗一切：「我認為你的朋友拉特瑙，會鼓勵你盡力奮鬥。」

他曾經短暫考慮過要搬到基爾（位德國波羅的海海岸），到一位朋友

經營的工程公司上班。他已經為該公司設計出一個新型的航海迴轉儀，於一九二二年獲得專利，也拿到二萬馬克的報酬。

當愛因斯坦表示自己想搬到基爾買棟房子安頓下來，不再當理論物理學家，而是改當一名工程師時，該公司老闆又驚又喜。愛因斯坦說：「想到能夠做個實實在在的正常人安靜度日，又有在工廠從事實務工作的大好機會，真的讓我很高興。再加上美麗風光與出海航行……真教人羨慕！」

但是他很快放棄這個想法，理由是艾爾莎「害怕」任何改變。艾爾莎則指出，這真的是愛因斯坦自己的決定，她寫道：「所謂的安靜度日是一種幻想。」

他為何沒離開柏林呢？他住在柏林已有八年之久，自從中學從慕尼黑輟學之後，是待過最久的地方。那時反猶太氣息高漲、經濟迅速崩潰，當然基爾不是他唯一的選擇；他發出的熠熠星光讓萊頓和蘇黎士的朋友，都不斷想用高薪引誘他去任教。

他選擇留在柏林的慣性很難解釋，但是從一九二〇年代期間他的個人生活和科學研究上，都可以明顯看到改變的跡象。曾經，他是蠢動不安的叛逆者，工作換來換去，見解變來變去，抗拒任何有壓抑味道的事物；然而他過往排斥世俗敬重的傳統，如今自己也變成傳統了。曾經，他是心存浪漫情懷的年輕人，嚮往無拘無束的波希米亞生活，偶爾還會事不關己地嘲諷；然而如今他過起中產階級的生活，有一個寵愛他的女人，家裡裝潢舒適富麗，配有氣派的彼德麥家具。此刻，他不再蠢動不安了，而是變得安逸舒適。

不過，儘管愛因斯坦對名氣有所疑慮並決心保持低調，但是有話不說向來不是他的本性，也沒辦法一直推辭外界對他扮演公眾角色的期待。因此，八月一日他現身在柏林一處公園的大型和平主義者集會中，當時離拉特瑙被暗殺不過五星期而已。雖然他沒有發表講話，但是同意坐上汽車繞行會場。

那年稍早，他曾經參與全國國際委員會聯盟的知識交流小組，目的是促成學者之間的和平主義精神，他也力勸居禮夫人參加。該會名稱與宗旨勢必

會激怒德國的民族主義者，因此當拉特瑙被暗殺之後，愛因斯坦宣布想要退出。他寫給聯盟的一位代表指出：「如今，猶太人對於參與公共事務，必須做好自制。再者，我先講明自己不希望當代表，是因為那些人肯定不願選我當代表的。」

不過，這項請求未見成功。居禮夫人和另一名委員牛津教授默里（Gilbert Murray）懇求他留下來當會員，於是愛因斯坦撤回辭意。接下來兩年，他只保持淡淡的關係，最後還是與聯盟分道揚鑣，有部分原因是該會在德國無法支付戰爭賠款後，支持法國逕自占領魯爾河區的舉動。

他對待聯盟的態度如同人生許多方面一樣，有點兒疏離又看好戲的態度。原本每個會員都要對日內瓦大學的學生演說，但是愛因斯坦則辦了一場小提琴演奏會。有一天晚餐時，默里的太太問他當世道墮落時，為何依舊能保持如此愉快？他回答說：「我們一定要記得這是一個非常小的星球，很可能有又大又重要的星球是美好快樂的！」

亞洲和巴勒斯坦（一九二二～一九二三）

在德國令人不快的氣氛下，愛因斯坦很樂意進行生命中最長的旅行，從一九二二年十月展開為期半年的旅程，也是生平唯一一次造訪亞洲以及今日的以色列。他所到之處都被當成名人，讓他一如往常百感交集。在抵達錫蘭時，愛因斯坦夫婦被等候的人力車立刻載走，他在旅行日記中寫道：「我們搭乘一人拉的車子小跑步前進，那些車夫個頭不大卻力大無窮。這樣使喚別人很討厭，我感到痛苦慚愧，但卻無力做些改變。」

在新加坡幾乎全體猶太人都出動了，超過六百人聚集在碼頭上迎接，幸好後面沒有跟著人力車。愛因斯坦的目標是最富有的爵士眉耶（Menasseh Meyer），他出生於巴格達，因買賣鴉片和不動產市場致富。愛因斯坦為希伯來大學募款，在演講中宣稱道：「我們的子弟被其他國家的大學拒絕入

學。」但是大部分聽眾都不懂德語，愛因斯坦遂稱這場活動是「表面熱鬧、骨子裡是無可救藥的語言大災難」。沒想到演講奏效了，眉耶捐了一筆豐厚的款項。

愛因斯坦自己的收穫更是豐碩。日本出版商和主辦人為他的系列演講支付二千磅的報酬。活動大獲成功，約有二千五百名聽眾出席東京第一場演講，加上翻譯時間總共耗時四小時。另外，有更多人圍在皇宮附近，爭相目睹他抵達與天皇和皇后見面。

愛因斯坦照舊覺得一切都很有趣。「沒有人值得這麼熱情的款待」當黎明時分他和艾爾莎站在旅館房間外的陽台上，一千名通宵守候只為看他一眼的群眾爆出歡呼。他說道：「我怕我們是騙子，最後會被關進監獄裡。」德國大使的文筆鋒利，寫道：「此位名人的整趟旅程已經登上高潮，操作手法有如大企業之精明幹練。」

但是愛因斯坦覺得聽眾站太久而感到難過，於是將接下來的演講壓到三小時結束。可是在他搭火車（途經廣島）到下一個城市時，感覺到主辦人有點兒不順心。於是他問說有什麼問題，別人很禮貌地告訴他：「安排第二場演講的人覺得受侮辱了，因為沒有像第一場持續四小時。」此後，面對耐性十足的日本聽眾，他的演講便盡情揮灑了。

日本人溫和謙遜，對美麗的思想深深欣賞，這些特質打動了愛因斯坦。他寫信對兒子們說道：「在我遇見的人當中，我最喜歡日本人，因為他們謙遜聰明又體貼，而且對藝術有感覺。」

在返回西方的旅程上，愛因斯坦踏上了巴勒斯坦，值得留念的十二天旅中造訪了羅德、台拉維夫、耶路撒冷和海法。他受到英國官員的隆重歡迎，彷彿他是一國元首，而不是一個理論物理學家。當他抵達英國最高指揮官塞繆爾爵士（Sir Herbert Samuel）的官邸時，受到禮砲致敬迎接。

另一方面，愛因斯坦維持一貫的謙虛樸素。當他和艾爾莎抵達時相當疲倦，因為他堅持從岸邊搭夜班火車來時要坐一般車廂，而不是準備好的頭等

臥鋪車廂。艾爾莎被英國的繁文縟節搞得筋疲力盡，所以有幾晚便提早上床避免社交活動。她抱怨道：「當我先生犯了禮節錯誤，別人會說因為他是一個天才。至於我，則會變成缺乏教養的緣故了。」

和霍爾登公爵一樣，塞繆爾爵士是很認真的業餘哲學家科學家。他陪愛因斯坦走到耶路撒冷舊城，參訪猶太人最崇高的宗教聖地，即依傍著聖殿山的西牆（哭牆）。然而愛因斯坦對於猶太遺產感情的加深，並沒有有讓他對猶太教產生任何新認同。他在日記中寫道：「毫無生氣的同胞手足們，臉孔面向牆壁、身體前後搖動祈禱著。這些人很可憐，只有過去而沒有未來。」

不過，他目睹勤奮的猶太人正在建設新天地，反應也正面許多。有一天愛因斯坦赴一場猶太復國組織歡迎會，門口被想聽他說話的群眾擠得水洩不通。愛因斯坦深受感動，宣布說：「我認為這是我一生中最棒的日子。從前，我一直覺得猶太人的靈魂中有所缺憾，那便是整個民族的健忘。今天我感到非常快樂，看到猶太人學習認識自己，並努力使世人認識自己。」

愛因斯坦最常被問到的問題是有天會否回到耶路撒冷。通常他都回答得很隱晦，沒有給明確答案。但如他對一名主辦人吐露，他知道若是自己搬到耶路撒冷，只會被當成「裝飾品」，恐怕會失去安靜與隱私。他在日記寫道：「在感情上我想回來，但是理智說不可以！」

一九二一年諾貝爾獎

愛因斯坦知道自己得諾貝爾物理獎是遲早的事，而且他早已跟前妻馬里奇約定好獎金會全部歸她。問題是：何時得獎？以什麼得獎？

一九二二年十一月宣布一九二一年度的諾貝爾物理獎將頒給愛因斯坦時，湧現的問題是為什麼拖這麼久？得獎原因又為什麼「特別是他對光電效應的發現」？

一般以為愛因斯坦是在訪問日本途中，才知道自己終於獲獎了，因為十一月十日的電報上寫著「諾貝爾物理獎將頒發給您，詳見來函。」然而，事實上當瑞典科學院在九月做出決定後，便趕在他出發做半年旅行前寫信暗示他獲獎了。

物理獎委員會主席阿瑞尼士（Svante Arrhenius）聽說愛因斯坦計劃十月去訪問日本，擔心他恐怕無法如期趕赴瑞典的頒獎典禮。因此他寫了一封動機明顯的信函給愛因斯坦：「非常希望您十二月能駕臨斯德哥爾摩。」當時還未發明噴射機，旅行曠日廢時，因此阿瑞尼士再加上一句：「若是您屆時在日本，那就不可能了。」這封信來自於諾貝爾委員會主席，意思再明顯不過，因為物理學家十二月要被召到斯德哥爾摩，並沒有太多理由。

儘管知道自己終於獲獎了，但愛因斯坦不認為需要延後旅行。部分原因是他被跳過太多次，

開始讓他覺得很煩。

他第一次獲得提名是在一九一○年，由化學獎得主奧斯華提出，他曾在九年前拒絕了愛因斯坦的求職。奧斯華提及狹義相對論，強調該理論關係到基礎物理學，而不像反對人士主張的僅涉及哲學而已。接下來幾年他每次提交入圍名單時，都一再重申此點。

瑞典委員會謹記諾貝爾設立獎項的遺願，主張獎項應該頒給「最重要的發現或發明者」，但是感覺相對論未達理想。所以該會表示，「在可以接受該項原則、尤其是能夠授與諾貝爾獎之前」，需要等待更多的實驗證據。

接下來十年間，愛因斯坦繼續因為相對論上的研究而獲得維恩等知名理論家的提名支持，只不過仍持懷疑的洛倫茲還未肯定。愛因斯坦遇到最大的障礙是當時諾貝爾獎委員會對純理論家感到質疑，一九一○年到一九二二年間五名委員中有三人是瑞典烏普薩拉大學的實驗家，該校以熱切追求完美的實驗與測量技術聞名。奧斯陸的科學史學家費德曼（Robert Marc Friedman）提到：「帶有強烈實驗家偏見的瑞典物理學家主宰委員會，他們以精密測量為研究最高目標。」這不僅是蒲朗克得等到一九一九年才獲諾貝爾獎的原因，也使得龐加萊始終與獎項無緣。

一九一九年十一月日食觀測戲劇性的宣告，證實了愛因斯坦的部分理論，應該讓一九二○年成為他的天下。那時候，洛倫茲已經不再懷疑，他和波耳等共八人寫信提名愛因斯坦，主要是著重他已完成了相對論。（蒲朗克也寫信支持，只是在截止期限後才寄達。）洛倫茲的信中宣稱，愛因斯坦「已躋身有史以來最偉大的物理學家之列」。波耳的信也同樣清楚表達：「這裡面對的是一個至為關鍵的重要進步。」

但是政治介入了。之前，拒絕頒諾貝爾獎給愛因斯坦的主要理由都是基於科學因素，包括其研究純屬理論、缺乏實驗基礎，且未牽及新法則的「發現」。在日食觀測、水星軌道偏移解釋等其他實驗證實後，這些反對愛因斯坦的論點仍然被提出來，只是沾染上更多的文化和個人偏見。對批評者而

言，他迅速到達超級巨星的地位，成為繼馴服閃電的人富蘭克林遊行巴黎後國際最知名的科學家，只能證明他在自我推銷，而非他有獲得諾貝爾獎的價值。

從委員會主席阿瑞尼士準備的七頁內部報告中，可明顯聽出這弦外之音，解釋為何愛因斯坦不該贏得一九二○年的諾貝爾獎。阿瑞尼士指出，日食觀測的結果被批評為曖昧不明，科學家尚未確認相對論預測太陽光會受太陽重力影響而產生紅移。他也引用格耳克的懷疑之詞，指稱水星軌道的偏移或許可用其他理論解釋。

另一名反猶太批評大將李納德，也在幕後策動對愛因斯坦的聖戰（隔年李納德將會提名格耳克競逐諾貝爾獎！）。瑞典探險家希汀（Sven Hedin）是瑞典科學院地位崇隆的院士，他回憶說李納德曾經很認真運作，力勸院士們「相對論不是真的發現」，而且一直未獲得證明。

阿瑞尼士的報告，採用李納德說法「對愛因斯坦廣義相對論的怪異處發出之強烈批判」。李納德主要批評並非以實驗與具體發現為基礎的物理學，但是在報告中李納德對於這類「哲學猜想」卻暗藏強烈的敵意，常常貶斥為是「猶太科學」的一項特徵。

結果一九二○年的諾貝爾物理獎頒給了紀堯姆（Charles-Edouard Guillaume），他也是蘇黎士技術學院的畢業生，科學研究與愛因斯坦恰好形成對比。紀堯姆是國際重量測量局局長，其科學成就普普通通，著重追求精益求精的標準測量方法，並發現具有實際用途的合金（例如可製做良好的量竿）。費德曼指出：「當物理界正進行從所未有的智力大探險時，卻肯定紀堯姆靠例行研究與微調理論的成就最了不起，真是令人感到不可思議。即使是反對相對論的人士，也認為選中紀堯姆真是太奇怪了。」

到一九二一年時，大眾對於愛因斯坦的狂熱已全面迸發（不管好壞方面），理論家與實驗家都給予最堅定的支持，德國人如蒲朗克與非德國人如愛丁頓等。愛因斯坦共獲得十四人正式提名，遠遠超過其他角逐者。英國皇

家學會的愛丁頓便在提名信中，給予至高無上的讚美：「愛因斯坦如同牛頓，成就領先群倫。」

這回物理獎委員會指派古斯特蘭德（Allvar Gullstrand）對相對論做一份報告，他是烏普薩拉大學的眼科教授，曾在一九一一年為獲頒諾貝爾醫學獎。雖然對相對論的數學或物理幾乎是外行，古斯特蘭德卻以尖銳無知的態度批判愛因斯坦的理論。他在五十頁的報告舉出諸多例子，不斷想證明愛因斯坦沒有資格拿獎，例如光線彎曲不是真正測試過的理論、結果沒有實驗證明，就算有，也能用古典力學的其他方法解釋該現象。關於水星軌道，他指稱：「需要進一步瞭解，才能知道愛因斯坦的理論是否完全吻合近日點實驗。」至於狹義相對論的作用，他認為說：「遠在實驗誤差的限制之下。」古斯特蘭德既然以設計精密光學測量儀器聞名，對於愛因斯坦的理論中指稱固定量竿的長度會相對於運動的觀察者而改變這一點，他似乎特別感到驚駭。

即使瑞典科學院有些院士明白古斯特蘭德的反對太膚淺粗糙，但是要推翻他的成見卻很困難。畢竟古斯特蘭德是受敬重與受歡迎的瑞典教授，而且於公於私他都堅持諾貝爾獎是一份崇高的榮譽，不應該頒給一個受到高度懷疑的理論，尤其是受到大眾歇斯底里追捧卻可能很快從雲端墜落的東西。瑞典科學院做了另一項選擇，沒有公開甩愛因斯坦一個耳光（或者更難堪？）：投票決定當年度從缺，將一九二一年度的獎項留待下一年。

愛因斯坦遲遲未能得獎，開始讓諾貝爾獎本身更加難堪。如法國物理學家布里淵（Marcel Brillouin）在一九二二年的提名信指出：「若是愛因斯坦的名字未出現在諾貝爾獎得主名單上，想想看五十年後世人將如何看待。」

一九二二年烏普薩拉大學的理論物理學家歐辛（Carl Wilhelm Oseen）加入了委員會，事情才得以解決。歐辛是古斯特蘭德的同事與朋友，三兩下就化解了這位眼科醫師一些錯誤卻堅持的反對立場。他明白相對論難以完全擺脫爭議，最佳解決之道是繞道而行，於是力促以「發現光電效應法則」之

名，將諾貝爾獎頒給愛因斯坦。

這句話簡直是字斟句酌。事實上愛因斯坦不是因為相對論得獎，也不是因為光量子理論得獎。（雖然那是一九〇五年論文的重點，有些歷史學家也持這種看法。）完全不是因為理論，而是發現了一個法則。

其實前一年的報告已經提到愛因斯坦的光電效應理論，但從歐辛的報告標題「愛因斯坦之光電效應法則」，可清楚看出他試圖另闢蹊徑。在報告中，歐辛並未強調愛因斯坦研究的理論層面，而是明確指出愛因斯坦發現一項自然的基本法則，並且已經獲得實驗證明。報告指出，愛因斯坦藉由光是由個別量子之吸收放射的假定，提出光電效應之數學描述並解釋光線頻率關係。

歐辛也建議，若是頒予愛因斯坦一九二一年度的獎項，那麼便同時可頒予波耳一九二二年度的獎項，因為其原子模型是建立在解釋光電效應的法則之上。這張聰明的雙人門票，可以確保當時最偉大的兩位理論物理學家都獲得諾貝爾獎，並且保持維續科學院悠久的傳統。古斯特蘭德同意了，阿瑞尼士在柏林遇到愛因斯坦後很喜歡他，此刻也願意接受這種安排。一九二二年九月六日科學院進行投票，愛因斯坦和波耳分別獲得一九二一年與一九二二年的諾貝爾物理獎。

因此，愛因斯坦終於成為一九二一年度諾貝爾獎得主，正式得獎理由為：「因其對理論物理學之奉獻，尤其是對光電效應法則之發現。」不管是在得獎理由或是科學院祕書處發出的通知信函中，都加入了不尋常的註腳，表明該獎授予「不考慮爾後相對論和重力論獲得確認後所賦諸之價值」。愛因斯坦後來沒有再以光電效應以外的研究獲獎，也從沒有因為相對論及重力理論獲得諾貝爾獎。

用光電效應為理由讓愛因斯坦獲獎，其實是很諷刺的。因為光電效應的法則主要是以李納德的實驗觀察為基礎，但李納德卻是最積極從中做梗，讓他始終與獎項擦身而過的頭號大敵。在一九〇五年的論文中，愛因斯坦將

部分功勞歸於李納德「開創性」的研究。但在一九二〇年柏林的反猶太示威活動後，兩人卻成為死對頭。所以當李納德得知儘管自己極力反對，愛因斯坦仍然贏得諾貝爾獎，而且還是與自己開創的領域相關，這讓他感到氣憤不已。於是寫了一封很生氣的信件給科學院，這是院方唯一收到的正式抗議信，信中批評愛因斯坦誤解光線的真實本質，而是他是愛出鋒頭的猶太人，不符合德國物理界的真正精神。

當時，愛因斯坦正在日本搭火車旅行，所以錯過十二月十日的頒獎典禮。在他到底應該算是德國人或瑞士人的諸多爭辯後，由德國大使幫他領獎，不過官方紀錄上則將他同時列為兩個國籍。

委員會主席阿瑞尼士發表正式演講，字字句句都仔細斟酌過。他表示：「現今可能沒有物理學家的名字如同愛因斯坦廣為周知，大部分討論都集中在相對論之上。」接下來，他幾乎語帶貶抑地說道：「這本質上屬於認識論的範疇，因此一直是哲學界熱烈辯論的主題。」

在簡短觸及愛因斯坦其他的研究後，阿瑞尼士說明為何科學院認為他應該得獎。他指出：愛因斯坦的光電效應法則受到美國密立根[1]及其學生非常嚴格地測試，並漂亮地通過考驗。有如法拉第的法則是電化學之基礎，愛因斯坦的法則同樣變成量化光化學（quantitative photochemistry）之基礎。」

隔年七月愛因斯坦在瑞典一場科學會議中發表正式得獎感言，瑞典國王阿道夫五世也出席聆聽。愛因斯坦並沒有提到光電效應，而是談到相對論的事情，最後指出他想要發現統一場論的新目標，認為這項投注極為重要，可望融合廣義相對論與電磁理論，甚至是量子力學。

那年獎金額度達121,572瑞典克朗（等同32,250美元），約超過當時教授平均年薪的十倍。根據他和馬里奇簽訂的離婚協議書，愛因斯坦將部分款項

1　密立根後來在次年為其過去在芝加哥大學進行的光電效應實驗而獲得 一九二三年的諾貝爾物理獎。獲獎時他是加州理工學院的物理實驗室主任，在一九三〇年代初期曾邀請愛因斯坦到該校擔任訪問科學家。

直接送到蘇黎士他們母子專用的信託帳戶，其餘全部存進一個美國帳戶，孳生的利息也歸她使用。

但是這又造成爭吵的源頭。雖然信託的事情先前已經同意好了，但是漢斯抱怨說這種安排只能讓他們用到信託的利息而已。倉格爾又再一次介入調停，最後終於平息爭議。愛因斯坦開玩笑寫信給兒子說：「你們以後會很有錢，有一天搞不好我會向你們借錢呢！」馬里奇最後用這筆錢在蘇黎士購買三棟房子，利用出租收入維持家用。[2]

牛頓的桶子與新乙太

在完成廣義相對論和宇宙學的研究後，愛因斯坦對朋友感嘆道：「一個人只有在年輕時才能真正發明出新東西，之後變得更有經驗名氣，但也更死腦筋了。」

一九一九年愛因斯坦四十歲，那年日食觀測讓他舉世聞名。接下來六年，他持續對量子理論有重要貢獻，但在那之後，如同我們所見，他縱使不是腦筋僵死，也是固執抗拒著量子力學，開始踏上一場孤單漫長又不成功的旅程，一心一意想弄出統一場論，統整入一個更決定性的架構。

然而除了電磁學與重力，接下來的研究者陸續發現新作用力與新粒子，這些讓愛因斯坦在尋找統一場論的過程中更加複雜，他不僅發現自己對最新的實驗物理資料不熟悉，而且從自然捕捉出基本原則的直覺能力也不見了。

如果日食觀測後愛因斯坦馬上退休，剩下的三十六年就是過一天算一天，那麼科學界會蒙受損失嗎？這個答案是肯定的，因為縱使愛因斯坦對量子力學的大部分攻擊都無法證實，但他總能提出新招，聰明卻徒勞無功地找

2　有關於諾貝爾獎金的詳情複雜，且多年來爭論頗多，隨著愛因斯坦與馬里奇的信件在二〇〇六年公開跟著清晰起來。事實上馬里奇後來不得不賣掉後面兩棟房子，以保住第一棟房子，但後來連第一棟也差點保不住，由愛因斯坦出錢概括承受，之後不僅幫她還債，還繼續供應生活費。

問題，反而是加強了量子理論。

這裡又出現另一個問題：為什麼愛因斯坦在四十歲前，比四十歲後擁有更強大的創造力？數學家和理論物理學家常常會在四十歲之前完成偉大的突破，這算是一種職業風險。愛因斯坦跟一位友人解釋道：「四十歲的腦力已經半殘了，只是成化石貝殼的外圍還包裹著一層光輝。」

講得更明確點，愛因斯坦的科學成就與叛逆精神有關，其創造力與樂意挑戰權威相關。他對於舊秩序並無依戀之情，越衝撞越有活力，固執的脾氣一直對他是一大利器。

然而到了此際，他已將年輕時候的波希米亞作風與舒適的中產階級家庭生活做了交換，堅信場論可以維持古典科學的確定性與決定性，從此固執的脾氣反倒對他不利了。

從很早之前，他便開始擔心會走上這條命運。颱風似地完成一九〇五年一連串揚名的論文後，他對奧林匹亞學會的朋友索洛文擔心地說道：「很快我會到達停滯不前和不事生產的年齡，只會感嘆年輕人身上充沛的革命精神。」

現在，已有年輕科學家感覺到這種命運降臨在他身上了。愛因斯坦有次講到內心深處，感慨地說：「為了懲罰我對權威的藐視，命運讓我變成了權威。」

所以，當一九二〇年代愛因斯坦對於自己早期一些大膽的想法產生退縮，便不會太令人驚訝了。舉例來說，在一九〇五年那篇狹義相對論的論文中，他將乙太的觀念斥為「多餘」而出名。但是在完成廣義相對論之後，他認為理論中的重力勢（gravitational potential）可以描繪出虛無空間的物理實質（physical quality）特性，並做為一種媒介傳遞擾動。他開始稱這是一種想像乙太的新方法，一九一六年他寫信給在洛倫茲中提到：「我同意你，廣義相對論理論容許乙太假設。」

一九二〇年五月在萊頓大學發表演講時，愛因斯坦公開提議一種新的乙

太（而非舊乙太的復活）。他表示：「在經過仔細思考後，我認為狹義相對論並未強迫我們否定乙太。我們可以假定乙太的存在，不過必須放棄指定它具有特定的運動狀態。」

他指出，廣義相對論的結果可以證明這種新思維。他清楚表達新乙太不同於舊乙太，因為舊乙太被想成是一種介質，可以產生起伏漣漪而解釋光波如何在空間運動。相反地，他重新引進這個觀點，是為了要解釋旋轉和慣性。

如果他選擇用一個不同的詞彙，或許可以避免一些混淆。但是在演講中，他清楚表示自己是有意重新引用「乙太」這個字：

否定乙太最終將認定虛無空間完全不具任何物理實質，然而力學的基本事實與此觀點並不一致……除了可觀察的物體，另一件不可察覺的東西一定要看成是真實的，才能使加速或旋轉能夠被看成是真實的……乙太的概念再度獲得有意義的內涵，但是此內涵與力學光波理論中的乙太極為不同……根據廣義相對論，空間具有物理實質；在這層意義上，有乙太存在。沒有乙太的空間是無法想像的，因為在這種空間中既無光線的傳播，也不可能有空間和時間（量竿和時鐘）的標準存在，因而在物理意義上也無時空間隔。但是這個乙太不能想成具有媒介的特質，認為其組成部分可隨時間追蹤而出，也不可以適用運動的概念。

所以，新乙太究竟是什麼？對於馬赫原則和牛頓桶子的問題有何意義呢？[3] 之前，愛因斯坦曾經很興奮地指出，廣義相對論將旋轉解釋成只是相對於空間中其他物體的一種運動，與馬赫的主張一樣。換句話說，如果你處於

3　見page.204關於牛頓的思考實驗：為何在桶中旋轉的水會受到慣性的壓迫而在桶緣的地方較高。以及page311關於愛因斯坦在一九一六年時的看法，現在他將之前的看法修改成一個空的宇宙不會有慣性或是時空構造。

一個吊在虛無空間中的桶子裡，由於宇宙間沒有其他物體，所以沒辦法知道自己正在旋轉與否。愛因斯坦甚至寫信給馬赫，表示他應該覺得很高興，因為馬赫提出的原則受到廣義相對論支持了。

愛因斯坦也在寫給史瓦西的信中如此表示道。這位前途無限的年輕科學家，曾經在戰爭期間從俄國前線寫信給愛因斯坦，討論廣義相對論的宇宙涵義。愛因斯坦在信中宣稱：「慣性只是物質之間的交互作用，並不是『空間』本身牽涉到的效果，或與觀察到的物質無關。」但是史瓦西思量後，並不同意。

如今四年之後，愛因斯坦改變了想法。在萊頓大學的演講中，他對廣義相對論提出不同於一九一六年的詮釋，接受其重力場論暗示虛無空間具有物理實質。一個物體擺盪在虛無空間的機械行為（如牛頓的桶子），「靠的不只是相對速度，也與旋轉狀態有關」，而這意謂著「空間具有物理實質」。

他坦率地承認，這意謂他現在要放棄馬赫原則了。馬赫主張慣性是由宇宙中所有遠方物體的存在而造成，暗示這些物體可以瞬間對某個物體產生一個效果，即使彼此相距十分遙遠。愛因斯坦的相對論並不接受遠距瞬間作用，即使是重力也不會在瞬間施展作用力，唯有透過重力場的變化才有作用，而重力場又遵守光速為極限。愛因斯坦在演講中指出：「相對於遠距質量的加速度會產生慣性阻力，這意謂遠距作用的存在。因為現代的物理學家不接受遠距作用這種事情，所以回到乙太來，讓乙太做為慣性效果的媒介。」

這個議題現在仍然爭論不休，但是愛因斯坦似乎相信（至少在萊頓大學演講時），現在根據廣義相對論看來，牛頓桶子中的水仍然會被推上內壁，即使桶子是在沒有其他任何物體的宇宙裡旋轉。葛林寫道：「與馬赫預測相反，即使在別無他物的宇宙中，仍然會感覺被推向旋轉桶壁……在廣義相對論中，空空蕩蕩的時空會加速運動提供基點。」

慣性會將水推向桶壁，是由於相對於度規場發生旋轉所造成，如今愛因

斯坦號稱為新乙太。最後，他必須面對廣義相對論不必然去除絕對運動觀念的可能性，至少相對於時空度規的絕對運動是存在的。

這不完全是一種撤退，或重返十九世紀的乙太觀念。但卻是思考宇宙時一種比較保守的方式，代表愛因斯坦脫離了過往擁抱的馬赫激進思潮。

這明顯讓愛因斯坦感到不舒服。他指出，欲除去獨立於物質存在的乙太，最佳之道便是發現難以捉摸的統一場論。那將會是多麼大的榮耀啊！他表示：「乙太和物質之間的差別將會褪去。透過廣義相對論，整個物理學將會變成一個完整的思考系統。」

波耳、雷射和「機率」

在中年時期，愛因斯坦從革命者變成保守派的最重要特徵是對於量子理論的態度轉硬，然而量子力學卻於一九二〇年代中期產生一個激進的新力學系統。他對量子力學的憂疑不適，以及對尋找統一理論的殷殷期盼（以便結合相對論並恢復自然之確定性），將會主宰（在某種程度上是減損）人生後半段的科學志業。

愛因斯坦曾經是一個大膽的量子先鋒。他和蒲朗克一起在二十世紀初發動了革命，但是不同於蒲朗克，他是少數真正相信量子具物理真實的科學家，即支持光是由個別能量封包所組成的想法。這些量子有時表現如粒子，是不可分割的單位，並非連續體的一部分。

在一九〇九年薩爾斯堡的演講中，他預測物理學必須接受光的雙重性（光可視為波和粒子）。在一九一一年第一屆索爾維會議中，他宣稱「從蒲朗克理論看來，這些不連續體令人覺得很討厭，但似乎真實存在自然中。」

蒲朗克抗拒量子具有物理真實的觀念，甚至為愛因斯坦撰寫普魯士研究院選舉的推薦信中便表示：「其光量子的假設可能太超過了。」同樣地，其他科學家也抗拒愛因斯坦的量子假設，能斯特稱之「可能是所提出最奇怪的

想法」，密立根稱之「完全無法掌握」，雖然他已經在實驗室證實該理論的預測能力了。

量子革命的新階段於一九一三年發動，當時波耳提出原子結構的修訂模型。波耳比愛因斯坦年紀小六歲，天資聰穎的他相當害羞又口齒不清。身為丹麥人，他既能夠吸取德國人如蒲朗克和愛因斯坦等人的量子理論研究，又能夠汲取英國人湯姆森和拉塞福研究原子結構的經驗。愛丁頓回憶道：「在那時候，量子理論是德國人發明的東西，甚少滲透到英國去。」

波耳原本到劍橋和湯姆森學習，但是這位說話不清楚的丹麥人和說話直接的英國佬有溝通上的麻煩。於是波耳換到曼徹斯特，跟比較會做人的拉塞福學習。拉塞福已經提出一種原子模型，指原子核帶有正電，由帶微小負電的電子環繞。

古典物理學預測，這些電子會持續發出輻射，最後掉落並碰撞原子核。波耳據此提出改良的模型，新模式以氫原子為基礎，讓一個電子圍繞一個原子核，且只有特定許可的軌道，並帶有不同的特定能量。原子從輻射（例如光）吸收能量有一定量值，可將電子踢高一階到另一個許可的軌道上。同樣地，原子發出輻射時只能有一定量值，讓電子往下掉一階到另一個許可的軌道上。

當電子從一個軌道換到下一個軌道時，這便是一次量子跳躍。換句話說，電子從一階到另一階都是階段式不連續的變化，不能停留在中間值。波耳接下來用這套模型，解釋氫原子發出光線中的頻譜線。

當愛因斯坦聽說波耳的理論時，心裡又佩服又略感嫉妒。有一位科學家便對拉塞福報告說：「他告訴我曾經有過類似的想法，但是沒膽發表出來。」愛因斯坦後來稱讚波耳的發現：「這是思考層次最高境界的美妙音樂。」

愛因斯坦以波耳的模型做為基礎，在一九一六年提出一系列的論文。最重要為〈輻射之量子理論〉（On the Quantum Theory of Radiation），正式發

表於一九一七年一份期刊上。

　　愛因斯坦開始了一項思考實驗，想像在一個密室裡充滿了原子，原子受到光線（或任何形式的電磁輻射）照射。然後愛因斯坦結合波耳的原子模型和蒲朗克的量子理論，假設每次電子軌道的改變都相對應於一個光量子的吸收或發散，據此發現一個更好的新方法，可以推導出蒲朗克的黑體輻射公式。愛因斯坦自豪地跟貝索表示：「我恍然大悟，想到一個關於輻射吸收和發射的聰明點子。你會感興趣的，這是一個簡單得不得了的推論，我應該說是蒲朗克公式的正宗推論，是徹徹底底的量子化。」

　　原子發出輻射是一種自發的方式，但是愛因斯坦提出理論，主張這個過程也可以由激發產生。一個相當簡化的理解方法，是假設一個原子已經因為吸收一個光子而處於高能量的狀態，如果另一具有特定波長的光子射向原子，將可發射出兩個相同波長和方向的光子。

　　愛因斯坦發現的稍微複雜些。若將能量輸入氣體原子雲（如利用電或光脈衝），其中有許多原子會吸收能量而進入較高的能量狀態，並會開始發射出光子。愛因斯坦主張，這團光子的出現會讓其中具有相同波長與方向的光子更容易射出。大約在四十年後，這種激發射出的過程成為雷射發明的基礎，所謂雷射（laser）正是「利用激發輻射放大光線」（light amplification by the stimulated emission of radiation）的縮寫。

　　愛因斯坦的輻射量子理論有一個部分具有奇怪的涵義。他告訴貝索說：「可以有力地證明出，放射與吸收的基本過程是具有方向性的過程。」換句話說，當一個光子從原子打出來的時候，不會立刻往四面八方射出（不同於古典波理論的假設）。相反地，光子具有動量，亦即唯有當每個量子輻射被射往特定方向時，方程式才會成立。

　　這不必然是問題，但麻煩在於沒有辦法決定發射出的光子會走往哪個方向。此外，沒有辦法決定這種事情何時會發生。如果一個原子處在能量較高的狀態，有可能計算在任何特定時刻會射出一個光子的「機率」有多高，但

卻不可能精確決定射出的時刻，也不可能決定射出的方向。無論擁有多少資料，這全是機率的事情，就像是丟骰子一樣。

機率才是問題所在。它威脅到牛頓力學的嚴格決定論，傷害了古典物理學的確定性，也破壞了若知道一個系統內所有位置和速度，便可決定其未來的信念。相對論或許看起來是一個激進的想法，但至少保持住嚴格的因果律；然而量子的詭詐怪誕和不可預知，卻把這種因果律攪得亂七八糟了。

愛因斯坦承認：「這是理論的弱點，把基本過程的時間和方向留給『機率』決定。」機率的整個概念讓他覺得古怪不安，所以他把這個字放在引號裡，好像要保持距離般。

對於愛因斯坦與大部分古典物理學家來說，宇宙若存在本質上的隨機，也就是說事件沒有原因便可發生，這不僅會造成不安，也將動搖整個物理學。事實上，愛因斯坦永遠不會與這個想法妥協，一九二〇年他寫信給波恩說到：「因果關係的事情非常折磨我，光線量子式地吸收和發射能否用完全的因果關係來思考？」」

終其一生，愛因斯坦都在反抗量子力學的範疇中由或然率與不確定性支配自然的觀念。幾年後他絕望地向波恩坦露：「我發現曝露在輻射下的電子竟然可以依其自由意志選擇跳躍的時刻與方向的想法相當無法令人忍受。若真是這樣，我寧願當一個鞋匠或是賭場裡的發牌員，也不願意當一個物理學家。」

從哲學上來說，愛因斯坦的反應彷彿重現反相對論者的態度，他們將愛因斯坦的相對論誤解成代表自然中確定性與絕對性的終結。事實上，愛因斯坦把相對論當成是對確定性與絕對性更深入地描述，他稱之為「不變性」，將空間與時間結合成為一個四維度的結構。另一方面，量子力學也可以是根據自然底下真正的不確定性為基礎，事件只能用或然性來加以描述。

一九二〇年波耳已經成為量子力學運動在哥本哈根的主將，他造訪柏林與愛因斯坦第一次見面。波耳帶著丹麥起司和奶油當伴手禮，親自到訪愛因

斯坦的公寓，然後開始討論起機率與或然性在量子力學中扮演的角色。愛因斯坦對於「拋棄連續性和因果律」感到憂心，波耳則大膽進入那團迷霧籠罩的地帶。他提出不同的觀點，指出放棄嚴格因果律是在證據之下「唯一可行之路」。

愛因斯坦承認這席話讓他感受深刻，但是波耳在原子結構的研究突破上，暗指輻射的量子本質具有隨機性，這讓他左右感到憂慮難安。他感嘆道：「我自己可能也會提出這種理論，但如果這一切是真的，那便意謂著是物理學的終點了。」

雖然愛因斯坦認為波耳的想法令人侷促難安，但是他覺得這位高瘦、不拘小節的丹麥人很令人喜愛。在那趟拜訪後，他馬上寫信給波耳表示：「人生中很少遇到像你一樣的人，光是見面就令人感到很愉快。」在信中，他也提到想像「你孩子般快活的臉龐」就令人喜悅，並在人前人後大加讚揚波耳，寫信給兩人共同的朋友艾倫費斯特說道：「波耳來了這裡，我和你一樣喜歡他。他是一個相當敏感的青年，活在這個世界上好像是活在夢幻之境當中。」

波耳自己非常尊敬愛因斯坦。當一九二二年宣布他們分別贏得兩屆的諾貝爾獎時，波耳寫信對愛因斯坦先獲獎表示肯定：「你在我正從事的領域所作出的重要貢獻」，比他自己得獎更加高興光榮。

第二年夏年在瑞典發表完得獎感言後，愛因斯坦在回程途中順道停留哥本哈根拜訪波耳。波耳在火車站迎接愛因斯坦，然後帶他搭電車回家，結果一坐上車，兩人便忙著討論起來。波耳回憶道：「我們坐電車回家，但講得太投入了，結果坐過了頭。於是下車又回頭坐，結果又再坐過頭了。」但是兩人毫不在意，因為實在講得太投機了，根據波耳說道：「我們來來回回坐車，可以想像別人如何用異樣眼光看待我們。」

兩人不只有深刻的友誼，在聰明才智上更是旗鼓相當的勁敵，討論話題從對量子力學的分歧看法，擴大到彼此砌磋琢磨科學、知識和哲學等相關議

題。物理學家惠勒是波耳的門生，他表示：「在人類思考的歷史上，沒有學者之間的對話比波耳和愛因斯坦那些年討論量子的意義時更加偉大。」社會哲學家斯諾更進一步，他宣稱：「再也沒有更深奧的知性辯論發生了。」

他們的爭論直搗宇宙設計的根本核心：不論人類是否能夠觀察得到，真有客觀真實存在嗎？是否存在一種法則，可將本質上看似隨機的現象還原成具有嚴格的因果律嗎？宇宙中每件事物都已預先決定嗎？

在一生當中，波耳對於一再無法說服愛因斯坦接受量子力學，常會感到氣急敗壞。每次講到臉爆青筋之後，他總會喃喃自語唸道「愛因斯坦、愛因斯坦、愛因斯坦」。不過，這些討論多半出於澎湃的熱情和無比的幽默，有一次當愛因斯坦又宣稱上帝不會玩骰子時，這回換到波耳用一句名言出奇制勝了，他說道：「愛因斯坦，別再告訴上帝該做什麼了！」

量子跳躍

相對論主要是愛因斯坦獨自一人研究出來的產物，而量子力學從一九二四年到一九二七年的發展，卻是由一群年輕小夥子在獨立研究或通力合作之下，共同成就的大業。他們以蒲朗克和愛因斯坦的研究為基礎，再加上波耳的突破為指引；前兩位大師一直抗拒著量子的激進內涵，後者則成為新一代的導師。

德布羅伊（Louis de Broglie）與法國被廢的王室有關係，所以擁有王子的頭銜，他努力研讀歷史盼望能當個公務員。但是在大學畢業之後，他對於物理學十分著迷，在一九二四年完成博士論文，幫忙改造了物理學。在博士論文中他問道，若是波的行為能像粒子，那麼粒子不應該也表現得像波一樣嗎？

換句話說，愛因斯坦指出光不僅應該被視為波，也應該視為是粒子。同樣地，德布羅伊指出粒子如電子等，也應該被視為是波。德布羅伊回憶道：

「我突然靈光乍現，想到愛因斯坦提出的『波—粒子雙重性』是絕對一般的現象，可延伸到所有物理世界，所有粒子——光子、電子、聲子或是任何其它粒子——的運動一定與波的傳播有關。」

利用愛因斯坦的光電效應法則，德布羅伊顯示電子（或任何粒子）的波長會與蒲朗克常數除以粒子動量有關。結果會是一個小得不可思議的波長，意謂這通常只有與次原子範圍的粒子波是有意義的，而在石頭、行星或棒球等物體上則不重要。[4]

在波耳的原子模型中，電子只能在特定的量子跳躍下改變軌道（更精確地說它們穩定持續的駐波形式）。德布羅伊的博士論文將電子想成既是粒子、也是波，幫忙解釋了這一點。這些波環繞在原子核周圍的圓形軌道，只有在圓周是粒子波長的整數倍（如二倍、三倍或四倍）時才成立；如果環繞圓周後還剩下半個或部分波長，那就無法形成穩定態了。

德布羅伊將論文打成三份，送一份給指導老師朗之萬，他是愛因斯坦的朋友。朗之萬有點搞不懂，於是要求加送一份給愛因斯坦，結果他大加讚賞，稱這「掀起厚重面紗的一角」。德布羅伊便驕傲地提到：「這讓朗之萬接受我的研究了。」

那年六月，愛因斯坦收到印度年輕物理學家玻色（Satyendra Nath Bose）寫的英文論文，也讓他再次大展長才。該篇論文將輻射當成氣體雲處理，然後運用統計方法加以分析，結果推導出蒲朗克的黑體輻射法則。但是有一個關鍵點：玻色表示任何兩個擁有相同能量狀態的光子完全無法區分，不管是理論上和事實上皆然，所以在做統計計算時也不應該分開處理。

玻色對統計分析的創意使用，讓人聯想起愛因斯坦年輕時相似的狂熱。他不僅讓玻色的報告發表，自己也擴張寫出三篇論文。在論文裡面，他應用玻色的計算方法（後來稱「玻色—愛因斯坦統計法」）到真實的氣體分子

4　一個時速為90英哩的快速球換算出來的德布羅伊波長只有10-34公尺，遠小於原子甚至是質子的尺寸，實在是太小了以至於無法觀察到。

上，成為量子統計力學的創始發明家。

　　玻色的論文只有談到光子，而光子沒有質量。愛因斯坦將這個想法加以擴張，認為到具有質量的的量子粒子在某些情形中從統計上是無法區分的。他寫道：「量子或分子在統計上不當成彼此獨立的結構物來處理。」

　　從玻色最初的論文中，愛因斯坦擷取出一個關鍵的見解，即為計算多粒子量子系統可能狀態的或然性方法。耶魯物理學家史東（Douglas Stone）曾建議使用計算骰子機率的方式來做比擬，例如計算二粒骰子（A和B）會丟出幸運7的機率，我們將A丟出4、B丟出3的可能性當成一個結果，將A丟出3、B丟出4的可能性當成另一個結果，這些組合都被算成是產生7的不同方式。愛因斯坦瞭解到，要用新方法計算量子狀態機率，便要將原本視為兩種不同的可能性，看做是同一種，例如4-3的組合與3-4的組合並無差別，而5-2的組合也與2-5的組合沒有差別。

　　這把兩二粒骰子能擲出7的結果減半，但是不會影響擲出2或12方式的次數（不管是用哪種計算方法，都只有一種方法擲出2或12），至於二粒骰子擲出6的方式只會從五種減少到三種。花數分鐘寫下可能的結果，可以看出來這系統如何改變丟擲任何特定數字的整體機會。若是將這套新計算方法用在數十個骰子上，可以更明顯看出其變化；若是運用在數十億粒子上，機率的變化更加劇烈了。

　　當愛因斯坦將這套方法運用在量子粒子形成的氣體時，他發現了一個令人驚奇的特質：古典粒子形成的氣體，除非粒子間彼此吸引，否則會一直保持氣體的形態；反之，量子粒子形成的氣體即使彼此間沒有吸引力作用，仍然會凝結成某種液體。

　　這種現象現在稱為「玻色—愛因斯坦凝聚」（Bose-Einstein condensation）[5]，是量子力學中一項重要輝煌的發現，愛因斯坦稱得上居功

5　一九九五年Eric A. Cornell, Wolfgang Ketterle和Carl E. Wieman終於從實驗上觀察到玻色一愛因斯坦凝聚，並以此獲得二〇〇一年的諾貝爾獎。

厥偉。玻色不太明白自己使用的統計數學，代表一種根本上創新的方法。就像是遇到蒲朗克常數的情況時，愛因斯坦看出了別人創設的方便之計，原來具有物理真實和重要性。

愛因斯坦的方法具有將粒子當成具有波特質來處理的效果，如他與德布羅伊所指出。愛因斯坦甚至預測，若是利用氣體分子束進行楊格以前的雙狹縫實驗（將一道光束照進兩道狹縫，其干涉圖案顯示光的行為有如波），它們會彼此干涉有如波。他寫道：「當氣體分子束通過狹縫時，會像光線一般發生繞射。」

驚奇的是實驗快很證明那是真的。雖然對量子理論引導的走向感到不適，但是愛因斯坦仍然幫忙推它向前（至少在當時如此）。波恩後來表示：「愛因斯坦清清楚楚有參與波動力學基礎的奠立，而且沒有不在場證明推翻這種說法。」

愛因斯坦承認他覺得粒子具有的「相互影響力相當神祕」，因為它們似乎應該獨立自主才對。他寫信向一位困惑的物理學家說道：「量子或分子不當成彼此獨立來處理。」在附註中，他承認在數學上一切很完美，但是「物理本質仍然蓋著面紗」。

表面上，二個粒子可以不可區分的假設，違反了愛因斯坦將來緊捉不放的原則：可分原則，即空間中不同位置的粒子具有分開、獨立的存在。廣義相對論的重力理論有一個目標，要避免任何「詭異的遠距作用」。這個詞是愛因斯坦後來發明的，指一個物體發生某件事情後，會瞬間影響到另一個遠方的物體。

愛因斯坦再一次站在最前線，發現量子力學的一個面向，卻為他造成未來的不安。年輕科學家再一次比他更快接受這些想法，如當年他比蒲朗克、龐加萊和洛倫茲更快接受他們提出的想法內涵。

量子力學的另一步是由一個不太可能的參與者薛丁格（Erwin Schrödinger）完成，這位奧地利的理論物理學家曾經絕望地認為物理學無法

再有新發現了，於是決心當個哲學家。然而世上顯然已經有夠多的奧地利哲學家了，由於他無法找到工作，只能再回頭繼續搞物理。受到愛因斯坦稱讚德布羅伊所啟發，薛丁格提出了「波動力學」的理論，該理論導出一組方程式，可支配德布羅伊波狀行為的電子，薛丁格稱之為「愛因斯坦—德布羅伊波」（他認為愛因斯坦應該居一半的功勞）。

起先愛因斯坦深感興趣，但是很快對其中一些意義覺得困惑，特別是薛丁格的波將會隨著時間擴散到極大的領域。愛因斯坦心想，一個電子事實上不可能以這種方式波動吧！那麼在真實世界裡，波方程式到底代表什麼呢？

幫忙解答這個問題的人是愛因斯坦的知交波恩，他當時在哥廷根大學教書。波恩指出，波並非描述粒子的行為，而是描述粒子任何時刻位置的「可能性」。這種解釋方法顯示量子力學超出人們之前所想像，根本上的依據是機率而非因果確定性，這讓愛因斯坦更加受不了。

一九二五年夏天，二十三歲的海森堡為量子力學研究另創新局。這名開朗的年輕人熱愛健行，他原本在哥本哈根當波耳的學生，後來又跑到哥廷根向波恩學習。跟愛因斯坦在年輕激進的歲月時一樣，海森堡開始擁抱馬赫的信念，認為理論應該避免任何不能夠被觀察、測量或證實的觀念。對於海森堡，這表示應該避免電子軌道的觀念，因為無法觀察得到。

他改採一種數學方法，可以解釋某種「能夠」被觀察到的東西：電子失去能量時的輻射譜線之波長。結果太複雜了，海森堡便將論文留給波恩，自己跟一群年輕人跑去露營了，希望老師能夠搞定。波恩明白所牽涉到的數學是矩陣，將結果算出來並發表了論文。接下來海森堡與波恩及哥廷根大學其他人攜手合作，弄出一個完美的矩陣力學，後來證明與薛丁格的波動力學等效。

愛因斯坦禮貌寫信給波恩的太太海薇格表示：「海森堡—波恩的概念讓我們喘不過氣來。」這些用語可以多方解讀，至於寫給萊頓大學的艾倫費斯特，愛因斯坦就比較直接了：「海森堡下了一個大大的量子蛋，他們哥廷根

的人相信，我可不相信。」

在一九二七年，海森堡提出更有名、也更具震撼性的貢獻。對於大眾來說，這是量子物理學最出名、也是最難懂的一面：測不準原理（the uncertainty principle）。

海森堡宣稱，不可能同時知道一個粒子（如運動中的電子）精確的位置與精確的動量（速度乘以質量）。當粒子位置測得越精確，要測量其動量便會越不精確。這種「不可兼顧」的關係所需之方程式，牽涉到蒲朗克常數。

觀察事物的行為本身（讓光子、電子、任何其他粒子或能量波打中物體）會影響到觀察。但是海森堡的理論更超越於此：在我們進行觀察之前，電子沒有明確的位置或路徑。他表示，這是我們宇宙的一個特徵，而不只是我們觀察或測量能力的缺陷。

測不準原理是如此簡單卻又教人吃驚，完全宣判古典物理學死刑。它宣稱在人類觀察之外沒有客觀的事實存在，即使是連一個粒子的客觀位置也如此。此外，海森堡的原則和量子力學其他面向破壞了宇宙遵守嚴格因果法則的觀念，由機會、不確定和可能性取代了確定性。當愛因斯坦寫一張短函反對這些特徵時，海森堡坦率地回答：「我相信非決定論，亦即嚴格因果關係必定是無效。」

當海森堡一九二六年到柏林給演講時，第一次與愛因斯坦見面。有天晚上愛因斯坦邀請他到家中做客，兩人進行一場友善的辯論。這好比是一面鏡子，當一九〇五年愛因斯坦否定乙太，或許會跟產生抗拒的保守派人士進行這類爭論。

海森堡指出：「我們不能夠觀察原子裡面的電子軌道，一個好的理論必須根據可以直接觀察到的量值為基礎。」

愛因斯坦提出反對：「但你不是真的相信，唯有可觀察的量值才能放進物理理論中吧？」

海森堡有些訝異地問道：「那不正是你在相對論中做的事情嗎？」

愛因斯坦承認道：「可能我的確用了這種思考方式，但這還是胡扯！」

換句話說，愛因斯坦的方法改變了。

愛因斯坦與布拉格的朋友法蘭克有過相似的對話，他抱怨道：「一種新流行已經在物理學崛起。」它們宣稱某些事物無法被觀察到，所以不應該賦予真實存在。

法蘭克抗議說：「但這個新潮流正是一九〇五年由你發明的！」

愛因斯坦回答：「好笑話不應該重複。」

一九二〇年代中期波耳與同行們（包括海森堡）共同塑造並帶領物理理論之進步，成為量子力學的哥本哈根詮釋：物體特性唯有在該特性如何觀察或者測量的脈絡中才能討論，而且這些觀察並不是單面圖像的各個層面，而是互補相依的。

換句話說，沒有一個根本真實獨立存在我們的觀察之外。波耳指出：「物理學的任務並不是找出自然是如何，物理學關心的是我們關於自然能說什麼。」

無法知道所謂的「根本真實」，代表在古典意義上並沒有嚴格的決定論。海森堡表示：「當一個人希望從『現在』來計算『未來』時，只能得到統計的結果，因為我們永遠無法知道現在的每個細節。」

這場革命在一九二七年春天到達高潮，愛因斯坦利用牛頓二百歲冥誕紀念日，站出來捍衛以因果律和確定性為基礎的古典力學系統。二十年之前，愛因斯坦曾經用年輕人特有的不在乎推倒了牛頓宇宙的許多支柱，包括絕對的空間和時間。但是，現在他成為既有秩序與牛頓的捍衛者。

他指出，在新的量子力學中因果關係似乎消失了。他說道：「不過塵埃尚未落定，願牛頓方法的精神賜給我們力量，回復物理真實和嚴格因果律的融合一貫，那是牛頓學說最深奧的特徵。」

愛因斯坦從未改變心意，雖然實驗不斷顯示量子力學是成立的。他仍然是一個真實主義者，他相信有個根植於確定性的客觀真實存在，不論我們可

否觀察得到。

「祂不玩骰子」

為什麼愛因斯坦會將革命之路讓給年輕的急進分子，迅速改而採取防禦姿勢呢？

做為一個年輕的經驗論者，愛因斯坦讀到馬赫時相當興奮，拒絕任何無法觀察得到的概念，如乙太、絕對時間、絕對空間和同時性。但是廣義相對論的成功讓他相信，雖然馬赫的懷疑主義可能對於割除多餘的觀念有用，可是對於建構新理論卻沒有給予太多幫助。

「他把馬赫這匹可憐的馬騎到累死了，」愛因斯坦對貝索抱怨一位共同友人寫的論文。

「我們不應該瞧不起馬赫那匹可憐的馬。」貝索回答道：「它不是讓相對論那場迂迴曲折的旅途成為可能？而且誰知道，在麻煩的量子理論中，它也可能載著愛因斯坦的唐吉訶德跑完全程呢！」

愛因斯坦回信說：「我認為馬赫的小馬生不出新東西，只能撲滅害蟲而已。」

年紀越長時，愛因斯坦更加相信有客觀「事實」存在，不論我們是否可以觀察到。他一再表示，有一個外在世界獨立於觀察者而存在的信念是所有科學的基礎。

另外，愛因斯坦抗拒量子力學是因為它拋棄了嚴格的因果關係，而且改用未確定、不確定和可能性定義真實。若真的是休謨的信徒便不會受此困擾，沒有真正的理由（除了是形上學的信念，或是根深蒂固的習慣）要相信自然一定以絕對確定性進行運作；相信有些事情就是會偶然發生的，這種想法一樣有道理，雖然可能較令人不滿意。現在可確定地是，有十足證據顯示次原子層次的事情便是這種情況。

　　但是對於愛因斯坦，這聽起來就不對。他不斷重申，物理學的終極目標在於發現嚴格決定的因果法則。他告訴波恩說：「我非常非常不願意放棄完全的因果律。」

　　他對決定論和因果關係的信仰，正反映出他喜愛的宗教哲學家史賓諾莎的信念。愛因斯坦寫到史賓諾莎時指出：「雖然他所處的時代距離建立自然現象的因果關係尚有大段距離，他卻完全深信所有現象皆為因果相依。」這句話，愛因斯坦可能寫的是自己；在量子力學來到之後，他用「仍然」這字眼強調那只是暫時的。

　　像史賓諾莎一樣，愛因斯坦不相信有個人的上帝，會與人類做互動。但是他們都相信有一種神的設計存在，反映在支配宇宙運轉的優雅法則上。

　　這不只是一種信仰的表達，更是一項原則。愛因斯坦將它提高到公設的層次（如相對性原則），並引導自己的研究。他告訴朋友荷夫曼說：「當我判斷一項理論時，我會問自己如果是上帝的話，會不會這麼安排世界。」

　　他之所以提出這個問題，是因為他完全無法相信會有一種情況存在，那就是上帝創造了優雅巧妙的規則，來決定宇宙大多事情，卻留下少數事物隨偶然發生。他覺得這樣不對，強調說：「如果上帝想要這麼做，祂會做得很徹底，不會有任何規則可循！這樣一來，人類根本不必去尋找什麼法則。」

　　這成為愛因斯坦的名言之一，出自他寫給波恩的信中，兩個老朋友就這問題奮戰了逾三十載。愛因斯坦說道：「量子力學當然很成功，但是我內心有一種聲音告訴我，那還不是真正的東西。量子理論道出諸多事情，但未能讓我們更接近上帝的祕密，我深深相信祂不會玩骰子。」

　　所以，愛因斯坦最後認定縱使量子力學沒有錯，至少還不夠完整。宇宙運轉的道理一定存在更完滿的解釋，能夠促使相對論和量子力學結合為一，如此事物才不會任憑偶然發生。

第十四章

統一場論

UNIFIED FIELD THEORIES

一九二三～一九三一

探索

正當其他人無畏量子力學核心中的不確定性而繼續發揚理論時，愛因斯坦也繼續個人孤獨的探索，追尋更完整的宇宙解釋，期待統一場論可將電、磁、重力和量子力學連結起來。一直以來，他的天分正是能洞見不同理論間看不見的連結，從一九〇五年狹義相對論和光量子論文的開場白便可看出來。[1]

愛因斯坦希望擴張廣義相對論的重力場方程式，以便也能用來描述電磁場。他在諾貝爾獎演說就提過：「探求一致性的心靈，不會滿足於兩個場在本質上沒有相關。所以我們尋求數學上統一的場理論，將重力場和電磁場詮釋為同一個統一場的不同部分或表現形式。」

他希望，這種統一理論能夠使量子力學與相對論融合一貫。一九一八年慶祝前輩蒲朗克六十歲大壽時，他舉杯公開邀請老師一起加入探尋：「願他成功將量子理論與電動力學和力學統一起來，成為單一的邏輯系統。」

然而基本上，因數學複雜性大增，當其他人

----

1 在愛因斯坦的一九〇五年狹義相對論文中，他寫道：「眾所周知，當馬克斯威爾的電動理論套用在運動中的物體上時－例如磁體和導體間的電動交互作用－會導致不對稱性，而那似乎並非此現象中的固有特性。」而在一九〇五年的光量子論文中他寫道：「物理學家以氣體或其它具質量的物體所發展出來的理論和馬克斯威爾探討真空中的電磁過程的理論是全然不同的。」

腳步出現錯誤，也使愛因斯坦的探索陷入一長串的錯誤。第一個是數學物理學家威爾（Hermann Weyl），他於一九一八年提出擴展廣義相對論幾何學的方法，似乎也可將電磁場幾何化。

愛因斯坦最初印象深刻，告訴威爾說：「這真是神來之筆！」但是他有一個問題：「我還是不能解決量竿的疑問。」

根據威爾的理論，量竿和時鐘會隨空間中行經的路徑發生改變，但是實驗觀察卻未顯示這種現象。經過兩天思考後，愛因斯坦在第二封信用露骨的諷刺，刺破了先前讚美的泡泡，信中寫道：「你的理解思路如此驚奇完備，除了與事實不符之外，無疑是一項輝煌的智力成就。」

第二個是克魯札（Theodor Kaluza）一九一九年提出的建議，這位哥尼斯堡（Königsberg）的數學教授提議將四維時空增加一維，成為五維度時空。克魯札更進一步指這添加的空間維度是環形，意謂著如果順著固定方向前進，將會回到起點，如同繞行圓柱體的圓周一般。

克魯札並未嘗試描述該空間維度的物理真實或位置，畢竟他是一名數學家，不需要這麼做，相反地他把它當成一種數學工具。愛因斯坦四維度時空的度規需要十個量值，才能描述出任何點所有可能的座標關係，克魯札知道對於一個五維度的結構來說，需要十五個量值才能描述出特定幾何。

在研究這個複雜的數學系統時，克魯札發現多出來的五個量值其中四個可以用來產生馬克斯威爾的電磁方程式。至少在數學上，這方法或許能夠產生出統一重力和電磁的場論。

愛因斯坦重施故技，讚賞中夾著批評。他寫信給克魯札：「我從來沒想過五維度的圓柱世界，初看之下我非常喜歡你的想法。」不幸地，沒有理由相信這個數學與物理真實具有太大的干係。身為一名純粹數學家，克魯札大方承認這點，並且將搞清楚問題的任務留給物理學家。他寫道：「我仍然很難相信，這些幾乎無法抹煞是同宗一體的種種關係，會是隨機意外拼湊組成的誘人把戲。萬一真的發現在這些認定的連結不只是空洞的數學表述，愛因

斯坦的廣義相對論又獲得新的勝利了。」

　　那時候愛因斯坦已經轉而信仰數學表述，因為那對於最後完成廣義相對論的功勞卓著。在釐清一些問題理後，他在一九二一年幫助克魯札發表論文，接著又發表自己的東西。

　　下波貢獻來自物理學家克萊恩（Oskar Klein），他是瑞典第一位猶太拉比的兒子，也是波耳的學生。克萊恩不僅認為統一場論可以統一重力和電磁力，也希望可以解釋量子力學隱藏的一些奧祕，甚至是找出方法根除不確定性的「隱藏變數」。

　　克萊恩比較像是物理學家，而不是數學家，因此比克魯札更注意思考第四空間維度的物理真實。他猜想，這個新維度有可能是由三度空間的每一點延伸而成，纏繞成為圓形，而且太小以致無法偵測。

　　這一切看起來都十分巧妙，但是不太能解釋量子力學看似怪異卻日漸獲得證實的概念，或是解釋粒子物理學的新進展。於是愛因斯坦將克魯札－克萊恩的理論暫時拋在一邊，雖然在多年以後仍然會回到其中一些觀念上。事實上，今日的物理學家仍然會用到這些想法，在弦論（string theory）便可以看到某些概念的回響，尤其是探討額外的緊緻維度時。

　　下一個引發議論的是愛丁頓，這位英國天文學家和物理學家負責一九一九年著名的日食觀測。愛丁頓運用幾何學的仿射觀念，改進了威爾的數學。愛因斯坦在訪日途中讀到愛丁頓的點子，用來做自己新理論的基礎。他興奮地寫信給波耳：「我相信我終於瞭解電和重力之間的連結了，愛丁頓比威爾更接近真相。」

　　此時，統一理論如海妖之歌開始催眠愛因斯坦，他告訴威爾說：「餘音繚繞，迴盪著自然謎樣般的微笑。」在亞洲旅行時，他寫好一篇新論文，一九二三年二月一抵達埃及，馬上就寄給柏林的蒲朗克發表。他宣布，其目標是要「瞭解重力場和電磁場為同一體。」

　　愛因斯坦的宣告再度成為全球新聞，《紐約時報》便宣布：「愛因斯坦

發表最新理論。」同樣地，媒體又再度強調其方法何其複雜，例如一則小標題警告說：「門外漢無法入門。」

但愛因斯坦告訴報紙沒有那麼複雜，一名記者在報導引述時說道：「我可以用一句話告訴你，那是講電和重力之間的關係。」他也把功勞歸給愛丁頓，表示他是以這名英國天文學家的理論為基礎。

在那年接下來的文章，愛因斯坦明白表示其目標不只是發現統一場論，更是要找到方法克服量子理論的不確定和或然性。一九二三年一篇論文便清楚指出這項探尋：「場論能提供量子問題解決方案的可能性嗎？」

那篇論文描述電磁理論和重力場論，如何利用部分微分方程式結合初始條件為基礎，提供因果關係決定性。在量子的領域，卻不可能自由選擇或應用初始條件，然而我們可以使用一個以場方程式為基礎的因果理論嗎？

「當然可以！」愛因斯坦樂觀地自己回答。他表示，需要一個方法來「過度決定」適當方程式中的場變數。過度決定的途徑成為另一個他提議使用的工具，以便修補他堅稱量子不確定性之「問題」，不過最後還是失敗了。

兩年之內，愛因斯坦總結這些方法都有缺點。他寫道：「我所發表的論文（一九二三年），並未反映出這問題的真正解答。」但是不論如何，他又提出另一個方法，指出說：「經由過去兩年來的不停搜尋，我認為現在已經找到真正的解決方法了。」

他的新方法就是找到一個不含電磁場的最簡單重力法則表述，然後再加以推廣。他認為，馬克斯威爾的電磁理論導出的是第一階近似（first approximation）。

他現在依賴數學超過物理學。在廣義相對論方程式扮演重要角色的度規張量具有十個獨立的量值，但如果允許不對稱張量，將會有十六個量值，足以容納電磁作用。

但這個方法又碰壁了，跟其他方法的下場都一樣。德州大學物理學家溫

柏格（Steven Weinberg）指出：「愛因斯坦後來痛苦地發現，這個點子的麻煩在於沒有東西可以將電場與磁場的六個量值，和一般描述重力的度規章量含有的十個量值產生連繫。洛倫茲轉換或任何的座標轉換，會將純電場或磁場轉變成為電場與磁場的混合，但是沒有轉換可以將電磁場與重力場混合在一起。」

愛因斯坦沒有卻步，他又再接再厲嘗試自稱「遠距平行性質」（distant parallelism）的新方法。這個方法允許彎曲空間不同部分的向量產生關係，從而跳出新型態的張量。自認最巧妙地是所提出的方程式，並不需要代表量子與麻煩的蒲朗克常數。

一九二九年一月他寫信給貝索說：「這看起來是老方法，你或我親愛的同仁們會嚇到伸舌頭，因為方程式裡沒有蒲朗克常數。但等人們對統計的狂熱碰壁之後，就會帶著無限悔恨重新回到時空圖像，屆時這些方程式將會變成一個起點。」

真是美好的夢想啊！一個沒有搞怪量子的統一理論。等統計方法的瘋迷一過，又是相對論的天下了。等著看那些人吐舌頭，悔恨不已！

在物理學的世界，量子力學已經被接受了，愛因斯坦對統一理論的追尋被視為是老古板。但在大眾的想像裡，他仍然是一個超級巨星。一九二九年他發表五頁論文引起的狂熱騷動令人驚訝，但那其實只是一連串失去準頭的作品中最新一篇而已。世界各地的新聞記者蜂湧到他家公寓，愛因斯坦只能勉強逃到醫生朋友在城外哈維爾河畔的別墅躲藏。《紐約時報》早在幾周前便開始敲鑼打鼓，報導用的標題是：「愛因斯坦接近偉大的發現：痛恨侵擾。」

愛因斯坦的論文直到一九二九年一月三十日才發表，然而之前一整個月報紙都不斷追蹤進度，報導一些預告或臆測。以《紐約時報》的標題為例：

一月十二日：「愛因斯坦擴張相對論／新研究欲尋求統一重力場與電磁

場法則／他稱此為自己最偉大的『著作』／花了這位柏林科學家十年時間」

　　一月十九日：「愛因斯坦對於其理論引發騷動感到驚訝／讓百名記者待命一周／〔柏林訊〕過去一周來，這裡守候的新聞媒體努力要取得阿爾伯特‧愛因斯坦博士五頁『新場論』的手稿。此外，世界各地湧來數百封電報，已經預付回電費用並且有無數信件要求詳細描述或手稿副本。」

　　一月二十五日（頭版）：「愛因斯坦將全部物理學化簡為一個法則／柏林的翻譯人員表示新的電—重力理論連結種種的現象／只有一種本質／紐約大學教授指出，此假設將開啟人類飄浮空中的可能／〔柏林訊〕愛因斯坦教授最新的研究『新場論』，將會馬上向新聞媒體公布。根據負責英文翻譯的人員表示，該理論將相對論力學和電動力學的基本法則簡化成一個公式。」

　　愛因斯坦躲到哈維爾河畔暫借的別墅工作，論文發表前他接受一家英國報紙訪問，表示：「將自然法則的二元性變成一體，一直是我最大的野心。我研究的目的便是進一步推動這單一化，尤其是簡化成一個公式，能夠解釋重力場和電磁場。基於這項理由，我稱這為『統一場論』……現在，我們終於知道讓電子在原子核附近的橢圓軌道繞行的力量，與地球繞太陽公轉的力量是相同的。」不過，這個說法一直到今天都無法成立。

　　愛因斯坦也接受《時代》雜誌訪問，成為當期雜誌的封面人物，這是他五次登上《時代》封面的第一次。報導指出，當全世界等待「深奧融合一貫的場論」揭曉之時，愛因斯坦正藏身鄉間拖著腳步走路，看起來「憔悴緊張又易怒」。文中解釋他這種病懨懨的模樣，是因為胃疾作怪以及訪客川流不息所致。此外，該文也提到：「愛因斯坦博士像許多猶太人和學者一樣，完全不做運動。」[2]

　　普魯士研究院將愛因斯坦的論文印製了一千份，這是個不尋常的大數

2　愛因斯坦總共上過五次《時代》雜誌封面，生前有三次，分別是一九二九、一九三八與一九四六年，死後有兩次，於一九七九與一九九九年。艾爾莎一九三○年也上過一次封面人物。

目。結果一月三十日發行時，所有論文迅速銷售一空，研究院回頭加印三千份。其中有一份被貼在倫敦百貨公司的櫥窗上，群眾不斷推擠向前想要搞清楚那些複雜難懂的數學式子，以及三十三個不是為逛街人士量身訂做的艱深方程式。康乃迪克州的衛斯連大學（Wesleyan University）支付一大筆款項，將真跡手稿買下來成為圖書館鎮館之寶。

美國報紙有點不知所措。《紐約哈洛德論壇報》決定將這份論文逐字刊印，但是電報機卻很難將所有希臘字和符號傳送過大西洋。於是，該報聘請一群哥倫比亞大學物理學教授設計一套編碼系統，然後在紐約將這份論文還原回來。論壇報對這份傳輸編製的過程有了精彩的報導，比起愛因斯坦的論文，對於大多數讀者這可是好懂多了。

《紐約時報》則將統一場論提升到宗教層次，在星期天派記者到紐約市內各地教堂，聽取佈道上對此事的看法，結果報紙大聲宣布：「愛因斯坦被視為近乎神祕。」報導引用牧師霍華德（Henry Howard）的話指出，愛因斯坦的統一理論支持聖保羅的「合一論」（synthesis）與世界的「一體性」（oneness）；一位基督科學教信徒表示，這對該教創辦人艾迪（Mary Baker Eddy）的幻象理論，提供科學的支持。其他人則為這項「自由的進步」歡呼喝采，並稱它是邁向「全宇宙自由的一步」。

神學家和新聞記者可能會覺得這篇論文很了不起，但物理學家可不這麼認為。愛丁頓通常是愛因斯坦的粉絲，但對此表達了懷疑。接下來一年裡，愛因斯坦繼續改進理論，並跟朋友堅持說自己的方程式「很漂亮」，但是他向親妹妹承認道，他的工作引發「同事們明顯的不信任和強烈排斥」。

物理學家包利也感到驚愕。他嚴厲指責愛因斯坦的新方法「背叛」了廣義相對論，而且依賴的數學表述與物理真實沒有關係。他指控愛因斯坦「太偏向純數學家」，並且預測「最遲在一年之內，你會拋棄整個遠距平行性，如同早些放棄仿射理論一般。」

包利是對的，愛因斯坦在一年之內放棄了這項理論。但是他沒有放棄

繼續探索，反而是將注意力轉向另外一個修正過的方法，這造成更多的新聞標題，但沒有更接近解開自己的大謎題。一九三一年一月二十三日《紐約時報》報導：「愛因斯坦完成統一場論。」這口氣毫無畏懼，雖然該報做這種宣稱既不是頭一遭，也不會是最後一次。果真那年十月二十六日，《紐約時報》又刊出一則標題：「愛因斯坦宣布一個新場論。」

隔年一月，愛因斯坦終於向包利承認了：「所以你全都對了，你這混蛋！」

不僅如此，接下來二十年都是如此。愛因斯坦每一次的努力，都未產生成功的統一場論。事實上，隨著新粒子與作用力的發現，物理學變得更不統一了。充其量，愛因斯坦的努力只有法國數學家嘉當（Elie Joseph Cartan）還勉強讚美，他在一九三一年說：「即使嘗試未能成功，仍然強迫我們思考科學基礎的偉大問題。」

索爾維大辯論（一九二七年和一九三〇年）

愛因斯坦對量子力學屢敗屢戰的攻擊，在兩屆布魯塞爾的索爾維會議到達高潮。兩場會議他都在扮演顛覆分子，企圖要對當今的主流知識找碴。

第一次會議在一九二七年十月，當時的三巨頭都來了，曾一手啟動物理學新紀元的三人，如今卻對詭異的量子力學國度感到懷疑。這三人分別是：七十四歲的洛倫茲，此時離過世前只有幾個月，因電磁輻射研究而獲得諾貝爾獎；六十九歲的蒲朗克，曾因量子理論獲諾貝爾獎；以及四十八歲的愛因斯坦，因發現光電效應法則而成為諾貝爾獎得主。

剩下的二十六位出席者，也有超過一半的人已經或即將贏得諾貝爾獎。新量子力學的神童幫全都到場，希望說服或者征服愛因斯坦，包括海森堡二十五歲、狄拉克二十五歲、包利二十七歲、德布羅伊三十五歲、美國的康普頓（Arthur Compton）三十五歲。也有四十歲的薛丁格，介於年輕小伙子

和老派懷疑者之間。當然，還有老小子四十二歲的波耳，他的原子模型促使量子力學誕生，並且成為其反直覺涵義的堅定捍衛者。

洛倫茲請愛因斯坦在大會報告量子力學的現況，愛因斯坦原本答應，後來又推卻了。他表示：「在反覆思考後，我認為自己沒有能力給符合現實狀況的報告，部分原因是我不贊同理論採取的純統計思考方法。」他後來又懇求說：「請您不要生我的氣。」

於是，改由波耳提出開場報告。他將量子力學的影響講得淋漓盡致，指明在次原子的領域並不存在確定性和嚴格的因果關係；沒有決定性法則，只有或然率和機率。他表示，談論獨立於人們觀察和測量存在的「真實」，是沒有意義的；依據選擇的實驗類型，光可以是波或粒子。

愛因斯坦在正式會議上幾乎沒說話，他在一開始便承認：「我必須為自己不夠深入瞭解量子力學而致歉。」但是在晚餐、夜晚及早餐接續不停的討論上，他都會加入波耳和支持者的熱烈談話，穿插著上帝到底會不會玩骰子的玩笑話，使得場面更加熱絡。包利回憶愛因斯坦爭辯道：「我們不能夠從許多『也許』造出一個理論。量子力學即使在實證和邏輯上是正確的，但最根本深層卻是錯誤的。」

海森堡回憶道：「後來討論很快集中在愛因斯坦和波耳的兩雄相爭，他們爭論著現存的原子理論是否可當成終極解答。」如艾倫費斯特後來告訴學生的：「哦！真是很愉快。」

不論是在會議和私下討論，愛因斯坦都不斷拋出聰明的思考實驗，用來證明量子力學並未對真實提出完整的描述。他試著透過想像中的設計，顯示至少在觀念中如何有可能確定測量到運動粒子的所有特性。

例如，愛因斯坦提出一項思考實驗，牽涉到讓一道電子束來通過屏幕上的狹縫，然後在照相板上記錄下電子的位置。他巧妙地提出許多不同的新機關，像是可以瞬間打開與關閉狹縫的快門，以便顯示在理論上可以同時知道位置與動量。

　　海森堡回憶道：「愛因斯坦會在早餐時丟出這些新點子。」他與包利並不太擔心愛因斯坦的思考機關，他們一直安慰自己：「不會有問題的……」不過，這常常會讓波耳緊張到不停喃喃自語。

　　他們一群人常常會一起走到大會廳，研究該如何反駁愛因斯坦的問題。海森堡回憶：「通常到晚餐時，我們可以證明其思考實驗並未駁倒不確定的關係。」愛因斯坦也會承認失敗，「但是隔天早晨他又會帶新的思考實驗到早餐上，往往比之前更複雜。」不過到了晚餐時間，那些想法也都被證明不對了。

　　他們就這麼來來回回，每一次愛因斯拋出去的球，波耳都有辦法打回來。因為他每次都能顯示，測不準原則確實限制了對於運動電子的可知訊息。海森堡說：「一連過了幾天，到最後波耳、包利和我知道可以確定自己對了。」

　　艾倫費斯特罵道：「愛因斯坦，我對你感到羞愧。」看到愛因斯坦對於量子力學的頑固，有如當年保守派物理學家對於相對論反應的翻版，艾倫費斯特覺得很沮喪。他直言：「他現在對待波耳的態度，完全就跟之前捍衛『絕對同時性』的大老們，對他的樣子如出一轍。」

　　愛因斯坦在會議最後一天發表談話，顯示出他不僅擔心量子力學的測不準原理，量子力學容許遠距作用也讓他感到芒刺在背，後來情況更加嚴重。所謂的遠距作用，根據哥本哈根派詮釋是指發生在一個物體上的某件事情，可以立即決定他處某個物體將如何被觀察。根據相對論，空間中分開的粒子是獨立的，若是發生在某個體上的作用會立刻對某些距離外的另一個體產生影響，愛因斯坦認為這種狀況：「依我見這抵觸了相對論的假設。」他堅持說，沒有作用力（包括重力在內）會比光速傳播更快。

　　愛因斯坦或許輸掉這些辯論，但仍然是大會中閃耀的明星。德布羅伊一直盼望能見到愛因斯坦，結果沒有讓他失望。他回憶道：「我特別被他深思熟慮的溫和言論打動了，還有其仁慈親切與單純友善。」

　　兩人一見如故，因為德布羅伊像愛因斯坦一樣，正試圖尋找方法來搶救古典物理學的因果律和確定性。他稱自己的方法為「雙重解答論」（the theory of double solution），希望能做為波動力學的古典基礎。

　　德布羅伊表示：「未決定論學派主要是年輕人和不服者，對我的理論冷冷拒絕。」相反地，愛因斯坦很看重德布羅伊的努力，當他搭火車回柏林時，還陪德布羅伊一路到了巴黎。

　　在巴黎北站時，兩人在月台話別。愛因斯坦告訴德布羅伊，撇開數學表述不談，所有科學理論的描述都應該簡單到「連孩童也能瞭解」。愛因斯坦表示，還有什麼比純統計詮釋的波動力學更為複雜的呢？！當兩人在車站分開時，他告訴德布羅伊：「加油！你在正確的軌道上！」

　　不過實際未如人意。到了一九二八年時，對量子力學的正確已經產生共識，德布羅伊退後接受了。不過，多年之後他仍帶著敬意表示：「愛因斯坦依舊奮戰不懈，堅持波動力學的純統計詮釋不可能是完整的。」

　　的確，愛因斯坦堅守立場，繼續當個頑固的反對者。一九二九年他當從蒲朗克手中接到蒲朗克獎時，他指出：「我讚賞年輕一代追求量子力學的物理學家能達到最高的成就，而且我相信該理論具有高度的真實性。但是（在愛因斯坦支持量子理論的任何陳述中一定會加上一個「但是」），我相信統計法則的限制只是暫時的。」

　　結果在一九三○年十月的索爾維會議上，愛因斯坦和波耳又共同演出更戲劇化的擂台賽，成為理論物理學少見有趣的纏鬥。

　　這次為了要擊敗波耳—海森堡陣營，以便回復力學的確定性，愛因斯坦提出更聰明的思考實驗。先前提到，測不準原理主張精確測量粒子的動量和位置之間，只能擇一精確測量；此外，測量過程牽涉到的能量與過程時間長短，本質上也具有類似的不確定性。

　　愛因斯坦的思考實驗包含一個盒子，以及一個可以快速閉合的快門，一次只讓一個光子能夠逃脫。快門由一個精準的時鐘控制，將盒子精確測重，

然後在特定的時刻打開快門讓一個光子逃脫。現在再將盒子秤重一次，由能量和質量之間的關係（記住 $E=mc^2$）便能精準確定粒子的能量。而且，我們可以從時鐘得知粒子離開系統的精確時間。所以，賓果！

當然，物理上的限制會讓我們實際上無法進行這樣的實驗。但是理論上，這個思考實驗能扳倒測不準原理嗎？

波耳受到這個挑戰撼動了。一名與會者回憶道：「他向每個遇見的人說，這不可能是真的；如果愛因斯坦是正確的，那將會意謂著物理學的結束，但是他卻苦思不出如何反駁。我永遠無法忘記這兩位對手一同離開學校俱樂部的畫面，愛因斯坦是一位大師，他平穩地走著、臉上帶著一抹嘲諷的微笑，而波耳在他旁邊小跑步走著，看起來非常沮喪。」

這場科學辯論將成為一大諷刺。因為在一夜無眠後，波耳用愛因斯坦發明的武器擊倒了愛因斯坦。原來，愛因斯坦在思考實驗竟然沒有考慮到自己漂亮的理論大發現。根據廣義相對論，在較強的重力場中時鐘會走得比較弱的重力場裡更慢，愛因斯坦自己忘記這點，可是波耳卻記在心裡。在光子釋放的期間，盒子的質量會減少，因為盒子是吊在彈簧上（為了要秤重），盒子會受地球重力而上升一點點，而這些微的上升正是回復能量—時間測不準關係所需。

波耳指出：「時鐘在重力場的不同位置會有不同速率，這點必須列入考慮。」他讚美愛因斯坦很有雅量地幫忙做計算，結果那天又讓測不準原理贏了。但是愛因斯坦從未完全信服，甚至一年之後，他仍然努力丟出不同版本的思考實驗。

量子力學最後證明是一個成功的理論，而愛因斯坦則鑽進一個可稱為是他自己的不確定論版本，他不再批評量子力學不正確，只是說它不完整。一九三一年，他提名海森堡和薛丁格競逐諾貝爾獎（他們分別在一九三二年和一九三三年得獎）。愛因斯坦在提名信中寫道：「我深深相信，這個理論毫無疑問包含終極真理的一部分。」

終極真理的「一部分」。愛因斯坦覺得,在哥本哈根的量子力學詮釋外,仍然有更多真理未被解釋。

那年愛因斯坦對馬克斯威爾(愛因斯坦鍾愛的場理論大師)致敬時寫道,量子力學的缺點在於「並未對物理真實本身做任何描述,而只涉及我們看到一件物理事件發生的或然性。是只有我們看的身體事實的發生的可能性。」愛因斯坦的觀點迴盪著實在論者的信條,直接否定波耳指出物理學關心的不是自然為何,而只是「我們關於自然能說什麼」的觀點。愛因斯坦這種看法,恐怕會讓休謨、馬赫甚至是年輕的自己皺起眉頭。他宣稱:「相信外部世界獨立於感官主體而存在,是所有自然科學的基礎。」

擷取自然原則

在更激進青澀的歲月裡,愛因斯坦並未強調這項信念。相反地,他自詡是一個經驗主義者或實證哲學家。換句話說,他視休謨和馬赫的說法為信條,避開了像乙太或絕對時間等無法過直接觀察而得知的概念。

如今,隨著他對乙太觀念的反對更加微妙,對量子力學的不舒服日益增加,使他遠離這個信條。年歲增長的愛因斯坦反省道:「我不喜歡此論點之處即在於其基本的實證主義態度,我認為那是經不住考驗的,與巴克萊『存在即是被知覺』的原則似乎是相同的事。」[3]

其實,愛因斯坦的科學哲學還是有很強的連貫性,所以堅稱其思考完全從經驗主義轉換到實在論並不正確。[4] 不過我們也可以公允地說,愛因斯坦在一九二〇年代期間努力反對量子力學時,對馬赫教義較不相信,比較像個實

---

3 原文為「Esse est percipi」(拉丁文),英譯「To be is to be perceived」。意指無法被感知的事物是沒有意義的。最著名的例子就是巴克萊的樹「若沒有人在旁邊並感知的話」便無法說明它們的確存在。(George Berkeley,《人類知識原理》(*Principles of Human Knowledge*),第23節)

4 有關於愛因斯坦的實在論,第十九章有更完整的討論。

在論者。例如他在對馬克斯威爾致敬時，重申有一個基本真實獨立存在人類觀察之外的信念。

一九三三年六月在牛津「論理論物理學方法」的演講中，愛因斯坦刻劃道出自己的科學哲學觀。他指出如何真正瞭解物理學家的方法和哲學，開場時給了一個警告：「不要聽物理學家怎麼說，要將注意力放在他們怎麼做上面。」

如果注意愛因斯坦的作為而非言談，可以清楚發現他堅信任何理論的最終成品，其結論一定是能夠被經驗和實際驗證所確認。他常常在自己的論文最後，提出這類的實驗建議而知名。

但愛因斯坦如何提出他的理論思考基石，也就是能啟動邏輯推演的原則和假設呢？如我們所見，他通常不是從一組需要解釋的實驗資料開始。當談到自己如何發展廣義相對論時，他指出：「經驗事實的搜集縱使再怎麼廣泛，也不能推導形成如此複雜的方程式。」在許多揚名立萬的論文中，他都再三證明自己並不太仰賴用特定的實驗資料推導出新理論，諸如布朗運動、偵測乙太或者光電效應等皆然。

他通常是用自己從真實世界得到的抽象假設出發，如重力與加速度的等效性，此等效性並不是他從研究實證資料提出來的東西。做為一個理論家，愛因斯坦有一個偉大的優點，就是比其他科學家更熱衷於提出他所謂可做為出發點的「共通假設與原則」。

這個過程混合著直覺，以及在實證資料發掘出模式的能力。當他努力要為統一理論找到立足點時，捕捉到這個過程的精髓並寫信告訴威爾說：「當科學家注視著經驗事實之複雜時，必須察覺出某些共通的特徵，從自然中慢慢挖掘出這些共通原則。我相信為了要獲得真正的進展，一個人必須再次從自然擷取出一個共通的原則。」

一旦從自然擷取到一項原則後，他會穿插運用物理直覺和數學表述，得出一些可測試的結論。年輕的時候，他曾經不看重純數學能夠扮演的角色，

但是在最後與廣義相對論角力的期間，是數學方法將他推抵終點線。

此後，他越來越仰賴數學表述來追尋統一場論。天文物理學家巴洛（John Barrow）指出：「廣義相對論的發展引導愛因斯坦了悟抽象數學表述的力量，特別是張量微積分。當時，深刻的物理洞察譜出廣義相對論的數學。然而往後的歲月裡天秤倒向另一邊，愛因斯坦在追尋統一理論時，對於抽象表述本身的著迷形成一大特色。」

在牛津的演講中，愛因斯坦開始先肯定了經驗主義：「對於現實的所有知識都是始於經驗且終於經驗。」但是他立刻強調「純粹理性」和邏輯推演扮演的角色，承認（但並沒有道歉）使用張量微積分成功提出廣義相對論的方程式，讓他轉變成相信數學方法，即強調方程式的單純與優美勝於經驗的角色。

他指出，這個方法在廣義相對論方面得到回報的事實，「使我們合理相信自然是想像得到最簡單的數學想法之實現」。這是一則優美又著實有趣的信念，捕捉到愛因斯坦在追尋統一場論的數十年歲月裡，利用數學之單純來指引方向的思考精髓；也呼應牛頓在《原理》第三冊的宣示：「自然喜歡簡單。」

但是對這則似乎被現代粒子物理學否定的信條，愛因斯坦並沒有提供任何證明，也不曾完整解釋到底他所謂「數學之單純」是什麼意思。相反地，他只是斷定在自己的內心直覺，認為這是上帝創造宇宙運行的方式。他宣稱：「我深信我們可以藉由純粹數學建構的方式，發現彼此連繫相關的概念和法則。」

之前在一九三一年五月到牛津領取榮譽博士學位時，他已表達出這種信念或信仰了。在那次演講中，他解釋自己對統一場論的追尋，實際上是受數學之優美的誘惑而驅策，並非來自實驗資料的推動。他表示：「我並不是受到實驗事實背後的壓力所指引，但是受數學之單純所指引，希望實驗能追隨數學的旗幟而前進。」

在一九三三年牛津的演講結論中，愛因斯坦同樣表示自己相信場論的數學方程式，是抓住「真實」的最佳方法。他承認，那尚未適用於似乎受機率和或然性所支配的次原子層次。但是他告訴聽眾們自己深深相信這不是最後定論，他指出：「我仍然相信一個真實模型的可能性，也就是說代表事物本身的理論，而不只是一個代表事件發生可能性的理論。」

最大的錯誤？

一九一七年當愛因斯坦分析廣義相對論衍生出「宇宙學考量」時，大多數的天文學家認為宇宙只由我們的銀河系組成，一千億顆左右的星球飄浮在一片虛無的空間中；而且這似乎是相當穩定的宇宙，雖然星球會四處緩緩移動，但看不出會向外擴張，也未向內塌陷。

這一切讓愛因斯坦將一個宇宙學常數加入場方程式中，產生一股「斥力」。這個常數是發明來抵消重力吸引，否則星球若沒有足夠動量彼此遠離，會全部被拉在一起。

但是從一九二四年開始，天文學家哈伯（Edwin Hubble）在加州帕莎迪娜的威爾遜山天文台（Mount Wilson Observatory），利用100吋的反射式望遠鏡做了一連串令人驚奇的發現。首先，是那團模糊的仙女座星雲其實是另外一個星系，約略是銀河系大小，大概是離我們一百萬光年遠（現在知道是超過兩倍遠）。很快地，他找到至少幾十個更遙遠的星系（現在相信有超過一千億個星系）。

接著，哈伯有一項更令人驚異的發現。藉由測量星系頻譜的紅移現象（光波的都卜勒效應），他瞭解到星系們正在離我們而去。對於遠方各方向的星系似乎飛離我們而去的觀察，至少有兩種可能的解釋：（1）因為我們是宇宙的中心，但這種事情打從哥白尼的時代後，似乎只有青少年會相信；（2）是因為整個宇宙的尺度正在擴張，這意謂每件物體往四面八方擴張，

所以所有星系都離彼此愈來愈遙遠。

後來，哈伯證實大體上星系離開我們的速度與離我們的距離成正比，於是第二種解釋很明顯才是對的，例如兩倍距離遠者的遠離速度是兩倍，而三倍距離遠者的遠離速度便是呈三倍快。

有一個方法可以幫助理解這種情況。在有彈性的汽球表面上畫出距離為1吋寬的點陣。然後想像氣球膨脹開來，讓表面擴張成為原本的兩倍大，現在各點彼此相距為2吋寬，所以在擴張時，原本相距1吋寬的兩點現在又多離1吋遠，而同一時間，原本相離2吋遠的點又多離2吋遠，相離3吋遠的點又多離3吋遠，相離10吋遠的點又多離10吋遠。原先相離越遠的點，互相離開的速度會越快，不論從汽球哪一點來看都成立。

簡單說，眾星系不僅在飛離我們，且整個空間尺度或宇宙架構都在擴張當中。用3D的角度來看，可以把這些點想像成蛋糕裡的葡萄乾，當蛋糕放進烤箱中，葡萄乾便會往各個方面擴張而去。

一九三一年一月第二次訪美時，愛因斯坦決定親自到威爾遜山瞧瞧（從加州理工學院一路上山即可）。他和哈伯搭乘最新的雅樂房車爬上蜿蜒山路，在山頂迎接他的是年老病弱的乙太實驗名人邁克生。

那天天氣晴朗，愛因斯坦愉快地把玩望遠鏡的刻度盤和儀器。艾爾莎也同行，別人跟她解釋那套設備是用來決定宇宙的規模和形狀。據說她回答道：「嗯，我先生在舊信封背面做同樣的事。」

在新聞媒體中，宇宙擴張證據的出現挑戰了愛因斯坦的理論。這場科學好戲擄獲了大眾的想像力，美聯社的報導便是這樣起頭：「碩大的星體系統以每秒7,300哩的速度逃離地球，丟了一個大問題給愛因斯坦博士。」

愛因斯坦對此倒是欣然接受。他寫信給貝索說：「威爾遜天文台的人太傑出了。他們最近發現螺旋狀星雲在太空中大致呈均勻分佈，並顯示很強的都卜勒效應（與距離成正比）。這點可輕易從廣義相對論導出，不需要那個宇宙學的項了。」

　　換句話說，他原本勉強用來解釋靜態宇宙的宇宙學常數，顯然對於事實上正在擴張的宇宙並不需要。[5]他高興地對貝索說：「這情況真令人太興奮了。」

　　當然，要是愛因斯坦信賴自己原先的方程式，逕行宣布廣義相對論預測了宇宙會擴張，那麼情形會更令他興奮吧！因為如果這樣的話，當十幾年後哈伯證實宇宙正在擴張時，掀起的狂熱應該不會輸給愛丁頓證實太陽重力會彎曲光線的那刻吧！也許大霹靂會稱做「愛因斯坦霹靂」，不僅名留青史，也會引人遐思，成為現代物理最迷人的理論發現之一了。

　　不過實情是，愛因斯坦從來沒喜歡過宇宙學常數，聲明放棄反而輕鬆愉快。一九三一年再版相對論之書，他還在附錄解釋原先這部分被加入場方程式，幸好已不需要了。加莫夫（George Gamow）回憶道：「當我與愛因斯坦討論宇宙學的問題，他提到引進宇宙學常數是他一生犯下的最大錯誤。」

　　事實上，比起小科學家的大勝利，愛因斯坦的錯誤甚至更加複雜有意思，因為要從場方程式拿掉宇宙學常數也不是隨便就能做到的。諾貝爾得獎人溫伯格曾表示：「要將宇宙學常數丟掉並非那麼容易，因為任何會造成真空能量密度的東西，其效應正是一種宇宙學常數。」

　　今日，宇宙學常數不僅難以擺脫，宇宙學家更需要用它來解釋宇宙的加速擴張。這種擴張似乎由神祕的暗能量（dark energy）造成，而其行為表現有如愛因斯坦的常數。結果，每年二、三次的新觀測報告中，總會出現類似二〇〇五年十一月的這段話：「愛因斯坦的天才，讓他先將『宇宙學常數』加入宇宙擴張的方程式中，然後又撤回。不過，新的研究有希望再度肯定其存在。」

5　愛丁頓認為即使宇宙真的是靜止的，宇宙學常數可能也派不上用場。因為那種情況下需要非常精巧的平衡，任何一點微小的擾動都會導致宇宙的擴張或收縮。

第十五章

人生半百
TURNING FIFTY

一九二九～一九三二年

卡布斯

　　愛因斯坦五十歲生日時想要避開大眾目光，希望能一個人好好獨處。因此一九二九年三月時，他又像幾個月前要發表統一場論的論文時一樣，再度離家躲起來。這回他避居到哈維爾河畔一棟莊園的園丁小屋，屋主是匈牙利出生的名人醫師布拉西（Janos Plesch），他浮誇多舌，將愛因斯坦加入「病人朋友」的收藏品展示窗中。

　　好些天他自個兒住並自己煮飯吃，讓新聞記者和官方祝壽者遍尋不著，行蹤成了媒體大猜謎。唯有家人和助理知道他在哪裡，但是他們是不會將消息透露給近親好友的。

　　由於借住的小屋沒有電話，生日當天一大早愛因斯坦便走路到隔壁借電話打給艾爾莎。她開始祝賀他度過人生半百的里程碑，但是他笑著打斷了，說道：「一個生日搞得大驚小怪的！」他表示自己打電話不是要談私事，是要講一件關於物理的事情，指出交待助理邁爾計算的東西中犯了一個小錯，請艾爾莎記下後代為轉達。

　　艾爾莎和女兒們下午出門，幫愛因斯坦舉辦私人小派對慶祝。當愛因斯坦穿著一套舊西裝出現時，她很驚訝地問道：「你怎麼找得到那套藏起來的衣服？」

　　「啊哈！」他回答道：「我知道所有藏東西的地方啊！」

　　《紐約時報》一如往常鍥而不捨，成了唯一追蹤到愛因斯坦行蹤的報紙。有一位家人後來回憶說，愛因斯坦生氣的神情把記者趕跑了。那其實不然，那位記者聰明能幹，而愛因斯坦雖然臉上假裝很憤怒，但像往常一樣親切，當天報紙的標題便是「躲起來過生日的愛因斯坦現身了」。他也秀給記者看別人贈送他的一具顯微鏡，報紙說他像是「高興的男孩」把玩著新玩具。

　　世界各地湧來許多禮物和祝賀，讓他最感動的禮物大多來自於一般民眾。有一個女裁縫師送給他一首詩，另一名失業男子存了些零錢，買了一小包菸草寄給他。這個禮物讓他感動落淚，第一次回了感謝信。

　　另一個生日禮物反倒造成更多的問題。由於布拉西醫生多事建議，柏林市政府決定表揚史上最出名的市民，讓他在市政府剛取得的一片湖濱地產中，擁有終身居住在一棟別墅的權利。在那裡，他能夠逃避世俗、駕帆遊湖，並且在寧靜中運算思考。

　　這個慷慨大方的舉動，並沒有受到愛因斯坦反感。因為，愛因斯坦喜愛駕駛帆船並享受孤獨單純，但是他沒有度假小屋，所以必須把帆船寄放在友人家中。因此，他歡喜地接受提議了。

　　那是一棟典雅的房子，坐落在哈維爾河湖畔克拉多村附近的公園裡。房子的照片刊登在報端，一位親戚稱讚「對於聰明有創造力又熱愛風帆的人，那是理想的寓邸」。但是當艾爾莎前去察看時，發現裡面還住著將土地賣給市政府的一對貴族夫婦，自稱保有繼續居住的權利。文件研究後證明他們說得沒錯，自然不能將他們趕走。

　　因此，市政府決定贈送愛因斯坦另一塊土地，讓他們可以建造自己的房子，但那也違反了先前的買賣協議。在媒體曝光和社會壓力下，只是加強原住戶捍衛自己權益的決心，所以極力阻擋愛因斯坦在那裡蓋房子。當第三個替代方案又行不通時，一切變成很難堪的頭版故事。

　　最後市政府決定由愛因斯坦夫婦自己挑選土地，然後由市政府出資購

買。愛因斯坦選了一塊一些朋友擁有的土地，位於波茨坦南方叫卡布斯的小村莊，離柏林市區很遠。那是一片翁鬱的林地，坐落在哈維爾河和濃密的森林之間，讓愛因斯坦非常中意。於是，市長請求市民大會代通過二萬馬克的預算，買下該片土地做為愛因斯坦五十歲的生日禮物。

一名年輕的建築師負責規畫，愛因斯坦也在附近購買一塊小花圃，然而政治議題介入了。在市民代表會上，右翼的德國國家主義者提出反對，並堅持延後表決要進行完整的辯論，讓愛因斯坦免不了變成辯論焦點。

因此他寫了一封信，帶點自娛娛人的口吻，在信中拒絕了市府的大禮。他告訴市長：「人生短暫，而政府當局工作緩慢。我的生日已經過去，所以只好婉拒禮物了。」第二天柏林日報用大標題指出：「公開羞辱完成／愛因斯坦辭謝。」

此刻，愛因斯坦已經愛上了卡布斯的那塊地，也跟地主談妥購買價格，並且設計好房子藍圖了。所以他們按照計畫，自己出資買下。艾爾莎抱怨道：「我們花光了大部分的積蓄，但是終於有了自己的土地。」

他們建造的房子很簡單，裡面是上漆的木板，外面則以保留原木材質。透過一面大型的觀景窗，可以眺望哈維爾河的寧靜風光。著名的包浩斯家具設計師布魯耶（Marcel Breuer）願意做室內設計，但愛因斯坦是品味保守的男人，他表示：「我不願意坐在會讓人想起機械工廠或者手術房的家具上。」於是，他們將柏林公寓一些多餘的大型家具搬來使用。

愛因斯坦的房間在一樓，有堅固的木造桌子、一張床，和一幅牛頓的小畫像。艾爾莎的房間也在樓下，兩人的房間有一間浴室相通使用。樓上的小房間們是女兒們和女傭睡覺的地方。在搬進去不久後，他寫信給妹妹說道：「我非常喜歡住在這間新蓋的小木屋裡面。揚帆逍遙、視野遼闊、秋日散步、寧靜安逸……這裡真是天堂！」

朋友們在他生日時合送一艘新造的23呎帆船，他將這艘規格合意又寬敞堅固的帆船取名海豚號。雖然他不會游泳，但非常喜歡獨自駕船出航，一個

訪客回憶道：「他一下水就樂死了。」他會任憑帆船漂流數小時，漫無目標地前進，只是偶爾輕輕地把玩槳舵。一名親戚表示：「即使是在水中，科學思考未曾片刻離去，他自自然然做起白日夢，讓豐富的想像力帶領理論飛翔天際！」

紅粉佳人

在愛因斯坦的一生中，他和女人的關係似乎是無法馴服的野馬。他充滿魅力的外表和靈魂深邃的模樣一再吸引女人。雖然他通常會逃避承諾與糾纏，但偶爾還是陷入戀情而難以自拔，例如他與馬里奇甚至是艾爾莎都是如此。

一九二三年與艾爾莎結婚之後，他愛上祕書貝蒂·諾伊曼（Betty Neumann）。根據新近公開的信件來看，兩人確實是打得火熱。那年秋天去拜訪萊頓大學的時候，他寫信表示可能會接受紐約的一份工作，那她可以來繼續當祕書，幻想她與他們夫婦生活在一起。他說道：「我會說服太太同意這件事，在紐約近郊找一棟大房子，讓我們可以永遠住在一起。」

她嘲笑這個點子，讓他不得不承認自己活像一頭「瘋驢子」。他表示：「妳對三角幾何的複雜程度，比起我這個數學佬擁有更多的敬意。」

他最後提議終止兩人的戀情，感嘆說自己「且向星際尋找」在地球上被拒絕的愛情。他說道：「親愛的貝蒂，嘲笑我這頭老驢子吧！去找比我年輕十歲，但和我愛妳一樣多的人來愛妳吧！」

但是兩人的關係又繼續下去。接下來的夏天，愛因斯坦去德國南部與兩個兒子見面，從那裡寫信給在附近度假的艾爾莎，表示無法去看她和女兒們，因為那會「無福消受」。但是他暗地寫信給貝蒂，表示他會偷偷回去柏林，只不過她不可以告訴任何人，否則如果艾爾莎發現了，會「連夜趕回來」。

　　在卡布斯的房子蓋好之後，女性友人陸續來拜訪他，艾爾莎只能睜一隻眼閉一隻眼。孟德爾（Toni Mendel）是很有錢的寡婦，在萬塞（Wannsee）擁有房地產。有時候她會來卡布斯和愛因斯坦一起航行，有時候他會駕船到她的別墅裡，彈鋼琴留到半夜，偶爾甚至會相偕到柏林看戲。有一次當她帶著司機與禮車來接愛因斯坦，艾爾莎和他大吵一架，氣得不肯給他一點零用錢。

　　他和柏林社交名媛米卡諾斯基（Ethel Michanoski）也有曖昧關係。一九三一年五月她跟他一同前往牛津，待在當地一家旅館中。有一天，他用一張基督教堂學院的明信片為她寫了一首五行詩，開頭是「俏眼彎彎，沒有東西能逃離她的注視」。幾天後，她送了一份昂貴的禮物，讓愛因斯坦很不高興。他寫到：「這小包裹真的激怒我了，你不要再送禮物給我了……尤其還送這種東西到英國大學，這裡日子已經過得夠好了！」

　　當艾爾莎發現米卡諾斯基到牛津拜訪愛因斯坦，她簡直是氣急敗壞，因為米卡諾斯基騙了她。愛因斯坦從牛津寫信叫艾爾莎冷靜下來，他表示：「妳對M女士的不悅完全毫無根據，因為她的行為全都是遵照猶太基督徒的最佳道德要求。證明於此：（1）一個人喜愛且不會傷害他人的事，就應該去做；（2）一個人不喜愛做且會激怒他人的事，就不應該去做。因為第一點，所以她跟我來，因為第二點所以她沒有告訴妳。這是無可挑剔的行為，不是嗎？」瑪歌是米卡諾斯基的朋友，愛因斯坦寫信給瑪歌時則用另一套說法，聲稱自己不想要米卡諾斯基的追求。他表示：「她對我的追逐已經失控。我不在乎別人議論是非，但為了媽媽（艾爾莎）和M女士，最好別讓那些阿貓阿狗閒言閒語。」

　　在這封信中，他堅稱自己對於米卡諾斯基或大部分調情的女人，都沒有特殊的感覺。他指出（但口氣不是太確定）：「在所有的女人中，我真正有感情的只有L女士，她完全不會傷害別人，而且值得尊重。」這裡指的是奧地利金髮女子黎巴克（Margarete Lebach），她與愛因斯坦擁有相當公開的關

係。當黎巴克拜訪卡布斯時，帶了糕餅送給艾爾莎。但是艾爾莎自然無法忍受她，於是在黎巴克來訪的日子，艾爾莎會離開村子到柏林逛街購物去。

有一次，黎巴克在愛因斯坦的船上留下一件衣物，這引起茶壺裡的風暴，艾爾莎的女兒催促母親一定要強迫愛因斯坦終止這項關係。但是艾爾莎害怕丈夫會拒絕，他早已明白表示男人和女人天生不是一夫一妻制。最後，她決定最好保持住婚姻，畢竟其他方面都滿足了她的渴望。

艾爾莎喜歡丈夫，同時也敬重他。她瞭解自己必須接受他所有的複雜難懂，尤其是當愛因斯坦夫人的生活讓她很快樂。藝術家與蝕刻家史托克（Hermann Struck）在愛因斯坦快五十歲時為他製做肖像（十年前也曾經做過一次），艾爾莎告訴他：「如此的天才在各方面都應該不可責難，但是上天並非如此，她給得奢侈也會拿走得奢侈。」她明白人生中好壞都得全盤接受，解釋道：「你必須整個來看他，上帝讓他如此尊貴！我覺得他人很好，雖然與一起生活既累又複雜，而且許多方面都如此。」

愛因斯坦生命中最重要的另一個女人是海倫・杜卡斯（Helen Dukas），她是一個謹慎小心與忠誠護主的人，而且不會對艾爾莎構成威脅。杜卡斯於一九二八年開始擔任愛因斯坦的祕書，當時他因心臟不適而臥病休養。艾爾莎認識杜卡斯的妹妹，她籌辦猶太孤兒組織，艾爾莎正是榮譽主席。在讓杜卡斯與愛因斯坦見面之前，艾爾莎先對她進行面試，感覺杜卡斯值得信賴，而且更重要地是在各方面都很「安全」。所以在杜卡斯見到愛因斯坦之前，艾爾莎已經先給她工作了。

一九二八年四月，當時三十二歲的杜卡斯被招呼進愛因斯坦的病房內。他伸出手來微笑道：「這裡躺著一具老小孩的軀體。」從那一刻直到一九五五年他過世時（事實上是直到一九八二年她自己過世為止），終生未婚的杜卡斯不餘遺力地保護他的時間、隱私、名譽與文化遺產。戴森（George Dyson）評道：「她的本能有如一只指南針，永遠不出錯又直接了當。」雖然她對待喜歡的人們可以更加愉快活潑，但是通常比較嚴厲剛峻，

有時相當多刺。

杜卡斯不只是一位祕書，對於不速之客她更像是愛因斯坦的鬥犬或是（以愛因斯坦的說法）「地獄三頭犬」。她會控制新聞記者採訪，拿掉認為會浪費他時間的信件，並且自做判斷為他遮掩隱私之事。過了一陣子之後，她變成好像家人一般。

另一個經常往來的訪客是維也納的年輕數學家邁爾（Walther Mayer），他後來成為愛因斯坦口中的「計算家」。愛因斯坦與他合作研究統一場論，稱他是「傑出優秀的人才，若不是猶太人的話，老早就當上教授了。」

甚至是馬里奇，雖然她曾在離婚後恢復本姓，不過後來又開始使用愛因斯坦的姓氏，並且與前夫建立起緊張但過得去的關係。當他造訪南美洲時，為她帶回來仙人掌盆當禮物。因為她一向喜愛植物，所以這個禮物應該是出自好意的。在他拜訪蘇黎士時，偶爾會待在她的公寓。

當馬里奇到柏林的時候，愛因斯坦甚至曾邀請她到家裡同住。不過，這種安排恐怕會讓每個人感到不自在，所以她聰明地選擇待在哈柏家。他們兩人的關係改善許多，他表示當跟朋友提到兩人相處融洽時，往往都會讓他們大感驚訝。他也表示：「艾爾莎也很快樂，妳和男孩們對她不再有敵意了。」

他告訴馬里奇，兩個兒子是他內心生命最美好的部分，在他生理時鐘告終後這份遺產仍會流傳下來。儘管這一點，又或許是因為這一點，他與兒子們的關係仍然伴隨著緊張，尤其是漢斯決定結婚之際。

好像上帝想要藉機報復，情況跟當初愛因斯坦決定娶馬里奇時，讓父母親很不好過很相似。漢斯在蘇黎士技術學院唸書時，與年長九歲的弗烈達·科涅特（Frieda Knecht）談戀愛。弗烈達身高不到五呎，她長相平凡、行事魯莽，但是非常聰明。因為這層因素，馬里奇和愛因斯坦站在相同陣線，認定這名女人工於心計且毫無魅力可言，恐怕會生下條件很差的後代。愛因斯坦寫信給馬里奇表示：「我用盡心力勸他說和她結婚是一件瘋狂的事，但是

他似乎完全不能沒有她，因此講也是白講。」

愛因斯坦認為自己的兒子落入圈套了，因為他對女人害羞又缺之經驗。他寫信給漢斯說道：「她是那種先捉住你，然後讓你認為真正的女人就是這樣子的人。大家都知道，女人常用這種方法占涉世未深者的便宜。」所以，他建議找一個有魅力的女人，便可以治癒這種問題了。

但是漢斯和父親二十五年前一樣頑固，他決心和弗烈達結婚。愛因斯坦承認自己無法阻擋，但是力勸兒子答應婚後不要生小孩。愛因斯坦寫道：「而且若是你覺得必須離開她，不要不好意思來找我談談。畢竟，那一天必定會到來。」

漢斯和弗烈達在一九二七年結婚了，他們不僅生兒育女，而且婚姻持續到三十一年女方過世為止。養女伊芙琳在多年後曾回憶道：「愛因斯坦曾經因為自己的婚姻問題，而與父母親鬧得水火不容，因此會讓人誤會他知道不應該干涉兒子的婚姻，但是實際不然。當我父親和母親結婚時，爆炸是一波接一波。」

愛因斯坦寫信給愛德華，表示對漢斯結婚十分沮喪。他寫道：「事情每況愈下，我不能夠原諒漢斯的過錯。我完全不想看到他，因為無法對他擺出笑臉。」

但不到兩年，愛因斯坦便開始接受弗烈達了。一九二九年夏天漢斯夫婦來探訪，愛因斯坦告訴愛德華已能平心靜氣接受了。他寫道：「她比我曾經擔心的表現得更好。漢斯對她真的很好，上帝保佑這些甜蜜的時光。」

而愛德華呢？他在學術追求上越來越夢幻，心理問題也更加明顯。他喜歡吟詩作詞，會寫些打油詩和警世格言，常常言詞銳利，尤其主題是家人時。而平常毫無生氣的他，彈鋼琴尤其是蕭邦卻充滿熱情，這種落差剛開始還頗受歡迎，但最後卻令人提心吊膽。

他寫給父親的書信同樣情緒高張，一股腦宣洩他對哲學和藝術的想法。愛因斯坦有時溫柔以對，有時則保持疏離淡漠。愛德華後來回憶道：「我常

常寄給父親極度狂熱的信，有幾度很擔心，因為他的個性比較冷。後來我才知道，他有多寶貝這些信。」

愛德華到蘇黎士大學習醫，打算當個精神病醫師。他對佛洛伊德很感興趣，將他的照片掛在房間裡，並嘗試做自我分析。這段期間寫給父親的書信中，可以看出他努力的痕跡，常常會很敏銳地運用佛洛伊德的理論，分析日常生活的各種面向，包括電影和音樂。

毫不意外地，愛德華對父子關係特別感興趣，他有些評論還頗一語中的。有一次他寫道：「有位如此重要的父親，有時候會感到很難受，因為讓人覺得自己如此不重要。」幾個月過後，他吐露更多的不安全感：「全部時間花腦筋工作的人們（例如你），有時候會將生病、緊張甚至是完全白癡的孩子（例如我）帶來這世上。」

後來愛德華越鑽越深。例如，當他分析父親感嘆命運為懲罰他蔑視權威，而讓他變成了權威的那句名言時，評論道：「從精神分析來看，這代表因為你不想在自己父親面前低頭，而是想要反抗他，所以你必須變成權威以便取代父親的位置。」

一九二七年新年佛洛伊德從維也納造訪柏林，愛因斯坦與他見了面。那時候佛洛伊德已經七十歲了，罹患口腔癌且有一邊耳聾，但是兩個男人有了愉快的談話，部分因為是他們把重心放在政治上，而不是談各自專長的領域。佛洛伊德寫信給一位朋友表示：「愛因斯坦對心理學的瞭解，跟我對物理學的理解一樣多。」

愛因斯坦不曾要求佛洛伊德與兒子見面或治療他，似乎也不覺得心理分析法很了不起。他曾經表示：「鑽進潛意識內不一定會有幫助。例如大腿受到百條不同的肌肉控制，你認為分析大腿，然後知道每條肌肉的確實目途和運作秩序後，會幫助我們走路嗎？」他從未表現出有興趣接受治療，宣稱道：「我會安於無知，不想被分析。」

不過，也許是為了讓兒子高興，他最終還是跟愛德華承認佛洛伊德的研

究有些優點。他寫道：「我得要承認，經歷過個人小小的各種經驗，我至少相信了他的主要論調。」

在大學裡愛德華愛上一名年紀較大的女子，這個特質顯然是家族遺傳，或許會讓佛洛伊德覺得很有意思。當這份關係遇到痛苦的結局時，愛德華陷入憂鬱不振。父親建議他找一個較年輕的「玩物」玩玩，也建議他找一份工作。他寫道：「縱使天才如叔本華，也曾被失業擊垮。人生有如騎單車，欲保持平衡唯有不斷前進。」

但是愛德華無法保持平衡，開始蹺課躲在自己房內。隨著他的煩惱痛苦俱增，愛因斯坦也更加關愛照顧他。當面對兒子對心理學的複雜想法以及謎語般難解的格言時，愛因斯坦回覆的信件充滿著痛苦的甜蜜。

愛德華曾經道出這句格言：「在生命本身之外，生命並無意義可言。」

愛因斯坦禮貌地回答說可以接受這個說法，「然而這個說法無濟於事」。他指出生命本身是空洞的：「不過，生活在社會上的人們喜歡彼此關照與分享人生困頓，他們努力將精力放在重要的事物上面，因而得到樂趣，也過著充實的人生。」

在這項勸告中，有一種瞭然、指涉自我的成分存在。其實，愛因斯坦沒有傾向或天分分享他人的困頓麻煩，他更注意對自己重要的事物。他跟馬里奇吐露：「提特身上擁有許多我的特質，但是似乎更加凸顯。他是個有趣的人，但活得很辛苦。」

一九三〇年十月愛因斯坦去看兒子，和馬里奇試圖將他拉出深不見底的黑洞。他們一起彈了鋼琴，但是並沒有用，愛德華越掉越深。在愛因斯坦離開不久後，他威脅要從臥室窗戶跳樓自盡，幸虧馬里奇及時拉住了兒子。

愛因斯坦的家庭生活在一九三〇年十一月全部糾成一團。四年之前，有個膽大妄為的俄國作家馬里諾夫（Dimitri Marianoff）動念想要見愛因斯坦，他行事莽撞又纏功十足，說服艾爾莎讓他進門拜訪。他對愛因斯坦大談俄國戲劇，企圖贏得物理大師的喜愛；同時又用筆跡分析的戲法，讓害羞的瑪歌

也不禁聽得入神。

　　害羞至極的瑪歌常會躲避陌生人，但是馬里諾夫的詭計奏效了，很快引她爬出龜殼。在愛德華企圖自殺數天後，兩人正好舉辦婚禮，煩惱的馬里奇未先通知，急忙趕到柏林請求前夫幫忙。馬里諾夫後來提到婚禮結束時的一幕景況：「當我們走下階梯時，我注意到有個女人站在門廊附近。她不是很醒目，但她盯著我們的目光如烈火燃燒，讓我印象深刻。瑪歌在我耳際輕聲低語『那就是米列娃！』」

　　愛因斯坦被兒子的病情深深嚇到了。艾爾莎寫道：「悲傷吞噬了阿爾伯特，他發現實在難以面對。」

　　不過，他自認沒辦法多做什麼。婚禮過後第二天早上，他和艾爾莎搭乘火車到安特衛普，將搭船到美國進行二度之旅。離開前情況相當混亂，愛因斯坦在柏林火車站與艾爾莎分開了，後來又弄丟了兩人的火車票。但最後兩人總算把每件事都搞定，踏上另一次成功的美國之行。

再訪美國

　　一九三〇年十二月，愛因斯坦開始第二次訪美之行，原本以為不會再像第一次一樣，畢竟他是以研究員身分到加州理工學院訪問兩個月，這次總不會再有大眾的狂熱包圍以及奇怪的光環加持了。負責安排的校方人士極力要保護他的隱私，而且像他德國的朋友一樣，覺得出鋒頭有失莊重。

　　如同往常，愛因斯坦理論上似乎同意這類說法。但是當他即將來訪的消息傳出後，馬上每天受到數十封電報的圍攻，各界都爭相邀請他演講或是想頒獎給他，所幸他全部拒絕了。在航行途中，他與邁爾在上等艙裡修改統一場論，門外還有一名水手看守。

　　他甚至決定當輪船停靠在紐約時，他不要上岸招搖。他宣稱：「我討厭面對相機，還得回答連珠炮式的問題。為什麼大眾要對我產生瘋狂的幻想，

我明明是一個從事抽象思考的科學家，如果不受打擾最高興了。這種大眾心理學的現象，超出我的理解範圍之外。」

但是那時候世界已經進入一個新的名人世代，特別是在美國。對名氣的厭惡反感不再被認為是自然之事，雖然許多正直人士仍然傾向於避免出名，然而也開始接受其誘惑了。在輪船停靠紐約的前一天，愛因斯坦表示願意對記者的請求讓步，將召開記者會並開放攝影師拍照。

他在旅行日記中記錄道：「比任何最狂放的期待還糟糕，五十名記者加上五十名攝影師湧到船上，由德國領事和胖助理陪伴。記者精心提出各種空洞的問題，我用廉價的笑話擋了回去，結果他們都熱忱地照單全收。」

有人請他用一句話定義第四維度，愛因斯坦答道：「你得問一個靈媒。」記者問他能否用一句話定義相對論？他的回答是：「我要花上三天時間，才能給一個簡短的定義。」

不過，他很認真回答了一個問題，可惜卻答錯了。這個問題是關於德國的一名政治人物，他出身的政黨在三個月前還默默無聞，卻在一夕崛起並贏得德國大選18％的選票。記者問題：「你如何看待希特勒？」愛因斯坦回答：「他現在靠德國的飢腸轆轆而活，一旦經濟狀況改善後，他就不再重要了。」

《時代》雜誌當周以艾爾莎當封面，她頭戴一頂活潑俏麗的帽子，高興演好全世界最知名科學家夫人的角色。雜誌報導指出：「因為數學家愛因斯坦無法打理好自己的銀行帳戶，所以太太必須為他處理金錢，並安排旅行事宜。」她對記者表示：「這些事情我都必須做，以便讓他覺得自己很自由。他是我生命的全部，值得我這麼對待他，我非常喜歡扮演愛因斯坦夫人的角色。」她派給自己做的一項工作，便是對丈夫的親筆簽名收取一元費用，照片則是收取每張五元的費用，然後製作一本帳目，將錢捐贈給兒童慈善團體。

當輪船停靠在紐約時，愛因斯坦改變了原先想躲在船上的念頭。

他到處現身，例如到麥迪遜花園廣場和一萬五千人共同慶祝光明節（Hanukkah）[1]；搭汽車遊覽唐人街；與《紐約時報》編輯部共進午餐；到大都會歌劇聆聽名伶葉麗茶（Maria Jeritza）演唱卡門時，受到聽眾熱烈歡迎；收到紐約榮譽市鑰；哥倫比亞大學校長介紹他是「心靈之統治者」。

他也造訪剛落成的河濱教堂（Riverside Church），這個巨大的建築物光是中殿便設有二千一百個座位。這是浸信會教堂，但是西邊入口有十多位歷史上偉大思想家的石刻雕像，其中之一是愛因斯坦的全身雕像。著名的長老教士福斯狄克（Harry Emerson Fosdick）在門口迎接愛因斯坦夫婦，並帶領他們參觀教堂。愛因斯坦停下來讚美一幅康德在花園中的彩色玻璃窗畫，然後詢問關於自己的雕像。他問道：「我是這些雕像中唯一活在世上的人嗎？」福斯狄克博士回答說：「是的，愛因斯坦教授。」現場的記者注意到福斯狄克博士回答時，臉上露出些許不安的神色。

愛因斯坦回答說：「那麼今後我一生都要謹言慎行了。」根據教堂公布欄的一篇文章，他隨後開玩笑說：「我可能想像過人們會把我當猶太聖徒，但從沒想到我竟然會變成新教聖徒！」

教堂是由洛克菲勒二世出資捐贈興蓋，愛因斯坦與這名偉大的資本家和慈善家安排會談，將討論洛克菲勒基金會對於研究獎助的複雜限制。愛因斯坦指出：「繁瑣的規定有如木乃伊，會束縛綑綁心靈。」

兩人也討論經濟大蕭條中有關經濟與社會正義的問題。愛因斯坦就自己對經濟學的瞭解，建議將工作時間縮短，以便讓更多人有機會獲得僱用。同時，也表示可以延長在學時間，讓年輕人不會太早湧入勞動市場。

洛克菲勒問道：「這種想法不是限制了個體自由嗎？」愛因斯坦回答指出，當下的經濟危機證明使用戰時的非常手段是合理的。這讓愛因斯坦有機

1　編按：光明節（Hanukkah），猶太人在十二月的節日，原意為奉獻，猶太人會連點八天燈火，所以又稱燈節。典故起於亞歷山大大帝征服中東後，耶路撒冷神殿被迫改供奉希臘神像，後由猶太人馬加比（Maccabee）趕走外族，收復神殿，慶祝時燈火連燃八天，傳為佳話。

會申述和平主義的立場，只是洛克菲勒禮貌拒絕了。

　　他最值得紀念的演講是在「新歷史學會」上，發出響亮的和平主義呼籲，主張「反對戰爭永不妥協，並在任何狀況下拒服兵役」。接著他發出著名的「勇敢的百分之二」號召：

> 膽小的人可能會說：「那有什麼用？我們會被送進監獄裡！」對於他們，我會回答說：在徵召服役的人中，縱使只有2％的人宣布拒絕作戰……政府將會失去力量，因為他們不敢送這麼多人到監獄去。

　　這場演講很快成為反戰者宣言，「2％」的鈕釦開始出現在學生與和平主義者的衣領上。[2]《紐約時報》在頭版報導這則故事，並且將演講全文刊登出來。一家德國報紙也加以報導，但口氣沒那麼熱衷，標題是：「愛因斯坦徵求拒服兵役者：科學家在美國使用難以置信的出名手法。」

　　在離開紐約那天，愛因斯坦對於剛抵達時發表的陳述做了一點修正。當別人再一次問到關於希特勒的事時，他宣布如果納粹掌握政府，他將會考慮離開德國。

　　愛因斯坦的輪船經巴拿馬運河前往加州。艾爾莎做美容打發時間，他則派信給杜卡斯，並且和邁爾繼續研究統一場論。雖然他抱怨必須忍受同船旅客對他「不停拍照」，他還是讓一名年輕人做素描，並且寫上一首消遣自己的打油詩，結果變成收藏家的物品了。

　　在古巴，愛因斯坦享受暖和的天氣，並向當地科學研究會發表演說。接著到了巴拿馬，一場革命正在醞釀罷免總統（他正巧也是蘇黎士技術學院的畢業生）。但是當地官員還是為愛因斯坦舉辦一場精心規畫的歡迎儀式，他們送給他一頂帽子，是「一個目不識丁的厄瓜多爾印第安人編織六個月的成

2　和平主義者認為不需為此多加說明，但是當時的一些報導誤以為這些鈕扣指的是酒精含量2％的啤酒。

品」。在聖誕節那天,他透過船上的無線電向美國人祝賀佳節愉快。

當一九三〇年最後一天早晨輪船在聖地牙哥靠岸時,幾十個新聞記者爬到船上,結果有兩名記者跌落了階梯。碼頭上站了五百名穿制服的女孩,等著唱歌迎接他。喧鬧的歡迎儀式持續了四小時,演講和報告接連不斷。

有人問道,有沒有人住在宇宙其他地方呢?他回答說:「也許有其他的生物,但不會是人類。」科學和宗教有衝突嗎?他表示:「不一定,雖然這當然與個人的宗教觀點有關。」

在德國的朋友看到新聞影片後,對於盛大的歡迎場面都感到驚異不已,甚至是有點嚇到了。海薇格‧波恩寫道:「在一周新聞剪影當中,看見你在美國的一舉一動總讓我興味盎然,例如你在聖地牙哥被花海包圍,又有可愛的海妖歌唱環繞等等場景。不管從外面看事情有多麼瘋狂,我總是覺得親愛的上帝知道自己在幹嘛。」

前面提過,就在這趟旅行期間愛因斯坦拜訪威爾遜山天文台,那裡發現了宇宙膨脹的證據,讓他放棄加到廣義相對論方程式中的宇宙學常數。他也向年老的邁克生致敬,稱讚他偵測到並無乙太漂流的著名實驗,卻沒有講明這些實驗是狹義相對論的基礎。

愛因斯坦盡情享受了南加州各式各樣好玩的事物。他參加了玫瑰花車遊行,參加《西線無戰事》的特別放映會,周末時到朋友家中嘗試莫哈維沙漠的天體日光浴。在好萊塢一間工作室裡,特效小組拍他在一部室內汽車上假裝駕駛的模樣,然後到了晚上讓他看到自己駕車穿越洛杉磯、衝上九重雲霄、飛越落磯山,最後降落在德國鄉間,讓他驚嘆連連。甚至還有電影角色找上門,不過被他禮貌婉拒了。

接下來,他與加州理工學院的校長密立根去太平洋航行,在日記中提到密立根在學校裡是「擔任神的角色」。密立根贏得一九二三年諾貝爾物理獎,得獎原因為「以實驗證實愛因斯坦至為重要的光電方程式」。他也證實了愛因斯坦的布朗運動詮釋,因此當他矢志讓學校成為世界頂尖的科學研究

機構時，非常渴望能吸引愛因斯坦留下來。

　　儘管兩人具有共通點，但某些私人觀點卻大相逕庭，注定兩人的關係很彆扭。密立根在科學上非常保守，縱使他自己已經用實驗證實過了，卻依然抗拒著愛因斯坦的光電效應詮釋與乙太不存在的主張。再者，他出身以農業為主的愛荷華州，父親是一名傳道士，這讓他在政治上更為保守。而且他身強力壯，具有愛國好戰的傾向，態勢明顯有如愛因斯坦對軍國主義的反感。

　　另外，密立根是靠同樣保守人士的大筆捐款來提昇加州理工學院，愛因斯坦的和平主義和社會主義之論會讓這些人坐立不安，紛紛督促密立根宜避免愛因斯坦對本行之外大發議論。按照陸軍少將福芮德（Amos Fried）的說法，校方一定要避免「因為接待愛因斯坦博士，而煽動教唆本國年輕人叛亂」的情況發生。密立根深有同感，他批評愛因斯坦對拒服兵役的訴求，宣稱道：「若他真的說了所謂百分之二的話，那便是一個毫無經驗的人可能講的話。」

　　密立根特別看不慣改革運動作家和工會倡議者辛克萊（Upton Sinclair），稱他是「全加州最危險的男人」，以及電影演員卓別林，在全球知名度上與愛因斯坦相提並論，但左傾更勝愛因斯坦。讓密立根深感受挫的是，愛因斯坦迅速與辛克萊和卓別林結為朋友了。

　　愛因斯坦和辛克萊保持通信，分享對社會正義的關注。當愛因斯坦一抵達加州時，便快樂地接受辛克萊的邀請，參加各式各樣的晚宴和會議。甚至有一次在辛克萊參加一個很詭異的降神會時，覺得很好笑的愛因斯坦仍然保持禮貌。當辛克萊太太質疑他對科學和精神事物的觀點時，艾爾莎反擊道：「妳知道，我先生擁有世界上最棒的心智。」辛克萊太太則回應說：「是的，我知道。但是他當然不知道所有的事情啊！」

　　在參觀環球影城時，愛因斯坦提到自己一直很想與卓別林見面。因此影城老闆打電話給卓別林，他馬上跑來餐廳跟愛因斯坦共進午餐。結果，幾天之後出現名人新世代中一幅最令人留念的畫面：愛因斯坦和卓別林穿上正式

西服，挽著容光煥發的艾爾莎，參加電影《城市之光》首映會。他們進入戲院的途中受到觀眾鼓掌喝采，卓別林留下一句讓人回味（而且正確）的話：「他們為我歡呼是因為他們瞭解我，他們為你歡呼是因為沒有人瞭解你。」

在訪問快結束時，愛因斯坦對加州理工學院的學生發表演講，那個場合他就比較嚴肅了。他的教誨是從人性觀點出發，指出人類尚未能好好控制科學，讓科學帶來的好處勝於傷害。在戰爭期間科學成為人們「殘害殺彼此的工具」，在和平時期科學「讓人生匆忙不確定」。他表示，科學非但沒有成為一股自由的力量，「反倒奴役人類成為機器」，讓人們工作「時數又長又累，大部分的勞動毫無快樂可言」。他呼籲，讓民眾的生活變得更好應當是科學的主要目標，「當你看著圖表與方程式思考之際，切莫忘記此點」。

兩個月結束後，愛因斯坦夫婦搭乘火車向東橫跨美國，到紐約搭船返回歐洲。沿途上他們停留在大峽谷，受到霍皮族印第安人（Hopi Indians）列隊歡迎（其實他們是由大峽谷紀念品販賣部所僱用，但愛因斯坦並不知情）。他們迎接這位「偉大的親人」進入部落裡，送上一大頂羽毛頭飾，並且留下了一些經典照片。

當火車抵達芝加哥時，愛因斯坦從月台後方對一群歡呼迎接的和平主義者發表講話。若密立根聽到一定會嚇壞了，這與愛因斯坦在紐約發表「百分之二」的演講很類似。他指出：「唯一有效的方法是透過拒服兵役的革命性作法。許多人認為自己是溫和的和平主義者，不想要參與這種形式激進的和平主義，於是宣稱愛國心阻止他們採取這種策略。但是在緊急狀況時，這種人不能信賴。」

三月一日早晨，愛因斯坦的火車抵達紐約市，接下來十六個小時將愛因斯坦熱引爆到新高點。德國領事對柏林報告說：「不知為何原因，愛因斯坦的個性引爆大眾歇斯底里的狂熱騷動。」

愛因斯坦首先回到返航的輪船上，有四百名反戰聯盟的成員在那裡守候歡迎他。他邀請全部的人到船上，在宴會廳發表演說。他指出：「如果在和

平時期，和平主義組織的成員不能準備好做犧牲，冒著被監禁的危險挺身反對當局的話，那麼在戰爭期間必定會面臨失敗，因為到時候只有最剛毅堅決的人才可望出面抵抗。」聽眾爆發狂吼，激動的和平主義分子衝上前去親吻他的手和碰觸衣服。

社會主義領袖湯馬士（Norman Thomas）也在現場，他試圖說服愛因斯坦，主張沒有急進的經濟改革則和平主義將無法發生。愛因斯坦不表同意，他指出：「和平主義比社會主義更容易贏得人心，我們應該先推動和平主義，再來推行社會主義。」

那天下午，愛因斯坦被帶到華道夫（Waldorf）飯店，他們住進一間寬敞的套房裡，可以會見川流不息的訪客，如海倫凱勒和新聞記者們。那間套房實際上是由兩間套房組成，中間是一間私人大飯廳。有一位朋友在下午來訪，他問艾爾莎說：「愛因斯坦在哪裡呢？」

「我不知道，」她有些惱怒地回答：「他老是在這些房間裡迷路。」

他們最後發現他在房間裡逛來逛去想要找到太太，因為大到離譜的房間讓他很苦惱。朋友建議說：「我告訴你該怎麼做，你只要將第二間套房全部關起來，就會覺得好多了。」愛因斯坦照辦，果真有用。

那天晚上，他在銷售一空的猶太復國運動募款餐會發表演講，直到午夜才回到船上。但是那天尚未結束，一大群年輕的和平主義者高唱「永遠沒有戰爭」，在他到達碼頭時瘋狂歡迎他。這些人後來組成青年和平聯邦，愛因斯坦飛快寫成一份鼓勵函送給他們：「祝福你們在激進的和平主義中，獲得長足的進展。」

愛因斯坦的和平主義

一九二〇年代期間愛因斯坦逐漸發展出激進的和平主義思想，即使五十歲時從物理前線撤退，他更關注與投入政治活動。直到希特勒和納粹黨人奪

得政權前，其主要理念在於推動解除軍備與反對戰爭。他在去美國的途中告訴一名記者：「我不只是一個和平主義者，我是一個戰鬥型的和平主義者。」

他拒絕國際聯盟採取比較溫和的方式。國際聯盟是第一次世界大戰後成立的國際組織，不過美國拒絕參加。該組織並非要求完全解除軍備，而只是聊備於無地試圖定義適當的作戰準則和武器限制。一九二八年一月愛因斯坦被邀請參加國際聯盟的裁武委員會，計劃要討論限制瓦斯戰的方法，但是他公然表達對這種半套作法的厭惡：

對我而言，制定戰爭行為的規則和限制完全無用。戰爭不是遊戲，所以不能像玩遊戲時一樣，制定規則進行戰爭。我們要奮力對抗的是戰爭本身，民眾對抗戰爭機制最有效的方式，便是建立一個組織，能完全拒絕從軍服役。

因此，他變成「國際反戰組織」蓬勃發展中的一名精神領袖。一九二八年十一月他寫信給倫敦分部表示：「拒絕參與任何種類兵役的國際運動，是我們時代中最鼓舞人心的發展之一。」

即使當納粹逐漸崛起掌權之際，愛因斯坦至少一開始仍然拒絕承認，其和平主義的前提存在任何例外。一個捷克新聞記者問道，若是歐洲爆發另一場戰爭，而且有一方明顯是侵略者時，他會怎麼辦呢？他回答道：「我會無條件拒絕所有兵役徵召，包括直接或者間接的方式；並且會力勸朋友採取相同的立場，不管我覺得何種因素造成了戰爭。」布拉格的審查員禁止刊登這項談話，不過其他地方卻有報導，提升了愛因斯坦代表純和平主義者的地位。

這種思潮在當時並非不尋常。第一次世界大戰讓人們震撼不已，戰爭是如此殘酷驚駭且毫無必要。與愛因斯坦同樣擁有和平主義思想的人們，包

括辛克萊、佛洛伊德、杜威和威爾斯等人士，他們在一九三〇年發表一份聲明：「我們相信每個誠心追求和平的人士，都應該呼籲廢除年輕人接受軍事訓練。軍事訓練是教育身心殺戮技巧，會阻礙人類對和平意志的滋長。」

一九三二年愛因斯坦對反戰的提倡到達最高峰，正好是在納粹奪權前一年。那時日內瓦召開一場裁武大會，是由國際聯盟加上美國和俄國共同舉辦。

愛因斯坦起初抱持很大的期盼，他在一篇文章中寫道，希望會議「對於現在以及未來世代的命運，會有決定性的影響。」但是他警告大會不能僅靠沒有作用的限武規則而獲得滿足，指出說：「單單同意限制軍備，不會帶來安全。」相反地，他認為應該設立一個國際機構，賦與仲裁爭端與實現和平的實際權力，他主張：「強制仲裁者必須有執行決議的力量。」

結果，他的擔心成真了。會議陷入泥淖中，困在該如何計算航空母艦具備多少攻擊力，以便評估軍備平衡控制等議題上。愛因斯坦五月時到了日內瓦，那時候正好在處理這個議題。當他出現在訪客大廳時，代表停止討論並起立鼓掌歡迎他。但是愛因斯坦一點兒也不開心，那天下午他在下榻的飯店召開記者會，抨擊與會國家的膽怯懦弱。

數十名記者選擇不去大會現場，紛紛趕來報導他的批評，現場氣氛相當熱絡。他指出：「制定戰爭的規則，不會讓戰爭比較不會發生。我們全部都應該跳到屋頂上，宣布這場會議太滑稽了！」他主張讓會議直接失敗會比最後提出「人道化戰爭」的協議更好，他認定那是悲慘的幻覺。

小說家朋友和和平主義同志羅曼羅蘭批評道：「愛因斯坦常常會在科學領域之外，變得不切實際。」那是真實的，考慮到德國即將發生的變化，解除軍備無異是癡人說夢；套用一句別人常冠在愛因斯坦身上的形容詞，和平主義者的希望太過天真了。不過，應該注意的是愛因斯坦的批評也有道理，日內瓦那些主張軍備限制、不食人間煙火的官員們沒有比較不天真，他們花了五年的時間進行晦澀無用的辯論，結果德國正好利用時間整軍霍霍了。

政治理想

「再前進一步，愛因斯坦！」一九三一年八月德國社會主義領袖希爾（Kurt Hiller）發表一篇文章，用這句標題對愛因斯坦喊話。希爾是左派活躍分子，他像許多相同主張的人一樣，力促愛因斯坦將和平主義擴張成為更激進的政治思想。布爾主張和平主義只是一小步，真正的目標在於倡導社會主義革命。

愛因斯坦貶斥這篇文章「相當愚蠢」。他認為和平主義不需要社會主義，而社會主義者的革命有時會導致自由的壓抑。他寫信給希爾表示：「我不相信那些靠革命掌權的人，將會按照我的理想有所做為。我也相信首要須極力推動和平奮鬥，才能帶來社會改革。」

愛因斯坦的政治觀除了和平主義、世界聯邦主義和對國家主義的厭惡之外，也包括了對社會正義的熱愛、對弱勢者的同情、對種族主義的反感，以及社會主義的傾向。但是在一九三〇年代期間，一如過往他對權威的提防、對個人主義的忠誠，以及對個人自由的喜愛，讓他抗拒布爾什維克和共產主義的教條信念。傑洛米（Fred Jerome）在分析過愛因斯坦的政治觀以及閱讀聯邦調查局搜集的大批資料後，就這麼評論道：「愛因斯坦不是紅軍，也不是笨蛋！」

對權威的戒懼警慎，反映出愛因斯坦最根本的道德原則：自由和個人主義對於活躍的創造力和想像力是必須的。他曾是一個年輕莽撞的思考者，便是這一點的實踐，更在一九三一年明確宣示這項原則：「我相信國家最重要的任務是保護個體，培育出廣具創造力的個性。」

巴奇（Tomas Bucky）是艾爾莎女兒醫生的兒子，一九三二年十三歲的他與愛因斯坦認識，開始長時間的政治討論。他回憶道：「愛因斯坦是一個人道主義者、社會主義者以及民主主義者。他完全反對極權統治，不管是蘇聯、德國或南美洲。他贊同資本主義和社會主義的結合，討厭所有右派或左

派的獨裁統治。」

愛因斯坦對共產主義的懷疑態度，在一九三二年受邀到世界反戰國會（World Antiwar Congress）時可以明顯看出。雖然表面上這是和平主義組織，事實上卻變成蘇聯共產主義的前鋒，例如會議有一項正式訴求，是譴責鼓勵日本侵犯蘇聯的「帝國主義勢力」。愛因斯坦拒絕參與連署或支持其宣言，他指出：「因為裡面包含對蘇聯的褒揚讚頌，讓我無法同意簽署。」

他對於蘇俄已有清醒的定論：「在上層有對權力飢渴的個體，完全出於自私的動機，使用最骯髒醜齷齪的手段進行鬥爭；在底層則是完全壓抑個體自由和言論自由。這讓人不禁感嘆，在這種情況下活著是否值得？」結果，當聯邦調查局在一九五〇年代紅色恐怖時期整理愛因斯坦的祕密檔案時，曾經引用一項對他不利的證據，便是誣指他出席支持世界反戰國會。

愛因斯坦有一位朋友叫唐・萊文（Isaac Don Levine），他是在俄國出生的美國新聞記者。唐・萊文原本對共產主義抱持同情，但是當他在做美國赫氏報業的專欄記者時，對於史達林的殘酷政權轉為極力反對。愛因斯坦連同其他的民權自由鬥士，如美國公民自由聯盟（ACLU）創建者鮑爾溫（Roger Baldwin）和羅素，共同支持唐・萊文出版《來自俄國監獄的書信》（*Letters from Russian Prisons*），書中揭發了史達林的恐怖統治。愛因斯坦甚至完成一篇評論，嚴厲抨擊「醜陋的俄國政權」。

愛因斯坦也看了唐・萊文後來寫的史達林傳記，書中揭發這位獨裁者令人髮指的殘暴行徑，愛因斯坦稱讚「見解深刻」。這本書，讓他對左派與右派的高壓統治學到清楚的一課。在寫給唐・萊文的讚美信中，他表示：「暴力滋生暴力，自由是所有真正價值發展的必要基礎。」

不過，最後愛因斯坦還是與唐・萊文分道揚鑣了。就像許多共產主義者後來轉變成反共產主義者，唐・萊文有信仰改變者的狂熱，強烈到讓他很難接納政治光譜的中間地帶。另一方面，唐・萊文感覺愛因斯坦太輕信蘇俄的高壓統治，有部分是革命變化帶來不幸副產品的說法。

　　事實上，蘇俄的確有許多方面讓愛因斯坦讚賞，包括他看見蘇俄嘗試消除階級區別和經濟階層的努力。他在寫到個人信念宣言時指出：「我視階級差異為不公不義，我也認為平凡普通的生活對於每個人都好，不管是身心皆然。」

　　這些信念讓愛因斯坦批評起在美國目睹的過度消費和貧富差異。因此，他也參與各式各樣的種族和社會正義運動，例如斯科茨伯勒案（Scottsboro Boys）以及穆尼案（Tom Mooney）。前者是一群阿拉巴馬州的年輕黑人男性，在一場備受爭議的審判後被法院判刑成立輪姦罪；至於後者中的主角穆尼，原來是勞工運動者，卻因謀殺案而被監禁在加州。

　　在加州理工學院時，密立根對於愛因斯坦的激進行動感到失望，寫信告訴了他。愛因斯坦圓滑地同意道：「對貴國公民的家務事堅持，的確不是我份內之事。」密立根覺得愛因斯坦的政治觀太天真了，許多人也這麼認為。在某種程度上他的確很天真，但是應該要記得他對斯科茨伯勒案件和穆尼案件的質疑最後證明為真，而且他對種族和社會正義的看法最終也站在歷史正確的一邊。

　　儘管愛因斯坦支持猶太人復國運動，但是對於因為猶太人湧入建立以色列，使得阿拉伯人被迫流離失所，愛因斯坦也深表同情。他的訊息頗具預言性，一九二九年寫信給魏茲曼時指出：「若我們不能找到一個方法，與阿拉伯人開誠佈公地合作與協議，那麼我們從兩千年的苦難中完全一無長進。」

　　他同時向魏茲曼提議，也用一封公開信向阿拉伯人建議，各由四名公正的猶太人與阿拉伯人合組「樞密院」來解決各種爭議，誠心呼籲道：「讓兩支偉大的閃族人共同擁有燦爛的未來。」他警告支持猶太人復國運動的朋友，若是猶太人不能保證兩邊能和睦相處，那麼未來數十年終將不得安寧。結果，他又被認為太過天真了。

愛因斯坦和佛洛伊德的交流

一九三二年有個知識合作研究所邀請愛因斯坦，挑選一名思考家對戰爭和政治等相關議題進行書信交流，他選擇當代另一名偉大的知識分子與和平主義者象徵：佛洛伊德。愛因斯坦提出一個自己琢磨多年的想法做為開始，主張根絕戰爭需要各國放棄某些主權，交給「一個超越國家的組織，能夠以無可挑戰的權威做出裁定，且執行判決時大家絕對得服從。」換句話說，必須創造出比國際聯盟更有力的國際權威機構。

自從青少年時代開始，愛因斯坦便對德國的軍國主義感到厭惡，對國家主義更是退避三舍。即便在希特勒掌權後讓他對和平主義的原則有些動搖，但是他有一個基本的政治假設一直未見改變，那便是支持成立一個國際或「超越國家」的實體，可望凌駕國家主權所造成的混亂來解決爭端。

他寫信給佛洛伊德指出：「國際安全的追尋牽涉到每個國家以特定方式，無條件放棄行為自由（即主權），很清楚地沒有其他道路能帶領我們走向真正的安全。」數年之後，因感原子時代的軍事威脅，自己責無旁貸，愛因斯坦對這種方式更加投入。

愛因斯坦最後對這位「人類本能知識的專家」提出一個問題。因為人類內心懷有「憎恨和破壞的慾望」，政治領袖們可以操縱並煽起軍國主義的熱情。愛因斯坦問道：「有可能控制人類的心智進化，以抗拒憎恨和破壞的精神病嗎？」

佛洛伊德在回信中，迂迴地予以否定：「你推測人類內心具有憎恨和破壞的積極本能，這點我完全地同意。」心理分析學家得到的結論是，人類本能有兩種型態互相纏繞：「守護與結合的本能稱之為『愛慾』……第二種是破壞與殺戮的本能，等同於攻擊毀滅的本能。」佛洛伊德謹慎地避免將第一類歸為善、第二類歸為惡，他指出：「兩者本能都不可或缺，生命所有現象都起源於這些運作，不論兩者是合諧並存或對立而行。」

佛洛伊德得到一個悲觀的結論：

　　這些觀察的結果是我們不可能壓抑人性中的攻擊傾向。有人說，在地球上有些快樂的角落裡，自然豐饒不絕，滿足人類慾望，繁榮興盛的種族快樂自在，不知何謂是攻擊或限制。這點我無法苟同，希望能深入瞭解這些快樂的人們。布爾什維克主義者也希望消弭人類的攻擊性，他們的方法是保證物質需求的滿足，並且力促人與人之間達成平等。對我而言，這個希望似乎了無意義，尤其他們一邊忙著使國家軍備臻於完美。

　　佛洛伊德對這項交流並不滿意，開玩笑說兩人不會因此拿諾貝爾和平獎。無論如何，當一九三三年交流文集準備出版時，希特勒已經執政掌權了，因此一切討論驟然失去了意義，那本文集只有印行幾千本而已。而且身為一個優秀的科學家，愛因斯坦當時正忙著根據新事證進行理論修訂。

第十六章

愛因斯坦的上帝
EINSTEIN'S GOD

一九二九～一九三一年

在柏林，有天晚上愛因斯坦夫婦參加一場飯局，席中有位客人說相信占星術。愛因斯坦嗤之以鼻，認為那純粹是迷信。另一位客人也發表意見，對宗教同樣表達蔑視，他堅稱信仰上帝也是迷信。

此時，主人試圖使他安靜，表示即使是愛因斯坦也懷有宗教信仰。

「不可能啊！」懷疑的客人喊道，問道愛因斯坦究竟有無宗教信仰。

「是的，你可以這麼說。」愛因斯坦平靜地回答：「用我們有限的方法試圖穿透自然的祕密，將會發現在所有觀察到的法則和連結背後，還保留著微妙難解的東西。對這股超越人類理解的力量保持尊敬，便是我的宗教。就這層意義來說，我算是有宗教信仰的。」

孩堤時代的愛因斯坦曾歷經狂熱的宗教階段，後來便加以抗拒。接下來三十年，他對這個議題著墨不多。但是在五十歲之際，他開始更清楚說出自己的想法，在各種的文章、訪談與信件中，他表達對猶太遺產的深層重視，以及他對上帝的信仰，雖然這個上帝的概念不是個人、神祇性的。

人生半百自然會思考永恆的意義，但愛因斯坦的轉變還包括許多理由。由於猶太人持續受到壓迫，同胞手足之情再度喚醒他內心某些宗教情懷。然而，愛因斯坦的信仰最主要是在科學研究

中，對超然秩序的震懾敬畏之情油然而生。

不論是擁抱重力場方程式之美，或是拒絕量子力學之不確定，愛因斯坦都對宇宙卓然秩序深具信心，形成科學觀點與宗教觀點之基礎。一九二九年他寫道：「對於科學人士至高的滿足，在於明白現狀正是上帝安排自然的唯一方式。例如，在祂統治下4不會變成質數。」

對愛因斯坦與大多數人而言，信仰某個高過自己之物是非常重要的情懷，能在單純美好的薰陶之下，產生自信與謙卑。假設他那種自我中心的傾向，都成為受歡迎的風采，那麼加上幽默和自省，更能讓這位世上最出名的聰明人不致淪為虛浮矯飾。

懷有敬畏與謙卑等宗教性情懷也加強了他的社會正義感，促使他繞過階級差別的陷阱，避開過度消費的物質主義，獻身為難民與受迫害者發言。

在五十歲生日過後不久，愛因斯坦在訪問中透露更多的宗教想法，內容引人注目。訪問者是維瑞克（George Sylvester Viereck），他出生於德國，兒時遷居至美國，是一名傲慢但善逢迎的詩人與宣傳家，成天就是寫些俗麗的情色詩、訪問大人物與抒發對祖國的愛恨情仇。

由於維瑞克已經成功訪問到佛洛伊德、希特勒到皇帝等大人物，最後還集結成《偷窺大人物》（*Glimpses of the Great*）一書，讓他能敲定到愛因斯坦的柏林寓宅做訪問。艾爾莎端出覆盆子汁和水果沙拉招待客人，然後兩個男人躲到愛因斯坦的書房做訪問。不知何故，愛因斯坦認定維瑞克是猶太人。事實上，維瑞克相當自豪自己的血統可追溯到日耳曼皇室，後來他變成納粹的同情者，二次大戰時因為為德國做宣傳而遭到美國監禁。

維瑞克開始便問愛因斯坦把自己看做是德國人或猶太人。愛因斯坦回答道：「可能兩個都有吧！民族主義是一種嬰兒病，好比是人類出麻疹。」

猶太人應該試著同化嗎？「我們猶太人已經太熱衷於犧牲自己的特質，以便跟大家一樣。」

你受到基督教何種程度的影響？「孩提時代，我接受聖經和塔木德經的

教誨。我是一個猶太人，但是也受到發光的拿撒勒人所吸引。」

你認為耶穌在歷史上存在嗎？「當然毫無疑問！沒有人讀福音時，會感覺不到耶穌真實的存在。其個性在每個字中流動，純粹神話是沒有這種生命力的。」

你信仰上帝嗎？「我不是一個無神論者。人生所牽涉的問題太廣了，而我們的心智有限。我們好比是一個小孩子，進入一間超級大的圖書館，裡面擺滿各種語言寫成的書籍。小孩知道一定有某個人寫了這些書，但不知道如何寫成的，也不懂得書中的語言。小孩隱約懷疑書本排放有一個神祕的次序，但是不曉得是什麼。對我來說，即使是最聰明的人，面對上帝只能到達這種理解程度了。我們看到宇宙神奇地遵循某些法則安排，但是只能隱約參悟這些法則。」

這是一種猶太概念的上帝嗎？「我是一個決定論者。我不信仰自由意志，猶太人信仰自由意志，他們相信人類塑造自己的生活。我拒絕這種教義，所以從這方面來說，我不是一個猶太人。」

這是斯賓諾莎的上帝嗎？「我覺得斯賓諾莎的泛神論很吸引人，不過我更欣賞的是他對當代思潮的貢獻，因為他是第一個將靈魂和身體當做一體的哲學家，而不是當成兩件獨立的事物。」

如何擁有自己的想法？「我是藝術家，可以用想像力自由作畫。想像力比知識更重要，知識是有限的，想像力可以擁抱世界。」

你信仰不朽嗎？「不，這一生對我就足夠了。」

愛因斯坦試圖清楚表達這些感覺，不但是為了自己，也為了想要對其信仰得到一個簡單答案的人們。因此一九三〇年夏天除了在卡布斯沈思與航行之餘，他完成一篇〈我的信仰〉（What I Believe），解釋當他自稱擁有宗教信仰的真正意思：

我們所經歷最動人的情感是神祕，這是一種基本的情感，是所有真正藝

術和科學的搖籃。對於這種情感陌生的人，不再能夠感到驚奇，不再感到震懾敬畏而全神貫注，將有如行屍走路或熄滅的蠟燭。在所有能夠經驗的事物背後，有一種東西是心智無法掌握的，其美麗莊嚴只能讓人間接體悟到，那種感覺便是虔信。就這層意義（而且僅就這層意義）來說，我是一個有虔誠信仰的人。

人們覺得這段話發人深省、甚具啟發性，翻譯成多種語文不斷流傳。但是對於他到底相不相信有上帝的問題，想要得到直接了當回答的人們無法滿足。結果，原先大家瘋狂追著他用一句解釋相對論，現在則變成追著他要一個簡單明確的答案。

一個科羅拉多州的銀行家寫信表示，自己已經得到二十四位諾貝爾獎得主回答是否相信上帝的問題，希望愛因斯坦也能作答。愛因斯坦用潦草的字跡回信寫道：「我不相信有一個人的上帝，會直接影響個體的行動，或是坐著批判自己創造的生物。我的虔誠信仰是抱持謙卑之情，欣賞有一股凌駕萬物的精神靈性，從我們對可知世界的微小理解便可以彰顯出來。我深深相信有一股超然脫俗的理性力量存在，這從我們對宇宙無法理解的部分便可以看出來，這些感覺即是我對上帝的看法。」

有一個紐約禮拜學校六年級的小女孩問道：「科學家祈禱嗎？」愛因斯坦認真看待她，解釋說：「科學研究是根據每件事情的發生都是由自然法則決定的想法為基礎，這種想法也適用於人類的行動上。基於這點理由，科學家傾向於不相信事情可能受到祈禱（也就是跟一個超自然者傳達希望）所影響。」

但是，這並不是意謂說沒有一個萬物之主、或是比我們更大的精神靈魂存在。他繼續跟小女孩解釋道：

每一個認真追求科學的人，都會相信宇宙法則中彰顯出一種精神靈魂，

遠遠凌駕在人類之上；用我們微不足道的力量面對它，會讓人感到謙卑。在這種情況下，追求科學讓人產生一種特別的虔信感覺，與更天真的人所謂的宗教虔信極為不同。

對有些人來說，只有相信存在人格化的上帝在控制人類日常生活，才是令人滿意的答案，而愛因斯坦主張非個人的宇宙靈魂與相對論想法，足以歸成另外一類。波士頓的樞機主教奧康耐爾（William Henry O'Connell）表示：「我嚴正懷疑愛因斯坦真的知道自己在說什麼。」但是有一件事情很清楚，那是無神的，「這項懷疑的說詞以及對時空含糊的空想，其實是一件遮掩的斗蓬，背後隱藏著可怕的無神論幽魂。」

樞機主教的公開抨擊，促使紐約一位著名的正統猶太教會領袖，拉比高史坦（Herbert S. Goldstein）傳來一份言詞直接的電報：「你相信上帝嗎？結束。回電已付。五十字。」愛因斯坦的回覆只用了一半字數，且成為他最著名的一個答案：「我信仰斯賓諾莎的上帝，在萬物依法和諧共存中彰顯而出，但不相信一個會關心人類命運與作為的上帝。」

愛因斯坦的回應不是令每個人都感到安慰。例如，有些猶太徒注意到斯賓諾莎因為抱持這些想法，而讓阿姆斯特丹的猶太社區逐出教會，並且受到天主教教堂的譴責。一個布隆克斯區的猶太拉比表示：「奧康耐爾樞機主教不應攻擊愛因斯坦的理論；愛因斯坦不應宣稱自己不相信一個會關心人類命運與作為的上帝。他們兩人所流下來的名言，都超出自己擅長的領域之外。」

不過，大多數人不管完全同意與否，對這個答案可以感到滿意，因為多多少少能體會話中之意。一個非個人的上帝，從造物生輝可見其慧心巧手，但祂不會介入操弄日常事物，這種想法原本便是歐美國受敬重的一項傳統，不僅可以在愛因斯坦喜愛的一些哲學家身上發現，也符合美國許多建國者的宗教信仰，如傑佛遜和富蘭克林等人。

有些宗教信徒認為愛因斯坦經常提到上帝，不過是一種修辭說法而已；有些非宗教人士也這麼認為。愛因斯坦提到「上帝」時有許多說法，有時候是好玩有趣的，但是刻意迎合大眾造假亂說並不是他的作風。因此當他不斷堅持這些說法不是偽裝自己是無神論者的詞藻時，我們應該相信才是。

終其一生，他反擊自己是無神論者的指控，態度都很一貫。他告訴一位朋友說：「有些人說沒有上帝，但是讓我真正生氣的是，他們引用我的話來支持自己的論點。」

不同於佛洛伊德、羅素或蕭伯納，愛因斯坦從來沒有責難相信上帝的人士，反倒是自己很容易責難無神論者。他闡明道：「我和大多數所謂的無神論者不同之處在於，當我面對宇宙和諧共生的難解奧祕時，所抱持的極度謙卑之感。」

事實上，愛因斯坦常常會對這些無神論者採取較批判的態度，因為他們缺乏一種謙卑之心或敬畏之情。他在一封信中解釋：「狂熱的無神論者好像是奴隸，在奮力掙脫掉枷鎖之後，仍然感覺到它的重量。他們將傳統宗教當成『平民的鴉片』仇視，是無法聆聽不同疆界的美樂。」

愛因斯坦後來就這個題目，曾與一名從未謀面的美國海軍少尉進行交流。這名水手問道，愛因斯坦真的曾經被一位耶穌會牧師說服而轉信上帝嗎？愛因斯坦回信說那太荒謬了，表示自己認為信仰父親般形象的上帝是「孩子氣般的比喻」。水手再問道愛因斯坦是否允許他引用回信，跟持有宗教信仰的同袍進行辯論嗎？愛因斯坦提醒他不要過分單純化，他解釋道：「你可能認為我是一個不可知論者，但是我沒有專業無神論者的聖戰精神，他們的熱情來自於急欲擺脫童年被強加的宗教束縛。我喜愛一種謙卑的態度，因為我們無法充分瞭解自然與自身存在。」

這種虔信本能與科學成就有何關連？對於愛因斯坦，信仰之美在於啟發科學研究，而非造成莫須有的衝突。他表示：「對宇宙的虔信感覺，是科學研究最強烈高貴的動機。」

　　後來在紐約一場神學院聯合會議上，愛因斯坦針對這個主題解釋自己對科學和宗教關係的看法。他指出，科學範疇中是確定事實，並非評價人類的想法和行動。宗教則有不同的使命，然而兩者有時會攜手合作。他表示：「唯有對真相與知識懷有滿腔抱負之人，才能創造出科學；然而，這種感覺也源自於宗教的國界。」

　　這次談話躍上新聞頭版，他的中肯結論變得家喻戶曉：「用一種意象可以來傳達兩者關係：沒有宗教的科學是跛腳的，沒有科學的宗教是盲目的。」

　　不過，愛因斯坦接著指出有一項宗教概念則是科學無法接受的：有一個神祇可以隨興干涉所創造之萬事萬物。他主張：「現今宗教領域與科學領域中最主要的衝突來源，在於人格化上帝的概念。」科學家的目標在於揭露支配真實的不變法則，必須排斥神明或人類的意志會違反宇宙因果律的概念。

　　這種對因果決定論的信仰（愛因斯坦科學見解中所固有），不僅與人格化上帝的概念發生衝突，至少在他內心裡也與人類的自由意志不相容。雖然他骨子裡是一個有道德觀的人，但是對嚴格決定論的信仰使得他很難接受道德選擇和個體責任的想法，雖然那是大多數道德體系的核心思想。

　　猶太教與基督教的神學家普遍相信人類擁有自由意志，並要對自己的行為負責；人類甚至可以自由選擇違抗上帝的旨意（如同聖經中的情形），儘管這這似乎與上帝是全知全能的信仰有所衝突。

　　另一方面，愛因斯坦和斯賓諾莎一樣相信，一個人的行動如同撞球或星體等都是被決定的。一九三二年對斯賓諾莎學會發表一份聲明時，愛因斯坦指出：「人類的思考、感覺和行動不是自由的，而是像星體運動般受到因果約束。」

　　他相信，人類的行動超過自己的控制，是受到生理與心理法則所決定。他從閱讀叔本華的作品中得到這項概念，在一九三〇年〈我的信仰〉的宣告當中，他引用了一句格言：

在哲學意義上，我完全不相信自由意志。每個人的行動不只是受外在強迫，也符合內在必要性。叔本華說：「一個人可以隨意志行事，但卻無法控制自己的意志。」這句話從我年輕時代便一直是啟發，在面對生命困頓時期更是一種安慰，而且是永不乾涸的寬容之泉。

有一次，愛因斯坦被問道「相信人類是自由的主體嗎？」他回答說：「不，我是一個決定論者。每件事物從開始到結束，都是被人類沒有控制權的力量所決定。昆蟲、星體、人類、蔬菜或宇宙塵等等，全都隨著一支神祕的曲調舞蹈，那是遠方一個看不見的演奏者所譜奏出來的。」

這種態度嚇壞了一些朋友，認為完全破壞了人類的道德基礎，波恩便是其中一人。他寫信給愛因斯坦表示：「我無法理解你如何能將整套機械宇宙與個體道德自由混為一談。對我來說，決定論的世界是可惡憎厭的。或許你是對的，世界正是那麼回事。但是此時此刻，在物理上看起來並不是那麼回事，世界其他領域更是如此。」

對於波恩，量子不確定性為此困境提供一個出口。像當時某些哲學家一樣，他把量子力學固有的不確定性看做可以解決「道德自由和嚴格自然法則之差異」。愛因斯坦承認量子力學對嚴格決定論提出質疑，但是他告訴波恩說，自己仍然相信嚴格決定論在個人行為和物理範疇中都成立。

波恩對意見強烈的太太海薇格解釋這項議題，她總是很熱心要跟愛因斯坦辯論。她告訴愛因斯坦自己跟他一樣，「無法相信有玩骰子的上帝存在」。換句話說她不像先生波恩，她不接受量子力學以不確定和或然性為基礎的觀點。但是她補充說道：「我也無法想像，你相信自己的『完全法則』代表凡事凡物都已預先決定，比如說我是否要生小孩這種事情。」她指出，這意謂所有倫理道德的結束。

就愛因斯坦的哲學觀看來，解決這項議題的辦法是將自由意志看做是

對於文明社會有用與必要的東西，因為會促使人們對自己的行為負責任；表現人人好像得為自己的行為負責任，在心理與實際層面上會促使人們用比較負責任的態度來行動。他解釋道：「我被迫表現得好像有自由意志存在，因為假若我希望活在一個文明的社會裡，我必須負責任地行動。」雖然就理性上看來，他相信每個人的行為是預先決定的，但是他仍然希望能夠讓人們為自身的善惡負責，因為那是人生中感性與實際兼俱的展現。他舉例解釋道：「在哲學上我知道一個兇手不應為其犯罪負責，但是我寧願不和他一道喝茶。」

這裡幫愛因斯坦與波恩夫婦說句話，我們應該注意到各個時代的哲學家都曾經掙扎過，考慮該如何將自由意志、決定論及萬能的上帝妥協並置。不論愛因斯坦對於這個樞紐的掌握是否比別人更透徹，但是在此需要點出一個明顯的事實：愛因斯坦能夠發展實踐強烈的個人道德感，若不是對其家人，至少對於人類全體是如此，並不受到這些無解的哲學思維所阻礙。他寫信給一個布魯克林的神父表示道：「人類最重要的奮鬥便是為行為道德而努力，我們內心的平衡、甚至存在都仰賴它。只有行動有道德，才能為人生帶來美麗與尊嚴。」

他相信，道德之基礎在超越「只為個人」，而是以對人類有益的方式生活。有時候他可能對至親顯得冷酷無情，這代表他像我們其他人一樣，也是有缺點的。然而超越大多數人的是，他真誠勇敢地獻身到超越私慾的行動上，激勵人類進步並維護個體自由。一般來說，他是親切善良、溫和謙遜的，當一九二二年他和艾爾莎前往日本時，對女兒們如何過一個有道德的人生提出一些建議，他表示：「為自己微不足道，為別人多多益善。」

第十七章

難民
THE REFUGEE

候鳥

「今天我決定放棄在柏林的工作了，從此我將是一隻候鳥。」愛因斯坦在旅行日記中寫道：「我正在學英文，但它不想留在我的老腦袋瓜裡。」

一九三一年十二月他航越大西洋，到美國進行第三度訪問。他反省沈思道，沒有他，科學仍會繼續前進，然而祖國的紛紛擾擾可能再次讓他失根飄零。當船隻遇到他此生所見最大的一場暴風雨，他在旅行日記中寫道：「感覺個體的微不足道，原來會讓人快樂。」

此刻愛因斯坦心裡仍在掙扎是否該永久放棄柏林。畢竟他以柏林為家已有十七年了，艾爾莎還更久，且儘管哥本哈根急起直追，柏林仍然是全球最崇高的理論物理學中心。何況雖然政治暗潮洶湧，但在柏林他仍受敬重與熱愛，不管是出席普魯士研究院，或是到卡布斯招待訪客。

同時，他的選擇也越來越多。這趟訪美之行是要到加州理工學院當兩個月訪問教授，校長密立根正在想辦法將他變成專任。而在荷蘭的朋友多年來也試圖招攬他，如今連牛津也加入搶人大作戰了。

在加州理工學院教職員會所（Athenaeum）的房間內安頓下來不久，又冒出另一個可能性。有天早上，美國著名的教育家佛雷斯納

（Abraham Flexner）來拜訪他，兩人在校園裡的迴廊裡散步了一個多小時。當艾爾莎找到他們，提醒先生赴一個午餐約會時，他揮手叫她走開了。

佛雷斯納曾任職洛克菲勒基金會，幫忙改造了美國的高等教育。後來他負責打造一處「避風港」，希望讓學者可以心無旁騖地工作，免除學術壓力或教學責任干擾，如他所說：「不會遭短視的俗務淹沒覆頂。」該機構設立的基金主要是來自於本柏格兄妹（Louis & Caroline Bamberger），他們很幸運地在一九二九年美國股市大崩盤之前將名下的連鎖百貨公司賣掉，總共捐了五百萬美金想成立一家科學研究所。後來決定命名為高等研究院（Institute for Advanced Studies），打算設在紐澤西州，可能會在普林斯頓大學附近（但無正式的從屬關係），而愛因斯坦曾經在那裡度過愉快的時光。

佛雷斯納原本是來向密立根請益，結果密立根堅持要他去和愛因斯坦談談（最後卻讓自己悔不當初）。當佛雷斯納終於見到愛因斯坦後，簡直是「驚為天人」，因為愛因斯坦「舉止高貴、風采迷人且真摯謙遜」。

事情很明顯，愛因斯坦肯定會是高等研究院完美的鎮院之寶和門面裝飾，但是佛雷斯納明白在密立根的地盤上搶人是不恰當的。於是，兩人同意日後在歐洲相見時再進一步商討細節。佛雷斯納後來在自傳中宣稱，即使兩人在加州理工學院見面商談過後：「我不知道愛因斯坦是否有興趣來研究院。」但是他寫給贊助人的信件中卻洩底了，表示愛因斯坦是「一隻未孵化的小雞」，需要他們細心呵護照料。

那時候愛因斯坦覺得南加州的生活已經漸失魅力了。當他對一個國際關係團體發表演講時，他抨擊限制武器是妥協的作法，主張應該推行完全裁軍，但是聽眾似乎將他當成是一種名人娛樂了。他在日記中提到：「這裡的有錢有閒階級為了對抗無聊，不會放棄任何會爆出丁點火花的東西。」艾爾莎在寫給一位朋友在信件中，反映出愛因斯坦的不滿：「這裡不僅不認真看待世事，反倒被當成是一種社交娛樂。」

結果，當朋友艾倫費斯特請他幫忙在美國找一份工作時，愛因斯坦嗤之

以鼻。他回覆說：「我得老實告訴你，長久來看我寧願待在荷蘭也不願留在美國。除了一些真正優秀的學者之外，這個社會是無趣的文化荒漠，保證很快會讓你受不了。」

不過，愛因斯坦的心態和想法並非那麼簡單。很明顯地，他非常喜愛美國的自由與啟發，甚至他所享受到的名人地位。像許多人一樣，他雖然批評美國，卻同時深受吸引。美國偶爾流露的粗俗無禮和物質主義會讓人退避三舍，然而他也被美國的自由風氣和自然率真的個體精神所深深吸引，那彷彿是同一枚硬幣的兩面。

回到柏林後，政治情勢更加令人緊張難安。不久後，愛因斯坦再度訪問牛津發表系列演講，這回他重新感受英國處處講究禮節很具壓迫感，與美國自由活潑的作風形成強烈對比。在基督教堂學院沈悶無聊的學務會議上，愛因斯坦在桌巾下藏了一本筆記本，方便隨時計算方程式。他再度領悟到，雖然美國缺乏品味又熱情過頭，但是美國所提供的自由，卻是他在歐洲永遠找不到的。

所以，當佛雷斯納依照約定來歐洲訪問時，愛因斯坦很高興。他們繼續在加州理工學院的談話，兩人都知道這不是隨便談談而已，實際用意就是要招聘愛因斯坦。因此，佛雷斯納寫到當兩人在基督教堂學院修剪工整的草坪上散步時，他「突然想到」愛因斯坦可能會有興趣到新成立的研究院時，是有一點不老實的。佛雷斯納對他說道：「如果你考慮後覺得大有可為，十分歡迎你提出自己的條件來。」

一個月後在一九三二年六月時，佛雷斯納來到卡布斯，談妥了愛因斯坦將會到普林斯頓工作。那天天氣很冷，佛雷斯納穿著一件大外套，愛因斯坦則穿著夏天的衣服。他開玩笑說，自己喜歡「按照季節穿衣服，而不是按照天氣」。他們坐在愛因斯坦心愛小屋的陽台上，談了整個下午與晚餐時分，直到深夜十一點愛因斯坦才陪著佛雷斯納走到往柏林的公車站。

佛雷斯納問愛因斯坦期待多少薪水。愛因斯坦試探地提出：「大約三千

美金吧？」佛雷斯納看起來很吃驚，愛因斯坦趕忙加一句：「哦，生活費不需要這麼多？」

佛雷斯納覺得很有趣，事實上他心裡的數字高多了。他答道：「讓我和愛因斯坦夫人決定吧！」最後他們敲定每年薪水一萬美元，但是當捐贈基金的本柏格先生發現研究院另一塊瑰寶數學家威卜蘭的年薪是一萬五千元時，他堅持愛因斯坦也享有同等待遇，於是他的薪水馬上調高了。

但是還有另外一項交易要談判。愛因斯坦堅持助理邁爾也要有一份自己的工作，前一年他已讓柏林校方知道，若是有美國學校願意給邁爾一份教職，他也會同意前往任教，然而柏林大學並沒有意願。加州理工學院也已經推辭這項請求，原本佛雷斯納也拒絕了，不過最後還是同意讓步。

愛因斯坦並沒有將高等研究院視為全職工作，至多是主要的工作而已。艾爾莎寫信給密立根商量先生再度訪問之事，小心翼翼提起這點。她問道：「在這個情況下，你仍然希望我先生再到帕莎迪娜訪問嗎？我很懷疑。」

密立根非常期盼愛因斯坦再度訪問，於是敲定在高等研究院成立之前，請愛因斯坦抽空再到加州理工學院訪問。不過密立根也難掩失望，因為無法讓愛因斯坦答應留在加州理工學院任教，最多只能偶爾訪問了。結果，艾爾莎幫忙排定一九三三年一月再度到加州理工學院的行程，成為愛因斯坦最後一次造訪加州。

密立根對佛雷斯納發洩不滿。他指出愛因斯坦與加州理工學院的關係，「是過去十年來辛苦建立的成果」；由於佛雷斯納半路殺出程咬金，讓愛因斯坦淪落到那個名不見經傳的新地方，無法到實驗與理論物理中心的加州理工學院，「這是否能帶動美國科學進步，或者能否提高愛因斯坦教授的生產力，都是值得討論的話題。」密立根提出折衷之道，希望愛因斯坦能將時間分配在高等研究院和加州理工學院之間。

佛雷斯納並沒有展現贏家的泱泱風範。他虛偽抗議說在牛津遇見愛因斯坦「純粹是意外」，這種說法甚至與他後來的自傳內容相抵觸。至於合聘愛

因斯坦一事，佛雷斯納拒絕了，宣稱自己是以維護愛因斯坦的權益為首要考量。他寫道：「我不相信每年輪流換地方居住是有益健康或有利的。為愛因斯坦教授考量，我相信大家都會樂意見到這裡為他新設的專任職位。」

愛因斯坦自己並不確定該如何分派時間，以為有辦法可以在普林斯頓、加州理工學院和牛津之間輪流當訪問教授。事實上，他甚至希望如果德國局勢穩住，他還可以保留普魯士研究院的位子與卡布斯的度假小屋。當普林斯頓的工作在八月公布時，他公開說：「我沒有拋棄德國，我永遠的家鄉仍在柏林。」

佛雷斯納則先下手為強，讓雙方關係定調。他對《紐約時報》表示，普林斯頓才是愛因斯坦的家：「愛因斯坦會把時間投入高等研究院，到國外旅行只是度假休息，或是夏天到卡布斯沈思靜養。」

結果世事難料，這個問題因外在因素而自動解決了。在一九三二年夏天，德國的政治環境日趨惡化，雖然納粹持續輸掉全國性選舉，但是得票數卻不斷增加，於是高齡八十幾歲的總統興登堡（Paul von Hindenburg）選擇經常出錯的巴本（Franz von Papen）當總理，他卻嘗試進行軍事統治。當法蘭克那年夏天到卡布斯拜訪時，愛因斯坦感嘆道：「我相信一個軍事政權，將無法預防即將爆發的國家社會主義（納粹）革命。」

一九三二年十二月愛因斯坦準備前往加州理工學院進行第三度拜訪，卻遭遇到另一次羞辱。他即將到普林斯頓任職的新聞報導激起婦女愛國同盟的憤慨，這個逐漸式微的社團號稱是美國風氣守護者，反對各式各樣的社會主義、和平主義、共產主義、女性主義和不受歡迎的外國人士。雖然愛因斯坦只符合前兩類，但是這群愛國婦女覺得他符合所有類別，最多只有女性主義者除外。

該組織的領袖佛辛漢女士（Randolph Frothingham），遞交一份十六頁打字的備忘錄給美國國務院，詳細說明理由「以便拒絕核發美國簽證給愛因斯坦教授」。備忘錄中指控愛因斯坦是一個勇猛好鬥的和平主義與共產主義

者，其主張「將會允許無政府狀態如野火燎原」、「甚至連史達林本身，也不如愛因斯坦與這麼多無政府—共產黨國際組織關係密切，急欲促成全世界革命，達成終極無政府狀態。」

國務院官員大可忽略這份備忘錄，然而卻將此次事件製成一份檔案，接下來二十三年間演變成為聯邦調查局的1427頁檔案文件。另外，他們把備忘錄送給柏林的美國領事館，以便當地官員在核發簽證之前，先與愛因斯坦面談看看指控是否屬實。

起初從報上看到這個婦女團體的指控時，愛因斯坦覺得很有趣。他打電話給《合眾社》的柏林主管朋友洛克納（Louis Lochner），所做聲明不僅嘲笑了這些控訴，更可證明他根本不是女性主義者：

我從未經歷過婦女如此聲嘶力竭地拒絕任何進步，也未曾一次遭遇過這麼大的阻力。這些小心提防的婦女同胞對不對呢？為何要讓自家大門洞開，迎接會大口吞噬資本主義家的敵人（有如會大口吞噬希臘美少女的克里特島食人魔）呢？這個人也低級到反對每一種戰爭，除了與自己太太免不了的戰爭。因此，我們不可小覷這些聰明愛國的婦女同胞們，記住當年神聖羅馬之都也曾經被嘎嘎叫的忠誠鴨子給拯救了呢！

《紐約時報》以頭版刊出這則報導，標題是：「愛因斯坦嘲笑本地婦女對他發動鬥爭／指嘎嘎叫的鴨子曾經拯救了羅馬。」但是兩天之後，愛因斯坦可不覺得有趣了，那時他和艾爾莎正在打包行李時，接到美國柏林領事館的電話，要他下午去辦公室接受面談。

總領事正在度假，因此運氣不好的副領事進行面談。艾爾莎將全部狀況對記者轉述，《紐約時報》第二天進行三則報導，指出面談開始時很順利，但是後來情況卻急轉直下。

愛因斯坦被問道：「你的政治信條是什麼？」他眼睛睜大然後突然爆笑

出聲：「嗯，我不知道，我無法回答這個問題。」

「你是任何組織的成員嗎？」愛因斯坦把手插進「濃密的頭髮」，轉向艾爾莎，接著大喊說：「喔，沒錯！我是一個反戰者。」

面談拖了四十五分鐘，愛因斯坦逐漸變得不耐煩。當被問道是否是任何共產主義或者無政府主義政黨的同情者時，愛因斯坦發脾氣了。他直言：「是你們的人邀請我去的，而且是懇求了我。如果把我當成嫌疑犯，我壓根兒不想去。若不想要給我簽證，那就直說吧！」

接著他起身取了外套和帽子，問道說：「你這麼做是讓自己高興，還是出自於上級的命令？」但是他不等回答，便拖著艾爾莎離開了。

艾爾莎讓媒體知道愛因斯坦已停止打包行李了，將離開柏林到卡布斯的小屋去。如果第二天中午之前沒有拿到簽證，他便會取消訪美的行程。結果那天晚上，領事發表聲明說已經審核過了，會馬上發出簽證。

事實上，如《紐約時報》所報導：「他不是一個共產主義者，曾經拒絕受邀到蘇俄演講，因為不想要讓人認為他心向莫斯科的政權。」不過沒有一家報紙指出，愛因斯坦在美國領事館的要求下同意簽署一份聲明，表明自己不屬於任何共黨組織或是意圖推翻美國政府的組織成員。

於是，《紐約時報》隔天出現的標題是：「愛因斯坦恢復為美國之行打包了。」艾爾莎告訴記者說：「從昨晚淹沒我們的大批電報來看，美國社會各層都為此事深感不安。」美國國務卿史汀姆森（Henry Stimson）表示遺憾，但是也提到愛因斯坦在此事上「深受禮遇」。當坐火車離開柏林到布萊梅港搭船時，愛因斯坦開玩笑說最後一切都皆大歡喜了。

帕莎迪娜（一九三三年）

當愛因斯坦在一九三二年十二月離開德國時，雖然還不十分確定，但仍然認為自己或許能夠再回來。那時候他的老朋友索洛文正在巴黎幫他出版著

作，愛因斯坦寫信叫他「明年四月送幾本到我卡布斯的地址來」。然而要離開卡布斯的時候，愛因斯坦彷彿是預告般，對艾爾莎說：「好好看著它，妳永遠不會再見到它了。」伴隨他們登上奧克蘭號要出發前往加州的是三十件行李，可能超過三個月的旅程所需。

愛因斯坦預定在帕莎迪娜發表一場演說，內容是彰揚德國與美國之間的友好關係。就他個人的際遇與世局來看，這場演說會顯得很詭異、甚至是痛苦的反諷了。原來，為了資助愛因斯坦來訪費用，密立根校長從奧波蘭德爾（Oberlaender）基金會獲得七千美元的獎助金，該會宗旨在於促進德國文化的交流，給獎條件是愛因斯坦將會進行「一場有益於德國與美國關係的演講」。所以在愛因斯坦抵達時，密立根宣布他「來訪美國之任務在於帶動輿論對德美關係擁有更良好的看法」；這個觀點可能會使愛因斯坦吃驚，尤其他帶了三十件行李赴美。

一般來說，密立根不喜歡這位明星訪客對非科學事務發言。例如當愛因斯坦剛抵達時，密立根便強迫他取消到加州大學洛杉磯分校反戰聯盟分部的演講。他原本將再抨擊義務兵役，在草稿中寫道：「地球上沒有任何力量，可以叫我們執行殺人命令。」

但只要愛因斯坦未觸及和平主義思維，而是發表支持德國的言論，密立根相當樂意讓他談論政治，尤其是與獎助金有關的活動。為了拿到基金會七千美元的獎助金，密立根不僅安排愛因斯坦演講，也邀請捐贈者到學校參加正式晚宴。

愛因斯坦的魅力十足，有候補人士排隊等著買票進場。與愛因斯坦同桌者有一人叫華特思（Leon Watters），他是富有的紐約製藥商。華特思注意到愛因斯坦看起來很無聊，他越過兩人中間坐的一位女士，遞給愛因斯坦一根香菸，讓他開始慢慢吞雲吐霧起來。後來他們成為親近的朋友，愛因斯坦從普林斯頓到紐約時，常會待在華特思的第五大道公寓裡。

當晚餐結束時，愛因斯坦與其他賓客前往帕莎迪娜市立大禮堂，數千名

觀眾正等候聽講。講稿是由一位朋友翻譯，他用不太流利的英文進行演說。

他先嘲弄穿著燕尾服講話聽起來很難嚴肅，接著開始抨擊用情緒性字眼嚇阻言論自由的情況，例如宗教審判用「異教徒」便是。他也舉例說明在許多國家裡會使用特定名稱來憎恨某些人士：「今日在美國說共產主義者，在蘇俄說中產階級，或是德國反動組織說猶太人等等。」愛因斯坦舉出這些例子，不全然能夠討好密立根，或那些反共產主義與支持德國的贊助者。

另外，愛因斯坦對於當時世界危機的批評，也難討資本家的歡心。他表示，經濟不景氣似乎主要是由於科技進步造成的，尤其是在美國，因為那會「降低對人力的需求」，並造成消費者購買力的下降。

談到德國時，他試圖表達一些同情，以便幫密立根順利拿到獎助金。他指出，美國不要施壓強索一次世界大戰的債務和賠款，才是明智之舉。此外，他認為德國要求軍事平等，具有某些正當性。

但是他連忙加上，那不意謂應容許德國重新推動義務兵役，他主張：「國民義務兵役制度，代表訓練年輕人好戰的精神。」密立根或許已經得到想要聽的話，但是代價是得忍耐吞下愛因斯坦的一些反戰思想。

一個星期之後，包括德美友誼、戰敗賠款、抵制戰爭甚至愛因斯坦的和平主義等等宣揚，都受到了沈重的打擊！一九三三年一月三十日正當愛因斯坦安全待在帕莎迪娜時，希特勒取得政權成為德國的新總理了。

愛因斯坦最初不太明白這件事對他的意義。二月初他寫信給柏林大學，討論四月回去後的薪水該如何計算。那個星期他在旅行日記中的零星記載，只有像宇宙射線的嚴肅科學討論，或是好玩的社交活動，例如：「晚上遇到卓別林，表演莫札特四重奏。有位胖女士的生活，便是結交名人當朋友。」

不過到二月底時，隨著德國國會大廈被放火燒掉，以及褐衫軍（brownshirts）搜索猶太人住家時，事情變得比較清楚了。愛因斯坦寫信給一名女性友人說道：「因為希特勒，我不敢再踏上德國的土地了。」

三月十日要離開帕莎迪娜前一天，愛因斯坦在學校花園裡閒逛。《紐約

世界電報》的席莉（Evelyn Seeley）找到他，他正好有興致談話。兩人大約聊了四十五分鐘，結果愛因斯坦的聲明成為全球新聞標題。他指出：「只要我有選擇權，我只會住在享有自由與包容，而且所有民眾在法律之前一律平等的國家裡；然而德國目前並不存在這些條件。」

正當席莉要離開的時候，洛杉磯遭遇一次強烈地震，共有一百一十六人喪生。由於編輯寬容默許，席莉用戲劇性的隱喻做為文章的結尾：「當穿過校園要去研討會的路上，愛因斯坦博士感覺腳底下的世界正在搖動。」

回顧當時，同一天柏林發生一件非常戲劇化的事情，讓席莉的隱喻聽起來不至於太做作，雖然她和愛因斯坦都不曉得出事了。原來，愛因斯坦在柏林的公寓當天下午被納粹突襲兩次，瑪歌害怕地躲在裡頭。她的丈夫馬里諾夫出外辦事，幾乎被一幫暴民逮住了。他派人傳話給瑪歌，要她將愛因斯坦的文件送到法國大使館，然後到巴黎與他會合。結果她兩件事都辦到了，至於伊爾絲和先生凱瑟則成功逃到荷蘭。在接下來兩天內，柏林寓邸又被搜索三次，愛因斯坦從此無緣一見，但是所有的文件都安全了。

愛因斯坦離開加州理工學院，搭乘火車往東返程，在五十四歲生日時來到芝加哥。他在那裡參加一項青年和平會議，有演講者主張不管德國情勢如何發展，和平主義的運動都應該繼續推動。有些人帶著愛因斯坦完全同意這種說法的印象離開了，例如有一人表示：「愛因斯坦將永遠不會放棄和平運動。」

他們錯了。愛因斯坦開始閉口不提和平主義的論調。那天在芝加哥的生日午餐會上，他含糊地表示需要有國際組織維持和平，但是他克制自己不再提起反戰呼籲。幾天之後在紐約一場《反戰文選》（The Fight against War）的招待會上，他同樣保持謹慎態度，主要是談到德國情勢令人痛苦的轉變。他指出，全世界應該明確宣示譴責納粹，不過不應該將德國人民妖魔化。

正當他要回航歐洲時，仍然不清楚以後會住在哪裡。駐紐約的德國領事施瓦茲（Paul Schwartz）是愛因斯坦在柏林的朋友，他私下跟他見面確定

他沒打算回德國，提出警告說：「他們會扯住你的頭髮，把你拖去遊街示眾。」

他預計在比利時下船，跟朋友表示之後可能會去瑞士。第二年等高等研究院開始時，他打算每年在那裡待四或五個月，也許之後會留得更久。在回歐洲前一天，他和艾爾莎溜到普林斯頓去看看日後可能會買的房子。

他告訴家人說，自己唯一想要再看見德國的地方是卡布斯。但是在橫渡大西洋的旅程上，他聽到消息說納粹突襲搜查卡布斯的小屋，藉口要尋找他是否藏匿共產黨員的武器（但是毫無所獲）。後來他們又返回，沒收他心愛的帆船，藉口那可能用來走私。他在客輪上捎信表示：「我夏天住的房子常常有許多賓客光臨，大家都受到歡迎，沒有理由要破門而入。」

焚書

卡布斯的房子遭到搜索的消息決定了愛因斯坦與德國家園的關係，他永遠不會再回去了。

一九三三年三月二十八日當客輪停靠在安特衛普港，他馬上招一輛車到布魯塞爾的德國領事館，交還護照並宣布放棄德國公民的身分（青少年時期便發生過一次）。他也將航行期間寫的一封信寄出，向普魯士研究院辭職，聲明道：「在目前的狀況下，依附於普魯士政府是我覺得無法忍受之事。」

十九年前招聘他到研究院的蒲朗克如釋重負。蒲朗克以依稀可聞的嘆息回信道：「你的這個想法，似乎是能確保正當切斷與研究院關係的唯一方法。」他又懇求道：「儘管我們對政治意見有巨大鴻溝分隔，但希望我倆之間的友誼不會受到動搖。」

面對納粹媒體對愛因斯坦連番砲轟咒罵的反猶太聲浪中，蒲朗克希望能避免在政府當局要求下召開對愛因斯坦的正式批判大會，那將造成他個人極大的痛苦，也讓研究院陷入歷史性的困窘當中。他寫信給一位祕書表示：

「啟動對愛因斯坦正式的解職程序，會讓我陷入良心最難受的衝突中。雖然我們在政治事物上具有鴻溝分歧，但是在另一方面，我完全確定在未來的歷史中，愛因斯坦必定會留名青史，成為研究院最閃耀的一顆明星。」

唉！事情已夠糟了，但研究院還想追殺下去。納粹黨人暴跳如雷，沒想到愛因斯坦搶先放棄了德國公民和研究院院士，成為報紙人盡皆知的新聞，讓納粹無法率先剝奪這兩項資格。因此研究院一位同情納粹的祕書代表發表一份聲明，文中引用他在美國一些言論的新聞報導，嚴斥愛因斯坦「從事令人髮指的勾當」以及「在海外從事煽動行為」，因此結論是「沒有理由對愛因斯坦的辭職感到遺憾」。

勞厄是愛因斯坦長期的同事和朋友，他提出了抗議。在院務會議上，他試著爭取院士們共同駁斥祕書的聲明，但是完全沒有人支持，縱使是愛因斯坦的至交哈柏亦然（這位同化派猶太人曾是愛因斯坦最親近的友人和支持者之一）。

愛因斯坦才不肯輕饒這種惡意中傷。他回應道：「我在此宣布從未參與任何令人髮指的勾當。」他強調自己只是說出德國的現況真相，並沒有散布謠言或譁眾取寵，他寫道：「我把德國現在的狀況，描述成是社會大眾集體陷入精神紊亂失常的狀態。」

那毫無疑問是真話。從那周開始，納粹呼籲抵制所有猶太人開的商店，並在店外安置鎮暴部隊；猶太老師和學生被禁止進入柏林大學，識別證也都被沒收了。愛因斯坦長期的敵人諾貝爾獎得主李納德，在一份納粹報紙上點名指出：「在猶太人對科學研究的危險影響圈中，最重要的例子便是愛因斯坦先生。」

愛因斯坦和研究院之間的唇槍舌劍也變得更加火爆。一名官員寫信給愛因斯坦表示，縱使他沒有積極散播謠言中傷，他也沒有加入「捍衛祖國的一方」，對抗襲捲而來的漫天謊言……「從你口中說出一句好話，特別能對國外產生巨大的效果。」愛因斯坦覺得這種說法太荒謬了，他回答道：「在當

前狀況下要我說出這類證言,即便曖昧不明,也會造成道德淪喪與摧毀既有文化價值。」

最後,整場爭辯淪為一場空談。在一九三三年四月初,德國政府通過一條法律,宣布猶太人(定義是有一位猶太祖父或祖母之人)不能占有公家職位,包括研究院或大學。在那些被迫逃離家園的人士當中,共有十四名諾貝爾獎得主,以及德國六十名理論物理學教授位之中的二十六位。日後正是這些逃離德國或其他由法西斯主宰的國家的難民,包括愛因斯坦、泰勒(Edward Teller)、魏斯可弗(Victor Weisskopf)、貝特(Hans Bethe)、梅特納(Lise Meitner)、波耳、費米(Enrico Fermi)、史坦(Otto Stern)、威格納(Eugene Wigner)、齊拉德(Leó Szilárd)等等,幫助盟軍搶在納粹之前研發出原子彈。

蒲朗克試圖緩和反猶太政策,甚至親自去請求希特勒。希特勒怒喝道:「我們國家的政策不會撤銷或修正,即使是為了科學家。如果將猶太科學家趕走,意謂德國當代科學將會摧毀,那麼我們就過幾年沒有科學的日子吧!」此後,蒲朗克閉嘴乖乖聽話,並警告其他科學家不該挑戰政治領導,那不是他們應負擔的角色。

愛因斯坦無法對蒲朗克生氣,他既像一位叔伯長輩又像貴人。甚至在與研究院激烈針鋒相對的期間,他也同意蒲朗克的請求,讓兩人對彼此的尊敬毫無減損。他寫信給蒲朗克時,仍秉持以往正式與尊敬的風格:「儘管當今世局險惡,我很高興你依然友善待我;即使面對最沈重的壓力,也未讓兩人關係蒙上陰影。不管未來世事如何,但願友誼純真美麗源遠流長。」

波恩與太太海薇格也逃離了納綷迫害,最後落腳英國。當愛因斯坦收到消息後,寫信對波恩表示:「我向來對德國人不具特別好感,但是我必須承認其殘暴懦弱的程度,真是教人驚訝意外。」

波恩適應得很好,像愛因斯坦一樣更加重視珍惜自己的血統遺產。他回信給愛因斯坦時表示:「至於我的太太和孩子們,他們只有在過去幾個月以

來才意識到自己是猶太人（或者不是亞利安人），而我自己從來沒有特別感覺到是猶太人。現在，我當然極為意識到這一點，不只是因為我們被看作是猶太人，更是因為壓迫和不公平激起我的憤怒和抵抗。」

哈柏的情況更為慘痛。他是愛因斯坦和馬里奇兩人的朋友，以為改信基督教、外表作風學習普魯士人、在一次大戰為國家發明瓦斯戰等等表現，已經讓自己變成實實在在的德國人了。但是根據新通過的法律，他被迫在六十四歲時離開柏林大學及普魯士研究院的職位，結果退休金完全泡湯落空了。

好像要為放棄自己的血統遺產做補償一般，哈柏努力幫忙亟需另謀生路的猶太人組織起來。愛因斯坦忍不住要嘲笑他推行同化論失敗一事，以兩人通信中慣用的戲謔方式寫道：「我能瞭解你內心的衝突，有點像是要將一個人畢生研究的理論丟掉一般。對我可不同了，因為我從頭到尾都不相信那一套！」

為了幫助猶太同胞們移民，哈柏與猶太人復國運動領袖魏茲曼結識成為朋友。愛因斯坦與魏茲曼曾因為在猶太人對阿拉伯人的處置上，以及對希伯來大學的治理上出現不同意見，哈柏還試圖修補兩人的裂縫。他歡呼道：「我的一生中，從來沒有像現在感覺這麼猶太！」雖然那事實上沒有太大意思。

愛因斯坦回信說他感到很高興，因為「你先前對金髮畜牲的愛，已經稍稍冷卻一點了。」愛因斯坦堅持德國人全都是壞胚子，「除了少數一些好人（蒲朗克60％高尚、勞厄100％高尚）」。不過，在面臨困境的當下，至少他們能為與同胞手足重逢相聚而感到欣慰，愛因斯坦寫道：「對我來說，最美好的事情是與一些優秀的猶太人建立連繫，畢竟數千年的文明確實代表某種意義。」

愛因斯坦將永遠不會再見到哈柏了。哈柏已決定到希伯來大學任教展開新生活，然而行經巴塞爾時因心臟衰竭過世了。

　　一九三三年五月十日近四萬名德國人聚集在柏林歌劇院前面，一隊配戴納粹黨徽的學生和啤酒店客人將火把丟到書堆裡燒成熊熊大火，民眾也將從圖書館與私人住宅搶奪出來的書籍倒進火海裡。宣傳部長戈培爾（Joseph Goebbels）滿臉通紅，在講台上大吼：「猶太人知識死了，德國精神重新出頭天了！」

　　一九三三年德國發生的事情，不僅是受民粹領導煽動或無知暴民作亂而造成的殘暴行徑而已，更如愛因斯坦形容的，是「知識分子的全面潰敗」。愛因斯坦等知名猶太人，被逐出曾是世界上最開放偉大的知識殿堂，留下來的人也幾乎毫不抵抗，那代表李納德之派的人士勝利了。這位長期與愛因斯坦為敵的諾貝爾獎得主，被希特勒任命為亞利安科學的新領袖。那年五月李納德高呼「希特勒萬歲！」，宣布道：「大家要知道，德國人做為猶太人的知識信徒是千萬不值得的！」直到十二年聯軍攻入後，他才被趕下台。

拉克塞梅（一九三三年）

　　由於客輪路線的緣故，愛因斯坦一行人（包括艾爾莎、杜卡斯、邁爾）在比利時落腳，暫時安頓下來。他稍做思考後，便明白自己已沒有精力，將新家庭搬到蘇黎士與舊家庭為鄰；也還沒想要答應到萊頓或牛津任教，因為正在等候普林斯頓最後的消息。所以，他到奧斯坦鄰近的景點拉克塞梅（Le Coq sur Mer）租了棟房子，可以在平靜中沈思宇宙問題，並請邁爾幫忙計算。

　　然而，他卻得不到平靜。即使隱居在海邊，仍然無法完全逃脫納粹的威脅。報紙指出愛因斯坦的名字在暗殺名單上，謠傳他的項上人頭價值五千美元賞金。他聽到後，高興拍著額頭大喊：「我不知道這值那麼多錢耶！」比利時人則比較嚴肅看待危險，派了兩名魁梧的警官駐守門外，讓愛因斯坦覺得頗礙眼。

法蘭克仍然保有愛因斯坦以前在布拉格大學的工作和辦公室，那年夏天他正好經過拉克塞梅附近，決定來個意外之訪。他一路詢問當地人如何找到愛因斯坦，雖然安全人員三申五令不准洩露這些訊息，但是大家很快指點他找到愛因斯坦的租屋。當法蘭克接近屋子時，看見兩位高壯的人士正在和艾爾莎講話，但是模樣不像是一般的訪客。法蘭克回憶道，突然間「兩個男人看見我，猛然撲來捉住我。」

艾爾莎嚇到臉色慘白了，急忙說：「他們懷疑你是傳言中的殺手。」

愛因斯坦覺得這件事太好笑了，尤其是附近鄰居好心指路實在很天真。愛因斯坦談及與普魯士研究院之間的筆戰，他將信件收納到文件夾中，其中包括一些假想出來要回應的幽默風趣句子，例如：「謝謝來函如此溫柔可人／是典型德國人的風格，正如本封發信者一般。」

當愛因斯坦表示離開柏林是一種自由解放時，艾爾莎為她長久熱愛的城市辯護：「你常常在物理學討論會回家之後，對我說要在其他地方找到這麼傑出的物理學家聚在一起是不可能的。」

愛因斯坦回答道：「是的，從純科學的觀點來看柏林的生活十分美好。但是我總感覺到有東西壓在身上，所以一直預感不會有好結果的。」

由於愛因斯坦現在是一個自由人了，要聘請他當教授的信件從歐洲各地湧入。他對索洛文說：「我現在擁有的教授職缺，比頭腦裡的點子更多。」雖然他已經答應每年會至少在普林斯頓待幾個月，然而因為不太會拒絕別人的請求，所以開始有點胡亂接受這些邀請。

有部分原因是這些提議太誘人了，讓他覺得受寵若驚。部分原因是他還想幫助邁爾弄到一個比較好的職位。另一方面，對於他以及邀請的大學來說，這些提議也是對於納粹蠻橫對待德國學界人士的行徑，表達出一種抗議與不屑。他對巴黎的朗之萬承認道：「你可能覺得我不應該接受西班牙和法國大學的提議。然而，若我拒絕了可能會遭到誤解，因為我認為這兩方的邀請至少都是重要的政治展現，不想破壞它傳達給世人的意涵。」

　　他接受馬德里大學的教授職位成為四月的新聞，《紐約時報》報導：
「西班牙部長宣布物理學家接受聘任，各界歡欣振奮。」報導指出這不至於
影響普林斯頓的工作，但愛因斯坦警告佛雷斯納，若是邁爾沒辦法也在研究
院拿到正教授缺的話，事情恐怕會生變。他寫道：「你可能已從媒體上得知
我已接受馬德里大學的工作。西班牙政府已同意我推薦一名數學家當正教授
……因此，我覺得自己的處境很為難：是應該向西班牙推薦他呢？還是問你
有沒有辦法讓他當上正教授？」為避免講得不夠明白，愛因斯坦補上一句：
「他若不在高等研究院裡，恐怕會對我的工作造成一定的困難。」

　　佛雷斯納妥協了。在一封四頁的長信中，他警告愛因斯坦說太眷戀一
名助手會有風險，許多人的故事都出現慘痛的下場。不過佛雷斯納算是讓步
了，雖然邁爾的職稱是副教授，但那屬於終身職，所以他和愛因斯坦的聘任
案終於塵埃落定了。

　　愛因斯坦也接受布魯塞爾、巴黎和牛津客座講座的邀請或者表達了興
趣，他特別想到牛津待上一段時間，於是寫信給教授朋友林德曼（Frederick
Lindemann）探詢。林德曼是牛津的物理學家，後來成為邱吉爾的重要顧
問。愛因斯坦問道：「你認為基督教堂學院能為我找到一個小房間嗎？不用
像兩年前的房間那麼大。」信件末尾，他加了一個惋惜不捨的註腳：「我應
該再也看不到自己出生的土地了。」

　　這裡出現一個明顯的問題：愛因斯坦為什麼不考慮到希伯來大學任教
呢？更何況這還是他幫忙促成的。他曾在一九三三春天時，積極洽談要在英
國設立另一所新大學，讓流離失所的猶太學者有安身之處。那他為什麼不將
他們招聘到希伯來大學，自己也一起投身奉獻呢？

　　問題是之前五年，愛因斯坦都與校長馬格內斯（Judah Magnes）一直在
暗中角力。結果當一九三三年大家忙著逃離納粹迫害時，此事卻必須攤牌對
決了。馬格內斯原先在紐約當拉比，他覺得即使戕害學術標準，也有責任討
好美國出錢的贊助者，包括聘任教授一事。愛因斯坦希望學校的運作能遵循

歐洲傳統，讓學術部門對於任教課程與升等聘任等享有較大的權力。

在拉克塞梅的時候，他對馬格內斯的不滿已無法遏抑，寫信警告要去希伯來大學任教的哈柏：「這個野心勃勃又懦弱的男人，身邊圍繞著道德卑劣的人士。」對於波恩，他則將該校形容成「一間豬舍，完全是騙子的王國。」

愛因斯坦的抱怨讓他和猶太人復國運動領袖魏茲曼產生嫌隙。當魏茲曼和馬格內斯送給他一封正式邀請，請他加入希伯來大學當教授時，他公開表示自己的不滿，對新聞媒體表示該校「無法滿足知識需求」，宣布他拒絕邀請。

愛因斯坦宣布馬格內斯一定得下台。他寫信給英國最高指揮官塞繆爾爵士，表示馬格內斯已造成「巨大傷害」，而且「若是有人想要我合作，我的條件是他得立刻辭職。」六月時，他對魏茲曼說同樣的話：「唯有一個關鍵性的人事變革，才會讓事情改變。」

魏茲曼擅於因勢利導，決定將爭議化為削減馬格內斯勢力的機會；假若他成功了，那麼愛因斯坦就得來當教授了。之後魏茲曼去訪問美國，有人問道為何愛因斯坦沒有到耶路撒冷任教，那理應是他屬於的地方。魏茲曼表示贊同，並指出校方已誠摯邀請。他還表示，若是愛因斯坦真的到了耶路撒冷，「便不用繼續在世界各大學飄泊了。」

愛因斯坦十分生氣。他表示，魏茲曼完全明白他不去耶路撒冷的理由，「也知道在什麼情況下，我會接受希伯來大學的工作」。這項聲明讓魏茲曼成立一個委員會，讓馬格內斯無法再直接控制校內學術事宜。然後他在拜訪芝加哥時宣布，學校已經達成愛因斯坦開的條件了，因此他應該到希伯來大學任教。根據魏茲曼的消息，猶太電報社報導說：「愛因斯坦已確定會接受希伯來大學物理系主任一職。」

這是魏茲曼虛晃一招，根本沒有這回事。但是除了嚇唬普林斯頓的佛雷斯納之外，也讓希伯來大學的爭議平息下來，有機會進行改革。

和平主義結束

身為一位優秀的科學家，愛因斯坦在面對新證據時會調整改變自己的態度。和平主義一向是他個人最重視的原則，但是一九三三年初隨著希特勒竄起後，事實已改變了。

因此愛因斯坦明白宣布，他認為在那刻主張絕對的和平主義和軍事抵抗是沒有保證的。一位荷蘭部長想請他為某個和平組織背書，他回覆道：「這時候要推動激進和平主義運動的某些訴求，似乎不是好時機。舉例來說，面對德國整軍強備時，勸告法國人或比利時人拒服兵役是合理的嗎？」愛因斯坦覺得當時答案很清楚：「老實說，我不這麼認為。」

此刻愛因斯坦不再推動和平主義，而是加倍努力呼籲成立世界聯邦組織；該組織像國際聯盟，但擁有真正的力量，有專門軍隊來強制執行決議。他指出：「對我而言，目前狀況下應該支持一個強大有力的超國家組織，而不是提倡廢除所有軍力。最近一連串的事件，教導了我這一課。」

這種轉變遇到他長久支持的反戰國際會（WRI）阻力。該會領袖龐森畢公爵（Lord Arthur Ponsonby）發出抨擊，稱之為「不受歡迎的想法，因為代表允許武力成為解決國際爭端的一項力量。」不過愛因斯坦不同意他的說法，面對德國的新威脅，他指自己的哲學觀變成「沒有安全保證之前，不會解除軍備」。

四年前拜訪安特衛普時，比利時伊利莎白皇后邀請愛因斯坦到王宮做客；她是一名巴伐利亞公爵的女兒，後來嫁給國王艾伯特一世。皇后喜愛音樂，愛因斯坦演奏莫札特、陪同喝下午茶，並且嘗試解釋相對論給她聽。第二年他再訪王宮時與國王相遇，覺得他的風采迷人，是最沒有皇室架子的王室。他寫信給艾爾莎說道：「這兩個簡單的人們如此純真善良，實在是難得一見。」他和皇后再度一同表演莫札特，然後被邀請留下來單獨與國王夫婦用餐。他詳細記述：「沒有僕人，菠菜炒雞蛋和馬鈴薯。我無比喜歡，確定

這感覺是互相的。」

於是，他和比利時皇后建立起終生友誼，後來兩人關係對愛因斯坦涉及原子彈製造一事上，扮演了一個小小的角色。不過在一九三三年七月，爭議的話題是和平主義和拒服兵役。

「第二小提琴手先生，想要與您商談一件要緊之事。」這是艾伯特國王稱自己的暗號，只有愛因斯坦才會明白，其他極少人知道。愛因斯坦去了王宮，原來國王正在擔心一個全國鬧得沸沸湯湯的問題，因為有兩名拒服兵役的良心犯被關進監獄裡，而國際和平主義者催促愛因斯坦出面代表談話，當然這又會造成問題。

國王希望愛因斯坦不要牽涉在內。基於兩人的友誼，基於這個國家的款待之情與對國王的尊敬，更基於他真摯的新信念，愛因斯坦同意了。他甚至寫了一封信，並允許公開於世。

他宣稱：「德國情勢造成目前重重威脅的處境，因此比利時的軍備武力可視為是一種防衛方法，而不是一種攻擊手段；而當前這種防備武力是迫切需要的。」

不過，愛因斯坦覺得有必要再釐清一些想法。他主張：「基於宗教與道德信仰而拒服兵役的人士，不應該被當成罪犯。應該提供他們替代性選擇，接受比服兵役更繁重危險的工作。可以派他們去做薪酬微薄的勞役工作，例如，「礦場勞役、為船隻添爐火、到傳染病房工作，或是派到精神病院服務」。艾伯特國王回贈一封溫馨的感謝函，但禮貌地避掉了替代役的討論。

當愛因斯坦改變想法時，並沒有試圖隱藏。他另外寫了一封公開信，給鼓勵他出面調解比利時拒服兵役案的和平主義領袖。他指出：「在以前可以認為歐洲個人反戰運動對軍國主義形成有效的衝擊，然而今日德國強權明顯用盡一切手段想要挑起戰端，因此我們面對另一種截然不同的挑戰。」

他甚至宣布一件無法想像的事情，表示自己如果是一名年輕人，也會親自加入軍隊中。

　　我一定要坦白告訴你：在今天的情況下，如果我是比利時人，我不會拒絕從軍，而是很高興知道自己能挺身捍衛歐洲的文明。這不代表我放棄先前力守的原則，我最大的希望仍然是以拒服兵役來捍衛人類進步，並且渴望此日儘快實現。

　　這個故事在全世界回響了幾個星期，例如《紐約時報》的標題便是：「愛因斯坦改變和平主義看法／勸告比利時人武裝自己對抗德國威脅。」愛因斯坦不僅維持堅定立場，而且對連續而來的攻擊，更熱切地解釋回應。

　　致反戰國際會法國祕書長：「我的觀點沒有變，是歐洲的情形改變了……只要德國持續整裝軍備，並全面向民眾灌輸用戰爭報仇的思想，則西歐國家不幸地便得靠軍事防衛來保護自己了。我必須直言指出，如果西歐國家審慎思考，將不會徒手等待被攻擊……我不能對真實視若無賭。」

　　致英國的和平主義同志龐畢森公爵：「您不知道德國正瘋狂地整裝軍備，並用軍國主義對全國民眾洗腦，以便為戰爭做好準備嗎？除了組織動員軍力之外，你還建議如何做好防護？」

　　致比利時反戰委員會：「只要沒有國際警察存在，各國必須捍衛自身文化。過去一年來歐洲的情勢發生巨變，若我們對此視若無賭，將會成為邪惡敵人玩弄的掌中物。」

　　致一位美國教授：「為預防更大之惡，目前需接受較小之惡，即討厭的軍隊武力。」

　　一年以後，致羅徹斯特一位沮喪的拉比：「我像以前一樣是熱衷的和平主義者。但是我相信，唯有當侵略性的獨裁政權對民主國家的軍事威脅不復存在時，才能重新提倡拒服兵役的理念。」

在被保守派朋友稱為「天真」多年之後，現在換左派的朋友覺得愛因斯坦的政治立場發生逆轉。獻身和平主義運動的羅曼羅蘭在日記中寫道：「愛因斯坦在科學領域中是一名天才，但之外則是微弱搖擺不一致。」不一致的指控一定會讓愛因斯坦覺得很有意思，因為對科學家來說，「因勢制宜」不代表是一種缺點。

永別

前一年秋天，愛因斯坦接到老朋友貝索一封漫漫長信，內容是相當私密的。信中主要是講到可憐的愛德華，他的精神病一直未見起色，已經關到蘇黎士附近一家精神病院了。貝索提到，愛因斯坦常常和繼女們合照，但是從來不見他和兒子們合照。為什麼愛因斯坦不帶他們一道旅行呢？或許他可以帶愛德華同行訪美，加深父子之間的瞭解。

愛因斯坦深愛愛德華。艾爾莎也曾告訴一位友人說：「悲傷吞噬了阿爾伯特。」但他覺得愛德華的精神分裂症是從馬里奇那邊遺傳來的，所以自認沒辦法做些什麼改變。這也是他抗拒讓愛德華接受心理分析的原因，認為這對遺傳性的嚴重精神疾病沒有作用。

另一方面貝索已經做過心理分析治療，在這封信中解除心防徹底暢談，彷彿重回二十五年以前兩人一道從專利局走路回家的時光。貝索提到自己的婚姻有問題，但是貝索他力圖與兒子重建良好的關係，使得婚姻生活也重上軌道，讓人生更加有意義了。

愛因斯坦回信說，他當然希望訪問普林斯頓時能帶著愛德華一道同行。但是他也感嘆道：「不幸地，每件事情都指出那是遺傳造成。自從提特小時候，我便意識到此事終將來臨，雖然進展緩慢卻難以避免。相較於內分泌作用，外在影響只有些微成分，讓為人父親者無能為力。」

在親情聲聲呼喚下，愛因斯坦知道他必須去看愛德華。原本他五月底

要去拜訪牛津，但是決定將訪問行程延後一周，先前去蘇黎士陪陪兒子。他寫信請求林德曼諒解：「我無法再等待六星期才去看他；雖然你不是一位父親，但是我知道你能瞭解的。」

他和馬里奇的關係已經大幅改善，之前當馬里奇聽到他無法回去德國時，還好心邀請他和艾爾莎到蘇黎士她家公寓小住。他覺得很驚喜，所以五月底去蘇黎士的時候，便真的待在她家中了。只是，他與愛德華的會面比原先預期更折磨人心。

愛因斯坦帶來了小提琴，他常和愛德華一起演奏，以音樂傳達言語無法傳達的感情。那次拜訪留下的照片特別令人傷心，他們似乎坐在精神病院的交誼廳，兩人穿著西裝，很怪異地坐在一起。愛因斯坦握住小提琴和琴弓，眼睛看向別的地方；愛德華則是緊盯著一份文件，浮腫虛胖的臉龐似乎被痛苦扭曲著。

當愛因斯坦離開蘇黎士前往牛津時，他仍然認定未來每年都能在歐洲待上半年。他不知道的是，這將是他最後一次見到馬里奇和愛德華了。

在牛津的時候，愛因斯坦在史賓塞講座解釋了自己的科學哲學，然後造訪格拉斯哥，詳細描述發現廣義相對論的過程。他太喜歡這趟旅程了，在回到拉克塞梅後，很快決定在七月下旬再回英國，這次是受到英國中校蘭普生（Oliver Locker-Lampson）的邀請。

蘭普生與愛因斯坦形成強烈的對比。蘭普生的父親是維多利亞詩人，他本身非常熱愛冒險，在一次大戰是飛行官，以及拉普蘭、蘇俄地區武裝部隊的將領，也是尼古拉斯大公的顧問，並曾參與密謀暗殺拉斯普京（Rasputin）[1]，戰後則成為一名律師、新聞記者和國會議員。蘭普生在德國唸過書，對德國和德國人有一定程度的瞭解，或許是這層因素，他很早便呼

1　編按：拉斯普京（Rasputin，1869～1916），俄國尼古拉二世時代受爭議的神棍，拉斯普京意為淫逸放蕩，他靠著會催眠治病贏得尼古拉二世夫婦信任，掌握權力無法無天，死後陰莖被憤怒的群眾割下，展示於聖彼得堡的博物館。

籲要準備對抗納粹。蘭普生行事風格一向很有意思，儘管在牛津只有一面之緣，但他仍動筆寫信給愛因斯坦，力邀他到英國做客。

當愛因斯坦接受邀請後，這位活躍的軍官大展身手。他帶愛因斯坦去見邱吉爾，那時邱吉爾只是一名反對黨的國會議員，而且有志難伸、處處掣肘。他們到邱吉爾查特威（Chartwell）家中的花園用午餐，討論德國重新武裝的事情。當天愛因斯坦寫信給艾爾莎說：「他是一位聰明傑出的人，我覺得這些人已做好準備，決心奮起一戰。」這聽來的確像任何和邱吉爾共進午餐的人會有的評價。

蘭普生也帶愛因斯坦拜訪一樣提倡重整軍備的張伯倫（Austen Chamberlain），以及前首相喬治（Lloyd George）。當他到前首相家中，有人遞上一本訪客簿請他簽名，在寫到住家地址時，他停頓一下然後填上「無」。

第二天蘭普生在國會提出「擴大猶太人公民資格機會」的法案，把這件事講得口沫橫飛。那天愛因斯坦穿著白色亞麻西裝，在旁觀席觀看會議進行。蘭普生指出：「德國正在大肆破壞文化，並威脅偉大思想家的安全，已經趕走最有名氣的阿爾伯特·愛因斯坦。當別人請他在訪客簿寫上住址時，他必須寫上『無』。如果牛津願意做他的避風港，我們應以自己的國家自豪！」

愛因斯坦回到比利時的海濱小屋時，他決定在訪美前要先澄清一件事。當時，婦女愛國同盟團體還是力圖阻止他訪問，堅稱他是危險的顛覆分子與共產主義者，他覺得這些說法令人不快，而且本身很有問題。

由於愛因斯坦的社會主義情懷，過去提倡和平主義的歷史以及對法西斯主義的反對，常被認為他傾向同情蘇俄的共產主義分子。另外，愛因斯坦會將自己的名字借給各種聽起來值得相挺的活動，卻沒有過濾對方是否隱藏其他意圖，這種作法也無助於釐清或表明其立場。

幸好，他雖然願意將名字借給各式各樣的組織，但他很討厭真的出席會

議，或是花時間共商大計，所以他實際上並未參加太多政治團體，當然也沒有共黨組織。另外他堅持從不造訪蘇俄，因為知道會被淪為宣傳。

隨著訪美日期逼近，愛因斯坦在兩次訪問中清楚表達這些立場。他告訴《紐約時報》：「我堅信民主信仰，這點成為我不去蘇俄的理由，雖然對方熱忱邀請。我若訪問莫斯科，蘇維埃統治者必定會為自己的政治目標而利用我。現在，我是布爾什維克主義與法西斯主義的敵人，反對各種形式的獨裁統治。」

另一篇訪問同時刊登在《泰晤士報》和《紐約時報》，愛因斯坦承認有時候他會被假裝是純粹和平主義或是人道主義的團體「愚弄」，「然而他們事實上是為蘇俄獨裁政權服務的偽裝宣傳」。他強調：「我從未偏好共產主義，現在也不會支持它。」愛因斯坦的政治信仰本質，在於反對「任何以威嚇奴役個體的勢力，不管是發生在法西斯或共產主義的旗幟之下。」

無疑地，這些聲明是為平息美國指稱他政治立場傾斜的爭議，然而這也全是肺腑之言。愛因斯坦有時候的確會被圖謀不軌的團體欺騙，但是自從年少開始，他一向反對所有的極權統治，不管是左派或右派。

在夏天結束時，愛因斯坦收到非常打擊他的消息。艾倫費斯特撇下太太和夥伴，隻身去阿姆斯特丹一家安養機構探望患有唐氏症的十六歲兒子，結果他掏出手槍朝孩子面部射殺，接下來又開槍自盡，兒子的眼睛雖然被射穿，但保住了性命。

二十多年前，艾倫費斯特還是居無定所的年輕猶太物理學家，就一個人跑到布拉格，請愛因斯坦幫忙找工作。那天兩人在咖啡店討論了幾小時的物理，最後結為好朋友。艾倫費斯特有許多方面與愛因斯坦極為不同，愛因斯坦說他「幾乎病態地缺乏自信」，認為他比較擅長在現有理論上找問題，而不是建構出新理論。這讓他成為一位很好的老師，「我認識最好的」，但是他「自我能力不足的感覺，卻不斷折磨他。」

不過有件重要的事情他倒是與愛因斯坦相像，那便是永遠無法與量子力

學和平共處。愛因斯坦寫信給艾倫費斯特指出：「學習、教導自己心中無法完全接受的事情，總是特別困難；對於一個誠實至上的人來說，更是加倍困難。」

明白五十歲滋味的愛因斯坦，道出兩人面對量子力學的處境：「對於擁有五十年人生經驗的人來講，難上加難之處在於得強迫自己接納適應迥然不同的新想法。我不知道多少人讀到這段時，能夠深深體會其中的悲哀。」

艾倫費斯特自殺的消息讓愛因斯坦消沈不已，同時他也遭遇到更多的危機威脅。事情是因為他掛名某個委員會的榮譽主席（這種事情很普遍），該會出版一本攻擊希特勒恐怖統治的書籍，雖然他一個字也沒瞧過，但硬被串在一起，結果德國報紙用紅字打上「愛因斯坦惡行昭彰」的大標題，另一本雜誌也將他列為德國政府的黑名單，不但詳列「罪狀」，甚至打上「尚待絞死」的判決。

這讓愛因斯坦順勢接受邀請，十月赴美前再度到英國接受蘭普生的熱忱款待。艾爾莎想留下來打包行李，於是請《星期日快報》的記者安排讓愛因斯坦安全抵達英國。這名好記者不僅盡責地全程陪著愛因斯坦，也寫報導描述在穿越英吉利海峽時，愛因斯坦仍然拿出筆記本與方程式繼續奮戰。

接下來的情節好像在演007電影。蘭普生派了兩名年輕的女性「助理」，帶愛因斯坦到倫敦東北岸一間隱祕的屋子居住，結果差點演變成保密防諜的鬧劇。這兩名年輕女子手持獵槍擺好姿勢，緊靠在愛因斯坦兩旁拍照。蘭普生將照片送到各大新聞社，宣布道：「擅自靠近者小心子彈！」愛因斯坦覺得情況沒那麼可怕，告訴一名訪客說：「我的保鑣美貌動人，絕對會比獵槍更快讓意圖不軌者舉手投降的。」

闖越這層薄薄安全網的人士中，包括一名卸任外交部長，他想要討論歐洲的危機；愛因斯坦的女婿馬里諾夫，他為了一篇賣給法國出版社的文章來做訪問；助理邁爾，他繼續奮力幫忙研究難如登天的統一場方程式；著名的彫刻家葉普斯坦（Jacob Epstein），他待了三天幫愛因斯坦完成一座美麗的胸

像。

　　唯一與女保鑣發生衝突的是葉普斯坦，他問道可否把一扇門拆下來，以便有更棒的雕塑角度。他回憶說：「她們沈下臉問我接下來是否要將屋頂拆了？我覺得那樣也很好，但我不敢做非分的要求，因為這些守護天使看起來有點恨我打擾到教授休息了。」不過三天之後，她們與葉普斯坦混熟了，大家又開始在收工後一起灌啤酒了。

　　這段期間，愛因斯坦從未失去幽默感。他曾收到一名男子來信，這個人聲稱自己有個理論，指出重力代表當地球旋轉時，人們有時候是上下顛倒，有時則是保持水平，於是猜測或許這會讓人們做出蠢事來，例如談戀愛。愛因斯坦用潦草的字跡在信上寫著：「戀愛不是人們做出最愚蠢的事情，但一樣不能叫重力負責任啊。」

　　在這趟旅程中，愛因斯坦主要一次露面是十月三日到倫敦艾伯特廳演講，為顛沛流離的德國學者募款。有些人猜想，蘭普生之所以要將愛因斯坦的安全威脅與藏匿行踪一事鬧得沸沸湯湯，目的就是為了要刺激售票。如果真是如此，他是成功的，因為九千個座位都坐滿了，還有許多人擠在走廊和大廳上。有一千名學生充當守衛維持秩序，避免任何親納粹黨人的示威抗議（結果沒有人現蹤）。

　　愛因斯坦用英語演說當前自由受到的威脅，但是很小心沒有挑明攻擊德國政權。他表示：「如果我們想要對抗鎮壓威脅心智與個體自由的力量，一定要搞清楚要捍衛的是什麼東西。若是沒有這些自由，我們不可能有莎士比亞、歌德、牛頓、法拉第、巴斯德或是李斯德。」他堅信，自由是創造力的基礎。

　　愛因斯坦也談及孤獨的需要，指出「單調安靜的生活可刺激創造力」。並且重提年輕時的一項建議，認為科學家可以去做燈塔管理員，這樣才能「心無旁鶩」進行思考。

　　這是內心話。對於愛因斯坦，科學是一項孤獨的追尋，他似乎不瞭解

　　其他人通力合力更可能成功。在哥本哈根等地，量子力學的團隊都是以彼此的研究為基礎。但是愛因斯坦一生中最偉大的突破，卻是靠自己在伯恩專利局、柏林一間公寓閣樓或是在一座燈塔中獨立完成，偶爾或許有知音討論與數學助理作伴或幫忙。

　　一九三三年十月七日，從安特衛普出發搭乘西摩蘭號客輪（Westmoreland）的艾爾莎和杜卡斯，抵達南安普敦接愛因斯坦和邁爾上船。愛因斯坦認為自己不會離開太久，還計畫來春再到牛津基督教堂學院待一學期。不過此後，雖然他又活了二十二年之久，卻再也不曾親眼見過歐洲了。

第十八章

美國
AMERICA

普林斯頓

一九三三年十月十七日，西摩蘭號載著五十四歲的愛因斯坦抵達紐約港，到了他的新家園。雨中在二十三街碼頭守候的是一群官方代表團，由他的朋友與名律師烏特梅耶（Samuel Untermyer）領隊。烏特梅耶帶著一些自己養的蘭花，另外還有一群啦啦隊，準備接他一起遊行到歡迎大會上。

然而，他們卻沒有等到愛因斯坦一行人。高等研究院所長佛雷斯納堅持要將愛因斯坦與大眾媒體隔離，不管他本人有何特別意願。佛雷斯納派了一艘拖船和兩名理事，等愛因斯坦通過防疫檢查後隨即將他接走，先前也以海底電報通知愛因斯坦：「勿針對任何話題發表意見或接受訪問。」為確保訊息傳達，他又請接船的理事轉交一封信函，上面寫道：「您在美國的安全有賴沈默是金，宜避免參與公眾事務。」

愛因斯坦提著小提琴盒，一大撮頭髮從黑色寬邊帽冒出來，他祕密地登上接駁船，一行人被載到貝特利上岸。那裡有一輛車子正等著，要將他們趕忙送到普林斯頓去。佛雷斯納告訴記者說：「愛因斯坦博士想要的只是安寧平靜。」

事實上，他還想要一份報紙和一根冰淇淋甜筒。因此住進普林斯頓的孔雀旅館後他馬上換上便服，抽著菸斗走路去報攤買晚報，看見標題議

論著他的神祕行蹤，讓他不禁吃吃笑出來。接著他走進「巴爾的摩」冰淇淋店，用拇指指了一位年輕神學生剛買的甜筒，然後再指向自己。當女店員找給他零錢後，大聲喊道：「這要永留我的記憶了。」

高等研究院臨時設置在學校一棟大樓裡，愛因斯坦得到一間角落的辦公室。那時候總共有十八名學者，包括數學家威卜蘭以及電腦理論先驅馮紐曼（von Neumann）。當帶他去參觀辦公室時，問需要什麼設備，他回答說：「桌子、椅子和紙筆。喔，對了！要一個大的垃圾桶，讓我把所有錯誤全部丟掉。」

他和艾爾莎很找到一間房子租住，舉辦一個小型音樂會來慶祝喬遷之喜，演奏作品以海頓和莫札特為主。著名的俄國小提琴家希德（Toscha Seidel）當第一小提琴手，愛因斯坦則充當第二小提琴手。為了回報希德傳授的一些拉琴訣竅，愛因斯試圖為他解釋相對論，並且畫了移運中的竿子長度會縮短的圖。

因此，鎮上開始流傳起愛因斯坦熱愛音樂的故事。其中有一個故事是講愛因斯坦與小提琴名家克萊斯勒（Fritz Kreisler）合奏四重奏，結果他們拍子不一樣，克萊斯勒停了下來，假裝很火惱地轉頭質問愛因斯坦：「怎麼回事？教授，您不會算拍子嗎？」讓人印象更深刻的是，有一個基督教禱告小組要為受迫害的猶太人代禱，出乎他們意外地，愛因斯坦問說自己可否參加。結果那天晚上他帶來小提琴，用獨奏獻上了祈禱。

他大部分的表演都是即興的。第一年過萬聖節，一群十二歲的小女孩原本打算來惡作劇，但是他在門口拉起小夜曲迎接她們，讓這群「不給糖便搗蛋」的小傢伙棄械投降。在聖誕節的時候，第一長老教會的信徒來唱聖歌，他踏進雪地裡，向其中一位女士借了小提琴伴奏，讓一個人回憶說：「他真是一個可愛的人。」

愛因斯坦很快建立起形像，甚至是近乎傳奇，但都是有憑有據的。在大家眼中，他是一位親切和藹的教授，有時會心不在焉，但總是待人和樂；

常會想得太投入而迷路走失，也會幫忙孩子們寫功課，卻極少梳頭髮或穿襪子。因為他自己也覺得很好玩，所以樂於接受這些形象。對於不穿襪子一事，他開玩笑說：「我是一個老派的人物，以不穿襪子著名。有時候就被推到大家面前，當奇人異士觀賞。」他不修邊幅的外表，部分突顯其簡單純真的天性，部分則代表小小的反叛，如他對一個鄰居說：「我已經到了一定的年齡，如果有人告訴我要穿襪子，我不用一定得穿。」

穿著鬆垮舒適的衣物，成為他不加矯飾的象徵。他有一件皮夾克，不分正式或非正式場合，常會穿去亮相。當一位女性朋友發現他對羊毛衣有點過敏時，便去一間過季商店買了一些棉質運動衫送給他，結果他便一直穿著這些衣服。他對於理髮梳容不以為然，這種態度更具傳染性，讓同住的艾爾莎、瑪歌及瑪雅等人，全都不以這種低調閒散的打扮為意。

他讓自己不修邊幅的天才形像，有如卓別林的踢台步同樣出名。他親切又漠然，聰明又迷糊；飄散著容易分心出神的氣質，卻又帶有奇特敏銳的感性。他對過錯誠實以待，有時表現得相當天真；對人類整體熱情關注，偶爾會關心周遭人們。他能全心研究宇宙真相與世界議題，使他能夠跳脫當下此刻。他所扮演的角色並未偏離真實，然而他喜歡表演得淋漓盡致，知道那會是一個很棒的角色。

此刻，他已經很樂意配合艾爾莎所扮演的角色：這個太太有時會寵溺丈夫，有時要求也不少；她會保護先生，但偶爾也熱心參與社交活動。在一些磨合期後，兩人相處舒適自然。她驕傲地表示：「我打理他，但是我不讓他知道我在管他。」

事實上他明白這一點，覺得還挺有趣的。例如，艾爾莎一直唸他抽太多菸了，於是他舉白旗投降，在感恩節時跟她打賭說自己能夠禁菸到新年為止。當艾爾莎在一個宴會上吹噓這件事情時，愛因斯坦哀叫說：「你看我不再是菸斗的奴隸了，卻成為這個女人的奴隸。」愛因斯坦信守承諾，但是在打賭結束後幾天艾爾莎對鄰居抱怨道：「他在新年一大早便起床，從此除了

吃飯睡覺，從來沒讓菸斗離開過嘴巴！」

　　愛因斯坦最大的摩擦來源是佛雷斯納急欲保護他免於出鋒頭。愛因斯坦一如往常，對於這種事情比起朋友、贊助人和那些以保護者自居的人們更加不在意。偶爾閃光燈一閃會也讓他一樂，更重要的是如果可以用自己的名望為歐洲處境惡化的猶太人募款的話，他願意甚至樂於忍耐這種無禮的舉動。

　　這種政治胸懷使愛因斯坦不排斥名氣，卻讓佛雷斯納感到驚惶不解，因為他是老派同化的美國猶太人。他認為那可能會激怒反猶太主義，尤其是在普林斯頓，因為研究院吸引猶太人學者進入，然而這卻是一個會小心提防他們的環境。

　　紐華克一所學校有一群男孩用愛因斯坦的名字為科學俱樂部命名，當愛因斯坦展現迷人風采同意星期六在家招待他們時，佛雷斯納感到非常不開心。艾爾莎烤了餅乾請大家，當討論轉到猶太人的政治領袖時，她提到：「我不認為在這個國家中有任何的反猶太主義。」愛因斯坦也表示同意。原本這只會是一次美好的拜訪而已，不過陪同男孩前來做客的顧問寫了一篇生動的故事，強調愛因斯坦對於猶太人困境的想法，結果登上了《紐華克周日報》的頭版。

　　佛雷斯納非常生氣，寫了一封尖銳的信件給艾爾莎，強調說：「我只是想要保護他！」另外，他將報紙的文章寄給她，附上一份口氣嚴厲的短箋，開口責罵道：「我認為這種事情對愛因斯坦教授完全不值得，將會大大傷害同事們對他的尊敬。因為他們會相信是他自己要出這種鋒頭，然而我不知道他們要如何相信情況並非如此。」

　　佛雷斯納繼續要求艾爾莎，應該極力勸阻先生出席曼哈頓一場音樂演奏會，那是為猶太人募款舉辦的慈善活動，愛因斯坦已經答應參加了。艾爾莎就像先生一樣，對於名氣不會完全反感，對於幫助猶太人更不落人後，而且她很恨佛雷斯納的控制慾，於是回信明白拒絕了。

　　這激怒了佛雷斯納，第二天他送上一封坦率得驚人的信件，提到他已

經和普林斯頓大學的校長討論過了。彷彿與愛因斯坦在歐洲的朋友（包括波恩）串通好似的，他警告艾爾莎如果猶太人太招搖，會煽起反猶太情結：

> 在美國是完全有可能激發反猶太情緒的，猶太人本身應為此負責。現在已有跡象顯示，反猶太情緒在美國已有上揚情形。正因為我本身是猶太人而且希望幫助在德國受壓迫的猶太人；雖然我不曾中斷也頗具成效，但我一直不願張揚……現在的問題是，如何以美國人的最高標準，顧全你先生與研究院的尊嚴，同時有效幫助歐美各地猶太人。

同一天，佛雷斯納也寫信給愛因斯坦，直接點明猶太人應該保持低調，因為追名逐利可能會喚起反猶太情結。信中寫道：「從希特勒開始反猶太政策那刻起，我便有這種感覺並小心因應。現在已有跡可證，在美國大學的猶太學生與教授必須極為小心，否則將會吃到苦頭。」

然而，愛因斯坦照樣在曼哈頓舉行慈善義演，共有二百六十四個客人各支付二十五元參加。演出的曲目有巴哈雙小提琴D小調協奏曲，以及莫札特G大調四重奏，表演甚至還對媒體開放。《時代》雜誌報導說：「他全神投入在音樂中，當演出結束時，還可以看到他神情陶醉地撥弄琴弦呢！」

為了預防這類事件再度發生，佛雷斯納開始攔截愛因斯坦的郵件，並代表他拒絕各界的邀請。當猶太拉比魏思認為讓愛因斯坦接受羅斯福總統的邀請是一個好主意時，事情終於爆發要攤牌了。魏思原本是希望他們兩人會面時，可將重點放在德國如何對待猶太人的事情上，他寫信給一位朋友指出：「羅斯福到目前為止都還未代表德國猶太人說一句話，實在不行啊！」

結果，羅斯福總統的祕書麥金泰（Marvin MacIntyre）上校打來一通電話，要邀請愛因斯坦到白宮作客。當佛雷斯納發現時氣瘋了，打了電話到白宮，將有點吃驚的上校好好訓了一頓。他說所有邀請都要透過他，而他代表愛因斯坦拒絕這項邀請。

　　另外，佛雷斯納也寫了一封正式信函致美國總統，信中表明：「我今天下午不得不與您的祕書解釋清楚，愛因斯坦教授希望安安靜靜做科學研究，才來到普林斯頓；對於任何要他曝露在大眾目光下的事情，是絕對不可能破例允許的。」

　　愛因斯坦對這一切完全不知情，直到著名的猶太領袖摩根索（Henry Morgenthau）即將上任財政部長，詢問他為何拒人於千里之外。當發現佛雷斯納的預設立場場，愛因斯坦感到很錯愕，於是寫信給羅斯福夫人表示：「你很難想像，若是能與日理萬機、處理這個時代最棘手問題的人見面，對我是何等榮幸之事。只是，邀請沒有到我手上來。」

　　羅斯福夫人很客氣親自回信，解釋說之所以造成誤會，是因為佛雷斯納打電話到白宮來的態度很強硬，她補上邀請說：「我希望您與夫人能很快來訪。」艾爾莎親切回應了，她寫道：「首先請原諒我英語很差；愛因斯坦博士和我自己衷心感謝您誠摯的邀請。」

　　愛因斯坦夫婦於一九三四年一月二十四日造訪白宮，共進晚餐並留下過夜。總統以差強人意的德文與他們交談，除了其他事情之外，還聊了羅斯福總統收藏的海圖以及愛因斯坦對風帆的熱愛。第二天早上，愛因斯坦用白宮的卡片寫了一首八行打油詩，寄給比利時王太后為此行留下紀念，但是並沒有發表公開聲明。

　　佛雷斯納的干涉激怒了愛因斯坦。他在一封信中對猶太拉比魏思抱怨，並附上回郵地址「普林斯頓集中營」，此外也寄五頁長信給研究院理事們，抒發對佛雷斯納介入干預的不滿。愛因斯坦威脅說，理事們一定要向他保證將來不會再「發生這類經常性的干預之事，讓自尊自重者無法容忍」，否則「我將捍衛尊嚴，提議討論切斷與研究院的關係。」

　　愛因斯坦勝利了，佛雷斯納選擇退讓。但是，愛因斯坦也失去了對佛雷斯納的影響力，讓他成為普林斯頓裡的「少數敵人」。當同樣勇闖量子力學地雷區的好同伴薛丁格在三月以難民身分來到時，他得到普林斯頓大學的工

作，不過他更想到高等研究院工作，於是愛因斯坦代表他向佛雷斯納說項。但是完全沒用，佛雷斯納再也不肯幫他了，即便那意謂犧牲掉研究院將招聘到薛丁格的機會。

在薛丁格短暫停留普林斯頓的期間中，他問愛因斯坦那年春天是否要按照計畫回去牛津。一九三一年過海到加州理工學院時，愛因斯坦曾自稱是「一隻候鳥」，也許他心裡也不清楚那是自由解放或是遺憾傷時的感覺。不過，如今他在普林斯頓過得很愜意，不願再隨風展翅了。

愛因斯坦寫信給朋友波恩說道：「為什麼像我這樣的老人家，不能好好享受寧靜祥和的日子呢？」於是他請薛丁格代為致上誠摯歉意，薛丁格寫信告訴林德曼：「十分遺憾，他請我捎給你一個明確的『不』。這個決定真正的理由是假若他回去歐洲，恐怕得承擔所有的風風雨雨。」事實上，愛因斯坦也擔心如果自己去了牛津，恐怕巴黎和馬德里方面也會希望他能前去拜訪，「我缺乏勇氣承擔這一切」。

整體世局為愛因斯坦創造了慣性，讓他不想再繼續飄泊流浪了。此外，一九二一年他第一次拜訪時稱讚是「未抽菸斗」的普林斯頓，用無比的魅力和重現歐洲大學城的新哥德風擄獲了他的心。他寫信給比利時王太后（自國王死後稱謂已改），盛讚普林斯頓：「一個古怪又講究儀式的小村莊，驕傲的居民抬頭挺胸昂然闊步。我只要不理會某些社會習氣，便能為自己創造一個有利於研究、不會分心的氣氛。」

愛因斯坦特別喜歡美國的是，儘管有財富不均以及種族不平等的問題，整體上卻比歐洲更講究用實力出頭。他讚嘆道：「新移民樂於投入這個國家，是因為民眾之間具有民主特質，一個人不需要在別人或其他階級面前低頭。」

這是個體權利的一項功能，高興說什麼或想什麼都可以，這種特質對愛因斯坦一向很重要。再者，缺乏令人窒息的傳統可以鼓勵更多創造力，正是他學生時候所樂愛與追求的環境。他表示：「美國的年輕人很幸運，自己的

前途不用受傳統包袱牽累。」

　　艾爾莎也同樣熱愛普林斯頓，這點對愛因斯坦很重要。長久以來，她把先生照顧得妥妥當當，讓他更惦念著太太的心願，尤其是她一直想要能安身立命。她寫信給一位朋友說道：「整個普林斯頓是一座很棒的公園，擁有美麗的樹林，讓我們幾乎相信是置身牛津了。」建築景物和鄉間風光讓她聯想起英國，也讓她稍微有點罪惡感，因為她過得這麼舒適，其他人卻正在歐洲受苦受難。她表示：「我們在這裡非常快樂，也許太快樂了，有時候會讓人良心難安。」

　　於是一九三四年四月才剛到六個月後，愛因斯坦宣布將無限期留在普林斯頓，並在研究院擔任全職工作，結果剩下二十一年的人生中，他都一直待在這裡了。然而，那個月他出席許多「歡送會」，為他喜愛的慈善團體當募款人。這些使命變得和科學對他一樣重要，如同他在一個場合宣布道：「為社會正義奮鬥，是人生最有價值的事情。」

　　不幸地是，正當他們決定安頓下來時，艾爾莎必須回到歐洲照顧愛冒險犯難的長女伊爾絲，她曾經與激進浪漫的尼可拉交往，最後嫁給文學記者凱瑟。原本大家以為伊爾絲患的是肺結核，結果卻是白血病，而且情況惡化了。當時她被送到巴黎，由妹妹瑪歌照顧。

　　伊爾絲堅持自己的問題主要是受心理影響，所以拒絕用藥物治療，反倒是接受了長期精神治療。早在生病之初，愛因斯坦便試著勸她去看一般的醫生，但是她拒絕了。現在除了愛因斯坦留在美國，全家人都在瑪歌的巴黎公寓裡，圍繞在伊爾絲的病榻邊。

　　伊爾絲的死亡讓艾爾莎深受打擊。瑪歌的丈夫回憶道：「她變老了，幾乎讓人認不出來。」艾爾莎沒有讓伊爾絲的骨灰入土，而是將骨灰放在一個密封的袋子，她說：「我不能和它們分開，必須時時帶著。」然後將袋子縫到枕頭內，以便能一路帶回美國。

　　艾爾莎也將藏放先生文件的箱子帶回美國，這些是早先瑪歌利用法國

外交管道和地下反納粹組織的幫助，從柏林偷運到巴黎的。為了要讓文件順利到達美國，艾爾莎請求普林斯頓一位好心的鄰居凱若琳‧布雷克伍德（Caroline Blackwood）幫忙，她們回程是在同一艘船上。

幾個月前，艾爾莎在普林斯頓遇見布雷克伍德夫婦，他們提到將要去巴勒斯坦和歐洲，希望能與一些猶太人復國運動的領袖見面。

「我不知道您是猶太人，」艾爾莎說。

布雷克伍德太太說他們其實是屬長老教會，但猶太教遺產和基督教遺產間有很深的關聯，「況且耶穌是猶太人」。

艾爾莎抱著她說：「在我一生中，沒有基督徒對我說這樣的話。」另外，也請她幫忙找一本德語的聖經，因為他們從柏林搬來時弄丟了自己的聖經。結果布雷克伍德太太為她找到一本馬丁路德翻譯的聖經，讓艾爾莎緊緊按在心房上，她告訴布雷克伍德太太說：「我希望我有更多的信仰。」

艾爾莎注意到布雷克伍德夫婦旅行搭乘的船隻，刻意跟他們訂了同班返回的航程。一天早上，她帶著布雷克伍德太太到一間無人的交誼廳裡，請她幫一個忙。她表示自己不是公民，擔心先生的文件可能會被扣留在海關，問道布雷克伍德夫婦能否幫忙帶這些東西入關？

雖然同意了，但是布雷克伍德先生很小心不在海關申報表上說謊，他寫上：「在歐洲取得的材料，將作為學術之用。」後來，愛因斯坦在雨中來到布雷克伍德夫婦的小屋取回文件，當他看著一本日記時，開玩笑說：「這胡說八道的東西是我寫的嗎？」不過布雷克伍德的兒子也在場，他回憶說愛因斯坦「顯然為書籍和文件能重回手中而深獲感動」。

伊爾絲的死亡，伴隨一九三四年夏天希特勒在「長刀之夜」（Night of the Long Knives）[1]鞏固勢力後，切斷了愛因斯坦與歐洲僅存的連結。瑪歌與奇怪的俄國丈夫分開後，那年移民到普林斯頓，接著漢斯也到美國了。在艾

---

1 編按：「長刀之夜」（Night of the Long Knives），一九三四年六月，希特勒為鞏固自身權力，命令黨衛隊清除衝鋒隊的幾個領導人，處決的衝鋒隊員多達四百多人。

爾莎返回美國不久後，她寫信給布雷克伍德太太提到自己「完全不想念歐洲，我對這國家感覺很有自己家的感覺。」

休閒娛樂

當艾爾莎從歐洲歸來時，她加入愛因斯坦在羅德島觀丘（Watch Hill）租住的夏日度假屋。此處是長島峽灣與大西洋交會的一塊半島，對於駕帆出航是再完美不過了。這就是為何在艾爾莎的催促下，愛因斯坦會決定夏天一起到這裡和巴奇家度假。

巴奇（Gustave Bucky）是醫生、工程師、發明家和X光技術的先驅。他原本是德國人，一九二〇年代期間成為美國公民，在柏林與愛因斯坦相識。當愛因斯坦搬到美國後，兩人的友誼日漸加深，甚至還共同擁有一項控制相機光圈裝置的專利，愛因斯坦也曾為巴奇另一項專利權案子出任專業證人。

他的兒子彼得·巴奇高興地載著愛因斯坦四處遊走，後來在多本筆記中留下了一些回憶，為愛因斯坦的晚年留下一幅古怪但不造作的素描。例如有一次，彼得用敞篷車載著愛因斯坦時突然下起雨來了，愛因斯坦將帽子脫下來放進外套裡。看到彼得不解的神情時，愛因斯坦解釋說：「因為我的頭髮以前擋過許多次風雨，可是我不知道帽子可以撐多久。」

愛因斯坦十分享受觀丘的單純生活，他漫步在羊腸小道中，甚至還和巴奇太太一起去採買雜貨。最重要的是，他很喜歡駕著自己17呎的木製帆船「提涅夫」出海（Tinef，這名字在意第緒語意為垃圾）。他通常單獨出航，沒有目標也不在意。有一個當地遊艇俱樂部的會員出去找過他幾次，他回憶說：「他常常會去一整天，僅僅只是順水漂流，很明顯只是在沈思而已。」

和以前在卡布斯一樣，愛因斯坦會順風自然漂流，等到風平浪靜時便在筆記本中算式子。巴奇回憶說：「有一次他下午出航後一直不見歸來，大夥焦急等到晚上十一點，最後決定請海巡隊出去找他。結果他們在海灣中發現

他，但是他完全不擔心自己的情況。」

後來，有位朋友送他一個昂貴的船尾馬達做緊急用。愛因斯坦婉拒了，他像小孩子一樣喜歡小小的冒險，縱使不會游泳也從不穿救生衣，喜歡躲到能夠獨處的地方。巴奇指出：「對一般人來說，長達幾個小時的安靜可能是可怕的考驗，但對於愛因斯坦，這表示有更多時間可以思考了。」

第二年夏天愛因斯坦也在康乃狄克州萊姆鎮與長島峽灣租房子，這類「救援傳說」不斷上演著。《紐約時報》甚至有一則報導，標題是「相對的潮汐和沙洲困住了愛因斯坦」，救他的年輕男孩們後來還被請到家裡喝覆盆子汁。

艾爾莎非常喜愛萊姆鎮的房子，雖然一家人都覺得它有點太氣派了。這間房子共占地二十英畝，有一座網球場和游泳池，飯廳大到讓他們一開始都不敢使用。艾爾莎寫信告訴一位朋友說：「這裡每件東西都太奢華了，我對你發誓說前十天我們在餐具室吃飯，因為餐廳實在是太豪華貴氣了。」

當夏天結束時，愛因斯坦每個月會拜訪巴奇家一、兩次。愛因斯坦也會待在鰥夫華特思家中，尤其是他一個人去的時候；華特思是藥廠公司老闆，兩人在帕莎迪娜結識。有一次，愛因斯坦連換洗衣物或睡袍都沒有帶，讓華特思吃了一驚。他說道：「當我休息時，我用自然的恩賜睡覺。」不過，華特思記得他借了紙筆放在床邊。

出於禮貌與虛榮，愛因斯坦很難拒絕藝術家和攝影師的請求。一九三五年四月有一個周末他待在華特思家中，結果一天為兩位畫家充當模特兒。第一場是跟拉比魏思的太太，但是她的繪畫技巧不怎麼高明。他為何答應擺姿勢呢？他回答道：「因為她是一個好女人。」

後來華特思又接愛因斯坦到格林威治村，與俄國彫刻家科諾科夫（Sergei Konenkov）會面。他是蘇聯寫實主義的實踐者，為愛因斯坦製作的一座胸像後來成為高等研究院裡一尊出名的雕塑作品。愛因斯坦是透過同為雕塑家的瑪歌介紹而認識科諾科夫，很快地他們全都與科諾科夫的太太瑪格麗塔成為

朋友，但愛因斯坦不知道她其實是蘇聯間諜。後來艾爾莎過世後，愛因斯坦與瑪格麗塔談起戀愛，結果又在日後釀起風波。

既然決定住在美國，愛因斯坦申請成為公民自然有道理。當愛因斯坦拜訪白宮時，羅斯福總統曾建議他接受國會議員為他通過一道特別的法案，但是他決定遵循正常管道申請。那表示他、艾爾莎、瑪歌和杜卡斯等人都要先離開美國，再以申請公民資格的身分入境，不是當成一般訪客。

於是在一九三五年五月，他們全都登上瑪莉皇后號郵輪向百慕達群島出發，以便符合法定程序。抵達漢彌爾頓時，當地的皇家領主歡迎他們，並推薦島上最好的兩間旅館。愛因斯坦覺得它們太拘謹制式了，當他們走過城鎮時發現一間樸素的民宿時，便決定在那裡落腳了。

愛因斯坦婉拒了百慕達地方鄉紳的正式邀請，與一家餐廳裡的德國廚師交了朋友，廚師還請他坐自己的小船出海航行。由於兩人一去七小時，讓艾爾莎很害怕納粹黨人捉住了先生。等到她在廚師家裡找到人，他才剛享受完一頓德國大餐呢！

那年夏天，他們在普林斯頓租屋的街尾有一棟房子要出售。這是一間樸素的白色隔板結構屋子，透過前院可以瞧見鎮上令人賞心悅目的林蔭大道。這棟默舍街112號屋子注定成為舉世聞名的地標，不是因為外表宏偉壯觀，而是因為它完全適合並象徵了住在裡面的人。如同愛因斯坦後來樹立的公眾形象，這棟房子不擺架子、甜美迷人又樸實無華。它坐落在大街上，很容易看見，卻又稍微隱藏在一面陽台後面。

在簡樸的客廳裡，艾爾莎大派的德國傢俱顯得很搶眼；在他們到處飄泊流浪後，這些傢俱又神奇地與他們重逢了。杜卡斯將一樓的小圖書館當做自己的辦公室，在那裡負責處理愛因斯坦的信件，並掌管屋子裡唯一的電話。

艾爾莎監督愛因斯坦二樓辦公室的工程。他們打掉後面部分的牆壁，裝上一面展望窗，可以看見翠綠的長形後花園。兩邊的書架蓋到天花板高，一張大的木製書桌擺在中間，可以正對窗外的風景，桌子上面凌亂放著文件、

菸斗和鉛筆。書桌旁放了一張安樂椅,愛因斯坦可以連坐數小時,將紙張放在膝蓋上寫算式。

法拉第和馬克斯威爾的畫像照常掛在牆壁上;原本也有牛頓的畫像,只是過一陣子後便掉下來了。新加入的是甘地的照片,他是愛因斯坦的新英雄,因為此刻他對政治的熱情已如科學濃厚了。愛因斯坦還小小搞笑,他只擺出一張獎狀,竟然是裱框的伯恩科學會員證書。

除了住在女人國,許多年來也有各種寵物加入這個家庭。有一隻叫「嗶波」的鸚鵡,它需要多到不合理的醫療照顧;一隻叫做「老虎」的貓;還有一隻巴奇家叫「奇哥」的白色小梗犬。奇哥偶爾會造成問題,愛因斯坦開玩笑說:「這隻狗非常聰明,它同情我收到那麼多郵件,於是便試著去咬郵差。」

艾爾莎經常說:「教授不會開車,對他太複雜了。」相反地,他喜歡每天早晨從默舍街慢慢散步到研究院的辦公室。當他經過時,人們常會看到脖子快要扭斷了,不過他若有所思而走到迷路的情景,很快成為鎮上著名的特殊景點。

當他正午走路回家的時候,常會有三、四名教授或學生加入,當這些人圍繞在他身旁,揮舞著手臂試圖說出自己的論點,愛因斯坦通常是安安靜靜走著,好像在做白日夢一樣。當他們走到他家時,其他人會散掉,然而愛因斯坦有時會站住思考,偶爾還會又開始要移步回研究院。杜卡斯總是從窗戶觀看,她會走到外面,牽著愛因斯坦的手臂,將他帶回家用通心粉午餐。之後他會小睡一頓、回答一些郵件,再走到樓上的書房,好好想一、兩個小時的統一場論。

有時候他會自己隨意亂走,下場可能會非常不確定。有一天,有人打電話到研究院要求跟一位院長說話,當祕書表示院長沒有空時,來電者猶豫地問道愛因斯坦家的住址,祕書回答那是不可能對外洩露的。結果來電者降低音量,悄悄地說:「請不要告訴別人,但我就是愛因斯坦博士。我要回家

了，可是忘記我家的房子在哪裡了。」

這件事是由院長兒子傳出來的，但是就像是許多關於愛因斯坦分心失神的小故事，內容可能誇大了。不過，心不在焉的教授形象太吻合愛因斯坦了，自然也繼續加深大家的印象。愛因斯坦很喜歡在大眾面前演出這項角色，鄰居們自然也津津樂道這類與事實八九不離十的故事。

例如，有一次晚宴是要表揚愛因斯坦的，但是他心思飄遠了，拿出筆記本開始寫算式。當介紹到他的時候，觀眾熱烈起立鼓掌，但他還在想事情，根本沒有注意到。杜卡斯提醒他，告訴他應該要站起來。他站起來了，但是注意到大家都拍手喝采，以為是為別人鼓掌的，於是也熱烈加入鼓掌的行列。弄得杜卡斯必須走過來，告訴他說大家是為他起立鼓掌的。

除了愛因斯坦愛做白日夢的故事之外，另一個常見的故事主題是親切的愛因斯坦幫孩子們做功課，對象通常是小女孩。其中最為大家津津樂道的是發生在默舍街，有一位叫艾蝶蕾‧狄隆（Adelaide Delong）的八歲鄰居，她按門鈴請愛因斯坦幫忙解釋一道數學題，並帶來家裡做的巧克力蛋糕當賄賂。愛因斯坦應門時說道：「進來，我確定我們可以解決的。」他解釋數學給她聽，但是要她自己寫功課，並用一塊餅乾答謝她的巧克力蛋糕。

在那之後，女孩繼續出現在他家裡。當她父母發現時深表歉意，愛因斯坦用手揮揮說：「不用不用，我從你們家小孩學到的東西，跟她一樣多呢！」他很愛對別人講這個故事，眼裡會閃爍發光。他會笑著說：「她是一個非常頑皮的小女孩，你知道她試著用糖果賄賂我嗎？」

有一回艾蝶蕾帶著兩位朋友一起去默舍街。當她們到了愛因斯坦的書房時，他說要招待她們午餐，結果大家說好。一個女孩回憶道：「他將桌上一大疊文件搬開，用開罐器打開四罐豆子，一個接一個放在火爐上加熱，然後每個罐頭插上一根湯匙，那就是午餐了，可是他沒有給我們東西喝喔。」

後來，愛因斯坦對另一名抱怨數學很難的女孩說了一段名言：「不用擔心妳的數學很難有問題，我可以保證我的問題比妳更大呢！」不過，不要誤

會愛因斯坦只肯幫女孩子，他也曾在家招待一群被數學期末考題目難倒的高年級男生。

另外，他也出手救了一名十五歲的普林斯頓中學生羅索（Henry Rosso）。羅索的新聞課成績超級差，老師出了一道加分題，任何人只要訪問到愛因斯坦，便可以拿到A。於是羅索跑到默舍街，但在門口吃了閉門羹，他正要摸著鼻子離開時，送牛奶的人給他一道線索，透露愛因斯坦每天早上九點半固定會走一條路線。於是有一天羅索偷偷溜出學校，按照路線守好蹲點，期待跟愛因斯坦來個不期而遇。

雖然堵到人了，但是平日很混的羅索根本不知從何問起，難怪成績不見起色。同情他的愛因斯坦建議了一些問題，但是堅持不得涉及個人，改問數學倒是可以。羅索腦筋夠靈活聽進了忠告，讓愛因斯坦聊到自己在十五歲的教育：「我發現自然以令人驚奇的方式建構而成，我們的任務便是發現自然本身的數學結構；這是一種信仰，幫助我度過整個一生。」

這個訪問幫羅索賺到了一個A，但是後來讓他有一點點為難。因為他答應愛因斯坦這篇訪問只會當學校作業交，但是當地市報未經許可便選用刊登，後來又被世界各地其他報業採用，這也算是另一堂新聞課吧！

艾爾莎之死

搬進默舍街112號後不久，艾爾莎有一隻眼睛腫得很難受。在曼哈頓的檢查時，發現那是心腎出問題的癥候，醫生囑她躺在床上休養。

愛因斯坦有時會讀東西給她聽，但大部分都刻意躲去做研究。許多年以前，他曾經寫信給第一任女友的母親：「奮力投入研究並凝視上帝創造的自然，是讓人感到慰藉的天使，可激勵讓人更為堅強與永不懈怠，這將帶領我走過人生所有的困擾煩憂。」如同此刻，他投入鑽研描述宇宙學的優美數學中，藉以逃脫人類情感的複雜微妙。艾爾莎寫信給華特思說：「我先生埋首

計算很可怕！我從未見到他如此投入工作中。」

當寫信給朋友汎倫泰（Antonina Vallentin），艾爾莎則描繪出較溫馨的一面。她報告說：「他對我的病情如此煩憂，彷彿掉了魂似地遊蕩著。我從來沒想到他是這麼愛我，令我感到很安慰。」

艾爾莎心中認定若像以往在夏天外出度假，則一切情況將會好轉，於是他們到紐約阿弟倫達克山（Adirondack Mountain）的薩拉納克湖（Saranac Lake）租了一間小屋。她說道：「我確定到那裡會逐漸康復，如果伊爾絲走進我的房間裡，我一定馬上好起來。」

這個夏天過得很愜意，但是到冬天時艾爾莎再度臥病在床，而且更加虛弱，結果在一九三六年十二月二十日過世了。

愛因斯坦比預期中受到更大的打擊，而且還哭出來，就像當年母親過世時一樣。彼得‧巴奇表示：「我從未看他掉過一滴眼淚，但是他哭了，接著嘆息道：『喔！我一定會思念她的。』」

他們的關係向來不是標準的愛情模範。在結婚之前，愛因斯坦滿滿信紙寫著親愛甜密，但是這些隨著時光消逝了。他有時愛挑剔又要求多，似乎已經習慣她的情感需索，偶爾還會跟其他女人逢場作戲。

就像許多人從親密戀人轉變成志同道合的伴侶關係，其中有外人無法窺探的深度存在。艾爾莎和愛因斯坦喜歡彼此也瞭解彼此，或許最重要的是兩人相處起來如沐春風（艾爾莎在這方面有其聰明獨道之法）。因此即使兩人之間不是一首詩，但因為彼此滿足欲望和需求，因而塑造出堅固與真實的連結，並且對兩方面都是如此。

不令人驚訝地，愛因斯坦在工作中找到慰藉。他對漢斯承認很難專心，但是努力工作可讓他逃脫個人痛苦。他表示：「只要我能夠工作，我不可以也不會抱怨，因為工作是唯一帶給生活血肉的東西。」

合作者荷夫曼記得當愛因斯坦走進辦公室時，臉色「憂傷慘白」，但是他堅持每天都做研究，而且表示自己比往常更需要工作。荷夫曼回憶說：

「起先他可憐兮兮地想努力集中精神，但是他以前就遭遇過悲傷，明白工作是一項珍貴的解藥。」那個月他們一起研究兩篇重大的論文，一是探索受星系重力場作用而產生的星光彎曲會如何創造出「重力透鏡」（cosmic lenses）；可以放大遠方的星球；另一個是探索重力波的存在。

波恩從愛因斯坦的信中得知艾爾莎去世的消息，但那是他偶然提到自己社交活動變少時所附帶一提的變故。他告訴老朋友說：「我過的生活像是一隻穴居熊，比以前感覺更自在。這種穴居熊的特性已隨女伴死亡而更進一步，她比我更能與人們自在相處。」波恩對於愛因斯坦以這種「不經意的方式」透露太太過世的消息，感到驚嘆不已。他評論道：「儘管他素有博愛仁慈之名，卻與環境和周遭人們完全疏離分隔。」

那不盡然全是真實。雖然自稱是穴居熊，然而愛因斯坦所到之處總能吸引一大票人，不論是走路回家、在默舍街112號附近閒逛，與華特思或巴奇一家人到小屋過暑假或到曼哈頓度周末，愛因斯坦極少是獨自一人，除非他躲進書房裡。他可以保持冷淡漠然，退回自己的空想中，然而唯有在他自己的心海裡，他才是一個真正的孤獨者。

艾爾莎過世之後，愛因斯坦繼續與海倫‧杜卡斯和瑪歌住在默舍街，很快地他的妹妹搬進來了。瑪雅原本和先生保羅住在佛羅倫斯附近，但是一九三八年墨索里尼取消所有外國猶太人的居留權，於是瑪雅獨自一人搬到普林斯頓，讓深愛妹妹的愛因斯坦高興極了。

愛因斯坦也勸三十三歲的長子漢斯到美國來，至少來看他一次。父子兩人的關係一向不平順，然而愛因斯坦現在開始欣賞起兒子對工程研究的鑽研，尤其是關於河川水流的問題，這個題目他自己以前也研究過。另外，他也改變想法鼓勵兒子生小孩，結果現在很高興擁有兩名小孫子了。

一九三七年十月，漢斯來到美國預計停留三個月。愛因斯坦在碼頭迎接兒子，他們一起擺了姿勢照相，漢斯點燃一支帶來送給父親的荷蘭菸斗。漢斯回憶道：「我父親想要我和我的家人來到這裡。你知道他太太最近死了，

他現在很孤獨。」

在探親期間，年輕熱心的彼得・巴奇自告奮勇，表示願意開車帶他們橫跨美國，讓漢斯可以參觀各大學找一份工程教授的工作。這趟旅行涵蓋一萬哩，行跡遍布鹽湖城、洛杉磯、愛荷華州市、諾克斯維爾、威克斯堡、克里夫蘭、芝加哥、底特律和印第安那波里。愛因斯坦寫信給馬里奇，報告說自己非常喜歡與兒子相聚的時光。他寫道：「他的個性很棒。雖然很不幸他有這麼一個太太，但是如果他很快樂，我們又能怎麼辦呢？」

之前幾個月愛因斯坦曾寫信給弗烈達，建議她先別陪同先生一起來訪美。但是在恢復對漢斯的疼愛後，他寫信催促兒子與媳婦第二年帶著兩個孩子一同來美國居住。漢斯在南卡羅萊那州克萊門森美國農業部外駐站中，找到一個研究土壤保護的工作，後來成為河川沖積作用的權威。他在格里維爾附近，蓋了一間讓人聯想起卡布斯的簡單小木屋，顯示和父親一樣的品味，並在一九三八年十二月申請當美國公民。

當父親更加親近猶太遺產之際，漢斯在太太的影響下成為基督科學教的信徒（Christian Scientist）。該教有拒絕醫療照護的信仰，結果造成了一場悲劇。一家人才抵達美國沒幾個月，六歲的兒子克勞斯就染上白喉死了，葬在格里維爾一個小小的新墓園裡。愛因斯坦在弔唁信中寫道：「你們已遇到深愛子女的父母親所能經歷的最大傷痛。」他和兒子的關係變得更加穩固，感情日益深厚。

漢斯在南卡羅萊那州住了五年，後來才搬到加州理工學院及柏克萊。這段期間，愛因斯坦有時會搭乘火車南下拜訪他，他們會一起討論工程學的問題，讓愛因斯坦想起在瑞士專利局的時光。午後他會自己到路上和林間漫步，時常陷入沈思當中，結果產生許多趣味橫生的小故事，都是當地吃驚的住戶幫他找路回家時流傳下來的。

因為愛德華是精神病患，所以無法移民美國。隨著病症加重，他的臉浮腫發脹，講話也變慢了，讓馬里奇越來越難帶他回家，所以留在療養院內的

時間越來越長。馬里奇的妹妹佐卡曾經來幫忙照顧他們，但是她卻陷入自己的地獄裡，因為在母親死後，佐卡變成了一個酒鬼，意外燒掉家裡藏在一個舊火爐裡所有的財產，一九三八年死在獨居處所，底下是稻草鋪的地板，身旁只有幾隻貓圍繞著。馬里奇撐過這一切，生活卻更加絕望了。

戰前的政治

從現在回顧過去，納粹的崛起對美國帶來一項根本的道德挑戰，然而當時對這並不清楚。在普林斯頓這種情況尤為真實，因為這是一個保守的城鎮，而大學裡竟然也有出奇多的學生同樣持有那股無形的反猶太態度。在一九三八年一份大學新鮮人的調查中，出現一個教現代人吃驚、同時也在當時產生震撼的結果：希特勒獲得最高票數，成為「當今最偉大的人物」，而愛因斯坦名列第二。

「他們為什麼討厭猶太人呢？」愛因斯坦在受歡迎的《科里爾》（Collier's）周報寫了篇文章，不僅探討反猶太主義，也解釋猶太人所懷抱的社會信念是一份攸久光榮的傳統，他個人也嘗試奉行遵守。他寫道：「數千年來團結至今的連結，是對社會公義至為重要的民主理想，以及所有人類互相幫助包容的理想。」

與猶太同胞的同源關係，以及對他們遭逢慘境的驚駭不捨，讓愛因斯坦努力從事難民救援的工作，不分公私場合盡量貢獻。為此他給予數十場演講，參加許多晚宴邀請，甚至偶爾會為美國公誼服務委員會或猶太人聯合募捐協會演奏小提琴。主辦者常偷用一招，便是讓人們寫支票給愛因斯坦，他再背書轉讓給慈善單位，這樣捐款人就可以得到有愛因斯坦簽名的付訖支票當紀念品。他也悄悄地幫許多要移民的人當財務保證人，尤其是當美國讓簽證更加難取得時。

愛因斯坦也變成一個種族包容運動的支持者。當黑人女低音安德森女士

（Marian Anderson）在一九三七年到普林斯頓參加一場音樂會時，拿索旅館拒絕讓她進住。於是愛因斯坦邀請她待在默舍街宅邸，這是一種個人真摯的表現，也是一種公開表態的象徵。兩年之後，安德森又被禁止在華盛頓憲政大廳演出，於是她在林肯紀念堂的台階上舉辦歷史性免費音樂會。不論何時她回到普林斯頓時，都會待在愛因斯坦家，最後一次拜訪便是在愛因斯坦過世前兩個月。

　　然而，愛因斯坦樂意為各式各樣的運動、請願連署簽名或充當榮譽主席之際，也帶來了一個問題，便是常常遭到指控說他是共產主義或顛覆分子陣營的騙子。在懷疑他忠誠度的人士眼裡，當他拒絕連署一些討伐史達林或蘇聯的活動時，這項謠傳中的指控更添幾份真實。

　　例如，愛因斯坦先前曾為反共產黨的朋友唐・萊文所寫的文章背書，但是當一九三四年要求他簽署一份譴責史達林謀殺政治犯的連署書信時，他卻拒絕了。愛因斯坦寫道：「我也感到無限遺憾，認為蘇俄的政治領袖太超過了。然而我無法贊同你的行動，因為那對蘇俄將不會造成任何影響；蘇俄已經證明唯一目標，確實是為了改善蘇俄人民的命運。」

　　這是隔著面紗看待蘇俄和史達林殘暴的統治，歷史會證明他的觀點是錯誤的。然而，愛因斯坦一心想要對抗納粹政權，反倒對於從極左轉到極右的唐・萊文感到很討厭，所以對於將俄國整肅與納粹大屠殺劃上等號的人們，一律給予強烈回應。

　　一九三六年莫斯科開始更大規模的審判，包括支持被流放的托洛斯基之人士。愛因斯坦有些朋友昔日曾經是左派人士，如今搖身一變成為熱衷的反共分子，他也不能認同他們的一些主張。哲學家胡克（Sidney Hook）曾經是馬克思主義者，後來他寫信給愛因斯坦要求支持成立一個國際公開委員會，確保托洛斯基與支持者將會有公正的聽證會，而不只是一場審判秀。愛因斯坦回答說：「無疑地，每名被告都應該給予證明清白的機會，當然這道理也適用於托洛斯基。」但是這該如何達成呢？愛因斯坦建議不要成立公開委員

會，最好是私下進行。

胡克寫了一封長信，試圖消除愛因斯坦的疑慮。但是愛因斯坦沒有興趣和胡克爭辯，所以就沒有回信了。於是胡克打電話到普林斯頓給他，聯絡上的是海倫‧杜卡斯，不知何故能夠穿越她層層防線，與愛因斯坦約好日子見面。

愛因斯坦熱忱招待胡克，帶他到書房裡、借他抽菸斗，兩人用英語交談。在聽過胡克再度陳述主張後，愛因斯坦表達同情，但是他認為整個行動是不可能成功的。他明白表示：「從我的觀點看，史達林和托洛斯基都是政治派系。」後來胡克說即使他不同意愛因斯坦，但是「我懂得他的理由」，尤其是因為愛因斯坦強調自己「明白共產主義者的能耐」。

愛因斯坦穿著舊運動衫、照樣沒有穿襪子，陪胡克走回火車站。沿路上他講到對德國人的憤怒，說他們搜索卡布斯的房子要找共產黨的武器，後來只有找到一把麵包刀沒收。他講了一段話，結果相當具有預言性：「假如戰爭來臨時，希特勒會明白趕走猶太科學家對德國有多大的傷害。」

「詭異的遠距作用力」

愛因斯坦的思考實驗像拋進量子力學大殿堂的手榴彈，沒能對宏偉建築產生太大損害。事實上，這些思考實驗幫忙試煉量子力學，讓人更瞭解它的意義。但是愛因斯坦依然頑強抵抗，不斷想出新點子要證實波耳、海森堡、波恩等人所提出來量子詮釋中所內含的不確定性，是因為他們對「真實」的解釋有所不足。

一九三三年離開歐洲不久前，愛因斯坦出席羅森菲（Léon Rosenfeld）的演講，這位比利時物理學家很有哲學素養。當演講結束時，愛因斯坦從聽眾席起身提問：「假設有兩個粒子以量值相等的動量對撞，當它們通過已知位置時產生極為短暫的交互作用……當兩個粒子彼此彈開時，令一位觀察者測量其中一個粒子的動量……那麼從實驗的條件看來，觀察者顯然能夠推測得知另一個粒子的動量。不過如果他選擇測量第一個粒子的位置，那麼便能夠知道另一個粒子的位置。」

因為兩個粒子是分開的，所以愛因斯坦能夠假定「兩者間所有的物理交互作用都已經不存在」。因此他對哥本哈根量子力學詮釋者所提出的挑戰很簡單，那就是向羅森菲問道：「第二個粒子最後的狀態，怎麼會受到第一個粒子的測量所影響呢？」

多年以來，愛因斯坦擁抱起實在論的概念，

用他的話來說，便是相信有一個「獨立於吾人觀察」的「真實情況」存在。就是這項信念讓愛因斯坦對海森堡的測不準原理與量子力學其他信條感到不自在，因為這些信條主張觀察會決定真實。在對羅森菲提問時，愛因斯坦指出另一項「局地性」（locality）的概念[1]，亦即空間中任何兩個分開的粒子，發生在一個粒子上的事情與另一個粒子無關，而且兩者之間沒有訊號或作用力可以移動得比光速還快。

愛因斯坦指出，觀察或觸碰一個粒子不會瞬間對遠方另一個粒子產生推擠作用；一個系統中的作用只有一個方法可以影響遠方另一個系統，那便是之間有波、訊號或訊息傳遞，然而這個過程必須遵守光速限制，對於重力也適用。若是太陽消失了，大約有八分鐘的時間不會影響地球的軌道，亦即重力場變化以光速傳到地球所需時間。

愛因斯坦說：「就我看來，若系統S1和S2在空間中距離遙遠，則系統S2的瞬間真實狀況會與S1無關。這是應該堅守的一個假設。」這種說法符合直覺，看起來就是不證自明的道理。但如同愛因斯坦提到這是「假設」，並未獲得證明。

對於愛因斯坦，實在論和局地論是物理學中相關的支柱。他和朋友波恩討論時，打造了一個新詞：「物理學應該代表時間與空間上的實在，不能包含『詭異的遠距作用』（spooky action at a distance）。」

當愛因斯坦在普林斯頓安頓下來後，他馬上開始改進相關的思考實驗。親近的助理邁爾對他沒那麼忠心了，已經從量子力學戰場前線漸漸遠離，所以愛因斯坦另外請兩人來幫忙，一個是高等研究院二十六歲的新進同事羅森（Nathan Rosen），另一位是從前在加州理工學院相遇、後來改到研究院工作的四十九歲物理學家波多斯基（Boris Podolsky）。

1　愛因斯坦使用兩種相關的概念。可分隔性（separability）指占據空間中不同區域的不同粒子或系統為獨立的實在；局地性（locality）涉及某一作用的粒子或系統不會影響到位於空間另一側的粒子或系統，除非有某些東西越過了兩者之間的距離，而此一過程受限於光速。

　　最後完成的四頁論文在一九三五年五月發表，取三位作者姓氏的第一個字母稱為「EPR論文」，是愛因斯坦搬到美國後最重要的一篇論文。論文標題問道：量子力學對物理實在的描述能視為完整嗎？（Can the Quantum-Mechanical Description of Physical Reality Be Regarded as Complete?）

　　羅森做了許多數學，波多斯基則撰寫發表的英語版論文。雖然已經詳細討論過內容，但愛因斯坦很不高興波多斯基沒有清楚呈現出概念，反而是被太多數學表述埋葬了。在論文發表後，愛因斯坦跟薛丁格抱怨說：「論文不是我原先想要的那樣，根本重要的東西被數學公式窒息了。」

　　愛因斯坦也對於波多斯基在論文發表前，事先對《紐約時報》洩漏內容感到不快。報導的標題：「愛因斯坦攻擊量子理論／與兩名同事發現即使它正確卻不完整。」當然，愛因斯坦偶爾也會在論文發表前同意接受訪問，但這次他表明對這種作法感到不快。他對《紐約時報》發出聲明指出：「我一向不變的作法是只在適當的場合中討論科學事物，不贊成這類事物在任何宣布公告前，率先於新聞媒體中披露。」

　　在這篇論文中，一開始是先定義作者做為實在論者的前提：「若想辦法不擾亂一個系統，讓我們可以確定預測出一個物理量值，那麼該物理量值便對應一物理實在。」換句話說如果藉由某種過程，讓我們可以確定得知一個粒子的位置，並且沒有因為觀察而擾亂到粒子，那麼可以說粒子的位置是真實的，與外在觀察完全無關。

　　該篇論文繼續擴大愛因斯坦的思考實驗，探索碰撞（或是因原子裂解而往反方向飛走）的兩個粒子之間具有的相關特性。作者主張，我們可以透過測量第一個粒子，「在不打擾第二個粒子」的情況下得到第二個粒子的資料；藉由測量第一個粒子的位置，我們能精確決定第二粒子的位置，動量的狀況也是如此。文中指出：「根據我們對真實的標準，必須把第一種情況中的量值 P 視為實在的，在第二種情形中則量值Q亦為實在的。」

　　用較簡單的話來說：雖然我們還沒有觀察第二個粒子，然而無論何時它

都具有一個真實的位置和真實的動量，這兩種特質是量子力學未予解釋的實在特徵。因此，這篇論文問題的答案應該是否定的：量子力學對實在的描述不完整。

作者主張，唯一的替代選擇是聲稱在測量第一個粒子的過程中，會影響到第二個粒子位置與動量的實在。他們的結論是：「沒有合理的實在定義可望容許這種事情。」

包利寫給海森堡一封長信，氣呼呼說道：「愛因斯坦又再度公開對量子力學發動攻擊了，這次更和波多斯基和羅森聯手，而他們不是好東西！大家都知道，每回都造成大災難。」

當EPR論文到達哥本哈根波耳的手中時，他瞭解自己得再披掛上陣，對愛因斯坦的攻擊見招拆招，先前他在索爾維會議上已經成功扮演過這種角色了。波耳的一位同事表示：「這次突擊對我們彷彿是晴天霹靂，對波耳更是明顯。」以前波耳面對這種情況常會一邊踱步，一邊喃喃唸道：「愛因斯坦、愛因斯坦、愛因斯坦！」這回他碎碎唸的名單更長了，再加上感嘆詞便成了：「波多斯基、喔波多斯基、唉唷波多斯基、咿喲波多斯基……」

波耳的同事回憶道：「我們將所有事情都拋下，必須立刻澄清這個誤解。」但即使大家總動員了，仍然花了波耳六個星期絞盡腦汁、撰寫修訂、口述回應和唸唸有詞，最後才寫好對EPR的回應。

這篇回應比原來的論文長。在文章裡頭，波耳對於向來是測不準原理特徵的一項原則稍微退讓了，亦即因觀察行為所造成的力學擾動是測不準的主因。他承認在愛因斯坦的思考實驗中，「沒有因觀察而產生力學擾動問題」。

這項承認很重要。在此之前，波耳一直將測量引起的力學擾動當成是量子不確定性的物理解釋一部分。例如在索爾維會議中，他反駁愛因斯坦那些聰明的思考實驗，在於指出同時知道位置與動量是不可能的，因為測量一個量值所造成的力學擾動，會使觀察者無法正確測量另一個量值或屬性。

不過,在運用互補性的概念時,波耳加入一項重要宣告。他指出這兩個粒子是整個現象的一部分,因為兩者互相影響,所以兩個粒子「糾纏」了,成為整個現象或整個系統的一部分,由單一量子函數描述。

此外,波耳也注意到 EPR 論文並未真正排除測不準原理,即無法同時知道一個粒子精確的位置和動量。愛因斯坦是正確的,如果我們測量粒子 A 的位置,我們確實能知道其遠方雙胞胎粒子 B 的位置;同樣地,如果我們測量 A 的動量,我們便能知道 B 的動量。然而,即使我們能夠「想像」先測量 A 粒子的位置、再測量其動量,便能對 B 粒子的這兩種屬性指派一份「實在」,但是事實上我們卻無法同時精確測量出 A 粒子的這兩種屬性,因而也無法同時精確得知 B 粒子的這兩種屬性。葛林在探討論波耳的回應時,講得很簡單:「如果你手中沒有右邊運動粒子兩種屬性的資料,也不會有左邊運動粒子的兩種資料,因此與測不準原理並沒有衝突。」

不過,愛因斯坦堅稱自己已經舉出量子力學不完整性的重要例子,亦即量子力學違反「可分隔性」原則,指在空間中分開的兩個系統具有獨立之存在。同樣地,量子力學也違反相關的「局地性」原則,指一個系統中的作用不會立即影響另一個系統。做為場論(以時空連續體定義實在)的信仰者,愛因斯坦相信可分隔性是自然的一個基本特徵。做為相對論的捍衛者,他排除了牛頓宇宙學中詭異的遠距作用,主張這類作用必須遵從光速的限制,他也同樣相信局地性原則。

薛丁格的貓

儘管是成功的量子先鋒,然而薛丁格卻加入愛因斯坦的陣營,想要一起扳倒哥本哈根詮釋派。兩人在索爾維會議上結盟,那時愛因斯坦扮演上帝的辯護士,薛丁格則兼帶好奇和同情在旁觀戰。那是一場孤軍奮戰,一九二八年愛因斯坦寫信給薛丁格感嘆道:「海森堡—波耳巧妙打造的哲學(或宗

教？）具有鎮靜效果，為虔誠信徒提供一顆柔軟的枕頭，讓人極不容易被喚醒。」

難怪，當薛丁格看過EPR論文後，馬上就送一份道賀信給愛因斯坦，上面寫道：「你已經掐住量子力學教派的咽喉了。」幾星期之後，他又快樂地加上：「那好比是將魚叉刺進金魚塘裡，把大家都嚇得驚慌失色。」

薛丁格才剛拜訪過普林斯頓，愛因斯坦那時還滿心希望能說服佛雷斯納，聘請薛丁格留在高等研究院，結果卻失敗了。在接下來與薛丁格一連串的書信往返中，愛因斯坦開始與他共謀如何在量子力學上找破綻。

愛因斯坦直截了當就說：「我不相信它。」他嘲笑「詭異的遠距作用」之觀點是「神妙怪談」，並且攻擊在人類觀察事物的能力之外沒有任何實在存在的想法。他指出：「這個沉浸在認識論裡的荒唐學說總有一天會走上絕路。當然，你會看著我微笑！心想我像妓女臨老從良，或是革命分子最後變成反動分子。」薛丁格看信確實笑了，回信告訴愛因斯坦說自己也一樣，要從革命分子變成老派的反動分子了。

不過，愛因斯坦和薛丁格在一個議題上有分歧。薛丁格不認為「局地性」的觀念是神聖的，他甚至發明了當今使用的「糾纏」（entanglement）一詞，來描述有交互作用、但距離遙遠的兩個粒子之相互關係。具交互作用的兩個粒子其量子狀態必須一併描述，在一個粒子上發生的任何改變會立即反映在另一個粒子上，不論兩者距離多遠。薛丁格指出：「因為兩物體在先前時間由於交互作用而形成一個真正的單一系統，並在彼此上留下痕跡，從而產生糾纏的預測。若是有兩個分開的物體進入會影響彼此的情況中，然後再度分開，那麼我們便會知道兩者產生了所謂的『糾纏』。」

愛因斯坦和薛丁格又開始合作研究如何挑戰量子力學，但所用的方法與可分隔性或局地性並無關係。新方法是探究在量子領域中（包括次原子粒子）的事件與鉅觀世界（包括日常生活中所見的一般事物）的物體交互作用時，將會發生什麼事情。

　　在量子領域中，任何時刻一個粒子（如電子）沒有明確的位置，而是由一種稱為波函數的數學函數，來描述在特定位置找到粒子的機率。這波函數也可描述量子態，推算出某原子受到觀察時會不會發生衰變的機率。在一九二五年薛丁格提出著名的方程式，描述這些空間中散布的波。該方程式定義了當粒子受到觀察時，將會出現在某個地方或呈現某種狀態的機率。

　　根據波耳等人發展出來的哥本哈根詮釋，直到進行觀察前，粒子位置或狀態的真實只有機率而已。藉由測量或觀察系統，觀察者導致波函數崩塌，粒子才會有清楚的位置或者狀態。

　　在一封寫給薛丁格的信中，愛因斯坦提出一項生動的思考實驗，指出所有的波函數和機率的討論，以及粒子直到觀察之前沒有明確位置的說法，全都無法通過他的完整性測試。他想像有兩個盒子，知道其中一個盒子裡面有一顆球。當準備查看其中一個盒子時，球在裡面的機率有50%，在查看過後球在盒子裡面的機會不是100%，便是0%。然而在真實中，球都會在其中一個盒子裡。愛因斯坦寫道：

　　我將事情的狀態描述如下：球在第一個盒子中的機率是1/2，這是一個完整的描述嗎？不，一個完整的陳述是：球在（或不在）第一個盒子中。這就是事情狀態在完整的描述中應有的特徵。另一個陳述是：在我打開盒子之前，球絕對不在兩個盒子中的特定一個；只有在我打開蓋子之時，球才會在一個特定的盒子中。

　　愛因斯坦顯然偏愛前一種解釋，符合他的實在論陳述。他覺得第二種答案有些不完全，而這便是量子力學解釋事物的方式。

　　愛因斯坦的論點似乎是建立在常識上。不過，有時看似有道理的東西，結果卻不是好的自然描述。當愛因斯坦發展相對論時，他明白了這一點；他藐視普遍的時間常識，強迫我們改變思考自然的方法。量子力學也做了類似

的事情，主張除了受到觀察之外，粒子並沒有明確的狀態；而兩個粒子處於糾纏的狀態中，所以觀察一個粒子會立即決定另一個粒子的特質，一旦做了任何的觀察之後，系統便進入特定狀態了。

愛因斯坦從不接受這是對真實的完整描述，一九三五年八月初寫信給薛丁格提出另一項思考實驗。在他提出的情境下，量子力學只提供機率，但常識告訴我們顯然有根本的真實確定存在。愛因斯坦想像有一堆火藥因為某粒子的不穩定而會在某刻發生爆炸，量子力學方程式對此狀況「描述成尚未爆炸與已經爆炸的系統混合狀態」，但是愛因斯坦認為說：「這不是事情真實的狀態，因為真實中沒有介於爆炸與未爆炸間的狀態。」

薛丁格也提出類似的思考實驗，他用的不是一堆火藥，而是一隻即將成名的虛擬貓咪，指出當量子領域的中介狀態碰到正常鉅觀世界時，會凸顯出固有的怪異本質。他告訴愛因斯坦說：「我剛剛完成一篇很長的文章，裡面舉的例子跟你用的火藥很相像。」

這篇論文在十一月發表，薛丁格大力感謝愛因斯坦和EPR論文對其論點「提供啟發」。它挑戰了量子力學的一項核心觀念，即一個粒子從衰變的原子核射出的時間，在實際受到觀察前都不確定。在量子世界中，原子核處於一種「疊加態」（superposition），亦即在受到觀察之前，它同時以衰變與未衰變的狀態存在，在觀察的那刻其波函數崩塌，它才變成衰變或未衰變其中之一。

這在顯微的量子領域中或許是可以想像的，但是當一個人站在量子領域與日常宏觀世界的十字路口時，卻會顯得很困窘。薛丁格在他的思考實驗中問道：系統要多大才不再處於兩種狀態合併的疊加態，而必須分裂變成兩個真實？

這個問題讓一隻虛構生物有了不確定的命運，不管它是活是死都注定會永垂不朽，那便是「薛丁格貓」：

我們甚至可以提出一個荒謬的情況。將一隻貓關在一間鋼製房間裡，裡面擺放下列裝置（不能讓貓直接碰觸干擾到）：在一個蓋革計數器（Geiger counter），放一點點放射性物質，數量小到在一小時裡可能有一個原子發生衰變，有同樣的機率可能連一個原子也沒有衰變；若是發生衰變了，計數器會帶動一支鏈子，將一小瓶氰酸打破。若是將整套系統放置一小時，可以說若同時間沒有原子衰變，那麼貓還是活著。而整套系統的波函數會以其中有隻既是活的又是死的貓，來表達這種狀態。

愛因斯坦感到振奮不已。他回信說：「你的貓顯示我們對現今理論特質的評量完全一致，描述一隻既是活的又是死的貓的波函數，無法被當成事物真實狀態的描述。」

薛丁格舉出貓的例子後，持續引發一連串不同的回應。可以說在哥本哈根派詮釋中，當系統受到觀察時會停止處於重疊態而變成真實，但是沒有清楚的規則界定這類觀察：貓可以是觀察者嗎？一隻跳蚤呢？一部電腦呢？一個機器錄影裝置呢？沒有標準的答案。然而，我們確知量子效應一般在日常可觀世界中看不到，因此大多數量子力學的信徒並不會堅稱，在蓋子打開之前裡面的薛丁格貓是活又是死的。

愛因斯坦從未對薛丁格貓和自己一九三五年提出的火藥思考實驗喪失信心，深信它們能夠暴露出量子力學的不完整。不過，他並未因為幫忙孕育出那隻可憐的貓兒，而分享到歷史上應得的功勞和評價，甚至自己寫信時還搞錯，將兩個思考實驗的功勞都歸給了薛丁格；只是信中提到的貓不是被毒死的，而是被炸死的。這封信寫於一九五〇年，他對薛丁格提到：「當代物理學家不知為何相信量子理論提供了真實的描述，而且是完整的描述。然而，這套詮釋絕大部分都已經被您那套系統優雅地駁倒了，包括放射性原子＋蓋革計數器＋放大器＋火藥引線＋箱中貓，讓系統的波函數涵蓋了活著與炸碎的貓兒。」

愛因斯坦的所謂錯誤（例如加到重力場方程式的宇宙常數），結果常常會比別人的成功更有意思。他與波耳和海森堡交手時也是如此，雖然EPR論文未能成功證明量子力學是錯誤的，然而最終還是清楚指出量子力學違背「局地性」的常識認知，也就是我們對詭異遠距作用的排斥反感。吊詭的是，愛因斯坦顯然比他自己希望的還更為成功呢！

自從愛因斯坦提出EPR思考實驗後，量子糾纏的想法與詭異的遠距作用在幾年內成為實驗物理學家的研究重點。一九五一年普林斯頓有一位很聰明的助理教授波姆（David Bohm）重新提出EPR思考實驗，考慮兩個具有相反「自旋」的粒子向相反方向飛去的情況。一九六四年在日內瓦CERN核子研究中心的貝爾（John Stewart Bell）發表一篇論文，提議應該如何進行實驗。

貝爾對量子力學非常感冒，曾經表示：「我不想說它是錯誤的，但是我知道它很遜。」加上對於愛因斯坦很敬佩，所以希望能證明他是對的。然而當法國物理學家阿斯貝特（Alain Aspect）等人在一九八〇年代進行實驗後，提出證據顯示局地性並不是量子世界的特徵，詭異的遠距作用才是對的。

即便如此，貝爾還是很欣賞愛因斯坦的貢獻。他表示：「我覺得在這件事情上，愛因斯坦的聰明才智明顯勝過波耳。他清楚看出需要什麼東西，與說話模糊不清者之間有巨大鴻溝存在。所以對我來說，愛因斯坦的想法行不通很可惜，理性的東西就是行不通！」

量子糾纏原本是一九三五年由愛因斯坦提出來討論，想要用來破壞量子力學的方法，然而如今卻成為物理學中的怪異元素之一，因為太違反直覺了。每年都有許多新證據湧出，讓大眾日益著迷。例如，二〇〇五年底《紐約時報》刊出一篇由奧弗拜進行的調查報導，標題是「詭詐量子：測試愛因斯坦最詭異的理論」（Quantum Trickery: Testing Einstein's Strangest Theory），文章中康乃爾大學物理學家默明（N. David Mermin）稱它是「世界上最接近魔術的東西」。二〇〇六年，《新科學人》（*New Scientist*）也刊登一則故事，標題是「晶片上發現了愛因斯坦的『詭異作用』」。文章開頭

如下：

　　一個簡單的半導體晶片已經被用來產生糾纏的光子對，讓量子電腦成真邁向關鍵一步。被愛因斯坦喚做「詭異的遠距作用」而出名的量子糾纏，是指量子粒子的神祕現象：不管兩個粒子（如光子）距離多遠，其行為表現會有如一體。

　　這種遠距作用（發生在一個粒子上的事情，會立即反映在數十億哩遠的另一個粒子上），是否違反光速的限制？不，相對論似乎還是安全的。這兩個粒子雖然距離遙遠，但仍然是相同物理實體的一部分。當觀察其中一個粒子時，我們會影響到其屬性，對第二個粒子的觀察具有相關性。但是並沒有涉及資料傳遞，沒有信號送出，沒有傳統的因果關係。用思考實驗便能顯示量子糾纏無法用來即時傳遞資料，物理學家葛林指出：「簡而言之，狹義相對論千鈞一髮活下來了。」

　　過去數十年來，包括葛爾曼（Murray Gell-Mann）和哈爾托（James Hartle）等許多理論家採取另一種量子力學觀點，與哥本哈根詮釋的方式有些不同，對於EPR思考實驗提供一個較簡單的解釋。他們的詮釋以多重宇宙為基礎，不過只遵照某些變數而忽略或平均其他變數。這些「不協合」的宇宙歷史形成樹狀結構，每次的測量選擇再往下分枝成為另一次的選擇，如此衍生下去。

　　在EPR的思考實驗中，在一個歷史分枝上測量第一個粒子的位置，由於兩個粒子擁有共同的起源，所以第二個粒子的位置也決定了；在另一個歷史分枝上測量第一個粒子的動量，那麼第二個粒子的動量也決定了。在每個分枝上，不會發生違反古典物理法則的事情，由一個粒的訊息可以推論出另一個粒子的對應訊息，但是測量第一個粒子並不是去影響第二個粒子，所以對狹義相對論與不可即時傳遞訊息的原則不會產生威脅。量子力學的獨到之

處在於不可能同時決定一個粒子的位置和動量，所以如果這兩點都決定了，
代表是在不同的歷史分枝上。

「物理和實在」

　　愛因斯坦與波耳─海森堡派對於量子力學的基本爭執點，不僅在於上
帝是否會玩骰子，或者讓貓半死不活的，也不只是因果關係、局部性或完整
性而已。他爭的是有關於真實：實在存在嗎？更明確地說，我們能不能主張
有客觀的物理實在存在，與人類做何種觀察無涉？愛因斯坦針對量子力學指
出：「問題的核心不是因果關係，而是探討實在論的問題。」

　　波耳等人不以為然，他們認為爭辯在可觀察的面紗底下究竟存在何種東
西，是沒有意義的；我們只能夠知道實驗與觀察的結果，而非存在感官之外
的「終極真實」。

　　一九〇五年在閱讀休謨和馬赫的著作時，愛因斯坦也曾經顯露類似波
耳等人的態度，排斥絕對空間與時間等無法觀察的概念。他回憶道：「當時
我的思考模式較接近實證哲學，但是在想出廣義相對論後，便離開了實證哲
學。」

　　此後愛因斯坦更加確認自己的信念，主張有客觀的古典真實存在。他大
方承認道，其實在論代表與先前的馬赫經驗論主義分道揚鑣：「這個信念與
我年輕時所持觀點並未呼應。」歷史學家荷頓便評論道：「一位科學家徹底
改變自己的哲學信念，確實是相當罕見的。」

　　愛因斯坦的實在論觀念包含三大部分：

1. 他相信有一個實在，不受人類能否觀察而存在。如在自傳附錄中提
   到：「物理學嘗試在概念上捕捉住獨立於觀察之外的實在。就這層意
   義上，我們說有『物理實在』。」

2. 他相信可分隔性和局地性。換句話說，物體位於時空某些點上，而這種可分隔性是物體定義的一部分。他對波恩宣布道：「如果放棄存在空間不同區域的東西具有獨立性（真實存在）的假設，那麼我看不出來物理學應該描述什麼。」

3. 他相信嚴格的因果關係，這帶有確定性並暗示古典決定論。指機率在真實中扮演一個角色的想法，以及指觀察可能會瓦解這些機率的想法，都讓他侷促不安。他指出：「包括我在內的一些物理學家，無法相信與接受將自然事物比喻成一場機率遊戲的觀點。」

我們可以想像只具備上述二種，甚至是一種特性的實在論，有時候愛因斯坦也會思考這種可能，學者們也爭辯哪種特性對他最為根本。不過，愛因斯坦不斷表達希望三種特性全部涵括的信念，如同他在生命尾聲時對克里夫蘭一場醫界大會上發表演說指出：「物理應該回來討論空間和時間中的物體，並獲得這些物體的法則關係。」

在這種實在論的核心，幾乎是宗教性或赤子般的敬畏震懾，認為我們隨機感官知覺到的一切全部有模式可循、會遵照規則並且具有意義。我們理所當然地把感官知覺到的當成是外在的物體，對於其行為背後似乎受法則所支配也不以為意。

但是就如愛因斯坦在孩提時代第一次思索指南針的道理時一樣，他對於有法則支配了我們的知覺，而不僅是單純的隨機性感到驚畏。對於宇宙具有驚人意外的可理解性，他深深感到尊敬並形成其實在論的基礎，也是他自稱有宗教信仰的重要特徵。

一九三六年在〈物理和實在〉（Physics and Reality）這篇文章中，愛因斯坦對抗量子力學，捍衛了自己的實在論。他寫道：「從思考上來看，我們感覺經驗的一切是井然有序的，這個事實讓人感到敬畏震懾。這個世界永恆不朽的祕密是它具有可理解性……我們可以理解世界真是一種奇蹟！」

　　愛因斯坦的朋友索洛文，曾在奧林比亞學會時代與他一起唸休謨和馬赫，他認為愛因斯坦將世界的可理解性當成是「一種奇蹟或永恆不朽的祕密」很「奇怪」。愛因斯坦認為世界若非如此是不合邏輯的。他寫道：「若不做任何假設，世界應該是混亂的，無論如何都無法用心智掌握。但事實卻不然，這便是實證哲學家和專業無神論者的錯誤所在。」而愛因斯坦兩者都不是。

　　對於愛因斯坦，相信有根本真實存在是帶有宗教意味的。這種態度讓索洛文感到錯愕，他回信表示自己對這類語言「很反感」。愛因斯坦不同意，他回答道：「對於真實的理性本質以及人類理智可以觸及真實的信心，我認為沒有比『宗教』更好的表達用語。當這種感覺不見時，科學會退化成盲目的經驗主義。」

　　愛因斯坦知道新世代把他看做是落伍的保守人士，緊捉著古典物理學老派的確定性不放。他覺得這種看法很有趣，告訴朋友波恩說：「縱使量子論一開始大獲成功，也未能讓我相信自然本質上是擲骰子遊戲，雖然我知道年輕人認為那是我變老的緣故。」

　　波恩雖然深愛著愛因斯坦，但是他同意年輕一代認為愛因斯坦已經變成保守派的說法，好比上一代物理學家對愛因斯坦相對論的反抗。他指出：「他不再能夠接受一些抵觸自己哲學定念的新物理學觀念。」

　　但是愛因斯不認為自己是保守分子，喜歡把自己看成是帶著好奇和執著來對抗世俗潮流的叛逆頑童。一九三八年他對索洛文表示：「在量子理論學家自吹自擂之下，自然具有客觀真實存在的想法已被當成是過時之見。每個時期都受到一種思潮所主宰，結果大多數人都無法看清高高在上控制一切的暴君。」

　　在一九三八年合著的物理史教科書《物理之演進》（ *The Evolution of Physics* ）中，愛因斯坦鼓吹自己的實在論。書中主張，「客觀真實」的信仰帶領每個時代出現偉大的科學進步，因此證明是一項有用的觀念，即便無法

證明其存在。書中指出：「若是不相信有可能利用理論建構來掌握真實，或者不相信世界具有內在和諧，便不會有科學的存在。從過去到未來，這份信仰都會是所有科學創造的根本動機。」

此外在量子力學不斷的進展中，愛因斯坦也借用這段話來捍衛場論的功用。最好的方式便是將粒子看做是場的一種特殊形式，而不是當做獨立的物體：

將物質和場當成是兩種此完全不同的特質，並無意義……我們能夠不用物質的觀念而建立純粹的場物理學嗎？我們可以將物質當成是空間中場極強的區域，從這個觀點看一塊丟出去的石頭是一種變化的場，石頭的運動代表空間中場最強之處的位置持續變化。

還有第三點理由讓愛因斯坦願意幫忙寫這本教科書，但是比較個人的理由。他想要幫助殷菲德，他是逃出波蘭的猶太人，曾短暫在英國劍橋與波恩合作，後來搬到普林斯頓。殷菲德先與荷夫曼一起研究相對論，後來提議去找愛因斯坦合作。

愛因斯坦十分高興。荷夫曼回憶道：「我們做了繁瑣複雜的計算工作，然後向愛因斯坦報告結果，好像是在開總部會議一樣。有時候他的想法不知從何而來，相當相當的特別。」在三人合作下，愛因斯坦於一九三七年提出優雅的方法，可以更簡單地解釋行星的運動，以及其他產生空間彎曲的重物。

但是他們在統一場論的研究卻從未見突破，有時候好像是全無希望，讓殷菲德和荷夫曼很沮喪。荷夫曼回憶道：「但是愛因斯坦的勇氣不曾退卻，也從未失去善於創造的能力。當激烈的討論沒能打破僵局時，愛因斯坦會沈靜地用帶怪腔的英文說『讓我想一下』」。房間瞬時沈默下來，他會來回踱步或者徘徊慢行，用食指繞轉一圈頭髮，「他臉上會出現做夢般出神的

表情，看不出遭遇壓力或用腦過度的跡象。」幾分鐘之後，他會突然回到世界，「臉上展露微笑，吐露問題的答案。」

愛因斯坦非常高興殷菲德能幫忙，所以試圖讓佛雷斯納為他謀得高等研究院的工作。但是佛雷斯納上回已經很不高興研究院得被迫聘請邁爾了，所以這回並沒有答應。於是，愛因斯坦親自出席一場極少參加的院務會議，為殷菲德爭取六百美元的薪水，不過也沒有成功。

所以殷菲德提出一個計畫，要和愛因斯坦合寫一本物理史（那肯定會賣錢），讓兩人平分版稅。當他去找愛因斯坦談構想時，卻結巴得不得了，最後終於吞吞吐吐地把提議說完了。愛因斯坦回答說：「這個想法一點兒都不笨，我們應該動筆來寫。」

在一九三七年四月，這本傳記的原版出版社的兩位創辦人西蒙（Richard Simon）和休斯特（Max Schuster）開車到愛因斯坦家中想談定版權。交際手腕較高的休斯特，試圖講些笑話來討愛因斯坦的歡心，表示他發現有東西比光速還快，那便是「一個女人剛到巴黎，然後跑去購物的速度」。根據他的回憶，愛因斯坦聽了覺得很好玩。無論如何，這趟拜訪非常成功，《物理之演進》至今已經四十四刷，不僅加強宣傳場論的角色以及對客觀真實的信仰，同時也讓殷菲德（和愛因斯坦）在經濟上更為穩固。

殷菲德十分感恩，稱愛因斯坦「也許是歷史上最偉大的科學家和最仁慈親切的人士」，更趁恩師在世時幫他寫了一本充滿讚美之詞的傳記，讚揚他在追尋統一理論的過程中，願意揚棄傳統思考。殷菲德寫道：「愛因斯坦能夠堅持與一個問題纏鬥許多年，不斷回到這個問題上，正是他身為天才的重要特徵。」

對抗潮流

殷菲德是正確的嗎？固執難纏是愛因斯坦重要的天才特徵嗎？在某種

程度上這種特質讓他受益無窮，尤其是在推廣相對論時孤單漫長的過程中。而且自從學生時代他便流露出一種根深蒂固的特質，願意逆勢而行並挑戰權威。在他探尋統一場論的過程中，這些都是極為明顯的特質。

雖然他向來喜歡宣稱，分析實驗資料在建構偉大理論上只扮演小小角色，但是他通常擁有敏銳的直覺，能夠從既有實驗和觀察中領悟到有關自然的洞見或原理。只不過，這項特色如今已見褪色了。

到了一九三〇年代後期，愛因斯坦與各種實驗新發現越離越遠。在現實物理學中，非但無法統一重力與電磁力，甚至還發現了強作用力與弱作用力。朋友培斯回憶道：「愛因斯坦選擇忽略這兩種新作用力，雖然和先前兩個早知作用力一樣很基本；他仍繼續追尋重力和電磁力的統一。」

此外，一九三〇年代開始發現了許多新的基本粒子，包括波色子（boson），如光子和膠子（gluon），到費米子（fermion），如電子、正電子、上夸克和下夸克等，對於愛因斯坦追尋統一似乎不是好兆頭。朋友包利在一九四〇年也加入高等研究院，對這場徒然無功的追尋說了一段妙喻：「上帝分開放的東西，任誰也無法放回來。」

愛因斯坦對於這些新發現隱約感到不安，然而又怡然自處並未放大看待。他寫信給勞厄指出：「我只能從這些偉大的發現找到小小的快樂，因為似乎未能增進我對物理基礎的瞭解。我感覺好像是連ABC都學不會的小孩，但是夠奇妙的是我未放棄希望，畢竟這裡交手的是史芬克斯，而不是街頭上自動撲來的鶯鶯燕燕。」

因此愛因斯坦再對度逆勢搏鬥潮流，不斷被推向後頭。他瞭解自己擁有追尋孤單旅程的奢侈，因為新進物理學家尚須努力建立名聲，這麼做太危險了。不過，總是有兩、三名年輕的物理學家，受到他的光環吸引而樂意合作，雖然物理界大多認為他對統一場論的追尋太唐吉訶德了。

施托思（Ernst Straus）是其中一位年輕的幫手，他記得曾經參與一個愛因斯坦摸索快兩年的研究。有一天晚上，施托思難過得發現牽涉到的方程

式，明顯會產生一些不可能是對的答案。第二天，他和愛因斯坦一起從各個角度探討問題，但是一再得到失望的結果，所以兩人便提早回家了。施托思很灰心，以為愛因斯坦會更沮喪，沒想到第二天他照樣興奮有勁，提議採取另一種方法。施托思回憶道：「我們開始了一個全新的理論，結果半年後也丟進垃圾堆桶裡了，而且哀悼時間不超過上個理論。」

愛因斯坦相信自然造化的數學原則應該是簡潔的；他從未明確界定何謂簡潔，但是看見便知道了。偶爾當一個特別優雅的式子冒出來時，他會非常高興地對施托思喊道：「這是如此簡單，上帝不會錯過的。」

愛因斯坦狂熱的信件繼續從普林斯頓湧向朋友，述說他對量子理論學家聖戰運動的進展，他認為他們太執著於機率，而不願意相信有基本真實存在。一九三八年他寫信給索洛文指出：「我現在正和年輕人們研究一個極為有趣的理論，我希望能打敗當代提倡神祕與機率的人士，並逆轉他們對物理學領域中真實概念的反感。」

同樣地，傳出突破的新聞持續從普林斯頓向各地發散。一九三五年著名的《紐約時報》科學記者勞倫斯（William Laurence）在第一頁報導寫道：「攀登宇宙阿爾卑斯山的愛因斯坦博士抵達人跡未至的數學巔峰，報告已看見空間與物質構造的新模式。」一九三九年這名記者又在第一頁報導指出：「二十年來愛因斯坦不停追尋一個法則，希望能完整解開宇宙上達浩瀚星空、下窮原子核心祕密的機制，今天他透露終於能夠看見期盼中的『知識迦南美地』，那裡或許握有解開宇宙創造之謎的萬能鑰匙。」

愛因斯坦在青春歲月能大獲全勝，部分是因為他具有嗅出物理真實的本能，包括相對運動、光速恆定、重力與慣性具等效性等意義，都是他直覺感受到的，從這份對物理的感覺中讓他建立出各種理論。然而因為要完成廣義相對論的場方程式時，數學曾經帶領他做最後衝刺，所以他後來變得比較依賴數學表述。

如今在探索統一理論的過程中，似乎有許多數學表述引導他，基本的

物理洞見只有極少數而已。普林斯頓的合作者荷夫曼說道：「在早期追尋廣義相對論時，愛因斯坦受到重力與加速等效的原則所指引。但是現在可以導向統一場論建構的指引原則在哪裡呢？沒有人知道，即使是愛因斯坦也不知道。因此，這次的追尋不太像是追尋，有如在陰暗的數學叢林裡摸索，只有微微的物理直覺照引著。」伯恩斯坦（Jeremy Bernstein）稱這場追尋「好像是對數學公式隨意洗牌抽牌，卻看不到物理的身影。」

過了一陣子，樂觀的報導標題和信件不再從普林斯頓發出了，愛因斯坦公開承認自己停滯不前也不再那麼樂觀。許多年來，紐約時報都會不時報導愛因斯坦對統一場論的追尋傳出突破的好消息，然而此刻的標題變成了：「愛因斯坦深受宇宙之謎困惑。」

不過，愛因斯坦堅持仍無法「接受將自然事物看成是賭博的觀點」。他誓言會繼續探索下去，認為即使努力失敗了，仍然會很有意義。他解釋道：「每個人都可自由選擇努力的方向，也可以很安慰地說追尋真理的過程比擁有更加珍貴。」

一九三九年春初愛因斯坦快過六十歲生日時，波耳到普林斯頓訪問兩個月。對於這名長年交鋒的老朋友，愛因斯坦表現得算是冷淡。他們在一些招待會上見面，稍稍聊了一下，不像昔日以思考實驗往返討論量子理論的詭異性。

愛因斯坦在那段期間只發表一場演講，波耳有出席聽講。演講談的是愛因斯坦對尋找統一場論的最新嘗試，最後他將目光停留在波耳身上，向聽眾說自己長久以來都是用這種方式解釋量子力學。但是他明白表示不想再進一步討論了，助理回憶說：「波耳對此感到黯然神傷。」

波耳另外為普林斯頓帶來一項科學消息，與愛因斯坦發現能量與質量之間的連結 $E=mc^2$ 有關。在柏林，哈恩（Otto Hahn）和史托斯曼（Fritz Strassman）利用中子撞擊重鈾，得到一些有趣的實驗結果。他們將資料送給之前的同事麗莎・梅特納，她因為是半個猶太人被迫逃到瑞典。梅特娜與甥

兒弗里施（Frisch）討論後，認為是原子發生分裂了，產少兩個較輕的原子核，少數失去的質量變成了能量。

在確認結果後，他們將這個過程命名為「核分裂」。弗里施告訴正要出發前往美國的同事波耳，於是波耳在一九三九年一月下旬剛抵達普林斯頓時，馬上跟大家談到這項新發現，他們就利用每周一晚間的定期聚會進行討論。幾天之內結果已經重複出來了，於是大家開始寫出許多論文，包括波耳和年輕的物理教授惠勒也合寫了一篇。

長久以來，愛因斯坦對於人類是否能駕馭原子的能量，釋放出 $E=mc^2$ 暗藏的能量抱持懷疑。一九三四年拜訪匹茲堡，有人提出這個問題時他答覆：「想用撞擊的方法來分裂原子，好比是黑暗中亂槍打鳥。」結果成為《匹茲堡郵報》（Post-Gazette）的大標題：「原子能希望遭愛因斯坦戳破／釋放巨大能量之舉被稱為緣木求魚／專家開口發表意見。」

從一九三九年初的消息看來，原子核的確可能在撞擊下分裂釋放能量，愛因斯坦再度面對了這個問題。三月接受六十歲生日訪問時，他被問道利用原子彈作戰的可行性。他回答道：「目前我們可以讓原子分裂，但並不代表能夠將釋放的能量拿來做實際運用。」不過這回他很謹慎，沒有把話講得太死：「然而這個課題高度重要，有靈魂的物理學家都會繼續探討下去。」

在接下來四個月，他的興趣也大大提高了。

第二十章

炸彈
THE BOMB

上書

　　齊拉德是有魅力卻又有些古怪的匈牙利物理學家，也是愛因斯坦的老朋友。一九二〇年代在柏林時，他們合作研發出新型電冰箱，雖然申請到專利，但是銷售並不成功。在齊拉德逃離納粹到英國後，他又輾轉到紐約的哥倫比亞大學研發核子連鎖反應，這個點子是幾年前他在倫敦等紅綠燈時突然想到的。當他聽說發現用鈾來製造核分裂時，心想或許可藉此產生爆炸性的連鎖反應。

　　齊拉德與好朋友威格納討論這個構想的可行性。威格納也是從布達佩斯逃出來的物理學家，兩人開始憂心德國人可能會買斷剛果的鈾原料。由於剛果當時是比利時的殖民地，他們自問身為兩名逃到美國的匈牙利難民，如何能夠警告比利時呢？那時，齊拉德想到愛因斯坦正好是比利時王太后的朋友。

　　一九三九年夏天，愛因斯坦待在長島一間租來的小木屋度假，那裡靠著皮康尼克灣（Great Peconic Bay）。他駕著自己的「提涅夫」小船出海，到當地的百貨公司買了涼鞋，並與老闆一起演奏巴哈。

　　齊拉德回憶道：「我們知道愛因斯坦在長島的某個地方，但是不知道確切的地點。」因此他打電話到愛因斯坦在普林斯頓的辦公室，得到

消息說愛因斯坦在皮康尼克租了「摩爾博士」的房子。於是一九三九年七月十六日星期日,他坐上威格納的車子出任務了(齊拉德像愛因斯坦一樣不會開車)。

但是當他們到達時卻找不到房子,似乎沒有人知道摩爾博士是誰。正當準備放棄時,齊拉德看見路旁站了一名少年,他問道:「你知道愛因斯坦教授住哪裡嗎?」這名少年像鎮上大多數人一樣,雖然完全不解摩爾博士是何方神聖,但是卻知道愛因斯坦住的地方,於是指點一行人來到老樹路盡頭的一間小木屋,發現愛因斯坦正想得出神呢!

這間小木屋裝潢簡陋,他們坐在門廊前一張簡單的木桌上,齊拉德解釋如何用石墨與中子讓鈾產生核分裂,並引發爆炸性連鎖反應的過程。愛因斯坦插話說:「我從來沒有想到耶!」他提出一些問題,檢視反應過程十五分鐘,然後很快明白其中奧妙了。愛因斯坦建議,他們也許不該寫信給王太后,而是寫信給他認識的一位比利時部長。

威格納比較敏感,他認為也許三個難民不應該在未與美國國務院商量之前,先寫信給外國政府討論安全機密之事。於是,他們決定最恰當的管道或許是由愛因斯坦寫信給比利時大使並附件給美國國務院,因為愛因斯坦知名度最高,才會被注意到。於是,愛因斯坦以德文口述了一份草稿,由威格納翻譯,交由祕書打字,然後再送給齊拉德。

幾天之後,一位朋友安排齊拉德與亞歷山大·薩克斯(Alexander Sachs)見面,他是雷曼兄弟公司的經濟學家,也是羅斯福總統的朋友。薩克斯比三位理論學家更明白事態嚴重,堅持應該直接將信送到白宮,而且他願意親手交遞。

這是齊拉德第一次與薩克斯會面,但是薩克斯大膽的提議顯得很吸引人。齊拉德寫信給愛因斯坦表示:「試試這個方法不至於有什麼害處。」但是,他們應該用電話討論或是親自見面修改信件呢?愛因斯坦回信,邀齊拉德再來皮康尼克一趟。

　　那時候威格納正好去拜訪加州，於是齊拉德找來另一個科學好友理論物理學家泰勒（Edward Teller）當司機，他也是表現優秀傑出的匈牙利難民。齊拉德告訴愛因斯坦說：「我相信他的意見很有價值，我也認為你會很高興認識他，他為人特別好。」另一個好處是泰勒有一輛一九三五年出廠的普里茅斯大轎車，所以齊拉德又再度前往皮康尼克了。

　　齊拉德帶來了兩周前擬定的初稿，但是愛因斯坦明白當下商議的信函，比提醒比利時部長該提防剛果鈾礦出口一事，更是重大得多了。此刻，世界上最著名的科學家正要告訴美國總統應該開始考量原子武器的重要性，因為那將釋放出難以想像的巨大衝擊力。齊拉德回憶道：「愛因斯坦以德語口述信件內容，泰勒負責寫下來，我則依此為本，準備了兩版將呈給美國總統的英文書信草稿。」

　　依照泰勒的筆記，愛因斯坦口述的草稿不但提出剛果的鈾礦問題，並解釋了連鎖反應的可能性，表示可以製造一種新式炸彈，促請總統與物理專家建立正式的連繫管道。接著，一九三三年八月二日齊拉德送給愛因斯坦一份四十五行與一份二十五行的信件，「讓愛因斯坦選擇看喜歡用哪個版本」。結果，愛因斯坦兩份都簽名了，但字跡細小謹慎，不如平日那般龍飛鳳舞。

　　較長的版本最後上呈到羅斯福總統手裡，摘錄部分原文如下：

總統先生：

　　費米和齊拉德最近研究的手稿已經傳達到我的手中，我預期鈾元素在近日可望成為一種重要的新能量來源。另一方面，近來出現一些情況需要審慎注意，有賴政府當機立斷因應處理。因此，我相信自己有責任提出以下的事實和建議：

　　……現在有可能利用鈾堆引發核子連鎖反應，產生巨大力量和大量新元素如鐳等。今天幾乎可確定，不久的將來這一切可望實現。

　　這種新反應可用來製造炸彈，而且是爆炸力超強的新式炸彈：只要用船

艦載一顆炸彈載到某個港口引爆，將會摧毀整個港口和周邊土地⋯。

　　有鑑於此，您可能會同意在美國政府當局與研究連鎖反應的物理學家之間，應當建立並維持長期連繫，將是當前最有利的處置。

　　信末並警告德國科學家可能正在研究製造這類炸彈。當信件寫好及簽名完後，他們仍在考慮誰最有可能將信件送到羅斯福總統手中。愛因斯坦對於薩克斯不太確定，於是改為考慮金融家巴魯克（Bernard Baruch）和麻州理工學院校長康普頓（Karl Compton）。

　　然而令人吃驚的是，當齊拉德將打好字的信件送回給愛因斯坦時，他建議請林白當中間人；林白在十二年前，因為單獨飛越大西洋而成為名人。但是三位猶太難民顯然不知道，這位飛行員曾待在德國，前一年才由納粹的戈林（Göring，後來的帝國元帥與希特勒的指定接班人，紐倫堡大審中被判處絞刑後於牢中自殺。）授與國家榮譽獎章，現在已成為孤立主義的提倡者和羅斯福總統的敵人了。

　　愛因斯坦幾年前曾在紐約與林白短暫交會過，於是他寫了一份簡短說明，連同簽好名字的信件交還給齊拉德。愛因斯坦寫道：「我想拜託您幫個忙，與我的朋友齊拉德博士見面，他會提出一件很重要的事情。對於科學圈之外的人，此事聽來或許會非常瘋狂。然而為民眾利益著想，您肯定會相信其可能性並審慎看待。」

　　林白沒有回音，因此齊拉德在九月十三日再度發信提醒，要求與他會面。兩天之後當林白發表全國廣播演說時，他們才瞭解自己太搞不清楚狀況了。林白疾呼美國該推行孤立主義，演說開頭便是：「參與歐洲戰事，並不是這個國家的命運。」演講內容交雜著林白親近並同情德國的徵象，甚至帶有控訴猶太人控制媒體的反猶太意味。他指出：「我們必須問誰擁有並影響報紙、新聞照片和廣播電台，若民眾瞭解真相，我們的國家不會捲入戰爭。」

接下來，齊拉德寫給愛因斯坦一封很明白信件：「林白不是我們的人。」

他們另一個希望是薩克斯，愛因斯坦曾將簽名致羅斯福總統的信件交給他。雖然這件事非常重要，但是薩克斯拖了快兩個月卻苦無良機。

此時發生一件事，讓原本重要之事變成刻不容緩的急迫了。一九三九年八月底，納粹和蘇聯簽署協議瓜分波蘭，此舉震驚了全世界，促使英、法對德國宣戰，開啟第二次世界大戰。美國暫時保持中立，不過也開始重整軍備，並且研發各式新武器，以便將來能派上用場。

齊拉德在九月下旬去見薩克斯，發現他還是沒有辦法與羅斯福總統會面，於是感到無比驚慌。齊拉德寫信給愛因斯坦指出：「很顯然薩克斯可能對我們沒有用了，威格納和我決定再給他十天的寬限期。」薩克斯趕在最後時刻做到了，十月十一日星期三下午他被引進白宮，帶著愛因斯坦的信件、齊拉德的備忘錄，和自己寫的八百字摘要。

總統快活地歡迎他：「亞歷克斯，你有什麼事？」

薩克斯很健談，這可能是為何總統助理很難給他排妥會面時間，另外他也很會對總統說寓言故事。這次的故事是有關一個發明家，他稟告拿破崙自己可以建造蒸氣船，取代傳統靠風力前進的帆船，但是拿破崙把他當瘋子斥退了。薩克斯揭曉該位訪客是輪船發明人富爾頓（Robert Fulton），這個故事的教訓便是皇帝應該聽取有用的建議。

羅斯福總統聽了之後，馬上寫了一張條子給助理。只見助理匆匆離去，帶回一瓶陳年稀有的拿破崙白蘭地，總統表示這是家中收藏許久的美酒，倒了兩杯請他品嚐。

薩克斯擔心如果只留下備忘錄和文件，可能會被總統看一眼便束之高閣了。他決定唯一可靠的方法便是大聲唸出來，於是站在總統書桌前讀出準備好的摘要，內容包括愛因斯坦的信件、齊拉德的備忘錄，以及他自己的引經據典。

　　總統說道：「亞歷克斯，你是不願意看到納粹把我們炸毀囉？」

　　薩克斯答道：「正是。」

　　羅斯福馬上召來助理，宣布說：「我們需要行動。」

　　那天晚上確定要設立一個特別委員會，由美國國家標準局局長布里格斯（Lyman Briggs）博士負責統籌。第一次非正式聚會是十月二十一日在華盛頓進行，愛因斯坦沒有出席也不想出席，因為他既不是核子物理學家，也不喜歡親近軍、政領袖。但是齊拉德、威格納和泰勒等匈牙利移民的三劍客，都在那裡共啟大業。

　　隔周愛因斯坦收到總統一封正式客套的感謝函，上面寫道：「我已經召集一個委員會，將徹底研究您提到開發鈾元素的可能性。」

　　原子計畫進展相當緩慢。接下來幾個月，羅斯福政府只核准六千美元進行石墨和鈾的實驗。齊拉德失去耐心了，他越來越相信連鎖反應的可行性，也越來越擔心從其他難民口中聽到德國的種種動作。

　　因此在一九四〇年三月，齊拉德又跑去普林斯頓找愛因斯坦。他們擬定另一封信由愛因斯坦簽名，再請薩克斯將信件轉交給總統，信中提及柏林研究鈾元素的進展。由於連鎖反應具有強大的爆炸潛力，根據當時敵方的研究進展，信中促請總統思考美國的動作是否夠快速。

　　羅斯福總統擬召開會議傳達事態緊迫，交待官員務必請愛因斯坦參加。但愛因斯坦不願意涉入更深，回信表示自己感冒了（很方便的藉口），而且會議不需要他的出席。但是他呼籲研究小組要加緊行動：「我相信創造環境以便進行大規模的快速研究，是明智與迫切之舉。」

　　縱使愛因斯坦願意參加會議（後來演變為原子彈曼哈頓計畫），也未必會受到歡迎。令人驚訝地是，原本他是幫忙催生該計畫的人，卻被某些人當成是重大的潛在安全威脅，不願意讓他知道研究情況。

　　負責組織新委員會的陸軍代理幕僚長邁爾斯（Sherman Miles）准將，在一九四〇年七月寄一封信給已經當了十六年聯邦調查局局長的胡佛（後來繼

續擔任這個職位長達三十二年）。因為事涉國家軍情機密，邁爾斯將軍稱對方為「胡佛上校」，巧妙地抬出軍階展示權威。當邁爾斯索取愛因斯坦在聯邦調查局的資料時，胡佛馬上奉上了。

胡佛先搬出婦女愛國同盟一九三二年的來信。信中主張美國政府不該發給愛因斯坦簽證，並警告說他曾經支持各式和平主義和政治團體。對於這些指控，聯邦調查局並未加以證實或評價。

接著，胡佛又指出愛因斯坦與一九三二年阿姆斯特丹舉行的世界反戰國會有關，委員會裡有些歐洲的共產主義分子。然而，愛因斯坦曾公開表示拒絕參加與支持此會，寫信給主辦人說：「因為裡面大加讚頌蘇聯，讓我無法進行簽署。」在那封信中愛因斯坦又再抨擊蘇聯，表示：「那裡似乎完全壓仰個體自由和言論自由。」然而，胡佛卻暗指愛因斯坦曾經支持該項會議，所以立場是親蘇聯的。

胡佛的信中還有另外六段類似的指控，聲稱愛因斯坦與其他組織有關連，包括和平主義團體到支持西班牙共和政府（當時的西班牙第二共和由大選獲勝的共產黨等政黨組成的人民陣線執政，後來佛朗哥發動軍事叛變開始西班牙內戰，在納粹和墨索里尼的武裝支持下推翻共和政府成立法西斯政權。內戰時蘇聯支持共和政府，英美法則對政府軍實施禁運並提供叛軍經濟援助。）等等。另外信中附上一份簡傳，裡面充滿錯誤的細節（如「育有一子」）以及胡亂的指控，包括聲稱愛因斯坦是「一個極端的激進分子」，實際與他本性大相逕庭；也指稱他「曾投稿共產主義雜誌」，但他不曾這麼做過。邁爾斯看到這份備忘錄後大驚，在邊緣加註警告說若是文件洩漏了，「恐會引起野火燎原。」

這份未署名的簡傳出現嚴重的結論：「鑑於此種激進背景，本局不建議在未進行審慎調查之前，聘請愛因斯坦博士涉及重要機密之事。因為此種背景之人似乎不可能短暫期間內，成為忠心的美國公民。」在隔年的備忘錄中，報告指出海軍同意讓愛因斯坦的安檢過關，然而「陸軍無法澄清安全疑

慮」。

變成美國公民

　　正在陸軍做出決定時，愛因斯坦卻熱衷完成一件四十年來未做的事情：成為一個國家的公民。上回他存錢以便離開德國後變成瑞士公民，這回他則是光榮並主動地變成美國公民。歸化程序始自五年前，他先航行到百慕達群島，再以移民簽證入境美國。那時他仍然持有瑞士公民資格和護照，因此沒有必要入籍美國，但是他想要這麼做。

　　一九四〇年六月二十二日愛因斯坦參加公民測驗，主持者是特藍頓（Trenton）的一位聯邦法官。為了慶祝歸化入籍，他同意接受電台訪問，那是屬於移民服務「我是美國人」系列的一部分。法官提供午餐，讓電台的人在辦公室裡架設機具，使愛因斯坦可以方便一點。

　　這是令人振奮的一天，愛因斯坦更表現出「有話就說」的公民本色。在電台演講中，他主張為避免未來發生戰爭，所有的國家必須放棄部分主權，交給一個有軍事實力的國家聯盟組織。他表示：「除非一個全球性組織能控制所有會員的軍事力量，否則將無法有效保證世界和平。」

　　愛因斯坦通過公民測驗，與繼女瑪歌、助理杜卡斯和其他八十六位新公民，在十月一日宣誓入籍。他對採訪的記者讚揚美國，表示這個國家將會證明民主不僅是一種政府形態，更是「一個生活方式，維繫著一個偉大的傳統，那便是道德力量的傳統。」被問道是否會放棄對其他國家效忠時，他快樂地宣布如果那是必要的，「我甚至會放棄最心愛的帆船」。不過，沒有規定他得放棄瑞士公民的身分，所以他也保留下來了。

　　當初次抵達普林斯頓時，愛因斯坦感動的是美國是一塊自由的土地，沒有歐洲僵硬的階級制度和尊卑有別。但是後來更令他感動的是這個國家對自由思想、自由言論與非遵奉者的尊重包容，這也讓他成為一個又好又受爭議

的美國人。這份信仰一直是他從事科學研究的試金石，現在則成為他當公民的試金石。

過去他放棄了納粹德國，公開聲明表示自己不願住在民眾沒有言論與思想自由的國家。在成為美國公民不久後，他在一篇未發表的文章中寫道：「在那時候我不瞭解選擇美國有多正確，但是現在我聽到無論男男女女，都可以毫不擔心地自由發表對公職候選人與民生議題的種種看法。」

他指出，美國之美在於包容每個人的想法，而且沒有「在歐洲興起的暴力和恐懼」。他表示：「從美國人身上，我看到如果沒有自我表達的自由，大家便認為生命不值得活了。」愛因斯坦這麼重視美國的核心價值，可以解釋幾年後當美國進入麥卡錫時代，整個國家陷入恐嚇威嚇異議人士的黑暗時期時，他會表現出憤怒、寒心和無法苟同了。

在愛因斯坦等人喚起政府注意建造原子武器的可能性超過兩年後，美國終於啟動極機密的曼哈頓計畫。那天是一九四一年十二月六日，正好是日本攻擊珍珠港的前一天，之後美國就開戰了。

由於許多同行的物理學家，如威格納、齊拉德、奧本海默和泰勒等人都消失到不知何處的城鎮，愛因斯坦猜測他所建議的炸彈製造研究，正在如火如荼進行著。但是沒人要求他參加曼哈頓計畫，也沒有人正式告訴他相關進展。

有許多理由讓他沒有祕密被召到像洛薩拉摩斯（Los Alamos）或橡樹脊（Oak Ridge）等地。例如，他不是核子物理學家或是實務專家；再者，有人認為他有安全風險；第三是縱使他暫且擱置和平主義的思維，但卻從未表達投入意願或是主動請求參加。

不過，十二月有人請他幫點小忙了。布西（Vannevar Bush）是科學研發辦公室主任（OSRD，二戰期間掌管所有與戰爭相關的科技研發工作，只對羅斯福總統負責），負責監督曼哈頓計畫。他透過繼任高等研究院院長的安迪洛特（Frank Aydelotte）與愛因斯坦聯絡，請他幫忙如何分開同位素的問

題。愛因斯坦快樂地遵命了，他利用在滲透與擴散的舊專長，研究氣體擴散的過程，將鈾元素轉變成氣體，然後強迫通過濾器。為了要保護機密，他甚至不讓杜卡斯幫忙打字，小心親筆將結果寫下送回。

安迪洛特寫信給布西表示：「愛因斯坦對您的問題極感興趣，他研究了幾天得到答案，在此附上。愛因斯坦並請我轉達說，若您有其他方面的問題希望他解決，或是有任何地方需要弄懂，儘管告訴他，他會盡力效勞。我非常希望您能盡量用到他，因為我知道只要是對國家有益，他會全力以赴並深深滿足。」安迪洛特還加上一句：「希望您能看懂他的字。」

收到愛因斯坦報告的科學家印象很深刻，與布西進行討論。他們主張為了要讓愛因斯坦發揮更大的作用，應該讓他得到更多資訊，以便瞭解同位素分離與炸彈製造過程的其他挑戰有何關係。

布西拒絕了，他知道愛因斯坦通過安全檢查很麻煩。他寫信給安迪洛特指出：「我不放心讓他知道情況，縱使只是這個東西會用在國防中的哪個部分。我真的希望能對他完全放心，讓他知道全部狀況。但是從華盛頓方面的態度看來，他們已經研究過愛因斯坦的全部歷史，這麼做是絕無可能之事。」

後來在二次大戰期間，愛因斯坦幫忙了比較不機密的事情。一名海軍中尉到普林斯頓拜訪他，請他幫忙分析大砲性能，他表現得非常熱心。如安迪洛特注意到，自從匆促幫忙研究鈾的同位素之後，愛因斯感感覺被疏忽了。此刻，他當起日薪二十五美元的顧問，研究的問題包括規劃在日本海港放置水雷，物理學家朋友加莫夫也開始就各種問題來向他請益。「我在海軍裡，但是不需要理平頭，」愛因斯坦曾跟同事這麼開玩笑，只是大家可能很難想像那副模樣。

愛因斯坦也捐出一份狹義相對論的手稿，作為籌措戰時公債拍賣之用。但那不是原始手稿，因為早在一九〇五年發表時，他便將原稿丟掉了，怎知道日後將價值上千萬美元？為了重新寫一份手稿，他請杜卡斯將論文讀出

來，他再逐字抄寫。有一次他很懊惱地問道：「我真的那樣說嗎？」當杜卡斯給了肯定的答案後，他哀號道：「我可以講得更簡單的！」當他聽到那份手稿連同另一份總共賣出1,150萬美元時，他宣布道：「經濟學家應該重新修訂價值理論」。

原子的恐懼

從布拉格的歲月開始，物理學家史坦便與愛因斯坦結識為友。他祕密參與曼哈頓計畫（主要據點在芝加哥），一九四四年底時判斷此事應該會成功。十二月他拜訪普林斯頓，然而愛因斯坦聽到結果後感到沮喪，因為不管原子彈是否用於戰爭，都將永遠改變戰爭與和平的本質。他和史坦都認為決策者不會想得這麼深入，覺得應該促使他們審慎思考。

於是，愛因斯坦決定寫信給波耳。兩人雖然長年為量子力學交手，但是愛因斯坦相信波耳對世俗之事的判斷能力。波耳是半個猶太人，當納粹蹂躪丹麥時，他和兒子冒險駕著小船逃到瑞典，再飛往英國。那裡有人給他一本名叫「約翰貝克」的假護照，然後送他到美國洛薩拉摩斯參加曼哈頓計畫；愛因斯坦是極少數知道他已經偷偷逃亡到美國的人。

愛因斯坦以波耳的真名寫信給他，由華盛頓的丹麥大使館轉交，最後信件到了他手中。在信裡面，愛因斯坦提到跟史坦憂心忡忡的談話，指出急需思考未來如何控制原子武器。他寫道：「政治人物不知道可能會帶來什麼威脅，也就不知道後果會有多麼嚴重。」他又重申主張，認為當原子武器的時代來臨時，將需要一個擁有實際權力的世界政府預防各國軍備競賽。愛因斯坦鼓吹道：「知道如何傳達意見給政治領袖的科學家們，應該給各國政治領袖施加壓力，以便實現軍事力量的國際化。」

結果，這開啟了愛因斯坦往後十年餘生的重大政治使命。自從少年時代在德國時他便非常排斥國族主義，一直認為避免戰爭最佳之道是創造世界政

府，擁有權力解決紛爭與軍事力量執行決議。現在隨著一種恐怖至極的武器即將問世，它能夠改變戰爭與改變和平，讓愛因斯坦認為「世界政府」不僅是理想，更是屬於必要。

波耳看了來信之後大為緊張，但是理由和愛因斯坦所想的不同。這名丹麥人和愛因斯坦一樣盼望將原子武器國際化，而且先前與邱吉爾首相及羅斯福總統會面時，他也提倡過相同的方法了。但是波耳沒有說服他們，反倒促使兩位領袖對情報組織發出聯合命令，指出：「應該關切波耳教授的一切活動，並採取手段確保他未洩露任何訊息，尤其是對俄國人。」

所以一接到愛因斯坦的來信後，波耳急忙趕到普林斯頓。他想要警告朋友小心為上才能保護自己，同時也希望探知愛因斯坦的看法向政府官員報告，以便挽回自己的一些聲名。

在默舍街家中晤談時，波耳告訴愛因斯坦若是知道炸彈發展之事的人走露消息，將會帶來「最悲慘的結果」。波耳向他保證，華盛頓和倫敦方面的政治人物知道原子炸彈會造成威脅，同時也視之為「促進國際和睦的良機」。

愛因斯坦被波耳說服了。他答應不會與別人分享自己的臆測想法，也會籲請朋友莫擅自妄為而危及英、美外交政策。而且他說到做到，馬上寫了一封信給史坦表示道：「我認為做人要謹言慎行才算負責任，眼前最好不要談論該事，此刻公諸大眾絕對沒有幫助。」他很小心沒有透露任何事情，即便已經和波耳見過面了。他表示：「講得如此模糊不清對我很困難，但是現在我沒有其他辦法了。」

在戰爭結束前，愛因斯坦只介入了一次，那又是由齊拉德促成的。一九四五年三月齊拉德來訪，對原子彈的可能用途感到憂心忡忡。當時事態很清楚，德國離失敗投降不過是幾周的時間，他們造不出原子彈的。那麼，美國人為何要急著要完成呢？既然勝利在望，決策者不該再三思有必要用原子彈來對付日本嗎？

　　愛因斯坦同意再寫一封信給給羅斯福總統，促請他與齊拉德等關心此事的科學家會面。但是他刻意假裝毫無所悉，信中寫道：「我不知道齊拉德博士將會向您提出何等考量與建議，因為根據齊拉德博士目前工作的機密狀況，不允許他透露任何相關訊息給我。然而，我瞭解他現在非常擔心科學家與決策官員之間，缺乏妥善適切的連絡管道。」

　　羅斯福從未讀到那封信。四月十二日他過世了，那封信件留在辦公室裡，繼任的杜魯門總統交給準國務卿柏恩茲（James Byrnes）處理。結果，齊拉德和柏恩茲在南卡羅萊那州會面，然而柏恩茲並未看重此議。

　　幾乎在沒有任何討論的情況下，原子彈於一九四五年八月六日在日本廣島投下了。愛因斯坦那年夏天在阿弟倫達克山薩拉納克湖畔租了一間小屋，當時他正在睡午覺。當他下樓喝茶時，杜卡斯將消息告訴他。他只說了一句：「喔！我的天啊！」

　　三天之後，原子彈再度投在日本長崎。次日，華盛頓官員發表一份長篇歷史報告，由普林斯頓物理學家思邁斯（De Wolf Smyth）教授負責編輯，談到祕密建造武器的過程。在報告中，對於愛因斯坦一九三九年上書給羅斯福總統，因而促成原子彈計畫啟動給予極高的歷史份量，卻讓愛因斯坦久久無法釋懷。

　　愛因斯坦對這份上書的影響力，以及四十年前揭開了質量與能量的根本關係，讓大眾很容易將他與原子彈製造聯想在一起，即便他的參與程度極為有限。《時代》雜誌將他放在封面上，背後有大朵蕈狀雲爆發，再加上顯眼的$E=mc^2$。該篇報導是由編輯錢伯斯（Whittaker Chambers）主筆，帶有當代典型的銳利文風：

　　在那強烈無比的爆炸烈焰下，對於歷史因果有興趣的人士將很難看清楚其面貌：他是一個害羞、幾近聖人、帶有赤子心的男子，他擁有棕色的溫柔眼神、憂心世局的慈眉善目、好比極光亂竄的一頭散髮……雖然沒有直接從

事原子彈研究，但是有兩點重要理由讓愛因斯坦成為原子彈之父：1）他促使美國開啟原子彈研究；2）其方程式（E＝mc²）讓原子彈有理論依據。

　　這份描繪深深折磨他。當新聞周刊以他做封面，冠上大標題「始作俑者」時，愛因斯坦留下一句令人難忘的感嘆：「假使我知道德國人不會成功製造出原子彈，我根本連一根手指頭都不會動。」

　　當然，不管是愛因斯坦、齊拉德或任何牽涉到製造原子彈的朋友們（其中許多人都是逃離希特勒魔掌的難民），都不能預知留在柏林的聰明科學家們如海森堡等，將無法解開核彈的祕密。愛因斯坦在死前數個月對鮑利（Linus Pauling）表示：「也許我可以被原諒，因為我們全都感覺到德國人正積極從事該項研究。他們或許會成功，進而利用原子彈主宰戰局。」

限制軍備

原子彈投下後，愛因斯坦有好幾周都異常沈默。他避開到薩拉納克湖畔敲門的記者，甚至當他的夏日鄰居、《紐約時報》發行人沙茲伯格（Arthur Hays Sulzberger）打電話要求發表談話時，他也回絕了。

直到一個月多後即將回去普林斯頓時，愛因斯坦才同意跟一名通訊社記者在電話中討論。他強調原子彈加深自己對世界聯邦主義的長遠支持，並表示：「拯救人類文明的唯一方法在於創立世界政府。只要有主權國家繼續發展軍備機密，新的世界大戰將不可避免。」

愛因斯坦對待世界政治學的方法，和科學如出一轍：他追尋一套統一的原則，期盼從無政府狀態中創造秩序。他認為，以主權國家為基礎組成的政治系統，因為擁有各自的軍隊、互相競爭的意識型態以及互有衝突的國家利益，使得戰爭終將不可避免。因此，他將「世界政府」當成是符合實際的主張，而非天真的理想。

在戰爭期間，他一直小心翼翼。在美國他是一個難民，美國使用武力可能是出於高尚的目標，並非是實踐國家主義。然而戰爭結束改變了事情，原子彈投下也讓人改變了態度。防衛性的武器竟然演變成毀滅性的武器，讓愛因斯坦覺得更需要建立一個可望帶來安全的世界組織，於是

他再度對政治議題踴躍發言。

在他生命的最後十年，愛因斯坦鼓吹全球統一統治結構的熱情，幾乎與尋找統整所有自然之力的統一場論不相上下。雖然兩個目標南轅北轍，但卻都反映出他追尋超然秩序的本性。此外，兩者都顯示出愛因斯坦願意不因循守舊，真心誠意挑戰普遍流行的觀念態度。

原子彈投下後一個月，一群科學家簽署了一份聲明，敦促由各國組成一個議會來控制核子武器。愛因斯坦寫了一封信給主導原子彈計畫的奧本海默，表示對於該項聲明背後的理念感到高興，然而批評科學家所提出來的政治建議「顯然有所不足」，因為他們仍視主權國家為終極權力。愛因斯坦表示：「若沒有一個實質的政府組織對涉及國際關係的個人制訂並執行法律，卻期待獲得和平，無異緣木求魚。」

奧本海默客氣指出聲明並非出自於他，而是由另一群科學家所發出。不過，他對愛因斯坦主張實權世界政府提出質疑，表示說：「從美國內戰歷史以降，可看出建立一個聯邦政府，企圖統整各會員間根深蒂固的價值歧見，是多麼困難之事。」在戰後諸多的現實主義者中，奧本海默成為第一位貶低愛因斯坦太過理想主義之人。不過，反過來說這個論點也很容易駁斥，因為南北戰爭期間各州存有諸種不同的價值，若沒有一個穩固的聯邦政府，卻放任各州擁有軍事主權，情況恐怕會更加不妙。

愛因斯坦想像的是一個世界「政府」，在軍事力量上擁有獨占性。他稱之為「超國家」政權，而不是「國際性」組織，因為它將位於會員國之上，並非只是各主權國家之間的調停者而已。愛因斯坦感覺到，一九四五年十月成立的聯合國根本不符合這些標準。

接下來的幾個月，愛因斯坦在一串的文章和訪問中提出建議，最重要者出自他與美國廣播公司評論員史汶（Raymond Gram Swing）的書信交流中。史汶是愛因斯坦迷，後來受邀到普林斯頓訪問，促成愛因斯坦完成一篇文章，刊登在《大西洋》雜誌一九四五年十一月號，標題為〈原子戰爭或和

平〉（Atomic War or Peace）。

　　愛因斯坦在文章表示，美、英、蘇三大強權應該共同建立新的世界政府，並邀請其他國家參加。他使用一個略嫌誤導的詞彙（是當時熱門的辯論話題），指出華府應該將「炸彈的祕密」交給這個新組織。他相信，真正有效控制原子武器的唯一方法，是將軍事力量壟斷權委交給世界政府。

　　那時是一九四五年後期，冷戰開始了。英、美與蘇俄發生衝突，因為紅軍在波蘭等東歐占領區實施共產政權。蘇俄熱衷追求境內主權穩固，對任何疑似干涉內政之舉都很敏感，當然不肯釋出軍事主權給所謂的世界政府。

　　因此，愛因斯坦明白指出，他所想像的世界政府不會在各地強迫推行西方的自由民主政治。他主張設立一個世界立法機關，由各會員國的人民以祕密投票直接選出代表，而非由各國領袖指派人選參加。他對蘇俄喊話保證：「不必要改變三強的內部政治結構，參與超國家組織的會員不以強制實行民主標準為基礎。」

　　然而愛因斯坦還是無法解決，世界政府何時有權介入各國內政事務。他引西班牙為例，「當發生少數壓迫多數的情況時，必須能夠介入該國事務」，然而是否能適用於蘇俄，他的標準又變了，且振振有詞：「我們必須記住，俄國人並未有長期的政治教育傳統，因此要改變蘇俄現況需要由少數人推動，因為大多數人無能為力。」

　　愛因斯坦努力防堵未來發生戰爭，不僅是延續他一向和平主義的本性，他坦承還有罪惡感，因為自己成為原子彈計畫的幫兇。十二月諾貝爾獎委員會在曼哈頓舉辦晚宴，愛因斯坦提到諾貝爾創設該獎，是為「發明當時最強大的炸藥而做的贖罪補償」。如今，愛因斯坦的處境相似，他表示：「今天曾經參與製造史上最強大又最危險武器的物理學家，被類似的責任感所糾纏，更不用說是罪惡感了。」

　　這些情感促使愛因斯坦在一九四六年五月擔當起生涯中最重要的公共角色，成為新成立的原子科學家緊急委員會主席，投入核子武器控制和推動世

界政府的工作上。他在一份募款電報指出：「除了人類的思考模式之外，原子釋放的力量已經改變了每件事，讓我們走向空前的大災難！」

齊拉德擔任執行董事，負責大部分的組織工作。愛因斯坦則擔任主席到一九四八年底，他負責發表演講、主持會議，認真地看待這份工作。他表示：「自史前時代人類發明火之後，我們這個世代將最具革命性的力量帶來世界。如今這種基本的宇宙力量，已經不能交到過時狹隘的民族主義手中。」

杜魯門政府對於國際控制原子武器提出許多計畫，然而都無法贏得莫斯科的支持。結果，到底哪種方法是最佳策略的爭議，很快演變成政治分歧。

其中一派人士慶祝英美贏得原子武器的發展競賽，視原子彈為西方自由的保證，因此想要保護所謂的「祕密」。另一派人士是像愛因斯坦的武器控制提倡者，如他對《新聞周刊》表示：「原子彈祕密之於美國，好比是一九三九年前馬其諾防線之於法國的意義。它給我們一種想像的安全感，從這方面來看反倒成為一大危險。」

愛因斯坦和朋友們明白，要打贏民心不僅要在華府角力，更要在大眾文化中努力。這使得他們在一九四六年與梅爾（Louis B. Mayer）等一群好萊塢電影監製，發生一段有趣的糾葛。

事情起因於米高梅（MGM）電影公司的編劇馬克斯（Sam Marx），他希望到普林斯頓請愛因斯坦合作拍攝原子彈製造的紀錄片。愛因斯坦表達自己無意幫忙，但幾個星期之後收到曼哈頓計畫科學家協會一位官員憂心忡忡的來信，指出該部電影似有強烈支持軍事的傾向，慶祝原子彈的誕生與為美國帶來安全保障。信中表示：「我知道你不願意出借名字給曲解原子彈軍事政治涵義的電影，我希望唯有在你個人認可劇本的情況下，才會同意讓對方掛上姓名。」

隔周齊拉德為此事專程拜訪愛因斯坦，一群愛好和平的物理學家也立刻對他表達關切。於是愛因斯坦看了劇本，同意一起阻止該部電影。他表示：

「該部電影所呈現的事實極度誤導，我拒絕任何合作或是授權掛名。」

他也送一封尖銳的信件給著名的電影製片大亨梅爾，除了指責正在製作的電影，並且提到先前梅爾製作的一些片子佐證。他寫道：「雖然我不太常看電影，但從你們先前幾部片子的調性看來，相信你會明白我的理由。我發現整部影片太從軍隊及領導的觀點出發，然而不一定符合人性的觀點。」

梅爾將愛因斯坦的信轉交給編製，又將編製寫的備忘錄回給愛因斯坦。備忘錄指出，杜魯門總統是「最急著將影片完成的人」，他親自看過並同意劇本，然而這點並不能說服愛因斯坦。備忘錄再指出：「身為美國公民，我們應當尊敬政府的觀點。」這點理由對愛因斯坦也沒有用，接下來的論點更是不具說服力：「必須要瞭解，電影講求戲劇化，如同科學講求真確性，都是迫切需要的。」

備忘錄最後表示，科學家所提出的道德議題將會透過一位虛構的年輕科學家適當傳達，飾演該角色的演員名叫德瑞克（Tom Drake）。備忘錄保證說：「我們在年輕的男演員中，選擇一位最能代表真誠靈魂特質之人，只需回想他在《青澀時代》（The Green Years）的表現即可。」

當然，這一切並沒有讓愛因斯坦回心轉意。當編劇馬克斯寫信懇求他同意在片中軋一角時，愛因斯坦簡單扼要地回答：「我已經在信中對梅爾先生解釋過我的觀點了。」但馬克斯不肯放棄，他回道：「當片子結束時，觀眾將會對年輕的科學家寄予最大的同情。」同一天，一份新修訂的劇本寄來了。

結局不是那麼難猜測。新劇本比較討好科學家，讓人難擋在電影上被讚揚美言的誘惑。齊拉德送一份電報給愛因斯坦：「已經收到米高梅最新劇本，我不反對使用我的名字。」愛因斯坦讓步了，在電報背後用英文寫著潦草的「同意新劇本使用我的名字」。他唯一要求的改變是齊拉德在一九三九年到長島拜訪他的那一幕，劇本中表示他之前尚未見過羅斯福總統，但與事實不符。

　　電影片名是《開始或結束》（*The Beginning or the End*），一九四七年二月上映時獲得好評。克勞瑟（Bosley Crowther）在《紐約時報》聲稱：「明確記錄原子彈研發使用的故事，表現清新且毫無宣傳意味。」片中愛因斯坦由一名叫史托索（Ludwig Stossel）的演員飾演，他曾經在電影《北非諜影》（*Casablanca*）演出小角色，扮演一名試圖前往美國的德國猶太人。後來在一九六〇年代為Swiss Colony拍了一支著名的葡萄酒廣告，他在裡頭的台詞是：『我就是那個釀酒的小老頭。』」

　　愛因斯坦在一九四〇年代後期對倡導武器控制和擁護世界政府的投注，讓他被貼上頭腦不清和過分天真的標籤。這樣的評價公允嗎？

　　杜魯門政府的大多數官員，甚至是代表武器控制的人士都認為如此，高登（William Golden）即是一例。他在原子能源委員會工作，需要準備一份報告上呈國務卿馬歇爾（George Marshall），於是去普林斯頓向愛因斯坦請教。愛因斯坦主張，華府需要更努力去說服莫斯科加入武器控制計畫。高登感覺到，他說話的口吻「像個孩子般期待救贖，但細節該怎麼做一點想法都沒有」。他回報馬歇爾說：「他如此精通數學，卻在國際政治領域上一派天真，教人著實驚訝（或許本當如此）！此人普及了第四維度的觀念，在思考世界政府時卻只用到二維度。」

　　若說愛因斯坦是天真的，並不是因為他認為人性本善的緣故；生活在二十世紀上半葉的德國，有這種看法的可能性恐怕極為渺茫。著名的攝影師赫斯曼（Philippe Halsman）曾在愛因斯坦的幫助下逃離納粹，當他問道是否可能有長久的和平時，愛因斯坦回答道：「不，只要有人類，便會有戰爭。」此時，赫斯曼按下快門，捕捉到愛因斯坦悲傷而洞徹的眼神，成為一張著名的肖像照。

　　愛因斯坦倡議成立一個有實際權力的世界政府，不是基於感時傷懷的心情，而是因為他對人類本性的負面評估。他在一九四八年表示：「如果世界政府的想法不切實際，那麼對未來只有一種實際的看法：人類自我毀滅！」

　　愛因斯坦的方法，就像他的科學突破，都是在拋棄旁人視為真理的既有假設。長久以來，國家主權和軍事自治一直是世界秩序的支柱，正如絕對時間和絕對空間是宇宙秩序的支柱一般。呼籲超越這套舊思維自然是種激進的觀念，只會被認為是異議分子的想法。不過，愛因斯坦許多觀念一開始也都被認為太偏激，等到被接受後看起來又是另外一回事了。

　　在美國獨占原子武器的那個年代，愛因斯坦與許多明智的政治領袖紛紛提倡世界聯邦主義，其實並非無法想像。愛因斯坦之所以被批評太過天真，是因為他用簡單直接的方式提出想法，而不去考慮各種錯綜複雜的利害關係。物理學家不習慣修剪潤飾方程式以便讓人容易接受，所以無法成為八面玲瓏的好政客。

　　到一九四〇年代結束時，愛因斯坦呼籲控制核武的努力顯然無法成功，所以有人問他下一個戰爭會如何，他回答：「我不知道第三次世界戰爭會怎麼打，但是我知道第四次世界大戰會用石頭打仗！」

　　蘇俄鼓吹由國際控制原子彈製造的人士，需要面對一個重大議題：該如何處理蘇俄的情況。愈來愈多美國人與選出的政治領袖，開始將莫斯科共產黨看做是騙徒與危險的擴張主義者，而俄國人本身也不熱衷於武器控制或世界政府那一套。他們反倒對自身安全有根深蒂固的恐懼，渴望能製造自己的原子彈，同時也擁護反對外國干涉本國內政的政治領袖。

　　愛因斯坦對蘇俄的態度，也表現出一貫不隨波逐流的特性。當蘇俄與英美在戰爭期間結為盟友時，他不像許多人一樣紛紛改而大加讚美俄國人；當冷戰開始時，他也未一百八十度的大轉變，開始將俄國人視為魔鬼。但是到一九四〇年代後期時，這種立場讓他漸漸被放逐在美國主流思潮之外。

　　雖然愛因斯坦討厭共產主義的獨裁專制，然而並未認為它對美國自由是一種迫切的危險。他感覺到，更大的危險是對於共黨威脅表現出來的歇斯底里。當《周末評論》的編輯卡森思（Norman Cousins）寫了一篇文章呼籲國際武器控制時，愛因斯坦寫信恭維，但加了一條但書：「我反對您文章中的

一點，我認為您不僅未能舒緩我國民眾對於蘇俄侵略威脅掀起的驚慌恐懼，甚至還火上加油。我們所有人都應該捫心自問，到底客觀上哪個國家才更有理由害怕另一個國家有侵略意圖。」

至於對蘇俄境內的壓迫統治，愛因斯坦常會用合理化的藉口來沖淡非難。他在一次演講中表示：「不可否認地在政治上存在著專制強迫的統治方式，然而部分原因是為了要打破以前統治階級的勢力，讓無政治經驗且文化落後退步的人民，蛻變成有組織與生產力的國家。這類狀況相當棘手，我不認為自己可以評斷是非。」

結果愛因斯坦變成箭靶，被批評是蘇俄同情者。密西西比州眾議員瑞金（John Rankin）指責愛因斯坦的世界政府計畫，「只是在複述共產主義者的論調」。在眾議院，瑞金更嚴詞抨擊愛因斯坦的科學：「自從他推出相對論，企圖說服世人光線具有重量後，他便開始消費科學家之名聲……從事共黨活動。」

愛因斯坦也與社會哲學家胡克長期討論蘇俄問題，這位強烈的反共者原本是共產主義者。兩人的通信雖不若愛因斯坦與波耳那般激動，但也是劍拔弩張。有一次在回應胡克的長篇大論時，愛因斯坦指出：「我不是對蘇俄統治體系的嚴重缺失置若罔聞，但從另一方面來看，它確實存在可貴的優點。對於俄國人民採取較柔軟的手段是否有效，目前是很難決斷的事情。」

胡克覺得自己有責任，說服愛因斯坦看清這種想法是錯誤的。他經常寄來長篇累牘的信件，而愛因斯坦大多是不太搭理。在幾次回應的書信中，愛因斯坦大致上同意蘇俄實行迫害是錯誤的，但卻常常會試圖平衡，認為那是可以理解的。如這封一九五○年回的信：

我並不贊同蘇政府干涉知識和藝術，我認為那是可議、有害甚至荒謬的。至於中央集權和對個體行動自由的限制，我認為不應該超過計畫經濟所需之安全、安定與必要性。一個局外人很難判斷事實和可能性，但無論如何

都不能懷疑蘇聯政府在教育大眾、公共衛生、社會福利和經濟領域上皆達到可觀的成就，整體而言讓民眾受益匪淺。

儘管為莫斯科尋找這些合理化的藉口，然而愛因斯坦也不是有些人試圖抹黑的蘇聯支持者。他總是拒絕莫斯科方面的邀請，並拒絕左翼朋友擁抱他為同志。他譴責莫斯科三番兩次在聯合國行使否決權，以及對世界政府想法的抗拒排斥。當蘇聯清楚顯示對於武器控制毫無意願時，他的批評更加嚴厲了。

一九四七年一群蘇俄官方科學家在一份莫斯科報紙攻擊愛因斯坦，文章的篇題為「愛因斯坦博士錯誤的觀點」。他們宣稱，愛因斯坦提出的世界政府願景，不過是資本家的詭計：「世界超國家組織的提倡者，要求我們為世界政府那塊虛偽的假面招牌放棄獨立，不過都是宣揚資本主義優越性的花招罷了。」他們抨擊愛因斯坦建議直接選舉成立超國家議院，指出：「他甚至宣稱若蘇聯拒絕參加這個時髦的新組織，其他國家有權逕行成立。其實，愛因斯坦所支持的政治時尚都是敵人的障眼法，根本有違國際合作與追求和平的神聖宗旨。」

那時候同情蘇聯的人士一向樂意聽信莫斯科的任何說法，然而「乖乖聽話」並非愛因斯坦的天性。若是他不同意某人或某事時便會暢所欲言，所以他樂於迎戰這群蘇俄科學家。

他重申自己支持民主社會主義者的理想，駁斥蘇俄對共產教條的信仰。他寫道：「我們不應該將現今社會與政治上所有邪惡怪罪資本主義，也不應假定建立社會主義便足以治癒人性面在社會與政治上的所有弊病。」他認為，這種思維導致效忠共產黨變成「狂熱偏執」，也大開暴政統治之路。

儘管愛因斯坦也批評資本主義無所節制，然而使他更厭惡的是對個體思想自由的箝制壓抑，這種態度在他一生中表露無遺。他警告蘇俄科學家：「任何政府若有淪為暴政統治之傾向，那便是邪惡的政府。在一個國家中，

若是政府不僅掌控軍隊，更掌控了每個教育、訊息管道以及每個公民的生存，那麼此種沈淪會顯得更加危急。」

正當愛因斯坦與蘇俄科學家爆發論戰時，他同時也與史汶更新兩年前刊登在《大西洋》的文章。這次愛因斯坦攻擊了蘇俄統治者，認為他們不支持世界政府的理由，「顯然純粹只是藉口」；他們真正的恐懼是擔心共產主義命令強制性的制度無法在世界政府下續存。他指出：「俄國人認為很難在超國家政體中保留現有的社會結構，這種看法有其道理。然而，他們很快會看清若被孤立於法治世界之外，蘇俄遭遇的損失會大得更多。」

他主張不管蘇俄參不參與，西方國家應該繼續推動世界政府。他認為，最後蘇俄勢必會加入，指出說：「我相信只要有技巧地推動世界政府（而不像杜魯門笨拙的作風！），那麼蘇俄在明白無力阻擋後，必定會加入合作。」

此後，愛因斯坦在與事事怪罪蘇俄及事事不怪罪蘇俄的人士進行爭論時，似乎都採取一種倨傲剛愎的姿態。例如，有一個左傾的和平主義者寫了一本武器管制的書送來，希望能得到愛因斯坦的推薦支持，但遭到斷然拒絕了。愛因斯坦回信道：「你以蘇聯觀點的擁護者來呈現整個問題，但是對於不利蘇聯之事（罄竹難書）卻保持沈默。」

雖然愛因斯坦長久抱持和平主義信仰，但是在遇到蘇俄時也變得強硬現實了，這和當年遇到納粹在德國掌權之後的情況相似。一般和平主義者常喜歡將愛因斯坦在一九三〇年代的轉變，當成是因為碰到納粹威脅的特殊狀況，造成他暫時偏離了和平主義，一些傳記作者也抱持同樣的看法。然而，那太輕忽愛因斯坦思考的轉變，因為他再也不是純粹的和平主義者了。

例如，曾經有人請愛因斯坦加入勸說美國科學家拒絕核子武器的研發工作，然而他不僅拒絕，並且嚴厲譴責活動主辦者對單方面解除武裝的主張。他教訓道：「除非所有國家都解除武裝，否則是不可能有效的。如果有一個國家公開或私下繼續武裝，那麼其餘解除武裝的國家將會蒙受大災難。」

他認為，包括自己在內的和平主義者在一九二○年代犯了錯誤，鼓勵德國四鄰莫重整軍備，結果「那只是助長德國人傲慢的氣焰而已」。他寫信給那些推動反軍事請願的人士表示，現在和蘇俄的情況也雷同：「同樣地，若您的建議奏效，將會嚴重削弱民主政治。一定要瞭解，我們是不可能對蘇俄同行發揮任何顯著的影響力。」

當世界反戰聯盟一九四八年邀請他重返組織，他也採取相似的立場。該聯盟引用他以往發表的一份和平主義宣言對他大加讚揚，然而他堅決回絕了。他指出：「那份聲明如實表達出我從一九一八年到一九三○年代初期的反戰觀點，然而如今我覺得呼籲個人拒絕服兵役的訴求太過原始了。」

他警告過分單純的和平主義可能是危險的，尤其是考量到蘇俄的對內政策與對外態度。他指出：「反戰運動實際上會削弱擁有自由型態政府的國家，並間接支持現存專制政府的政策。透過拒服兵役推動的反軍國主義運動，唯有在全世界都可實行時方為明智；個別的反軍國主義在蘇聯是不可能的。」

一些和平主義者主張，世界社會主義將是追求永久和平的最佳基礎，而非是世界政府，愛因斯坦不表同意。他對其中一名提倡者說：「您說社會主義的根本特質在於拒絕以戰爭為解決手段，但我不以為然。因為你不難想像到，兩個社會主義國家還是會彼此開戰。」

冷戰早期的引爆點之一是波蘭。占領當地的紅軍成立一個親俄政權，莫斯科卻違背先前的承諾，未舉行開放性選舉。當波蘭的新政府邀請愛因斯坦開會時，領教到他的獨立脾性。愛因斯坦禮貌解釋自己不再做海外旅行了，還刻意回話表達鼓勵，同時再次強調要成立世界政府。

波蘭方面決定將回信中關於世界政府的部分刪除，因為恐將引起莫斯科反彈，這讓愛因斯坦非常生氣，於是將完整內容提供給《紐約時報》刊登：「唯有設立一個超國家組織，單獨擁有可以製造或持有毀滅性武器的權力，人類才可望獲得保護，免於遭遇無法想像之浩劫危機。」他也對主持會議的

一名英國和平主義者抱怨，指責共產黨要大家強制服從黨的方針：「我深深相信，在圍牆另一邊的同行完全無法表達真正的意見。」

聯邦調查局檔案

他批評蘇聯、拒絕參訪，並反對在設立世界政府前討論原子彈的事情。他從未參與原子彈製造計畫，不知道機密的技術資料。因此，愛因斯坦在不知情的情況下被捲入一連串事件，也暴露了當初聯邦調查局在追獵俄共幽靈時，是如何疑神疑鬼、破壞隱私和無能。

恐共和調查共黨顛覆原本具有一些正當性，最後卻流於形式化，演變成獵巫大行動。這些調查從一九五〇年初正式啟動，因為當時蘇聯發展出核彈，這新聞讓美國大為震驚。結果那一年的頭幾個禮拜，總統杜魯門就成立氫彈發展計畫；一位在洛薩拉摩斯國家實驗室工作的德國難民物理學家福克斯（Klaus Fuchs），被以蘇聯間諜的罪名逮捕；參議員麥卡錫發表著名的演講，宣稱手頭上握有國務院裡正牌的共黨分子名單。

愛因斯坦身為原子科學家緊急委員會的主席，不表態支持氫彈的建造，讓泰勒（Edward Teller）非常氣餒，雖然他也沒有斷然表示反對之意。當著名的和平主義者和社會主義活躍分子穆斯特（A. J. Muste）[1]，要求愛因斯坦參加一場延緩新武器建造的請願活動時，愛因斯坦拒絕了。他表示：「我認為您的提議相當不切實際，因為只要軍備競賽盛行，單獨號召一個國家停止行動是不可能的。」他感覺，推動全球成立世界政府的方案更有意義。

在愛因斯坦寫完信後那天，杜魯門宣布將全力投入氫彈製造。愛因斯坦在普林斯頓家中錄製了三分鐘的節目，並在美國國家廣播公司（NBC）一場周日首播節目中播出。該節目為《與羅斯福夫人有約》（*Today with Mrs.*

1　編按：穆斯特（A. J. Muste，1885_1967），是美國著名的社會主義運動者，積極從事和平運動、工運與民權運動，曾說過「通往和平沒有道路，和平是唯一的道路」名言。

Roosevelt），主持的前第一夫人在先生過世後，化身成為進步主義的推手。愛因斯坦提到了軍備競賽：「每一步都免不了是前一步的結果；徹底的毀滅已在步步進逼。」隔天《紐約郵報》的標題是：「愛因斯坦警告世人：禁止氫彈或是人類毀滅。」

愛因斯坦在節目談話中也指出，對美國政府越來越多安全措施，且不惜以公民自由為代價感到憂心。他警告說：「民眾的忠誠，特別是公務員的忠誠，正受到日益壯大的警力嚴密監督；只要是獨立思考的人都不得安寧。」

彷彿在證明愛因斯坦的說法，對共產主義和羅斯福夫人都大為反感的聯邦調查局局長胡佛，第二天馬上召來局內國內情報部主任，命令其呈上一份報告，說明愛因斯坦的忠誠度和可能的共產主義關係網絡。

兩天之後產生了十五頁的文件，上面共列出三十四個組織。有些被指稱是共產主義陣營，而愛因斯坦曾經有所關連或是曾出借姓名者，其中包括原子科學家緊急委員會。「他主要是和平主義者，也可視為一個自由主義思想家。」備忘錄的結論還好，並沒有指控他是共黨同路人，或是曾洩露情報給顛覆分子。

確實，沒有文件證據可聯想到愛因斯坦具有任何安全威脅。然而檔案的內容，讓FBI探員看來有如鬧劇電影中的啟斯東警察（Keystone Kops）[2]，腦袋不清楚的他們無法回答艾爾莎是否是愛因斯坦的第一任太太，海倫‧杜卡斯在德國是否為蘇聯間諜，愛因斯坦是否負責帶福克斯進入美國等問題（在三個問題中，正確的答案都是「錯」）。

探員們也試著追一條線報，內容是艾爾莎曾告訴加州一名友人，表示他們有一個兒子叫做愛因斯坦二世，被留置在俄國。事實上，漢斯那時候已經是加州大學柏克萊分校的工程學教授，然而不論是他或是還待在瑞士療養院的愛德華，都未曾到過俄國。（若是這則謠言有任何基礎的話，可能是瑪歌

2　編按：啟斯東警察（Keystone Kops），是一九一二至一九一七年由Mack Sennett製作的一連串以警察為主角的喜劇默片，嘲諷警察的荒謬無能，後延伸為批判團體的徒勞之舉以及缺乏內部協調。

曾經嫁給一名俄國人，在兩人離婚後他回歸故里，可是聯邦調查局從未發現這件事。）

自從一九三二年美國婦女愛國聯盟發出議論後，聯邦調查局便一直蒐集愛因斯坦的種種傳言，此刻局內開始系統性地保存資料，並逐漸演變成龐大的檔案。其中包括一名德國婦人寄給他一份如何贏得柏林彩券的數學算式，由於愛因斯坦沒有回覆，因此被她指控是共產黨員。當愛因斯坦過世時，聯邦調查局所搜集到的資料共有1427頁，儲存在十四個箱子中，上面全部蓋上「機密」大印，但是裡面卻沒有可羅織入罪的資料。

回顧過去，這些檔案中最引人注目的不是各種奇怪的線報，而是少掉一件有關係的訊息，那就是愛因斯坦確實在不知情的情況下，曾經與一名蘇俄女間諜有一腿。但是，聯邦調查局毫無知悉。

這名女間諜便是之前提到的瑪格麗塔‧科諾科夫，丈夫是俄國寫實主義彫刻家，兩人住在格林威治村。瑪格麗塔會說五種語言，原本是一名律師，對於男人很有辦法的她在當上蘇俄情報員後，主要的工作便是試圖影響美國科學家。瑪歌將她介紹給愛因斯坦認識，在二次大戰期間她經常到普林斯頓做客。

不管是出於工作或欲望，瑪格麗塔開始勾搭上喪妻的愛因斯坦。一九四一年夏天的一個周末，她和幾個朋友邀請他到長島一間小屋做客，出乎意料的，他接受邀請了。他們準備水煮雞肉當午餐，從紐約的賓州車站搭火車出發，愛因斯坦不是在峽灣航行，就是在走廊寫方程式，共度了一個愉快的周末。有一次他們到一處幽靜的海灘看日落，差點被當地一位警察逮捕，他根本不知道愛因斯坦是誰。警察指著一個禁止跨越的牌子問道：「你不識字嗎？」愛因斯坦和瑪格麗塔一直維持愛人的關係，直到她五十一歲（一九四五年）回到莫斯科為止。

瑪格麗塔成功將他介紹給蘇聯駐紐約副領事認識，他也是一名間諜。但是愛因斯坦沒有祕密可說，也沒有任何意思要幫忙蘇聯。雖然瑪格麗塔試著

邀他去莫斯科，但是他拒絕了。

這件緋聞與安全疑雲之所以曝光，完全不是聯邦調查局的功勞，而是因為愛因斯坦在一九四○年代寫給瑪格麗塔的九封情書，在一九九八年公諸於世所致。此外，一位前蘇聯間諜史陀帕拉多夫（Pavel Sudoplatov）出版了一本極具爆炸性但不可盡信的回憶錄，揭露了瑪格麗塔是代號「盧卡絲」（Lukas）的間諜。

愛因斯坦的情書是寫於瑪格麗塔離開美國之後。她、史陀帕拉多夫或其他人，都未指出愛因斯坦曾有意或無意地透露任何祕密。然而這些情書充分傳達出，六十六歲的愛因斯坦在文章和為人上仍然可以柔情款款。在其中一封信中，他寫道：「我最近自己洗了頭髮，但是不太成功，因為我不像妳那般謹慎細心。」

不過，即使愛人是俄國人，愛因斯坦清楚顯示自己並不喜歡俄國。在一封信中，他指出看不慣莫斯科在慶祝國際勞動節時的軍國主義作風：「這些誇張不實的愛國表演，讓我很憂心。」氣焰高張的民族主義和軍國主義一向讓他不舒服，從孩提時代看到德國軍人遊行便是如此，對於俄國的反應也無不同。

愛因斯坦的政治觀

儘管胡佛抱持猜疑，但愛因斯坦是一個真正的美國公民。他認為自己反對安全審查與忠誠考核的浪潮，是出於對美國真正價值的捍衛。他再三重申，對言論自由與獨立思考的包容，正是美國人最重視的核心價值，這點讓他感到很高興。

愛因斯坦的前兩次總統選票，都投給他曾經公開熱心支持的羅斯福總統。一九四八年，由於不滿杜魯門總統的冷戰政策，他轉將票投給主張加強與俄國合作及增加社會福利支出的進步黨候選人華萊士（Henry Wallace）。

終其一生，愛因斯坦的政治基本前提都保持一致。從到瑞士求學開始，他支持社會主義的經濟政策，並受到對個體自由、自治自主、民主機制和維護各項自由的強烈本能所調和。他在英美結交許多民主社會主義的領袖，例如羅素與湯馬士，一九四九年他為《每月評論》創刊號寫了一篇有影響力的評論，題目即為〈為何支持社會主義？〉（Why Socialism?）

在文章裡面，他認為沒有抑制的資本主義會造成貧富劇烈差異、經濟蕭條起落以及痛苦惡化的失業問題。這套制度鼓勵自私而非合作，追求財富而非獻身服務；人們為職業而受教育，不是出自於對工作和創造之熱愛；政黨貪婪地接受大資本家的政治獻金，難免淪為貪污腐敗。

愛因斯坦主張，如果能預防高壓統治與專制集權之弊病，這些問題可透過實行社會主義經濟避免掉。他寫道：「所謂的計畫經濟，會根據社區需求而調整生產，將工作分配給有能力之人，並保證每個人的生計問題。至於個人教育，除了提昇天賦能力之外，更會嘗試喚起對同胞的責任心，取代現今社會對於成功與權力的讚頌。」

然而，他指出計畫經濟有變成壓迫、官僚和殘暴的危險，如同共產主義國家蘇俄等的情形一樣。他警告道：「計畫經濟可能會造成個體完全受到奴役。」因此，他認為相信個體自由的社會民主主義人士，應該思索兩個重要的課題：在政治與經濟力量高度集中的狀況下，如何預防官僚體系獨攬大權、為所欲為？如何保護個體之權利？

保護個體權利是愛因斯坦最基本的政治信條。他認為，個人主義和自由對於讓有創意的藝術和科學繁榮成長是必要的。不管在個人、政治和專業上，他對於任何壓抑箝制都難以忍受。

這就是為何他對美國的種族歧視一向有話直說。一九四〇年代，普林斯頓的電影院仍然實施黑白隔離政策，黑人不准在百貨公司試穿衣鞋，學生報紙宣稱讓黑人享有平等管道進入大學，「雖然是一種高貴的情操，然而目前時機尚未到來。」

　　身為在德國長大的猶太人，愛因斯坦對這種歧視非常敏感。他在《慶典》（*Pageant*）雜誌一篇名為〈The Negro Question〉（The Negro Question）的雜誌文章中寫道：「當我越覺得自己是美國人時，這種情況越讓我感到痛苦。唯有大聲說出來，才能擺脫共犯的感覺。」

　　雖然愛因斯坦很少親自出席領取眾多的榮譽學位，但是當他受邀到賓州黑人就讀的林肯大學時，他破例出席了。愛因斯坦穿著破破爛爛的灰色人字呢夾克，站在一面黑板前對學生解說相對論，在畢業致詞演說時他抨擊隔離政策是「美國代代相傳的反智傳統」。他也破例和校長龐德（Horace Bond）六歲的兒子朱利安見面，朱利安後來成為喬治亞州參議員，也是美國民權運動的領袖與NAACP（有色人種協進會）的主席。

　　不過，戰後愛因斯坦對一群人特別無法容忍。他宣布道：「德國全國要為大屠殺負責，這個民族應該受到懲罰。」一九四五年底當德國朋友法朗克（James Franck）要求他參加訴求寬待德國經濟的請願活動時，愛因斯坦憤怒地拒絕了。他表示：「絕對有需要在許多年內避免德國的工業政策恢復，若是您的請願活動開始了，我會盡一切力量反對。」當法朗克堅持時，愛因斯坦也變得更加堅定。他寫道：「德國人有計劃地屠殺了數百萬計的平民。只要他們有能力，一定會再幹一次，因為在他們身上找不到一絲絲愧疚或悔恨。」

　　愛因斯坦甚至不允許讓自己的書再賣到德國，也不願讓名字重新被列入德國任何一家科學學會中。他寫信給物理學家哈恩指出：「在所謂文明國家的歷史中，德國人犯下的罪行是最令人深惡痛絕的紀錄。德國知識階級的行徑，不比暴民好到哪裡去！」

　　像許多猶太人難民一樣，愛因斯坦對德國的深惡痛絕有個人理由，因為雅各叔叔的兒子羅伯特一家也難逃納粹毒手。戰爭快結束時德軍從義大利撤退，姦殺了羅伯特的太太和二名女兒，然後燒毀了他的家園。當時羅伯特躲在林子裡，後來他寫信告訴愛因斯坦一切恐怖的細節，一年後他自殺身亡

了。

　　這讓愛因斯坦更加明確認同自己的國家和同胞血緣。在戰爭結束時他宣布道：「我不是德國人，而是猶太人。」

　　而從實際的細節而言，他更是成了個美國人。自從一九三三年在普林斯頓安定下來以後，接下來二十二年的生命中他未曾離開美國，除了一次短暫航行到百慕達群島，以便開始必要的移民程序。

　　的確，他不是循規蹈矩的公民。但是在這方面，他反倒是遵循了美國文化性格中一些受敬重的傳統，包括捍衛個體自由、排斥政府干涉介入、不信任財富過度集中，並且是國際理想主義的信徒；最後一點在歷經二十世紀兩次世界大戰後，已成為美國知識分子重視偏好的信念主張。

　　愛因斯坦覺得，好發異議和不守舊規並沒有讓自己成為比較壞的美國人，而是較好的美國人。一九四〇年在歸化成美國公民那天，他在廣播訪談中論及這些價值。在戰爭結束之後，杜魯門總統宣布訂立新公民紀念日，主持愛因斯坦歸化儀式的法官寄出數千封邀請函，邀請曾經參加過他主持宣誓儀式的新公民到特藍頓公園慶祝。令法官吃驚的是約有一萬個人到場，更令人驚訝的是愛因斯坦一家人也決定參加盛會。在慶祝會上，愛因斯坦坐著微笑揮手，一名小女孩坐在他的大腿上，大家都快樂慶祝著「我是美國人」的這一天。

第二十二章

地標
LANDMARK

一九四八～一九五三年

永無止境的探索

世界的問題對愛因斯坦很重要，但是宇宙的問題幫助他正確看待世事。即使他的科學產能很低，但是物理才是他努力的目標，這種態度直到他謝世那一天為止。有天早晨和助理及鼓吹軍備限制的伙伴施托思散步去辦公室時，愛因斯坦沉思著分配兩邊的時間，他最後表示：「我們的方程式對我更加重要，因為政治是一時的，而方程式是永恆的。」

在二次戰爭結束時，愛因斯坦以六十六歲之齡從高等研究院正式退休。但是他每天照樣到小辦公室工作，而且還是能找到忠心耿耿的得力助手，願意共同加入他對統一場論的古怪探索。

除掉周末，他會在正常時間起床，吃完早餐看完報紙後，約略十點左右慢慢從默舍街走到高等研究院，還因此流傳下來許多真真假假的故事。同事培斯記得：「有一次一輛車子撞上一顆樹，因為駕駛突然認出走在路邊的優雅老人家是誰，那天他還戴了一頂黑色毛織帽壓住白色長髮呢！」

在戰爭結束後不久，奧本海默從洛薩拉摩斯來接掌高等研究院。他是一位聰明但菸癮極大的理論物理學家，用領導才幹成功帶領科學家研發出原子彈。由於鋒芒畢露，讓他常常不是吸引崇拜者，便是容易招來敵人忌恨，不過愛因斯坦兩

種都不是。他們兩人帶著好玩與敬意看待對方，形成一種友善但不是至交的關係。

當奧本海默在一九三五年第一次造訪研究院時，稱它是「瘋人院」，因為「發光體各自無望孤絕地閃耀著」。奧本海默宣稱最大的發光體愛因斯坦「已經全瘋」，不過他語帶敬愛之意。

在兩人成為同事後，奧本海默對於處理旗下的發光體更加熟練，尖銳的評語也收斂一些。他宣告愛因斯坦是「一座地標但不是信號」，意思指愛因斯坦因昔日的豐功偉業備受景仰，但是如今的科學探索卻很難吸引到追隨者；這句話是對的。幾年之後，他又對愛因斯坦下了一個生動的註腳：「他總是散發出一股天真純潔，既稚氣又極為頑固。」

愛因斯坦倒是和研究院另一名偶像人物戈德爾（Kurt Gödel）結為至交與散步的好夥伴。戈德爾個性極為內向，他是來自布魯諾和維也納的數學邏輯家，以「不完備定理」（incompleteness theory）聞名，該定理證明在任何數學系統中，一定有些敘述無法以系統的公設來證明其真偽。

在輝煌的德文知識世界裡，從物理、數學和哲學三方面熱烈交流中激盪出二十世紀的三大理論：愛因斯坦的相對論、海森堡的測不準原理，以及戈德爾的不完備定理。若是光由三個理論的字面推敲，便以為三者皆臆測宇宙是暫時與主觀的，那便是過分簡化這些理論之間的關連性。不過，這些理論似乎都擁有哲學意涵，也成為愛因斯坦與戈德爾一道散步的話題。

這兩人的個性極為不同。愛因斯坦充滿幽默與睿智，然而兩種特質都在戈德爾身上看不到，因為他的邏輯性太強烈了，有時會掩蓋過常識。當一九四七年戈德爾決定成為美國公民時，這種特質展露無疑。他非常認真地準備公民考試，所以仔細研讀美國憲法，結果深信自己發現了一個邏輯錯誤。他堅稱，憲法內在有一處不連貫，可能會讓整個政府淪為高壓統治。

愛因斯坦很關心，決定陪伴或者說護送他到特藍頓參加公民考試，同樣是由當年幫愛因斯坦監考的法官主持。在開車途中，他和另一名朋友努力要

讓戈德爾轉移注意力，希望他千萬別提到這點缺陷，然而沒有用。當法官問到憲法問題時，戈德爾開始陳述他的證明，表示憲法內部的矛盾將會造成獨裁者出現。幸運地，法官很珍惜自己與愛因斯坦相識的緣分，他阻止戈德爾的滔滔不絕，表示「你不需要深究這一點了」，終於搶救了戈德爾的公民考試。

在兩人一塊散步期間，戈德爾思考探究了一些相對論的涵義。他提出一項分析，指出時間除了是相對之外，到底是否真實存在呢？他認為，愛因斯坦方程式所描述的宇宙除了會擴張之外，也可描述旋轉的狀況，使得空間和時間的關係在數學上會混合。他寫道：「時間流逝的客觀存在，意謂真實的『現在』一層接著一層出現。但如果『同時』是相對的，每個觀察者擁有自己一套的『現在』，那麼這些不同的層無法宣稱是客觀時間流逝的正宗代表。」

因而，戈德爾主張時間旅行是有可能的：「如果搭乘火箭進行彎曲度夠大的旅行，有可能進入過去、現在、未來任何的區域中，然後再返回。」他指出這會顯得很荒謬，因為我們可以回到過去與年輕的自己對談（或更怪異地，老年的我們回來與現在年輕的我們談話）。波士頓大學哲學教授尤格拉（Palle Yourgrau）在《沒有時間的世界》（*World Without Time*）描寫戈德爾和愛因斯坦的關係，他提到：「戈德爾語出驚人地宣示，在嚴格界定下時間旅行與相對論並不矛盾。他的主要推論，在於若時間旅行是可能的，則時間本身並不存在。」

愛因斯坦對戈德爾收錄在一本論文集當中的文章做了回應，他似乎有點兒佩服，但卻未完全被這個論點說服。在簡短評量中，愛因斯坦稱戈德爾的論點是「一項重要貢獻」，但是表示自己很久以前便想過，「這裡涉及的問題已經困擾過我了」。他暗示雖然時間旅行在數學想像中可能是真實的，但在現實中是不可能的，結論是：「這些情況是否在物理上成立，將是一個有趣的問題。」

　　至於愛因斯坦，則繼續將重點放在自己的白鯨上面，不過他不像老船長亞哈（Ahab）固執瘋狂地追獵它，而是抱持如以實瑪利（Ishmael）的本分之心進行寧靜聖潔的追尋。[1] 在對統一場論的探尋當中，如通電般的物理直覺一直未能降臨他身上，像是當年的重力與加速等效性或是同時之相對性等概念，所以他只能透過抽象的數學方程式在雲霧中摸索，腳底下卻沒有燈光照明指點。他對一名友人感嘆道：「好像是在搭飛船，雖然可以在雲空中到處巡來穿去，但是卻看不清如何能回到真實的地面。」

　　數十年來，他的目標便是提出一個可以同時包含電磁場與重力場的理論。然而，除了他對於自然喜歡單純之美的直覺之外，沒有確切的理由相信兩者事實上必然屬於相同的統一結構。

　　同樣地，他仍然希望可以在場方程式中找到「點」的解，以便用場論來解釋粒子之存在。普林斯頓的夥伴荷夫曼回憶道：「他主張如果真心相信場論的基本概念，那麼物質不該被當成外來者進入場中，而是應該視為是場本身實實在在的部分。的確，我們可以說他想要光靠從時空扭曲中創造出物質來。」在追尋的過程中，愛因斯坦用盡了各種的數學機關，但是又不停地尋找其它的方法來用。他曾經對荷夫曼感嘆道：「我需要更多的數學！」

　　他為何這麼堅持呢？因為在內心深處，各種區別分歧總是讓他感到不舒坦，例如有各式各樣的重力場與電磁場理論，而且粒子與場之間也有區別。他直覺相信，單純一體是上帝打造萬物的正字標記。他寫道：「理論的前提越單純，會讓人印象越深刻；它所牽涉相關的事物越多，適用性也更加寬廣。」

　　在一九四〇年代早期，愛因斯坦曾經回到克魯札在二十多年前提出的五維度數學方法，甚至和戰爭期間躲到普林斯頓的量子力學先鋒包利，共同研究了一段時日。然而，他依然無法找到方程式來描述粒子。

1　編按：老船長亞哈（Ahab）為美國小說家梅爾維爾《白鯨記》的主角，以實瑪利（Ishmael）則是故事的敘述者。

於是，愛因斯坦改而採取「雙向量場」（bivector fields）為手段。他似乎有點絕望了，承認此種新方法可能需要放棄局地性原則，然而那是他在思考實驗中，用來攻擊量子力學的神聖武器啊！不管如何，這個方法也很快被拋棄了。

愛因斯坦在生命最後十年採取的最後手段，是重新回到一九二〇年代嘗試的一個方法。那使用到非對稱性的黎曼度規，可以允許十六個場量值，其中十個量值為重力使用，剩餘六個量值則留給電磁力。

愛因斯坦將剛完成的工作送給老同志薛丁格。他寫道：「我沒有送給其他人，因為你是為我唯一知道，對科學基礎不會帶著眼罩視若無睹的人。我所嘗試的方法，乍看之下好像很老套又沒有搞頭，我用的是非對稱性張量……包利聽到我的點子後，還吃驚得瞠目結舌呢！」

薛丁格花三天仔細檢閱愛因斯坦的研究後，回信表示自己印象很深刻。他說道：「你是在追逐大獵物！」

這種支持讓愛因斯坦相當興奮。他回信說：「跟你通信讓我十分快樂，因為你是我最知己的兄弟，腦袋瓜裡的想法也跟我最投契。」不過，他很快瞭解到自己織就的理論相當薄弱，雖然在數學上很優雅，卻與任何實際的物理無關。幾個月後他向薛丁格坦白道：「我心裡不再像先前那般肯定了。在這上面浪費了這麼多時間，結果看起來卻像是惡魔的祖母送來的禮物。」

不過愛因斯坦仍然奮戰不懈，努力製造出許多論文，偶爾會登上新聞版面。一九四九年準備再版《相對論的意義》一書時，他將之前寄給薛丁格看的論文修正後放進附錄裡。《紐約時報》將整頁寫滿複雜算式的手稿重新印製，做成頭版故事報導，標題是：「愛因斯坦的新理論給宇宙一把萬能鑰匙：科學家研究三十載，發展概念期盼為星辰與原子之間搭起橋樑。」

但是愛因斯坦很快明白結果還是不對。在他送出那份章節與真正印行的六星期內，他又有了新想法，重新將文章修訂一次。

事實上，愛因斯坦不斷修訂自己的理論，然而老是徒呼負負。他越來越

悲觀，從對奧林匹亞學會老朋友索洛文發出的感嘆便聲聲可聞；那時索洛文是愛因斯坦在巴黎的出版商。一九四八年愛因斯坦寫信他表示：「我永遠解決不開了，這個問題會被忘記，以後一定會再被發現。」第二年，他寫道：「我根本不確定自己是否在正確的軌道上。現在一代人同時視我為異教徒與老古板，簡單一句話，我過氣了。」一九五一年，他似乎有點放棄：「統一場論已經退休了，在數學上是如此難以應用，讓我沒辦法加以驗證。目前的狀況會持續更多年，主要是因為物理學家們不瞭解邏輯與哲學論點。」

　　愛因斯坦對統一場論的探索，注定無法產生具體的結果可加到物理學架構上。他沒有辦法提出偉大的洞見或思考實驗，對於根本原則也沒有直覺，來幫助他「看見」自己的目標。荷夫曼感慨說：「我們面前沒有前景。一切都是極數學，而且多年來不論是在別人幫忙或自己獨力研究，愛因斯坦跨過重重難關後，總是發現有新的關卡正在前面等著。」

　　也許一切的追尋都是枉然。而且若是從今到百年後，確實找不到統一理論，這也會被視為錯誤的方向。但是愛因斯坦從來不為付出感到遺憾，曾經有位同事問他為何要花費（或浪費）這麼多時間做這孤單的探索，他回答表示縱使發現統一場論的機會微乎其微，然而嘗試是有價值的。他指出自己已經成名了，位置也鞏固了，能承擔起風險來揮霍時間。然而，年輕的理論家擔不起這種風險，因為可能會犧牲掉大好前途。因此，愛因斯坦說自己有責任來做這種事。

　　愛因斯坦在尋找統一理論上不斷的失敗，並沒有讓他放鬆對量子力學的懷疑。長年與他為此交鋒的老朋友波耳，一九四八年時到高等研究待上一陣子，花了部分時間將他們戰前在索爾維會議上的辯論寫成一篇文章。波耳的辦公室就在愛因斯坦的樓上，當他為文章絞盡腦汁時遇到障礙，於是請來培斯幫忙。波耳急得繞著長形桌子踱步，培斯哄他安靜下來並且寫下筆記。

　　當波耳遇到挫折時，有時會語無倫次地一再重複一個字。很快地他開始唸起愛因斯坦的名字，一路走到窗邊繼續喃喃自語：「愛因斯坦……愛因斯

坦……。」

　　就在此刻，愛因斯坦輕輕打開門，躡著腳尖走近來，向培斯打暗號叫他不要聲張。他進來是為了偷點菸草，因為醫生囑咐他不可以買。波耳繼續喃喃自語，最後吐出一大聲「愛因斯坦」，然後轉過頭來發現自己正盯著焦慮的源頭。培斯回憶道：「說波耳頓時講不出話來，還不夠傳神！」馬上，他們都大笑起來了。

　　另一名嘗試改變愛因斯坦但依然失敗的同事是惠勒，他是普林斯頓大學著名的理論物理學家。有天下午，他特地到默舍街邸向愛因斯坦解釋量子力學的新研究方法，稱為歷史求和法（sum-over-histories approach），那是他與研究生理查·費曼所發展出來的。惠勒回憶道：「我去找愛因斯坦，希望能說服他從這個角度看，可以感受出量子理論的自然性。」愛因斯坦耐心聽了二十分鐘，但是最後仍然是用這句老話擋回來：「我還是不相信好上帝會玩骰子。」

　　惠勒臉上露出失望的神色，愛因斯坦稍微把話講軟一點了：「當然，我可能是錯誤的。」他帶著風趣和緩的語調，頓了一下然後說：「但是也許我已經贏得權利可以犯錯了。」愛因斯坦後來向一位女性友人吐露道：「我不認為可以活到看誰是正確的那天。」

　　惠勒不斷上門造訪，有時會帶學生們一起來，而愛因斯坦承認覺他們的許多論點「有道理」。但是愛因斯坦從來沒有被改變，在生命近尾聲時他曾經招待惠勒一小群學生。當話題轉向量子力學時，他再次試著挑戰人類觀察會影響並決定實在的想法。愛因斯坦問道：「當一隻老鼠觀察時，會改變宇宙的狀態嗎？」

冬之獅

　　馬里奇仍然住在蘇黎士，她因為連續小中風而使健康惡化，同時要幫

忙照顧住院的愛德華，精神疾病讓他越來越暴力與瘋狂。財務問題讓馬里奇與前夫的關係再度變得緊張，原本放在美國信託的諾貝爾獎金，卻在經濟大蕭條大縮水，而且她賣掉三棟公寓中的兩棟房子，以便支付愛德華的醫療費用。到一九四六年底時，愛因斯坦催她賣掉最後一棟公寓，並將錢轉交由愛德華的指定監護人控管。但是馬里奇原本擁有房子的使用與收益權，現在要叫她放棄掌控權，讓她感到驚慌失措了。

那年冬天一個寒冷的日子裡，在出門探訪愛德華的路上，馬里奇在冰上滑倒了，最後無意識地躺在雪地裡，直到陌生人發現了她。她知道自己快死了，不斷做惡夢說在雪地裡掙扎卻一直到不了愛德華的身邊。她很害怕愛德華會出事，於是寫了一封令人心酸的信給長子漢斯。

一九四八年初愛因斯坦成功賣掉那棟公寓，但是馬里奇擁有委任權，所以讓愛因斯坦拿不到錢。結果，愛因斯坦也寫信告訴漢斯所有詳情，承諾他「縱使花光所有積蓄」，也會盡一切可能照顧愛德華。」五月時馬里奇又發生一次中風，結果像中邪般嘴裡會不時重複喊著「不，不！」三個月後她死了。賣掉公寓的錢總共有85,000元瑞士法郎，在她的床墊下找到了。

愛德華恍神發呆，從此未再提起母親。愛因斯坦的朋友澤利希住在附近，他時常去看愛德華，並固定將情況報告給愛因斯坦知道。澤利希期望愛因斯坦能與兒子聯繫，但他從未這麼做過。他告訴澤利希說：「我無法分析這種感覺從何而來，但我相信不管我用什麼形式出現在他面前，一定會引發他內心種種的痛楚滋味，這讓我遲遲無法付諸行動。」

愛因斯坦自己的健康也在一九四八年開始走下坡。多年來，他一直受胃病和貧血所苦，那年年底在一陣劇痛與嘔吐之後，他住進布魯克林地區的猶太醫院。手術檢查結果發現他的腹部主動脈上有一個動脈瘤[2]，醫生認為無計可施。精確地說，這種病有一天會要了他的命，但靠著健康的飲食，他可以

---

2 動脈瘤是血管脆弱處因血流衝激的凸起所形成。腹部主動脈是從心臟延伸出來的主要動脈，位於橫隔膜和下腹部之間。

多活些日子。

為了要恢復健康，他進行一趟在普林斯頓二十二年期最長的旅行：南下到佛羅里達州薩拉索塔（Sarasota）。就這一次，他成功避開了曝光。當地報紙指出：「愛因斯坦是行蹤飄忽的薩拉索塔訪客。」

海倫·杜卡斯陪伴他旅行。在艾爾莎過世後，她更加忠心地守護愛因斯坦，甚至不讓他看到漢斯的養女伊芙林的來信。漢斯懷疑杜卡斯與父親有染，並對別人說了這件事。家庭友人彼得·巴奇後來提過：「有許多回，漢斯告訴我自己長久這麼懷疑。」但是認識杜卡斯的人，都覺得那太難以置信了。

此時漢斯已成為柏克萊大學受尊敬的工程學教授，愛因斯坦和兒子的關係也變得更加友善了。漢斯回憶去東岸拜訪父親時：「每次我們見面，總是會交流彼此領域各種有趣的進展與兩人的工作狀況。」愛因斯坦特別喜歡知道各種新發明和謎題的新解答。漢斯表示：「也許發明和謎題這兩種東西，會讓他想起在伯恩專利局那些快樂無憂和成功的日子。」

愛因斯坦一生最親的親人與心愛的妹妹瑪雅，她的健康也不太行了。當墨索里尼頒布反猶太人法後，瑪雅搬到普林斯頓與哥哥同住，至於漸行漸遠的先生保羅·溫特勒則搬到瑞士，與妹妹和妹夫貝索住在一起。他們兩人時常通信，但是卻不曾重逢了。

瑪雅開始和艾爾莎一樣，在外表打扮上越來越像愛因斯坦，她讓滿頭銀灰色的頭髮自然垂放，並且帶著一抹邪邪的微笑。她說話會變音轉調，以及提問時稍帶懷疑拉高的口吻，也與愛因斯坦相似。雖然她是素食者，但是也愛熱狗，所以愛因斯坦宣布熱狗是蔬菜，讓她很滿意。

不幸的是瑪雅中風了，到一九四八年時幾乎都躺在床上。愛因斯坦寵愛她，對別人從來不曾這麼好過。每天晚上他會大聲唸書給她聽，有時候床邊讀物的內容很硬，例如托勒密與阿里斯塔克（Aristarchus）爭辯地球繞太陽轉動的問題。他寫信給索洛文談到當晚的感想：「這讓我不禁想到今日物理學

家的某些爭論：內容巧妙高深，但是沒有洞察力。」有時候讀的東西比較輕鬆，但也透露出他的幾許個性，例如他讀唐吉訶德時，偶爾會將自己獨立對抗科學界的行徑，比喻成是那位想用長矛單挑風車的老騎士。

一九五一年六月瑪雅過世，愛因斯坦傷心欲絕，寫信給一位朋友傾吐說：「我想念她遠超過想像。」他坐在後院門廊上好幾個小時，臉色蒼白而緊繃，盯著遠方凝視。當繼女瑪歌來安慰他時，他指向天空好像為了使自己安心地說：「仔細看看自然，那麼妳會更加明白。」

瑪歌同樣離開了丈夫，他則是按照老早想好的計畫，寫了一本未被授權的愛因斯坦傳做為回應。瑪歌崇拜愛因斯坦，年年相處下他們變得更親近。愛因斯坦覺得有瑪歌作陪很好，曾經說過：「當瑪歌說話時，你會看到花兒盛開。」

愛因斯坦能感受到這些親情並加以回報，可證明他號稱感情疏離淡漠的名聲並不全然是真實。瑪雅和瑪歌晚年時都喜歡與他同住，而非與自己的先生住在一起。他很難扮演丈夫和父親的角色，因為他對任何有束縛的感情都應付不好，但是他對親人朋友也有可能是極度熱情的，只要覺得自己是自然投入，而非受到拘束與限制。

愛因斯坦是凡人，他有優點也有缺點，最大的弱點在於個人範疇。雖然他擁有摯愛他的終生知己，有寵愛他的家人親戚，但是對於米列娃和愛德華等少數人，當他覺得關係變得太痛苦時便逕自走開了。

至於同事們，則看見他親切的一面。他對同事和屬下溫和寬容，不管與他見解是否相同。他擁有持續長達數十年之久的真摯友誼，對於助理能夠展現無窮關愛，並且溫馨對待其他所有人。因此當他年歲增長時，不僅受到同事尊敬崇拜，大家也都愛他。

當他從佛羅里達休養歸來後，同事為他舉行研討會慶祝七十歲大壽。他們帶著科學與個人感情出席為他祝壽，這種同志與共的革命感情他從學生時代便開始享有。雖然演講原本應該集中談論愛因斯坦的科學，但是大部分

都談到他待人之和藹親切。當他走進會場時，全場先是一陣安靜，然後暴起如雷掌聲，一名助理回憶道：「愛因斯坦完全沒意識到，大家對他是全然敬愛。」

他在高等研究院最親近的朋友合買了一個禮物送他，那是一台最新的收音機和高音質唱片機，趁有天他去工作時偷偷在他家中安裝。愛因斯坦發現後高興不已，不僅用來聽音樂，也用來聽新聞，尤其喜歡聽霍華德．史密斯（Howard K. Smith）的新聞評論。

那時他已經不拉小提琴了，因為手指退化不夠靈活。於是，他改而彈鋼琴，但是不如彈小提琴擅長。有一次他老是卡在一小段，於是轉過頭對瑪歌笑著說：「莫札特在這裡寫的東西真是胡來。」

他看起來更像是一名先知，頭髮增長了，眼神透露一點憂傷疲憊。他的臉龐刻劃出更多皺紋，但卻更顯得優雅細緻，流露出智慧滄桑與生命活力。他還是像小孩時一樣愛做夢，但是現在散發一股寧靜。

老朋友波恩在愛丁堡當教授，愛因斯坦對他提到：「一般都把我當做化石了，我發現這個角色還不太賴，因為跟我的脾氣還滿配的……我只是喜歡在各方面付出多於接受，不把自己或大家做的事情看得太認真，對於自己的弱點與缺陷不覺得羞恥，平心靜氣一切順其自然。」

以色列總統

在第二次世界大戰前，愛因斯坦便在曼哈頓一家旅館對三千名神父演講，表示他反對建立一個猶太國家。他指出：「秉持對猶太教重要本質的認知，我反對組成由邊界、軍隊和武力構成的猶太國家。我擔心這會繼續戕害猶太教的內涵，尤其是我們自己人發展出狹隘的民族主義，因為我們不再是馬加比（Maccabee）時期的猶太人了。」[3]

在戰後他採取了相同的態度。一九四六年當他出席華府一場國際巴勒斯

坦調查委員會作證時，批評英國人造成猶太人與阿拉伯人互鬥，他呼籲猶太人增加移民，但是不認同猶太人應該採取國家主義，他指出：「我心中沒有國家的念頭，我不明白為何那有需要。」這份平靜低調的語氣，卻讓底下熱心猶太復國運動的聽眾感到震驚，引起強烈的迴盪。對於愛因斯坦在聽證會竟然會說出這種違背猶太人復國運動者信念的話，讓拉比魏思啞然失色，他請愛因斯坦簽署一項聲明澄清，不過卻一點兒也沒達成效果。

愛因斯坦尤其是對於比金（Menachem Begin）[4]等猶太軍事領袖所採取的軍國主義作風感到驚慌錯愕，他與偶爾立場不同的胡克共同在《紐約時報》簽署一份聲明，抨擊比金是「恐怖分子」和法西斯黨的「近親手足」。他認為暴力違反了猶太文化遺產，一九四七年寫信給一位朋友表示：「我們模仿了異教徒愚蠢的民族主義和無聊的種族排外。」

但是當一九四八年以色列宣布建國時，愛因斯坦寫信給同一位友人，表示自己的態度改變了。他承認：「我從不認為建立一個國家是好主意，不管是從經濟、政治和軍事面來思考。但現在沒有回頭路了，我們必須要奮鬥找出路。」

以色列建國再度讓他從純和平主義退開。他寫信給烏拉圭的一個猶太組織：「我們或許會對必須使用愚蠢討厭的方法而感到遺憾，但是為了改善促進國際環境，我們首先必須盡所有可能維持自身的存在。」

為猶太復國運動奮鬥不懈的魏茲曼，曾在一九二一年帶愛因斯坦一同訪美，他成為以色列第一位總統。但這個大位有名無實，真正的權力掌握在總理和內閣手中。當魏茲曼在一九五二年十一月去世時，耶路撒冷的報紙開始鼓吹由愛因斯坦接替，總理古里安（David Ben-Gurion）屈於壓力，表示很快

3　編按：馬加比（Maccabee），西元前一百多年前，馬加比以寡擊眾，打敗了希臘塞琉西王朝第八世統治者安條克（Antiochus），安條克當時下令把神殿改供奉異教神祇，遭到馬加比率眾抵抗，為慶祝恢復猶太傳統，連點燈八天，是為光明節由來。

4　編按：比金（Menachem Begin，1913～1992），一九七七年出任以色列總理，隨即邀請埃及總統沙達特（Sadat）到以色列進行破冰訪問，結束三十年的敵對，隔年因此獲諾貝爾和平獎。

會諮詢愛因斯坦。

　　這個點子讓人同時感到驚訝又明顯，不過也不切實際。愛因斯坦首先是在魏茲曼過世一周後，從《紐約時報》一篇小文章得知這項消息，原本一家人都笑笑就沒事了，不過記者開始打電話來採訪。愛因斯坦告訴一名訪客說：「這太奇怪，太奇怪了。」幾個小時後，以色列駐華盛頓大使伊班（Abba Eban）送來一份電報，問道第二天可否派人正式拜訪。

　　愛因斯坦感嘆道：「為什麼要千里迢迢來這裏？我一樣只會說不啊！」

　　杜卡斯提議直接給大使伊班打電話。那時候，打長途電話還是新鮮事，她很驚訝自己竟然能夠找到華盛頓的伊班，讓他和愛因斯坦直接對話。

　　愛因斯坦說：「我不是做那個位子的人，而且我也不可能做。」

　　伊班回答：「我不能夠告訴我的政府，說你打電話來拒絕。我必須向您當面報告，並正式提出請求。」

　　最後伊班改派代表來，遞交給愛因斯坦一封正式信函，詢問他是否願意接任以色列總統。伊班可能假設愛因斯坦會天真地幻想，以為能住在普林斯頓治理以色列，所以在信中提到：「接受者需移居以色列並成為公民。」不過，伊班馬上對愛因斯坦保證說：「您仍然享有追求偉大科學研究的自由，因為我們的政府和人民完全明白您無比重要的貢獻。」換句話說，總統的工作只是需要他出現，其餘沒有太多要求。

　　雖然這項提議有點奇怪，但卻是清楚見證了愛因斯坦在猶太世界是無法凌駕的英雄人物。伊班說道：「這是猶太人對猶太子弟所能獻上最高的敬意。」

　　愛因斯坦早已準備好回絕信，在代表剛到時便遞給他。代表開玩笑說：「我當一輩子的律師了，這是頭一次我還沒開口就被回絕了。」

　　愛因斯坦在準備好的信中提到，自己為這項提議「深深感動」，因無法接受而「立刻覺得難過遺憾」。他解釋道：「終其一生我都在處理客觀事物，缺乏妥善處理民眾事務與為官行政的天分和經驗。然而，自從我完全瞭

解猶太人在世上各國飄泊流浪的困境之後，與猶太人民的關係便成為我在人類中最強的連繫，因此我對於回絕請求感到更加難過不安。」

請愛因斯坦擔任以色列總統是一個聰明的點子，但愛因斯坦是對的，他明白有時候聰明的點子也會是壞點子。如他所言，他知道自己很奇怪，沒有天分當個稱職的總統面對民眾，也沒有本領當個好官員。他天生不是政治家或精神領袖的材料！

他喜歡暢所欲言，對於治理或象徵性領導複雜的組織，並沒有耐心做出妥協。以前創辦希伯來大學時他曾被視為精神領袖，但是對於其中牽涉到各種的角力，他既沒有能耐妥善處理，也沒有辦法完全不加理會。另外，他才剛和一群想在波士頓附近創辦班迪斯大學的人鬧得很不愉快，甚至已經推辭不再參加了。

再者，愛因斯坦從未表現出管理長才。他唯一擔任過的正式行政職位，是柏林大學新成立的物理所所長。除了聘請繼女處理一些行政事務，以及給一名想幫忙證實理論的天文學家工作之外，他幾乎一無所成。

聰明的愛因斯坦習慣離經叛道，有話直說從不壓抑自己。對於要發揮調解作用的政治人物來說，還有什麼特質更糟糕呢？就像他在一封客氣的信中，對一家熱心鼓吹他回以色列當總統的耶路撒冷報紙解釋道，說自己不想為了配合政府決定，被迫面對「與良心發生衝突」的可能性。

在社會上和科學上一樣，愛因斯坦當個非傳統守成派的角色會比較好。那時他對朋友承認道：「沒錯，許多叛逆者最後都變成掌權負責之人，但是我自己做不到。」

古里安暗地鬆了口氣，也瞭解到這個主意很不好。他對助理開玩笑說：「若他答應的話，我還不知道怎麼辦呢！我必須把位置給他，因為不給不行。如果他真的接受了，我們可就麻煩大了。」兩天之後，當伊班大使在紐約的正式晚宴上遇到愛因斯坦時，他很高興可將問題拋諸腦後。那晚，愛因斯坦也沒有穿襪子。

羅森堡夫婦案

美國政府急忙建造氫彈、民眾反共氣焰高漲，再加上參議員麥卡錫力促安全調查，這一切使愛因斯坦感到氣餒，社會氣氛讓他想起一九三〇年代興起的納粹勢力與反猶太主義。一九五一年初他對比利時王太后感嘆道：「幾年前德國的災難又重演了。人們沈默沒有抵抗，與邪惡勢力同流合污。」

在反射性反美和反射性反蘇的人們之間，他試圖維持中立。當殷菲德找他簽署一份世界和平議會的宣言時，他拒絕了，因為他合理懷疑該組織是受到蘇聯影響，表示道：「在我看來，那些多多少少有宣傳成分。」對於一群蘇聯學生要求他參加抗議活動，他也予以拒絕。這群學生聲稱美國在韓戰期間使用生物武器，然而愛因斯坦回答：「你們不能期待我為了極可能未發生的事情而抗議。」

另一方面，愛因斯坦也不願意參與胡克發起的連署活動，他的連署抨擊那群學生的指控是不實謊言。愛因斯坦不留戀極端，表示道：「每一個明理之人應該努力謀求中正客觀的判斷。」

愛因斯坦為低調促進中庸之道，私下寫信請求免除判決羅森堡夫婦死刑，他們因為被控竊取原子彈機密給蘇聯而遭定罪。他極力避免對此案件發表公開聲明，尤其全美民眾已經激情分成兩

派，這在有線電視時代來臨之前極為罕見。所以，愛因斯坦將信件送給法官考夫曼，並承諾不會加以公開。愛因斯坦沒有辯駁羅森堡夫婦是無罪的，他只主張本案事實明昧不清，動用死刑顯得太過嚴苛，而是該案結果顯然是受到民粹決定而非客觀判斷。

由於時機敏感，考夫曼法官將這封私人信件交給聯邦調查局。結果不只歸入愛因斯坦的檔案內，同時也被調查是否可構成不忠。在三個月之後，一項報告呈給胡佛局長，表示沒有發現可進一步定罪的證據，不過信件就存檔留下了。

考夫曼法官還是判決羅森堡夫婦死刑，愛因斯坦寫信給即將離任的杜魯門總統，請求他減刑寬赦。他在一張寫滿方程式的計算紙背後，先用德文再用英語打草稿，但是杜魯門將決定留給繼任的艾森豪總統，而後者任由死刑執行。

愛因斯坦致杜魯門的信件被公開，《紐約時報》的頭版標題是「愛因斯坦支持羅森堡氏上訴」。全美各地湧來超過百封生氣的信件，維吉尼亞州的瑪利安・羅爾絲寫道：「你需要一點常識，並且要對美國的施捨心存感激。」紐約州的查爾斯・威廉批評：「你將猶太人擺第一，美國擺第二。」在韓國服役的下士荷馬・葛林說道：「你明顯喜歡看到我們的阿兵哥被殺。去俄國或者滾回你來的地方吧！因為我不喜歡有像你這樣的美國人住在這塊土地上，卻說出不是美國人的話。」

雖然正面回響不多，不過愛因斯坦倒是與自由派的最高法院法官道格拉斯有一次愉快的通信，他也曾經試圖阻止執行死刑但未能成功。愛因斯坦寫信讚美道：「你已經非常努力，為這個混亂的時刻創造健康的輿論。」道格拉斯親筆寫信回函：「您的讚美減輕黑暗時刻的沈重負荷，我將會永遠銘記在心。」

許多批評信件質問愛因斯坦，為何願意為羅森堡夫婦站出來說話，卻沒有為九位被史達林指控參與猶太復國運動組織，企圖謀殺俄國領袖而受審的

猶太醫生挺身而出呢？包括《紐約郵報》發行人與《新領袖》編輯等人，都公開質疑愛因斯坦有雙重標準。

愛因斯坦同意俄國政府的作為應受抨擊。他寫道：「俄國政府安排的官方審判明顯顛倒正義是非，絕對應該受到譴責。」他同時指出，個別對史達林表達抗議可能效果不大，或許由一群學者發表聯合聲明會有幫助。於是，愛因斯坦找上諾貝爾化學獎得主尤里（Harold Urey）等人發表一份聲明，《紐約郵報》報導說：「愛因斯坦與尤里抨擊紅俄反猶太主義。」（史達林死後幾星期，醫生們獲得釋放了。）

另一方面，愛因斯坦在許多信件和聲明中強調，美國人不應該因為恐懼共產主義，而放棄所珍愛的思想自由等公民自由權。他指出，英國國內有不少共產主義分子，但是他們並沒有用內部安全審查等理由造成恐慌，因此美國人也不需要這麼做。

福恩格拉斯案

每年洛德泰勒百貨公司（Lord & Taylor）都會頒發一個獎項，看起來可能會很不尋常，尤其在一九五〇年代早期。這個獎表揚獨立思考，而愛因斯坦實至名歸贏得一九五三年度的獎項，因為他在科學上「不會遵循舊規」。

愛因斯坦以這項特質為傲，他知道多年來自己都做得很好。在接受頒獎後的廣播談話中，他指出：「看到一個無藥可救、愛打破規矩的人，其固執受到溫暖的鼓勵，讓人感到非常高興。」

雖然他是因為在科學領域卓然不羈而受獎，不過也趁機將注意力轉到麥卡錫式的調查上。對他而言，思考領域的自由與政治領域的自由相連，他指出：「當然我們現在說的是物理領域的創新不群，然而在政治上也有類似的問題。若社會盡是受驚嚇與順從的人民，將會是很危險的，然而參議會至今對此仍然渾然不覺。」

　　布魯克林有位老師福恩格拉斯（William Frauenglass）聽了愛因斯坦的談話，他曾在一個月前被參議院內部安全小組委員會找到華盛頓作證，以調查共產黨在中學裡的滲透狀況。福恩格拉斯拒絕作答，現在他想要愛因斯坦評斷其作法是否正確。

　　愛因斯坦慎重寫了一封回信，並且告訴福恩格拉斯可以將信件公開。信中寫道：「沒腦筋的政客已經想辦法灌輸民眾對所有思考活動都心存猜疑，現在他們甚至開始要箝制學術自由了。」知識分子應該如何對抗這等邪惡？愛因斯坦宣布道：「坦白說，我認為只有用甘地不合作的革命方式才行；每一位被召到委員會的知識分子，都應該拒絕作證。」

　　愛因斯坦一輩都敢於挺身對抗流行風潮，到了麥卡錫時代他仍以固執安身立命。當時民眾接受調查時被要求供出嫌疑名單，並且得對自己與同事的忠誠做出交待。愛因斯坦則採取了一個簡單的作法，告訴別人不要合作。

　　他告訴福恩格拉斯，這應該引用憲法修正案第一條的言論自由保障權，而非引用憲法修正案第五條免於自我入罪來當「保護罩」。他表示，維護憲法修正案第一條尤其是知識分子的責任，因為他們在社會中具有維護思想自由的特別角色。對於納粹掌權時，德國大多數知識分子未能起身反抗一事，愛因斯坦仍然心有餘悸。

　　當這封致福恩格拉斯的信件發表後，比羅森堡案激起更多公眾憤慨喧囂。美國各地的報紙社論更讓情況火上加油：

　　《紐約時報》：「如愛因斯坦教授所建議，以亂求正可謂以惡止惡，不足取也。愛因斯坦教授反對的情況理應矯正，然而問題的答案不在於違反法律。」

　　《華盛頓郵報》：「他提出的建議極端不負責任，再次證明科學天才不保證有政治睿智。」

　　《費城詢問報》：「當一位成就非凡與名聲蜚然的學者，卻讓自己淪為

敵人的宣傳工具，對提供庇護的國家特別令人感到遺憾……愛因斯坦博士已經從星空墜落，涉足意識型態政治而導致遺憾可悲的結果。」

《芝加哥每日論壇報》：「發現一個聰明絕頂之人在某些方面是笨蛋或甚至是驢蛋，總會教人驚駭莫名。」

《科羅拉多明星周刊》：「他應該比所有人更加清楚，這個國家保護他免於希特勒迫害。」

一般民眾也紛紛寫信表達意見。克里夫蘭的山姆‧艾帕基寫道：「照鏡子看你那頭亂髮邋邋得像個野人，頭戴大毛帽活像俄國佬！」反共專欄作家拉斯基（Victor Lasky）送來親筆信函：「您最近對這個偉大國家機制的猛烈抨擊，終於讓我相信儘管您擁有偉大的科學知識，然而卻是一個白癡，對我們的國家是威脅。」而紐澤西州的喬治‧史俊斐洛則連事實都搞錯了，他說道：「別忘了您離開了一個共產國家，來到這裡可以享受自由的地方，不要濫用這份自由了。」

參議員麥卡錫也發表譴責，不過相對於愛因斯坦的高度，似乎有點兒難以企及。他指出：「任何勸告美國人不要將知道的間諜和破壞分子祕密資訊說出來，本身便是美國的敵人。」從這裡看來，麥卡錫並未直接針對愛因斯坦或者所寫的信函。

然而，實際上有更多來信支持愛因斯坦。其中較有趣的反擊是來自於朋友羅素，這位哲學家寫信給《紐約時報》反諷道：「您似乎認為無論法律如何不好，都應該遵守服從。我不得不認定您會譴責喬治‧華盛頓，並支持您的國家應該重新效忠伊莉莎白二世。身為忠誠的英國佬，我當然會為這種胸懷觀點鼓掌喝采，但是恐怕在您的國家無法贏得太多支持。」愛因斯坦寫信感謝羅素，感嘆道：「在這個國家所有的知識分子包括年輕的學子們，都已經受到恐嚇威脅了。」

那時佛雷斯納已從高等研究院退休，住到紐約第五大道上。他利用這個

機會與愛因斯坦修好，寫信表示：「身為一個美國人，我感謝你寫給福恩格拉斯先生那封好信。當被質詢問個人意見與信仰時能堅持拒答，那麼美國民眾將保有更具尊嚴的位置。」

其中言詞最懇切的來函是福恩格拉斯的未成年兒子理查所寫，他說道：「在這個亂世裡，您的聲明可能會改變這國家的軌道。」這倒是有幾分真實，他表示自己會一輩子珍惜愛因斯坦的來信，並且加上附註：「我喜愛科目也是您喜歡的科目，那就是數學和物理；現在我也在學三角學了。」

消極抵抗

後來，有幾十位異議分子懇求愛因斯坦代表介入，但是他都拒絕了。因為他認為自己已表達了觀點，不需要再淌混水了。

但是有一個人得到了愛因斯坦的幫忙，那就是物理教授夏都維茲（Albert Shadowitz）。他在二次大戰期間擔任工程師，並且幫忙組成一個工會，結果因為董事會裡有共黨分子而被逐出勞工運動。參議員麥卡錫想要證明該工會與莫斯科有關係，並且對國防工業造成危險。曾經是共產黨員的夏都維茲，決定依照愛因斯坦跟福恩格拉斯所建議的，引用憲法修正案第一條來做抗辯，而不是憲法修正案第五條做為保護。

夏都維茲非常擔心自己的處境，決定去求取愛因斯坦的支持。但是愛因斯坦的電話號碼未登錄公布，所以他親自從紐澤西州北部開車到普林斯頓，在愛因斯坦家前面遇到忠心護主的杜卡斯。她問道：「您有預約嗎？」他承認自己未事先約好時間，她宣布道：「嗯，那您不能就這樣走進來，要和愛因斯坦教授說話。」於是他說明了自己的遭遇，杜卡斯盯著他看了一會兒，然後揮手讓他進門了。

愛因斯坦穿著平常的衣服：鬆垮的運動衫和燈芯絨長褲。他帶夏都維茲到二樓的書房，保證他的行動是正確的；因為他是知識分子，而知識分子在

這種情況下有特別的責任要挺身而出。愛因斯坦大方地說：「如果您走這條路，那麼可以自由使用我的名字。」

夏都維茲對這張空白支票感到驚訝，但是很高興拿來用了。在不對外開放的聽證會上，原本是由麥卡錫的顧問主任科恩（Roy Cohn）問話，他問夏都維茲是共產主義者嗎？他回答道：「我拒絕回答這個問題，而且我是按照愛因斯坦教授的忠告。」麥卡錫突然接手問話，問道夏都維茲認識愛因斯坦嗎？他回答說不盡然，但是見過他本人。當這段話在公開聽證會上重新播放時，與福恩格拉斯案製造出同樣的大標題，而且激怒出同樣的大批來信。

愛因斯坦相信自己在做一個好公民，而不是一個不忠誠的公民。他讀過憲法修正案第一條，認為支持該條精神的正是美國珍惜的自由真諦。有一位生氣的評論家將一張卡片寄給他，上面是他所稱的「美國人信條」，包括：我對國家的義務便是愛國家、支持憲法並服從法律。」愛因斯坦在旁邊寫上：「這正是我做的事情。」

當偉大的黑人學者杜波斯（W.E.B. Du Bois）因為幫忙發送世界和平會議的請願書而遭到起訴時，愛因斯坦自願為他的人格品性作證，這代表他對維護民權和言論自由的結合。當杜博斯的律師告知法庭愛因斯坦將會出席時，法官很快就決定駁回案件了。

另一個案子關係更近：奧本海默。在帶領科學家研發原子彈後，奧本海默成為高等研究院院長，並且繼續當原子能源委員會（AEC）的顧問，安全檢查都過關了。但是在帶頭反對氫彈發展後，他與泰勒成為敵人，也與AEC委員史特勞斯疏遠。奧本海默的太太凱蒂與他的弟弟法蘭克在戰前都是共產黨員，他自己也曾經與共產黨員及忠誠受質疑的科學家有往來。

這一切讓有心人士想在一九五三年撤銷他的安檢合格紀錄。原本安全紀錄很快就會過期了，大家大可讓此事靜靜解決，但是在緊張對立的氣氛下，奧本海默與敵對者都不肯退讓，因為雙方都覺得這是原則問題，於是一場祕密公聽會預定將在華盛頓召開。

　　有一天在高等研究院裡，愛因斯坦偶然遇到奧本海默，那時他正在為聽證會做準備。他們聊了幾分鐘，正當奧本海默走到自己的車子時，他對一位朋友重複了愛因斯坦剛剛講的話：「愛因斯坦認為這些攻擊太令人生氣了，覺得我應該辭職。」愛因斯坦甚至認為奧本海默回應這些指控，根本就是「一個傻子」，他覺得奧本海默已經對國家鞠躬盡瘁了，實在沒有義務要讓自己淪為「獵巫」的目標。

　　一九五四年四月正當祕密聽證會開始幾天後，哥倫比亞廣播公司新聞記者莫洛（Edward Murrow）與麥卡錫損上，同時全美對於忠誠查核的爭議也到達了最高點，《紐約時報》記者瑞斯敦（James Reston）在頭版獨家披露整個故事。政府對奧本海默進行忠誠調查的議題，馬上掀起另一個兩極化的討論。

　　培斯得到警告，知道故事馬上要見報傳開了，於是跑到默舍街道確定愛因斯坦準備好新聞媒體來電訪問。當培斯表示奧本海默繼續召開聽證會，而不願辭職與政府切斷連繫後，愛因斯坦只能苦笑以待。他指出：「奧本海默的毛病是他愛一個不愛他的女人，那便是美國政府。」他告訴培斯說，奧本海默要做的事情是「到華盛頓去，告訴官員他們是笨蛋，然後回家就好了。」

　　奧本海默輸了。AEC投票指出他是忠誠的美國人，但也對國家安全有風險，所以提早撤銷他的安檢合格紀錄。愛因斯坦第二天到高等研究院看他，發現他很沮喪。那天晚上他告訴一位朋友說，「不明白為何奧本海默把這件事看得那麼嚴重」。

　　當時研究院有一群教授流傳一份支持院長的請願書，愛因斯坦馬上簽名了。有些人最初拒絕了，部分是出於恐懼，這刺激了愛因斯坦。一位朋友回憶道，於是他「施展革命的天賦來遊說支持」，幾次會面之後愛因斯坦或者用說服的方式，或者讓對方感到不好意思，結果大家都簽署聲明了。

　　奧本海默在AEC的敵人史特勞斯，也是高等研究院的董事，教授們擔

心他會逼退奧本海默。愛因斯坦寫信給研究院的董事朋友紐約參議員李曼（Herbert Lehman），稱讚奧本海默「是研究院有史以來能力最佳的院長」，若將其解職「將會激起全體教授義憤填膺」。結果十八位董事投票，保住了奧本海默。

在奧本海默事件過後不久，史蒂文生（Adlai Stevenson）來拜訪愛因斯坦；他曾經是民主黨總統候選提名人，未來也將再接受一次提名，在知識分子中廣受喜愛。愛因斯坦表達對政治人物煽動恐共風潮的擔憂，史蒂文生保留地表示俄國人的確是一種危險。在一些客套話之後，史蒂文生感謝愛因斯坦在一九五二年支持他。愛因斯坦回答說不用感謝，他這麼做只是因為更不信賴艾森豪而已。史蒂文生表示這般誠實令人耳目一新，而愛因斯坦則感覺他不像初看下那麼傲慢了。

愛因斯坦對麥卡錫主義的反對，部分是出自於他對法西斯主義的恐懼。他覺得美國內部最危險的威脅不在於共產破壞分子，而是那些利用對共產主義的恐懼來踐踏民權的人士。他對社會主義領袖湯馬士表示道：「美國受到本身共產主義者的威脅，遠不及對少數共產主義者的瘋狂追捕為害更烈。」

甚至是對不認識的人，愛因斯坦也不加掩飾地表達這種厭惡。有一名素未謀面的紐約人寄來十一頁長信，愛因斯坦回覆時說道：「我們正在建立一個法西斯政權，這裡大抵的情況與一九三二年的德國明顯相似。」

有些同事擔心愛因斯坦勇於發聲，恐為研究院引發爭議。他開玩笑說，這些擔心讓自己的頭髮花白了。事實上，他就像是一個活潑快樂的美國孩子，高興想說什麼就說什麼，寫信給比利時王太后提到：「在新家園裡，我好像變成調皮搗蛋的小孩，因為我沒有辦法保持沈默，對世事默不作聲。此外，我相信老年人沒什麼好損失的，大可代表束縛更多的年輕人盡情發聲。」

他甚至帶著惋惜及一點打趣的口吻宣布，在當時政治威嚇的環境下他不會想變成一名教授。他告訴《記者》（Reporter）雜誌的懷特（Theodore

White）：「如果我是年輕人，又要再次選擇職業時，我不會想當科學家、學者或老師。我寧願當水管工人或小販，希望仍然可以求得一點獨立。」

這番談話讓他贏得水管工會的榮譽會員證，也激發全美為學術自由進行辯論。可以說，即使是愛因斯坦稍帶輕佻的言論，也夾帶許多動能。

愛因斯坦的觀察是正確的，當時學術自由遭受攻擊，並產生實際的危害。例如波姆（David Bohm）是一個偉大的理論物理學家，他在普林斯頓與奧本海默及愛因斯坦合作，對於量子力學提出一些改進。波姆被召到眾議院非美國人活動委員會作證，因為他援引憲法修正案第五條保護，結果失去了工作，最後搬到巴西。

然而，愛因斯坦的談話是過於誇大了。儘管他口無遮攔，但是從沒有人真的叫他閉嘴或者威脅他的工作。甚至聯邦調查局胡亂搞出一份祕密檔案，也沒有壓縮他的言論自由。在奧本海默的調查結束後，他和愛因斯坦仍然安全待在普林斯頓的庇護裡，可以自由思考說話。雖然兩個人受到忠誠調查是事實，甚至沒能通過安全檢查也令人遺憾，然而情況絕非像納粹統治的德國，儘管愛因斯坦有時會這麼說。

可以理解，愛因斯坦和一些難民容易將麥卡錫主義看做是法西斯主義黑洞的沈淪，而非當成是民主政治中難免的起伏波動。事實證明一切，美國民主政治再度走回正軌，一如以往。在軍方律師、參議院同事、艾森豪總統和新聞記者如皮爾森及莫洛等人的努力下，麥卡錫於一九五四年倉皇下台。當奧本海默案的文件公開後，對史特勞斯和泰勒名聲的殺傷力不輸奧本海默，至少在學術圈和科學界的情況是如此。

愛因斯坦不習慣會自動導正的政治系統，也未能完全體悟到美國民主政治的韌性和對個體自由的孕育。因此有一陣子他的不認同加深了，不過由於具有奇特的疏離感與幽默感，讓他避免了嚴重的絕望，注定不會成為痛苦到死的人。

死亡之兆

一九五四年三月愛因斯坦過七十五歲生日，郵差將裝了一隻寵物鸚鵡的箱子放在他家門前，那是一家醫療中心寄來的禮物。由於受郵寄過程折騰，鸚鵡似乎受傷了。當時，愛因斯坦與普林斯頓大學圖書館員范托娃（Johanna Fantova）有來往，兩人在一九二〇年代結識於德國。范托娃保存一本文采頗佳的日記，詳細記載兩人的約會與談話。她在日記中寫道：「寵物鸚鵡在運送過程受傷而精神不振，愛因斯坦講笑話逗弄鸚鵡，但它似乎不領情。」

後來鸚鵡精神恢復了，很快會從愛因斯坦手上吃東西。但是又發生感染，需要連續打針，愛因斯坦擔心它將小命不保。不過鸚鵡很有韌性，打過二針之後就復原了。

愛因斯坦同樣也屢次從貧血和胃疾發作中復原，但是他明白腹部大動脈瘤很快會讓人致命，開始平靜接受那免不了的死亡到來。當他站在物理學家蘭登堡（Rudolf Ladenberg）（他是愛因斯坦先前在柏林、後來在普林斯頓的同事）的墓前致悼時，發表的感言似乎是在說自己：「人生短暫有如異鄉過客，唯賴幽幽意識指點迷津。」

他似乎意識到最後經歷的轉變是自然也是心靈的。寫信給比利時王太后時，他提到：「年紀變大後有一件事情很奇怪，對於今生今世的親密

認同已慢慢逝去；讓人感覺獨自蛻換至無限之永恆。」

同事們在五年前合送他一套音響系統，趁七十五歲生日時更換新系統當做賀禮。此後，愛因斯坦便常常播放貝多芬莊嚴彌撒。這個選擇有兩點理由很不尋常，首先貝多芬不是他喜愛的作曲家，他認為貝多芬的作品「太個人了，近乎赤裸」。再者，他的宗教本能通常不包括這類沈溺，他對一位送來生日賀卡的朋友提到：「我骨子裡不相信宗教，這倒有點像新宗教。」

現在是追憶緬懷之時了。當奧林匹亞學會的老朋友哈比希特和索洛文從巴黎寄來一張明信片，回憶半世紀前在柏林相處的那段時光時，愛因斯坦也歌頌追念昔日的學會：「雖然年事漸衰，您純淨鼓舞的光芒依然帶領我們踏尋人生孤獨之路。」他後來對索洛文感慨道：「魔鬼對歲月錙珠必較。」

儘管胃病作怪，他仍然喜愛散步。有時候是和戈德爾來回研究院，有時候是與繼女瑪歌在普林斯頓附近的森林裡散步。父女倆人的關係變得更親近，不過通常只是靜靜享受散步。她注意他變得比較柔軟圓融了，在個人和政治事物上皆然，做判斷時多了溫和甜美，少了嚴厲尖銳。

特別是他與兒子漢斯能夠和平相處。在慶祝七十五歲生日後不久，兒子漢斯也滿五十歲了。愛因斯坦在兒媳婦的提醒下，寫給兒子一封稍微正式的信件，彷彿是為特別場合而發。信中稱讚兒子和他投身科學研究的價值：「有一個兒子繼承我個性中主要的特質，從平凡的存在昇華，犧牲自我投入非個人的目標上，這真是人生之喜悅。」那年秋天，漢斯來到東岸探訪父親。

那時候愛因斯坦終於發現美國的根本精神了：美國看似將被危險的政治熱潮所襲捲掃蕩，然而那只是暫時的民意波潮，沒多少就被民主精神吸收，並受憲法迴轉儀機制所校正。麥卡錫主義逐漸偃息式微，艾森豪成為一股安頓人心的力量。那年聖誕節愛因斯坦寫信給漢斯指出：「上帝自己的國度變得越來越奇怪，但是他們總有辦法回復正常。在這裡每件東西（包括瘋狂與失常）都大量製造，但總是很快退了流行。」

　　他幾乎每天都會漫步到研究院，繼續與方程式奮戰，希望能再更接近統一場論的地平線。他不斷提出新點子，晚上會將方程式寫在小紙片上，第二天再反覆鑽研。最後一年的助理是考芙曼（Bruria Kaufman），是來自以色列的物理學家。

　　考芙曼將新方程式寫在黑板上，方便兩人一同研究並指出問題所在。愛因斯坦會試圖推翻這些東西，考芙曼回憶說：「他有某些標準來判斷方程式是否與物理真實有關。」縱使無法突破新障礙（每次皆如此），但已經風中殘燭的愛因斯坦依舊保持樂觀說道：「嗯，我們已經學到東西了。」

　　晚上時，愛因斯坦常會和伴侶范托娃解釋自己最後一絲的努力，她都記到日記中了。一九五四年記載的內容是「幻起幻滅」，例如二月二十日：「認為他找到自己理論的一個新角度，是很重要的東西，可以簡化理論。希望他不會發現任何錯誤。」二月二十一日：「沒有發現任何錯誤，但是新的研究也不像他前一天想得那麼令人興奮。」八月二十五日：「愛因斯坦的方程式看起來很不錯，也許裡面真的會出來某種東西，但那實在是難死人的工作了！」九月二十一日：「他有一些進展，原本只是一個理論的東西，現在看起來很不錯。」十月十四日：「今天發現研究有一個錯誤，是一項挫折。」十月二十四日：「他今天發瘋計算，但是一事無成。」

　　那年量子力學先鋒包利來參觀訪問，針對上帝是否會玩骰子的老辯論再度登場，彷彿是重演二十五年前索爾維會議中的場景。愛因斯坦告訴包利他仍然反對量子力學的基本信條，也就是聲稱一個物理系統只能靠特定的實驗觀察方法才能定義。他堅持，有一個實在獨立於人類如何觀察而存在。包利寫信給波恩驚嘆道：「愛因斯坦抱持一種哲學定見，認為有一種稱為『真實』的狀態能夠在任何環境條件下客觀定義，也就是說不會受該系統實驗測試手段所影響或侷限。」

　　如他告訴老朋友貝索，他仍然深深相信物理學應該建立在「場的概念上，亦即連續的結構上」。七十年之前，注視指南針引起的震懾讓他驚訝讚

嘆場的概念，並指引他一生理論的發展。但是他對貝索擔心地說，如果場論最後不能解釋粒子和量子力學，那會發生什麼事呢？「在那種情況下，我的空中堡壘將粉碎消失，包括重力理論。」

所以，即使愛因斯坦口頭上為自己的頑固道歉，他仍然自豪絕不放棄這種態度。他寫信給一起長期奮戰的同事德布羅伊：「我看起來一定像是一隻駝鳥，永遠將頭埋在相對論的沙子裡，不肯面對邪惡的量子。」他因為相信一項根本原則而發現了重力理論，這讓他成為「狂熱的信徒」，認為類似的方法最後也會幫他找到統一場論。他自我解嘲地對德布羅伊說：「這應該解釋為駝鳥政策吧！」

在那本受歡迎的《相對論：狹義與廣義理論》（*Relativity: The Special and General Theory*），他在附錄最後一次更新時更正式地表達出這份理念。他寫道：「一般深信經實驗確定的雙重性（粒子與波結構），唯有對實在的概念加以弱化才能瞭解。我認為這種空泛無邊的否認，在現有知識之下是沒有根據的，所以我們不應該放棄追求相對場論之路的盡頭。」

另外，羅素也鼓勵他繼續尋找另一種結構，以確定原子時代的和平。羅素表示他們兩人都反對第一次世界大戰，但是支持第二次世界大戰，此刻迫切需要避免第三次世界大戰的發生。羅素寫道：「我認為顯赫的科學人士應該要有大動作，提醒各國政府正視災禍可能發生的事實。」愛因斯坦提議發表「公開聲明」，讓一些知名科學家和有識之士共同簽署。

愛因斯坦開始尋求老朋友和競爭夥伴波耳的支持。「不要愁眉苦臉啦！」愛因斯坦開起玩笑，好像他是與波耳面對面，而不是寫信給遠在哥本哈根的他：「這與我們在物理學上的陳年爭論無關，而是攸關一件我們都同意的事情。」愛因斯坦承認自己的名字或許在國外有些許影響力，但不是在美國：「因為我是一隻害群之馬（不只在科學事物上）。」

結果波耳婉拒了，不過有九名科學家（包括波恩在內）同意連署簽名。在擬定的聲明稿中，羅素以簡單的懇求做結尾：「在未來的世界大戰中，核

子武器無疑會派上用場，這種武器將會威脅人類的永續生存。鑑於此點，我們呼籲世界各國政府正視並承認世界大戰無法達成目的，期盼各國政府尋求和平方法解決所有爭議。」

愛因斯坦撐到七十六歲生日了，但是身體不好無法走到外面，對聚集在默舍街112號前面的記者和攝影師們揮手致意。郵差送來禮物，奧本海默帶論文來訪，巴奇家送來一些謎題遊戲，范托娃則負責做紀錄。

其中有一份禮物是紐約法明達小學五年級班合送的一條領帶，他們可能是看過愛因斯坦的照片後，猜想或許他可以用得上。在感謝信中，他禮貌地承認說：「領帶只存在遙遠的記憶了。」

幾天之後，他接到貝索過世的消息。六十年前他在蘇黎士當學生時，貝索是他個人告解的對象與科學想法的知音。愛因斯坦彷彿知道自己只剩幾星期可活了，在致貝索家人的弔唁信中，他思索著死亡的本質和時機：「他比我早一點點離開這個奇怪的人世，那沒什麼特殊的涵意。對我們這些物理學家來說，過去、現在與未來的區分，不過是固執的虛幻而已。」

愛因斯坦介紹貝索和他太太安娜·溫特勒認識，他很驚訝貝索雖然面對一些困難，卻能努力讓婚姻維持下去。他認為，貝索最令人欽佩的個人特質在於能與一個女人和睦共處，「這種任務我很不幸地失敗兩次」。

四月有個周日，哈佛的科學歷史學家科恩（J. Bernard Cohen）去見愛因斯坦。愛因斯坦臉上深沈的皺紋讓科恩覺得很悲傷，但是他閃閃發亮的眼睛又讓人看不出年紀。他說話輕柔，但笑聲爽朗。科恩回憶道：「每一次他說了俏皮話後，馬上會放聲大笑。」

那時，有人剛送來一組解釋等效原理的科學裝置，愛因斯坦感到特別有意思。那個東西很像以前的一種玩具，在竿子末端用繩子吊著球，必須要將球甩進竿子上面的杯子中。不過新款設計更為複雜，綁著球的繩子穿過杯子底部，接到把手內部的彈簧上，亂甩一通或許可讓球掉進杯子裡。問題來了：有沒有辦法讓球每一次都掉到杯子中呢？

　　當科恩正要告別時，愛因斯坦露出笑容說他有解答了。他把竿子頂到快碰到天花板了，宣布「等效原理來囉！」，然後讓竿子往下直直掉，自由落體的球好像失重一般，機關內部的彈簧立刻將球拉進杯子中。

最後的方程式

　　此刻愛因斯坦進入生命最後一周了，自然地他將重心放在最重要的事情上面。四月十一日，他簽署了愛因斯坦－羅素宣言。羅素後來說得好：「他在一個瘋狂的世界中，保持清楚的神智。」這份宣告後來催生了帕格沃什會議（Pugwash Conferences），讓科學家和有識之士每年聚會討論該如何控制核子武器。

　　同日午後，以色列大使伊班造訪默舍街，一起討論愛因斯坦預定在以色列建國七周年紀念日所發表的廣播演說。伊班告訴他，全球將會有六千萬名聽眾聽到他的演說。愛因斯坦感到很愉快，微笑地說：「所以，現在我有機會聞名全球囉！」

　　在廚房手忙腳亂地為伊班煮一杯咖啡後，愛因斯坦表示以色列建國是他一生見過少數具有道德的政治行動。但是他擔心猶太人在如何與阿拉伯人共處上會有麻煩，幾個星期前便對朋友提到：「我們對於少數阿拉伯人所採取的態度，將會成為猶太民族道德標準的真正試煉。」他想要擴大演講內容（他用德文打草稿，寫得非常整齊細密），呼籲創設世界政府以維護和平。

　　愛因斯坦第二天到高等研究院工作，但是鼠蹊部很痛，從表情便看得出來。助理問道事情都還好吧？他回答都很好，只有他自己不好。

　　第二天他留在家中，部分是因為以色列領事要來拜訪，部分是因為他仍然覺得不舒服。在訪客離開之後，他躺下來小睡一番。但是下午時分，杜卡斯聽到他衝到浴室，他倒在那裡了。醫生給他嗎啡幫忙入覺，杜卡斯將自己的床擺在旁邊，以便夜晚可以放冰塊到他乾渴的嘴唇上；他的動脈瘤開始破

裂了。

隔天一群醫生聚集在他家，討論完後他們推薦一名或許有辦法修補大動脈的外科醫生來，雖然被認為希望並不大。愛因斯坦拒絕了，他對杜卡斯說：「用人工延長生命沒有意思。我已經走完人生，現在該離去了，我要優雅地離開。」

不過，他確實問道自己是否會經歷「可怕的死亡」。醫生回答說不清楚，內出血可能會很痛苦，但只有一分鐘或一小時。杜卡斯相當緊張，他笑笑地說：「你太誇張了，我一定會死，何時並不重要。」

隔天早晨，杜卡斯發現他很痛苦，連頭都無法抬起來。她衝去打電話，醫生要他到醫院。起先他拒絕了，但是醫生說他會讓杜卡斯很為難，他便讓步了。救護車上的志工是普林斯頓的政治經濟學家，愛因斯坦跟和他相談甚歡。瑪歌打電話給漢斯，他從舊金山搭飛機趕來父親病榻前。與愛因斯坦結為知交的經濟學家內森，則從紐約趕到醫院。

但是愛因斯坦還沒準備要死。七月十一日星期天，他醒來感覺好很多了，要求杜卡斯拿眼鏡和紙筆給他，寫下了一些算式。他和漢斯談到一些科學想法，然後對內森討論德國重整軍備的危險。至於講到自己的方程式時，他半開玩笑地對兒子感嘆說：「如果我更懂數學就好了。」半個世紀來，他一直對德國的軍國主義以及對自己數學技巧的侷限感到很遺憾，因此最後聊到這些話題，也算是恰當。

他儘量做些工作，太痛苦時便去睡覺。一九五五年四月十八日星期一凌晨剛過一點時，護士聽到他嘴裡吐露幾個字，但是她無法瞭解的德語。然而，動脈瘤就像大水泡般爆裂了，愛因斯坦享壽七十六歲辭世。

床邊擺著他準備在以色列建國紀念日發表演說的草稿。開頭是：「今天我不是以一個美國公民或猶太人的身分演講，而是以一個人的身分出發。」

床邊還有十二頁寫得滿滿的方程式，上面夾雜著修改的痕跡。直到最後一刻，他還在努力探索難以捉摸的統一場論。在他永遠沉眠之前最後所寫下

的東西是一行符號與數字，希望可以帶領眾人更近一步，看清楚宇宙法則的真諦。

$$u_i^{\,m} u_q^{\,q} *\left(-\frac{16}{9} + \frac{2}{9} - \frac{4}{9} + \frac{2}{9} + \frac{2}{9} + \frac{2}{9}\right) + u_k^{\,m} u_{qi}^{\,q}\left(\frac{4}{9} + \frac{2}{9} - \frac{1}{9} + \frac{2}{9} - \frac{1}{9} + \frac{1}{9}\right)$$

$$8 \to -\frac{4}{3} \qquad\qquad \frac{9}{9}\;\frac{5}{9}$$

結語

愛因斯坦的心與腦
EINSTEIN'S BRAIN AND ENISTEIN'S MIND

當牛頓爵士過世時，遺體以隆重儀式安置在西敏寺的耶路撒冷室，護柩者包括大法官、二位公爵和三位伯爵。愛因斯坦可享有同等規格的葬禮，世界各地的顯要人士必定都會參加。然而遵照愛因斯坦的遺願，死後當天下午便在特藍頓進行火化，世人大多未聽聞消息。現場只有十二人參加，包括漢斯、杜卡斯、內森和四位巴奇家人。內森引誦歌德詩句，然後將骨灰撒入附近的德拉瓦河。

艾森豪總統發表褒揚：「貢獻二十世紀知識躍進，無人望其項背。掌握知識力量，無人謙遜若此；反智愚智毀滅浩劫，無人知之更詳。」第二天，《紐約時報》對於愛因斯坦過世的消息，總共刊出一篇社論和九篇報導：「佇立於渺小的地球上，人類凝視滿天繁星與浩洋參木，屏神思考這一切代表的意義與過程。三百年來，最明睿洞悉的智者阿爾伯特‧愛因斯坦已經撒手遠去了。」

愛因斯坦堅持要將自己的骨灰撒掉，以便安息之地不會成為人們病態致敬的對象。但是遺體有一部分並未遭到火化，成為若不致令人毛骨悚然、也會心生荒謬滑稽之嘆的一齣戲，因為愛因斯坦的大腦最後飄盪超過了四十載。

在愛因斯坦死亡數小時後，普林斯頓醫院的病理學家哈維（Thomas Harvey）進行例行解剖。在這個小鎮上，哈維是性情溫和的貴格教

徒，對生死之事抱持夢幻般的態度。當悲傷難過的內森在旁靜靜觀看解剖過程時，哈維移除查看愛因斯坦每個主要器官，最後用電鋸將頭蓋骨切開取出腦部。當哈維將遺體縫回去時，擅自將大腦保留下來，用防腐劑泡著。

隔天早晨在普林斯頓一個五年級班上，老師問學生們聽到什麼消息。一個女孩急著舉手報告：「愛因斯坦死了。」但是她很快被另一個男孩搶過鋒頭，這個一向很安靜的男孩從教室後面宣布：「我爸爸有他的腦喔！」

內森發現這件事時嚇壞了，愛因斯坦的家人們也是如此。漢斯打電話向醫院抱怨，但是哈維堅持腦部研究或許會有科學價值，他還說愛因斯坦會同意這麼做。漢斯不清楚在法律上擁有何等權利，只能眼睜睜著看著事情發生了。

很快地，大家都搶著向哈維要愛因斯坦的腦部做研究。華盛頓美國陸軍病理小組的官員召他見面，但他不肯給他們看手中握有的寶貝。於是，保護愛因斯坦的大腦成為哈維的任務，最後他決定請賓州大學的朋友將腦部做成顯微切片，他分成兩個玻璃餅乾罐放置，放在福特轎車後面載著到處走。

多年過去了，哈維會詭異地將大腦切片隨意寄給挑中的研究人員。他不要求嚴謹的研究，也沒有看到什麼結果發表。在這段期間，他離開普林斯頓醫院，與太太分手，再婚了好幾次，從紐澤西州搬到密蘇里州，又遷往堪薩斯州，常常沒有留下轉信住址，而愛因斯坦的大腦便跟著他四處流浪。

偶爾會有記者對這個故事發生興趣，追縱哈維後造成媒體一陣小騷動。列維（Steven Levy）原本是《紐澤西月刊》的記者，後來轉到《新聞周刊》，一九七八年在威奇塔找到哈維，結果哈維從辦公室角落一個紅色塑膠小冰箱的後方，在標示「蘋果西打」的箱子中拿出裝有愛因斯坦腦部切片的收納罐。二十年之後，《哈潑》雜誌的記者帕德尼提（Michael Paterniti）再度追蹤到哈維。帕德尼提是重靈性的自由派作家，他伴隨哈維用租來的別克轎車載著愛因坦的腦部橫越美國，後來將這趟公路之旅的故事寫成一篇文章得獎，又出了一本暢銷書名叫《送愛因斯坦回家》（*Driving Mr. Albert*）。

　　他們的目的是去加州找愛因斯坦的孫女伊芙琳（Evelyn Einstein）。伊芙琳離婚了，工作青黃不接，在貧窮中掙扎。哈維帶著一顆腦袋四處遊走的事情讓她覺得變態噁心，但或許那顆腦藏有一個祕密，讓她特別感到興趣。伊芙琳是漢斯和太太弗烈達的養女，但是出生時間和狀況卻曖昧不詳。她聽到一些謠言，讓她懷疑或許自己是愛因斯坦的親生女兒。伊芙琳是在艾爾莎過世後出生，那時愛因斯坦身邊曾經有過不少女人，也許她是那些風流韻事的結晶之一，然後愛因斯坦安排讓漢斯收養她。她找上蕭爾曼（Schulmann），他是愛因斯坦文獻的早期編輯，她希望研究愛因斯坦腦部DNA，看能否可到一點線索。可惜的是，因為哈維將腦部泡在防腐劑中，無法取得可以用的DNA，因此伊芙琳的疑惑從未獲得解答。

　　一九九八年監管愛因斯坦的腦部四十三載之後，八十六歲的哈維決定該交棒了。於是他打電話給普林斯頓醫院的病理學家，親自將東西送過去。

　　許多年來，在得到哈維施捨愛因斯坦腦部的數十人當中，總共只出現三篇重要的科學研究發表。第一個加州大學柏克萊分校戴曼德（Marian Diamond）領導的研究小組，報告指出愛因斯坦的腦部有一個區域（頂葉皮質部分），擁有較高比例的神經元膠質細胞，代表神經元需要利用到較多能量。

　　該研究有一個問題，便是將他七十六歲的腦部與十一名平均死亡年齡為六十四歲的男性進行比較，而且樣本中並沒有其他人是天才，能確定該發現具有一種模式可言。還有一個更基本的問題：因為我們沒有能力追蹤腦部終生發展的情況，所以不清楚哪些生理特質促成了高智商，哪些則可能是經年累月運用腦部某區域的結果。

　　第二篇論文發表於一九九六年，指出愛因斯坦的大腦皮質比其他五個樣本更薄，且神經元密度更高。同樣的問題是樣本太小，很難說有找到模式的證據。

　　引用最多的論文是一九九九年加拿大麥克馬斯特大學威德森教授

（Sandra Witelson）所發表的研究。哈維主動傳真表示會送來一些樣本做研究，雖然他那時已經高齡八十多歲了，但是仍然獨自一人開車到加拿大，將約五分之一的愛因斯坦腦部（包括頂葉）送達研究室。

在與三十五位男性的腦部進行比較後，研究發現愛因斯坦腦部下頂葉有一個區域的神經溝非常短，這被認為是數學和空間思考的關鍵。另外，這個區域的腦部也比樣本平均寬約15％。該論文猜測，這些特質可能使得這塊區域的腦部迴路更加豐富通暢。

但是要對愛因斯坦的想像力和直覺有真正的瞭解，並不是推敲研究其膠質細胞或神經溝的模式。我們應該關心的是其心智如何運作，而非腦部的結構常異。

對於自己的心智成就，愛因斯坦最常給予的解釋便是好奇心。如他在接近生命尾聲時所言：「我沒有獨特的天分，我只有強烈的好奇心。」

在猜測其天才元素時，這個特質也許是最佳起點。當他是生病躺在床上的男孩時，他十分好奇想知道為什麼羅盤老是指向北方。我們大部分的人都記得看過指針總是轉到同一個方向，但是卻極少人會把事情搞得水落石出方肯罷休，例如搞清楚磁場如何運作、傳遞速率、與物質交互作用等等問題。

與光束一道並肩賽跑，會是什麼光景？如果我們在彎曲的空間移動，如同一隻甲蟲在彎曲的樹葉上移動，我們會注意到嗎？說二個事件同時發生是什麼意思呢？在愛因斯坦的情況中，好奇心不只是因為渴望探究神祕而滋生，更重要是來自於赤子般的驚奇讚嘆之情，促使他探究大家視為理所當然的概念，如他所說「一般大人不會動腦筋思考的事情」。

他可以鑽研眾所周知的事情，提出大家都不曾想到的創見。例如，自牛頓之後科學家都知道慣性質量相等於重力質量，但是愛因斯坦看出重力和加速之間具有等效性，開啟一道解釋宇宙的鎖鑰。

愛因斯坦秉持一種信條，認為自然不是充斥毫無關係的屬性，因此好奇心必定具有一個目的。對於愛因斯坦來說，好奇心會創造懷疑之心，讓他

對探索宇宙具有宗教性的感覺。他曾解釋道：「好奇心的存在自有道理，當一個人沈思永恆、生命與真實巧妙的結構等奧祕之際，都會感到震懾敬畏不已。」

從早年開始，愛因斯坦的好奇心和想像力最主要都是透過視覺思考（心智圖像與思考實驗）表達出來，包括用數學描繪想像出物理景象，而不是靠口語描述。一位最早的學生說過：「他可以立刻看出一道公式背面的物理內涵，對我們來說那只是抽象的公式而已。」蒲朗克提出了量子的概念，他認為那僅是數學上方便的設計，但是愛因斯坦卻揭露它具有的物理實在。洛倫茲提出數學轉換來描述運動物體，但是愛因斯坦在這基礎上孕育出相對論。

在一九三〇年代，愛因斯坦曾邀請聖瓊・佩斯（Saint-John Perse）到普林斯頓訪問，想瞭解詩人如何寫詩。愛因斯坦問道：「詩的點子是怎麼來的？」佩斯談到直覺和想像力的角色，愛因斯坦高興呼應道：「科學家也相同，就是靈光一現，像是突然著魔一般。後來為了確定起見，會以分析和實驗確認直覺成立或無效。但是一開始，都會出現想像力的大躍進。」

愛因斯坦的思考也具有一種美感，他感覺美麗具有一種單純的成分。牛頓有句格言是「自然喜歡單純」，愛因斯坦加以呼應。在離開歐洲前往美國那一年，他在牛津大學道出自己相同的信念：「自然是想像得到最簡單的數學點子之呈現。」

儘管有奧卡姆剃刀原理等哲學格言可以佐證，然而這不必然是真的道理。正如同上帝有可能真的在玩骰子，但祂同樣也有可能很喜歡拜占庭的繁複細緻。但是愛因斯坦本人並不這麼認為，一九三〇年代的助理羅森表示：「在建構一個理論上，愛因斯坦的方法與藝術家具有某種共通點。他會追求單純與美麗，而美麗對他來說本質正是單純。」

愛因斯坦像是一名個園丁為花圃除草去蕪。物理學家斯莫林（Lee Smolin）評論道：「我相信讓愛因斯坦成就非凡的主要原因是一種道德特質，他就是比大部分同行更關心物理法則在解釋自然萬物時必須融合一

貫。」

愛因斯坦對於統一的本能，也烙印在個性中與反映在政治觀上。如同他追尋科學上支配宇宙的統一理論，在政治上也追求可以統管地球的統一理論，期盼透過全世界共通的原則實踐世界聯邦主義，克服民族主義脫韁失序所造成的混亂狀態。

也許他個性中最重要的一面，是他樂意成為一個非遵循舊規的角色。當他在接近生命盡頭為新版伽利略傳寫序時，他歌頌了這種態度：「我認為伽利略的研究中有一個重點，便是熱情挑戰各種權威教條。」

愛因斯坦在一九〇五年做出的突破，其實蒲朗克、龐加萊和洛倫茲全都只差臨門一腳了，可惜他們受到權威教條限制住了。唯有愛因斯坦叛逆成性，能夠將數百年來定義科學的傳統思考拋棄丟掉。

不因循舊規的快樂，讓他看到普魯士軍人踢正步便倒退三步，這種個人觀點也演變成政治觀點。他挺身抗議壓抑心智自由的專制政權，包括納粹主義、史達林主義到麥卡錫主義皆然。

愛因斯坦的基本信條，是認為自由為創造力之命脈。他表示：「科學發展和精神創造活動皆需要獨立思考的自由，意即不受獨裁和社會偏見所限制。他覺得，培育這種精神應該是政府的基本角色與教育任務。

有一套簡單的公式可定義愛因斯坦的觀點。創造力需要樂於不因循盲從，需要培育自由心智與自由精神，更需要培養「包容的精神」。包容之基石在於謙遜，相信沒人有權利將想法和信仰強加於他人身上。

世上已見過許多莽撞的天才。愛因斯坦之所以特別，在於其聰明才智受謙遜陶冶。在人生孤獨的旅程中他怡然自得，對於自然造化之美永遠保持謙遜敬畏之心。他寫道：「宇宙法則中彰顯出一種超越人類的精神靈魂，力量平庸的我們必須謙卑以對。在此方式下，追求科學有一種特別的宗教感覺。」

有些人將奇蹟視為是上帝存在的證據，愛因斯坦則認為沒有奇蹟才彰顯

出上帝的存在。宇宙遵循法則讓人可以理解，這是值得敬畏之事，「萬物和諧共存彰顯上帝存在」才是正道。

愛因斯坦認為，這份崇敬的感覺、宇宙性的宗教正是所有藝術和科學的泉源，並且一路指引他。他表示：「當我判斷一個理論時，我會問自己如果是上帝，會不會這樣安排世界。」他優雅融合了自信和敬畏之情，使他在人世間發光發亮。

他是一個孤獨者，但與人世緊密相連；他是一個叛逆者，但充滿敬畏之心。於是，這位莽撞但充滿想像力的專利審查員，能夠讀出宇宙創造者的心思，成為原子和宇宙奧祕的開鎖匠。

致謝

包可華女士（Diana Kormos Buchwald）是愛因斯坦文獻的主編，她仔細看過本書的手稿，給予許多意見和訂正。此外，她幫助我提早完整取得二〇〇六年解密的愛因斯坦文獻，並且給予詳盡指導。在我造訪加州理工學院的愛因斯坦文獻計畫時，她也是親切周到的主人。包可華對工作具有無比熱忱及幽默感，如果愛因斯坦在世也會感到欣慰。

她的兩位同仁也提供很大的幫助，一方面協助我取得最新解密的文獻，同時挖掘舊檔案裡蘊藏的寶藏。蘇爾（Tilman Sauer）為本書考查註釋，尤其是在愛因斯坦鑽研廣義相對論方程式與探索統一場論的部分。羅森克蘭茲（Ze'ev Rosenkranz）曾是耶路撒冷希伯來大學愛因斯坦檔案中心的館長，目前是愛因斯坦文獻的歷史編輯，對愛因斯坦在德國與猶太文化傳承之態度，提供詳盡有力的見解。。

渥爾夫（Barbara Wolff）現在負責希伯來大學的檔案，她仔細檢查每頁稿件，鉅細靡遺訂正錯誤。渥爾夫警告說她素有「龜毛」之名，但我很感激她的細心。同時，也感謝館長葛羅自（Roni Grosz）之鼓勵。

葛林（Brian Green）是哥倫比亞大學物理學家，著有《宇宙的構造》（ *The Fabric of the Cosmos* ）一書，是一位不可或缺的朋友和編輯。他建議我做許多訂正，修飾有關科學部分的文句，並且閱讀最後的文稿。他精通科學和語文，除了弦論研究之外，他和太太崔西戴伊（Tracy Day）正在籌辦紐約市的年度科學節，幫忙散播他在研究與著作裡所對物理學無比的狂熱。

克勞斯（Lawrence Krauss）是凱斯西儲大學的物理教授，也是《藏身鏡中》（ *Hiding in the Mirror* ）的作家。他閱讀本書文稿，檢查狹義、廣義相對論和宇宙學的部分，提供許多建議和修正，對物理學也具有會傳染的狂熱。

克勞斯幫我找來門生寇畢（Craig J. Copi）幫忙，他在該校教授相對論。我請他詳細檢查科學和數學的部分，對於其認真編校由衷感謝。

耶魯大學的物理教授史東（Douglas Stone），也檢閱了本書科學的部分。他是凝態物理學理論家，正在撰寫一本重要的著作，探討愛因斯坦對量子力學的貢獻。另外，他也幫忙撰寫部分章節，包括一九〇五年的光量子論文、量子論、玻色—愛因斯坦統計與動力論。

葛爾曼（Murray Gell-Mann）是一九六九年諾貝爾物理獎得主，熱情快樂的他從頭到尾指引這個寫作計畫。他幫忙校訂初稿，編校相對論和量子力學的章節，並且幫忙撰寫愛因斯坦反對量子不確定性的文稿部分。他博學風趣又用心投入，與他共事如沐春風。

米勒（Arthur I. Miller）是倫敦大學學院科學歷史與哲學系的榮譽退休教授，著有《愛因斯坦與畢卡索》（Einstein, Picasso）和《星際帝國》（Empire of the Stars）等書。他一再閱讀科學章節的修改部分，並且幫忙數不清的校正，尤其是在狹義相對論（他曾撰寫一本開創性著作）、廣義相對論和量子論方面。

蓋茲（Sylvester James Gates Jr.）是馬里蘭大學物理系教授，他同意到亞斯本開愛因斯坦會議時閱讀本書文稿。他順過文稿一遍，寫滿睿智的建議，並且改寫部分科學段落。

匹茲堡大學的教授諾頓（John D. Norton），擅長追蹤愛因斯坦發展狹義與廣義相對論時的思考過程。他閱讀本書相關部分的文稿，做了修訂並提供有用的意見。同時，我也感謝另外兩名愛因斯坦理論發展專家的指導，他們分別是柏林蒲朗克研究所的雷恩（Jürgen Renn）與明尼蘇達州大學的簡森（Michel Janssen）。

史崔那恩（George Stranahan）是亞斯本物理中心的創辦人，他也同意評閱本書文稿。在光量子論文、布朗運動、狹義相對論之歷史與科學等編輯上，他的幫助特別大。

　　里納斯威茲（Robert Rynasiewicz）是約翰霍布金斯大學的科學哲學家，他閱讀許多科學篇章，對於廣義相對論的探索上做出有用的建議。

　　默爾明（N. David Mermin）是康乃爾大學的理論物理教授，著有《關於時間：認識愛因斯坦的相對論》（*It's About Time: Understanding Einstein's Relativity*）。他修訂本書第一章的定稿，以及第五、六章有關愛因斯坦一九〇五年論文的部分。

　　哈佛物理系教授荷頓（Gerald Holton）是愛因斯坦研究的先鋒，他現在仍然是一道指引迷津的光芒。我深深感到榮幸他願意翻閱本書給予指教，並且慷慨地多加鼓勵。他在哈佛的同事赫許巴克（Dudley Herschbach）獻身科學教育，也不吝給予支持。他們兩人都對我的草稿提出有用的意見，並且陪我在荷頓的辦公室裡花一個下午的時間，仔細討論評量這些建議，讓我對這些歷史人物的描寫更加傳神周到。

　　卡爾特（Ashton Carter）是哈佛科學與國際事務教授，感謝他檢閱本書初稿。哥倫比亞大學的史登（Fritz Stern）著有《愛因斯坦的德文世界》（*Einstein's German World*），他也從一開始便不斷鼓勵我和提供意見，愛因斯坦文獻計畫最早編輯群之一的蕭爾曼（Schulmann）也是如此。而著有多本愛因斯坦相關著作的伯恩斯坦（Jeremy Bernstein）警告我，遇到的科學將會有多麼困難。他是對的，我對此也心懷感謝。

　　此外，我請兩位中學物理老師仔細評閱本書，確定裡面講的科學正確無誤，同時可讓只有高中物理程度的人們理解。其中，艾薩克森（Nancy Stravinsky Isaacson）原本在紐奧爾良教物理，直到卡崔娜颶風娜讓她擁有更多空閒的時間（唉！）；德畢斯（David Derbes）則在芝加哥大學實驗中學教物理。他們的意見敏銳中肯，考慮到外行讀者的需求。

　　在不確定原理當中，有一則是「無論校閱數百回，出錯總是再所難免」，我先招認一切都屬個人的錯。

　　一些非科學專業的評閱者也很有幫助，他們從一般人的觀點為本書

提供非常有用的建議，這些人包括William Mayer、Orville Wright、Daniel Okrent、Steve Weisman和Strobe Talbott。

二十五年以來，西蒙舒斯特公司的梅休（Alice Mayhew）一直是我的編輯，ICM的厄本（Amanda Urban）則是我的經紀人。我無法想像有更好的合作夥伴，他們對本書都很熱忱，提出有用的意見。我也感激西蒙舒斯特公司裡眾人的幫忙，包括Carolyn Reidy、David Rosenthal、Roger Labrie、Victoria Meyer、Elizabeth Hayes、Serena Jones、Mara Lurie、Judith Hoover、Jackie Seow和Dana Sloan，我也感謝Elliot Ravetz和Patricia Zindulka多年來無數的支持。

赫夫梅耶（Natasha Hoffmeyer）和荷普斯（James Hoppes）為我翻譯愛因斯坦的德文書信，尤其是尚未有譯文的新材料，其勤勉認真讓我感激不盡。科爾頓（Jay Colton）是《時代》雜誌百年人物的照片編輯，也為本書追蹤整理相關照片。

另外，我有二又二分之一位最珍貴的讀者。第一位是我當工程師的父親歐文·艾薩克森，他慢慢灌輸我對科學的熱愛，是我遇過最聰明的老師。我很感謝他和亡母為我創造的宇宙，同時也感謝我聰明可人的繼母茱蓮安。

另外一位可貴的讀者是我的太太凱茜，她用智慧、常識和好奇閱讀每一頁。最後可貴的二分之一位讀者是我的女兒貝茜，她像往常一樣挑選部分內容來看，但對於自己所發表的意見很具信心，足以彌補跳躍選讀的疏漏；我深深愛著她們兩人。

參考書目

愛因斯坦的書信與文稿

● 愛因斯坦論文集（*The Collected Papers of Albert Einstein,* vol.1-10. 1987-2006，簡稱為CPAE），普林斯頓大學出版社

　　首任總編是 John Stachel，現任總編為 Diana Kormos Buchwald。其它的編輯包括 David Cassidy，Robert Schulmann，Jürgen Renn，Martin Klein，A. J. Knox，Michel Janssen， Jósef Illy，Christoph Lehner，Daniel Kennefick，Tilman Sauer，Ze'ev Rosenkranz，與 Virginia Iris Holmes。

　　論文集涵蓋了愛因斯坦在1879-1920年間的論文。每一集都包括德文原文與英文譯本。兩種版本的文件編號一致但頁碼不同。

● 愛因斯坦檔案（Albert Einstein Archives，簡稱AEA）

　　這些檔案目前保存於耶路撒冷的希伯來大學，另有複本存放於加州理工學院的愛因斯坦文獻計畫（Einstein Papers Project）與普林斯頓大學圖書館。引用自這個檔案的文件會標註日期與AEA資料夾（微縮膠捲）與文件編號。其中尚未翻譯的德文原本，大多數是由 James Hoppes 與 Natasha Hoffmeyer 為我進行翻譯。

SOURCES

FREQUENTLY CITED WORKS

Abraham, Carolyn. 2001. *Possessing Genius*. New York: St. Martin's Press.

Aczel, Amir. 1999. *God's Equation: Einstein, Relativity, and the Expanding Universe*. New York: Random House.

———. 2002. *Entanglement: The Unlikely Story of How Scientists, Mathematicians, and Philosophers Proved Einstein's Spookiest Theory*. New York: Plume.

Baierlein, Ralph. 2001. *Newton to Einstein: The Trail of Light, an Excursion to the Wave-Particle Duality and the Special Theory of Relativity*. New York: Cambridge University Press.

Barbour, Julian, and Herbert Pfister, eds. 1995. *Mach's Principle: From Newton's Bucket to Quantum Gravity*. Boston: Birkhauser.

Bartusiak, Marcia. 2000. *Einstein's Unfinished Symphony*. New York: Berkley.

Batterson, Steve. 2006. *Pursuit of Genius*. Wellesley, Mass.: A. K. Peters.

Beller, Mara, et al., eds. 1993. *Einstein in Context*. Cambridge, England: Cambridge University Press.

Bernstein, Jeremy. 1973. *Einstein*. Modern Masters Series. New York: Viking.

———, 1991. *Quantum Profiles*. Princeton: Princeton University Press.

———. 1996a. *Albert Einstein and the Frontiers of Physics*. New York: Oxford University Press.

———. 1996B. *A Theory for Everything*. New York: Springer-Verlag.

———. 2001. *The Merely Personal*. Chicago: Ivan Dee.

———. 2006. *Secrets of the Old One: Einstein, 1905*. New York: Copernicus.

Besso, Michele. 1972. *Correspondence 1903-1905*. In German with parallel French translation by Pierre Speziali. Paris: Hermann.

Bird, Kai, and Martin J. Sherwin. 2005. *American Prometheus: The Triumph and Tragedy of J. Robert Oppenheimer.* New York: Knopf.

Bodanis, David. 2000. *E=mc². A Biography of the World's Most Famous Equation.* New York: Walker.

Bolles, Edmund Blair. 2004. *Einstein Defiant: Genius versus Genius in the Quantum Revolution.* Washington, D.C.: Joseph Henry.

Born, Max. 1978. *My Life: Recollections of a Nobel Laureate.* New York: Scribner's.

———. 2005. *Born-Einstein Letters.* New York: Walker Publishing. (Originally published in 1971, with new material for the 2005 edition)

Brian, Denis. 1996. *Einstein: A Life.* Hoboken, N.J.: Wiley.

———. 2005. *The Unexpected Einstein.* Hoboken, N.J.: Wiley.

Brockman, John, ed. 2006. *My Einstein.* New York: Pantheon.

Bucky, Peter. 1992. *The Private Albert Einstein.* Kansas City, Mo.: Andrews and McMeel.

Cahan, David. 2000. "The Young Einstein's Physics Education." In Howard and Stachel 2000.

Calaprice, Alice, ed. 2005. *The New Expanded Quotable Einstein.* Princeton: Princeton University Press.

Calder, Nigel. 1979. *Einstein's Universe: A Guide to the Theory of Relativity.* New York: Viking Press. (Reissued by Penguin Press in 2005)

Carroll, Sean M. 2003. *Spacetime and Geometry: An Introduction to General Relativity.* Boston: Addison-Wesley.

Cassidy, David C. 2004. *Einstein and Our World.* Amherst, N.Y.: Humanity Books.

Clark, Ronald. 1971. *Einstein: The Life and Times.* New York: HarperCollins.

Corry, Leo, Jürgen Renn, and John Stachel. 1997. "Belated Decision in the Hilbert-Einstein Priority Dispute." *Science* 278:1270-1273.

Crelinsten, Jeffrey. 2006. *Einstein's Jury: The Race to Test Relativity*. Princeton: Princeton University Press.

Damour, Thibault. 2006. *Once upon Einstein*. Wellesley, Mass.: A.K. Peters.

Douglas, Vibert. 1956. *The Life of Arthur Stanley Eddington*. London: Thomas Nelson.

Dukas, Helen, and Banesh Hoffmann, eds. 1979. Albert Einstein: The Human Side. New Glimpses from His Archives. Princeton: Princeton University Press.

Dyson, Freeman. 2003. "Clockwork Science." (Review of Galison). *New York Review of Books*, Nov. 6.

Earman, John. 1978. *World Enough and Space-Time*. Cambridge, Mass.: MIT Press.

Earman, John, Clark Glymour, and Robert Rynasiewicz. 1982. "On Writing the History of Special Relativity." *Philosophy of Science Association Journal* 2:403-416.

Earman, John, et al., eds. 1993. *The Attraction of Gravitation: New Studies in the History of General Relativity*. Boston: Birkhauser.

Einstein, Albert .1916 *Relativity: The Special and General Theory*.

以一般人為對象的入門書，最早於1916年12月以德文版問世。首部英譯本於1920年分別由 Methuen 與 Henry Holt 出版社在倫敦與紐約出版。愛因斯坦在世期間，英譯本共進行了15次改版，愛因斯坦最後一次在其中增添附錄是在1952年。此書現由許多不同的出版社出版。我所引用的版本是1995藍燈書屋版。在http://www.bartlcby.com/173/ 與 http://www.gutenberg.org/etext/5001 可線上閱覽本書內容。（中譯本《相對論入門》由台灣商務出版）

——. 1922a. *The Meaning of Relativity*. Princeton: Princeton University Press.

本於1921年的普林斯頓講座，1954年第五版新增附錄統一場論部

分。

——. 1922b. *Sidelights on Relativity*. New York: Dutton.

——. 1922c. "How I Created the Theory of Relativity." Talk in Kyoto, Japan, Dec.14.

> 我使用的是修正後且尚未出版的新譯稿。愛因斯坦的京都講稿是由當時在場紀錄的理論物理學家石原純（Jun Ishiwara）於1923年以日文發表。他的版本後被小野義正（Yoshimasa A. Ono）翻譯成英文，發表於1982年8月的《今日物理》（*Physics Today*）期刊上。這份之前被大多數愛因斯坦研究者引用的譯稿內容有誤，尤其是在愛因斯坦談論邁克生—莫里實驗的部分；其勘誤詳見板垣良一Ryoichi Itagaki，"Einstein's Kyoto Lecture"，*Science magazine*，vol.283，Mar.5，1999。板垣教授修正後的譯稿將會收錄在最新一冊的CPAE中。感謝 Gerald Holton 提供我這份譯稿。另可參考Seiya Abiko，"Einstein's Kyoto Address," *Historical Studies in the Physical and Biological Sciences* 31 (2000):1-35.

——. 1934. *Essays in Science*. New York: Philosophical Library.

——. 1949a. *The World As I See It*. New York: Philosophical Library. (Based on *Mein Weltbild*, edited by Carl Seelig.)

——. 1949b. "Autobiographical Notes." In Schilpp 1949, 3-94.

——. 1950a. *Out of My Later Years*. New York: Philosophical Library.

——. 1950b. *Einstein on Humanism*. New York: Philosophical Library.

——. 1954. *Ideas and Opinions*. New York: Random House.

——. 1956. "Autobiographische Skizze." In Seelig 1956b.

Einstein, Albert, and Leopold Infeld. 1938. *The Evolution of Physics: The Growth of Ideas from Early Concepts to Relativity and Quanta*. New York: Simon & Schuster.

Einstein, Elizabeth Roboz. 1991. *Hans Albert Einstein: Reminiscences of Our Life Together*. Iowa City: University of Iowa Press.

Einstein, Maja. 1923. "Albert Einstein—A Biographical Sketch." CAPE 1: xv. 小傳寫於1923年，原為一本書的開頭，但從未出版，小傳只寫到愛因斯坦1905年。

Eisenstaedt, Jean, and A.J. Kox, eds. 1992. *Studies in the History of General Relativity*. Boston: Birkhauser.

Elon, Amos. 2002. *The Pity of It All: A History of the Jews in Germany, 1743-1933*. New York: Henry Holt.

Elzinga, Aant. 2006. *Einstein's Nobel Prize*. Sagamore Beach, Mass.: Science History Publications.

Fantova, Johanna. "Journal of Conversations with Einstein, 1953-55." In Princeton University Einstein Papers archives and published as an appendix in Calaprice 2005. (For clarity and because the page numbers vary in different editions of Calaprice, I identify Fantova's entries by date.)

Federal Bureau of Investigation, Files on Einstein. Available through the Freedom of Information Act website, foia.fbi.gov/foiaindex/Einstein.htm.

Feynman, Richard. 1997. *Six Not-So-Easy Pieces: Einstein's Relativity, Symmetry, and Space-Time*. Boston: Addison-Wesley.

———. 1999. *The Pleasure of Finding Things Out*. Cambridge, England: Perseus.

———. 2002. *The Feynman Lectures on Gravitation*. Boulder, Colo.: Westview Press.

Fine, Arthur. 1996. *The Shaky Game: Einstein, Realism, and the Quantum Theory*. Chicago: University of Chicago Press. (Revised edition of original 1986 publication.)

Flexner, Abraham. 1960. *An Autobiography*. New York: Simon & Schuster.

Fluckiger, Max. 1974. *Albert Einstein in Bern*. Bern: Haupt.

Folsing, Albrecht. 1977. *Albert Einstein: A Biography*. Translated and abridged by Ewald Osers. New York: Viking. (Original unabridged edition in German published in 1993.)

Frank, Philipp. 1947. *Einstein: His Life and Times*. Translated by George Rosen. New York: Da Capo Press. (Reprinted in 2002.)

——. 1957. *Philosophy of Science*. Saddle River, N.J.: Prentice-Hall.

French, A. P., ed. 1979. *Einstein: A Centenary Volume*. Cambridge, Mass.: Harvard University Press.

Friedman, Alan J., and Carol C. Donley. 1985. *Einstein as Myth and Muse*. Cambridge, England: Cambridge University Press.

Friedman, Robert Marc. 2005. "Einstein and the Nobel Committee." *Europhysics News*, July/Aug.

Galileo Galilei. 1632. *Dialogue Concerning the Two Chief World Systems: Ptolemaic and Copernican*. (I use the 2001 Modern Library edition translated by Stillman Drake, foreword by Albert Einstein, introduction by John Heilbron.)

Galison, peter. 2003. *Einstein's Clocks, Poincare's Maps*. New York: Norton.

Gamow, George. 1966. *Thirty Years That Shook Physics: The Story of Quantum Theory*. New York: Dover.

——. 1970. *My World Line*. New York: Viking.

——. 1993. *Mr. Tompkins in Paperback*. New York: Cambridge University Press.

Gardner, martin. 1976. *The Relativity Explosion*. New York: Vintage.

Gell-Mann, Murray. 1994. *The Quark and the Jaguar*. New York: Henry Holt.

Goenner, Hubert. 2004. "On the History of Unified Field Theories." Living Reviews in Relativity website, relativity.livingreviews.org/.

——. 2005. *Einstein in Berlin*. Munich: Beck Verlag.

Goenner, Hubert, et al., eds. 1999. The *Expanding Worlds of General Relativity* Boston: Birkhauser.

Goldberg, Stanley. 1984. *Understanding Relativity: Origin and Impact of a Scientific Revolution*. Boston: Birkhauser.

Goldsmith, Maurice, et al. 1980. *Einstein: The First Hundred Years*. New York: Pergamon Press.

Goldstein, Rebecca. 2005. *Incompleteness: The Proof and Paradox of Kurt Gödel*. New York: Atlas/Norton.

Greene, Brian. 1999. *The Elegant Universe: Superstrings, Hidden Dimensions, and the Quest for the Ultimate Theory*. New York: Norton.

———. 2004. *The Fabric of the Cosmos: Space, Time, and the Texture of Reality*. New York: Knopf.

Gribbin, John, and Mary Gribbin. 2005. *Annus Mirabilis: 1905, Albert Einstein, and the Theory of Relativity*. New York: Chamberlain Brothers.

Haldane, Richard. 1921. *The Reign of Relativity*. London: Murray. (Reprinted in 2003 by the University Press of the pacific in Honolulu.)

Hartle, James. 2002. *Gravity: An Introduction to Einstein's General Relativity*. Boston: Addison-Wesley.

Hawking, Stephen. 1999. "A Brief History of Relativity." *Time*, Dec. 31.

———. 2001. *The Universe in a Nutshell*. New York: Bantam.

———. 2005. "Does God Play Dice?" Available at www.hawking.org.uk/lectures/lindex.html.

Hawking, Stephen, and Roger Penrose. 1996. *The Nature of Space and Time*. Princeton: Princeton University Press.

Heilbron, John. 2000. *The Dilemmas of an Upright Man: Max Planck and the Fortunes of German Science*. Cambridge, Mass.: Harvard University Press.

(Revised edition of 1986 book.)

Heisenberg, Werner. 1958. *Physics and Philosophy*. New York: Harper.

——. 1971. *Physics and Beyond: Encounters and Conversations*. New York: Harper & Row.

——. 1989. *Encounters with Einstein*. Princeton: Princeton University Press.

Highfield, Roger, and Paul Carter. 1994. *The Private Lives of Albert Einstein*. New York: St. Martin's Press.

Hoffmann, Banesh, with the collaboration of Helen Dukas. 1972. *Albert Einstein: Creator and Rebel*. New York: Viking.

Hoffmann, Banesh. 1983. *Relativity and Its Roots*. New York: Scientific American Books.

Holmes, Frederick L., Jürgen Renn, and Hans-Jörg Rheinberger, eds. 2003. *Reworking the Bench: Research Notebooks in the History of Science*. Dordrecht: Kluwer.

Holton, Gerald. 1973. *Thematic Origins of Scientific Thought: Kepler to Einstein*. *Cambridge, Mass.*: Harvard University Press.

——. 2000. *Einstein, History, and Other Passions: The Rebellion against Science at the End of the Twentieth Century*. Cambridge, Mass.: Harvard University Press.

——. 2003. "Einstein's Third Paradise." Daedalus 132, no.4 (fall): 26-34. Available at www.physics.harvard.edu/holton/3rdParadise.pdf.

Holton, Gerald, and Stephen Brush. 2004. *Physics, the Human Adventure*. New Brunswick, N.J.: Rutgers University Press.

Holton, Gerald, and Yehuda Elkana, eds. 1997. *Albert Einstein: Historical and Cultural perspectives*. The Centennial Symposium in Jerusalem. Mineola, N.Y.: Dover Publications.

Howard, Don. 1985. "Einstein on Locality and Separability." *Studies in History and Philosophy of Science* 16:171-201.

——. 1990a. "Einstein and Duhem." *Synthese* 83:363-384.

——. 1990b. "Nicht sein kann was nicht sein darf'," or The Prehistory of EPR, 1909-1935. Einstein's Early Worries about the Quantum Mechanics of Composite Systems." In Arthur Miller, ed., *Sixty-two Years of Uncertainty: Historical. Philosophical, and Physical Inquiries into the Foundations of Quantum Mechanics*. New York: Plenum, 61-111.

——. 1993. "Was Einstein Really a Realist?" *Perspectives on Science* 1:204-251.

——. 1997. "A Peek behind the Veil of Maya: Einstein, Schopenhauer, and the Historical Background of the Conception of Space as a Ground for the Individuation of Physical Systems." In John Earman and John D. Norton, eds., *The Cosmos of Science: Essays of Exploration*. Pittsburgh: University of Pittsburgh Press, 87-150.

——. 2004. "Albert Einstein, Philosophy of Science." *Stanford Encyclopedia of Philosophy*. Available at plato.stanford.edu/entries/Einstein-philscience/.

——. 2005. "Albert Einstein as a Philosopher of Science." *Physics Today*, Dec.,34.

Howard, Don, and John Norton. 1993. "Out of the Labyrinth? Einstein, Hertz, and the Gottingen Answer to the Hole Argument." In Earman et al. 1993.

Howard, Don, and John Stachel, eds. 1989. *Einstein and the History of General Relativity*. Boston: Birkhauser.

——, eds. 2000. *Einstein: The Formative Years, 1879-1909*. Boston: Birkhauser.

Illy, József, ed.2005, February. "Einstein Due Today." Manuscript. (Courtest of the Einstein Papers Project, Pasadena. Includes newspaper clippings about Einstein's 1921 visit. Forthcoming publication planned as *Albert Meets America*. Baltimore: Johns Hopkins University.Press.)

Infeld, Leopold. 1950. *Albert Einstein: His Work and Its Influence on Our World*. New

York: Scribner's.

Jammer, Max. 1989. *The Conceptual Development of Quantum Mechanics*. Los Angeles: American Institute of Physics.

——. 1999. *Einstein and Religion: Physics and Theology*. Princeton: Princeton University Press.

Janssen, Michel. 1998. "Rotation as the Nemesis of Einstein's Entwurf Theory." In Gornner et al. 1999.

——. 2002. "The Einstein-Besso Manuscript: A Glimpse behind the Curtain of the Wizard." Available at www.tc.umn.edu/~janss011/.

——. 2004. "Einstein's First Systematic Exposition of General Relativity." Available at philsci-archive.pitt.edu/archive/00002123/01/annalen.pdf.

——. 2005. "Of Pots and Holes: Einstein's Bumpy Road to General Relativity." *Annalen der Physik* 14 (Supplement): 58-85.

——. 2006. "What Did Einstein Know and When Did He Know It? A Besso Memo Dated August 1913." Available at www.tc.umn.edu/~janss011/.

Janssen, Michel, and Jurgen Renn. 2004. "Untying the Knot: How Einstein Found His Way Back to Field Equations Discarded in the Zurich Notebook." Avaiable at www.tc.umn.edu/~janss011/pdf%20files/knot.pdf.

Jerome, Fred. 2002. *The Einstein File: J. Edgar Hoover's Secret War against the World's Most Famous Scientist*. New York: St. Martin's Press.

Jerome, Fred, and Rodger Taylor. 2005. *Einstein on Race and Racism*. New Brunswick, N.J.: Rutgers University Press.

Kaku, Michio. 2004. *Einstein's Cosmos: How Albert Einstein's Vision Transformed Our Understanding of Space and Time*. New York: Atlas Books.

Kessler, Harry. 1999. *Berlin in Lights: The Diaries of Count Harry Kessler (1918-1937)*. Translated and edited by Charles Kessler. New York: Grove Press.

Klein, Martin J. 1970a. *Paul Ehrenfest: The Making of a Theoretical Physicist.* New York: American Elsevier.

——. 1970b. "The First Phase of the Bohr-Einstein Dialogue." *Historical Studies in the Physical Sciences* 2:1-39.

Kox, A. J., and jean Eisenstaedt, eds. 2005. *The Universe of General Relativity. Vol. II of Einstein Studies.* Boston: Birkhauser.

Krauss, Lawrence. 2005. *Hiding in the Mirror.* New York: Viking.

Levenson, Thomas. 2003. *Einstein in Berlin.* New York: Bantam Books.

Levy, Steven. 1978. "My Search for Einstein's Brain." *New Jersey Monthly*, Aug.

Lightman, Alan. 1993. *Einstein's Dreams.* New York: Pantheon Books.

——. 1991. "A New Cataclysm of Thought." *Atlantic Monthly*, Jan.

——. 2005. *The Discoveries.* New York: Pantheon.

Lightman, Alan, et al. 1975. *Problem Book in Relativity and Gravitation.* Princeton: Princeton University press.

Marianoff, Dimitri. 1944. *Einstein: An Intimate Study of a Great Man.* New York: Doubleday.
作者為愛因斯坦繼女瑪歌的前夫，對於此書，愛因斯坦不予承認。

Mehra, Jagdish. 1975. *The Solvay conferences on Physics: Aspects of the Development of Physics Since 1911.* Dordrecht: D. Reidel.

Mermin, N. David. 2005. *It's about Time: Understanding Einstein's Relativity.* Princeton: Princeton University Press.

Michelmore, Peter. 1962. *Einstein: Profile of the Man.* New York: Dodd, Mead.

Miller, Arthur I. 1981. *Albert Einstein's Special Theory of Relativity: Emergence (1905) and Early Interpretation (1905-1911).* Boston: Addison-Wesley.

——. 1984. *Imagery in Scientific Thought.* Boston: Birkhauser.

——. 1992. "Albert Einstein's 1907 Jahrbuch Paper: The First Step form SRT to

534

GRT." In Eisencstaedt and Kox 1992, 319-335.

——. 1999. *Insights of Genius*. New York: Springer-Verlag.

——. 2001. *Einstein, Picasso: Space, Time and the Beauty that Causes Havoc*. New York: Basic Books.

——. 2005. *Empire of the Stars*. New York: Houghton Mifflin.

Misner, Charles, Kip Thorne, and John Archibald Wheeler. 1973. *Gravitation*. San Francisco: Freeman.

Moore, Ruth. 1966. Niels *Bohr: The Man, His Science, and the World They Changed*. New York: Knopf.

Moszkowski, Alexander. 1921. *Einstein the Searcher: His Work Explained From Dialogues with Einstein*. New York: Dutton.

Nathan, Otto, and Heinz Norden, eds. 1960. *Einstein on Peace*. New York: Simon & Schuster.

Neffe, Jürgen. 2005. *Einstein: Eine Biographie*. Hamburg: Rowohlt.

Norton, John D. 1984. "How Einstein Found His Field Equations." *Historical Studies in the Physical Sciences*. Reprinted in Howard and Stachel 1989, 101-159.

——. 1985. "What Was Einstein's Principle of Equivalence?" *Studies in History and Philosophy of Science* 16: 203-246. Reprinted in Howard and Stachel 1989, 5-47.

——. 1991. "Thought Experiments in Einstein's Work." In Tamara Horowitz and Gerald Massey, eds., *Thought Experiments in Science and Philosophy*. Savage, Md.: Rowman and Littlefield, 129-148.

——. 1993. "General Covariance and the Foundations of General Relativity: Eight Decades of Dispute." *Reports on Progress in Physics* 56: 791-858.

——. 1995a. "Eliminative Induction as a Method of Discovery: Einstein's

Discovery of General Relativity." In Jarrett Leplin, ed., *The Creation of Ideas in Physics: Studies for a Methodology of Theory Construction*. Dordrecht: Kluwer, 29-69.

——. 1995b. "Did Einstein Stumble? The Debate over General Covariance." *Erkenntnis* 42:223-245.

——. 1995c. "Mach's Principle before Einstein." Available at www.pitt.edu/ ~jdnorton/papers/MachPrinciple.pdf.

——. 2000. "Nature Is the Realization of the Simplest Conceivable Mathematical Ideas: Einstein and the Canon of Mathematical Simplicity." *Studies in the History and Philosophy of Modern Physics* 31:135-170.

——. 2002. "Einstein's Triumph Over the Spacetime Coordinate System." *Dialogos* 79:253-262.

——. 2004. "Einstein's Investigations of Galilean Covariant Electrodynamics prior to 1905." *Archive for History of Exact Sciences* 59:45-105.

——. 2005a. "How Hume and Mach Helped Einstein Find Special Relativity." Available at www.pitt.edu/~jdnorton.

——. 2005b. "A Conjecture on Einstein, the Independent Reality of Spacetime Coordinate Systems and the Disaster of 1913." In Kox and Eisenstaedt 2005.

——. 2006a. "Einstein's Special Theory of Relativity and the Problems in the Electrodynamics of Moving Bodies That Led Him to It." Available at www. pitt.edu/~jdnorton/homepage/cv.html.

——. 2006b. "What Was Einstein's 'Fateful prejudice'?" In Jürgen Renn, *The Genesis of General Relativity*, vol.2. Dordrecht: Kluwer.

——. 2006c. "Atoms, Entropy, Quanta: Einstein's Miraculous Argument of 1905." Available at www.pitt.edu/~jdnorton.

Overbye, Dennis. 2000. *Einstein in Love: A Scientific Romance*. New York: Viking.

Pais, Abraham. 1982. *Subtle Is the Lord: The Science and Life of Albert Einstein*. New York: Oxford University Press.

———. 1991. *Niels Bohr's times in Physics, Philosophy, and Polity*. Oxford: Clarendon Press.

———. 1994. *Einstein Lived Here: Essays for the Layman*. New York: Oxford University Press.

Panek, Richard. 2004. *The Invisible Century: Einstein, Freud, and the Search for Hidden Universes*. New York: Viking.

Parzen, Herbert. 1974. *The Hebrew University: 1925-1935*. New York: KTAV.

Pateniti, Michael. 2000. *Driving Mr. Albert*. New York: Dial.

Pauli, Wolfgang. 1994. *Writings on Physics and Philosophy*. Berlin: Springer-Verlag.

Penrose, Roger. 2005. *The Road to Reality*. New York: Knopf.

Poincaré, Henri. 1902. *Science and Hypothesis*. Available at Spartan.ac.brocku.ca/~lward/Poincare/Poincare_1905_toc.html.

Popović, Milan. 2003. *In Albert's Shadow: The Life and Letters of Mileva Marić*. Baltimore: Johns Hopkins University Press.

Powell, Corey. 2002. *God in the Equation*. New York: Free Press.

Pyenson, Lewis. 1985. *The Young Einstein*. Boston: Adam Hilger.

Regis, Ed. 1988. *Who Got Einstein's Office?* New York: Addison-Wesley.

Reid, Constance. 1986. *Hilbert-Courant*. New York: Springer-Verlag.

Reiser, Anton. 1930. *Albert Einstein: A Biographical Portrait*. New York: Boni.
    此書作者為愛因斯坦女婿Rudoph Kayser以筆名出版，其妻伊爾絲為愛因斯坦繼女。

Renn, Jurgen. 1994. "The Third Way to General Relativity." Max Planck Institute, www.mpiwg-berlin.mpg.de/Preprints/P9.pdf.

——. 2005a. "Einstein's Controversy with Drude and the origin of Statistical mechanics." In Howard and Stachel 2000.

——. 2005b. "Standing on the Shoulders of a Dwarf." In Kox and Eisenstaedt 2005.

——. 2005c. "Before the Riemann Tensor: The Emergence of Einstein's Double Strategy." In Kox and Eisenstaedt 2005.

——. 2005d. *Albert Einstein: Chief Engineer of the Universe. One Hundred Authors for Einstein.* Hoboken, N.J.: Wiley.

——. 2006. *Albert Einstein: Chief Engineer of the Universe. Einstein's Life and Work in Context and Documents of a Life's Pathway.* Hoboken, N.J.: Wiley.

Renn, Jürgen, and Tilman Sauer. 1997. "The Rediscovery of General Relativity in Berlin." Max Planck Institute, www.mpiwg-berlin.mpg.de/en/forschung/ Preprints/P63.pdg.

——. 2003. "Errors and Insights: Reconstructing the Genesis of General Relativity from Einstein's Zurich Notebook." In Holmes et al. 2003, 253-268.

——. 2006. "Pathways out of Classical Physics: Einstein's Double Strategy in Searching for the Gravitational Field Equation." Available at www.has. caltech.edu/~tilman/.

Renn, Jürgen, and Robert Schulmann, eds. 1992. *Albert Einstein and Mileva Marić. The Love Letters.* Princeton: Princeton University Press.

Rhodes, Richard. 1987. *The Making of the Atom Bomb.* New York: Simon & Schuster.

Rigden, John. 2005. *Einstein 1905: The Standard of Greatness.* Cambridge, England: Cambridge University Press.

Robinson, Andrew. 2005. *Einstein: A Hundred Years of Relativity.* New York: Abrams.

Rosenkranz, Ze'ev. 1998. *Albert through the Looking Glass: The Personal Papers of*

Albert Einstein. Jerusalem: Hebrew University press.

———. 2002. *The Einstein Scrapbook.* Baltimore: Johns Hopkins University Press.

Rowe, David E., and Robert Schulmann, eds. 2007. *Einstein's Political World.* Princeton: Princeton University Press.

Rozental, Stefan, ed. 1967. *Niels Bohr: His Life and Work As Seen by His Friends and Colleagues.* Hoboken, N.J.: Wiley.

Ryan, Dennis P., ed. 1987. *Einstein and the Humanities.* New York: Greenwood Press.

Ryckman, Thomas. 2005. *The Reign of Relativity.* Oxford: Oxford University Press.

Rynasiewicz, Robert. 1988. "Lorentz's Local Time and the Theorem of Corresponding States." *Philosophy of Science Association Journal* 1:67-74.

———. 2000. "The Construction of the Speical Theory: Some Queries and Considerations." In Howard and Stachel 2000.

Rynasiewicz, Robert, and Jürgen Renn. 2006. "The Turning Point for Einstein's Annus Mirabilis." *Studies in the History and Philosophy of Modern Physics* 37, Mar.

Sartori, Leo. 1996. *Understanding Relativity.* Berkeley: Univ. of California Press.

Sauer, Tilman. 1999. "The Relativity of Discovery: Hilbert's First Note on the Foundations of Physics." *Archive for History of Exact Sciences* 53:529-575.

———. 2005. "Einstein Equations and Hilbert Action: What Is Missing on Page 8 of the Proofs for Hilbert's First Communication on the Foundations of Physics?" *Archive for History of Exact Sciences* 59:577.

Sayen, Jamie. 1985. *Einstein in America: The Scientist's Conscience in the Age of Hitler and Hiroshima.* New York: Crown.

Schilpp, Paul Arthur, ed. 1949. *Albert Einstein: Philosopher-Scientist.* La Salle, Ill.: Open Court Press.

Seelig, Carl. 1956a. *Albert Einstein: A Documentary Biography*. Translated by Mervyn Savill. London: Staples Press. (Translation of Albert Einstein: *Eine Dokumentarische Biographie, a revision of Albert Einstein und die Schweiz*. Zurich: Europa-Verlag, 1952.)

———, ed. 1956b. *Helle Zeit, Dunkle Zeit: In Memoriam Albert Einstein*. Zurich: Europa-Verlag.

Singh, Simon. 2004. *Big Bang: The Origin of the Universe*. New York: Harper-collins.

Solovine, Maurice. 1987. *Albert Einstein: Letters to Solovine*. New York: Philosophical Library.

Sonnert, Gerhard. 2005. *Einstein and Culture*. Amherst, N.Y.: Humanity Books.

Speziali, Maurice, ed. 1956. *Albert Einstein-Michele Besso, Correspondence 1903-1955*. Paris: Hermann.

Stachel, John. 1980. "Einstein and the Rigidly Rotating Disk." In A. Held, ed., *General Relativity and Gravitation: A Hundred Years after the Birth of Einstein*. New York: Plenum, 1-15.

———. 1987. "How Einstein Discovered General Relativity." In M.A.H. Mac-Callum, ed., *General Relativity and Gravitation: Proceedings of the 11th International Conference on General Relativity and Gravitation*. Cambridge, England: Cambridge University Press, 200-208.

———. 1989a. "The Rigidly Rotating Disk as the Missing Link in the History of General Relativity." In Howard and Stachel 1989.

———. 1989b. "Einstein's Search for General Covariance, 1912-1915." In Howard and Stachel 1989.

———. 1998. *Einstein's Miraculous Year: Five Papers That Changed the Face of Physics*. Princeton: Princeton University Press.

———. 2002a. *Einstein from "B" to "Z"* Boston: Birkhauser.

———. 2002b. "What Song the Syrens Sang: How Did Einstein Discover Special Relativity?" In Stachel 2002a.

———. 2002c. "Einstein and Ether Drift Experiments." In Stachel 2002a.

Sten, Fritz. 1999. *Einstein's German World*. Princeton: Princeton University Press.

Talmey, Max. 1932. *The Relativity Theory Simplified, and the Formative Period of Its Inventor*. New York: Falcon Press.

Taylor, Edwin, and J. Archibald Wheeler. 1992. *Spacetime Physics: Introduction to Special Relativity*. New York: W.H. Freeman.

———. 2000. *Exploring Black Holes*. New York: Benjamin/Cummings.

Thorne, Kip. 1995. *Black Holes and Time Worps: Einstein's. Outrageous Legacy*. New York: Norton.

Trbuhovic-Gjuric, Desanka. 1993. *In the Shadow of Albert Einstein*. Bern: Verlag Paul Haupt.

Vallentin, Antonina. 1954. *The Drama of Albert Einstein*. New York: Doubleday.

van Dongen, Jeroen. 2002. "Einstein's Unification: General Relativity and the Quest for Mathematical Naturalness." Ph.D. dissertation, Univ. of Amsterdam.

Viereck, George Sylvester. 1930. Glimpses of the Great. New York: macauley. (Einstein profile first published as "What Life Means to Einstein," *Saturday Evening Post*, Oct. 26, 1929.)

Walter, Scott. 1998. "Minkowski, Mathematicians, and the Mathematical Theory of Relativity." In Goenner et al. 1999.

Weart, Spencer, and Gertrud Weiss Szilárd, eds. 1978. *Leó Szilárd: His Version of the Facts*. Cambridge, Mass.: MIT Press.

Weizmann, Chaim. 1949. *Trail and Error*. New York: Harper.

Wertheimer, Max. 1959. *Productive Thinking*. New York: Harper.

Whitaker, Andrew. 1996. *Einstein, Bohr and the Quantum Dilemma*. Cambridge, England: Cambridge University Press.

White, Michael, and John Gribbin. 1994. *Einstein: A Life in Science*. New York: Dutton.

Whitrow, Gerald J. 1967. *Einstein: The Man and His Achievement*. London: BBC.

Wolfson, Richard. 2003. *Simply Einstein*. New York: Norton.

Yourgrau, Palle. 1999. *Godel meets Einstein*. La Salle, Ill.: Open Court Press.

——. 2005. *A World without Time: The Forgotten Legacy of Godel and Einstein*. New York: Basic Books.

Zackheim, Michele. 1999. *Einstein's Daughter*. New York: Riverhead.

PEOPLE 343

愛因斯坦——他的人生，他的宇宙
EINSTEIN: His Life and Universe

作　　　者——華特·艾薩克森（Walter Isaacson）
譯　　　者——郭兆林、周念縈
主　　　編——莊瑞琳
特約編輯——顏誠廷
美術編輯——陳文德、王思驊
執行企畫——曾秉常

董 事 長——趙政岷
出 版 者——時報文化出版企業股份有限公司
　　　　　　108019台北市和平西路三段二四○號四樓
　　　　　　發行專線一（○二）二三○六一六八四二
　　　　　　讀者服務專線一○八○○一二三一一七○五
　　　　　　　　　　　（○二）二三○四一七一○三
　　　　　　讀者服務傳真一（○二）二三○四一六八五八
　　　　　　郵撥一一九三四四七二四時報文化出版公司
　　　　　　信箱一10899台北華江橋郵局第九九信箱
時報悅讀網—http://www.readingtimes.com.tw
電子郵箱——history@ readingtimes.com.tw
法律顧問——理律法律事務所 陳長文律師、李念祖律師
印　　　刷——家佑印刷有限公司
初版一刷——二○○九年四月六日
初版十六刷——二○二三年八月二日
定　　　價——新台幣五九○元
（缺頁或破損的書，請寄回更換）

時報文化出版公司成立於一九七五年，
並於一九九九年股票上櫃公開發行，於二○○八年脫離中時集團非屬旺中，
以「尊重智慧與創意的文化事業」為信念。

愛因斯坦：他的人生，他的宇宙 / 華特‧艾薩克森（Walter
Isaacson）作；郭兆林, 周念縈譯.
  -- 初版. -- 臺北市：時報文化, 2009.04
    面；　公分. --（PEOPLE叢書；343）
  譯自：Einstein : his life and universe

  ISBN　978-957-13-5013-4（平裝）

  1. 愛因斯坦(Einstein, Albert, 1879-1955)
  2. 傳記　3. 相對論　4. 美國

785.28   98004340

ISBN 978-957-13-5013-4
Printed in Taiwan